JUAN JOSÉ ECHEVARRÍA PÉREZ-AGUA

Juan María Araluce

El defensor de los fueros asesinado por ETA

ALMUZARA

CENTRO
MEMORIAL
DE LAS VÍCTIMAS
DEL TERRORISMO

Primera edición: abril de 2024

Editorial Almuzara • Memorias y biografías
Director editorial: Antonio Cuesta
Editora: Ángeles López
Corrección: Nieves Porras
Maquetación: Joaquín Treviño

La edición de esta obra ha contado con el apoyo del Centro Memorial de las Víctimas del Terrorismo.
Las opiniones expuestas a lo largo del libro son responsabilidad exclusiva del autor y no afecta a las políticas de las entidades que auspician la publicación.

www.editorialalmuzara.com
pedidos@almuzaralibros.com - info@almuzaralibros.com

Editorial Almuzara
Parque Logístico de Córdoba. Ctra. Palma del Río, km 4
C/8, Nave L2, nº 3. 14005 - Córdoba

Imprime: Black Print
ISBN: 978-84-10520-75-2
Depósito legal: CO-457-2024
Hecho e impreso en España - *Made and printed in Spain*

A un hombre bueno. Cuando el mundo se desmoronó,
Juan Araluce Letamendía pidió por la humanidad.

Índice

Prólogo de Jon Juaristi ... 9
Introducción ... 15

Vía crucis ... 17
Los caballeros del ideal ... 63
Los capitanes de la industria ... 141
El general invierno y el verano revolucionario ... 213
Con audiencia de las provincias ... 257
La ética del trabajo ... 293
A sangre fría ... 333
Fecunda simbiosis ... 389
No es tan unánime el clamor ... 447
Liberar al prisionero ... 493
Antes de que me maten ... 547

Bibliografía ... 611

Prólogo de Jon Juaristi

El 4 de octubre de 1976, caía asesinado por ETA en San Sebastián Juan María de Araluce Villar, presidente de la Diputación de Guipúzcoa y procurador en Cortes. Vizcaíno de Santurce, de cincuenta y nueve años a la sazón, tradicionalista y antiguo combatiente en el Tercio Nuestra Señora de Begoña durante la guerra civil, Araluce había sido inequívocamente, desde entonces, un hombre del régimen franquista, a cuya muerte oficial por aprobación en las Cortes de la Ley de Reforma Política, precedió la suya en solo mes y medio.

Los Araluce y los Letamendía —familia esta última de la mujer de Juan María, Maité— eran clanes extensos, una forma de familia ampliada que hundía sus raíces en el sistema de linajes de la Edad Media vasca. En 1973, la editorial de Carlos Barral publicó la tesis de William Anthony Douglass acerca de los vestigios de la solidaridad agnática en una pequeña aldea vizcaína, Murélaga, donde afloraba a la superficie, con ocasión de los rituales funerarios, una compleja red de vínculos que implicaban a los parientes del difunto hasta el cuarto o el quinto grado. En alguna ocasión he sostenido que estos tegumentos *intrahistóricos*, como los habría llamado Unamuno, o *latentes*, en la terminología de Menéndez Pidal, contribuyeron a la rápida expansión de ETA (entendiendo por tal no sólo a la organización terrorista, sino a sus clientelas y soportes) en detrimento de lo que hasta los años finales del franquismo había sustentado la sociabilidad del medio rural vascongado: o sea, el tradicionalismo y la Iglesia.

Juan José Echevarría Pérez-Agua observa que Juan María de Araluce, carlista y hombre de profundas convicciones religiosas, fue atraído a la esfera del Opus Dei —en el que ingresó muy pronto como miembro supernumerario— por una de sus cuñadas que, ya en los primeros años sesenta, mantenía contactos con el Colegio Gaztelueta, de Lejona, Vizcaya, segunda obra corporativa del entonces instituto secular fundado por monseñor Escrivá (la primera fue el Colegio Mayor Moncloa, de Madrid). Supongo que Ana Letamendía se relacionaba más con las socias numerarias que gestionaban Leku-Eder, un club femenino de la Obra en Guecho, que con los profesores varones de Gaztelueta. Lo digo, porque mis hermanos y yo fuimos alumnos de dicho colegio, y recordamos muy bien las invitaciones que dirigía a nuestra madre la directora de Leku-Eder para asistir a charlas y a retiros, a los que aquella, de fuertes convicciones republicanas y bastante anticlericales para la época, nunca asistió.

Pues bien, en el colegio tuve como compañero a un sobrino de Araluce, que sigue siendo un entrañable amigo mío y de derechas de toda la vida. Sin embargo, durante mis primeros tiempos en ETA, allá por 1967, uno de mis contactos era un jesuita, Julio Araluce, que no tardaría en colgar la sotana y que, ya durante la transición, llegaría a ser uno de los dirigentes de Herri Batasuna en Vizcaya. También era sobrino de Juan María. Como lo era Francisco Letamendía Belzunce, alias *Ortzi*, abogado defensor de una de las encausadas en el Consejo de Guerra de Burgos en diciembre de 1970, diputado por Euskadiko Ezkerra y, después, por Herri Batasuna, entre 1977 y 1982 (habría tenido que ser mi abogado defensor ante el Tribunal de Orden Público en 1973, pero escapó a Francia pocos meses antes). En fin, conocí a otros Letamendía de Euskadiko Ezkerra. Araluces y Letamendías eran, sin duda, clanes muy amplios y tradicionales, que, antes de la guerra civil y durante buena parte del franquismo, fueron carlistas, aunque no *homogéneamente* carlistas.

Porque el carlismo ya no era algo homogéneo. Comenzó a dividirse, desde los primeros años de la posguerra, en facciones enfrentadas entre sí. La primera de estas fue la de los *estorilos*, encabezada por el conde de Rodezno, que se desvinculó de Javier de Borbón Parma, sobrino del último pretendiente, Alfonso Carlos, fenecido en septiembre de 1936 sin descendencia directa, y transfirieron su lealtad a don Juan de Borbón y Battenberg. Araluce secundó este cisma legitimista, apostando por la dinastía que, hasta la víspera, el carlismo en su conjunto había considerado usurpadora. A la muerte de Franco, y frente a las escisiones posteriores del carlismo (los *carloctavistas*, partidarios de un Carlos de Habsburgo más o menos promovido por lo más franquista del movimiento; los *carlohuguistas*, seguidores del primogénito de Javier de Borbón Parma, que encabezó una corriente socialista y autogestionaria, con una confusa impregnación marxista, y los *sixtistas* agrupados en torno a Sixto Enrique, hermano de Carlos Hugo muy relacionado con neofascistas italianos), los estorilos eran lo menos opuesto a la deriva tibiamente liberalizante del régimen. Y ello, por puro pragmatismo. Algunos, como Araluce, manteniéndose lo más fieles en lo posible al lema tradicional de «Dios, Patria y Rey» (es decir, a una concepción confesional del Estado y de la monarquía), al que, en el País Vasco, se añadían los Fueros, se volvieron *juancarlistas*, como la mayor parte de los procuradores de las Cortes franquistas en 1976. Desde esa nueva posición, Araluce trataría de defender, en vano, una opción fuerista frente a la Asamblea de Municipios Vascos, auspiciada por los nacionalistas, que apostaba por una opción autonomista que, como la del proyecto del Estatuto de Estella de 1933, incluyera a Navarra, pero con un sesgo mucho más marcadamente abertzale.

Juan María Araluce, que era un buen conocedor, como notario, de un derecho foral que el franquismo no sólo había respetado, sino que tácita y hasta explícitamente alentaba, había abroquelado su carlismo en esa última trinchera, la del fuerismo jurídico, distinguible del fuerismo político que llevó a los carlohuguistas a defender un federalismo a la yugoeslava y, tras la muerte de Franco, a la frontera misma, no ya del autonomismo, sino del independentismo abertzale. En esa línea, podría completar lo que cuenta Juan José Echevarría con mis recuerdos personales. En 1968, tras la expulsión de España de Carlos Hugo de Borbón Parma, unos cuantos militantes de AET (Asociación de Estudiantes Tradicionalistas) y jóvenes trabajadores seducidos por el discurso titista del joven pretendiente, crearon los GAC (Grupos de Acción Carlista), con la intención de emprender la lucha armada contra el régimen. Pidieron ayuda a ETA, que entonces pasaba por sus horas más bajas. El alma de la nueva organización era Juan María Querejeta Zubía, Jon Kerejeta, numerario del Opus Dei, estudiante de Ingeniería Industrial en Bilbao y vástago de una de las más conspicuas familias carlistas de Guipúzcoa. Por parte de ETA, sus interlocutores fuimos Teo Uriarte, Andoni Pérez Ayala y yo mismo. La colaboración no prosperó demasiado. Pérez Ayala y Uriarte fueron detenidos a comienzos de 1969 y yo escapé a Sevilla. En diciembre de 1970, Kerejeta y otros miembros de los GAC intentaron tomar al asalto el repetidor de TVE en Berberana para emitir desde allí una grabación llamando al levantamiento popular contra el régimen. La Guardia Civil repelió el ataque y detuvo a Kerejeta y a los suyos. Algunos de ellos, que seguían en la cárcel a la muerte del dictador, se pasaron a ETA, y su líder, Kerejeta, terminó en el PCE, de donde fue expulsado años después por haber pasado la muga a un dirigente de ETA militar, Javier Aya Zulaica, alias Trepa.

El episodio de los GAC podría haber quedado en lo anecdótico, pero tuvo un impacto devastador en el carlismo vasco. Una buena parte del mismo, tras el fracaso electoral del Partido Carlista de Euskal Herría (EAK, Euskal Herriko Karlista Alderdia, fundado en 1974 por los carlohuguistas), se pasó en masa al nacionalismo vasco en todas sus ramas. Un pequeño remanente de universitarios jóvenes que habían rodeado a Carlos Hugo durante los tiempos en que este residió secretamente en Bilbao (donde su secretario y mentor personal, Ramón Massó, era numerario del Opus y profesor de Gaztelueta) terminaron como cuadros del Partido Socialista de Euskadi.

Esa evolución de la mayor parte del carlismo vasco hacia el nacionalismo y la izquierda explica que ETA no asesinara en los antiguos predios del carlohuguismo y se dedicara por entero a perseguir y matar a los carlistas de las otras tendencias, sixtistas y estorilos. En 1978 dio muerte en Ondárroa al jefe de los jóvenes sixtistas de Vizcaya, José María de Arrizabalaga, de veintisiete años, primo de Andoni Arrizabalaga, etarra de la misma localidad que había sido condenado a muerte en 1969 e indultado poco después. ETA minaba las solidaridades familiares que habían funcionado incluso en la posguerra, cuando los carlistas ayudaban y protegían a sus deudos nacionalistas (como lo hicieron en mi propia familia, sé de qué hablo). Los carlistas que, por pragmatismo, insisto, habían aceptado el juancarlismo y la reforma política, fueron perseguidos y asesinados como Juan María Araluce. Militantes de Alianza Popular (un hermano de mi tía Mari, Enrique Zalduendo, candidato de AP por Vizcaya en las elecciones a Cortes Constituyentes, fue ametrallado en el portal de su casa: salvó la vida, pero abandonó el País Vasco para siempre), y muchos más de UCD, que era el partido de la reforma política. Todos fueron asesinados sin que sus parientes, por miedo a ETA o por sumisión gozosa al nacionalismo, cumplieran las obligaciones rituales prescritas desde la Edad Media para con los muertos de la familia ampliada.

El libro que Juan José Echevarría Pérez-Agua dedica a recordar la figura de Juan María Araluce Villar es mucho más que una evocación biográfica de alguien que fue, ante todo, un buen hombre. Como lo fueron Javier de Ybarra y Bergé, Ramón Baglietto, Augusto Unceta, el mismo sixtista José María de Arrizabalaga y tantos otros. ETA no sólo se conformó con matarlos. Intentó justificar sus muertes a base de calumnias y suciedad. Hoy, sus acólitos acaban de profanar con pintura y mierda la tumba de Fernando Buesa, el dirigente del PSE asesinado en febrero de 2000, sin que Bildu, que deplora lo sucedido, haya condenado la salvajada (vieja costumbre de la izquierda abertzale, lamentar los atentados de ETA sin la mínima censura moral a sus autores). Pero decía que el libro de Juan José Echevarría es mucho más: la crónica veraz, rigurosa, escrita con una objetividad incluso fría, sin apasionamiento, de una época de terror y de vergüenza que explica por qué, en los tiempos presentes, siguen siendo normales en el País Vasco hechos como el que acabo de mencionar. Esta semblanza magnífica de un hombre, de un tiempo y de un país, esto sí que es verdadera Historia y no *relato*, ni *narrativa* ni *memoria* ni otra cualquiera de las máscaras vergonzantes de la mentira y de lo que en los siglos de los linajes medievales llamaban los hidalgos de Vizcaya *caloña*, la calumnia injuriosa que se vertía sobre los muertos.

Jon Juaristi

Introducción

La ideología ha marcado nuestra Edad Contemporánea, hasta el punto de poder considerar tal característica como consustancial a nuestros tiempos desde que la Revolución Francesa irrumpió en la humanidad allá por 1789. Desde entonces, la impronta ideológica ha estado presente, aunque en determinados momentos su huella dejó unas marcas más indelebles. En nuestro país, la polarización ideológica fue especialmente intensa en diversas etapas del ochocientos y novecientos, dejando hasta tres guerras civiles que lo marcaron, proyectando su sombra hasta hoy. Una intensa ideologización se experimentó también en el tardofranquismo y en el inicio de la transición democrática, período cronológico al que la presente obra dedica mayor extensión.

Diversos elementos contribuyeron a ello. Las siguientes páginas pretenden explicarlo, a través de la biografía de un hombre que fue asesinado por sus ideas políticas. Y eso que en el biografiado primaba su religiosidad, su catolicismo, a cualquier otra consideración, como algo propio de anteriores tiempos. Sin embargo, también los que le mataron, se reclamaron partícipes del cristianismo, aunque ensamblado ideológicamente en un marxismo que pretendía la liberación nacional de un territorio en disputa con otra nación. Algo que es, sin duda, enormemente contemporáneo, en la medida en que el nacionalismo jalona lo ideológico, conformando lo identitario las sociedades actuales.

El recurso a la violencia no es algo privativo de la contemporaneidad, habiendo acompañado al ser humano desde sus inicios, pero sí es propio, de los más de dos siglos últimos, su utilización instrumental por las diferentes ideologías con el objetivo de hacer realidad sus postulados, ensombreciendo sus utopías. El debate ideológico presenta así incómodas repercusiones que hacen mella en nuestras sociedades.

Un debate que, en cualquier caso, es protagonizado siempre por unas élites, no necesariamente intelectuales, cuyos integrantes participan en muchas ocasiones dirigiendo no solo a la sociedad, sino también dando explicación de lo sucedido, retroalimentando los relatos que durante mucho tiempo se han impuesto de una manera hegemónica, a los que la historiografía debe combatir. Por ello, en las líneas que siguen aparecen muchos nombres propios, desmintiendo un pretendido igualitarismo, tópico especialmente extendido en la sociedad de la que nos ocupamos. No es el único que refutan las siguientes páginas. El éxito de ellas dependerá en gran medida de esa labor.

Vía crucis

Sonaron las dos de la tarde en el carrillón de su despacho. Como era usual en él, siempre llegaba tarde, por su afán de hacer demasiadas cosas y no poder dilatar más el tiempo. En ese preciso momento, su familia estaría reuniéndose en torno a la mesa para almorzar. Y él, conversador incansable, todavía estaba departiendo en el tresillo con un periodista, que, como era de esperar, no tenía ninguna prisa, por lo que se alargó aún más la conversación. De hecho, hay una fotografía de ese momento, que da fe de ello, viéndose entre los dos una mesa baja rebosante de papeles. Él, vestido de traje, y el reportero, con americana[1].

Pasó el tiempo, pero en cuanto su afabilidad se lo permitió, se levantó y se despidió de Fernando Pescador Senosiain, no sin antes entregarle una copia de la moción que un año y dos meses antes había devuelto los fueros al debate político de un país que se adentraba en una incierta transición política, de cuyo alcance empezaba a desconfiar.

—«Guárdela. Quizás en el futuro pueda presentarla a sus nietos como un documento histórico», le espetó al enviado especial de *El Correo Español-El Pueblo Vasco*[2].

Cordial siempre en el trato, intercambió algunas palabras con su jefa de gabinete, Begoña de Ussía Urruticoechea, una sobrina-nieta del primer marqués de Aldama que se ocupaba de las relaciones con la prensa y de las cuestiones de protocolo, antes de atravesar el amplio vestíbulo de la planta principal hasta el ascensor. Bajó en él. Los minutos pasaban. Un ordenanza le abrió las puertas de la institución que presidía y ya en

---

1 BASILIO, Javier: *Informe semanal*, TVE, 09/10/1976. «La última foto», *La Voz de España*, 05/10/1976, p. 3.

2 PESCADOR SENOSEAIN, Fernando: «La democracia debe ejercerse sin soslayar la tradición de nuestro pueblo», *El Correo Español-El Pueblo Vasco*, 05/10/1976, pp. 26-27.

la calle constató el calor que hacía aquel día, cuatro de octubre, en la ciudad, dominada por el viento sur, frecuente en el otoño donostiarra.

Tenía prisa, lo que, unido a la temperatura existente, le hizo desistir de ir andando a casa, como a veces hacía. Subió al Seat 132, el vehículo oficial que, por normativa proteccionista de los coches de fabricación nacional, había sustituido meses antes al mucho más elegante Austin Princess como automóvil oficial de la Diputación Provincial de Guipúzcoa. Conducido por su joven chófer, enfiló la calle Churruca, en dirección a su domicilio, situado a trescientos metros de allí, menos de dos minutos en coche si no había tráfico, algo no muy habitual a esas horas. Nada más arrancar, hizo lo mismo el vehículo de escolta, un Renault 12, con tres policías abordo[3].

El corto trayecto por la calle que recordaba al héroe trágico de Trafalgar lo recorría desde hacía ya casi ocho años, cuando fue nombrado presidente de la diputación, desde la que tanto había alentado los vínculos de la costa guipuzcoana con la Armada española, participación que en nada contravenía la foralidad, materia en la que era una autoridad intelectual, acrecentada por su profesión de notario, y que ideológicamente defendía como tradicionalista. En consonancia, su estrategia política siempre había labrado en dirección a la recomposición del sentimiento proespañol del pueblo vasco[4].

Los vehículos giraron a la izquierda en la avenida de España [hoy, avenida de la Libertad], en cuyo número nueve vivía el presidente de la diputación desde hacía dos años. Pasaban varios minutos de las dos y veinte de la tarde, cuando pararon allí, rebasando unos cinco metros una marquesina de autobús, detrás de cuya mampara de cristal llevaban ya tiempo esperando tres jóvenes veinteañeros, vestidos con demasiada ropa para el calor que hacía, lo que les permitía ocultar sendas metralletas. Estos, acercándose desde atrás, abrieron fuego, siendo su primer objetivo neutralizar a los escoltas, que quedaron malheridos en segundos, sin poder ya no solo salir del coche, sino siquiera empuñar sus armas. Después, los emboscados orientaron sus disparos hacia el primer vehículo, alcanzando al chófer y cebándose contra el que viajaba en el asiento trasero. En total, fueron disparados más de ochenta proyectiles Geco del calibre 9 milímetros parabellum, cerca de treinta

3 BASILIO, Javier: *Informe semanal...*

4 OREJA AGUIRRE, Marcelino: *Memoria y esperanza. Relatos de una vida*, Madrid, La Esfera de los Libros, 2011, p. 432.

por cargador, de los que catorce impactaron en el mandatario de la diputación, cuyo cuerpo presentó hasta veintitrés orificios de entrada y salida. Las heridas se concentraban fundamentalmente en su pecho y abdomen. En unos pocos minutos se había consumado el atroz atentado. Pasaban ya las dos y veinticinco de la tarde[5].

Las diligencias policiales incoadas retrasan el momento del ataque unos minutos, hasta las dos y media de la tarde, pese a que las mismas admiten que no fue hasta esa hora, cuando en el servicio del 091 se recibió una llamada telefónica de un vecino dando cuenta de lo sucedido en pleno centro de San Sebastián. Informado el comisario jefe, Manuel Ballesteros García, uno de los pocos policías que contaba entonces con una verdadera experiencia antiterrorista, tomó conciencia de la gravedad de lo relatado y alarmado ordenó al inspector jefe Fraga, máximo responsable de la Brigada de Investigación Social, la que se ocupaba de vigilar a la oposición política, que se hiciera cargo del caso, quien salió inmediatamente con otros policías hacia el lugar de los hechos. A toda velocidad y con las sirenas aullando, emplearon poco más de cinco minutos en llegar desde la comisaría de policía, situada en la plaza de Pio XII. Una vez en el lugar del atentado, procedieron a la reconstrucción de lo acaecido, recogiendo en la calle «más de sesenta casquillos» de la mencionada munición[6], que había sido empleada con el objetivo de acabar con la vida de cinco personas, entre ellas dos compañeros de la comúnmente llamada brigada político-social y el presidente de la Diputación Provincial de Guipúzcoa.

En el comedor del quinto piso de la avenida, donde comían un plato de espaguetis su mujer y ocho de sus nueve hijos, se escuchó atronadoramente el tiroteo. Se asomaron al balcón, desde donde, entre las copas de los árboles, vislumbraron la atroz escena, que aún se desarrollaba a sus pies, de una violencia que contrastaba con el paso indolente de algunos que venían de la playa. Cinco de los hijos, Juan, Ignacio, Javier, José y Maite, bajaron a toda prisa por las escaleras. El mayor de ellos, Juan, vio la puerta trasera del coche abierta y el cuerpo de su padre que

---

5 «Cronología de los hechos», *La Voz de España,* 05/10/1976, p. 3. «El presidente Araluce, asesinado», *El Diario Vasco,* 05/10/1976, p. 1. «Fueron cinco», *Unidad,* 05/10/1976, p. 3.

6 Diligencias policiales del asesinato de Juan María Araluce y Villar (San Sebastián, 04/11/1976), CGI, núm. 84684. «Asunto: Sobre atentado terrorista cometido en San Sebastián, el día 04-10-76, en el que resultó muerto D. Juan M.ª Araluce y Villar», CGI, DGP.

sobresalía del vehículo, como si hubiera tratado de salir en un intento de burlar el destino.

—«¡Papá, enseguida te vienen a buscar!».

Luego vio al chófer tendido en la calzada de la calle con un reguero rojo en torno a su cabeza y desprendida la boina del mismo color, cerca de la puerta izquierda delantera, como si solo le hubiera dado tiempo a estacionar el coche y bajarse con la intención de ir al otro lado del vehículo para abrir la puerta de atrás. Llamaron a una ambulancia, que paró detrás, recogiendo a uno de los escoltas. El tiempo pasaba, mientras un sacerdote daba la extremaunción a las víctimas. Los hermanos tomaron una decisión: volver a meter a su padre completamente en el coche, pese a la dificultad de mover los 120 kilos de la víctima. Arrancaron el vehículo, mientras uno de ellos, Ignacio, agarraba con su mano la puerta que, obstaculizada por el cuerpo de la víctima, no pudieron cerrar. Se dirigieron a lo que un proyecto querido por su padre llamaba la nueva ciudad sanitaria, que preveía una nueva carretera de acceso, que para él llegaba ya demasiado tarde. En el trayecto se les unió otro vehículo, en el que, alertados por el comisario Ballesteros, iban el gobernador civil, José Manuel Menéndez-Manjón, y el alcalde de Irún, Federico Bergareche Abaigar, quien le había disputado la presidencia de la diputación en su última reelección.

Llegaron a la Residencia Sanitaria Nuestra Señora de Aránzazu, en el alto de Zorroaga, poco antes de las tres de la tarde. Ayudados por un enfermero, lo tendieron en una camilla. En tal difícil manejo, una bala se desprendió de su cuerpo, cayendo al suelo. Lo ingresaron en urgencias, pero en poco más de veinte minutos certificaron la muerte de Juan María de Araluce y Villar. Eran ya las tres y veinte de la tarde del 4 de octubre de 1976[7]. El parte médico, resumido en las diligencias policiales incoadas, precisa que en el inmediato reconocimiento hecho nada más ingresarlo, se le observó «ausencia de pulso y latido cardíaco, así como ausencia de reflejos y midriasis», claros síntomas de muerte. Pese a ello, los facultativos que le atendieron le practicaron una «intubación endotraqueal» y abrieron una vía para hacerle una trasfusión de sangre, mientras le daban un masaje cardíaco. Pero todo fue inútil: el electrocardiograma resultó plano. No en balde, la autopsia determinó que «el cuerpo presenta veintitrés orificios distribuidos

7 *Juan Araluce Letamendía*, 29/11/2020, Madrid, entrevista realizada por Juan José ECHEVARRÍA. «Asesinado», *Unidad*, 04/10/1976, p. 1.

en región infraclavicular derecha, dos en brazo derecho, epigastrio, vacío izquierdo, región inguinal izquierda, línea medio-axilar derecha, línea mamaria derecha, cinco en vacío derecho, mano derecha en dorso del pulgar, borde inferior escápula izquierda y ocho en región glútea izquierda». Lesiones mortales, provocadas por los proyectiles de bala que le habían cruzado de derecha a izquierda y de arriba abajo por todo el tronco del cuerpo, desgarrando sus órganos vitales.

Mientras, los autores del tiroteo habían huido a la carrera. Doblaron en la calle Echaide, donde les esperaba una cuarta persona a bordo de un Simca 1200, que a toda velocidad se dirigió a la calle Prim[8], marchando desde allí a la Hípica de Loyola, lugar que tan buenos recuerdos había traído en el pasado a la ya viuda, donde abandonaron el coche, con matrícula falsa, que fue encontrado ya de noche. Pero, ya desde la tarde, quedó bien claro quien estaba detrás de los hechos acaecidos, evidenciando no solo que había sido un mortífero plan concienzudamente diseñado, fruto de ser largamente acariciado en el tiempo, sino la relevancia que le otorgaban sus culpables, hasta el punto de cuidar todos los detalles de su difusión pública, lo que les permitiría hacer gala de su autoría. Así, lo confirmaron sendas llamadas a los periódicos *La Voz de España* y *El Diario Vasco,* y a la emisora de radio *La Voz de Guipúzcoa.* A las ocho y media de la tarde, la policía lo asumía: se trataba de ETA, en concreto de lo que ya se denominaba la rama Militar o todavía el Frente Militar de la misma, el de los fieles a su V Asamblea, que ambicionaba llegar a la independencia de Euskadi mediante la tensión provocada por la espiral de violencia ejercida y la consiguiente represión policial. Un activo movimiento que solo desde unos pocos años antes, desde principios de aquella década de los setenta, se había convertido en toda una organización terrorista, pese a ser un grupo clandestino de pequeño tamaño, sin ningún control sobre el territorio, que empleaba la violencia en busca de un efecto psicológico, político y simbólico superior al de los daños materiales y personales que infringía. Esa misma noche, al otro lado de la frontera, en Bayonne [Bayona], un portavoz de ETA militar hizo unas declaraciones, para despejar cualquier duda que aún cupiese al respecto, evitando perder los réditos del atentado, si se confundía su autoría con otro de los grupúsculos en los que estaba dividido

8 Diligencias policiales del asesinato de Juan María Araluce y Villar..., CGI. PORTELL, José María: *Euskadi, amnistía arrancada,* Barcelona, Dopesa, 1977, p. 146.

el movimiento, los conocidos como poli-milis, que cuantitativamente eran mayoritarios. Estos acababan de celebrar en septiembre su VII Asamblea, con la que planeaban abandonar la estrategia de la espiral de la acción-reacción, dotándose de una dirección política, a través de la creación de un partido político de corte bolchevique que se convirtiera en la vanguardia de toda la izquierda abertzale, siendo capaz de alcanzar alianzas con los revolucionarios no nacionalistas; es decir con los vascos que apoyaban a formaciones izquierdistas españolas[9].

Dos días más tarde, tres miembros de ETA militar ofrecieron públicamente una rueda de prensa al mediodía en la misma localidad francesa, denominada en euskera como Baiona, entregando a los periodistas un comunicado, que era plenamente insertable en el discurso de aquella quinta asamblea celebrada diez años antes, por lo que achacaban la causa del atentado a la represión gubernamental, presentándolo como una mera respuesta a esta. Los terroristas cargaban contra los gobiernos Arias y Suárez, presentando lo sucedido, prácticamente reducido a la muerte del presidente de la diputación, ya que despreciaban a los otros cuatro fallecidos, como una consecuencia, eso sí largamente ansiada: «Hace un año decidimos comenzar una campaña contra el aparato de la dictadura en territorio vasco». «En consecuencia, hemos buscado y ejecutado a uno de los miembros más característicos de la línea dura de la dictadura en Euskadi», encubriendo su asesinato en la «voluntad de continuar haciendo justicia revolucionaria». De tal espurio argumento, nacía el interés de ETA militar en dejar clara la autoría, consciente de que la dictadura franquista había desacreditado al españolismo entre un número significativo de vascos[10], lo que redundaría en su beneficio y en detrimento de sus rivales con quienes compartía ideología, motivo en ningún caso baladí, que hacía referencia a la feroz competencia entre ellos.

---

9 «El presidente Araluce, asesinado...». «ETA reivindica», *La Voz de España*, 05/10/1976, p. 1. «ETA reivindica el atentado», *El Diario Vasco*, 05/10/1976, p. 3. «Fueron cinco...». «Cronología de los hechos...», FUSI, Juan Pablo: *El País Vasco. Pluralismo y nacionalismo*, Madrid, Alianza, 1984, p. 177. FERNÁNDEZ SOLDEVILLA, Gaizka y LÓPEZ ROMO, Raúl: *Sangre, votos, manifestaciones: ETA y el nacionalismo vasco radical (1958-2011)*, Madrid, Tecnos, 2012, pp. 75-76 y 84. FERNÁNDEZ SOLDEVILLA, Gaizka: «ETA político-militar, de principio a fin», en FERNÁNDEZ SOLDEVILLA, Gaizka e HIDALDO GARCÍA, Sara: *Héroes de la retirada. La disolución de ETA político-militar*, Madrid, Tecnos, 2022, p. 137.

10 «Comunicado de ETA», *La Voz de España*, 07/10/1976, p. 5. PORTELL, José María: *op. cit.*, pp. 305-307. FUSI, Juan Pablo: *op. cit.*, p. 177.

Tamaña disputa en el seno de ETA llegó hasta el presidente de los Estados Unidos, Gerald Ford. Este arrancaba la jornada en su despacho con un *briefing* servido por la CIA, el servicio de inteligencia exterior norteamericano, que le ilustró sobre las diferencias entre las diferentes facciones: «Aunque los terroristas vascos anunciaron que formarían un partido político para utilizar canales legales y perseguir una independencia completa, el asesinato de Araluce parece indicar que al menos una facción del grupo no quiere dejar sus inclinaciones terroristas».

La antena de la CIA era la embajada de su país en Madrid que había informado el propio día 4 que «el ala polimili de ETA (...) estaba separando sus esfuerzos puramente políticos de sus esfuerzos en la *lucha armada*», y un día después que «el objetivo del ala militar siempre ha sido provocar que el gobierno reaccione a sus depravaciones tomando medidas enérgicas contra los vascos en general», sintetizando la estrategia de los milis de acción-represión-acción. La víctima fue presentada en el *briefing* presidencial como «un simpatizante del general Franco», cuyo asesinato «provocará una reacción derechista contra el programa político reformista del gobierno». El acertado augurio de la CIA partía de la definición política que le había enviado la embajada, en la que se insertaba una predicción, igualmente correcta, sobre el compromiso de la víctima con la reforma auspiciada por la Monarquía de Juan Carlos I, debido a su fidelidad a esta: «Araluce era un *tradicionalista* vasco (partidarios de Franco) con lazos cercanos con la familia de Oriol, financieramente poderosa, aunque se sugirió que podría ser persuadido para que estuviera a las órdenes del Rey en el consejo [del Reino]»[11].

La información de inteligencia norteamericana incidía, pues, en que el verdadero objetivo de ETA militar asesinando a Araluce era torpedear la reforma democrática que emprendía el segundo gobierno de la monarquía, presidido por Adolfo Suárez. Un editorial del diario *El País* publicado aquellos días abundaba en ello, denunciando que «el

11 *Briefing* diario del Presidente de los Estados Unidos. Electronic Telegrams, 05/10/1976, CIA, RDP79T00024A000300010004-1. Telegrama de la Embajada de Estados Unidos en Madrid a la Secretaría de Estado en Washington D. C. sobre el miembro vasco del Consejo del Reino asesinado. Electronic Telegrams, 04/10/1976, CFPF, 1976MADRID07576. Telegrama de la Embajada de Estados Unidos en Madrid a la Secretaría de Estado en Washington D. C. sobre el seguimiento de los asesinatos de ETA. Electronic Telegrams, 05/10/1976, CFPF, 1976MADRID7618.

atentado de San Sebastián va directamente dirigido contra los varios intentos de consolidar en este país una democracia»[12].

La relevancia de la muerte de Araluce no escapaba a nadie, siendo mencionada hasta en *The Washington Post* y en *The New York Times,* destacando el talante moderado del finado y su defensa de una concepción territorial descentralizada. De hecho, el asesinato del presidente de la diputación guipuzcoana fue el acto más espectacular de ETA tras el atentado que costó la vida en diciembre de 1973 al almirante Luis Carrero Blanco, en aquel momento presidente del Gobierno, hecho que indudablemente condicionó la continuación del régimen que había nacido el 18 de julio de 1936. Tanto, que el comunicado etarra recordaba la muerte de Carrero y comparaba las mismas reacciones condenatorias de aquel, con las producidas por el asesinato del presidente de la diputación guipuzcoana, antes de explicitar su propósito «de continuar atacando a la Monarquía imperialista española»[13].

El largo comunicado etarra, desgranaba los cargos acumulados por la víctima, que había alcanzado hacía cinco años el Consejo del Reino, el más alto órgano consultivo del Estado[14]. Sus diecisiete miembros, de los que ya era el segundo de mayor antigüedad, aconsejaban, primero a Francisco Franco y luego a Juan Carlos I, sobre los asuntos más relevantes, como prorrogar las legislaturas, y proponían las ternas de candidatos para dirigir las Cortes o el Gobierno. De esa manera, intervino en las decisivas designaciones de Carrero, de Carlos Arias Navarro, de Torcuato Fernández-Miranda y finalmente de Adolfo Suárez. Los dos primeros, continuistas del régimen y los dos segundos, artífices de la reforma democrática.

Ello le había permitido, junto a su condición de procurador en Cortes, ocupar una posición política relevante, logrando en el último año una celebridad que le había convertido en un personaje habitual en los periódicos, tras la moción presentada por él que había puesto en

12 «Los amigos de la sangre», *El País,* 05/10/1976, p. 8.

13 PÉREZ PÉREZ, José Antonio: «ETA contra los alcaldes y cargos franquistas», en PÉREZ PÉREZ, José Antonio (coord.): *Historia y Memoria del Terrorismo en el País Vasco, 1968-1981,* volumen I, Almería, Confluencias, 2021, p. 255. SULLIVAN, John: *El nacionalismo vasco radical 1959-1986,* Madrid, Alianza, 1988, p. 210. FUSI, Juan Pablo: *Franco. Autoritarismo y poder personal,* Madrid, *El País,* 1985, p. 210. PORTELL, José María: *op. cit.,* pp. 306-307.

14 «Asunto: Sobre atentado terrorista...», CGI, DGP. VARELA SUANZES-CARPEGNA, Joaquín: *Historia constitucional de España,* Madrid, Marcial Pons, 2020, p. 514.

marcha la descentralización del Estado[15]. Los medios de comunicación le reclamaban entrevistas para aportar su opinión en el momento en el que España iniciaba su transición, desde un agónico régimen franquista, hacia una entonces difusa apertura política, en la que la distribución territorial del poder sería uno de los elementos fundamentales a tener en cuenta. Por ello, ETA le había puesto en el punto de mira, aduciendo en su comunicado una acusación infundada, que incidía en general en la historia del carlismo y en concreto en la vía foral descentralizadora que el finado propugnaba, extremo que no podía dejar de preocupar a un movimiento independentista. La víctima «no solo era consejero del Reino (institución marcadamente fascista), procurador en Cortes y presidente de la Diputación de Guipúzcoa, sino que además ha manifestado abiertamente sus posiciones políticas de extrema derecha formando parte del grupo dirigido por Sixto de Borbón en Montejurra». De esa forma, ETA, sin explicitarlo, pretendía deslegitimar el planteamiento tradicionalista de descentralización, puesto en marcha once meses antes por el gobierno presidido por Arias Navarro, asesinando a su principal impulsor y cortando así de raíz una opción de autonomía compatible con la permanencia de aquellos territorios vascos en España. Con su muerte, los milis procuraban cercenar de un tajo la vía de una restitución foral incardinada en la monarquía, como había sido históricamente.

Así, lo valoró Luis Jordana de Pozas, el presidente de la comisión descentralizadora para Guipúzcoa y Vizcaya creada por el primer Gobierno Arias, de la que el finado era su mentor, calificándolo de «promotor inicial» de la misma: «En los balazos criminales que determinaron su muerte estaba probablemente incluida su actuación destacada, importantísima, impulsora dentro de esta Comisión». Y el vocal de dicho organismo descentralizador Miguel Esparza Fernández-Larrinoz, presidente del Consejo Provincial de Trabajadores de Vizcaya, quien consideró que con la iniciativa de Araluce los etarras «se quedaban sin un tema que era la discriminación que padecíamos». También lo entendió así Gervasio Juaristi Ostolaza, el alcalde de la localidad guipuzcoana de Zarauz [hoy, Zarautz], diputado provincial y uno de los hombres ideológicamente más próximos a Araluce, para quien el motivo

15 Moción del procurador Juan María de Araluce Villar, interesando el restablecimiento del Concierto Económico en las provincias de Guipúzcoa y Vizcaya (Madrid, 10/07/1975), ACP, *FSG*, Expediente 2881/24, pp. 1-5.

del asesinato no era otro que los desvelos del presidente de la diputación a favor de la descentralización y en concreto para la restitución del Concierto Económico. Asimismo, otro de los miembros de su equipo, el futuro vicepresidente de la diputación, Jesús María Azurza Ayerbe, quien consideraba lo de Montejurra como una «indignante» cortina de humo y para quien el verdadero afán del presidente de la corporación era la restitución de dicho instrumento económico descentralizador, que confiaba lograr a través de la comisión de régimen especial abierta por el régimen a iniciativa suya, un vericueto que su capacidad intelectual había ideado[16]. Por eso, asesinaron a Juan María de Araluce, de cincuenta y nueve años, más allá del móvil centrado en dificultar la apertura democrática que adujo el servicio de inteligencia norteamericano y que valoró *El País*. Porque para ETA, en su intransigente visión territorial, una propuesta descentralizadora, independientemente de que ella estuviera incardinada en la apertura del régimen, no podía concretarse en una solución inserta en el seno español.

De hecho, la alusión a los sucesos de Montejurra, acaecidos el 9 de mayo anterior, casaba mal con la circunstancia de haber sido un asesinato largamente anhelado por la dirección de ETA militar. Araluce ya había recibido en el mes de febrero anterior varias amenazas de muerte, según consta en la documentación policial; por tanto, antes de la excusa aducida en el comunicado etarra. Incluso, el 30 de abril de aquel año fueron detenidos por la Guardia Civil los milis Enrique Pagoaga Gallastegui, *Pello,* y José Menchacatorre Aguirre, a los que descubrieron unos planos correspondientes al recorrido que habitualmente hacía Araluce desde la diputación a su domicilio, lo que a la par evidenciaba la detallada elaboración y el alto nivel preparatorio del atentado. Ambos etarras admitieron a los agentes que los arrestaron que las informaciones recogidas pretendían la «ejecución» de Araluce, «desistiendo en un principio por dificultades debidas a la aglomeración de personas

16 PORTELL, José María, *op. cit.*, pp. 305-306. «Acta de la sesión plenaria celebrada por la Comisión para estudio de la implantación de un régimen administrativo especial para las provincias de Vizcaya y Guipúzcoa, el día trece de octubre de mil novecientos setenta y seis», ACP, *FSGT,* Caja 2274, p. 365. «Acta n.º 10 de la sesión plenaria celebrada por la Comisión para el estudio de la implantación de un régimen administrativo especial para las provincias de Vizcaya y Guipúzcoa» (Madrid, 17/11/1976), ACP, *FSGT,* Expediente 2454/5, pp. 232-233. *Gervasio Juaristi Ostolaza,* 25/08/2022, Zarautz (Gipuzkoa), entrevista realizada por Juan José ECHEVARRÍA. *Jesús María Azurza Ayerbe,* 30/08/2022, Tolosa (Gipuzkoa), entrevista realizada por Juan José ECHEVARRÍA.

y vehículos, en una zona tan céntrica de la ciudad». Hubo, pues, planes de los dirigentes de ETA militar desde al menos el 30 de abril para asesinar al presidente de la diputación, con lo que había también una clara intencionalidad al pretender implicar a Araluce en los sucesos de Montejurra del 9 de mayo. De hecho, la cita de lo acaecido en aquel monte se repetía en el comunicado, ligando al segundo gabinete Arias, en concreto a su vicepresidente y ministro de la Gobernación, Manuel Fraga Iribarne, relevante miembro del primer gobierno de Juan Carlos I, de la monarquía que ansiaban derribar. El etarra Pello era hermano de José Manuel Pagoaga Gallastegui, *Peixoto,* huido al otro lado de la frontera y entonces uno de los dirigentes de ETA militar[17], uno de los cabecillas de la misma organización que cinco meses después consiguió matar al presidente de la diputación guipuzcoana, poniendo fin a un objetivo largamente pretendido en el tiempo, antes de lo sucedido en Montejurra.

De hecho, desde mucho antes, ya en 1973, el año de la muerte de Carrero Blanco, los servicios de inteligencia norteamericanos manejaban información de las amenazas de las que era objeto Araluce, una intimidación especialmente inquietante, que confirmaba que ya para entonces ETA le había puesto en su punto de mira, si no fue antes. En el período 1967-1972, la familia vivió en Villa Ignacia, en el barrio donostiarra de Ategorrieta. A partir de 1970, dos miembros de la Policía Armada custodiaron siempre a la familia en aquella casa, turnándose cada ocho horas con otros agentes. Los hijos de Araluce se acostumbraron a verlos por el jardín o en el *office* de la casa. En esa época llegaron varias cartas. En una de ellas no solo se amenazaba al presidente de la diputación, sino también a sus hijos. La policía aconsejó a los mayores, a Juan, Gonzalo e Ignacio, que regresaran a casa siempre antes de anochecer y que evitaran determinadas zonas de la ciudad, como lo Viejo. La hija mayor, María del Mar, estudiaba en Pamplona, y se le encomendó cuidado y que no saliera mucho del colegio mayor donde vivía. Dos momentos fueron recordados por esos hijos. Uno, cuando Marta, la benjamina, se perdió jugando, generando una alarma policial hasta que apareció. Y otro, cuando en el colegio de los Maristas, de la orden religiosa de la Sociedad de María, donde estudiaban los pequeños Javier y José, secuestraron durante unas horas a un alumno. Los

17 «Asunto: Sobre atentado terrorista...», CGI, DGP. PORTELL, José María, *op. cit.*, pp. 305 y 96-97.

Araluce siempre pensaron que se equivocaron de niño y que el objetivo era uno de los dos hermanos que estudiaba en aquel colegio. La sensación de inseguridad y preocupación, que en la mujer de Araluce se tradujeron en jaquecas recurrentes, inundó a la familia. Máxime, cuando el entonces gobernador civil, Julio Iranzo Domínguez, insistió a Juan María de Araluce en que fuera armado. Finalmente, la propia policía aconsejó al presidente de la diputación que abandonara Villa Ignacia ante la dificultad de defender aquella enorme y aislada casona. Por eso, se mudaron a un piso céntrico en un edificio con vecinos[18], camino del cual fue asesinado Araluce cuatro años después.

La persecución de ETA a Araluce era, pues, muy anterior, por lo que la mención a los sucesos de Montejurra del 9 de mayo de 1976 en el comunicado en el que asumió su muerte era una mera excusa, pero que delataba a la organización terrorista, ya que permitía relacionar a la víctima con la razón de su asesinato: ser el adalid de una descentralización de raíz foral. Dicha referencia retrotraía a una montaña mítica en el imaginario carlista, situada en la merindad navarra donde hacía cerca de siglo y medio había forjado su leyenda, mediante el despliegue sobre el terreno de guerrillas rurales, el general Tomás Zumalacárregui, el trágico héroe carlista de la primera guerra civil de la época contemporánea, al que en 1976 habría pocas localidades vascas que no tuvieran una calle dedicada, con la que sus vecinos recordar su memoria. En esa misma montaña, las tropas tradicionalistas habían obtenido una de sus más renombradas victorias de la segunda guerra, y, tras la tercera y última guerra civil, en la que luchó un Tercio de Montejurra, se celebraba, normalmente el primer domingo de cada mes de mayo, un vía crucis, en el que miles de carlistas conmemoraban a todos los tradicionalistas caídos en las luchas sangrientas que habían acompañado a la construcción de la nación española a lo largo de los siglos XIX y XX.

Precisar la ideología del carlismo es una empresa harto difícil, ya que «ha estado sujeta desde sus orígenes a reformulaciones y acomodaciones sucesivas en el curso de una historia de casi dos siglos de duración», como ha sentenciado la historiografía. Eso explica la división, la atomización del carlismo en planteamientos tan divergentes que parecen difícilmente conciliables entre sí. En 1976, eso incluía desde posiciones

---

18 MOTA ZURDO, David: *En manos del Tío Sam. ETA y Estados Unidos*, Granada, Comares, 2021, p. 102. PÉREZ PÉREZ, José Antonio: *op. cit.*, p. 252. *Juan Araluce Letamendía*, 09/11/2020, Madrid, entrevista realizada por Juan José ECHEVARRÍA.

socialistas hasta aquellas más tradicionales e integristas católicas. Y de ello, eran conscientes los que lideraban entonces ETA, que intelectualmente se veían capaces de alimentar esas contradicciones en beneficio propio, condicionando el debate político.

Los elementos esenciales de la ideología carlista en el curso de la primera guerra, la llamada de los Siete Años, de 1833 a 1840, eran el origen divino del poder, la soberanía exclusiva del monarca, la comunidad social basada en las tradiciones, la religión católica como sustrato de todo ordenamiento político y, fundamentalmente, la alianza entre el poder espiritual y terrenal, entre al altar y el trono; concretado en el triple lema «Dios, Patria y Rey». Pasado el tiempo y como reacción a la revolución democrática de 1868, el discurso carlista se reafirmó aún más en el contenido integrista religioso que siempre había sido consustancial a su ideología, pero fue a partir de entonces, cuando sus publicistas empezaron a introducir conceptos como el de los derechos de las regiones, asumiendo de una manera «efectiva el hecho foral. El carlismo pasaría ahora a identificarse con el mantenimiento de los fueros en los ámbitos que lo conservaban, o a los que debían ser restituidos», ya fuera en el primer caso en las provincias vasco-navarras o en el segundo en los antiguos reinos de la Corona de Aragón. Hasta el punto fue tal asunción que, de considerar a los fueros dentro del elemento Patria del trilema, de una manera retrospectiva, se pasó a explicitar un tetralema, constituido por «Dios, Patria, Fueros y Rey»; introduciendo así el elemento descentralizador en su frontispicio reivindicativo. Eso ya fue a partir de la segunda de aquellas guerras civiles, la llamada de los Cuatro Años (1872-1876), que se volvió a saldar con la derrota del carlismo y de su pretendiente Carlos VII. Tamaño contratiempo, después de que pasara una década de conmoción, desconcierto y escisiones, se superó, a partir de la segunda mitad de 1888, con la aparición del periódico *El Correo Español*, verdadero órgano de expresión oficial carlista, y sobre todo ya en 1889 con la conmemoración del decimotercer centenario de la conversión de Recaredo y la unidad católica de España, evento considerado el punto de arranque de la renovación estructural carlista, transformándose ahora sí en una verdadera organización política, aunque solo fuese una más de la época de la Restauración alfonsina, que para desagrado carlista se había concretado en la rama rival, en la liberal, de la dinastía Borbón. Tal proceso, ya entrado el nuevo siglo, se vio completado con el desarrollo de una organización paramilitar, los requetés, que eran una adaptación urbana de la originaria idiosincrasia guerrera rural del carlismo, concebidos como el instrumento de un proyecto insurreccional contra el Estado liberal y, que, después del golpe de Estado que desencadenó la tercera de las conflagraciones, conocida como la Guerra Civil (1936-1939), se alzaron contra la Segunda República. A su fin, por primera vez ganaron la guerra. Sin embargo, «el primer gran triunfo político y militar del carlismo en la historia contemporánea de España iba a significar paradójicamente el inicio de su andanza hacia la definitiva marginalidad»[19], como dictaminó Jordi Canal, uno de los historiadores que más ha profundizado en la investigación del carlismo.

Marginalidad que se vio alimentada por la división en la que el Tradicionalismo se sumergió tras su victoria, acuciada por el propio régimen triunfante, que lo quebró, mediante su subordinación a la Falange[20]. Eso fue el decreto de unificación, dictado por el nuevo hombre fuerte surgido durante la última guerra: Francisco Franco Bahamonde. Mediante aquel, fechado el 19 de abril de 1937[21], el carlismo quedó en una posición de desventaja y desigualdad dentro del nuevo régimen, que llevó el desánimo a los tradicionalistas[22]. La cohabitación, en esas condiciones de inferioridad, del carlismo en el franquismo, se tradujo en la división entre *carloctavistas, javieristas* y *estorilos*, definibles por los diferentes candidatos que proponían para la sucesión de Franco, mientras que este manejaba sus esperanzas. Pero, el drama para ellos no se acababa ahí, en la medida en que la viabilidad

19 ARÓSTEGUI, Julio, CANAL, Jordi y GONZÁLEZ CALLEJA, Eduardo: *El carlismo y las guerras carlistas. Hechos, hombres e ideas,* Madrid, La Esfera de los Libros, 2003, pp. 182-184, 80 y 92. CASPISTEGUI, Francisco Javier: *El naufragio de las ortodoxias. El carlismo, 1962-1977,* Pamplona, EUNSA, 1977, p. 167. CANAL, Jordi: *El carlismo. Dos siglos de contrarrevolución en España,* Madrid, Alianza, 2000, pp. 232, 322 y 327. MARTORELL PÉREZ, Manuel: «Nuevas aportaciones históricas sobre la evolución ideológica del carlismo», *Gerónimo de Uztariz,* 16 (2000), pp. 100-102. CANAL, Jordi: *Banderas blancas, boinas rojas. Una historia política del carlismo, 1876-1939,* Madrid, Marcial Pons, 2006, pp. 100 y 347.

20 GIL PECHARROMÁN, Juan: *El Movimiento Nacional (1937-1977),* Barcelona, Planeta, 2013, p. 27.

21 Decreto de 19 de abril de 1937 (Gobierno del Estado), disponiendo que Falange Española y Requetés se integren, bajo la Jefatura de S. E. el Jefe del Estado, en una sola entidad política, de carácter nacional, que se denominará Falange Española Tradicionalista y de las JONS, quedando disueltas las demás organizaciones y partidos políticos. *Boletín Oficial del Estado,* 20/04/1937, núm. 182, pp. 1033-1034.

22 VÁZQUEZ DE PRADA, Mercedes: «El nuevo rumbo político del carlismo hacia la colaboración con el Régimen (1955-56)», *Hispania,* 231 (2009), p. 181.

de sus proyectos solo podía desarrollarse en colaboración con el Nuevo Estado instituido por los alzados, de lo que el régimen se aprovechaba, mientras los distintos sectores carlistas rivalizaban y cada uno de ellos adecuaba su estrategia, en vez de a combatirlo, a restar la influencia de los demás.

La primera opción servía la táctica de Carlos de Habsburgo y Borbón, descendiente por línea materna de Carlos VII. Sus dirigentes ocuparon importantes puestos en las jefaturas del Movimiento y fueron denominados, no sin cierta connotación peyorativa, como los *tradicionalistas unificados*, en referencia al decreto mencionado. La intensa actividad que desarrollaron estuvo caracterizada por su adhesión al régimen franquista, y el enfrentamiento con los otros posibles candidatos y sus seguidores, que iba a durar hasta la primera entrevista, celebrada a bordo del yate Azor, entre Franco y don Juan de Borbón y Battenberg, el hijo de Alfonso XIII, en 1948. Hecho este que supuso el enfriamiento de su actitud hacia el régimen, dada su radical repulsa a cualquier tipo de contacto con la dinastía rival liberal. Pero, consciente Franco de la importancia de estos en la vertebración territorial del Nuevo Estado, especialmente en las provincias vasco-navarras, había diseñado la Ley de Sucesión en la Jefatura del Estado de 1947, definiendo a España como un reino, en un intento de cerrar el paso a un replanteamiento republicano, y creó el mencionado Consejo del Reino[23] en el que veinticuatro años después entraría como miembro electivo Araluce. En 1953 falleció el llamado, por sus fieles, Carlos VIII, por lo que muchos de sus seguidores se pasaron al sector de Javier de Borbón-Parma y Braganza.

Este era el candidato al trono del segundo de los grupos carlistas, sector que podía argumentar una más estrecha continuidad con la antigua Comunión Tradicionalista (CT) y con su estructura paramilitar, los requetés, que el 19 de julio de 1936 se alzaron contra la Segunda República. De hecho, fue Javier de Borbón-Parma, quien firmó la orden de incorporación de los *boinas rojas* a la guerra, cuya contribución a la causa nacional permitió al carlismo desempeñar un papel, aunque secundario, en el nuevo régimen. El carlismo llegó a organizar y sostener hasta cuarenta tercios de requetés, cerca de 24.000 hombres armados. En concreto, en Pamplona, hasta 6000 requetés se reunieron en la mañana de aquel día en la plaza del Castillo, llamada por uno de los oradores de aquella parada militar el «Patio de Armas de la España

23 CASPISTEGUI, Francisco Javier: *op. cit.*, pp. 14-16.

Nacional». Pero, Navarra, aun siendo la que más contribuyó en voluntarios, no fue la única. Hubo otras zonas donde los *boinas rojas* protagonizaron igualmente la contienda: Andalucía, donde se sublevaron un día antes, Álava, Zaragoza y Burgos. Y también en territorios que pudo inicialmente controlar la República, como Asturias, Cantabria, Cataluña, Valencia, Guipúzcoa y Vizcaya. En esta última provincia, el 23 de junio de 1937, se alistó en el Tercio de Nuestra Señora de Begoña, el requeté Juan María de Araluce Villar, justo un día antes de cumplir los veinte años[24].

Los falangistas aportaron hasta casi 75.000 hombres armados, tres veces más que los carlistas, lo que se tradujo en la preponderancia de los primeros. Los que no aceptaron la marginación del carlismo en el nuevo régimen sufrieron el exilio o la postergación por orden de Franco, sumiéndose el grupo *javierista* en el desánimo, en lo que se ha denominado gráficamente como una época oscura, mientras que sus rivales *carloctavistas* ocupaban cargos en el Nuevo Estado y hacían lo mismo destacados miembros de la propia CT, que rompieron con Javier de Borbón-Parma, como Tomás Domínguez Arévalo, conde de Rodezno, quien se colocó, al calor del nuevo régimen, como vicepresidente de la Diputación Foral de Navarra y procurador en Cortes. En cambio, Manuel Fal Conde, el delegado en España del pretendiente Alfonso Carlos I, hermano menor de Carlos VII, fue desterrado y luego confinado. El fiel dirigente tradicionalista pagaba así por haber osado dictar un decreto de creación de la Real Academia Militar Carlista, como estructura de un protoestado tradicionalista en plena Guerra Civil, así como fundar en Burgos una Obra Nacional Corporativa, dirigida por José María Arauz de Robles, conocida como el *sindicato carlista*, que agrupaba a patronos y obreros en asociaciones gremiales[25].

La cerrazón de Franco a la creación de la academia militar carlista contrastaba con el hecho de la falta de oficiales en el ejército sublevado para atender la guerra que habían originado, lo que pretendió ser

24 UGARTE, Javier: «Del carlismo en el País Vasco durante la Dictadura», *Cuadernos de Alzate*, 50-51 (2018), pp. 157-158. CANAL, Jordi: *El carlismo. Dos siglos...*, pp. 327-329. CANAL, Jordi: *Banderas blancas, boinas rojas...*, p. 326. Certificado de alistamiento de Juan María Araluce Villar (1939), APJAL.

25 ARÓSTEGUI, Julio, CANAL, Jordi y GONZÁLEZ CALLEJA, Eduardo: *op. cit.*, pp. 118 y 214. VÁZQUEZ DE PRADA, Mercedes: «La reorganización del carlismo vasco en los setenta: entre la pasividad y el *separatismo*», *Vasconia* 38 (2012), pp. 1112-1113. CANAL, Jordi: *op.cit.*, p. 334.

paliado con la creación del empleo de alférez provisional. Así, lo había dictaminado la Junta de Defensa Nacional, entonces el organismo de mayor rango de los alzados, que preveía tal medida para suboficiales, tropa y soldados, también para los encuadrados en lo que denominaban las «milicias militarizadas», como habían sido catalogados los requetés por las nuevas autoridades. Todo varón mayor de veinte años y menor de treinta, que poseyera al menos el título de bachillerato, podía optar a promocionar a tal graduación[26]. Era el caso de Araluce, que era doctor en Derecho, haciendo el curso de instrucción para ello, de escasos quince días, mientras estaba encuadrado en el Tercio de Begoña. La disposición obligaba a que una vez terminado, el ya oficial sería destinado «para el desempeño de su nuevo cometido, dentro del Ejército a Unidades a ser posible distintas del Cuerpo de procedencia», evidenciando que la intención de la norma pasaba también por capitalizar al ejército regular y devaluar a los paramilitares requetés. De tal manera que Araluce ingresó en noviembre de 1938 en el Ejército del Aire, donde fue instruido como piloto de caza, sin llegar ahora a entrar en combate por el fin de la guerra. Aprendió a pilotar el Fiat C.R. 32, conocido como Chirri, un caza biplano de cuatro alas de fabricación italiana, de una sola plaza y armado con una metralleta, cuya mayor ventaja era su maniobrabilidad, que fue utilizado en la Guerra Civil por las tropas italianas que intervinieron a favor de los alzados y también por la propia aviación de ese bando. A partir de 1938, fueron ya construidos por la empresa Hispano Aviación, en su nueva factoría del barrio sevillano de Triana. Especialmente, el modelo de entrenamiento del avión, en el cual aprendió Araluce y en el que vivió una amarga experiencia en una ocasión, cuando falló repentinamente el motor y perdió altura, obligándole a hacer un aterrizaje sobre un maizal, del que salió ileso, pero quedando inservible el aparato al quedar hundido sobre su morro. Un campesino que acudió a rescatarle se alarmó porque tenía el brazo izquierdo torcido, una lesión que, sin embargo, le había provocado un mal paso de niño. Juan Mari fue destinado a Sevilla, donde hizo la instrucción en aviación, y más tarde a Larache, al Protectorado español en Marruecos, donde habían hecho su carrera militar muchos de los mandos que había tenido a lo largo de la Guerra Civil. El 2 de abril de 1945, un día después de celebrarse el sexto aniversario del fin de la

26 Decreto núm. 94, de 4 de septiembre de 1936. *Boletín Oficial de la Junta de Defensa Nacional de España*, 07/09/1936, núm. 17, pp. 65-66.

guerra, estando destinado en la Región Aérea número 1, con base en el aeródromo de Getafe, en Madrid, Araluce fue ascendido al empleo de teniente. Pero, la carrera militar de quien tenía entonces veintisiete años había quedado marcada por su etapa de alférez provisional, participando después activamente en la Hermandad que los unía e incluso formando parte de su Junta Directiva guipuzcoana. Siempre recordó gratamente aquella época, que supuso para él el fin de los combates. Prueba de ello es que la única insignia que de verdad le gustó lucir fue la de la estrella de seis puntas sobre fondo negro, la de los alféreces provisionales[27].

Ocho años antes del último ascenso de Araluce, había muerto el pretendiente Alfonso Carlos, en Viena, atropellado por un camión. Con el fallecimiento de este, había desaparecido el último varón descendiente de Carlos V, el primero de la dinastía que había lanzado la insurrección legitimista contra el liberalismo. Tal hecho, para una ideología basada en el rechazo al trono de cualquier mujer, como había sido en origen la disputa con Isabel II, suponía un grave inconveniente. De hecho, los derechos de la rama dinástica de los borbones carlistas recaían ahora en la liberal, en concreto en Alfonso XIII, a través de su abuelo, el marido de Isabel II, pero para muchos carlistas tal circunstancia era inaceptable, lo que benefició a Javier de Borbón-Parma, aunque este padeciese de una evidente capacidad de liderazgo, que lastraba las aspiraciones de sus seguidores. Este era descendiente, por línea masculina, del primer Borbón que reinó en España, Felipe V, y sobrino de la esposa de Alfonso Carlos. Antes de morir, este último le encomendó la dirección carlista con el título de regente, ya que al no ser descendiente del pretendiente Carlos V, no pudo proponerle como heredero del trono legitimista. Tal condición, que ya menoscababa su autoridad sobre sus seguidores, se vio además minusvalorada porque tuvo que convivir con el poder interno del confinado Fal Conde, lo que lastraba la dirección única del movimiento carlista, acrecentada por la falta de entendimiento entre ellos y por la propia reticencia del regente a presentarse como una alternativa sólida ante quien encabezaba otra opción posible, la de Juan de Borbón, el hijo y heredero de Alfonso XIII. De hecho, para Javier de Borbón-Parma, la reivindicación legitimista no era tan relevante como

27 *Juan Araluce Letamendía*, 02/11/2020, Madrid, entrevista realizada por Juan José ECHEVARRÍA. Carta de Alfonso de Urquijo y Landecho a Juan Araluce Letamendía (Madrid, 06/10/1976), APJAL. Notificación de ascenso al grado de teniente de Juan María Araluce Villar (1945), APJAL.

la de participar en la tarea de restauración de una monarquía católica que contuviese al comunismo, el verdadero enemigo. Y en esa tarea, él como mero regente, podía intentar llegar a un acuerdo dinástico con la rama liberal, para desesperación de Fal Conde y de muchos de sus seguidores, que querían que asumiera sin complejos la condición de rey.

Los *juanistas* o *estorilos* eran los integrantes del tercer sector carlista, en cuya génesis se encontraba no solo el derecho sucesorio, sino también el hartazgo de muchos tradicionalistas ante las indecisiones de Javier de Borbón-Parma[28]. El 20 de diciembre de 1957 un grupo de carlistas, liderados por el mencionado Arauz de Robles, acudió a la localidad portuguesa de Estoril, de ahí el nombre, a rendir pleitesía a quien habían decidido considerar su rey, a Juan IV[29], el hijo de Alfonso XIII, aceptando que los derechos dinásticos habían recaído en él, previo asentimiento de los principios tradicionalistas por parte de este, quien se caló la boina roja para escenificar dicha asunción. Dichos principios eran los que había establecido Alfonso Carlos en 1936: defensa de la religión católica, el respeto a la constitución *natural* y orgánica de los cuerpos y estamentos de la sociedad tradicional, el reconocimiento de los derechos históricos de las regiones españolas —de sus fueros y libertades—, la monarquía tradicional y la aplicación del derecho público cristiano. Juan de Borbón había desbrozado ese camino, desde 1946, con las *Bases de Estoril,* elaboradas por José María Gil-Robles, el líder de la derechista CEDA durante la Segunda República, pero también por los carlistas Antonio María de Oriol y Urquijo, futuro presidente del Consejo de Estado, el conde de Rodezno y Antonio Iturmendi Bañales, futuro ministro de Justicia y presidente de las Cortes, concibiéndolas como una alternativa al franquismo. Aquellos doce puntos programáticos fueron el fruto del consenso entre los enemigos decimonónicos, entre el liberalismo y el carlismo, que habían combatido entre sí en las dos primeras guerras civiles. De tal manera, que presentadas como los puntos institucionales con los que Juan de Borbón quería fundamentar su Monarquía, las *Bases de Estoril* consideraban a la religión católica como conformadora de España, algo que no podía «ser objeto de discusión, ni revisión». A la vez, abogaban por la monarquía hereditaria —en la rama liberal, representada por Juan de Borbón— y representativa.

28 VÁZQUEZ DE PRADA, Mercedes: *op. cit.*, pp. 1113-1117.

29 Juan III para los *alfonsinos*. La diferencia en el numeral para los carlistas radicaba en la existencia de un Juan III como pretendiente al trono, hijo de Carlos V y padre de Carlos VII.

El documento consensuado no especificaba como se contrastaba esta última característica, si de una manera orgánica o inorgánica, pero preveía unas Cortes elegidas mediante las dos formas, aunque también explicitaba que dichas bases serían sometidas a la voluntad de la nación «libremente expresada», en una mención implícita a los referéndums, instrumento legitimador grato a las democracias, pero también a las dictaduras. Desde ese momento, se abrieron negociaciones entre destacados carlistas afines al régimen y los consejeros del hijo de Alfonso XIII, que años después fructificaron en el acto de Estoril de 1957, al que asistieron el conde de Rodezno y Antonio María de Oriol, así como sus hermanos José María y Lucas. Tres años antes, en 1954, Juan de Borbón había mantenido su segunda entrevista con Franco, esta vez en la finca extremeña de Las Cabezas, en donde quedó definida la educación de su heredero, Juan Carlos de Borbón y Borbón, bajo la tutela del dictador. El niño había estudiado los últimos cursos de la primaria en Las Jarillas, una finca a las afueras de Madrid, propiedad del monárquico Alfonso de Urquijo y Landecho, donde para satisfacción de Franco y con la anuencia de Juan de Borbón se organizó una pequeña escuela en compañía de otros alumnos de su edad[30].

Las opciones de restauración monárquica de los *estorilos*, pues, pasaban al final, como todas las carlistas, por la colaboración con el régimen franquista. De hecho, en el seno del carlismo, fue este grupo, donde las opiniones más tradicionalistas eran preponderantes, quien más pronto asumió que su viabilidad solo sería posible mediante la simbiosis con el Nuevo Estado instaurado, sintetizada en la frase *la Monarquía del 18 de Julio*, convertida en el eje vertebrador de su pensamiento, lo que suponía asumir al franquismo como una legitimidad más en el largo camino de la historia del carlismo. La idea de aproximación de esos tradicionalistas a Juan de Borbón, según palabras del miembro del Consejo Privado de este, Gonzalo Fernández de la Mora y Mon, buscaba el objetivo de hacer ver al hijo de Alfonso XIII que «la única fuerza restauradora era Franco, y que la monarquía futura tenía que ser continuadora del Estado nacido de la guerra civil». Entre los que continuaron

30 CASPISTEGUI, Francisco Javier: *op. cit.*, pp. 22-26. ANSON, Luis María: *Don Juan*, Barcelona, Plaza & Janés, 1994, pp. 249-252. BALLESTERO, Alfonso: *José María de Oriol y Urquijo*, Madrid, LID, 2014, p. 103. VÁZQUEZ DE PRADA, Mercedes: «La oposición monárquica y su aproximación al franquismo a partir de 1954», *Memoria y civilización*, 13 (2010), pp. 52-53. PRESTON, Paul: *Juan Carlos. El rey de un pueblo*, Barcelona, Debate, 2023, pp. 64-69.

con ese planteamiento, en la siguiente generación de dirigentes tradicionalistas, estuvo Juan María de Araluce, quien, con otros *estorilos*, como los Oriol, y con otros monárquicos, como el propio Fernández de la Mora, fundaría la Unión Nacional Española (UNE), al calor del decreto-ley de asociaciones políticas dictado por el primer Gobierno de Arias Navarro. Después de la muerte del presidente de la diputación guipuzcoana, la UNE sería el mascarón de proa del Tradicionalismo representado en Alianza Popular[31], formación que se refundaría años después en el Partido Popular de hoy en día.

La opción *estorila* estaba en el origen de la vinculación política entre Araluce y Antonio María de Oriol y otros miembros de esa adinerada familia, aunque a nivel personal venía de antes, desde la infancia, algo que la Embajada de Estados Unidos en Madrid destacó en la información que remitió a la CIA cuando el asesinato del presidente de la diputación. Poco después, el 11 de diciembre de 1976, Antonio María de Oriol sería secuestrado por los Grupos Revolucionarios Antifascista Primero de Octubre (GRAPO), brazo armado del Partido Comunista de España Reconstituido (PCEr)[32], una escisión extremista del Partido Comunista de España.

En Araluce, la monarquía y el catolicismo eran consustanciales, consecuentemente con su ideología tradicionalista. Con estas palabras se dirigió a Juan Carlos I, en la primera audiencia concedida por este como rey a la Diputación Provincial de Guipúzcoa, recordando la continuidad dinástica del nuevo jefe del Estado, «cuya feliz instauración en el Trono de vuestros mayores, queremos proclamar con la emoción entrañable del hondo afecto que sabéis, Majestad, os profesamos». Tres años antes de pronunciar estas palabras, en vida aún de Franco, el presidente de la diputación guipuzcoana, en una entrevista en el periódico *Pueblo*, donde el poso falangista aún seguía presente, explicaba las diferencias entre el franquismo y la futura monarquía tradicionalista: «El Caudillaje obedece a razones propias de un determinado momento histórico, la Monarquía es una forma permanente». Pero, para Araluce

31 RÍO MORILLA, Miguel A.: *De la extrema derecha neofranquista a la derecha conservadora: los orígenes de Alianza Popular (1973-1979)*, Tesis doctoral, Barcelona, Universitat Autònoma de Barcelona, 2013, p. 131.

32 Telegrama de la Embajada de Estados Unidos…, CFPF, 1976MADRID07576. LADRÓN DE GUEVARA, Carmen: *Las víctimas del terrorismo de extrema izquierda en España. Del DRIL a los GRAPO (1960-2006)*, Córdoba, Almuzara, 2022, p. 115.

esa disimilitud era una cuestión de matiz, que no afectaba a su esencia, contradiciendo al periodista: «Se equivoca usted, al pensar que la Monarquía que habrá en España no tiene un enclave en el calendario. Naturalmente que lo tiene, y es, asimismo, el 18 de Julio. Es una evolución del espíritu de esa fecha»[33]. El *estorilo* Araluce era un indudable defensor de la monarquía representativa, que en 1946 habían proclamado las *Bases de Estoril* y que en 1958 habían declarado los Principios Fundamentales del Movimiento[34], la normativa franquista que había acompasado al régimen con el Tradicionalismo.

En tres declaraciones a la prensa, Araluce explicitó qué entendía por representación: «La soberanía, personalizada en la Corona, es patrimonio indeclinable del pueblo español, por el cual y para el cual se ejerce aquella. Es el pueblo quien hace la ley», dijo Araluce al mes de la muerte de Franco[35]. Y poco después, en febrero de 1976, cuando fue reelegido presidente de la diputación:

> Yo, en la concepción política del Estado, soy un hombre que me adscribo a la tesis tradicional. Y que considero que la sociedad española es un organismo vivo, donde el individuo no es un simple número, sino que actúa a través de sus intereses (...). Es un hombre que pertenece a un determinado territorio, que desempeña una profesión, que siente unas muy concretas preocupaciones, reduciéndolos a un puro ente de razón, como es la política, ofrece graves peligros. Me explico: unas personas insertas en una asociación de vecinos, tienen una relación de interés con sus compañeros de asociación mucho más sentida que la que les puede dar su simple adscripción a un partido político[36].

33 «Palabras pronunciadas por el Excmo. Sr. D. Juan María de Araluce a S. M. el Rey de España D. Juan Carlos I, en la Audiencia concedida en el Palacio Real el día 14 de enero de 1976 a las corporaciones provincial y municipal, presidida por el Excmo. Gobernador de la Provincia, D. Emilio Rodríguez Román», APJAL. CASADO, Antonio: «El Rey nunca será beligerante», *Pueblo*, 23/09/1972, pp. 13 y 16.

34 Ley fundamental de 17 de mayo de 1958 por la que se promulgan los principios del Movimiento Nacional. *Boletín Oficial del Estado*, 19/05/1958, núm. 119, pp. 4511-4512.

35 «Políticos para la transición», *Actualidad Económica*, 927, 23/12/1975, p. 26.

36 PASTOR, Roberto: «Don Juan María de Araluce y Villar, presidente electo de la Diputación», *La Voz de España*, 08/02/1976, p. 22.

Y en unas declaraciones ese mismo año al semanario en euskera *Zeruko Argia* (Luz del Cielo), revista editada por el convento de la orden de Capuchinos de Pamplona, explicitó aún más su pensamiento:

> El protagonismo político no puede centrarse con exclusividad en las agrupaciones ideológicas y que estas deben compartirlo con otras representaciones que persigan un interés social claramente definido, por expresión natural o voluntaria. ¿Es que las asociaciones de vecinos, de padres de familia o el sindicato, pongo por ejemplos muy diversos, no pueden participar en la vida política más que a través de su homologación política?[37]

Vecinales o familiares, como el propio Araluce, quien tuvo a gala formar parte de la Unión Nacional de Asociaciones Familiares de la que fue directivo[38]. Esa era la aportación del tradicionalismo *estorilo* al régimen franquista, lo que posibilitaba una forma de sufragio de los españoles, aunque limitado a su forma orgánica, aquella que se expresaba a través de las entidades *naturales*, como podían ser la familia y el municipio (reunión de vecinos), además del sindicato, en la línea de lo conceptualizado por el más célebre pensador tradicionalista, Juan Vázquez de Mella, diputado en Cortes, aquel que en la divisoria de los siglos XIX y XX, formuló su teoría del *sociedalismo jerárquico.* El *verbo del carlismo,* como fue llamado, negaba que el Estado fuera la única fuente del derecho, ya que por encima de él existían otras fuentes jurídicas, las emanadas de los grupos sociales *naturales*, surgidos orgánicamente de la sociabilidad humana. De ahí el neologismo *sociedalismo,* que permitió vincular en el seno de la cosmovisión tradicionalista la reclamación de los primeros carlistas en torno a la recuperación de las instituciones del Antiguo Régimen con la democracia organicista. Vázquez de Mella participó en la redacción del *Acta Política de la Conferencia de Loredan,* firmada en 1897 por Carlos VII desde su exilio en tal palacio veneciano, la primera concreción ideológica del carlismo en su historia, en la que proclamaba la *constitución interna* de la nación española, basada en la monarquía,

---

37 «Juan Maria Araluce jauna», *Zeruko Argia,* 671, 18/01/1976, pp. 16-17. La traducción al castellano está tomada de la respuesta en esa lengua del propio presidente de la diputación, en APJAL.

38 «Currículum vitae de don Juan María Araluce Villar», San Sebastián, 10/1976, APJAL.

el catolicismo, el régimen foral y el sistema corporativo social de la encíclica *Rerum novarum* de León XIII, que abriría a los católicos las puertas de la actividad sindical y del cooperativismo agrario. El planteamiento socialcristiano de Vázquez de Mella, basado en la confluencia de los intereses de los patronos y obreros, desembocó en la tesis carlista de que el concepto marxista de la lucha de clases era contrario a la moral cristiana. En su honor, las sedes tradicionalistas, la red de sociedades gregarias desplegadas por toda España, donde desde finales del siglo XIX socializaban las bases carlistas, fueron rebautizadas como Círculos Vázquez de Mella, siendo de hecho una de las estructuras más relevantes del movimiento. En aquellos locales, generación tras generación, se transmitió toda una cultura política, alimentada por ritos, conmemoraciones, símbolos, lazos familiares y comunitarios, soldados con profundos valores religiosos católicos[39], que permitieron al carlismo convertirse en una poderosa organización política.

Un cristianismo esencial en la cosmovisión carlista y también en Araluce, quien lo profesó en todos los órdenes de su vida y propagó en sus declaraciones a la prensa: «El tradicionalismo auténtico, no solamente ha estado identificado con un credo, también ha sido y es un modo de ser». El dirigente *estorilo* no podía entender al ser humano que no fuera «concebido como un valor espiritual», como le dijo en una entrevista a Pilar Urbano. A finales de los años cincuenta, Araluce leyó *Camino* de Josemaría Escrivá de Balaguer. El libro se lo prestó su cuñada Ana Letamendía Goitia, que estaba muy relacionada con los directivos del colegio Gaztelueta, sito en la localidad vizcaína de Lejona [hoy, Leioa]. Tras la residencia de estudiantes que conformaría el Colegio Mayor Moncloa, en Madrid, Gaztelueta había sido el primer colegio de la obra corporativa del Opus Dei, creado en 1951 de una iniciativa de Escrivá en colaboración con acaudaladas familias de la colindante localidad de Guecho [hoy, Getxo], como la de Luis María de Ybarra y Oriol, vicepresidente de la eléctrica Iberduero y miembro del consejo de administración del Banco de Vizcaya. El pasaje del libro en el que se incita al creyente a que su vida no sea estéril, que sea útil, el punto primero de los consejos de Escrivá, le llegó muy adentro, haciéndose de la Obra.

39 GONZÁLEZ CUEVAS, Pedro Carlos: «Vázquez de Mella, Juan», en BLAS GUERRERO, Andrés (dir.), *Enciclopedia del nacionalismo,* Madrid, Alianza, 1999, pp. 788-790. MARTORELL PÉREZ, Manuel: *op. cit.*, pp. 100-103.

—«He encontrado lo que yo buscaba», le dijo a su mujer[40].

Los que le conocieron y trabajaron codo con codo con él, como el gobernador Emilio Rodríguez Román, destacaban de Araluce su «amor, de creyente en Cristo, al espíritu religioso del hombre». Después, el «amor a su pueblo, el pueblo vasco», el «amor a la Patria», el «amor a la expresión foral como cauce de integración jurídica y política de los pueblos hispánicos» y el «amor, en fin, a la Monarquía tradicional», como expresó el futuro director general de Seguridad del primer Gobierno Suárez en el pleno de toma de posesión de Araluce tras ser reelegido como presidente de la Diputación Provincial de Guipúzcoa. Es decir, en Araluce primaba lo religioso sobre cualquier otra consideración. En la cosmovisión integrista católica que profesaba, enraizada en la esencia carlista, su sentimiento identitario, respecto a lo que cuando era joven todavía se denominaban la *patria chica* y la *patria grande*, que a su vez estaban conectadas a través de la foralidad y de la monarquía tradicional, quedaba en un plano inferior ante la religión. También destacó su profundo catolicismo, su amigo, el crítico de arte y pintor, Juan María Álvarez Emparanza, presidente de la Sección de Arte de la Junta de Cooperación Cultural de la diputación, quien escribió una necrológica a su muerte, calificándolo como un «cristiano auténtico». Asimismo, Jesús María Azurza, quien recuerda que Araluce era un creyente de misa diaria. Igualmente, el empresario José María de Oriol y Urquijo, quien resaltó la religiosidad de su paisano: «Sus actos iban diciendo siempre: la paz sea con vosotros». También, el *In memoriam*, que publicó *La Voz de España* el día después de su asesinato: «Ha muerto (...) un hombre bueno, fundamentalmente bueno que, por convicción religiosa, cristiana, había hecho de la vida servicio al prójimo». Y su secretaria, María Soledad [Marisol] Aguirre Jiménez, funcionaria de la diputación, quien había trabajado con él a lo largo de ocho años, que rememoraba el «mensaje de amor» del finado a Jesucristo y a su familia en un artículo publicado en *El Diario Vasco*, así como su carácter entrañable y afectuoso. Precisamente, Araluce asistió a la boda de

40 SAN MARTÍN, Enrique: «Tenemos un lugar dentro del pluriformismo político», *La Voz de España*, 10/03/1974, p. 19. URBANO, Pilar: «Sentimos la tragedia del terrorismo en nuestra propia carne», *ABC*, 03/10/1975, p. 109 de huecograbado. POMAR, Ramón: «San Josemaría y la promoción del Colegio Gaztelueta», *Studia et Documenta: rivista dell'Istituto Storico San Josemaría Escrivá*, 4, (2010), pp. 103-117. *Juan Araluce Letamendía*, 15/11/2020, Madrid, entrevista realizada por Juan José ECHEVARRÍA.

Marisol, renunciando a unas vacaciones en Canarias, porque para él era más valioso estar presente en el enlace de su fiel colaboradora, al entender el matrimonio como un sacramento divino. Al marido de su secretaria, José María Ruiz Urchegui, quien con los años sería dirigente de la patronal guipuzcoana, ETA militar intentaría asesinar en 1996. Su primo, Santiago Leceta Urchegui, quedó mutilado de parte de las dos piernas al estallar una bomba en el coche de José María cuando lo llevaba al taller para una revisión[41].

Creencias de Araluce, de los *estorilos* y de los carlistas en general, que continuaban con sus constantes rencillas y rivalidades, condicionando estas sus actuaciones. Las consecuencias del acto de Estoril fueron muy negativas para el sector *javierista*, puesto que pese a constituir una minoría los que habían acudido a la localidad portuguesa, eran muy significativos. El paso dado ofrecía a muchos católicos españoles un nuevo referente, el de Juan de Borbón, abriéndoles la posibilidad de cobijarse bajo su liderato. Precisamente de eso, de una dirección fuerte, era de lo que más adolecía el grupo *javierista*. El carácter dubitativo e inestable de Javier de Borbón-Parma jugaba en contra de este sector carlista, lastrando la reorganización carlista. De esa situación, pretendió sacarlo Fal Conde, mediante la proclamación de su candidato como pretendiente al trono con el nombre de Javier I. Para ello, el *javierismo* organizó en 1952, en Barcelona, un congreso de la CT, tolerada, aunque no reconocida por el régimen, ya que había desaparecido legalmente con el decreto de unificación. Celebrado el cónclave y cumplido el objetivo, parecía aclararse el camino del *javierismo*, pero Javier de Borbón-Parma volvió a defraudar y se negó a publicitar tal hecho, sobre el que tenía dudas sobre si era conforme a la tradición, en la medida en que no era descendiente de Carlos V, para desesperación de Fal Conde, que

41 «Acta núm. 4, Sesión extraordinaria del Pleno del día 8 de febrero de 1976», «Actas de las sesiones celebradas por la Diputación de Guipúzcoa durante el año 1976» (San Sebastián), DG, p. 70. ÁLVAREZ EMPARANZA, Juan María: «Juan María de Araluce», *La Voz de España*, 07/10/1976, p. 2. *Jesús María Azurza Ayerbe*, 30/08/2022, Tolosa (Gipuzkoa), entrevista realizada por Juan José ECHEVARRÍA. Carta de José María de Oriol y Urquijo a Juan Araluce Letamendía (Madrid, 08/10/1976), APJAL. «In memoriam», *La Voz de España*, 05/10/1976, p. 3. *Marisol Aguirre Jiménez*, 10/08/2023, Donostia/San Sebastián, entrevista realizada por Juan José ECHEVARRÍA. AGUIRRE, Mary Sol [Marisol]: «Ocho años trabajando con don Juan María de Araluce», *El Diario Vasco*, 12/10/1976, p. 24. *Juan Araluce Letamendía*, 29/11/2020, Madrid, entrevista realizada por Juan José ECHEVARRÍA. ANGULO, Gorka: *La persecución de ETA a la derecha vasca*, Córdoba, Almuzara, 2018, p. 74.

veía que ningún revulsivo *despertaba* a los carlistas. Sin embargo, la reacción del sector *javierista* se produjo finalmente como consecuencia de la entrevista de Franco y Juan de Borbón en Las Cabezas, que alertó al *javierismo* del riesgo de que la sucesión recayera en la rama liberal; eso sí, al precio de poner fin a dos décadas de oposición al franquismo y de volver al redil de la colaboración con el régimen, circunstancia que siempre redundaba en beneficio del dictador, en un momento además en el que el *carloctavismo* se alejaba de Franco antes de disolverse en la nada. Pero, la puesta en marcha del proyecto colaboracionista pasaba necesariamente por la neutralización de Fal Conde. Todo, en suma, suponía un tanto político para Franco, uno más, al conseguir atraer a ese cuantitativamente relevante sector del carlismo hacia el régimen.

El hombre clave en ese giro fue el antiguo dirigente de las juventudes democristianas de la CEDA, durante la Segunda República, José María Valiente Soriano, quien ocupó en 1955 la Presidencia de la Secretaría Nacional de la CT. Dos años después, Franco acompañó esta evolución, orillando las propuestas falangistas de corte neofascista diseñadas por el ministro-secretario del Movimiento, el vizcaíno José Luis de Arrese Magra, que obviaban la consideración de España como reino y que pretendían que la soberanía política residiese en el propio Movimiento Nacional, lo que relativizaría quien fuese el jefe de Estado en el futuro. En cambio, el dictador optó por la fórmula monárquica tradicional, lo que confirmaba el acierto del *posibilismo* abierto por Valiente, que en 1960 ascendió a jefe delegado de Javier I. En los Principios Fundamentales del Movimiento, de mayo de 1958, se loaba al catolicismo y a la familia[42]. El Movimiento Nacional pasaba a denominarse Comunión, una terminología propia del carlismo, y el propio régimen se definía como una monarquía tradicional, católica, social y representativa[43]. Se tra-

42 VÁZQUEZ DE PRADA, Mercedes: «La reorganización del carlismo...», pp. 1114-1117. VÁZQUEZ DE PRADA, Mercedes: «El papel del carlismo navarro en el inicio de la fragmentación definitiva de la comunión tradicionalista (1957-1960)», *Príncipe de Viena,* 254 (2011), pp. 394-395 y 402. VÁZQUEZ DE PRADA, Mercedes: «El nuevo rumbo político del carlismo hacia la colaboración con el régimen (1955-56)», *Hispania,* 231 (enero-abril, 2009), p. 179. GIL PECHARROMÁN, Juan: *op. cit.,* pp. 53-54. SÁNCHEZ CUENCA, Ignacio: *Atado y mal atado. El suicidio institucional del franquismo y el surgimiento de la democracia,* Madrid, Alianza, 2014, pp. 10-11. VÁZQUEZ DE PRADA, Mercedes: «José María Valiente Soriano. Una semblanza política», *Memoria y civilización,* 15 (2012), pp. 258-259. CASPISTEGUI, Francisco Javier: *op. cit.,* p. 21.

43 Ley fundamental de 17 de mayo de 1958... *BOE,* 19/05/1958, núm. 119, pp. 4511-4512.

taba de volver al espíritu del 18 de julio en su versión tradicionalista, que posibilitase en el futuro la restauración monárquica, lo que, para ese sector carlista, solo podía concretarse en el futuro en la rama dinástica carlista, encarnada por Javier de Borbón-Parma[44].

Las disputas entre falangistas y tradicionalistas, formalmente unidos desde el decreto de unificación de 1937, dirimida en 1958 por Franco a favor del carlismo, no solo se habían circunscrito a la pugna política en el seno del régimen, sino que también habían tenido expresiones violentas. El caso más grave ocurrió el 16 de agosto de 1942, cuando Araluce sobrevivió al primer atentado que sufrió en su vida. Una esquirla provocada por la explosión de una bomba de mano le rozó, sin herirle propiamente. El suceso ocurrió en la basílica de Nuestra Señora de Begoña, en Bilbao, donde cada año se recordaba a los caídos en la guerra del tercio homónimo, en donde había luchado Araluce. Días antes, el régimen había prohibido una misa, también en Bilbao, convocada para el 25 de julio, el día de Santiago, el patrón de España, por los tradicionalistas en memoria de Carlos V y sus descendientes. Pese al interdicto, aquel día, los carlistas se manifestaron a los gritos de «¡Viva el Rey!» y «¡Viva la España tradicionalista!». Estas reivindicaciones preocuparon a José Luis de Arrese, el ministro-secretario de la Falange Española Tradicionalista y de las JONS (FET y de las JONS), como formalmente se llamaba el partido unificado, en la medida en que días después se celebraría la conmemoración anual en sufragio de los muertos del Tercio de Begoña, en un acto del que se sospechaba que podía rentabilizarlo el propio sector *javierista*. Para prevenir la protesta, los dirigentes de FET y de las JONS vizcaínos solicitaron refuerzos al segundo de Arrese, el vicesecretario y jefe de milicias José Luna Meléndez, quien se había destacado en la represión durante la Guerra Civil, siendo el cabecilla de la Falange en Cáceres. En consecuencia, varias partidas de falangistas salieron de diversas ciudades en dirección a Bilbao para reforzar a sus conmilitones vizcaínos. Una de ellas, formada por tres falangistas, se personó el 16 de agosto en las puertas del santuario. Asistían al acto el general José Enrique Varela Iglesias, monárquico, veterano africanista y ministro del Ejército que estaba veraneando en Las Arenas, en la casa de su mujer, perteneciente a una acaudalada familia tradicionalista, y el entonces *carloctavista* y luego *estorilo* Antonio Iturmendi, entonces subsecretario de Gobernación;

44 VÁZQUEZ DE PRADA, Mercedes: «La reorganización del carlismo...», p. 1117.

así como los oficiales del Tercio de Begoña y otros requetés encabezados por Arauz de Robles. Acabada la misa y cuando mayor aglomeración había por la salida de los fieles, los falangistas lanzaron dos bombas de mano, explotando una sobre el gentío que se agolpaba en las inmediaciones, entre ellos Araluce. Hubo setenta y dos heridos, impidiendo las enormes dimensiones del atrio mayores desgracias. Uno de los culpables, el falangista Juan Domínguez Muñoz, fue condenado a muerte por un consejo de guerra y fusilado el 3 de septiembre, una vez que Franco no conmutó la pena[45].

En el santuario de Begoña, no fue la primera vez que le rondó la muerte a Araluce. Cuatro años antes, resultó herido en el frente de guerra, mientras combatía con el Tercio de Nuestra Señora de Begoña. En ambas ocasiones, su filiación tradicionalista, su ideología, estuvo en el origen de su desgracia, al igual que cuando, esta vez sí, le alcanzó la muerte, en el atentado que le costó la vida el 4 de octubre de 1976. En los últimos años de vida, su posición en el carlismo fue vista cada vez más escorada a posiciones integristas y tradicionalistas, encuadrable en un ala, a la que se adhirieron numerosos dirigentes y militantes del movimiento legitimista, que observaban con estupor una nueva mudanza del *javierismo,* que después de la etapa de colaboración con el régimen liderada por Valiente, empezaba a ladearse, ya avanzada la década de los sesenta, como un péndulo, hacia la oposición antifranquista. La persona clave en tal cambio fue Carlos Hugo, el hijo primogénito de Javier de Borbón-Parma, que había hecho su presentación política en 1957, en el monte legendario del carlismo, en Montejurra, compareciendo en calidad de príncipe de Asturias[46].

Allí, desde 1939, en el mes de mayo, se celebraba un vía crucis, en el curso del cual se ascendía por el monte recordando a los carlistas caídos en las guerras, precedidos por el capellán de la Hermandad Penitencial del Vía Crucis de Montejurra. Partiendo de la campa de Ayegui, a los pies de la montaña, después del desfile de los requetés, los romeros ascendían por la senda principal, rezando ante cada cruz,

---

45 *Juan Araluce Letamendía*, 02/11/2020, Madrid, entrevista realizada por Juan José ECHEVARRÍA. MARQUINA, Antonio: «El atentado de Begoña», *UNISCI*, 36 (octubre de 2014), pp. 123-128. PRESTON, Paul: *El holocausto español. Odio y exterminio en la Guerra Civil y después*, Barcelona, Debate, 2011, p. 177.

46 *Juan Araluce Letamendía*, 02/11/2020, Madrid, entrevista realizada por Juan José ECHEVARRÍA. CANAL, Jordi: *El carlismo. Dos siglos…*, p. 373. VÁZQUEZ DE PRADA, Mercedes: «El papel del carlismo…», pp. 401-403.

donde estaban consignados los nombres de los tercios de la Guerra Civil, y colocando coronas de flores en recuerdo de sus fallecidos. Tras las catorce paradas, la ascensión de mil metros acababa en la cumbre, donde se celebraba una misa de campaña, presidida por la imagen del Cristo Negro de los requetés, y donde se escuchaba el himno nacional en el momento de la consagración.

En 1960, Araluce había comprado una casa en la localidad navarra de Estella, en las inmediaciones de Montejurra, la única que tuvo en propiedad en toda su vida. Era una típica casa de recreo, construida en muchos de sus detalles teniendo en cuenta sus deseos y los de su mujer. En busca del aire seco de la zona, más sano que el húmedo en la medida que combatía el asma, la familia acudía con mucha frecuencia desde la cercana San Sebastián en festivos y vacaciones, salvando el largo centenar de kilómetros de distancia.

Araluce y sus hijos mayores solían acudir al acto de Montejurra, junto a otros muchos que participaban en la romería; hombres, pero también mujeres, las *margaritas,* y niños, los *pelayos.* Hay una fotografía, publicada por el periódico tradicionalista de referencia, *El Pensamiento Navarro,* en la que se puede ver a tres niños con boinas rojas, bastones y mochilas en la ascensión a la mítica montaña. Son Juan, Gonzalo e Ignacio, hijos de Araluce, bajo el pie de foto: «Un grupo de pelayos en marcha», fechada en 1963. La crónica periodística que lo acompañaba contaba que «corrían y trepaban sin dificultad». «Pronto nos dejarán atrás», porque eran «unos futuros luchadores de la Causa»[47]. Ellos y otros muchos, miles de carlistas, en suma, ascendían en la primavera a la montaña sagrada, unos haciendo el vía crucis y otros subiendo por otras sendas, como la de los cañones, o simplemente monte a través. Ataviados con sus boinas rojas y apoyándose en bastones, con mochila y bota de vino, en un ambiente festivo, participaban del escenario, almorzando tras la misa y oyendo a los oradores que intervenían, dotando al acto religioso de una evidente dimensión política e ideológica, en una confluencia esencial en el pensamiento del carlismo. Pese a que en la celebración participaban todos los sectores carlistas, el *javierismo* protagonizaba la misma. En la década de los sesenta, cuando los Araluce acudían a Montejurra, el orador más habitual fue

47 «El Vía Crucis de Montejurra», *ABC,* 05/05/1970, p. 37. *Juan Araluce Letamendía,* 2 y 29/11/2020, Madrid, entrevistas realizadas por Juan José ECHEVARRÍA. «Pinceladas de la jornada», *El Pensamiento Navarro,* 07/05/1963, p. 14.

Valiente, aquel que preconizaba la colaboración del carlismo con el régimen. Fueron también los años de mayor presencia popular. Entre 1964 y 1968, se alcanzó la cima, con participaciones anuales de hasta 70.000 participantes en el primer año mencionado, 60.000 en el segundo y 40.000 en el último, según cuantificó la prensa y organismos oficiales como la Capitanía General de la VI Región Militar y la Guardia Civil. Fue entonces, cuando aquello empezó a cambiar y los Araluce dejaron de acudir. El motivo de aquella mutación, que por ser la más llamativa no era sino una más de las advertidas a lo largo de toda la historia del carlismo, estaba propiciada por la propia maleabilidad de las bases carlistas, independientemente de la labor proselitista de los propios dirigentes *javieristas,* lo que creó un magno desconcierto entre seguidores y simpatizantes. Todo ello se tradujo en una mayor división en el seno del movimiento, facilitada precisamente por la escasa preparación doctrinal de sus bases, y en un imparable descenso de los asistentes a Montejurra advertida ya desde 1969, con solo 13.000 congregados. En 1970, ascendieron a 16.000, para volver a bajar al año siguiente, con 10.000. De 1972 a 1975, las cifras oscilaron entre 5000 y 8000. El giro *javierista* se saldó, pues, con una creciente deserción carlista a la cita de la montaña mágica.

En 1961, Carlos Hugo fijó su residencia en España y cuatro años después se empezó a percibir el viraje del carlismo hacia la izquierda; también las consecuencias disruptivas que ocasionó tal giro en su seno. En el Montejurra de 1968, el primero en el que no intervino Valiente, se produjeron incidentes violentos en las inmediaciones del monasterio de Irache, situado en el término municipal de Ayegui, y también en la cercana Estella, con agresiones a tradicionalistas disconformes con los nuevos planteamientos. En el noviembre anterior, Valiente había tirado la toalla, presentando su dimisión a Javier de Borbón-Parma. Cerca de tres años después, el exjefe delegado, quien había liderado la aproximación del sector *javierista* al régimen, fue designado por decisión directa de Franco procurador en Cortes[48]. La ruptura entre el *javierismo* y el régimen era para entonces un hecho.

---

48 CASPISTEGUI, Francisco Javier: *op. cit.*, pp. 302-303 y 308-313. CANAL, Jordi: *op. cit.*, pp. 373 y 382. VÁZQUEZ DE PRADA, Mercedes: «La reorganización del carlismo…», pp. 1118 y 1136. GARCÍA RIOL, Daniel Jesús: *La resistencia tradicionalista a la renovación ideológica del carlismo (1965-1973),* Tesis doctoral, Madrid, UNED, 2015, p. 120. VÁZQUEZ DE PRADA, Mercedes: «José María Valiente Soriano…», pp. 261-262.

El nuevo giro *javierista* era observado, obviamente, con preocupación desde el régimen. El hombre de confianza de Franco, Carrero Blanco, y el colaborador directo de este, Laureano López Rodó, diseñaron una operación tendente a neutralizar cualquier opción de sucesión en la Jefatura del Estado que pudiera recaer en Javier o en su hijo Carlos Hugo. El giro doctrinario de estos facilitó la decisión final. El 15 de diciembre de 1968 tuvo lugar un acto político carlista en el monasterio riojano de Valvanera, que dio nombre a otro tercio en la última guerra, presidido por Javier y Carlos Hugo. En el curso del evento, hicieron uso de la palabra en términos que el régimen consideró subversivos. El Consejo de Ministros del 20 de diciembre acordó conducir a Carlos Hugo a la frontera, efectuándose la orden al día siguiente por Irún. Seis días más tarde, recibieron otros oficios de expulsión Javier y sus dos hijas presentes en España. Medio año después, el 22 de julio de 1969, el pleno de las Cortes, presididas por el carlista Iturmendi, votó a favor de Juan Carlos de Borbón, como sucesor de Franco a título de rey[49]. De esa manera, el dictador decidía finalmente sobre el pleito dinástico e implementaba la Ley de Sucesión en la Jefatura del Estado, mediante una solución monárquica, en la rama liberal de los borbones, descartando no solo otra opción dinástica, en la rama carlista, sino también cualquier veleidad falangista, en forma de república, previa derogación de la mencionada ley, o militar, a través de una regencia, que sí estaba contemplada en dicha norma[50]. El autócrata Franco estaba convencido de que había elegido la opción que permitiese a su muerte la permanencia del régimen del 18 de julio. Tanto que, en su discurso televisado de ese fin de año, pronunció las célebres palabras: «Todo ha quedado atado y bien atado, con mi propuesta y la aprobación por las Cortes de la designación como sucesor a título de Rey del Príncipe Don Juan Carlos de Borbón».

Sin embargo, el futuro lo desmentiría, porque de hecho la continuidad del régimen se había jugado anteriormente. En concreto en 1957, cuando el propio dictador rechazó el proyecto constitucional de Arrese,

49 ALLÍ ARANGUREN, Juan Cruz: *La autonomía de Navarra. Historia, identidad y autogobierno,* Tesis doctoral, Pamplona, Universidad Pública de Navarra, 2016, p. 150. LOPEZ RODÓ, Laureano: *La larga marcha hacia la Monarquía,* Barcelona, Noguer, 1977, pp. 281-282 y 367-372.

50 Ley de Sucesión en la Jefatura del Estado, de 8 de junio de 1947. *Boletín Oficial del Estado,* 09/06/1947, núm. 160, pp. 3272-3273.

que, ese sí, hubiese cerrado toda posibilidad de cambio profundo[51], optando el dictador, en cambio, por la futura monarquía tradicional, representada por la rama liberal de los borbones, que, no obstante, tuvo que hacer frente, cuando recuperó el trono, a un entramado de instituciones diseñadas por Franco, entre ellas el Consejo del Reino, que la aprisionaría en sus primeras decisiones.

La solución monárquica fue recibida con alborozo por Araluce, en la medida en que confirmaba sus aspiraciones, dando coherencia a su trayectoria política. Como tradicionalista, el resultado monárquico satisfacía plenamente sus anhelos y, a la vez, como *estorilo,* la elección de la rama dinástica de Juan de Borbón confirmaba el acierto de ese sector carlista con el reconocimiento de los derechos dinásticos de los sucesores de Alfonso XIII. Para expresar su satisfacción, el presidente de la Diputación Provincial de Guipúzcoa convocó un pleno extraordinario de la corporación, en el que se aprobó por unanimidad, manifestar: «El testimonio de adhesión y felicitación a S. E. el Jefe del Estado Generalísimo Franco y al Príncipe de España, S. A. R. Don Juan Carlos de Borbón, por la instauración de S. A. R. como sucesor a la Jefatura del Estado a título de Rey».

Y el propio Araluce se preocupó, un año después, de que dicho acuerdo se convirtiera en un texto conmemorativo, cuidándose la tipografía, la maquetación y hasta el lugar donde colocar el escudo de Guipúzcoa, en forma de obsequio, para entregar a Juan Carlos cuando este recibió, en el palacio de la Zarzuela, por primera vez a los miembros de la diputación como sucesor en la Jefatura del Estado. En el regalo, todas las palabras de la cita anterior estaban escritas con letras mayúsculas. Para el presidente de la diputación, dicha audiencia era un «símbolo de la vinculación que fervientemente deseamos para Vuestra persona y para nuestro pueblo», como expresó en el discurso que dirigió al príncipe, resaltando el ligamen foral que había que recuperar entre el futuro monarca y la provincia de Guipúzcoa. Porque si había algo que diferenciaba al régimen franquista de la monarquía tradicional aspirada por Araluce, era el hecho foral. Y a eso se aplicó el presidente de la diputación en los seis años siguientes, hasta que ETA lo mató, luchando por la restauración foral para Guipúzcoa y Vizcaya. El 10 de julio de 1975, en vida aún del dictador, presentó una moción en las

51 SÁNCHEZ-CUENCA, Ignacio: *op. cit.*, pp. 9-11.

Cortes[52], que desanudó el centralismo del franquismo. Para Araluce, la futura monarquía tradicional, que doctrinariamente amparaba los fueros, posibilitaría la descentralización.

Con el acuerdo de la diputación de 1969 y la audiencia del año siguiente, dio el presidente los primeros pasos de colaboración con el futuro rey, propósito que el paso del tiempo consolidó, especialmente con el viaje de Juan Carlos y la princesa Sofía en julio de 1973 a Guipúzcoa[53], forjándose entre ellos, si no una afinidad de convencimientos en cuanto al alcance de la reforma política, al menos un profundo sentido de lealtad por parte de Araluce. Siendo ya monarca, Juan Carlos reconoció a López Rodó: «Le he dicho al Ministro de la Gobernación, García Hernández, que no me cambie al Presidente de la Diputación de Guipúzcoa, Araluce, que es de los hombres más adictos con que cuento en el Consejo del Reino»[54].

A finales de 1975, la colaboración prestada por Araluce al rey era tan valorada por el monarca que, ante el proceso de reelección en la diputación guipuzcoana, obligada por la nueva legislación local impulsada por el primer Gobierno Arias, quería asegurarse de que siguiera como dirigente de la corporación provincial. Solo manteniéndose como presidente de la diputación y por tanto como procurador en Cortes, podía continuar siendo uno de los dos representantes de las administraciones locales en el máximo órgano asesor de la Jefatura del Estado, el Consejo del Reino, que acababa de decidir un asunto clave como había sido la prórroga de la última legislatura de las Cortes franquistas e intervendría en asuntos tan cruciales para el devenir futuro como la elección de la terna de candidatos a presidente del Gobierno, en la que estaría incluido Adolfo Suárez. Así lo expresó el presidente de la diputación guipuzcoana, cuando una vez reelegido, pidió al gobernador Rodríguez Román, que transmitiera al rey: «la inquebrantable lealtad de mi servicio». Un servicio solo acabado con su muerte. Aquella noche del 4 de octubre de 1976, sonó el teléfono en la casa de los Araluce. Era el rey,

52 Texto conmemorativo del acuerdo de felicitación a Juan Carlos de Borbón de su nombramiento como príncipe de España (1970), APJAL. Discurso de Juan María de Araluce Villar en la audiencia del príncipe Juan Carlos de Borbón (Madrid, 28/07/1970), APJAL. Moción del procurador Juan María de Araluce…, ACP, *FSG*, Expediente 2881/24, pp. 1-5.

53 DIPUTACIÓN PROVINCIAL DE GUIPÚZCOA: *SS. AA. RR. los Príncipes de España en Guipúzcoa*, San Sebastián, Industria Gráfica Valverde, 1974, pp. 1-42.

54 LOPEZ RODÓ, Laureano: *op. cit.*, p. 476.

quien expresó su más sentido pésame, poniendo de relieve que tanto él como la reina se hallaban profundamente afectados por la muerte de su fiel colaborador[55].

Juan Carlos siempre había sido consciente de la relevancia que tendría para su causa el hecho de atraerse al Tradicionalismo, ya desde antes de convertirse en príncipe. En eso seguía el consejo de Franco, quien no desaprovechaba oportunidad de recomendarle que se ganara a los carlistas y que viajara a Pamplona y a otras zonas vasco-navarras, como hizo en 1971 con su viaje a Vizcaya y en 1973 a Guipúzcoa. En su análisis sobre la monarquía, el dictador entendía, tal como le escribió a Juan de Borbón, que:

> El sector tradicionalista, pese a sus diferencias últimas ante las personas [los diversos pretendientes], constituye el único sector monárquico con arraigo en determinadas comarcas y verdadero amor a la institución (...). El tradicionalismo constituye pues la solera para la vida de la institución monárquica; sin su fervor, la monarquía se vería vacía de espíritu y de leales.

No obstante, esa convicción tenía un límite: la extrema dificultad de la rama liberal dinástica de ganarse al *javierismo*, más allá de lograr la escisión *estorila*, precisamente por el obstáculo personal en torno al pretendiente al trono; máxime tras haber Franco dirimido a favor de Juan Carlos la disputa dinástica. Tres días después de dicha designación, Javier de Borbón-Parma dirigió un manifiesto a los carlistas, protestando por la decisión, rechazo que fue secundado por la inmensa mayoría de los seguidores carlistas de filiación *javierista*[56]. La ruptura definitiva del *javierismo* con el régimen dio paso a una nueva página de la historia del movimiento carlista, exteriorizada en 1971 en un comunicado de su dirección: «El carlismo venció militarmente el 18 de julio, hoy día nos consideramos en el campo de los vencidos. El carlismo, por tanto, hoy, está en la oposición». Es más, el *javierismo*

---

55 «Acta... del Pleno del día 8 de febrero de 1976», «Actas de las sesiones... por la Diputación de Guipúzcoa... el año 1976» (San Sebastián), DG, p. 69. «Pésame del Rey por teléfono a la viuda de Araluce», *El Diario Vasco*, 06/10/1976, p. 3. «Pésame del Rey a la viuda del presidente», *La Voz de España*, 06/10/1976, p. 3.

56 LÓPEZ RODÓ, Laureano: *op. cit.*, pp. 313 y 381. «Caluroso recibimiento del pueblo vizcaíno», *La Gaceta del Norte*, 26/10/1971, p. 1. VÁZQUEZ DE PRADA, Mercedes: «El papel del carlismo...», p. 401.

implementó su nueva estrategia, acercándose a los partidos opositores al régimen. En septiembre de 1974, dicho sector carlista se incorporó a la Junta Democrática de España, de la que el PCE formaba parte. En enero de 1975, se sumó a la Convergencia Democrática, en la que estaba el Partido Socialista Obrero Español (PSOE). Ambas plataformas se fusionarían en marzo de 1976 en la Coordinación Democrática, más conocida como la Platajunta, en la que también participaron los *javieristas.* Para entonces, tal sector carlista había culminado su *clarificación* ideológica, desembocando en el socialismo autogestionario.

Los pasos dados por el *javierismo* en su rechazo frontal del régimen franquista se retrotraían a catorce años antes, cuando José María de Zavala Castella, quien con solo trece años se había alistado como requeté en la Guerra Civil, se puso al frente de la *camarilla,* el grupo de jóvenes reunidos en torno a Carlos Hugo que propiciaban la renovación generacional del carlismo, pasando a dirigir la entonces creada Secretaría Política del sector *javierista,* desde la que socavaría la autoridad de Valiente forzando en cinco años el abandono de este. Esos jóvenes, forjados en la Agrupación de Estudiantes Tradicionalistas (AET), dirigida por Ramón Massó Tarruella, fogueados junto a grupos izquierdistas en las primeras algaradas estudiantiles contra el régimen, en 1956-57 y 1964-65, se comportaron como una avanzadilla renovadora frente a la pasividad de gran parte de los líderes. Tal proceso fue acompañado de una reelaboración doctrinal, desde una concepción intelectual, gestada en esos ambientes estudiantiles influidos por la izquierda política clandestina. A la misma se sumó una intensa labor de *marketing* y comunicación política centrada en la figura de Carlos Hugo, adelantada a su tiempo, responsabilidad del mencionado Massó, profesor del colegio Gaztelueta, seguida de una reescritura de la propia historia del carlismo, con autores como José Carlos [Josep Carles] Clemente Balaguer y Evaristo [Evarist] Olcina y Jiménez, que presentaron al movimiento no solo como descentralizador, algo no originario, aunque sí asumido con el paso del tiempo, sino sobre todo como progresista, extremo inédito hasta entonces. Precisamente, dichos renovadores del carlismo propugnaban una libre interpretación de la tradición recibida, lo que les permitía aspirar a una nueva sociedad, basada en el principio de dignidad de la persona humana; eso sí, de raigambre cristiana. Tal sociedad debía estructurarse en torno al revalorizado concepto del trabajo. Este pasó a ser considerado el pilar fundamental social, capaz de dirigir y ordenar la sociedad completa. Consecuente con ello, tan pronto como en 1963, el carlismo fundó el Movimiento Obrero Tradicionalista, su brazo sindical, y ya en la década de los setenta, el Frente Obrero del Partido Carlista, originalmente vinculado a las Comisiones Obreras (CCOO), que terminó confluyendo en la católica Unión Sindical Obrera (USO). Tales planteamientos supusieron el reconocimiento de la primacía social del trabajador, sometido a la opresión oligárquica capitalista de la que era preciso liberarse. Aquellos estudiantes empezaron, pues, a hablar de lucha de clases, hasta entonces un anatema carlista, e incluso de socialismo, engarzando intelectualmente, en esa labor de reinterpretación del carlismo histórico, con lo que Vázquez de Mella había conceptualizado como *sociedalismo*, consistente en la primacía de la sociedad frente al Estado.

En 1968, el primer año en el que hubo incidentes violentos en Montejurra y en el que ya no intervino Valiente, aparecieron los Grupos de Acción Carlista (GAC), una organización armada, nacida en el seno de los jóvenes de la AET, con el objetivo de desbancar a los más tradicionalistas de la dirección carlista, que pronto recurrió a la violencia, asaltando la Universidad de Navarra, atentando contra *El Pensamiento Navarro,* volando el oleoducto La Muela-Zaragoza y saboteando el repetidor de televisión de Berberana, todo ello en 1970. Al año siguiente, coincidiendo con la celebración de Montejurra, asaltaron Radio Requeté de Pamplona, y meses después atracaron sucursales bancarias y fábricas de embutidos como El Pamplonica. Y en 1972, colocaron una bomba en Pamplona, en el Monumento al duque de Ahumada, fundador de la Guardia Civil[57]. Todo ello mostraba que el núcleo más izquierdista del *javierismo* había decidido transitar por el camino de la violencia.

De hecho, nada más producirse la expulsión de España de la familia Borbón-Parma, los GAC se aproximaron a ETA. Militantes de esta última, instruyeron a los carlistas en el manejo de explosivos. Para el que muchos años después sería el director del Instituto Cervantes de la época del Gobierno Aznar, el escritor Juan [Jon] Juaristi Linacero,

57 CANAL, Jordi: *op. cit.*, pp. 371-381. CLEMENTE, Josep Carles: «José María Zavala y Castella», Diccionario Biográfico Español. Real Academia de la Historia. https://dbe.rah.es/biografias/32430/jose-maria-zavala-y-castella

CASPISTEGUI, Francisco Javier: *op. cit.*, pp. 67, 72-75, 134, 108-109 y 248-251. VÁZQUEZ DE PRADA, Mercedes: «José María Valiente Soriano...», pp. 259-260. ZUBIAUR ALEGRE, José Ángel y ZUBIAUR CARREÑO, José Ángel: «Elecciones a procuradores familiares en Navarra», *Aportes,* 79 (2012), p. 160. CLEMENTE, Josep Carles: *Seis estudios sobre el Carlismo,* Madrid, Huerga & Fierro, 1999, pp. 24-25.

responsable entonces de las relaciones de ETA con los GAC, estos eran una pequeña organización que jugó un papel decisivo en el trasvase de un sector del carlismo a la izquierda nacionalista vasca. Ejemplos de ello fueron destacados dirigentes de los GAC, como Carlos Catalán Sánchez, miembro del equipo de seguridad de Carlos Hugo que ingresaría en ETA militar, y Juan Querejeta Vera, quien se integraría en Euskadiko Ezkerra (EE), formación cuyo origen estaba en los poli-milis de ETA. Jon Kerejeta Bera era hijo del requeté Elías Querejeta Zubía y este a su vez sobrino de Elías Querejeta Insausti, un referente del carlismo guipuzcoano, como presidente de la diputación, jefe provincial de FET y de las JONS, y procurador en Cortes. La relación del grupo armado carlista con el nacionalismo radical fue esclarecida precisamente por Kerejeta: «Aunque los GAC nacieron del carlismo, fue ETA la que nos dio el tirón, la que nos ofreció el modelo a seguir».

Como explicó el propio Jon Juaristi en uno de sus libros:

> Al margen de sus ideas políticas, la oposición entre carlistas y nacionalistas era muy débil: de origen y condición social semejante, hablando en muchos casos el mismo euskera, compartiendo las mismas creencias religiosas (...), la aproximación entre unos y otros en la posguerra se produjo de modo espontáneo.

De hecho, al modo de unos vasos comunicantes, la recuperación del nacionalismo en la sociedad vasca se vio favorecida a partir de finales de los sesenta por la simultánea disgregación del carlismo, acelerada por la asunción de postulados izquierdistas por parte del sector *javierista*, anunciando el seguidismo en el que incurriría[58].

El matrimonio Araluce vivió en la localidad guipuzcoana de Tolosa durante casi dos décadas. Fueron los años más felices de sus vidas y donde criaron a sus nueve hijos: María del Mar, nacida en 1951, Juan en 1952, Gonzalo en 1954, Ignacio en 1955, Javier en 1957, José en 1959, María Teresa [Maite] en 1961, María en 1962 y Marta en 1965. Los domingos, el matrimonio solía salir a cenar con dos parejas de íntimos amigos, una de ellas carlista y otra nacionalista. Los hijos de Araluce describen aquella amistad, forjada en subidas al monte en busca de setas, en paseos por la villa y en aperitivos disfrutados en los bares, en

58 ARANZADI, Juan, JUARISTI, Jon y UNZUETA, Patxo: *Auto de terminación*, Madrid, Aguilar, 1994, pp. 190-198.

los siguientes términos: «El primer matrimonio lo formaba el *tío* Jesús Zabala y su mujer, y el segundo, el *tío* Antón y su esposa. Zabala había sido requeté, como nuestro padre». En cambio, Antonio Aguirre luchó en la guerra en el otro bando. Este último, era médico de profesión y velaba especialmente por la salud de todos los integrantes de aquella *familia*. Las mujeres de Jesús y Antón eran primas, lo que reforzaba los vínculos entre ellos. Esas veladas, conformadas en torno a una mesa y a unos mismos platos de comida, estaban presididas por la mayor cordialidad, más allá de que en determinados momentos, unos y otros se interpelaran, como *carlistón* o *gudari*. Tras la guerra, la sociedad vasca estaba evidentemente dividida, pero, como indica Juaristi, la mera convivencia cotidiana entre vencedores y vencidos exigía olvidar, y así fue al menos hasta 1968. Un olvido que el autor califica de «deliberado», produciéndose un «acomodo a la situación que siguió a la victoria del franquismo» en 1937. Dicho autor entiende que tal olvido era propiciado por la existencia de *gudaris* y requetés enfrentados durante la guerra, pero que había sido saldada cuantitativamente a favor de los segundos, y por el «eclipse» sufrido por el nacionalismo en las primeras décadas de la dictadura[59].

Los cambios ideológicos en el movimiento *javierista* dieron un paso definitivo con el I Congreso del Pueblo Carlista, celebrado en diciembre de 1970 en la localidad francesa de Arbonne, en euskera conocida como Arbona, próxima a la frontera española. Allí, Javier de Borbón-Parma disponía de una de sus residencias, Villa Valcarlos, cuyo nombre recordaba el lugar por donde había abandonado España Carlos VII en 1876, tras ser vencido en la Guerra de los Cuatro Años, y donde había proclamado su célebre promesa: «¡Volveré!». En aquel I congreso, se defendió el carácter evolutivo del carlismo, lo que le llevó a proclamarse revolucionario. Un año después, el *javierismo* ya se definía como Partido Carlista (PC), olvidando el término Comunión, de mayor raigambre histórica. En el III congreso, reunido también allí, en junio de 1972, se estableció que era un partido de clase. Tales cónclaves se caracterizaron por la profunda reconceptualización de los postulados carlistas, la primera vez que se hacía desde que en 1936 Alfonso Carlos I actualizara los principios ideológicos del Tradicionalismo. A diferencia de aquellos,

59 *Juan Araluce Letamendía*, 12/10/2020, Madrid, entrevista realizada por Juan José ECHEVARRÍA. ARANZADI, Juan, JUARISTI, Jon y UNZUETA, Patxo: *op. cit.*, p. 190.

que, aun siendo diferentes, no mostraban grandes variaciones con los que había sancionado Carlos VII casi cuatro décadas antes en el *Acta de Loredan,* ahora, treinta y seis años después, se observaba una mayor mutación: el carlismo era definido como un partido político democrático, formado por militantes, término que el carlismo histórico siempre había evitado, apostando por el pluralismo político, aunque como un mero instrumento para hacer la revolución social. La sociedad debía estar compuesta de una única clase: la trabajadora, agrupada en un sindicato único, extremo que no le alejaba del régimen franquista. En el Montejurra de 1972, el mensaje enviado por Javier de Borbón-Parma reivindicó la «Monarquía Socialista» y en el de 1973, el PC exigió la autodeterminación de los pueblos de España «para la constitución de la federación de las Repúblicas Sociales». Otra de las líneas de actuación proclamadas fue el entendimiento con las fuerzas de la oposición para la «lucha democrática y (...) de la libertad». La conceptualización desarrollada por los *carlohuguinos* sobre la evolución vivida se calibraría años después en que, tal como escribiría su dirigente José María de Zavala, el objetivo era lograr una sociedad socialista con la anulación de la propiedad privada de los medios de producción[60].

Antes de llegar a todo eso, en 1957, Carlos Hugo se presentó en Montejurra como heredero al trono. Ascendió por el camino de los cañones hasta la cumbre, se cambió el calzado sucio y se arregló el cabello con fijador. Trajeado y con corbata, calada la boina roja, ligeramente ladeada al estilo vasco, fue presentado ante la multitud congregada. Tras agradecer la asistencia de sus «leales requetés» en nombre de su «augusto padre», rindió homenaje «a cinco generaciones de héroes que lucharon por Dios y por la libertad de las Españas, a las órdenes de sus Reyes Legítimos». De esa manera, recogió toda la contemporaneidad, amparando a todos aquellos que desde Carlos V se habían alzado por el carlismo, teniendo una concreta referencia a la última guerra y destacando la lealtad mostrada por los requetés al «Ejército y al Generalísimo». Una vez sentado el pasado, pasó a hablar del futuro, introduciendo ya novedades, abogando por actualizar la tradición, que

60 CANAL, Jordi: *op. cit.,* p. 372. CASPISTEGUI, Francisco Javier: *op. cit.,* pp. 197-218 y 225. ZAVALA, José María de: *Partido Carlista,* Bilbao, Albia, 1977, pp. 66-69. RODRÍGUEZ JIMÉNEZ, José Luis: *Reaccionarios y golpistas. La extrema derecha en España del tardofranquismo a la consolidación de la democracia (1967-1982),* Madrid, CSIC, 1994, p. 114. CLEMENTE, Josep Carles y SÁNCHEZ COSTA, Carles: *Montejurra 76,* Barcelona, La Gaya Ciencia, 1976, p. 45.

permitiera lograr una profunda transformación en la estructura económica, que incluso estableciera límites «en el uso de la propiedad».

> Tened fe. Con la colaboración de todos los españoles y la amplitud de miras de todos los carlistas, la Monarquía volverá. «¡Volveré!», dijo Carlos VII al abandonar España por los caminos de Navarra. «Si España es sanable, volveré aunque haya muerto. Volveré con mis principios, con mi bandera que no rendiré jamás». Y aquel «¡volveré!», como un mensaje todavía incumplido, se ha transmitido a sus sucesores, a su dinastía.

Es decir, a él, a Carlos Hugo, aunque no descendiera de Carlos VII. Con esta presentación, ensayada previamente en todos sus detalles en el monte vizcaíno de Santa Marina, la operación política diseñada por Massó empezaba a concretarse, aunque aún quedaba un largo camino. Cerca del final de esa senda, la mutación era mucho más reconocible. En febrero de 1975, Javier de Borbón-Parma abdicó de sus derechos al trono en su primogénito. El hombre fuerte del partido, José María de Zavala, escribió entonces que el PC «no se define como monárquico y Don Carlos [Hugo] es su líder y presidente, reconocido democráticamente por sus militantes como tal». Y agregó: «La forma de gobierno que el Partido formula será aquella que el pueblo libremente decida como culminación del Estado Socialista Federal, lo que podía conducir bien a la monarquía, bien a la república»[61]. Con esa indefinición sobre la Jefatura del Estado, el carlismo *javierista,* como amarga paradoja, llegaba al mismo punto, que dieciocho años antes habían alcanzado los falangistas, sus seculares enemigos durante el franquismo, con el proyecto constitucional de Arrese, que obviando la Ley de Sucesión dejaba sin definir ese fundamental aspecto, confiando en el poder del partido único, del Movimiento Nacional. No en balde, ambas fuerzas habían ganado la última guerra de la contemporaneidad española.

La llamativa mutación que el carlismo vivió explica las deserciones y abandonos de una parte significativa del mismo a finales de los años sesenta, configurándose como reacción un ala tradicionalista e integrista, que, no obstante, fue incapaz de llegar a la unión en su seno, experimentando una fragmentación extrema. Entre ellos, los más organizados,

61 MARTORELL PÉREZ, Manuel: *La continuidad ideológica del carlismo tras la Guerra Civil,* Tesis doctoral, Madrid, UNED, 2009, pp. 415-417. CASPISTEGUI, Francisco Javier: pp. 227 y 243.

los que, como Araluce, apoyaban la futura Monarquía de Juan Carlos, basada en los Principios Fundamentales del Movimiento, conformando en el tardofranquismo la UNE y recogiendo la herencia *estorila.* Aparte, los escasos *carloctavistas* supervivientes, que compartían con los primeros su fidelidad al régimen, aunque no el pretendiente al trono, o el grupo creado en torno a la venerada figura de Francisco Elías de Tejada, el mayor pensador tradicionalista de la segunda mitad del siglo XX, que en cambio era crítico con el franquismo. También estaba el grupo nacido de la Hermandad Nacional Monárquica del Maestrazgo, tradicional feudo territorial carlista. Asimismo, el de aquellos tradicionalistas encabezados por Raimundo de Miguel López, quien aún se mantenía fiel a la figura de Javier de Borbón-Parma. Igualmente, una parte de los cohesionados en torno a la Hermandad de excombatientes requetés, la estructura organizativa que encuadraba a la mayoría de los que combatieron por el carlismo en la Guerra Civil y en la que los *javieristas* eran preponderantes. Y, en Zaragoza, surgieron, en 1969, los *cruzadistas,* como epílogo a la fragmentación expuesta. La Asociación de Cruzados Voluntarios estaba dirigida por Roberto Gonzalo Bayod Payarés, dirigente de los Círculos Vázquez de Mella, quien un año antes había sido agredido en Estella por seguidores *carlohuguinos.* A estas escisiones había que sumar otras anteriores, pero supervivientes entonces, como la de los carlistas intransigentes de la Regencia Nacional y Carlista de Estella, nacida en 1957, en el monasterio catalán de Monserrat -que había dado nombre a otro tercio-, quienes negaban a Javier de Borbón-Parma su condición de pretendiente al trono legitimista. Especialmente activos en Cataluña, destacaron por su cerrada defensa de la unidad católica de España y, en consecuencia, por su integrismo religioso. Afines a estos, en 1962 habían aparecido las Juntas de Defensa del Carlismo, con un ideario igualmente integrista, que se opusieron tenazmente al liderazgo de Carlos Hugo y sus planteamientos socialistas.

Todos esos grupos oscilaban entre la asunción *estorila,* por un lado, y por el otro, el rechazo absoluto a la opción de Juan Carlos y el apoyo a un nuevo candidato al trono. Entre los primeros, además de la UNE, se encontraban las Hermandades del Maestrazgo, que rompieron en 1969 con el *javierismo,* tras aceptar el dictamen de Franco sobre el pleito dinástico. En cambio, entre los que rechazaban tajantemente cualquier aceptación de la rama liberal, estaba el grupúsculo de Elías de Tejada. El pensamiento de este jurista presagió algunos de los cambios en los que incurrió el carlismo, aunque su mentor nunca respaldó tal evolución socializante, pudiéndose en cambio establecer una genealogía de su pensamiento con las posiciones más integristas. Para este catedrático de Derecho Natural, los carlistas defendieron en las guerras las libertades cristianas, configurándose un conflicto secular entre España y Europa, especialmente padecido en Vizcaya y Guipúzcoa, por su posición geográfica, cuyo único remedio pasaba por la restauración foral. Un pueblo, el vasco, diferenciado por su tradición: «El legado universal de Euskalerria consiste en enseñar a los hombres descentrados del siglo XIX el inmenso valor de la libertad concreta, tan enemiga de las libertades abstractas del 89 [1789, fecha de la Revolución Francesa] como de las dictaduras fascistoides»[62].

Pese a sus críticas al fascismo, el ideario tradicionalista de Elías de Tejada también influyó en las citadas Juntas de Defensa del Carlismo, dibujándose un activo carlismo integrista, que reactivó en 1975 la vieja Comunión Tradicionalista en abierta oposición al PC de Carlos Hugo. Otros integrantes de las Juntas terminaron confluyendo con los Guerrilleros de Cristo Rey de Mariano Sánchez Covisa[63], veterano de la División Azul, demostrando que, como reacción al *carlohuguismo,* una parte del *javierismo* se escoraba hacia la extrema derecha más violenta.

Alejado de tales propósitos agresivos, estaba el grupo de tradicionalistas dinásticos, encabezado por Raimundo de Miguel, que finalmente rompió con Carlos Hugo en julio de 1975, después de exigir infructuosamente al nuevo pretendiente carlista una clara afirmación de los principios tradicionalistas para poder acatarle como rey. Raimundo de Miguel, exégeta de Vázquez de Mella y amigo íntimo de Fal Conde, que había sido presidente del Consejo Real de Javier I, terminó participando activamente en la nueva CT, destacando también los hijos del antiguo delegado de Alfonso Carlos en Sevilla. Este sector del ala integrista contaba además con el respaldo de una de las instituciones más prestigiosas del carlismo, el Centro de Estudios Tradicionalistas General Zumalacárregui, alentado por Elías de Tejada.

---

62 CANAL, Jordi: *op. cit.,* pp. 373-400. ARÓSTEGUI, Julio, CANAL, Jordi y GONZÁLEZ CALLEJA, Eduardo: *op. cit.,* p. 134. CLEMENTE, Josep Carles: *op. cit.,* pp. 22 y 26. RODRÍGUEZ JIMÉNEZ, José Luis: *op. cit.,* p. 111. RODÓN GUINJOAN, Ramón M.: «Una aproximación al estudio de la Hermandad Nacional Monárquica del Maestrazgo y del Partido Social Regionalista», *Aportes,* 88 (2015), pp. 170-173. ELÍAS DE TEJADA, Francisco: *Las Españas. Formación histórica. Tradiciones regionales,* Madrid, Ambos Mundos, s.d., pp. 52 y 138-139.

63 CASALS MESEGUER, Xavier: «La renovación de la ultraderecha española: una historia generacional (1966-2008)», *Historia y Política,* 22 (julio-diciembre de 2009), p. 240. CLEMENTE, Josep Carles: *op. cit.*, p. 26.

La deriva socializante del *javierismo* llevó tanto a los integrantes de la nueva CT como también a una minoría de la Hermandad de excombatientes requetés a volcar su atención en una nueva opción, la representada por el hermano menor de Carlos Hugo: Sixto Enrique, de conocido talante ultraderechista. El enésimo cisma carlista quedó servido cuando este último se animó a no reconocer a su hermano como el nuevo pretendiente al trono, debido a lo que entendía como abdicación forzada de su padre, de Javier I, quien había tomado esa decisión después de ser gravemente atropellado en París por un automóvil. Sixto Enrique acusaba a su hermano mayor de desviación ideológica y abandono de los principios de la Comunión Tradicionalista. En sus pretensiones, contó con el apoyo de veteranos carlistas que habían formado parte del *javierismo*. Así, el líder de la nueva CT, Juan Sáenz-Díez García, dirigente carlista en la guerra que había colaborado con Valiente cuando este dirigió dicho sector, y José Arturo Márquez de Prado, quien había sido jefe nacional del requeté *javierista* en la posguerra, incluso desde antes de que estos fueran encuadrados en la Hermandad Nacional de Antiguos Combatientes de Tercios Requetés, autorizada por el régimen en abril de 1962, en el momento álgido de la colaboración con el régimen auspiciada por Valiente.

La Hermandad de excombatientes requetés agrupaba a los veteranos de la guerra, considerándose sus miembros como los garantes de la esencia carlista. Con dominante presencia *javierista*, la deriva *carlohuguista* llevó al régimen a mirarlos con prevención, máxime cuando su máximo representante, Ignacio Romero Osborne, marqués de Marchelina, acató las nuevas directrices marcadas por la *camarilla* reunida en torno a Carlos Hugo, después de señalar que nunca aceptarían a Juan Carlos. El franquismo se alarmó definitivamente cuando en 1970 los GAC empezaron a emplear la violencia, lo que llevó a la Secretaría General del Movimiento a decretar el 5 de mayo del año siguiente la destitución de la junta directiva de la Hermandad. Fue entonces, cuando José Arturo Márquez de Prado intentó hacerse con el control de los excombatientes para forzar su reconversión a los postulados tradicionalistas que defendía la CT, en abierto enfrentamiento con el PC, asumiendo una clara deriva ultraderechista, con conexiones con organizaciones fascistas extranjeras. Una Junta Nacional de Jefes de Requetés se constituyó en el domicilio madrileño de Márquez de Prado el 8 de diciembre de 1973, mediante un manifiesto que declaraba: «Nos alzamos contra el príncipe Carlos Hugo, porque ha abandonado nuestra bandera». Tras constatar el amplio rechazo en la Hermandad de la solución *estorila,* la junta reconoció a Sixto Enrique como nuevo abanderado de la Comunión Tradicionalista. Esta ala integrista del *sector javierista* contó con el apoyo de Miguel Fagoaga Gutiérrez-Solana, entonces presidente de la Junta Nacional de los Círculos Vázquez de Mella, cuyos responsables eran próximos a la revista *Fuerza Nueva.*

El extremeño José Arturo Márquez de Prado y Pareja, más conocido como Pepe Arturo, había sido destituido en 1965 de sus cargos por Carlos Hugo, lo que le echó en brazos de Sixto Enrique, sobre el que llegó a tener una evidente influencia, hasta el punto de propiciar el ingreso de este en la Legión y convertirse en su hombre de confianza en España. Integrado en la nueva CT, organizó cursos de formación militar a los *boinas rojas* en su finca La Zuhilla, en la provincia de Córdoba. A la vez, mantenía estrechos contactos con los paramilitares de extrema derecha francesa de L'Organisation de l'Armée Secrète (OAS), que había luchado por la permanencia colonial del país vecino en Argelia. Incluso, escondió en su finca a miembros de este grupo, huidos de la metrópoli donde ya eran perseguidos. Un destacado miembro de la OAS, Jean Pierre Cherid, un *pied-noir* (los nacidos en Argelia de ascendencia metropolitana) exiliado en España, participó en el Montejurra de 1976, embarcándose a partir de entonces en muchas de las organizaciones montadas para hacer la *guerra sucia* contra ETA, como el Batallón Vasco Español (BVE) y los Grupos Antiterroristas de Liberación (GAL)[64].

En suma, la deriva socializante de Carlos Hugo, junto a la existencia de una izquierda *javierista* que había practicado el terrorismo, conformó como reacción un ala tradicionalista e integrista, dividida a su vez entre aquellos que reactivaron la CT con un carácter marcadamente ultraderechista y violento —rasgo este último compartido por

---

64 ARÓSTEGUI, Julio, CANAL, Jordi y GONZÁLEZ CALLEJA, Eduardo: *op. cit.,* pp. 134, 366 y 309-310. GARCÍA RIOL, Daniel Jesús: *op. cit.,* pp. 355 y 323. CANAL, Jordi: *op. cit.,* pp. 382-384. RODRÍGUEZ JIMÉNEZ, José Luis: *op. cit.,* pp. 113-114. VÁZQUEZ DE PRADA, Mercedes: «El nuevo rumbo político...», p. 184. CLEMENTE, Josep Carles: *op. cit.,* p. 26. «Maniobras contra la hermandad nacional de antiguos combatientes de requetés», *Esfuerzo común,* 137, 15/01/1972, pp. 19-22. CASPISTEGUI, Francisco Javier: *op. cit.,* p. 271. BROCOS FERNÁNDEZ, José Martín: «José Arturo Márquez de Prado y Pareja», Diccionario Biográfico Español. Real Academia de la Historia. http://dbe.rah.es/biografias/32405/jose-arturo-marquez-de-prado-y-pareja

GONZÁLEZ SÁEZ, Juan Manuel: «Balance de víctimas mortales del terrorismo y la violencia política de la extrema derecha durante la transición (1975-1982)», *Historia Actual Online,* 27 (invierno de 2012), p. 8.

los extremos *javieristas*—, apostando por un nuevo pretendiente, Sixto Enrique, y los que apoyaban la solución *estorila* a través de una monarquía representativa en términos orgánicos, concretada en Juan Carlos, el sucesor de Franco. *Carlohuguinos, sixtinos y estorilos* acudieron a la conmemoración de 1976 de Montejurra, a la mítica montaña.

Los caballeros del ideal

Aquel 9 de mayo de 1976, Pepe Arturo concurrió a la tradicional romería de Montejurra, acompañando a Sixto Enrique y a un nutrido grupo de leales, para ejecutar la Operación Reconquista, cuyo objetivo era impedir a toda costa el predominio *carlohuguino* en el tradicional evento, como había sido usual desde 1968. Aquel domingo, la niebla dificultaba la visibilidad, especialmente en el tramo alto del monte. La lluvia caída la noche anterior, había embarrado todos los caminos, que iban a transitar los partidarios de ambos pretendientes carlistas, enfrentados por el liderazgo *javierista*. Tanto Carlos Hugo como Sixto Enrique estuvieron presentes en aquel Montejurra de 1976.

A los pies de la montaña, en la plaza del monasterio de Santa María la Real de Irache, un cenobio románico del siglo XII, a un kilómetro del núcleo urbano de Ayegui, se produjeron los primeros enfrentamientos, a bastonazos y porrazos, hasta que un seguidor de Sixto Enrique, *el hombre de la gabardina,* disparó con un arma de fuego contra uno de Carlos Hugo, malhiriéndole. Mientras, se habían hecho fuertes en la cumbre, a más de siete kilómetros de Ayegui, Guerrilleros de Cristo Rey y otros extremistas *sixtinos,* donde artillaron una metralleta sobre un trípode, haciendo fuego contra los que subían, matando a un segundo romero, después de que los *carlohuguistas* hubiesen abucheado el anuncio proclamado desde la megafonía instalada por los tradicionalistas de la CT:

—«¡Carlistas, os va a hablar vuestro Rey, Don Sixto de Borbón-Parma!»[65].

65 «Montejurra 76: Un muerto y cuatro heridos graves de bala», *Diario de Navarra,* 11/05/1976, pp. 26 y 28. «Un muerto y varios heridos, balance del Montejurra-76», *El Diario Vasco,* 11/05/1976, p. 3. «Un muerto y cuatro heridos graves, balance de *Montejurra 76*», *La Voz de España,* 11/05/1976, p. 8. «Un muerto, cuatro heridos y una veintena de contusionados en los incidentes de ayer en Montejurra», *Unidad,* 10/05/1976, p. 18.

La historiografía sobre los sucesos de Montejurra recoge la no intervención de los efectivos policiales desplegados ante las agresiones ocurridas, como han escrito Jordi Canal y José Luis Rodríguez Jiménez, este último uno de los historiadores que más ha estudiado a la extrema derecha española. Canal incluye entre el «heterogéneo grupo sixtista» a miembros de la UNE, mientras que Rodríguez Jiménez habla de «un núcleo de las Juventudes de la Unión Nacional Española», que participó del propósito de «reconquistar Montejurra de la profanación marxista», con el objetivo de «reorganizar al conjunto de la militancia carlista a nivel nacional» e impedir que los *carlohuguinos* se apropiaran de un acto con el que hacer una prueba de fuerza al segundo Gobierno Arias, prestigiándose ante la oposición antifranquista, a muchas de cuyas formaciones habían invitado a la edición de aquel año[66].

Un año después, en una librería de Biarritz, en Francia, se presentó una publicación anónima, elaborada por un equipo de doce personas que habían participado en los sucesos en el bando *carlohuguista:* «Nos juramentamos en esos momentos de rabia y de dolor incontenibles; aquel Montejurra bañado por la sangre, no podía quedarse ahí»; lo que evidenciaba que la decisión de redactarla, «se tomó en las mismas laderas del monte en ese fatídico día de Mayo del 76», tal como señaló el equipo de investigadores que escribió el folleto, distribuyéndose a partir de mayo de 1977 en condiciones de clandestinidad. Los que presentaron tal panfleto, titulado *Informe Montejurra 76,* admitieron que algunos de ellos eran miembros del Euskal Herriko Karlista Alderdia (EKA, Partido Carlista de Euskalerria), formación fundada en 1974 como la federación vasca del Partido Carlista, después de que se introdujera la estructura territorial federal, propugnada para España, en el seno del propio partido *javierista*[67].

Informe Montejurra 76, más conocido como el *Libro Negro* por el color de su portada, hacía un detallado resumen de lo sucedido el 9 de mayo de 1976, describiendo las conexiones extremistas de la CT con una variada constelación de grupos violentos nacionales e internacionales. Pasadas las diez de la mañana de aquel día, los *sixtinos* llegaron al monasterio de Irache, donde se encontraba concentrado el servicio de orden *carlohuguista,* a los sones de trompetas y tambores con su

66 CANAL, Jordi: *op. cit.*, p. 385. RODRÍGUEZ JIMÉNEZ, José Luis: *op. cit.*, pp. 271-272.

67 «Informe Montejurra 76», *Punto y Hora de Euskal Herria,* 40, 16-22/06/1977, p. 40. CASPISTEGUI, Francisco Javier: *op. cit.*, p. 227.

pretendiente a la cabeza. Procedían del hostal Irache, a un kilómetro y trescientos metros, donde los más destacados de ellos llevaban varios días alojados y donde habían establecido su *cuartel general*. La importancia de controlar las inmediaciones del monasterio radicaba en que de allí partían los capellanes oficiantes en el vía crucis. Por eso, allí estaba la cincuentena de militantes del servicio de orden *carlohuguino* y allí llegaron los *sixtinos*, en similar número, con la intención de controlar aquel espacio, desde donde arrancaba la conmemoración, sumándose después el grueso de los romeros que esperaban en la campa de Ayegui, disfrutando de los puestos allí levantados y de la tradicional parada militar, el desfile de los requetés, antes del ascenso a la mítica montaña. Mientras que el ambiente en la campa era distendido, vendiéndose el bocadillo de chistorra a cincuenta pesetas y las boinas a ciento cincuenta[68], en las puertas del cenobio, la tragedia se mascaba. En los planes de ambos bandos, pues, era esencial controlar el arranque en Irache, antes de que se sumaran la mayoría de los romeros en la campa de Ayegui y diera inicio propiamente el vía crucis a la montaña mágica. Por eso, *carlohuguinos* y *sixtinos* intentaron tomar las inmediaciones del convento benedictino.

Pese a ello, el comunicado que la CT hizo público dos días después limitaba la pretensión de Sixto Enrique y de los amigos que le acompañaban a «participar en el Vía Crucis». Sin embargo, el *Libro Negro de Montejurra* argumentaba otro objetivo de los *sixtinos* muy diferente y hacía una pormenorizada descripción de los que seguían al pretendiente tradicionalista, dando sus nombres y su adscripción política. Así, había miembros de la propia CT, como cuatro hijos de Fal Conde, pero también de los Guerrilleros de Cristo Rey, de Fuerza Nueva, del PENS, de CEDADE, de los *cruzadistas* y hasta uniformados de «la Legión española», entre otros, además de extranjeros de lo que encuadraba en una «Internacional Negra»[69].

La CT, revitalizada por Sáenz-Díez, Pepe Arturo Márquez y Raimundo de Miguel con el objetivo de confrontarla ideológicamente al PC *carlohuguino*, iba a protagonizar un enfrentamiento violento en el que el ala tradicionalista del carlismo *javierista*, que se negaba

68 ANÓNIMO: *Informe Montejurra 76*, Bayonne, Imprimerie Gayaumet, 1977, pp. 57-61. CLEMENTE, Josep Carles y SÁNCHEZ COSTA, Carles: *op. cit.*, p. 92. «Montejurra 76: Un muerto…».

69 «Los requetés no dispararon ni directamente ni al aire», *La Voz de España*, 12/05/1976, pp. 1 y 4. ANÓNIMO: *op. cit.*, pp. 61-62.

a asumir a la dinastía liberal, acudió a los pies de la mítica montaña, acompañada de una peligrosa turba dispuesta a imponer por la fuerza sus postulados. Una amalgama de extrema derecha violenta, que pretendía acabar con las aspiraciones al trono de Carlos Hugo en beneficio de Sixto Enrique, otorgando al drama interno que vivía el sector *javierista* una evidente dimensión de rivalidad cainita. Extremo negado *a posteriori* por los *carlohuguistas,* pero que en un principio asumieron, como muestra el libro publicado en el mismo año de 1976 por uno de los dirigentes de tal sector, Josep Carles Clemente, titulado *Montejurra 76*, donde dedica una de la cuatro partes en que se divide a desglosar las diferencias de las «dos ideologías», la de Carlos Hugo, a través de una entrevista, y la de Sixto Enrique, mediante el manifiesto que publicó en *El Pensamiento Navarro* y de algunas declaraciones en prensa.

La Operación Reconquista fue preparada con antelación y en la misma intervinieron *El Pensamiento Navarro* y *El Alcázar,* el portavoz oficial de la Confederación Nacional de las Hermandades y Asociaciones de Ex Combatientes, organización prototipo del *búnker* franquista contraria a cualquier mínima evolución política, presidida por el falangista José Antonio Girón de Velasco, creada en 1974 con la intención de agrupar a todos los que habían luchado en el bando nacional durante la Guerra Civil y controlar a los *javieristas* de la Hermandad de excombatientes requetés. En las páginas de estos dos diarios, se reprodujeron desde días antes dichas declaraciones de Sixto Enrique y se hicieron múltiples llamamientos a la *reconquista* de la montaña. A la par, aparecieron en poblaciones navarras pintadas callejeras amenazantes para los *carlohuguinos,* subiendo la tensión hasta niveles explosivos.

Entre los *amigos* de Sixto Enrique, aquel día en Montejurra, había miembros del Partido Español Nacional-Socialista, surgido en el primer lustro de la década de los setenta en Barcelona y caracterizado por sus ataques a librerías y centros culturales. Mantuvo relaciones de colaboración con el Servicio Central de Documentación (SECED), el servicio de información del Estado español, creado en 1972 por el almirante Carrero Blanco para combatir la subversión. El PENS, que nunca alcanzó la cifra de veinticinco militantes, reunía a neonazis, influidos por grupos del neofascismo europeo como el italiano Avanguardia Nazionale (AN, Vanguardia Nacional), cuyo dirigente Stefano delle Chiaie inspiró la estructura del grupo español y fue otro de los *amigos* que acompañaron a Sixto Enrique en Montejurra. Otro miembro de AN, igualmente presente aquel día, fue Giusseppe Calzona, quien posteriormente estaría implicado en los GAL. Anterior al PENS, fue el

Círculo Español de Amigos de Europa (CEDADE), constituido en 1966, también en Barcelona, cuyos estatutos fueron aprobados por el régimen. De planteamientos racistas, mantuvo estrechas relaciones con la asociación Nouvel Ordre Européen (Nuevo Orden Europeo), propagadora de la exaltación de una aristocracia enraizada en tradiciones antiguas y contraria a la democracia, que en 1969 llegó a celebrar uno de sus congresos en Barcelona. Al principio de la década de los setenta, CEDADE alcanzó su cota más alta de militancia, unos 600 integrantes, algunos de los cuales recibieron cursillos de formación paramilitar del SECED. En marzo de 1973, en el curso de inauguración de su delegación en Madrid, aparecieron por primera vez en un acto público vistiendo el uniforme nazi. Un año después, inició su declive cuando el propio régimen prohibió la celebración de su nuevo congreso. También en 1966, había surgido Fuerza Nueva, como una editorial que publicaba una revista de título homónimo y que estaba liderada por Blas Piñar López, orador en los Montejurra de los años 1963 y 1964 y exdirector del Instituto de Cultura Hispánica, quien había hecho su carrera política en la Asociación Católica Nacional de Propagandistas y en Acción Católica. Miembros de esta última conformaron Fuerza Nueva, la más numerosa entre todos los grupúsculos de extrema derecha, con una estructura marcadamente presidencialista en torno a su dirigente, ingresando en ella falangistas y tradicionalistas, estos últimos desencantados de la evolución del carlismo *carlohuguino* y que contaban con una importante representación entre los cuadros dirigentes. En julio de 1976, Fuerza Nueva se constituiría en asociación política, gracias a la nueva legislación, declarando su fidelidad *al recuerdo y a la obra* de Franco. En cambio, el grupo menos organizado y estructurado de toda esta confluencia de extrema derecha presente en Montejurra, pero más numeroso que el PENS, fue el de los Guerrilleros de Cristo Rey, vinculados asimismo a la revista *Fuerza Nueva,* cuyos objetivos eran preservar el espíritu del 18 de julio dentro del más absoluto inmovilismo político. Los años 1975-1977 fueron testigos de su violenta actividad, especializada en ataques a librerías y cafeterías, y agresiones a sacerdotes que daban cobertura a las reivindicaciones obreras. Se declaraban anticomunistas y antiliberales[70].

70 CLEMENTE, Josep Carles y SÁNCHEZ COSTA, Carles: *op. cit.*, pp. 145-160. CANAL, Jordi: *op. cit.*, pp. 382-385. CASALS MESEGUER, Xavier: *op. cit.*, pp. 236-238. RODRÍGUEZ JIMÉNEZ, José Luis: *op. cit.*, pp. 221, 245-247, 119-121 y 203-213. ANÓNIMO: *op. cit.*, p. 61. GARCÍA RIOL, Daniel Jesús: *op. cit.*, p. 307.

Esa constelación de miembros de grupos extremistas desfiló con Sixto Enrique el 9 de mayo de 1976 desde el hostal al monasterio de Irache, después de que el pretendiente y el hombre de la gabardina pasasen revista a tales efectivos. Al llegar a la plaza del monasterio, los *amigos*, al son de un pitido, se dividieron en dos alas y junto al centro de la columna, «se abalanzan como fieras contra los (...) carlistas», a los gritos de «Viva Cristo Rey» y «Montejurra, rojo no», según relató el *Libro Negro*, que añadía:

> Esgrimiendo porras de acero, garfios, guanteletes de pinchos, cadenas y pistolas aprovechan la sorpresa en su salvaje e irracional agresión. Avanzan derechos hacia la puerta del Monasterio... Sin embargo, repuestos de los primeros segundos de sorpresa, los carlistas reaccionan. El motor de la respuesta es el grupo de orden que se lanza desde la portalada del Monasterio, algunos empuñando sus bastones de montaña, buscando el cuerpo a cuerpo. El choque es terrible. Los de Sixto, sorprendidos a su vez por la contundencia de la respuesta, aceptan la lucha de momento, pero rápidamente se repliegan dejando varios heridos sobre el campo[71].

Fue en ese momento, sobre las diez y cuarto, cuando los tradicionalistas de Sixto Enrique, desnortados ante la respuesta ofrecida por los *carlohuguistas* y en clara retirada hacia unas bodegas allí existentes, recobraron su cohesión, estableciéndose una barrera de contención del servicio de orden *carlohuguista*, por un lado, y por otro, la de varios *sixtinos* armados con pistolas, que no habían participado en los primeros enfrentamientos. Mientras que el servicio de megafonía del PC insistía en no responder a la provocación, se adelantaron del grupo tradicionalista varios de sus integrantes, entre ellos José Fal Macías, hijo del antiguo dirigente carlista, el fascista Stefano delle

RODRÍGUEZ JIMÉNEZ, José Luis: «Historia de un fracaso y ¿de una refundación?: De la vieja a la nueva extrema derecha en España (1975-2012)», *Studia Historica. Historia Contemporánea,* 30 (2012), p. 238. PÉREZ PÉREZ, José Antonio: «El terrorismo ultraderechista y parapolicial en el País Vasco», en PÉREZ PÉREZ, José Antonio (coord.): *Historia y Memoria del Terrorismo en el País Vasco, 1968-1981,* volumen I, Almería, Confluencias, 2021, p. 517. MADUEÑO ÁLVAREZ, Miguel: «Guerrilleros de Cristo Rey: El brazo armado de la extrema derecha en los primeros años de la Transición», *La razón histórica,* 35 (2017), pp. 159-165.

71 ANÓNIMO: *op. cit.*, pp. 56-62.

Chiaie, y el requeté y comandante retirado José Luis Marín García-Verde, *el hombre de la gabardina,* miembro de una afamada familia tradicionalista e integrista, con la que había emparentado Sáenz-Díez, el dirigente de la CT.

En esa situación, un carlista discutió con Marín García-Verde, instándole a él y a los suyos a irse, a lo que este respondió que había ido allí a «limpiar Montejurra de comunistas». A la izquierda de su interpelante, estaba Aniano Jiménez Santos «que había participado activamente en la respuesta a la agresión instantes antes, [quien] le grita con desprecio a cuatro metros de distancia: "¡Cobarde!"». «Marín gira a su derecha cuarenta y cinco grados y sin pestañear siquiera le dispara un tiro a la altura del vientre». Aniano Jiménez murió cuatro días después en el Hospital de Navarra a causa de la grave herida sufrida. La víctima, más allá de admirador de Carlos Hugo, era miembro de la Hermandad Obrera de Acción Católica (HOAC), una asociación cristiana creada en 1946 en el seno de Acción Católica, orientada a la evangelización obrera; una organización plenamente legal en el franquismo y cuya influencia en los últimos años del régimen fue decisiva en la fundación de sindicatos como CCOO y la USO. Aniano, también conocido como Patxi, era santanderino, pero había residido en Barcelona donde lideró una asociación vecinal. El sector *carlohuguino* insistió en que, más allá de su actividad sindical, estaba afiliado al PC y lo definió como un «hombre de carácter serio y retraído (...) [y] ferviente practicante católico, adscrito a los sectores progresistas»[72].

Hasta que Aniano Jiménez cayó malherido en tierra, la Guardia Civil y la Policía Armada, desplegada en la zona, no habían hecho nada para impedir que ambas partes dirimieran sus diferencias, como denunció la prensa, incluso los medios de la cadena del Movimiento, que destacaron la «exquisita imparcialidad de la fuerza pública». Fue solo entonces, cuando las Fuerzas de Orden Público (FOP) se interpusieron entre los bandos y sin practicar detenciones, permitieron a los *sixtinos* abandonar las inmediaciones del monasterio[73]. Mientras eso ocurría en la plaza del monasterio, a un kilómetro de allí, en la explanada al pie del camino de las cruces, en la campa de Ayegui, otros efectivos del servicio de orden del PC se incautaban de un centenar de ejemplares a

72 ANÓNIMO: *op. cit.*, p. 64. «Fallece uno de los heridos en Montejurra», *El Diario Vasco,* 14/05/1976, p. 4. CLEMENTE, Josep Carles y SÁNCHEZ COSTA, Carles: *op. cit.*, p. 144.

73 «Montejurra», *La Voz de España,* 11/05/1976, p. 8.

la venta de *El Alcázar,* que había sacado ese día una edición especial centrada en la Operación Reconquista, y los quemaron, pisotearon o rompieron, así como con otros mil que descubrieron después en una furgoneta.

En suma, el ataque *sixtino* se había saldado con un absoluto fracaso, lo que permitió a los *carlohuguinos* dar inicio al vía crucis, que protagonizaron una vez más sus seguidores, acompañados por delegados de otras formaciones de izquierda, una veintena, como los del PCE, del PSOE, de la Organización Revolucionaria de Trabajadores (ORT), del Partido del Trabajo de España (PTE) y del Movimiento Comunista (MC), pero también de ETA, que habían sido invitados por el PC al Montejurra de aquel año[74], en coherencia con su estrategia de integrarse en las Coordinadoras de oposición al régimen. La Operación Reconquista, pues, había resultado todo un fiasco, porque la edición del vía crucis de aquel año de 1976 no se diferenciaba de las celebradas en los años inmediatamente anteriores, con cánticos, proclamas y banderas no exclusivamente carlistas. El PC había logrado que Montejurra fuera una vez más una fiesta de la oposición al franquismo, incluso aún más, fracasando plenamente la CT en su intento de reconducirlo a un vía crucis tradicionalista.

A la par, los *sixtinos* se replegaron en dirección al hostal, pero antes de llegar al lugar de donde habían partido, giraron a su izquierda, por el camino de los cañones, iniciando el ascenso a la cumbre a bordo de *jeeps*, por esa otra senda diferente a la del vía crucis. Arriba, otros partidarios de Sixto Enrique controlaban la cumbre desde hacía dos días, algo que no era desconocido para la Guardia Civil, acampados en las inmediaciones de la gruta donde se celebraba anualmente la misa de campaña, oficio que suponía el momento culminante de la conmemoración de Montejurra, circunstancia que explicaba la ocupación de ese otro espacio. Allí, en la cumbre, los *sixtinos* reagrupados, a las órdenes de Pepe Arturo y contando también con la presencia de su pretendiente al trono, esperaron armados la llegada del vía crucis.

Poco antes de la mitad de la subida, a la romería se sumó Carlos Hugo que apareció entre unos matorrales, a la altura de la quinta cruz, ataviado con una gabardina verde y boina roja en la que estaban bordadas tres flores de lis, símbolo de los borbones. Ya estaban, pues, presentes los dos hermanos, cada uno conduciendo a sus fieles. A las once

---

74 CLEMENTE, Josep Carles y SÁNCHEZ COSTA, Carles: *op. cit.*, p. 103.

de la mañana, la cabeza del vía crucis llegaba ya a la altura de la última cruz, topándose entonces con una barrera compuesta por miembros de Fuerza Nueva, PENS y Guerrilleros de Cristo Rey, que impidió a los romeros alcanzar la cumbre. Un cuarto de hora después, ya eran un centenar de *carlohuguinos* los que forcejeaban con unos sesenta *sixtinos*. «Se empieza a ver a lo lejos, entre intermitencias de la niebla, la cabeza de la multitud que avanza hacia la cumbre. Pepe Arturo toma el megáfono», anunciando que iba a hablar Sixto Enrique. «El grupo adelantado [*carlohuguino*] responde con un prolongado abucheo y gritos de "¡Carlos Hugo Libertad!"». Los de la cumbre abrieron fuego: «En décimas de segundo, aquello se convierte en un infierno. Los integrantes [*sixtinos*] del primer cordón se agachan (...). A la izquierda de la gruta, la ametralladora emplazada entre las rocas vomita fuego. Una ráfaga, luego otra»[75].

Hasta cuatro romeros cayeron heridos de bala. Eran las once y veinte de la mañana. Las víctimas fueron bajadas a toda prisa del monte. Uno de ellos, Ricardo García Pellejero, ingresó ya cadáver en el Hospital de Estella. Este último no era un militante del PC, sino que había acudido a Montejurra por el carácter festivo de la romería. «Ricardo era un chico que no se metía en política», declaró su padre, mientras que uno de sus íntimos amigos ratificó: «Subimos con la intención de almorzar y ver un poco el ambiente. No somos carlistas y no nos hemos metido nunca en política».

Ningún agente uniformado de la Guardia Civil, ni de la Policía Armada, fue visto ni en la ascensión, ni en la cumbre de Montejurra. Los *sixtinos* abandonaron el monte, poco antes de las doce del mediodía, bajando por el camino de los cañones, sin ser parados por los agentes al pie de la montaña, dirigiéndose al hostal, desde donde se dispersaron. La pasividad policial fue inmediatamente denunciada por los *carlohuguinos,* pero aprovechando para responsabilizar de los hechos no a los *sixtinos,* sino a los *estorilos*; circunstancia interpretativa que introducía una relevante novedad. José María de Zavala, investido desde 1967 como secretario general del PC, mandó un nítido mensaje a los seguidores del partido congregados poco antes de la una de la tarde en el repetidor de televisión, situado en la ladera baja del monte, al final de la campa de Ayegui, a más de un kilómetro del núcleo urbano y del

75 ANÓNIMO: *op. cit.,* pp. 67-79, 46-48 y 71-72. «Montejurra, sangriento», *El Pensamiento Navarro,* 11/05/1976, pp. 10 y 20.

monasterio de Irache, conformando los tres puntos los vértices de un triángulo. Allí, denunció que:

> Ha habido sangre derramada carlista en Montejurra, es sangre de carlista y esa sangre la han derramado aquellos que dicen que están defendiendo la Tradición, que están defendiendo la Religión y resulta que son los que están al lado de la oligarquía capitalista que luchó siempre contra el Carlismo, la monarquía liberal capitalista y al lado de las instituciones que durante siglo y medio lucharon contra el carlismo.

De hecho, el objetivo estratégico del PC pasaba por implicar a la Monarquía de Juan Carlos I, el rival de Carlos Hugo, obviando los componentes de lucha fratricida vivida ese día en Montejurra. Así, el comunicado, entregado por el sector *carlohuguino* a la prensa ese mismo día a las 8 de la tarde en el Círculo Vázquez de Mella de Pamplona, evitó toda mención a Sixto Enrique, señalando que lo vivido se circunscribía a la pugna entre Carlos Hugo y Juan Carlos por la Jefatura del Estado: «Consideramos que el responsable directo de los acontecimientos (...) es el Gobierno Arias», el primero de la monarquía rival, por lo que:

Ha quedado demostrado que toda la maniobra, protegida y dirigida perfectamente desde organismos oficiales para dividir al carlismo y a la opinión pública, ha conducido a evidenciar la unidad del carlismo en torno a su líder Carlos Hugo y a la línea ideológica-política del Partido Carlista, conducente a la constitución de un estado socialista federal.

La estrategia *carlohuguina* pretendía evitar que lo sucedido aquel 9 de mayo desacreditase al propio PC, por lo que era crucial implicar en lo sucedido al primer gobierno de Juan Carlos I. Para ello, contó además con una serie de indicios que beneficiaban su argumentación, como la pasividad de la Guardia Civil y de la Policía Armada, y con el hecho de que hubo miembros de la UNE que fueron vistos en Montejurra. Los líderes de la *camarilla* de Carlos Hugo eran muy conscientes que al denunciar a la UNE estaban vinculado los dos muertos de Montejurra con la Monarquía de Juan Carlos I, a través de la herencia *estorila*. Para el PC, la responsabilidad gubernamental no ofrecía dudas, en la medida en que lo sucedido aquel día en la mítica montaña podía devaluar las pretensiones de Carlos Hugo, la figura que era la alternativa izquierdista a la Jefatura del Estado encarnada por Juan Carlos I. Por eso, el *Libro Negro de Montejurra* insistía en destacar que

«Juan Carlos considera un adversario personal a Carlos Hugo»[76]. No se trataba, pues, a ojos *carlohuguinos,* de un enfrentamiento en el seno del *javierismo,* sino entre las dos dinastías rivales.

Araluce estuvo presente aquel 9 de mayo de 1976 en Montejurra. Pero, una vez más, como era usual en él, llegó tarde. Salió aquella mañana de San Sebastián, acompañado por su hijo José, que acababa de cumplir diecisiete años, y por su sobrino Pablo, de la misma edad, conduciendo su coche particular, un Seat 1400 C, en dirección a Pamplona para recoger a su otro hijo Juan, que estudiaba en la capital navarra. Ya juntos, se dirigieron a Estella, poniéndose al volante esta vez Juan, porque a Araluce no le gustaba conducir, ya que le traía un recuerdo amargo, el de un viaje en coche con su mujer desde Tolosa a Bilbao, motivado por su profesión de notario, en el que una piedra rompió el parabrisas antes de amanecer, provocando que chocase por detrás contra un camión, sin que afortunadamente sufrieran lesiones relevantes, más allá del tremendo susto. Ahora, que iba con sus dos hijos y su sobrino, camino de Estella, también valoró el hecho de haber acogido en su casa a su sobrino Pablo, hijo de una de sus hermanas, para evitar al chaval el ambiente de las calles bilbaínas, donde las drogas empezaban a hacerse presentes.

Los cuatro no llegaron a Montejurra hasta las once de la mañana, cuando se habían producido ya los enfrentamientos en el monasterio de Irache y poco antes de que en la cumbre se produjese el ametrallamiento contra los romeros que subían. Al llegar tarde, no pudieron aparcar en la campa, atestada ya de otros coches y autobuses —ocho centenares y unos cincuenta, respectivamente—, teniendo que hacerlo en el pueblo de Ayegui. A pie se dirigieron a la campa, en cuyo camino Araluce escuchó acusaciones de traidor lanzadas por *carlohuguinos*, en referencia a su adhesión a la Monarquía de Juan Carlos, a su filiación *estorila.* Uno de los que le increparon soltó, mientras se comía un bocadillo: «El nieto [en realidad, tataranieto] de la puta Isabel», en referencia al jefe de Estado. Pese a ello, no se dejó arredrar, charlando con cordialidad con otros carlistas, viejos conocidos, como el abogado Germán Raguán Zubeldia, concejal donostiarra, que todos los años acudía a

76 ANÓNIMO: *op. cit.,* pp. 71-72, 76-78, 79 y 20. «Montejurra 76: Un muerto…». ERCE, Carlos: «Ricardo García Pellejero, muerto en Montejurra», *Diario de Navarra,* 11/05/1976, p. 26. ZAVALA, José María de: *op. cit.,* p. 80. «Rueda de prensa del Partido Carlista», *Diario de Navarra,* 11/05/1976, p. 27. CASPISTEGUI, Francisco Javier: *op. cit.,* p. 348.

Montejurra para recordar a sus dos hermanos muertos en la Guerra Civil. El requeté Raguán, además de ser autor de un libro de poesías sobre la montaña sagrada carlista, dedicado a los dos finados, disfrutaba del respeto *javierista*. En 1942, el propio Javier de Borbón-Parma le había encargado la reorganización carlista en Guipúzcoa.

En la conversación, Araluce se enteró de lo sucedido una hora antes en la plaza del monasterio. También se dio cuenta de que debía haber lío en la subida del vía crucis, porque se habían escuchado tiros. Asimismo, notó el humo, producido por la quema de ejemplares de *El Alcázar*. El tolosarra Raguán, a quien conocía desde la época en que vivió en esa villa, le aconsejó que no subiera. Fue entonces, cuando vieron bajar a uno de los heridos, ante lo que el presidente de la diputación decidió marcharse y regresar con su familia a San Sebastián. Había pasado una media hora desde que llegó a Montejurra, poco más de veinte minutos según sus hijos. «Yo no podía avalar con mi presencia en aquel lugar la violencia que se respiraba», dijo a un periodista:

> Fui, acompañado de un hijo [desde San Sebastián] y de un sobrino, con la ilusión de creer que se iba a restablecer una práctica religiosa, de recuerdo y de emoción, en memoria de los caídos que recuerdan las cruces del Vía Crucis que jalonan el camino desde la base a la cúspide. (...) Pensé que esta convocatoria había adquirido su sentido primitivo —desviado durante los últimos años— de homenaje y recuerdo a los caídos del Requeté.

Cada cruz estaba asignada a varios tercios. En su despacho de la diputación, lucía una bandera rojigualda del Tercio de San Ignacio, uno de los ocho creados en los tres territorios vascongados durante la Guerra Civil, como homenaje a los requetés de su provincia de adopción. En el viaje de ida a Montejurra, Araluce había comentado con sus familiares que ese año sería diferente, porque el tradicional acto carlista recuperaría su esencia. Por eso había decidido acudir. Tenía, por tanto, constancia de que había un intento por recobrar Montejurra en su dimensión tradicionalista y arrebatársela a los *carlohuguinos*, aunque ignoraba la instrumentalización que pretendía Sixto Enrique. De hecho, desconocía quién era este, viendo por primera vez su retrato aquel día en los carteles que la CT había colocado en las inmediaciones de Estella y Ayegui. Por eso, en el coche en el viaje de ida, llegando a esa última localidad navarra, les espetó a Juan, a José y a Pablo: «¿De dónde ha salido ese Sixto de Borbón?».

Para un *estorilo,* como Araluce, lo sucedido en el Montejurra de 1976 solo tenía una posible lectura, la del «brutal enfrentamiento», en el seno del *javierismo,* entre seguidores de los dos hermanos, de los hijos de Javier de Borbón-Parma.

> Unos y otros grupos estaban armados. Unos y otros grupos aprovecharon la buena fe del requeté para crear un clímax nada alentador, con mucha carga de intereses ajenos al sentimiento tradicionalista. Está claro. Montejurra es el símbolo de unos hombres que dieron su vida por unos ideales muy concretos. Los grupos que fueron el domingo pasado y protagonizaron la violencia en Montejurra conllevaban unos ideales completamente opuestos. Es como si fuera una profanación[77].

Sin embargo, el *Libro Negro de Montejurra,* elaborado por los *carlohuguinos*, una vez asesinado Araluce, no solo ofreció una lectura diferente, sino que daba también una versión muy distinta de la presencia del presidente de la diputación en la montaña, publicitando la interpretación del PC. De entrada, *Informe Montejurra 76* colocaba a Araluce entre los que marcharon con Sixto Enrique a las diez de la mañana desde el hostal Irache en dirección al monasterio, junto a otros dos miembros de la UNE, los hermanos Antonio y Lucas de Oriol, aunque cometía siempre el reiterado error de llamarlo «José María» en vez de Juan María, lo que para un conocido alto cargo, como era un presidente de diputación, era una gruesa confusión, que evidenciaba un profundo desconocimiento. Más allá de la equivocación, el dato de esas presencias casaba mal con el hecho de haber asegurado el panfleto que fue el pretendiente y el hombre de la gabardina quienes pasaron revista a los *amigos* en las puertas del hostal, ya que esta debió ser protagonizada por las dos mayores autoridades del Estado, como lo eran Araluce y Antonio María de Oriol, ambos miembros del Consejo del Reino, si efectivamente hubieran estado allí y participado de la estrategia *sixtina.* Además de esta incongruencia, después de que los *amigos*

77 *Juan Araluce Letamendía*, 29/11/2020, Madrid, entrevista realizada por Juan José ECHEVARRÍA. «Montejurra, sangriento...». RAGUÁN, Germán: *Montejurra,* San Sebastián, Industria Gráfica Valverde, 1957, p. 11. VÁZQUEZ DE PRADA, Mercedes: «La reorganización del carlismo...», p. 1124. «Estella quiere la verdad», *La Voz de España,* 13/05/1976, p. 4. ANGULO, Gorka: *op. cit.,* p. 73.

rindieran honores a su líder y a un mero comandante retirado, como máximas autoridades presentes, el relato del *Libro Negro* insistía en que tanto Araluce como los dos hermanos Oriol habrían llegado con el pretendiente al monasterio y participado en los enfrentamientos que allí se dieron, aunque nada más acabarse estos, no habrían abandonado la plaza del monasterio, huyendo con el resto de *amigos* de Sixto Enrique, primero hacia las bodegas y luego hasta el cruce del camino de los cañones, sino que se encontraban ya, sorprendentemente, al otro lado de la línea de enfrentamiento, sobrepasando a los enemigos, cerca del repetidor de televisión situado en las primeras rampas del vía crucis, en la ladera baja, a la sorprendente distancia de más de un kilómetro, justo en el momento en que cerca de allí se quemaban los ejemplares de *El Alcázar*. Es decir, según esta versión, *José María* Araluce habría sido visto después de las diez de la mañana en el grupo que rodeaba al pretendiente Sixto Enrique, participando en los enfrentamientos en el monasterio y finalmente antes de las once en las inmediaciones del repetidor, lo que no casaba con la lógica espacio-temporal, pero tampoco con lo sostenido por el presidente de la diputación y por sus familiares, que establecieron la hora de llegada a Montejurra a las 11 de la mañana y que su presencia se limitó a la campa de Ayegui, sin llegar al inicio del vía crucis, y menos a la altura del repetidor, y mucho menos al monasterio de Irache, a un kilómetro de distancia del núcleo urbano, y aún menos al hostal homónimo, más de un kilómetro aún más lejos del cenobio. Según los hijos de Araluce, no anduvieron más de cuatrocientos metros en la campa de Ayegui, quedándose a la mitad de distancia del arranque del vía crucis[78].

Tales datos contradictorios obligan a un análisis más pormenorizado de lo ocurrido. Y eso solo puede hacerse con poco más que las fuentes hemerográficas y con las investigaciones periodísticas hechas *a posteriori*, ya que el sumario judicial instruido, con el número 1847/76, desapareció de los archivos judiciales y el juicio nunca llegó a celebrarse por la ley de Amnistía de 1977[79].

Son muchos los periódicos de aquellos días que mencionan la presencia de Araluce en la edición de 1976 de Montejurra, pero solo uno

78 ANÓNIMO: *op. cit.*, pp. 61-67. *Juan Araluce Letamendía*, 29/11/2020, Madrid, entrevista realizada por Juan José ECHEVARRÍA.

79 CUBERO SÁNCHEZ, Joaquín: «Montejurra 1976. Un intento de interpretación», en TUSELL GÓMEZ, Javier: *Historia de la transición y consolidación democrática en España (1975-1986)*, volumen 1, 1995, p. 31.

da una referencia temporal. El *Diario de Navarra* señala que Araluce, junto a Antonio de Oriol y otros, como el marino y aventurero Carlos Etayo Elizondo, otro célebre tradicionalista, «descendían de Montejurra mochila al hombro hacia las once menos cuarto de la mañana». Tal información contradice en quince minutos la cronología dada por el presidente de la diputación, quien aseguró: «Llegué relativamente tarde, sobre las once de la mañana». Pero también, desmonta la acusación del *Libro Negro* de que *José María* Araluce participó en los enfrentamientos del monasterio de Irache un poco más de media hora antes, desfilando con Sixto Enrique, en la medida en que es imposible estar en el llano, subir al monte y volver a bajar para ser visto en el repetidor de televisión, junto a otros veteranos tradicionalistas y «fascistas»[80], en tan corto período de tiempo; máxime para una persona obesa, como era Juan María.

No existen evidencias, por tanto, de que Araluce, quien acudió a Montejurra con sus hijos, uno menor de edad[81] y con un sobrino coetáneo, participase en la violencia desatada en la parte baja del monte y menos aún en la habida en la cima. El presidente de la diputación llegó como pronto a las once menos cuarto, charló con otros carlistas veteranos de su generación, como Antonio María de Oriol y Raguán, con los que le unía su común pertenencia a la Hermandad Nacional de Alféreces Provisionales, y constató el ambiente hostil contra él de los *carlohuguinos*, por lo que antes de las once y media, diez minutos después de los tiros en la cima y cuando vio a los heridos evacuados que estaban sido bajados del monte, se marchó a San Sebastián con sus hijos y sobrino, dos de ellos menores de edad, lo que hace muy difícil pensar que los hubiera llevado premeditadamente a un escenario de violencia, máxime a Pablo, al que había acogido en su casa de San Sebastián para evitarle el contacto con el mundo de la drogadicción y cambiárselo por el de los tiros en Montejurra. La presencia e intencionalidad de Araluce en la montaña mágica aquel día, pues, se limitó a eso, tal como se desprende de las fuentes fidedignas existentes.

Incluso, la querella presentada ante el juzgado instructor de Estella por las familias de Ricardo Pellejero y Aniano Jiménez, así como por

---

80 «Montejurra 76: un muerto...». «Estella quiere la verdad...». ANÓNIMO: *op. cit.*, p. 67.

81 La mayoría de edad entonces estaba establecida en los veintiún años, aunque aquí se utiliza la expresión para referirse, como en la actualidad, a los menores de dieciocho años, como era el caso del hijo y del sobrino de Araluce.

María Mercedes [Maritxu] Olazarán Aristu, quien sufrió una herida cortante en el brazo derecho, y Fernando Lucas Zaragoza, quien fue agredido en la cabeza, fue dirigida contra Sixto Enrique, Pepe Arturo, Marín García-Verde, Bayod Payarés y tres de los cuatro hijos de Fal Conde presentes, además de otras tres personas. En ningún caso, contra Juan María de Araluce, que ni siquiera estaba incluido en la lista de testigos propuestos[82]. Fue después, con la interpretación interesada del PC, que necesitaba implicar a la UNE, cuando el nombre de Juan María de Araluce fue puesto sobre el tapete.

Ello obliga a una revisión de lo contado por el *Libro Negro*, que admitía que los tradicionalistas que llegaron al monasterio de Irache pasadas las diez de la mañana eran «un tropel de gente» y solo «delante, marcando el paso marcialmente, un grupo de cincuenta o sesenta, de cuatro en fondo y con atuendo paramilitar», que serían los que protagonizaron el enfrentamiento. Es decir, el panfleto elaborado por los *carlohuguinos* terminaba reconociendo que no todos los tradicionalistas que acudieron allí y a la campa de Ayegui seguían la estrategia violenta de Sixto Enrique, no formando parte de la avanzadilla paramilitar de este y sus *amigos*. Así, hubo miembros de las Hermandades de excombatientes requetés, que «se unen al resto de carlistas» en el vía crucis, pese a que los *carlohuguinos* les habían invitado a irse, e incluso de la Confederación de excombatientes, que se distraían comprando boinas rojas en los tenderetes puestos en la campa, y de los tradicionalistas de Raimundo de Miguel, que habían vitoreado momentos antes a la Guardia Civil, después de lo cual se marcharon[83], con lo cual ni siquiera en la CT existía unanimidad sobre la violencia empleada por Sixto Enrique aquella mañana. También, reconoció tal variedad Josep Carles Clemente, uno de los máximos responsables de la revisión historiográfica del carlismo, quien presente en el Montejurra de 1976 vio en el arranque del vía crucis, ya en la campa de Ayegui y en las inmediaciones del repetidor de televisión, a «veteranos tradicionalistas que habían venido con don Sixto (...). La mayoría se hallaban afligidos por lo que habían presenciado y lo comentaban entre sí, mostrando un desengaño por la convocatoria *sixtina*», tal como consignó en su *Montejurra 76*. Es decir, sí que hubo un grupo de tradicionalistas, que no participaban

82 «Se querellan contra 10 personas, los familiares de los fallecidos en Montejurra y dos lesionados», *Diario de Navarra*, 05/06/1976, pp. 1 y 4.

83 ANÓNIMO: *op. cit.*, pp. 61 y 71. LÓPEZ MUÑOZ, Ismael: «Tiros desde Montejurra en la niebla contra una multitud indefensa», *El País*, 10/05/1976, p. 9.

ni del *carlohuguismo* ni de la instrumentalización violenta *sixtina*, que se concentró en torno al repetidor, antes del arranque propiamente del vía crucis. Ese mismo grupo, fue visto a las once menos cuarto por el periodista del *Diario de Navarra*, aunque interpretó que bajaban de la montaña. No sabemos si Araluce formó parte de ese grupo, aunque es plausible que fuera visto allí, aunque sus familiares insisten en que no llegaron hasta el repetidor, quedándose unos metros más abajo en la campa de Ayegui. *Diario de Navarra* mencionaba otro grupo tradicionalista que se había mantenido al margen, los *cruzadistas*. Unos ciento cincuenta jóvenes uniformados y mandados por Bayod Pallarés desfilaron a los pies de Montejurra, rememorando las paradas de los requetés de anteriores ediciones, antes de irse a las once y media[84]. Pese a ello, su líder, quien hacía ocho años había sido víctima de la ira *carlohuguina*, había sido citado por el *Libro Negro* como uno de los *amigos* violentos de Sixto Enrique, aunque también había sido responsabilizado de los hechos por la querella de los familiares de las víctimas.

En cualquier caso, la diversidad en el ala tradicionalista solo era mitigada por la frontal oposición a Carlos Hugo y al proyecto socializante por el pretendido. A partir de ahí, los diferentes grupúsculos discrepaban sobre la implementación de la Operación Reconquista. Los hubo extremadamente violentos, los más próximos al fascismo, pero también aquellos que se limitaron a un mero alarde o simplemente a hacer acto de presencia. En este sentido, las diferencias se palparon hasta en el seno de la CT, como evidenciaron los seguidores de Raimundo de Miguel, frente a los de Pepe Arturo. Pero, incluso, no todos aquellos grupos tradicionalistas coincidían sobre la figura del pretendiente. La presencia de Araluce y de otros confirmaba la opción *estorila*, evidenciando que hubo diversas *operaciones reconquista* de muy diferente alcance e intencionalidad.

La prensa hizo mención implícita de ello, al referirse al grupo de la UNE. *El Diario Vasco*, periódico cuyo ideario era monárquico, católico y fuerista, citaba a Antonio María de Oriol y a Araluce, destacando que ambos eran miembros del Consejo del Reino. *Diario de Navarra*, conservador y fuerista, aportaba además otros significativos nombres, como el de José Luis Zamanillo, situando a todos en la ladera baja del monte a las once menos cuarto. *Unidad*, de ideario falangista, citaba

84 CLEMENTE, Josep Carles y SÁNCHEZ COSTA, Carles: *op. cit.*, p. 114. «Montejurra 76: un muerto…».

también a los tres[85]. Por tanto, descartada la presencia de Araluce entre los violentos, por ser una acusación inconsistente, la discrepancia queda limitada a un cuarto de hora, en su dimensión temporal. Y en cuanto a su dimensión espacial, al repetidor de televisión, situado en la ladera baja, donde arranca el vía crucis, frente a lo sostenido por los hijos de Araluce, en la campa de Ayegui, un poco más abajo, sitios en cualquier caso muy cercanos, a escasos metros uno de otro, con lo que la divergencia es mínima y sobre todo no afecta a los hechos más relevantes.

José Luis Zamanillo González-Camino era otro de los fundadores de la UNE, habiendo sido elegido hacía un escaso mes miembro de su presidencia colegiada, conformando un triunvirato con Valiente y Fernández de la Mora. Se trataba de un carlista veterano, que había sido uno de los dirigentes de la Hermandad del Maestrazgo y mucho antes el máximo jefe de los requetés, cuando estos se sublevaron contra la Segunda República. Por tanto, había sido el jefe superior de Araluce durante la Guerra Civil. Su dirección de la milicia paramilitar, en los primeros compases de la guerra, había sido alabada hasta por el pretendiente Alfonso Carlos en uno de sus últimos mensajes antes de morir, siendo por ello un personaje respetado en el seno del *javierismo* de la posguerra, que colaboró con Valiente en la aproximación de ese sector al franquismo. Por este hecho, había caído en desgracia con la nueva dirección *carlohuguina*. El destacado miembro de la *camarilla,* Josep Carles Clemente, acusaba al consejero nacional Zamanillo de connivencia con el régimen por haber votado a favor de Juan Carlos como sucesor de Franco en 1969, incurriendo en lo que denominó «servilismo al llamado Caudillo». Por ello, el *Libro Negro de Montejurra* incluía a Zamanillo entre los *amigos* violentos de Sixto Enrique en el monasterio de Irache[86], pese a que era inviable que este, Oriol y Araluce hubieran estado en esos enfrentamientos y poco después hubieran cruzado la línea *enemiga* para llegar al repetidor de televisión, en la ladera baja, en la parte más alta de la campa de Ayegui. Por lo tanto, Araluce

85 «Un muerto y varios...». «Montejurra 76: un muerto...». AGREDA, Ignacio: «Un muerto, cuatro heridos por bala y una veintena de contusionados en los incidentes de ayer en Montejurra», *Unidad*, 10/05/1976, p. 18.

86 GIL PECHARROMÁN, Juan: *op. cit.*, p. 206. «Unión Nacional Española: Presidencia colegiada de Fernández de la Mora, Zamanillo y Valiente», *La Voz de España*, 08/021976, p. 5. CANAL, Jordi: *op. cit.*, p. 328. CASPISTEGUI, Francisco Javier: *op. cit.*, p. 20. CLEMENTE, Josep Carles: «Montejurra, el monte para la eternidad. Historia de una oposición al franquismo», *Tiempo de historia*, 43 (1978), p. 18. ANÓNIMO: *op. cit.*, p. 61.

charló en esta campa o en el repetidor de televisión, en cualquier caso, en la ladera baja de Montejurra, a más de un kilómetro del monasterio de Irache, con el otrora *javierista* Raguán, con el *estorilo* Oriol y con su antiguo superior Zamanillo. Todos ellos, se caracterizaban por ser de la antigua generación carlista, cuyos postulados estaban muy alejados de los de la nueva dirección de Carlos Hugo, quien había logrado mantener el control sobre Montejurra y desbaratado los planes de Sixto Enrique, a quien ni Araluce, ni ninguno de sus interlocutores aquel día, otorgaba ninguna credibilidad como pretendiente al trono de España, porque tanto él como Oriol y Zamanillo, eran firmes partidarios de la Monarquía de Juan Carlos, y Raguán, al menos, rechazaba la deriva del *javierismo.*

Una vez aclarado esto, lo cual no es un aspecto menor, otra consideración es que, a alguno de ellos, le interesara utilizar a Sixto Enrique y a la Operación Reconquista pretendida por este para acabar con las pretensiones de Carlos Hugo a la Jefatura del Estado y consolidar así en el trono a Juan Carlos I. Por eso, el *Libro Negro* dedicaba más espacio a Antonio María de Oriol, veterano *estorilo,* que había ocupado relevantes cargos en el franquismo, como ministro de Justicia, y que en aquellos momentos era presidente del Consejo de Estado y como tal miembro nato del Consejo del Reino, el relevante organismo donde también estaba Araluce y con el que mantenía unos vínculos ideológicos monárquicos, además de un estrecho contacto en el pasado, aunque en el presente diferían en algunas de las implementaciones que Juan Carlos I quería imprimir a su reinado.

Antonio María pertenecía a una destacada familia tradicionalista y de fuertes convicciones religiosas. Su padre, el empresario bilbaíno José Luis de Oriol y Urigüen, había sido un destacado dirigente carlista y diputado por Álava en todas las legislaturas de la Segunda República, cuyos objetivos habían sido entonces la restauración foral y asestar el golpe definitivo al estatuto de autonomía pretendido por el Partido Nacionalista Vasco (PNV). Para ello, aspiró a lograr una Carta Foral de Álava, que hubiera consagrado una «región alavesa» que se regiría por sus propios fueros, sin vínculos supraprovinciales permanentes con los otros territorios vascos; es decir, una reinstauración foral en los parámetros tradicionalistas. José Luis de Oriol fue uno de los que más dinero aportó para comprar las armas que necesitaron los requetés para unirse a la sublevación del 18 de julio de 1936, lo que le permitió controlar la provincia alavesa durante la guerra. En 1969, tras la expulsión de España de la familia Borbón-Parma, ordenada por Franco, formó parte de una comisión de antiguos diputados de la CT, de la época republicana, que acudieron al palacio de El Pardo para expresar su apoyo y adhesión al jefe de Estado por tal decisión. El mismo Franco había reconocido su título de marqués de Casa de Oriol, otorgado en origen por el pretendiente Carlos VII a sus antepasados catalanes. José Luis de Oriol estaba casado con una Urquijo, familia de origen igualmente alavés que controlaba el Banco de Vizcaya, pero que desempeñó un papel relevante en la época de la Restauración de la rama liberal dinástica, lo que le facilitó labrar una fortuna en los sectores eléctrico y ferroviario. Hidroeléctrica Española y Talgo fueron las empresas más destacadas de Oriol, la segunda basada en el diseño del tren articulado del ingeniero militar Alejandro Goicoechea Omar[87]. Una de sus residencias, que había heredado por su mujer, estaba en el término municipal vizcaíno de Guecho, en el barrio de Neguri, donde desde la época de mayoría de edad de Alfonso XIII vivían las familias vascas de grandes fortunas, como la de su hermana María de los Ángeles, marquesa de Arriluce, la madre de Luis María de Ybarra y Oriol, uno de los impulsores del colegio Gaztelueta. No en balde, la religión católica y el emprendimiento económico, tenían en esa élite vasca una evidente trabazón.

Los carlistas Oriol, perdedores de dos guerras, habían logrado entrar en esa oligarquía de familias monárquico-dinásticas liberales que en la época de la Restauración alfonsina ejerció, a través de su poder económico, una relevante influencia en las decisiones políticas. Tal élite, cuya prioridad absoluta era reforzar la españolidad de esas provincias, compatible con las *aspiraciones tradicionales* forales, capitaneó la industrialización vasca y su consiguiente modernización tras la Guerra de los Cuatro Años. Esa oligarquía, que abrazó el neoforal Concierto Económico, estableció ámbitos exclusivos de sociabilidad, como la zona residencial de Neguri, cerca de Bilbao, dedicando también buena parte de su preocupación a la formación y educación de sus siguientes generaciones. Un buen ejemplo de ello fue la creación en 1916 de

87 PABLO CONTRERAS, Santiago de: «El Estatuto alavés y la carta foral: dos proyectos autonómicos para Álava durante la Segunda República», *Vasconia*, 6 (1985), pp. 92-93. CANAL, Jordi: *op. cit.*, p. 323. «Adhesión plena y renovada de los antiguos diputados tradicionalistas, al Caudillo», *Diario de Burgos*, 27/03/1969, pp. 1 y 6. DÍAZ HERNÁNDEZ, Onésimo: «Un magnate al servicio de la Restauración: el segundo marqués de Urquijo», *Vasconia*, 25 (1998), pp. 142-143. CAYÓN GARCÍA, Francisco y MUÑOZ RUBIO, Miguel: «José Luis de Oriol y Urigüen», Diccionario Biográfico Español. Real Academia de la Historia. http://dbe.rah.es/biografias/26018/jose-luis-de-oriol-y-uriguen

la Universidad Comercial de Deusto, regida por la Compañía de Jesús, uno de los «baluartes culturales» del País Vasco[88], evidenciando el peso del catolicismo en esa élite. Y otro, ya en el franquismo, pero dedicado a las enseñanzas medias, fue Gaztelueta, en manos del Opus Dei.

El neoforal Concierto Económico, creado a partir de un real decreto dictado por el Gobierno Cánovas en 1878[89], contemplaba básicamente aspectos fiscales, estableciendo unas cantidades económicas o cupos que cada provincia vascongada debía entregar a la Hacienda estatal, pero también abría vías de gestión y administración propia para cada una de las diputaciones, configurando una nueva autonomía para cada provincia, distinta de la vivida por cada uno de esos territorios bajo la foralidad decimonónica[90]. Esta última había quedado truncada con la ley de 1876, dictada tras la derrota carlista en la Guerra de los Cuatro Años, que acabó con la exención económica y militar, aunque en ese postrer extremo nunca había alcanzado las levas de marinería, como bien conocía Araluce. Asimismo, el desarrollo legislativo de tal norma abolió las instituciones de gobierno interno provincial, como las juntas generales y las diputaciones forales[91]. Pero, dos años después, en 1878,

88 LUENGO TEIXIDOR, Félix: «Restauración: Identidad, fueros y autonomía. Liberales, republicanos y carlistas en la construcción de la identidad vasca (1876-1923)», en CASTELLS ARTECHE, Luis y CAJAL VALERO, Arturo, *La autonomía vasca en la España contemporánea (1808-2008),* Madrid, Marcial Pons, 2009, p. 149. AZAOLA, José Miguel de: *El país vasco,* Madrid, Instituto de Estudios Económicos, 1988, pp. 141-146. RUZAFA, Rafael, MONTÓN, Francisco Javier, PÉREZ, José Antonio, y HOZ, Santiago de la: «Características y evolución de las élites en el País Vasco (1898-1923)», *Historia Contemporánea,* 8 (1992), pp. 107-127.

89 Real Decreto, de 28 de febrero de 1878, fijando los cupos y cuotas que por contribuciones e impuestos han de satisfacer al Tesoro las Provincias Vascongadas. *Gaceta de Madrid,* 01/03/1878, núm. 60, pp. 505-507.

90 CASTELLS ARTECHE, Luis: «El nuevo marco administrativo y la autonomía (1876-1923)», en CASTELLS ARTECHE, Luis y CAJAL VALERO, Arturo, *La autonomía vasca en la España contemporánea (1808-2008),* Madrid, Marcial Pons, 2009, p. 111.

91 Ley de 21 de julio de 1876, para que las provincias de Vizcaya, Guipúzcoa y Álava contribuyan con arreglo a la Constitución del Estado a los gastos de la Nación y al servicio de las armas. *Gaceta de Madrid,* 25/07/1876, núm. 207, p. 213. Real Decreto, del 5 de mayo de 1877, disponiendo que el gobierno y administración de los intereses peculiares de la provincia de Vizcaya se ajusten a las leyes y disposiciones que rijan para el de las demás de la Nación. *Gaceta de Madrid,* 07/05/1877, núm. 127, p. 401. Real Decreto de 13 de noviembre de 1877, fijando las sumas con que las Provincias Vascongadas han de contribuir al Estado en el actual año económico por las contribuciones territorial e industrial. *Gaceta de Madrid,* 14/11/1877, núm. 318, pp. 473-474.

esas diputaciones, desde entonces nominadas como provinciales, al calor del Concierto Económico, se aprestaron a recuperar su poder y poner en pie una nueva autonomía, enraizada en la dimensión política-institucional foral y basada precisamente en ese instrumento económico que tanto benefició la industrialización vasca y a la vez a las élites que la hicieron posible[92].

Otro ejemplo de esas élites, ya en época franquista, fue el notorio *juanista,* José María de Oriol, hijo de José Luis y hermano mayor de Antonio María, partidario de restaurar la monarquía tradicional bajo los principios del 18 de julio en la figura de Juan de Borbón, pero con el consentimiento de Franco o una vez que falleciese este; extremos que consideraba ineludibles, porque antes que nada fue un franquista incondicional. En octubre de 1958, casi un año después del acto constitutivo de los *estorilos*, José María peregrinó a Lourdes acompañando a Juan de Borbón, informando a Franco por carta del viaje en el que el pretendiente al trono aunó el carácter religioso al patriótico de los tradicionalistas, algo consustancial al carlismo, y en el que Oriol expresó la «coincidencia en los Principios nacidos de la comunión de los españoles en los Ideales que dieron vida a la Cruzada, y que fueron promulgados por S. E. el 17 de mayo pasado», en referencia a la ley de Principios del Movimiento Nacional.

José María había encabezado durante la Guerra Civil el carlismo vizcaíno y fue el primer delegado de FET y de las JONS en aquella provincia. Después fue procurador en Cortes por designación directa del jefe de Estado en todas las legislaturas franquistas y uno de los mayores defensores de la unificación de falangistas y carlistas decretada por el dictador, lo que le permitió disfrutar de *estrechas relaciones* con el jefe de Estado. El hecho de ser un entusiasta de la unificación tenía una explicación en Vizcaya, al igual que en el resto de las provincias vascas, donde el peso falangista nunca fue relevante. Durante la Segunda República, Falange no llegó a contar ni con doscientos afiliados en aquella provincia. Además, cuando Vizcaya fue tomada por el ejército sublevado, ya había sido promulgado el decreto de unificación y el nuevo régimen franquista ya estaba institucionalizado, por lo que los falangistas se encontraron con una situación adversa desde el punto de vista del equilibrio político, siendo forzosamente integrados en FET y de las JONS, «bajo la autoridad de un tradicionalista perteneciente a las

92 CASTELLS ARTECHE, Luis: *op. cit.*, p. 117.

clases preeminentes vizcaínas y que tenía escasas simpatías por el fascismo: José María de Oriol».

El varón primogénito de los Oriol había nacido en 1905 en Santurce, otra de las localidades cercanas a Bilbao, donde la oligarquía vizcaína disfrutaba de sus residencias de verano, en concreto en el palacete de su abuelo materno, situado sobre un peñón del acantilado que dominaba el Abra. Este, Lucas Urquijo Urrutia, hermano del segundo marqués de Urquijo y miembro de la familia de magnates bancarios al servicio de la Restauración alfonsina, había sido el creador de la Sociedad Hidroeléctrica Española, desde la que impulsó la utilización de la electricidad para su uso industrial, motor de la modernidad que se enseñoreó de la zona de influencia de Bilbao en el último cuarto del siglo XIX. Su nieto, José María, era el prototipo de esa clase económica vasca, que disfrutaba de un elevado nivel de instrucción y que fue un vivero de los cuadros dirigentes del franquismo, contribuyendo decisivamente a elaborar las propias bases ideológicas del régimen. El catolicismo para los miembros de esa élite era consustancial a sus vidas. El propio José María, calificado por su biógrafo como «cristiano integérrimo» y franquista «sin fisuras», lo sostenía, al entender que «se puede ser gran creador de riqueza sin tener el corazón entregado a las riquezas». Para ello, se basaba en una ética del trabajo y en la significación religiosa del mismo, con concomitancias weberianas, al «valorar el cumplimiento del deber en las profesiones profanas como el contenido más elevado que puede tener una actuación realmente moral»: «La religión no es un obstáculo para las finanzas. Al contrario, si uno cumple con sus deberes, los demás depositan su confianza y dispone de posibilidades mayores para desarrollar sus empresas, cuyos beneficios alcanzarán así a muchas más personas».

José María de Oriol, que fue alcalde de Bilbao de 1939 a 1941, disfrutó de cargos económicos en quince empresas, como Hidroeléctrica Española o Patentes Talgo, imbricando el poder político y el económico, sin acusar la contradicción de defender el autoritarismo político y la economía liberal, en la senda de lo que se definiría como neotradicionalismo. Esa oligarquía, rica y poderosa, vinculada familiarmente por enlaces matrimoniales, no solo participó activamente en el nuevo régimen surgido de la Guerra Civil, sino que además ofrecía a Franco una garantía adicional de alejarse rotundamente de cualquier veleidad separatista, condenando los experimentos autonómicos regionales de la Segunda República, protagonizados por el PNV que había negociado con la izquierda, con el PSOE, el Estatuto de 1936, el primero que en la historia unificó a las tres provincias vascongadas. Dicha élite era partidaria, en cambio, de las autonomías provinciales de raíz foral y especialmente de unos Conciertos Económicos administrados por cada diputación, sobre los que se había basado la modernización industrial y su propio enriquecimiento.

Ejemplo de ese plus de fidelidad al régimen se dio en 1961, cuando dos hechos consecutivos permitieron albergar entre el carlismo una esperanza de la ansiada restitución foral, coincidiendo con el momento álgido de la colaboración con el régimen propugnada por Valiente. La primera fue una conferencia de José María de Oriol sobre los fueros, donde analizaba la última etapa de Sabino Arana Goiri, cuando el fundador del PNV matizó su planteamiento independentista, interpretándose como una invitación al nacionalismo para que reconduјera sus postulados, en aras de la reintegración foral. Y una segunda, cuando el propio régimen, a través de la Jefatura del Movimiento en Guipúzcoa, organizó en Villafranca de Oria [hoy, Ordizia] un acto de homenaje al juramento de los fueros de esa provincia hecho por Carlos VII, en esa localidad el 7 de julio de 1875, en plena Guerra de los Cuatro Años[93]. Ochenta y cinco años después, el entonces gobernador civil, Manuel Valencia Remón, coincidiendo con la fiesta de los mártires de la Tradición, descubrió una lápida conmemorativa de aquella jura de los fueros guipuzcoanos, en la plaza Mayor de la localidad, mientras sonaba el *Oriamendi,* el himno tradicionalista surgido en la Guerra de los Siete Años, momento que fue secundado por una «estruendosa ovación» de los vecinos congregados. Subido a un estrado, donde estaban las banderas de los tercios guipuzcoanos de la Guerra Civil, el gobernador y jefe provincial del Movimiento, rememoró «el momento más alto de la Tradición española», recordando a Montejurra, donde «parecen resonar todavía las gestas de aquellos caballeros del ideal, cuando la tradición se hizo carlista», luchando por la «trilogía de Dios, Patria y Rey». Manuel Valencia recordó incluso la frase de Carlos VII en Valcarlos, en

93 BALLESTERO, Alfonso: *op. cit.*, pp. 104-111, 53 y 18-19. UGARTE, Javier: *op. cit.*, pp. 161-162. VÁZQUEZ DE PRADA, Mercedes: *op. cit.*, p. 1130. FERNÁNDEZ, Iñaki: «Falange Española en el País Vasco: crónica de un fracaso anunciado», *Cuadernos de Alzate,* 50-51 (2018), pp. 182-195. DÍAZ HERNÁNDEZ, Onésimo: *op. cit.*, pp. 138-142. MARIEZCURRENA, Elena: «La clase dirigente de Vizcaya durante el franquismo», *Saioak,* 5 (1983), pp. 76-84 y 92-93. WEBER, Max: *La ética protestante y el espíritu del capitalismo,* ABELLÁN, Joaquín (ed.), Madrid, Alianza, 1991, p. 89.

el puente de Arnegui, en la divisoria entre España y Francia, al final de la Guerra de los Cuatro Años: «"Volveré, aunque haya muerto, porque volveré con mis principios", como así fue, el 18 de julio de 1936». Para el gobernador, al igual que para el carlismo, no había dudas de la continuidad de las guerras de la contemporaneidad:

> Fueros y libertad, en el concepto político de nuestro Movimiento, son perfectamente compatibles con la unidad nacional. Carlos VII (...) [hacía referencia a la] unidad de la Patria y para el conjunto de regiones españolas, constituyen una unidad superior informada de una fe, un espíritu y un pensamiento comunes (...). Carlos VII excluía las ideas de separatismo (...), ya que español y separatista son términos antagónicos que se repelen. [La] monarquía [de Carlos VII] no era la liberal ni la parlamentaria, por combatir, como nosotros, el liberalismo y el parlamentarismo (...). Todos los ideales de Carlos VII parecen condensados en los principios fundamentales del Movimiento Nacional, proclamados solemnemente por el Caudillo[94].

Otra cosa es que dichas bases ideológicas no se implementaran en la praxis del régimen, algo contra lo que se rebelaría Araluce mientras fue presidente de la Diputación Provincial de Guipúzcoa. Así, lo recordó otro de los presentes en el Montejurra de 1976, Lucas María de Oriol y Urquijo, el segundo hijo de José Luis de Oriol y Urigüen, que había sido un destacado miembro de las Hermandades del Maestrazgo, antes de confluir en la UNE, en un artículo necrológico escrito tras el asesinato de Araluce: «Él distinguía entre la democracia gregaria, irresponsable, amorfa, desarraigada, y la democracia del consentimiento personal responsable, variada en sus formas y arraigo». Lucas María incidía así en la democracia orgánica, grata al Tradicionalismo, con la que entendía que el régimen del 18 de julio pudiera tener continuidad: «Juan Mari no aceptaba la pretensión de dar por liquidado el proceso que empezó en 1936». El hijo de José Luis de Oriol comparó al presidente de la diputación con Marcelino Oreja Elósegui, exdiputado tradicionalista asesinado en Mondragón en 1934 en la Revolución de Octubre: «Mártir ha sido Juan Mari y mártir fue Oreja Elósegui». El hermano de este último, Ricardo Oreja Elósegui, diputado en la Restauración alfonsina, acudió

94 «En Villafranca de Oria se rindió el domingo homenaje a los Mártires de la Tradición», *La Voz de España*, 14/03/1961, p. 9.

con el padre de Lucas María al palacio de El Pardo en 1969 para agradecer a Franco que hubiera expulsado a los Borbón-Parma[95].

Antonio María de Oriol y Urquijo era igualmente *juanista,* que en su temprana juventud había militado en la Agrupación Escolar Tradicionalista. Licenciado en Derecho, fue un experto en el fuero alavés de Ayala, solar de la Casa de Oriol tras su llegada de Cataluña. En la Guerra Civil, como sus hermanos, luchó con las fuerzas sublevadas, siendo alférez provisional, como Araluce, alcanzando el grado de capitán y dirigiendo la VII Compañía de Requetés de Álava. Participó en la redacción de las *Bases de Estoril* y su fidelidad a los descendientes de Alfonso XIII siempre estuvo fuera de dudas, así como su adhesión al régimen del 18 de julio, siendo miembro del Consejo Nacional del Movimiento (CNM). Emparentó con los Primo de Rivera, al ser suegro del sobrino de José Antonio, Miguel Primo de Rivera y Urquijo[96], quinto marqués de Estella y descendiente materno a su vez de los liberales Urquijo, y por tanto enlazado familiarmente, no solo por su matrimonio, con Antonio María de Oriol y Urquijo, en un ejemplo más de la endogamia de las élites españolas. El marquesado de Estella había sido concedido por Alfonso XII al general Fernando Primo de Rivera y Sobremonte, tras tomar las tropas liberales dicha localidad navarra en la Guerra de los Cuatro Años, corte de Carlos VII hasta poco antes de su derrota.

Los tres hermanos Oriol participaron en la fundación de la UNE, que fue ideada en un homenaje al miembro de la Generación del 98 Ramiro de Maeztu y Whitney, un intelectual asesinado al principio de la Guerra Civil y contrario al Estado liberal que impulsó desde la revista *Acción Española* un neotradicionalismo que insufló una renovación ideológica a gran parte de la derecha del siglo xx, a la par que fue un ardiente defensor de la modernidad industrial[97]. El acto de constitución de la UNE se celebró el 18 de junio de 1974 en la Real Academia de Jurisprudencia y Legislación de España, en la plaza de la Villa de Madrid. En la UNE confluyeron tradicionalistas y otros monárquicos que apoyaban, una vez muerto Franco, la restauración monárquica en la persona de Juan Carlos

95 ORIOL Y URQUIJO, Lucas María de: «Presencia viva de Juan Mari Araluce», *El Correo Español-El Pueblo Vasco,* 10/10/1976, p. 33. «Adhesión plena y renovada…».

96 «Un caracterizado tradicionalista», *La Gaceta del Norte,* 12/12/1976, p. 15.

97 GONZÁLEZ CUEVAS, Pedro Carlos: *Acción Española. Teología política y nacionalismo autoritario en España (1913-1936),* Madrid, Tecnos, 1998, p. 67.

de Borbón, basada en los Principios Fundamentales del Movimiento, en su versión de 1958; es decir, la monarquía tradicional y representativa, alejada de cualquier veleidad fascista. La UNE incluyó, además de a antiguos monárquicos *juanistas,* como Fernández de la Mora, a los tradicionalistas *estorilos* y a otros grupos carlistas, como parte de la Hermandad del Maestrazgo, contrarios a la deriva socializante de Carlos Hugo; dejando fuera a otros de los muchos grupúsculos existentes, como los que terminaron en la CT de Sixto Enrique. La UNE fue legalizada provisionalmente en junio de 1975 por el CNM, al amparo de la nueva legislación de asociaciones políticas de diciembre de 1974, promovida por el primer Gobierno Arias, y, definitivamente, tras la entrega de las 25.000 firmas preceptivas, en marzo de 1976.

Tal variedad de monárquicos y tradicionalistas, principalmente *estorilos,* mostraba una de las características de aquella asociación política, que en principio barajó denominarse Acción Pública Regionalista, y que no era otra que servir de cauce para la participación de los tradicionalistas en la vida pública y mantener una presencia activa, capaz de atraer a otras asociaciones fieles al Movimiento, que en ese momento se constituían igualmente al calor de la nueva legislación, con la idea de conformar un futuro frente político, capaz de dar continuidad al régimen del 18 de julio, ahora en su versión monárquica. El objetivo final de ese futuro frente de asociaciones, creadas en el seno del régimen, pasaba por contribuir a que este controlase el proceso de liberalización política en curso, conducido por Arias Navarro, y evitar la irrupción de la izquierda en los centros de decisión política. La continuidad del régimen del 18 de julio, mediante su liberalización política, que no propiamente la reforma democrática entendida fundamentalmente en sus términos inorgánicos, fue conducida por Arias, aún en vida de Franco, y también durante siete meses después, aunque ya protagonizada por su vicepresidente Manuel Fraga, quien, tras su experiencia como embajador en Londres, cuando fue objeto de un intento de secuestro por un grupúsculo epígono de los GAC, abogaba por un cambio gradual de reglas e instituciones, sin desmontar los principios del régimen. Tal propuesta consistía en la elección de un parlamento bicameral, combinando los sufragios orgánico e inorgánico, y vetando a los comunistas[98].

98 GIL PECHARROMÁN, Julio: *op. cit.,* pp. 205-207. ARÓSTEGUI, Julio, CANAL, Jordi y GONZÁLEZ CALLEJA, Eduardo: *op. cit.,* p. 215. SÁNCHEZ-CUENCA, Ignacio: *op. cit.,* pp. 16-24.

Ese era el marco futuro pretendido por Arias y Fraga con sus planes de liberalización política del régimen. Todo ello, en «un proceso largo y laborioso», como auguraba Araluce que sería, y cuya implementación implicaría algo novedoso, como explicitó en una entrevista periodística: «Un experimento destinado a resolver la cuadratura del círculo. Pretender ensamblar una democracia individualista con otra social y orgánica, fraccionando los cauces institucionales entre las dos cámaras; una, integrada por un sufragio individual y otra, por los cauces previstos en nuestras Leyes Fundamentales»[99].

Araluce, uno de los impulsores más decididos de la UNE, desarrolló una intensa actividad política, en compañía de los Oriol, desde finales de 1973. El 4 de noviembre, asistió en Bilbao, junto a ellos, a un homenaje de los requetés al entonces teniente general Ricardo de Uhagón Ceballos, un militar africanista que fue comandante del Tercio de Begoña, en la que expresó su convicción en que «la Tradición tiene vigencia permanente» y su esperanza en «la gozosa realidad de la Corona, encarnada en la persona del Príncipe y de su legítima sucesión dinástica», mandando un nítido mensaje *estorilo* ante una audiencia donde el *javierismo* mantenía su peso. En enero de 1974, inspirado por la célebre disertación de José María de 1961, impulsó un ciclo de conferencias de la diputación guipuzcoana sobre el escritor José de Arteche y Aramburu, el ejemplo de que era posible una reconversión hacia postulados tradicionalistas desde el nacionalismo vasco, tal como había hecho tal intelectual, quien había militado en el PNV durante la Segunda República antes de alistarse en la Guerra Civil en el Tercio de Oriamendi. El 10 de marzo de 1974, el presidente de la diputación guipuzcoana firmó un manifiesto con ocasión de la Fiesta de los Mártires de la Tradición, junto a otros destacados carlistas como José María y Antonio María de Oriol, Valiente, Zamanillo y el que había sido presidente de las Cortes Antonio Iturmendi, en el que se pedía la movilización de los que «se entregan a la defensa de los principios de la monarquía tradicional». El manifiesto fue precedido de una carta firmada por procuradores de ideología tradicionalista, entre ellos Araluce. Y el mismo día en el que apareció el manifiesto, *La Voz de España*, el periódico carlista guipuzcoano, publicó una entrevista con el presidente de la diputación, en la que se mostraba convencido de que el Tradicionalismo tenía un lugar dentro del pluralismo político, lanzando una proclama que lograría un eco relevante por toda España y que sirvió para insuflar ánimos en las bases

99 PASTOR, Roberto: «Don Juan María de…».

carlistas en aras de lograr la cohesión del movimiento: «Debemos desempolvar el viejo lema: "Dios, Fueros, Patria y Rey"»[100].

Ese mensaje, estaba fundamentalmente destinado a todos aquellos carlistas, a los que la *camarilla carlohuguina* había desorientado, en un intento de revitalizar al carlismo, un viejo movimiento de siglo y medio de antigüedad, de una manera que fuera capaz de hacer frente al incierto futuro que se abriría con la muerte de Franco, apoyando a un rey tradicionalista, como estaba convencido, como buen *estorilo,* que sería Juan Carlos.

Los esfuerzos de Araluce por reanimar al Tradicionalismo y, consecuentemente, poder reivindicar un lugar en el pluralismo político que ya se entreveía, tuvieron su concreción con la constitución de la UNE. El 6 de mayo de 1975, el presidente de la diputación guipuzcoana asistió en Madrid a la reunión de tradicionalistas que puso en marcha la asociación. Asimismo, entre los fundadores presentes aquel día estaban Zamanillo y el también tradicionalista y consejero nacional Agustín de Asís Garrote, así como Antonio María de Oriol, y su sobrino Íñigo de Oriol e Ybarra, hijo de José María, igualmente miembro del Consejo del Reino. El 23 de junio se creó una comisión organizadora y el 14 de julio, unos cincuenta tradicionalistas, entre los que se encontraba Araluce, firmaron el acta notarial de constitución de la UNE. En la comisión organizadora, estaban el propio presidente de la diputación guipuzcoana, Lucas María de Oriol, Íñigo de Oriol, Zamanillo y Valiente, al que la UNE había conseguido atraer al proyecto tradicionalista *estorilo*, lo que tenía una significación relevante, en la medida en que se trataba del antiguo dirigente del sector *javierista* que había propiciado la confluencia con el régimen. También, ocupó un lugar relevante Fagoaga, quien había sido el presidente de los Círculos Vázquez de Mella, y a quien el *Informe Montejurra 76* colocaría entre los *amigos* violentos de Sixto Enrique[101].

100 R., J.: «Bilbao: Homenaje de los requetés al teniente general Uhagón», *La Gaceta del Norte,* 06/11/1973, p. 8. «Discurso de D. Juan María de Araluce Villar, presidente de la Diputación, durante la presentación de la conferencia última del ciclo dedicado al homenaje a José de Arteche y Centenario de la Asociación de escritores y artistas españoles. 22-25 de enero de 1974» (San Sebastián), APJAL. «Con ocasión de los Mártires de la Tradición», *La Voz de España,* 10/03/1974, p. 19. SAN MARTÍN, Enrique: «Tenemos un lugar dentro…».

101 LARREA, Miguel: «Jueves que reluce más…». *La Voz de España,* 08/05/1975, p. 11. CALLEJAS, Juan José: «Tácito: "Imposibilidad de actuar (debido a las estrecheces legales)"», *Pueblo,* 07/05/1975, p. 13. RÍO MORILLA, Miguel A.: *op. cit.,* pp. 131-132. «Comisión organizadora de la Unión Nacional Española», *La Gaceta del Norte,* 17/06/1975, p. 11. ANÓNIMO: *op. cit.,* p. 61.

La implantación por la geografía española de la UNE fue facilitada por las subvenciones que, en cumplimiento de la legislación de asociaciones políticas, recibió del CNM, lo que la permitió visualizarse públicamente y fomentar el tradicionalismo en los foros públicos y, por tanto, el debate en la sociedad española. La UNE recibió en 1975 un total de trece millones y medio de pesetas de subvenciones públicas y otros dos por parte de la Secretaría General del Movimiento. El apoyo del régimen, junto a los llamamientos a la unificación carlista por parte de la UNE y su fidelidad a la figura de Juan Carlos como el representante de la monarquía del 18 de julio, no podían dejar de alertar a la dirección de Carlos Hugo y su proyecto socializante. La *camarilla* consideró que tales temores se concretaron en el Montejurra de 1976 e interpretó que la Operación Reconquista solo tenía una verdadera autoría: la UNE, menospreciando, como todos hicieron, a la CT y a su candidato Sixto Enrique. La disputa se circunscribía, pues, para el PC, al antagonismo entre Juan Carlos y Carlos Hugo, entre el régimen tradicionalista del 18 de julio y el carlismo socialista. Así, el propio Carlos Hugo pidió en una entrevista en *El País* un encuentro personal entre los dos rivales a la Jefatura del Estado, remarcando tal contienda, días después de los sucesos de Montejurra, presentándose como alternativa a Juan Carlos I[102]. En suma, Montejurra de 1976 no había dado lugar a las gestas de los *caballeros del ideal,* sino a una disputa descarnada por el poder.

Y en esa pelea, era primordial para la *camarilla* implicar a la UNE, como una de las principales asociaciones del régimen, y especialmente a dos de sus principales dirigentes, detectados aquel día en la montaña mítica: Antonio María de Oriol y Juan María de Araluce. Sobre el primero, el *Libro Negro* señalaba además que «distribuye ocho millones de pesetas en las sucursales del Banco Central de Santander, Logroño, Iruña [Pamplona], Gasteiz [Vitoria], Burgos, Soria y Huesca para financiar la Operación Reconquista. Respecto a Araluce, sostenía que había entregado seis millones de pesetas al líder de los *cruzadistas,* Bayod Pallarés. Y añadía:

> José María [sic] de Araluce, entonces Presidente de la Diputación de Gipúzkoa y Consejero del Reino, ejecutado por ETA militar el 4 de octubre de 1976, ingresa cuarenta y dos millones de pesetas en el

102 RÍO MORILLA, Miguel A.: *op. cit.,* pp. 132-133. FIDALGO, Feliciano: «Carlos Hugo de Borbón dice que estará dispuesto a entrevistarse con el Rey», *El País,* 20/05/1976, p. 8.

> Banco Gipuzkoano a nombre de José Arturo Márquez de Prado y de José Luis Zamanillo, que eran parte de los ciento cuarenta y dos millones por su gestión al pasar el servicio telefónico de Donosti al Trust de Compañía Telefónica Nacional de España, S. A.[103].

Por tanto, el panfleto *carlohuguino* presentaba a la UNE como responsable de lo sucedido en aquel Montejurra de 1976, financiando a Pepe Arturo, el lugarteniente de Sixto Enrique y responsable de, al menos, el tiroteo desde la cumbre de la montaña y, en consecuencia, de la muerte de Ricardo Pellejero. También de pagar a otros tradicionalistas, en concreto a los *cruzadistas,* pese a que *Diario de Navarra* los había dejado al margen de los enfrentamientos, no así la denuncia de los familiares de las víctimas. E, incluso, al antiguo jefe de los requetés durante la Guerra Civil, el por muchos años *javierista*, antes de incorporarse a la UNE, Zamanillo. La conclusión era obvia: los *estorilos* estaban detrás de la Operación Reconquista, pretendiendo reducir a Sixto Enrique a la condición de un mero pelele.

Pero, además, el *Libro Negro* imputaba de un delito de corrupción a Araluce, mediante el cual se habría enriquecido por la venta del servicio telefónico de San Sebastián, después de establecer una relación causal al mencionar que meses después había sido *ejecutado* por ETA. Para analizar este extremo, conviene estudiar las circunstancias de dicho servicio telefónico y precisar que, hasta 1970, la Compañía Telefónica Nacional de España (CTNE) no logró hacerse con las redes telefónicas de todo el Estado, incluido San Sebastián. En aquel año, previo pago de 1000 millones de pesetas, la CTNE adquirió la Red Telefónica Urbana de San Sebastián, propiedad, no de la diputación guipuzcoana, sino del ayuntamiento donostiarra, cuyo alcalde era entonces Felipe Ugarte Lambert de Sainte-Croix. La concesión estatal del servicio de telefonía en San Sebastián había sido explotada desde 1908 por el consistorio donostiarra, el mismo año que el Gobierno Maura concedió esa misma prestación a nivel provincial a la Diputación Provincial de Guipúzcoa, que subsistió hasta 1949, cuando se integró en la CTNE[104]. En resumen,

103 ANÓNIMO: *op. cit.*, pp. 22-23.

104 GUTIÉRREZ ALONSO, Jaime: «Proceso de integración de las redes telefónicas de San Sebastián y Guipúzcoa en la CTNE», *Cuadernos de Historia Contemporánea,* 29 (2007), pp. 79-93. SOLER FERRÁN, Pablo e IGLESIA MEDINA, José Ramón: «La red telefónica de Guipúzcoa durante la Guerra Civil española», *Historia Contemporánea,* 62 (2020), p. 84.

durante años existieron dos redes telefónicas, una urbana gestionada por el Ayuntamiento de San Sebastián, y otra provincial de la diputación, ninguna de ellas de la CTNE. Tal duplicidad de servicios telefónicos en Guipúzcoa, hasta 1949 con la red provincial, y hasta 1970 con la municipal, explica la confusión de los investigadores del *Libro Negro de Montejurra.*

Araluce había intervenido en la disputa sobre los teléfonos, pero no sobre los del ayuntamiento, sobre los que obviamente no tenía ninguna potestad. En 1969, quien no llevaba ni un año al frente de la diputación guipuzcoana, negoció con la CTNE que esta se hiciera cargo de las jubilaciones de los antiguos empleados de la ya extinta red telefónica provincial, disuelta veinte años antes. Así, consta en un discurso que dirigió al gobernador civil Julio Iranzo el 23 de febrero de 1970, en el que el presidente de la diputación reportaba la solución de un problema que lastraba las cuentas provinciales desde hacía dos décadas ante quien era presidente nato de la corporación, según la legislación local vigente, norma centralista que confirmaba su subordinación ante el representante gubernamental: «Debemos destacaros el hecho de haberse llegado (...) a una total y satisfactoria solución con la Compañía Nacional de España respecto al traspaso de la carga presupuestaria que importaba para nosotros el pago de las jubilaciones correspondientes a los antiguos empleados de la Red Telefónica Provincial»[105].

En 1969, por tanto, Araluce negoció satisfactoriamente con la CTNE que esta se hiciera cargo del pago de tales jubilaciones, por lo que está fuera de toda lógica que Telefónica, que había visto incrementarse sus gastos por la gestión del presidente de la diputación, *premiase* a Araluce un año después con 142 millones de pesetas, por la venta de la concesión municipal, sobre la que la diputación no disfrutaba de competencia alguna al ser responsabilidad exclusiva del Ayuntamiento de San Sebastián. El *Libro Negro* volvía, pues, a errar, confundiendo la telefonía provincial con la municipal, sobre la que el presidente de la diputación carecía de todo poder; vertiendo en 1977 una grave acusación de corrupción infundada contra Araluce, quien había muerto a manos de ETA unos meses antes. Con tal calumnia injuriosa sobre un fallecido, con tal *caloña,* los *carlohuguinos* ofrecían

105 Discurso de Juan María de Araluce Villar al gobernador civil de Guipúzcoa, Julio Iranzo Domínguez (San Sebastián, 23/02/1970), APJAL.

a posteriori otro móvil a la organización terrorista para su crimen, evidenciando un seguidismo que a la larga sería causa de su desaparición política, después de que algunos de sus militantes confluyeran en ETA, como diría Jon Juaristi.

No obstante, por infundada que fuera tal acusación, sirvió a los carlistas *carlohuguinos*, junto a la vertida contra Oriol, para sustentar su tesis de la implicación en los sucesos de Montejurra de 1976 de destacados entusiastas del régimen del 18 julio coronado por Juan Carlos. También fue así, en los años siguientes, en que el escaso apoyo en las urnas a la opción del carlismo socialista relegó al PC a la insignificancia política, que intentó contrarrestar con un creciente victimismo, haciendo al *estorilismo juancarlista* causante de sus males. Incluso, después, cuando ya el *carlohuguismo* era poco más que un recuerdo y de poco le iba a servir ya, redundó en esa interpretación lo dicho por el general José Antonio Sáenz de Santa María al periodista Diego Carcedo. Este último publicó en 2004, un año después de la muerte del militar, su biografía, basada en largas conversaciones que mantuvieron cuando estaba ya retirado, titulada *Sáenz de Santa María. El general que cambió de bando.*

En ella, quien era el jefe del Estado Mayor de la Guardia Civil en 1976, citaba a Antonio María de Oriol como financiador de la Operación Reconquista, aunque limitaba el gasto del presidente del Consejo de Estado al «alquiler de los autobuses, los bocadillos y el vino que repartieron, las pancartas y unos cuantos centenares de cachavas y bastones». Es decir, Sáenz de Santa María reducía la financiación de uno de los fundadores de la UNE al gasto en el transporte de tradicionalistas y a su manutención aquel día de mayo, aunque también a dotarles de cayados, que podían utilizarse de manera ofensiva, como efectivamente se hizo en el monasterio de Irache: «Los organizadores habían recorrido la provincia en busca de cachavas y bastones al objeto de que todos acudiesen debidamente equipados para poder participar en la refriega que se preparaba contra los partidarios de don Carlos Hugo». Esa era la implicación de Oriol, según Sáenz de Santa María, que no incluía la financiación de armas de fuego. Respecto a Araluce, el jefe del Estado Mayor de la Guardia Civil ni siquiera citaba al entonces presidente de la diputación, cuya única mención en el libro de Diego Carcedo era para recordar su asesinato a manos de ETA, organización que proseguía con su labor de «crispar los ánimos».

La UNE, por tanto, no salía muy mal parada de lo dicho por Sáenz de Santa María al periodista, más allá de bocatas y palos, pero el militar elevó el punto de mira, señalando directamente al régimen en los sucesos de Montejurra. Y eso, era ya otra cuestión, porque no se trataba de acusar a una asociación política que pretendía la continuidad de un régimen, ahora monárquico, sino que señalaba a las propias estructuras de ese Estado coronado, en concreto a la Guardia Civil:

> Y es que la Guardia Civil (...) tenía al frente a dos generales, el director general, Ángel Campano, y el subdirector general, Salvador Bujanda, que si no militaban en el carlismo, puesto que como partido estaba prohibido, si ejercían de simpatizantes, obviamente del sector encabezado por don Sixto. Esta circunstancia fue aprovechada para poner en marcha un plan que bajo el nombre de Operación Reconquista pretendía colocar durante el acto a don Sixto en la cumbre del monte como único representante de la dinastía y máxima cabeza del movimiento carlista.

Así, resumía Carcedo el pensamiento de quien entonces era jefe del Estado Mayor de la Guardia Civil, quien no dudaba de las aspiraciones de Sixto Enrique como pretendiente al trono y circunscribía la Operación Reconquista a sus seguidores, limitando por tanto a ese grupo de tradicionalistas la implicación en los sucesos de Montejurra. Eso sí, apoyados por la Guardia Civil, a cuyo frente se encontraba Campano y su cuñado Bujanda. El general Ángel Campano López había luchado en la Guerra Civil en el navarro Tercio de Abárzuza, antes de promocionar a alférez provisional y posteriormente a teniente. Después, se inscribió como voluntario en la División Azul, luchando en la campaña de la Alemania nazi contra la Unión Soviética. Durante el régimen, fue procurador en Cortes.

> La Operación Reconquista se gestó y montó en el propio despacho del director general de la Guardia Civil. El jefe efectivo del llamado carlismo sixtino, José Arturo Márquez de Prado, acudió a la calle Guzmán el Bueno [de Madrid, sede de la Dirección General de la Guardia Civil] varias tardes para reunirse con Campano y Bujanda (...) y entre todos perfilaron el plan. El jefe del Estado Mayor, Sáenz de Santa María, estuvo presente en algunas de aquellas reuniones.

Escribió Carcedo, basándose en lo dicho por Sáenz de Santa María, para quien el plan contaba con la colaboración del SECED, los servicios secretos españoles, con quien colaboraban el PENS y la CEDADE, grupos presentes en Montejurra entre los *amigos* de Sixto Enrique. Según esta versión, fue el SECED, directamente o a través de los Guerrilleros de Cristo Rey, quien pagó a los «pistoleros», entre los que citaba a fascistas italianos y a miembros de la OAS, entre otros.

> La estrategia que se estaba perfilando contemplaba situar durante la noche de la víspera a unos cuantos pistoleros en la cumbre (...) para impedir a tiros que por la mañana pudiesen acercarse hasta el altar preparado para la misa los seguidores de don Carlos Hugo (...). Campano me anticipó que el plan contaba con las bendiciones de Arias, Fraga y, naturalmente, del general Juan Valverde, director del CESED [sic, SECED en realidad]. También me puso en antecedentes de que acudirían algunos matones de la extrema derecha internacional para, si hacía falta, asumir la parte más sucia del plan.

Pepe Arturo pidió a Campano, incluso, metralletas y radiotransmisores; estos últimos para mantener las comunicaciones entre el monasterio de Irache y la cumbre, los dos puntos donde los *sixtinos* perpetraron los actos violentos, pero la intervención de Sáenz de Santa María evitó que se utilizaran armas reglamentarias de la Guardia Civil, aunque no radioteléfonos «siempre y cuando fuesen manejados por guardias del servicio de transmisiones... disfrazados de requetés; es decir, tocados con boinas rojas y decorados con insignias carlistas prendidas en sus solapas».

Ese fue el testimonio del jefe del Estado Mayor sobre la implicación de su Guardia Civil en los sucesos de Montejurra y, por tanto, del mayor instrumento policial-militar con el que contaba en sus estructuras el propio Estado. Para el general de la Guardia Civil, la trascendencia de aquello fue mayor de la que se le atribuyó, en la medida en que fue el precedente de la *guerra sucia* empleada contra el terrorismo:

> La Operación Reconquista fue la que propició el recurso a la contratación de pistoleros de fuera para realizar trabajos contraterroristas al margen de la ley. Allí estuvieron Stefano delle Chiaie, (...) Jean Pierre Cherid, entre otros mercenarios de esa calaña. Todos se quedaron por nuestro país y no para hacer caridad... Enseguida empezaron a aparecer aquí y allá, como ejecutores al servicio de diferentes amos, de la guerra secreta contra los terroristas (...). Fue a partir de Montejurra cuando primero a través del CESED [sic, SECED] y luego

de las avanzadillas policiales se empezó a contratar a mercenarios para labores de información y de otro tipo[106].

Ninguno de aquellos mercenarios fue detenido. Tan solo fueron encarcelados durante medio año Marín García-Verde y Pepe Arturo, así como el socio de este último en sus negocios, Francisco Carreras García Mouriño, a quien el *Libro Negro* había situado en la cumbre de Montejurra en el momento de los disparos. Sixto Enrique fue expulsado de España antes de poder prestar declaración. La amnistía de 1977 exoneró a todos ellos. Respecto a Francisco Carreras, un libro de investigación periodística, publicado en 2010 por el doctor en Humanidades Mariano Sánchez Soler, apuntó a él como responsable material de los disparos que acabaron con la vida de Ricardo Pellejero. En cualquier caso, la pronta liberación de todos ellos contribuyó a reforzar la sensación de impunidad de los miembros de estos grupos de ultraderecha para cometer atentados. Máxime, porque entre lo referido por Sáenz de Santa María, no solo se incluía a los Guerrilleros de Cristo Rey y a los mercenarios como integrantes de la Operación Reconquista, sino también a militares del SECED y a los máximos responsables de la Guardia Civil, con el conocimiento del ministro de la Gobernación Fraga y del propio Arias Navarro.

Veintisiete años antes de lo publicado por Carcedo, el *Libro Negro de Montejurra* ya apuntaba a aquel Estado coronado por Juan Carlos I, que habría actuado contra el PC:

> La idea parte del propio Gobierno Arias y es este gabinete el instigador y autor directo de la maniobra. La monarquía personificada en Juan Carlos I no está completamente ajena a la génesis de la Operación Reconquista. Importantes testimonios (...) indican que la maniobra tendente a desarticular y desprestigiar al Partido Carlista, era muy bien vista en la Zarzuela. Para el rey sucesor del General Franco, (...) Carlos Hugo (...) [era] un adversario personal.

Para los *carlohuguinos*, el objetivo de la Operación Reconquista no ofrecía dudas, tampoco el intento de diferenciar al carlismo del

106 DIEGO CARCEDO, José Manuel: *Sáenz de Santa María. El general que cambió de bando*, Madrid, Temas de Hoy, 2004, pp. 150-165. MUÑOZ BOLAÑOS, Roberto: «Ángel Campano López», Diccionario Biográfico Español. Real Academia de la Historia. http://dbe.rah.es/biografias/113614/angel-campano-lopez

tradicionalismo e integrismo: «La justificación era clara: reclamación por parte del tradicionalismo integrista *ortodoxo* del derecho de organización del Vía Crucis de Montejurra. Una vez allí, se proclamaría a los cuatros vientos, con derroche de trompetería fascista, la adhesión incondicional a la Monarquía del 18 de Julio»[107].

Pero es evidente que había algo incongruente en el argumento de los *carlohuguinos*: tal adhesión tradicionalista a la Monarquía de Juan Carlos I era incompatible con el hecho de que la intención de Sixto Enrique era presentarse aquel día en Montejurra como el pretendiente al trono. Es decir, por mucho que se redujese la condición del hermano menor de Carlos Hugo a la de mero títere, es imposible conciliar la aceptación de la Monarquía *juancarlista* del 18 de julio en la figura de otro rey. Incluso lo aportado por Sáenz de Santa María reivindicaba al considerado como un pelele, a Sixto Enrique. Por ello, para el PC era de enorme trascendencia implicar a la UNE, porque así evitaba, por un lado, la imagen de lucha cainita entre hermanos del mismo sector *javierista* que desacreditaba a todos ellos, y por otro, prescindía totalmente de la figura incómoda de Sixto Enrique. El hilo *estorilo* permitía a los *carlohuguinos* ligar la violencia vivida en Montejurra con el régimen del 18 de julio, y culpar de ella a Juan Carlos, como su máximo representante, cuando aún los indicios de circunstancias existentes de *guerra sucia* solo eran conocidos de manera incipiente. Por eso, era crucial implicar a toda costa a Araluce y Oriol, los únicos que además ocupaban cargos de relevancia en dicho régimen: presidente de la Diputación Provincial de Guipúzcoa y del Consejo de Estado, respectivamente, además de que ambos eran miembros del Consejo del Reino, el principal organismo asesor de Juan Carlos I.

Y a eso se aplicaron los investigadores del *Libro Negro de Montejurra*, imputándoles sin pruebas en la financiación de los trágicos sucesos ocurridos en la montaña sagrada e, incluso, situándolos en la refriega violenta del monasterio de Irache, además de las acusaciones de corrupción. A partir de ellos, los *carlohuguinos* creían poder llegar a Fraga, es

107 «Los procesados de Montejurra, en libertad», *El País*, 09/01/1977, p.1. ANÓNIMO: *op. cit.*, pp. 28, 72 y 19-21. SÁNCHEZ SOLER, Mariano: *La transición sangrienta. Una historia violenta del proceso democrático en España (1975-1983)*, Barcelona, Península, 2010, p. 32. PÉREZ PÉREZ, José Antonio: *op. cit.*, p. 536. DIEGO CARCEDO, José Manuel: *op. cit.*, pp. 150-152. SOTO, Álvaro: *La transición a la democracia: España 1975-1982*, Madrid, Alianza, 1998, pp. 30-32. ZAVALA, José María de: *op. cit.*, pp. 21-22.

decir al Gobierno Arias, el primero de la Monarquía de Juan Carlos. El vicepresidente Fraga era calificado como «espécimen de la fauna política más baja y sórdida (...), profesional del engaño, un científico de la manipulación de la verdad, gregario fiel de los más inconfesables intereses del capitalismo», que para ese sector carlista era consustancial a la dinastía liberal de Juan Carlos. El *Libro Negro,* incluso, consideraba que el ministro de la Gobernación, acompañado del general Campano, había celebrado, en Semana Santa en su despacho oficial, una cumbre tradicionalista, con presencia de Sixto Enrique y de dos miembros de la UNE (Oriol y Zamanillo), obviando sus intereses contrapuestos sobre la figura del monarca, para discutir los aspectos tácticos de la Operación Reconquista. Y quince días antes del 9 de mayo, otra en «la finca Las Begoñadas» [sic, en realidad en la localidad soriana de las Derroñadas, en una propiedad de la familia de los García-Verde; en un nuevo error del *Libro Negro*], en la que ya habría estado Pepe Arturo, pero solo habría asistido Zamanillo por la UNE. El interés por implicar a la asociación política *estorila*, llevaba al panfleto *carlohuguino* a destacar la labor propagandista del dirigente de la UNE, el *juanista* Fernández de la Mora, que en los días previos dio un mitin en el cine Carlos III de Pamplona «creando *ambiente* para reconquistar Montejurra», mezclándola con la que hacían *El Pensamiento Navarro* y *El Alcázar*, los más fieles valedores de la pretensión de Sixto Enrique, calificando de «cruzada» la operación. Acusaciones que el *Libro Negro* extendía al ministro de Asuntos Exteriores, el monárquico José María de Areilza y Martínez-Rodas, quien había advertido con antelación al gobierno holandés [hoy, neerlandés] que no podía garantizar la seguridad personal de la esposa de Carlos Hugo, la princesa Irene, de esa nacionalidad, si el matrimonio acudía a Montejurra, lo que para el panfleto era una prueba de que «el Gobierno conocía oficialmente los planes» de la Operación Reconquista, que incluían instrucción paramilitar. Seis días antes del vía crucis, en una campa próxima a la urbanización de Irache, en las inmediaciones del hostal donde se alojaron, los reclutados hicieron prácticas militares, «tiro con pistolas automáticas y subfusiles [metralletas]. (...) Se hacen despliegues de guerrillas, se corre, se repta»[108].

Ese era el discurso *carlohuguino,* que contrastaba con lo que había alegado el Gobierno Arias, circunscribiéndolo a una mera lucha

108 ANÓNIMO: *op. cit.*, pp. 8 y 33-41.

fratricida, a una pelea entre hermanos, como había dicho Fraga. Sin embargo, el propio Fraga ofrecería un análisis más profundo, al escribir en 1987, en sus memorias, que en Montejurra «había dinamita bastante y explotó aquel día y, gracias a Dios, se acabó aquel problema y quedó definitivamente resuelto el problema de la sucesión monárquica en España»[109]. El dictamen de quien había sido vicepresidente del Gobierno y ministro de la Gobernación incidía en el hecho de que la refriega de Montejurra había desacreditado a todo el *javierismo* carlista, acabando con la pretensión al trono de Carlos Hugo y, en consecuencia, consolidando a Juan Carlos I. Un año después, el 15 de junio de 1977, se celebraron en España las primeras elecciones democráticas desde 1936, a las que el PC no pudo presentarse con sus siglas, ya que el nuevo gobierno, liderado ahora por Suárez, mantuvo su ilegalización. En Navarra y en Guipúzcoa se presentó una candidatura afín, denominada Montejurra-Federalismo-Autogestión. Consiguió 8451 votos en el viejo reino, el 2,64 % del censo y el 3,21 % de los votantes. En Guipúzcoa, la debacle fue absoluta: diez votos, el 0,0022 % y el 0,002 %, respectivamente[110]. En esa última provincia, la candidatura fue encabezada por el procurador en Cortes Gabriel de Zubiaga Imaz, de fidelidad *carlohuguista,* que se había destacado en la última legislatura franquista por interpelar infructuosamente al Gobierno Arias por sus responsabilidades en los sucesos de Montejurra. En el texto presentado en el registro de las Cortes el 26 de mayo de 1976, el procurador carlista había señalado que «el Gobierno tenía completa información de lo que se preparaba» y le pedía explicaciones sobre «los que manejaron los hilos siniestros», exigiendo que aclarase el papel jugado por Araluce y Antonio María de Oriol, a los que mencionaba expresamente. Zubiaga, miembro de la Comisión Permanente del PC, había acusado ya a Araluce a los pocos días de los sucesos de Montejurra, mediante unas declaraciones al diario barcelonés *Tele/eXpres,* en las que tachaba de falangista al presidente de la diputación:

109 CANAL, Jordi: *op. cit.*, p. 385. FRAGA IRIBARNE, Manuel: *En busca del tiempo servido*, Barcelona, Planeta, 1987, p. 38.

110 GOBIERNO DE ESPAÑA. MINISTERIO DEL INTERIOR: *Consulta de resultados electorales, Congreso junio 1977* (2014). http://www.infoelectoral.interior.es/min/busquedaAvanzadaAction.html?codTipoEleccion=2&vuelta=1&isHome=1&codPeriodo=197706

> Me consta que en varios puntos de Guipúzcoa, Navarra y Logroño, se organizaron viajes de falangistas a Montejurra. A los voluntarios se les pagaba el viaje, una bolsa de comida y una dieta. Yo me pregunto: si lo que se cocía en Montejurra era un enfrentamiento entre Carlos Hugo y Sixto ¿Que pintaban allí aquellos falangistas? ¿A qué se debía la presencia de los señores Araluce —consejero del Reino— y Zamanillo —presidente [colegiado] de la UNE—?[111]

En las segundas elecciones democráticas, las de 1979, ya con el PC como partido legal y con su pretendiente Carlos Hugo participando en la campaña electoral, la formación no logró ningún escaño, convirtiéndose en un partido marginal en el nuevo régimen constitucional español, confirmando que había llegado el «postrer canto del cisne del carlismo»[112], justo cuando había concurrido en igualdad de condiciones al resto de formaciones políticas. Debido a que, hasta entonces, Fraga había sido la bestia negra de los *carlohuguinos*, el *Libro Negro* apenas se había ocupado de Suárez, citándole en solo tres ocasiones. Una de ellas, donde abundaba en la tesis *carlohuguina* de la continuidad de su gobierno con el de Arias, «del fascismo de nueva cara». Las otras dos incidían en que al nuevo presidente los «servicios de información del franquismo (...) se le va[n] de las manos» y en sus promesas, incumplidas a su juicio, de garantizar una «información veraz». Una cuarta mención, implícita, hacía referencia a que la Secretaría General del Movimiento había aportado quince millones de pesetas para los gastos de la Operación Reconquista. En una segunda edición del *Libro Negro de Montejurra,* publicada después de las elecciones de junio de 1977, ya se hacía tal mención de un modo explícito, a través de una nota añadida a pie de página, recordando que Suárez era entonces el ministro-secretario del Movimiento del Gobierno Arias. Y añadía ahora otras alusiones, en las que ya se elevaba a Suárez a «responsable de Montejurra 76, el mismo que reprimió al pueblo vasco con la misma mano ensangrentada», cargando contra el «pueblo que tan frívolamente» le votó de una manera «masoquista», lo que arroja dudas sobre la convicción democrática del PC y su respeto al pluralismo político. A la vez, volvía a sacar las acusaciones de corruptelas, implicando al Gobierno Suárez

111 «Interpelación al Gobierno sobre Montejurra», *El País,* 24/06/1976, p. 11. ANÓNIMO: *op. cit.,* pp. 123-124. ZAVALA, José María de: *op. cit.,* p. 80. CLEMENTE, Josep Carles y SÁNCHEZ COSTA, Carles: *op. cit.,* p. 139.

112 CANAL, Jordi: *op. cit.,* pp. 386-387.

que prohibía las publicaciones, como el clandestino *Libro Negro* que denunciaba «la corrupción en la que está envuelto».

En aquella segunda edición, había, pues, un evidente interés en cargar contra el nuevo presidente del Gobierno que había impedido en 1977 al PC optar en igualdad de condiciones con los otros partidos ya legales en las primeras elecciones democráticas. Pero, con los años y el batacazo de 1979, el PC terminó por admitir que habían sido los propios sucesos de Montejurra los que habían ocasionado el perjuicio para sus intereses, aunque siempre achacándolos a la maniobra de la Monarquía de Juan Carlos I. Así, en una nueva edición, la tercera, esta ya de 1996, publicada con motivo del 20.º aniversario de la primera, fue Suárez, como ministro-secretario del Movimiento, quien «propició la operación que dio lugar a los sucesos de Montejurra 1976» y quien borró las huellas de su actuación, mientras sustituía como responsable gubernamental del orden público a un Fraga que inmediatamente después de suceder los hechos viajó a Venezuela. El *Libro Negro* hacía a Suárez responsable de la orden del Ministerio de la Gobernación que expulsó de España a Sixto Enrique e impidió que declarara ante la Justicia, aunque ocultase que esta se ejecutó ya una vez regresado Fraga. Un Suárez, del que recordaba, que contó con el apoyo de Miguel Primo de Rivera, el marqués de Estella, título nefando para el carlismo, en el decisivo Consejo del Reino que le aupó a la Presidencia del Gobierno. Eso le permitía al PC cerrar el círculo de su historia y presentar el *Libro Negro* como algo que desvirtuaba:

> Lo que las instancias oficiales quisieron hacer creer: un enfrentamiento entre facciones carlistas. Lo que si hubo [fue] un aprovechamiento desde el poder, de algunos antiguos carlistas, acogidos a D. Juan de Borbón, los llamados *estorilos*, por una parte, y por otra de grupos fascistas (...). La finalidad [era] acabar con el carlismo como fuerza política[113].

Así, pues, el *Libro Negro,* que, ya desde su primera edición, la de mayo de 1977, había despreciado al «tradicionalismo-integrismo, camuflado entre las filas carlistas desde la guerra civil del 36 y hoy definitivamente

113 ANÓNIMO: *op.cit.,* pp. 19-22 y 91. ANÓNIMO: *Informe Montejurra 76,* Bayonne, Imprimerie Gayaumet, 1996, sin paginación. «Cada uno a su casa sin paz», *La Voz de España,* 15/05/1976, pp. 1 y 4. «Fraga y Montejurra: No se volverá a repetir», *La Voz de España,* 14/05/1976, p. 4.

depurado» del seno del PC[114], tenía como objetivo principal a lo largo de sus tres ediciones implicar a la Monarquía de Juan Carlos en los sucesos de Montejurra. Para ello, el planfleto sostenía la continuidad de los gobiernos Arias y Suárez, argumento *carlohuguino* que ETA militar había adelantado en el comunicado con el que en 1976 la organización terrorista asumió la autoría del asesinato de Araluce, incluido en su boletín *Zutik* de noviembre de aquel año. ETA había influido en *El Libro Negro* hasta en el lenguaje empleado, como muestra el rosario de incidentes que desgranaba el comunicado etarra:

> Muerto Franco, el Gobierno Arias comenzó a hablar de democratización de las instituciones políticas, pero su Ministerio de Gobernación, dirigido por Fraga Iribarne se encargó bien pronto de negar en la práctica las declaraciones teóricas del presidente; buena muestra de ello fueron Vitoria y Montejurra. Ahogado el gobierno Arias en las contradicciones de una política que sin dejar de ser dictatorial se pretendía liberal, vino a sustituirle el gobierno Suárez. Este renovó las promesas de amnistía y libertad. (...) Suárez no solo no concedió la amnistía total, sino que además empeoraron las condiciones en las cárceles y ahogó en sangre toda manifestación popular en defensa bien de aquella o de otras reivindicaciones populares. Pertur asesinado, Santurce con un muerto. Lekeitio con más de cien heridos, Guernika con más de ochenta e innumerables saldos de este tipo, son acciones criminales que no podían quedar impunes; el asesinato de Zabala en Fuenterrabía fue la gota que colmó el vaso. A partir de ahí, decidimos hacer justicia.

Así, ETA militar, a la vez que vanamente trataba de justificar la muerte de Araluce, ofrecía una interpretación que negaba las posibilidades de que el Gobierno Suárez, el segundo de la Monarquía de Juan Carlos I, llevase a cabo la anunciada transición a la democracia. Un comunicado en el que pese a las continuas menciones a actos que habían acabado con muertes y de las que responsabilizaba al gobierno, tanto al de Arias, como al de Suárez, solo contenía una breve mención a dos de los otros cuatro asesinados, a «los inspectores de su escolta»[115], obviando completamente a los chóferes de los dos coches muertos aquel 4 de octubre de 1976, en San Sebastián, menospreciándolos como ni

114 ANÓNIMO: *Informe Montejurra 76*, Bayonne, Imprimerie Gayaumet, 1977, p. 24.
115 PORTELL, José María: *op. cit.*, p. 305.

siquiera tuvieran la consideración de unos seres humanos que habían perdido la vida por una mera reivindicación ideológica que había irrumpido trágicamente en sus existencias.

José María Elícegui Díaz tenía veinticinco años cuando fue asesinado de un certero disparo en la cabeza. Fue trasladado al cuarto de socorro de la Cruz Roja donostiarra, siendo el único, junto a Araluce, que ingresó aquel día con vida en un centro sanitario. Desde allí, fue llevado al Hospital Provincial, situado al lado de la Residencia de Nuestra Señora de Aránzazu, en el alto de Zorroaga. A las tres y media de la tarde, cuando ya había muerto el presidente de la diputación guipuzcoana, fue intervenido durante cinco largas horas por el doctor Mariano Arrazola Silió, médico conocido por haber introducido innovadoras técnicas de neurocirugía, que hizo todo lo posible por mantenerle con vida. Tras la operación, sobre las ocho y media, el equipo médico mantenía aún las esperanzas. El paciente recobró la tensión y su aspecto permitía pensar que la recuperación era posible. Pero a las once y diez de la noche sufrió un paro cardíaco y, tras hacerle una infructuosa trasfusión de cinco litros de sangre, fue certificada su muerte. Ese mismo día por la mañana, había sido dado de alta, después de ser también intervenido quirúrgicamente, su padre en el mismo hospital, dependiente de la Diputación Provincial de Guipúzcoa y objeto de los desvelos de Araluce. Elícegui trabajaba como chófer del presidente de la diputación desde el 1 de enero de aquel año de 1976, en el que había sustituido al conductor anterior que se jubiló. Tenía plaza de interino y quería dejarlo, según relató su hermano Jesús con quien había hablado sobre el infortunio del chófer del almirante Carrero, José Luis Pérez Mogena, muerto en el atentado que le costó la vida al entonces presidente del Gobierno en 1973. De hecho, José María tenía ya una oferta para cambiar de trabajo. El 28 de junio próximo pensaba casarse con su novia a la que había conocido dos años antes. Desde entonces, amueblaban el piso en el que soñaban que algún día vivirían, acariciando ese momento que nunca llegaría. Nacido y residente en San Sebastián, su familia vivía en la localidad limítrofe de Pasajes. Allí fue celebrado su funeral dos días después, al que asistieron los hijos y la viuda de Araluce, quien tuvo unas palabras para: «El mecánico que era tan maravilloso y tan bueno con nosotros», así como para los otros tres fallecidos. Su familia tuvo que abandonar su localidad durante un tiempo porque «no aguantábamos las malas miradas, el olvido, el vacío».

También era conductor Alfredo García González, pero del coche de escolta, un vehículo del Parque Móvil de la Policía Armada. Fue ingresado ya cadáver en la Cruz Roja. Era soltero. Tenía veintinueve años y había nacido en Lago de Babia, en León, donde vivían sus padres, unos modestos labradores. Sus restos mortales fueron trasladados en la noche del día siguiente desde San Sebastián hasta su localidad natal, donde le rindió tributo una dotación policial. También, sus vecinos esperaron para velarlo.

Asimismo, era policía el inspector Antonio Palomo Pérez, de veinticuatro años. Soltero, también, llevaba destinado en Guipúzcoa año y medio, en la brigada político-social. Había nacido en Osuna (Sevilla), pero fue enterrado en Madrid el 6 de octubre. Corpachón y de gran altura, cercano a los dos metros, era muy extrovertido y querido por sus compañeros. Pese a su profesión, apenas sabía de armas, confundiendo en una ocasión un silenciador, provocando una detonación de una metralleta Ingram M11 que desató los nervios en toda la comisaría de Pio XII. La autopsia de su cadáver, junto a la del resto de infortunados, salvo Elícegui, se practicó en las instalaciones del cementerio donostiarra de Polloe aquella misma tarde del 4 de octubre, apreciándose en el cuerpo de Palomo un número desmedido de impactos de bala.

Igualmente era miembro del Cuerpo General de Policía y compañero de brigada la última víctima, Luis Francisco Sanz Flores, quien hubiera cumplido veinticinco años al día siguiente al que murió. Nacido en Madrid, se había casado quince días antes con una mujer donostiarra y era conocido por sus compañeros como Koldo, habiendo regresado días antes de la luna de miel. Ingresó cadáver en el Hospital Provincial «apreciándosele en el cuerpo un impacto de bala a la altura del bazo, dos impactos de bala en la región ilíaca lateral derecha, otro en la cadera izquierda, un orificio en el muslo derecho tercio superior cara interna con salida, un impacto en el parietal superior derecho, dos orificios de bala en la axila izquierda lado lateral, ocho orificios en la zona lumbo-sacra, un orificio en la parte inferior de la nalga derecha»; es decir, había recibido una descarga tremenda de disparos, al igual que todas las víctimas de aquel atentado, salvo el chófer Elícegui. Su viuda se vio desbordada por la emoción, cuando llegó al Hospital Provincial. Los compañeros de Koldo le recuerdan como una persona muy atractiva, que cuidaba con esmero su presencia e indumentaria.

Los cadáveres de Sanz y Palomo fueron trasladados a Madrid. Al llegar a las inmediaciones de San Sebastián de los Reyes, un centenar de compañeros policías escoltaron los furgones mortuorios hasta la Dirección General de Seguridad, en la Puerta del Sol, donde se instaló la capilla ardiente, a donde acudió el ministro de la Gobernación,

Rodolfo Martín Villa, quien había sustituido a Fraga cuando Suárez formó su primer gobierno. Desde allí, fueron llevados los féretros por la carrera de San Jerónimo, plaza de Jacinto Benavente y calle de Atocha hasta la iglesia de la Santa Cruz donde se rezó un responso. «Durante el recorrido del cortejo, integrado por varios miles de personas, en su mayor parte funcionarios del Cuerpo General de Policía, miembros de la Policía Armada y de la Guardia Civil, (...) el público estacionado en las aceras aplaudía el paso de los féretros». Sin embargo, «grupos aislados de personas entonaron el *Cara al sol* (...), alzaron el brazo, (...) pidiendo la dimisión del Gobierno y la subida al poder del Ejército», lo que fue respondido por los policías pidiendo respeto y gritos de «¡fuera!, ¡fuera!». Los restos mortales de Sanz y Palomo fueron enterrados en los cementerios de San Justo y Vallecas, respectivamente. En esa última barriada obrera vivían los familiares del inspector Palomo[116].

También hubo tensión ideológica en el funeral celebrado en San Sebastián en la tarde del día 5 de octubre con los restos mortales presentes de Juan María de Araluce y de los tres policías asesinados. Al finalizar el oficio religioso en la catedral del Buen Pastor, la muchedumbre que no pudo entrar en la iglesia dio vivas a España, a Guipúzcoa y al rey. Según relató *El Diario Vasco,* «poco a poco los ánimos se fueron caldeando y los gritos y cánticos fueron arreciando, tales como "Franco *sí, traidores no*". (...) Se cantó en varias ocasiones el *Cara al sol y* los presentes corearon gritos de "España, una, grande y libre", con el brazo en alto». A continuación, se formó una manifestación de unas dos mil personas que se dirigieron hacia el domicilio de Araluce, concentrándose en el lugar de su asesinato, donde desde el día anterior habían sido colocadas velas, y sendas banderas española y tradicionalista, esta última con las aspas de Borgoña representando la cruz de San Andrés. *La Voz de España* escribió: «Al llegar al túmulo, los manifestantes puestos

116 «Cronología de los hechos...». «El presidente Araluce, asesinado...». «Fueron cinco...». ALONSO, Rogelio, DOMÍNGUEZ, Florencio y GARCÍA REY, Marcos: *Vidas rotas. Historia de la vida de hombres, mujeres y niños víctimas de ETA,* Madrid, Espasa, 2010, pp. 81-83 y 33-35. ANGULO, Gorka: *op. cit.,* p. 74. BASILIO, Javier: «Informe semanal...». «Ayer fueron enterrados en Madrid y León los policías asesinados», *La Voz de España,* 07/10/1976, p. 3. *Germán Rodríguez Castiñeira,* comisario principal del Cuerpo Nacional de Policía, 07/12/2021, Madrid, entrevista realizada por Juan José ECHEVARRÍA. Diligencias policiales del asesinato de Juan María Araluce y Villar..., CGI. «Entierro de los restos de los policías asesinados en San Sebastián», *El Diario Vasco,* 07/10/1976, p. 4.

de rodillas rezaron un padre nuestro y cinco avemarías, tras lo cual cantaron el *Cara al sol, Oriamendi* e *Himno nacional,* disolviéndose pacíficamente».

Sin embargo, aquella noche hubo actos violentos en las calles de San Sebastián, protagonizados por lo que la prensa denominó «elementos de extrema derecha». Durante dos horas, en el centro de la ciudad, en la parte Vieja y en el barrio de Gros, se sucedieron roturas de lunas de bares y restaurantes, y asaltos en cines, desalojando a golpes a los allí reunidos, resultando heridas ocho personas por contusiones. También hubo un asalto a las rotativas de *El Diario Vasco,* periódico que había sido fundado por dos exalcaldes donostiarras, los monárquicos Jorge Satrústegui Barrie y José Múgica Múgica, y el intelectual antiliberal Maeztu, extremo que los ignorantes que lo asaltaron desconocían. Aquellos *incontrolados* que sembraron el pánico eran Guerrilleros de Cristo Rey y miembros de la CT, formaciones que ya habían actuado conjuntamente en el Montejurra de 1976. Esta y otras protestas violentas de la ultraderecha tuvieron un efecto contraproducente a la hora de concitar una respuesta social frente a ETA en la sociedad vasca, reacción que buscaría el Gobierno Suárez, al igual que ya habían pretendido infructuosamente antes los gobiernos del tardofranquismo. De hecho, tales hechos delictivos desalentaron a muchos vascos a la hora de expresar su rechazo al terrorismo, ante el temor a ser confundidos con aquellos que mantenían posiciones ideológicas de extrema derecha, y provocaron, incluso, una estigmatización de las víctimas etarras, como ocurrió en el caso de Araluce, de cuya figura política aquellos *incontrolados* quisieron apropiarse pese a sus más que evidentes diferencias[117].

La confluencia del tradicionalismo de la CT con la extrema derecha violenta llevó la preocupación al Gobierno Suárez ante el peligro de *belfastización* del País Vasco. La amenaza en aquellos momentos era real, ante la ofensiva etarra que buscaba, en su estrategia de acción-represión-acción, además de la reacción del Estado y de sus instrumentos policiales, la de los grupos ligados al tradicionalismo, muy presentes en las provincias vasco-navarras, algunos de ellos con conexiones con

117 «Imposición de condecoraciones a los restos mortales de las cinco víctimas», *El Diario Vasco,* 06/10/1976, p. 3. «El funeral en el Buen Pastor», *La Voz de España,* 06/10/1976, p. 3. «Jóvenes incontrolados causan destrozos y heridos en la capital», *Unidad,* 06/10/1976, p. 2. ANGULO, Gorka: *op. cit.,* p. 78. ANÓNIMO: *op. cit.,* pp. 30 y 45. PÉREZ PÉREZ, José Antonio: «ETA contra los alcaldes…», p. 257.

el fascismo, como había ocurrido en Montejurra y ahora tras el asesinato de Araluce. Pese a los llamamientos de la familia del presidente de la diputación para que los funerales transcurrieran en paz y a sus continuos ofrecimientos de perdón a los asesinos, los *sixtinos* aprovecharon de nuevo para sembrar el pánico en la ciudad donostiarra. Araluce había sufrido ya la instrumentalización violenta de los partidarios de ese pretendiente en el Montejurra pasado, siendo incluso elevado por el panfleto *carlohuguino* a la condición de implicado en aquellos sucesos, siguiendo lo vertido por ETA en el comunicado con el que pretendió justificar su asesinato. Ahora, a su muerte, su memoria volvía a verse manchada con la violencia de unos tradicionalistas con los que no compartía ni monarca, ni la utilización violenta de la común ideología. Esos grupos insultaron e intentaron agredir con paraguas y bastones a los dos ministros del Gobierno Suárez que estuvieron presentes en el funeral, viéndose obligados a ser sacados por la sacristía por sus servicios de seguridad[118]. Eran Martín Villa y el sucesor de Areilza al frente de Exteriores, Marcelino Oreja Aguirre, hijo del tradicionalista asesinado en la Revolución de Octubre y sobrino del exdiputado de la misma ideología que había felicitado a Franco por haber expulsado a los Borbón-Parma.

La actuación violenta de una parte del tradicionalismo vasco, máxime si lo era en colaboración con pistoleros fascistas, circunstancia que además pudiera permitir una conexión con el Estado en clave de *guerra sucia*, alentaba el relato de ETA de una lucha secular entre dos partes en conflicto, concretada ahora entre el régimen posfranquista y los vascos *verdaderos*. La teoría del *conflicto vasco,* tal como ha constatado la historiografía, era el argumento central de tal interpretación, con la que se encontraban interesados paralelismos con lo que sucedía en Irlanda del Norte, donde ambos bandos utilizaban abiertamente la violencia para la consecución de sus fines y el exterminio de sus rivales. Se equiparaba así tal violencia, desatada en Belfast y otras ciudades del Ulster por dos facciones igualmente armadas, con lo que sucedía en el País Vasco. Entre julio de 1976 y mayo de 1979, durante el mandato de Martín Villa al frente del Ministerio de la Gobernación o del Interior, como pasó a denominarse en 1977, una treintena de personas murieron por la violencia ultraderechista, entre ellos José Miguel Beñarán

118 FERNÁNDEZ SOLDEVILLA, Gaizka y LÓPEZ ROMO, Raúl: *op. cit.*, p. 120. ANGULO, Gorka: *op. cit.*, pp. 75-78.

Ordeñana, *Argala,* entonces máximo jefe de ETA militar, asesinado el 21 de diciembre de 1978 en la localidad francesa de Anglet, conocida en euskera como Angelu, mediante una bomba adosada a los bajos de su coche en un atentado asumido por el BVE[119].

Las actuaciones violentas de esos grupos ultraderechistas beneficiaban, pues, a la narrativa de ETA, organización que además aprovechaba para matar a los más significados de sus representantes, pero también a los de todo el tradicionalismo vasco, propiciando el éxodo de los supervivientes por miedo. Algunos periodistas, como Gorka Angulo Altube, han hablado de una «auténtica cruzada de limpieza ideológica» contra toda la derecha política, iniciada en 1975, tesis que merecería ser desarrollada, ya que «el objetivo final [de tal campaña contra la derecha] no fue otro que infundir el miedo dentro de un sector concreto de la sociedad vasca, coartar su libertad de expresión y evitar que pudiesen desarrollar y defender su proyecto político», en palabras del historiador José Antonio Pérez[120].

Antes del asesinato de Araluce, ETA también mató a otros tradicionalistas que no tuvieron tampoco ninguna intervención violenta, como el zapatero y chófer de autobús Carlos Arguimberri Elorriaga, que había sido concejal de Deva [hoy, Deba] y alcalde pedáneo de Iciar [hoy, Itziar]. Hijo de un requeté, que había sido sepulturero, carpintero y cartero, su familia era igualmente carlista, afín al régimen. El 7 de julio de 1975, dos etarras le descerrajaron nueve tiros, en presencia de dos hermanos. Otro tradicionalista que igualmente fue asesinado fue el alcalde de Galdácano [hoy, Galdakao], el carlista y franquista Víctor Legorburu Ibarreche, quien fue ametrallado el 9 de febrero de 1976. A su funeral asistieron Sixto Enrique y Blas Piñar, escuchándose el *Cara al sol* y gritos a favor de España

---

119 PÉREZ PÉREZ, José Antonio y LÓPEZ ROMO, Raúl: «La memoria histórica del franquismo y la Transición», en MOLINA APARICIO, Fernando y PÉREZ PÉREZ, José Antonio: *El peso de la identidad. Mitos y ritos de la historia vasca,* Madrid, Marcial Pons, 2015, p. 229. MOLINA APARICIO, Fernando: «El *conflicto vasco.* Relatos de historia, memoria y nación», en MOLINA APARICIO, Fernando y PÉREZ PÉREZ, José Antonio: *El peso de la identidad. Mitos y ritos de la historia vasca,* Madrid, Marcial Pons, 2015, p. 199. PÉREZ PÉREZ, José Antonio: «El terrorismo ultraderechista y...», pp. 547-552.

120 ANGULO, Gorka: *op. cit.,* pp. 10-11. PÉREZ PÉREZ, José Antonio: «La persecución de la derecha y el centro-derecha en el País Vasco», en PÉREZ PÉREZ, José Antonio (coord.): *Historia y Memoria del Terrorismo en el País Vasco, 1968-1981,* volumen I, Almería, Confluencias, 2021, p. 286.

y del ejército. Al finalizar el oficio religioso, seis mil personas se manifestaron por las calles de la localidad gritando contra ETA. La familia Legorburu abandonó el País Vasco siete meses después de la muerte del alcalde[121].

Tras la muerte de Araluce, José María Arrizabalaga Arcocha fue víctima también de la *limpieza ideológica*. El miembro de la CT y jefe de la Juventud Tradicionalista de Vizcaya había sido citado en el *Libro Negro* entre los *amigos* de Sixto Enrique como «pistolero de la escolta personal» del pretendiente, quien intentó acudir a su funeral, impidiéndoselo la Guardia Civil. Arrizabalaga fue relacionado además con los incidentes de las fiestas de Motrico [hoy, Mutriku] del verano de 1977. Once disparos acabaron con su vida el 27 de diciembre de 1978, mientras trabajaba en la biblioteca municipal de Ondárroa [hoy, Ondarroa], el mismo día que Juan Carlos I sancionaba la Constitución democrática hoy vigente. Pertenecía a una familia tradicionalista de esa localidad vizcaína, que tras el atentado se marchó del País Vasco. La perfumería propiedad de su hermano, oficial de requetés en la Guerra Civil y alcalde entre 1969 y 1977, había sido quemada en 1971 mientras su titular era encañonado por un comando de ETA. Todavía, en el tardofranquismo, una parte significativa de los habitantes de la localidad pesquera tenía a gala haber contribuido en la Guerra Civil con dieciocho mártires (*boinas rojas de los mares*), a bordo del buque Baleares, hundido el 6 de marzo de 1938 por la armada republicana. En 2019, el monolito que los recordaba fue derribado.

El comunicado de ETA militar implicó a Arrizabalaga en los sucesos de Montejurra de 1976, mientras que los *carlohuguinos* del EKA, que ya empezaban a ser conscientes de la instrumentalización que hacía ETA de aquellos hechos y acusaban el descrédito que les ocasionaba, pedían que no se utilizase lo vivido en 1976 en la mítica montaña para cometer nuevos asesinatos. Después del *estorilo* Araluce, el *sixtino* Arrizabalaga fue la tercera persona presente entonces en Montejurra que caía abatida a tiros de ETA. El segundo había sido el comandante de la Policía Armada, Joaquín Imaz Martínez, que el 9 de mayo de 1976 estaba en la montaña al mando de la 64.ª Bandera de ese cuerpo policial. El 26 de noviembre de 1977 fue disparado por la espalda y rematado en la sien en las cercanías de la plaza de toros de Pamplona. Era la primera vez

---

121 ALONSO, Rogelio, DOMÍNGUEZ, Florencio y GARCÍA REY, Marcos: *op. cit.*, pp. 57-58 y 65-67. ANGULO, Gorka: *op. cit.*, pp. 169-170 y 29-37.

que ETA actuaba en Navarra, cuya rama militar asumió el atentado en un comunicado mencionando los sucesos de Montejurra[122].

Tras asesinar a Araluce, le llegó el turno a quien había sido su homólogo en la Diputación de Vizcaya, Augusto Unceta-Barrenechea Azpiri. Fue un año después del atentado contra el presidente de la corporación guipuzcoana, a cuya misa de primer aniversario fue el último acto oficial al que asistió Unceta. El 8 de octubre de 1977, Unceta acudió como todos los sábados a Guernica a jugar un partido de pala, cuando fue tiroteado por un comando de ETA militar que le mató, así como a sus dos escoltas. El presidente de la diputación había salido minutos antes de la fábrica de armas Astra, Unceta y Cía, que fundara su padre, Pedro Unceta, y que había constituido un hito en la industrialización de la villa foral en la época del reinado de Alfonso XIII, conociendo su mayor etapa de expansión económica durante la Primera Guerra Mundial[123].

El que fuera alcalde de Guernica y presidente de la Diputación Provincial de Vizcaya pertenecía a la élite económica de la comarca del Urdaibai, una oligarquía que era simpatizante del régimen franquista y que políticamente se situaba entre el tradicionalismo y el monarquismo-dinástico liberal Alfonsino, cuya figura de referencia había sido el socio de Pedro Unceta, el magnate Juan Tomás de Gandarias y Durañona, uno de los fundadores de Altos Hornos de Vizcaya y por tanto uno de los mayores representantes de la élite económica vizcaína, emparentado con otra de las grandes familias: los liberales Urquijo. Gandarias había sido diputado a Cortes durante casi dos decenios ininterrumpidamente, siendo el prototipo de los *capitanes de la industria* vizcaína metidos en política, siempre en candidaturas monárquico-dinásticas.

---

122 ANÓNIMO: *op. cit.*, pp. 41 y 61. «Funeral sin incidentes en Ondárroa», *El Diario Vasco*, 29/12/1978, p. 5. «Ondárroa: Dirigente de las Juventudes Tradicionalistas muerto a tiros», *El Diario Vasco*, 28/12/1978, p. 3. ALONSO, Rogelio, DOMÍNGUEZ, Florencio y GARCÍA REY, Marcos: *op. cit.*, pp. 170-171 y 95. ANGULO, Gorka: *op. cit.*, pp. 46-47. ARTIME, Mirari: «Derriban en Ondarroa el último vestigio franquista de la villa», *El Correo*, 14/01/2019. https://www.elcorreo.com/bizkaia/costa/derriban-ondarroa-ultimo-20190114172551-nt.html

«ETA (m) se responsabiliza de la muerte de Arrizabalaga», *La Voz de España*, 30/12/1978, p. 4. «ETA (m) reivindica el atentado contra Arrizabalaga», *El Diario Vasco*, 30/12/1978, p. 6. «ETA reivindica», *El Diario Vasco* (San Sebastián), 29/12/1977, p. 3.

123 ALONSO, Rogelio, DOMÍNGUEZ, Florencio y GARCÍA REY, Marcos: *op. cit.*, p. 93. RODRÍGUEZ EGUÍA, Igor: *Industrialización de Gernika-Lumo*, Leioa (Vizcaya), Agirre Lehendakaria Center for Social and Political Studies, 2017-2018. https://www.agirrecenter.eus/wp-content/uploads/2020/06/Igor-Rodriguez.pdf

De hecho, fue uno de los más destacados miembros de la Unión Liberal, más conocida como La Piña, una asociación cuyo verdadero objetivo era organizar las candidaturas de los oligarcas, evitando innecesarios enfrentamientos internos entre los fieles al régimen Alfonsino[124].

Augusto Unceta, superviviente con trece años del bombardeo de Guernica, había entrado en política como integrante de la siguiente generación de esos *capitanes de la industria*, apadrinado por el hijo de Gabriel María de Ybarra y de la Revilla, otro de los más destacados de ellos, el también monárquico-dinástico Javier de Ybarra y Bergé, quien había sido presidente de la diputación vizcaína hasta que defendió la recuperación del Concierto Económico en plena dictadura. Unceta, con buenos contactos en la Guardia Civil, en la policía y en el ejército, abogaba por el entendimiento con el franquismo, como un mutuo sistema recíproco: el régimen necesitaba del apoyo de esas élites y estas de aquel para sus negocios. El 23 de marzo de 1966, siendo alcalde de Guernica, impuso al dictador en el palacio de El Pardo la medalla de la villa foral[125]. Casi treinta años antes, la Legión Cóndor de la Alemania nazi, en coordinación con el mando militar franquista, destruyó la villa, quedando reducida a cenizas tres cuartas partes de la localidad, en lo que fue uno de los primeros ataques masivos contra la población civil de las guerras contemporáneas. En torno a dos centenares de personas murieron en el bombardeo[126].

Augusto Unceta, partidario como Araluce de la restitución foral, aspiración en la que compartieron estrategias, pero también desencuentros, destacó en los últimos meses de vida por su frontal oposición a la oficialización de la ikurriña, la bandera nacionalista diseñada en 1894 por los hermanos Sabino y Luis Arana Goiri, inspirada en la cruz

---

124 ANGULO, Gorka: *op. cit.*, pp. 127-137. DELGADO CENDAGORTAGALARZA, Ander: «La transformación de la vida política en la Bizkaia rural durante la Restauración, 1890-1923», en MOLINA APARICIO, Fernando: *Extranjeros en el pasado. Nuevos historiadores de la España contemporánea*, Abadiño (Vizcaya), Universidad del País Vasco, 2009, p. 182. RUZAFA, Rafael, MONTÓN, Francisco Javier, PÉREZ PÉREZ, José Antonio, y HOZ, Santiago de la: *op. cit.*, pp. 110-111.

125 ANGULO, Gorka: *op. cit.*, pp. 131-140.

126 MEES, Ludger: «Bombardeo de Gernika», en PABLO CONTRERAS, Santiago de (coord.): *100 símbolos vascos. Identidad, cultura, nacionalismo*, Madrid, Tecnos, 2016, p. 162. BERNECKER, Walther L.: «Gernika y Alemania: debates historiográficos», *Historia Contemporánea*, 35 (2007), p. 517. El número de víctimas del bombardeo de Guernica es uno de los aspectos más debatidos historiográficamente sin que haya sido resuelto de una manera plenamente satisfactoria.

de San Andrés, en principio como enseña de Vizcaya y luego de toda Euskadi, que el primer gobierno vasco de la historia declaró oficial el 21 de octubre de 1936, mediante un decreto que estuvo vigente los cerca de ocho meses que aún subsistió la autonomía vasca, aunque circunscrita territorialmente a poco más de Vizcaya. El 19 de enero de 1977, Unceta convocó un pleno extraordinario de la diputación en el que la corporación provincial expresó con toda vehemencia su rechazo a la instrucción que el Ministerio de la Gobernación, dirigido por Martín Villa, había remitido a los gobiernos civiles y a las FOP sobre la exhibición de la ikurriña:

> Vamos a decirlo claramente: hemos sido engañados (...). Nosotros no nos hemos opuesto al uso de banderas políticas, pero no podemos admitir que las mismas puedan ondear en centros oficiales, en esta Casa [la diputación], como parece desprenderse de la sibilina instrucción del Ministerio de la Gobernación. Vizcaya tiene su bandera, tradicional y vieja, y no es tolerable que en esta Casa puedan colocarse algunas, partidistas y extrañas a su vida y a su historia (...). Somos españoles y vizcaínos[127].

La Diputación de Vizcaya acordó en aquel pleno que solo ondeasen en sus edificios la bandera bicolor y el pendón de Vizcaya. Para Unceta, tal como había dicho a los periodistas un día antes, la bicrucífera era «la enseña de un partido político [el PNV] y no se le puede dar más categoría que la que tiene». Unceta se sintió traicionado por Martín Villa, quien el 14 de enero se había reunido en Vitoria con los alcaldes de Álava, Guipúzcoa y Vizcaya, así como con los miembros de las diputaciones de las tres provincias. En aquella reunión, el ministro de la Gobernación pidió a los regidores y diputados provinciales que aportaran soluciones y anunció que en breve tomaría una decisión sobre la ikurriña en el sentido de permitir su exhibición, con el objeto de distender la situación en el País Vasco. Todos los alcaldes vizcaínos que se manifestaron en aquel cónclave expresaron su rechazo a que pudiera exhibirse oficialmente en la diputación, en los ayuntamientos y en otros centros oficiales, aunque la mayoría abogó por su libre uso

127 «Jesús María de Leizaola opina sobre el significado de la ikurriña», *Hoja del Lunes de San Sebastián,* 24/01/1977, p. 3. «Que en el Palacio Provincial ondeen únicamente la bandera nacional y el pendón de Vizcaya», *El Correo Español-El Pueblo Vasco,* 20/01/1977, p. 10.

en actos privados y públicos, tal como había insinuado el ministro. Sin embargo, con la instrucción elaborada por Gobernación, el Gobierno Suárez fue un paso más allá. En ella, se definía a la bicrucífera como «inicialmente representativa del Partido Nacionalista Vasco», aunque la circular entendía que «viene siendo exhibida y utilizada por más amplios sectores». Por ello, ordenaba a las FOP no perseguir su «uso o exhibición», tal como había sido consensuado en la reunión del día 14 con los alcaldes. Pero, la instrucción añadía un párrafo que, pese a estar concebido como una mera medida de previsión y salvaguarda de la rojigualda frente a la ikurriña, traería problemas con la mayoría de regidores y con las diputaciones, al entender los dirigentes de estas, sobre todo Unceta, que iba más allá de la mera legalización de su uso: «La bandera nacional, cuyo uso es obligado en los centros del Estado, provincia, municipio, cuando ondee conjuntamente con otras banderas lo hará con carácter preferente a las restantes que se empleen»[128]. Es decir, la propia instrucción preveía que la ikurriña pudiera terminar siendo izada en los mástiles de los edificios oficiales, ante lo cual determinaba la primacía de la bicolor.

Para Unceta, el cambio de opinión de Martín Villa solo tenía una explicación: había claudicado ante el denominado Movimiento de Alcaldes (Alkateen Mugimendua), constituido por un grupo de regidores vascos, esencialmente guipuzcoanos, que se había reunido el día 18 con el ministro en Madrid, antes de la difusión de la instrucción. En la mañana del día 19, antes de convocar el pleno extraordinario, Unceta, airado, vio en la prensa, en primera página, la fotografía de Martín Villa rodeado de aquellos regidores, ofreciendo la mano al alcalde de Mondragón, José Antonio Altuna Gallastegui. Para el presidente de la diputación vizcaína, aquello era la imagen de la traición[129].

El nacionalista Alkateen Mugimendua se había terminado convirtiendo en un firme opositor al gobierno en las provincias vascas,

128 «Comunicado conjunto de las diputaciones de Guipúzcoa y Vizcaya», *El Correo Español-El Pueblo Vasco*, 19/01/1977, p. 8. CATANIA, Eduardo: «El Gobierno no respetó lo acordado en Vitoria sobre la bicrucífera», *El Correo Español-El Pueblo Vasco*, 25/01/1977, p. 10. «El ministro de la Gobernación se reunió con los alcaldes vascos», *Hierro*, 15/01/1977, pp. 1 y 4. URRUTIA, Txema. *Alcaldes en lucha. El Grupo de Bergara en la Transición, 1975-1979*, Tafalla (Navarra), Txalaparta, 2006, p. 240.

129 «Los alcaldes guipuzcoanos se entrevistan con Martín Villa y Gutiérrez Mellado», *El Diario Vasco*, 19/01/1977, pp. 1 y 4. ANGULO, Gorka: *op. cit.*, pp. 143-144.

aunque para Unceta eso era debido al error del gabinete Suárez de reconocerlo en el verano de 1976 como interlocutor, cuando Marcelino Oreja Aguirre invitó a algunos de esos regidores a la residencia oficial del ministro de Jornada en San Sebastián. El Movimiento de Alcaldes, liderado por el regidor de Vergara, José Luis Elcoro (Elkoro) Unamuno, de familia carlista y el mismo presente durante varios años en la convocatoria anual de Montejurra[130], fue el rival más duro con el que había tenido que enfrentarse Juan María de Araluce a la hora del diseño de la descentralización vasca, entre una opción más regional, la pretendida por aquel grupo de alcaldes, y otra más provincial, como hubiera querido el presidente de la Diputación de Guipúzcoa.

A diferencia del funeral de Araluce, en el de Unceta no estuvieron presentes miembros del gobierno. El enfrentamiento del presidente de la diputación vizcaína con el gabinete Suárez había llegado a un punto de ruptura que quedó evidenciado en las exequias celebradas a su muerte y de sus dos escoltas en Santa María de Guernica. Martín Villa se limitó a delegar en el subsecretario de su departamento, Eduardo Navarro Álvarez. En cambio, sí asistió Blas Piñar, pese a que los familiares del finado no le dejaron visitar el domicilio de los Unceta. Al término de la misa se registraron incidentes con grupos de ultraderechistas, alentados por la presencia del presidente de Fuerza Nueva, cuyo vehículo tuvo que ser acordonado, custodiándolo las FOP hasta salir de Guernica.

En cambio, los funerales por Araluce fueron muy distintos. Su cadáver fue velado en el palacio de la Provincia, donde se instaló la capilla ardiente en la misma tarde del 4 de octubre de 1976. En el féretro con la bandera bicolor, fue colocada una boina roja del Tercio de Nuestra Señora de Begoña, donde combatió Araluce en la Guerra Civil. La había llevado su entonces superior, Eloy Ruiz de Aramburu, quien había sido capitán de ese destacamento y era entonces dirigente de la UNE en Vizcaya, además de haber visto seis meses antes como herían a uno de sus hijos en otro atentado. A la capilla asistieron los ministros Martín Villa y Marcelino Oreja, así como los dieciséis miembros del Consejo del Reino, encabezados por su presidente y de las Cortes, Torcuato Fernández-Miranda y Hevia, quien le impuso la Gran Cruz de Isabel la Católica. Con ello, el régimen, compuesto en ese momento por políticos

130 «Recepción en La Cumbre», *El Diario Vasco*, 29/08/1976, p. 24. ANGULO, Gorka: *op. cit.*, p. 88.

reformistas del mismo y otros reacios a dar ese paso, exteriorizaba no solo su respeto por el finado, sino su pleno reconocimiento por la labor del presidente de la diputación guipuzcoana asesinado, independientemente de hasta donde hubiera estado dispuesto a llegar Araluce en el proceso de democratización ya emprendido.

El presidente del Consejo de Estado, Antonio María de Oriol, compañero suyo en la UNE y en su ideología tradicionalista, estuvo también presente, al igual que su hermano Lucas María y su sobrino Íñigo. Antonio María tuvo unas palabras recordando sus fuertes vínculos con Araluce: «Conocía y quería mucho al presidente de la Diputación. Era un hombre leal y sincero». Otro tradicionalista que también acudió fue Tomás Garicano Goñi, exgobernador civil de Guipúzcoa y exministro de la Gobernación, que había evolucionado hacia posiciones demócrata cristianas y que había sido uno de los primeros que alzó la voz descentralizadora en el régimen. También asistieron cualificados representantes de otra de las *familias* del franquismo, aquellos que habían implementado el desarrollo económico en la España de la posguerra, que fueron llamados *tecnócratas*. Así, el que había sido hasta hacía un mes el poderoso gobernador del Banco de España, Luis Coronel de Palma, marqués de Tejada, uno de los diseñadores del Plan de Estabilización que abrió las puertas del crecimiento económico de la década de los sesenta. Otro que acudió fue el exministro de industria Gregorio López-Bravo de Castro, otro opositor a la autarquía falangista. También, asistió el estrecho colaborador de Carrero, Laureano López Rodó, el creador de los planes de desarrollo y exministro de Asuntos Exteriores, quien había sido decisivo en el nombramiento de Juan Carlos como sucesor de Franco; y Fernando de Liñán y Zofio, exministro de Información y Turismo, y exdirector de Política Interior, con quien Araluce había mantenido una estrecha colaboración y planes políticos conjuntos para la descentralización local, cuya desolación le impidió articular unas palabras de condolencia ante los periodistas. Al igual que Fernando de Ybarra y López-Dóriga, segundo marqués de Arriluce, sobrino del benefactor de Gaztelueta, con quien Araluce había compartido estrategias políticas para lograr la devolución del Concierto Económico a Guipúzcoa y Vizcaya.

Asimismo, estuvieron presentes los diputados provinciales guipuzcoanos, a quienes Araluce había dirigido, y todos los miembros de la Diputación Provincial de Vizcaya, encabezados por Unceta, que le impusieron la medalla de oro de la corporación, así como representantes de la de Álava, Navarra, Logroño, Santander, Barcelona y Madrid.

Pasadas las cinco de la tarde del 5 de octubre, el cadáver fue despedido en la plaza de Guipúzcoa con un *Agur Jaunak* [melodía de recibimiento o despedida de las autoridades] y trasladado al Buen Pastor. Tras el coche fúnebre, desfilaron la familia y las autoridades, seguidas de las corporaciones guipuzcoana y vizcaína con sus estandartes. El cortejo recorrió las calles de Churruca y avenida de España, las últimas por las que Araluce transitó antes del atentado, así como la de Loyola, llegando a la de San Martín, donde el féretro fue extraído y transportado a hombros por los hijos y diputados provinciales hasta el altar de la catedral. Allí, el obispo de San Sebastián, monseñor Jacinto Argaya Goicoechea, lanzó una pregunta que tardaría treinta y tres años en responderse: «¿Cuándo, Señor, ha de terminar en nuestro pueblo, que siempre fue pacífico, esta ola de terror y violencia?»[131].

También asistió a las exequias, Juan Ramón de Urquijo y Olano, director de la Real Sociedad Bascongada de los Amigos del País (RSBAP), a la que Araluce pertenecía desde 1970, cuando ingresó con una aportación sobre el régimen jurídico foral del caserío. En una entrevista hecha por el diario *Hierro* en aquellos días del asesinato, Urquijo recordó los vínculos de su familia con la del fallecido en Vizcaya y con los de la viuda en San Sebastián. El director de la RSBAP le describió como «un amigo entrañable, personal, muy vinculado por su espíritu tradicionalista a mi manera de pensar», poniendo voz a un sentimiento, enraizado en una relación que venía de antiguo, de cuando habían sido compañeros de armas en el Tercio de Begoña. Tras destacar la ayuda prestada por Araluce para la rehabilitación en Azcoitia del palacio de Insausti, la sede principal de la RSBAP, su director le calificó de «abierto, hombre de diálogo, comprensivo, gran amante del país, de poderosa formación jurídica al servicio de la nación y de la provincia». Pero, Urquijo, quien destacó por la capacidad cohesionadora de la institución que dirigía, tampoco ocultó en esas declaraciones sus desavenencias con Araluce

131 «Guernica: funerales teñidos por el dolor y la crispación», *Hierro,* 10/10/1977, p. 1. ANGULO, Gorka: *op. cit.,* pp. 126 y 77. «Un joven, ametrallado», *La Gaceta del Norte,* 17/03/1976, p. 1. «Un pueblo en torno a unos féretros», *El Diario Vasco,* 06/10/1976, p. 13. «Una gran pérdida para el pueblo vasco», *La Gaceta del Norte,* 06/10/1976, p. 6. «Datos de la jornada de ayer», *La Voz de España,* 06/10/1976, p. 5. «Tres condecoraciones a título póstumo para el Sr. Araluce», *La Voz de España,* 06/10/1976, p. 5. «Opiniones de personalidades asistentes a los funerales», *La Voz de España,* 06/10/1976, p. 6. «El pueblo asistió en masa», *Unidad,* 06/10/1976, p. 3. «Denunció y condenó estas muertes sin sentido», *La Voz de España,* 06/10/1976, p. 3.

sobre el proceso descentralizador[132], agudizadas por el Movimiento de Alcaldes.

Algunos regidores de ese grupo, reunidos aquel 5 de octubre en San Sebastián en un cónclave en el que condenaron el atentado, acudieron también a la capilla ardiente de Araluce, pero la disputa entre el Alkateen Mugimendua y el presidente de la diputación había alcanzado en el último año una intensidad tal, que se produjo un roce cuando quisieron acceder a la capilla ardiente y fueron vistos por el diputado provincial Gervasio Juaristi, uno de los más fieles de la corporación provincial al político asesinado. Elkoro y otros tres integrantes del Movimiento de Alcaldes llegaron al vestíbulo del palacio provincial, siendo reprendidos por Juaristi desde arriba de las escaleras, quien les afeó que acudieran a la capilla ardiente, al entender que no eran ajenos a lo sucedido. En ese momento, intervinieron el vicepresidente de la diputación, Santiago San Martín Morales y el ministro Marcelino Oreja, quien habló con los regidores, sacándolos de allí y siguiendo la conversación en el Gobierno Civil[133].

Las diferencias con el Movimiento de Alcaldes atendían al futuro marco autonómico en el proceso descentralizador iniciado el 7 de noviembre de 1975 con la creación de la Comisión para el estudio de la implantación de un régimen administrativo especial para las provincias de Vizcaya y Guipúzcoa, aprobada mediante un decreto[134] en un Consejo de Ministros presidido por el jefe de Estado en funciones, el príncipe Juan Carlos. Tal norma había sido el gran éxito político de Juan María de Araluce ya que abrió el camino para la descentralización del Estado franquista aún en vida del dictador. Con ella, el presidente de la diputación pretendía lograr sendas autonomías provinciales en Guipúzcoa y Vizcaya, equiparándolas con la que disfrutaba Álava con su Concierto Económico. En cambio, el Alkateen Mugimendua aspiraba a lograr una autonomía regional que encuadrase unitariamente a esas tres provincias, tal como había estado vigente en la Segunda República,

132 MAZO, Pepa: «Amigos del País pidió a Martín Villa la derogación del decreto del 37», *Hierro*, 07/10/1976, p. 3.

133 «27 alcaldes guipuzcoanos condenan y repudian el atentado contra el presidente de la Diputación y sus cuatro acompañantes», *El Diario Vasco*, 06/10/1976, p. 3. ANGULO, Gorka: *op. cit.*, p. 77. *Gervasio Juaristi Ostolaza*, 25/08/2022, Zarautz (Gipuzkoa), entrevista realizada por Juan José ECHEVARRÍA.

134 Decreto 3142/1975, de 7 de noviembre, por el que se crea una Comisión para el estudio de la implantación de un régimen administrativo especial para las provincias de Vizcaya y Guipúzcoa. *Boletín Oficial del Estado*, 03/12/1975, núm. 290, p. 25176.

ampliada a Navarra, lo que era una novación relevante. Ambos contendientes, enraizaban sus pretensiones en la restitución foral, pero actualizándola de una manera sensiblemente distinta. Araluce lo hacía en la senda de la exégesis tradicionalista de la foralidad, mientras que el grupo de alcaldes aspiraba a implementarla mediante la interpretación soberanista de la misma[135].

El también conocido como Grupo de Alcaldes de Bergara, que nunca fue un movimiento cohesionado, tuvo su origen en la primavera de 1975 en la comarca del Alto Deba guipuzcoano, que incluía localidades como Vergara, Mondragón, Oñate, Escoriaza y Arechavaleta. Fue entonces cuando se dieron los primeros contactos, llevados a cabo por concejales de esos municipios, así como por meros particulares, implicados en las asociaciones de vecinos y sociedades recreativas locales, que habían mantenido y transmitido el universo simbólico de la comunidad nacionalista de antes de la Guerra Civil. En agosto de ese año, se celebró una reunión clave en una chabola cercana al santuario de Aránzazu, en la que los allí presentes apostaron por optar a los cargos municipales del régimen y desde ellos defender mejor sus planteamientos descentralizadores. Su modelo para seguir era el del movimiento municipalista puesto en marcha al inicio de la Segunda República por el nacionalista José Antonio de Aguirre Lecube, futuro lehendakari, que alumbró el proyecto de Estatuto de 1931, que incluía a Navarra, donde confluyeron nacionalistas y carlistas[136].

Por ello, el Movimiento de Alcaldes chocó inmediatamente con la Diputación Provincial de Guipúzcoa, pero también lo hizo, según pasó el tiempo, con los partidos políticos tradicionales que empezaban a legalizarse al albur de la reforma democrática auspiciada por el Gobierno Suárez. Es más, dichos partidos desconfiaron desde el primer momento del Grupo de Alcaldes de Bergara e intentaron infructuosamente controlarlo. Esa fue la intención del PNV que fracasó, constatando que tales ediles eran en realidad próximos a una nueva

135 ECHEVARRÍA PÉREZ-AGUA, Juan José: *La constitucionalización de la foralidad (1975-1978),* Madrid, Centro de Estudios Políticos y Constitucionales, 2019, pp. 237-239 y 274.

136 ECHEVARRÍA PÉREZ-AGUA, Juan José: «Ni tan poderoso, ni tan unívoco en su reclamación. Una relectura crítica del Movimiento de Alcaldes», en FERNÁNDEZ AMADOR, Mónica y MARTOS CONTRERAS, Emilia (coord.): *Historia de la Transición en España. Democracia y mundo rural,* Universidad de Almería, 2017, pp. 47-49.

formación entonces igualmente ilegal, denominada Euskal Sozialista Biltzarrea (ESB, Convergencia Socialista Vasca), que había surgido del realineamiento de diversos grupos fragmentados de nacionalistas, con fuerte presencia en las cooperativas laborales de Mondragón, que desaprobaban la pasividad del PNV durante el franquismo. Entre sus primeros integrantes había antiguos militantes de ETA, seguidores de la revista *Branka* (*Proa*), dirigida por José Luis Álvarez Emparanza [Jose Luis Alvarez Enparantza], un intelectual que influido por el estructuralismo lingüístico incidía en la relevancia de la lengua en la conformación identitaria nacional, considerando que el idioma determinaba la forma de pensar[137]. *Txillardegi*, como era conocido, había sido uno de los fundadores de ETA en 1959 y era hermano de Juan María, el amigo de Araluce que escribió un obituario en la prensa a la muerte de este.

En ESB, también, había miembros procedentes de ELA Berri (Nueva), que había sido una escisión del sindicato Eusko Langileen Alkartasuna (ELA, Solidaridad de los Trabajadores Vascos, STV en sus siglas en castellano), protagonizada por Pedro [Kepa] Anabitarte Múgica, *Eladio*, en la que había confluido un grupo con ideas socialistas, sin una organización, ni estructura, formado por José Antonio Ayestarán Lecuona, *Baroja*, como personaje más célebre, que antes había militado en las juventudes del PNV. ELA Berri, que, pese a ser formalmente un sindicato fue en realidad un partido político, había sido, pues, una formación dual, que destacaría por ser pionera en la propagación de un planteamiento socialista de la *cuestión nacional* vasca. En ella, además, había sido patente la influencia de organizaciones cristianas, como la HOAC, a la par que sus activistas abjuraban del ascendiente tradicional del PNV sobre el sindicato STV, sobre los denominados *solidarios*, convirtiéndose en 1968 en ELA-Movimiento Socialista de Euzkadi (MSE). Sin embargo, un año después se fracturó entre los *eladios* y los llamados *elas* encabezados por Baroja. Incongruentemente, integrantes de ambos sectores, entre ellos los propios Kepa Anabitarte y Ayestarán, volvieron a confluir en 1976, ahora en ESB. En cualquier caso, la suma resultante fue una formación cuantitativamente minoritaria, que pretendía suplantar al PSOE en Euskadi, lo que se reveló harto dificultoso debido a la xenofobia mal disimulada que practicaba hacia los

137 ARDANZA, José Antonio: *Pasión por Euskadi: Memorias*, Barcelona, Destino, 2011, p. 88. SULLIVAN, John: *op. cit.*, p. 191. FERNÁNDEZ SOLDEVILLA, Gaizka y LÓPEZ ROMO, Raúl: *op. cit.*, p. 55.

trabajadores procedentes del resto de España. En 1978, ESB sería uno de los partidos que constituyó Herri Batasuna, coalición que se convirtió en el *brazo político* de ETA militar[138].

ESB se fundó el 6 de junio de 1976, en Aránzazu, mediante la celebración de un congreso clandestino, aún bajo el Gobierno Arias. Cinco días más tarde, en Vitoria, sus dirigentes hicieron público su ideario, que consideraba a Euskadi como una nación que gozaba del derecho de autodeterminación, reclamando la creación de un ente político unitario de las tres provincias vascas y Navarra, y como mínimo autónomo respecto al Estado, con capital en Pamplona, que entendían como heredero de la foralidad anterior a 1839 en su interpretación soberanista. Por ello, ESB abogaba por una actualización foral que no solo se tradujera en una amplia autonomía, sino también en un pacto con la Corona, dejando al margen a otras estructuras estatales, como el Gobierno o las Cortes. «El carácter aparentemente arcaico de dicha estrategia era consecuencia del deseo de ESB de evitar toda alianza con los partidos *españoles*» y promover un frente exclusivamente abertzale contra el régimen, algo que era la antítesis de lo que pretendía ETA político-militar, a diferencia de lo que mantenía ETA militar[139].

La vinculación que ESB y, en general, el Movimiento de Alcaldes pretendía establecer con el santuario franciscano de Aránzazu [Arantzazu], radicaba en la celebridad de este y en sus lazos forales. En 1909, la Santa Sede había reconocido a la Virgen de Aránzazu como patrona de Guipúzcoa y en esas primeras décadas del siglo XX se había convertido en el principal centro espiritual de la Diócesis de Vitoria, que encuadraba entonces a las tres provincias vascongadas, concurriendo hacia él peregrinaciones procedentes de los distintos territorios vascos. En el franquismo, la aureola del santuario aumentó al considerársele como *refugio*

---

138 SULLIVAN, John: *op. cit.*, p. 191. ESTORNÉS ZUBIZARRETA, Idoia: «Abandonando la casa del padre. Eusko Langileen Alkartasuna-Solidaridad de Trabajadores Vascos (Movimiento Socialista de Euskadi), 1964-1969», *Historia Contemporánea,* 40 (2010), pp. 128-137. ESTORNÉS ZUBIZARRETA, Idoia: «Entre partido y sindicato. Eusko Langileen Alkartasuna-Solidaridad de Trabajadores Vasco (Movimiento Socialista de Euskadi, 1969-1976)», *Historia Contemporánea,* 41 (2010), pp. 511-533. FERNÁNDEZ SOLDEVILLA, Gaizka y LÓPEZ ROMO, Raúl: *op. cit.*, pp. 81-82 y 125-129.

139 «Presentación de la candidatura y del programa electoral de ESB», *El Diario Vasco,* 07/06/1977, p. 8. TAMAYO SALABERRÍA, Virginia: *La autonomía vasca contemporánea. Foralidad y estatutismo 1975-1979,* Oñati (Guipúzcoa), Instituto Vasco de Administración Pública, 1994, pp. 206-207. SULLIVAN, John: *op. cit.*, pp. 191-192.

de la cultura vasca. La Academia de la Lengua Vasca (Euskaltzandia) celebró en 1968 diversas reuniones en Arantzazu que sentaron las bases de la posterior unificación del euskera batua (unificado). Desde la década anterior, también se había convertido en el símbolo de la *modernidad artística*, gracias a la renovación arquitectónica del santuario, en el que participaron artistas de la Escuela vasca, como Jorge Oteiza Embil, Eduardo Chillida Juantegui y Néstor Basterrechea [Basterretxea] Arzadun[140].

Los días 18 a 20 de marzo de 1977, tras haber sido legalizado el 26 de febrero, ESB celebró su segundo congreso en Bilbao. Se reunió en la Facultad de Ciencias Económicas de la Universidad Autónoma, conocida por su ubicación como Sarriko, después de que el rector Ramón Martín Mateo, uno de los miembros que habían integrado la comisión descentralizadora creada por el régimen, ofreciera los locales universitarios. Asistieron 435 delegados de las cuatro provincias, en representación de una militancia que sus dirigentes cifraban hasta en 12.000 personas. El congreso designó los candidatos a las primeras elecciones democráticas, escogiendo a Txillardegi para el Senado, y a Baroja y a Gregorio Echave Orobengoa [Goio Etxabe] para el Congreso. Este último, había sido uno de los principales promotores de ESB, procediendo del grupo articulado en torno a *Branka,* que representaba la línea nacionalista de base lingüística que por definición excluía a los inmigrantes castellanoparlantes de la consideración de integrantes del pueblo vasco. Etxabe, con experiencia laboral en el mundo de las cooperativas, era en ese momento concejal en Mondragón y uno de los más activos ediles del Movimiento de Alcaldes. Fue él quien elaboró en marzo de 1975 el decisivo documento base que sirvió para pedir a Juan Carlos I la restitución foral, punto de partida del planteamiento descentralizador rival al de Araluce. Tal documento, denominado de *Reivindicación Foral y Estatuto de Autonomía*, estaba basado en dos aspectos fundamentales: «Unidad de Euskadi y [proyecto de] Estatuto de 1931»[141],

140 OSTOLAZA, Maitane: «Santuarios de Arantzazu, Begoña, Estíbaliz y Leyre», en PABLO CONTRERAS, Santiago de (coord.): *100 símbolos vascos. Identidad, cultura, nacionalismo,* Madrid, Tecnos, 2016, pp. 72-74.

141 TAMAYO SALABERRÍA, Virginia: *op. cit.*, p. 206. «ESB inicia hoy su congreso en Sarriko», *Hierro*, 18/03/1977, p. 5. «Presentación de la candidatura...». ESTORNÉS ZUBIZARRETA, Idoia: *op. cit.*, p. 533. FERNÁNDEZ SOLDEVILLA, Gaizka y LÓPEZ ROMO, Raúl: *op. cit.*, p. 100. «Bergara: el fruto de una nueva etapa», *Garaia*, 1, 02-09/09/1976, p. 13.

lo que era una síntesis de la reivindicación foral en clave estatutaria, entendida en su interpretación soberanista.

Un año antes de su asesinato, Araluce asistió al funeral por la muerte de un hermano de Goio Etxabe, Ignacio, que había sido ametrallado en un bar de su propiedad. Otro de los hermanos, Juan José [Juanjo] había sido el máximo líder del Frente Militar de ETA, que en 1970 renegó de la obrerista VI Asamblea, momento de la génesis de ETA militar y en el que la historiografía sitúa la conversión de la organización en una banda terrorista. El propio Juanjo Etxabe, ya desvinculado de la organización, sufriría un atentado el 2 de julio de 1978, asumido por otro grupo de extrema derecha, la Triple A (Alianza Apostólica Anticomunista), en la localidad francesa de Saint-Jean-de-Luz (San Juan de Luz), en el que resultó gravemente herido, muriendo su esposa, Rosario Arregui Letamendía [Agurtzane Arregi Letamendi][142].

En 1977, antes del congreso de Bilbao, ESB celebró varios mítines, entre ellos, uno en el cine del barrio obrero bilbaíno de Santuchu y otro en Azcoitia [hoy, Azkoitia], para dar a conocer su ideario. Pero su principal instrumento proselitista era su medio de expresión, la revista *Garaia,* publicada de manera legal en los años 1976 y 1977, teniendo entre sus redactores a Txillardegi y Baroja. El 21 de julio del primer año mencionado salió a la calle su número cero, titulado «Centenario de la abolición foral», un monográfico sobre la cuestión foral, elaborado por Baroja y la historiadora Idoia Estornés Zubizarreta. En las páginas de los otros treinta números publicados de *Garaia* se dio también no solo amplia publicidad a toda obra fuerista, sino que se daba por hecho «el sentido democrático originario del Fuero», extremo que la historiografía discute, además de comentar todas aquellas que habían servido para la conceptualización ideológica del nacionalismo. Entre ellas, el *Voyage en Navarre pendant l´insurrection des Basques* de Augustin Chaho, pese que fue un personaje que había sido ignorado por Sabino Arana y en general por el nacionalismo más tradicional. En 1976, se tradujo al castellano por primera vez de una manera íntegra tal obra. Lo hicieron dos editoriales distintas (Txertoa y Auñamendi), evidenciando el interés de determinados sectores por trasladar a la población los presupuestos ideológicos del escritor suletino, que había presentado la Guerra

142 «El industrial señor Echave, muerto a tiros», *El Diario Vasco,* 07/10/1975, p. 8. FERNÁNDEZ SOLDEVILLA, Gaizka y LÓPEZ ROMO, Raúl: *op. cit.,* pp. 299 y 75. PÉREZ PÉREZ, José Antonio: «El terrorismo ultraderechista y...», p. 546.

de los Siete Años como una contienda bélica de independencia vasca. *Garaia* participó en ello, glosando que Chaho «ve la Primera Guerra Carlista (...) como lo que es en su fondo: una guerra de supervivencia para el País Vasco. Ve en Zumalakarregi al Caudillo de la libertad vasca, al margen de cualquier problema dinástico exterior al País»[143].

Tal revisión de la historia, emprendida con una clara intencionalidad política, pese a carecer de apoyo historiográfico, había sido iniciada por el padre de Idoia, Bernardo Estornés Lasa, quien académicamente solo era licenciado en Comercio, que había presentado a los luchadores carlistas decimonónicos como prenacionalistas. Lo plasmó en una obra escrita para formar a los jóvenes vascos, publicada en 1935, bajo el título de *Historia Baska.* Allí sostuvo que el general Tomás Zumalacárregui pretendía la independencia vasca: «Según se desprende de palabras suyas, parece que el gran Zumalakarregi no era partidario de ir a colocar a don Carlos [V] sobre el trono madrileño sino el de ayudarle a conseguir tal fin mientras él proclamaba en Euskalerria la independencia baska»[144].

Bernardo Estornés se basaba en una entrevista, no contrastada historiográficamente, celebrada supuestamente entre Chaho y Zumalacárregui: «En ella Chaho le propone a Zumalacárregui que convierta esta guerra dinástica, llevada sobre todo por el Ejército vasco, en una guerra de liberación; y tal vez sea ya más leyenda que otra cosa, Zumalacárregui asintió a esta teoría de que, efectivamente, esta era una guerra de liberación nacional»[145].

En cambio, la historiografía considera la obra de Chaho como «una mezcla de recuerdos, reportajes y abundante fantasía», siendo imposible la celebración de dicha entrevista en las fechas supuestas, en abril

143 «Mítines políticos en Vizcaya, Guipúzcoa y Álava», *La Gaceta del Norte*, 08/03/1977, p. 8. «Actividad política en la provincia», *El Diario Vasco*, 08/03/1977, p. 8. «Centenario de la abolición foral», *Garaia,* 0, 21/07/1976. M.G., L.: «De los Fueros al Estatuto: los Conciertos Económicos. Federico Zabala», *Garaia,* 1, 02-09/09/1976, p. 48. «Rebelión en la Diputación», *Garaia,* 1, 02-09/09/1976, p. 12. ELORZA, Antonio: *Tras la huella de Sabino Arana. Los orígenes totalitarios del nacionalismo vasco,* Madrid, Temas de Hoy, 2005, p. 302. M. G., L.: «Viaje a Navarra durante la insurrección de los vascos, Joseph Augustin Xaho», *Garaia,* 1, 02-09/09/1976, p. 48.

144 ESTORNÉS LASA, Bernardo: *Historia Baska,* San Sebastián, Beñat Idaztiak, 1935, pp. 93-94.

145 MONREAL ZIA, Gregorio y CASTELLS, José Manuel: «Fundamentos histórico-constitucionales y proyectos autonómicos de Euzkadi», en TRUJILLO, Gumersindo: *Federalismo y regionalismo,* Madrid, Centro de Estudios Constitucionales, 1979, p. 504.

de 1835, cuando el escritor suletino atravesó la frontera. Chaho fue el primer autor que habló de «Euskal Herria como nacionalidad oprimida por España»[146].

En 1976, Idoia Estornés publicó *Carlismo y abolición foral. En torno a un centenario, 1876-1976,* con prólogo del *ela* Ayestarán, que se convirtió en un éxito de ventas en el Día del Libro celebrado en San Sebastián, así como en la Semana Cultural de Guernica de aquel año. En ella, Idoia recuperaba la tesis de su padre, incidiendo además en que el objetivo de los liberales, los enemigos de los pretendidamente carlistas *prenacionalistas,* era la nivelación de las provincias vascas con el resto del Estado-nación español. El hecho de convertirse el libro de Idoia Estornés en un éxito de ventas en Guipúzcoa y Vizcaya en aquel año de 1976, el de la muerte de Araluce, muestra la difusión alcanzada entonces por esta consideración del carlismo como antecedente del nacionalismo vasco.

Cuestión que también sería abordada, desde un análisis marxista, por Emilio López Adán, *Beltza,* quien había sido miembro de ETA, cuyo ensayo *El nacionalismo vasco, 1876-1936,* publicado en Hendaye [Hendaya] en 1974 y reeditado en San Sebastián en 1976, había sido el libro más vendido en aquella edición del Día del Libro donostiarra, por delante del texto de Idoia Estornés. Beltza, médico de profesión, diferenciaba en el seno del carlismo a los *jauntxos,* la clase dominante dueña de la tierra y del poder político a través de las instituciones forales, por un lado, y, por otro, a los campesinos, que fueron los que más sufrieron en las guerras decimonónicas. Contiendas en las que el autor admitía que hubo una guerra civil entre vascos, pero para Beltza no se trató del principal enfrentamiento habido entonces, sino el que tuvo como protagonistas a esas clases precapitalistas de *jauntxos* y campesinos, frente a los gobiernos liberales españoles. Ello le permitía hablar de guerra de conquista ligada a una España centralizadora, asumiendo la revisión hecha por Bernardo Estornés y presentándola igualmente como una guerra de liberación del pueblo vasco, del que no dudaba que disfrutaba de una conciencia diferenciada. Para Beltza, los *jauntxos,* no exentos de un «sentimiento particularista vasco», traicionaron la independencia del sistema social vasco y construyeron con los liberales, ante el fracaso de la Revolución burguesa, un nuevo sistema oligárquico, transformándose en tradicionalistas, que solo conservaron de la foralidad la defensa

146 URQUIJO GOITIA, José Ramón: «Tomás Zumalacárregui, literatura y mito», *Jerónimo Zurita,* 86 (2011), pp. 254-256.

de los privilegios del Concierto Económico. Tal identificación de esa burguesía liberal con el tradicionalismo, entendiéndola como una confluencia con el fascismo, llevaban cómodamente al autor al escenario de la Guerra Civil del siglo XX. Una contienda, en la que, por un lado, los burgueses y los tradicionalistas, en un proceso fascistizante, y por otro, los nacionalistas, nacidos de esa conciencia diferenciadora del pueblo vasco, se enfrentaron, con el resultado conocido. Para Beltza, tal realineamiento del Tradicionalismo, solo se podía entender como una traición a la causa nacional vasca, asumiendo la española[147].

Tal visión maniquea de la Guerra Civil convertía esta contienda en un enfrentamiento entre vascos y españoles, presentando concomitancias con la visión de lo que ocurría en el momento de la republicación del libro, en 1976; máxime si recordamos la división existente en el carlismo con un tradicionalismo al que se le acusaría de connivencia con el fascismo, tras los sucesos de Montejurra de aquel año. Esa era la lectura que a tenor de las cifras de ventas se consumía entonces en el País Vasco. No obstante, la obra de Beltza contenía algunos aspectos que historiográficamente fueron confirmados *a posteriori*, aquellos que se centraban en la deriva autoritaria de la derecha política en el siglo XX, por un lado, y, por otro, en el proceso de convergencia de carlistas y liberales tras las guerras decimonónicas, restañando las heridas de las contiendas. En este último aspecto, se trataba de lo que en expresión del historiador Javier Pérez Núñez se denomina académicamente la *familia feliz*, aquella conformada por los fueristas de ambos sectores, que defendieron la pervivencia de las instituciones forales, de la exención económica y de la del alistamiento militar, antes de la Guerra de los Cuatro Años, y del Concierto Económico, después. Tal *familia feliz*, en la que los matrimonios entre miembros de familias liberales y carlistas saldó buena parte de las diferencias de las guerras, avanzó en la progresiva oligarquización del poder en sus respectivas provincias, presentándolas como la utopía de la España conservadora hecha realidad[148].

---

147 S. M., P.: «El libro salió a la calle», *El Diario Vasco*, 24-04-1976, p. 9. «Un éxito la II Semana Cultural de Guernica», *El Correo Español-El Pueblo Vasco*, 23/03/1976, p. 6. ESTORNÉS ZUBIZARRETA, Idoia: *Carlismo y abolición foral. En torno a un centenario, 1876-1976*, San Sebastián, Auñamendi, 1976, p. 93. LÓPEZ ADÁN *BELTZA*, Emilio: *El nacionalismo vasco, 1876-1936*, Hendaye, Mugalde, 1974, pp. 8-29.

148 PÉREZ NÚÑEZ, Javier: *La Diputación Foral de Vizcaya. El Régimen Foral en la construcción del Estado liberal (1808-1868)*, Madrid, Centro de Estudios Constitucionales, 1996, pp. 639-643.

El análisis marxista del exmilitante de ETA, con sus luces y sombras, tan demandado socialmente, era especialmente atractivo para el nacionalismo más izquierdista, que, imbuido precisamente de marxismo, pretendía conformar sus presupuestos ideológicos con el caso vasco, lo que presentaba un obstáculo añadido, debido a las célebres descalificaciones de Friedrich Engels, quien había tachado a los vascos «de desecho de pueblos y portadores fanáticos de la contrarrevolución», ejemplificado en el propio carlismo. Para contrarrestar tan despectivo aserto, circulaba desde 1961 una falsa cita de Karl Marx que redimía al carlismo, al considerar que no era «un puro movimiento dinástico y regresivo, sino libre y popular en defensa de las tradiciones mucho más liberales y regionalistas que el absorbente liberalismo oficial». Tal referencia había aparecido en la revista barcelonesa *Tradición,* atribuida a Marx, en un escrito firmado con pseudónimo por un tal *Sagitarius,* que aseguraba haberla extraído de unos artículos del pensador alemán publicados originariamente en la *Neue Rheinische Zeitung* de 1849 y en el *New York Daily Tribune* de 1854. Sin embargo, tal atribución era falsa, habiéndose confundido el cronista de *Tradición,* vertiendo en realidad las opiniones que ese mismo año de 1961 había escrito en *ABC* el periodista tradicionalista Jesús Evaristo Casariego, requeté en la Guerra Civil, en un artículo en el que comentaba opiniones suyas, glosando otras de Marx. Pese a que, por tanto, se trataba de una cita de Casariego, que no de Marx, la falacia echó a andar, acreditando el prestigio intelectual del que gozaba el fundador del marxismo, incluso entre algunos carlistas que de esa manera creían acogerse a su autoridad intelectual. Así, fue recogida en 1963 por Fagoaga, entonces procurador en Cortes y consejero nacional de FET y de las JONS, en su obra *Ideario social de Mella,* y tres años después por Jaime del Burgo Torres, capitán del Tercio de Begoña. En 1976, año del asesinato de Araluce, otros dos autores recogieron la falsa cita de Marx, ambos carlistas, pero uno *carlohuguino* y otro tradicionalista. El primero era Josep Carles Clemente, quien la utilizaba para justificar el giro socialista del pretendiente *javierista,* y el segundo, en el sentido contrario, era Eloy Landaluce Montalbán, requeté en la Guerra Civil, quien había publicado ese año *Carlismo y socialismo*[149]. El carlista Landaluce era otro ejemplo de *javierista* desencantado que se aproximaba a la nueva CT.

149 IZÚ BELLOSO, Miguel José: «Falsas citas sobre la historia de Navarra», *Príncipe de Viana,* 258 (2013), pp. 701-703.

En diciembre de 1975, Araluce leyó un libro, publicado ese mismo año en París, del hispanista francés Vincent Garmendia, donde se recopilaban en castellano diversos textos y documentos carlistas, entre ellos el recogido por la revista *Tradición*[150], lo que le indujo a un error en unas declaraciones públicas. En una entrevista publicada en *Unidad*, respondió de la siguiente manera a la pregunta de qué papel político podía jugar el Tradicionalismo en la nueva etapa abierta tras la muerte de Franco:

> Me parece oportuno recordar, ante su pregunta, una cita que acabo de leer en un libro de publicación bastante reciente. Se refiere a Carlos Marx: «El carlismo no es un simple movimiento retrógrado y dinástico como han intentado explicarnos historiadores liberales mendaces y bien pagados. Es un movimiento espontáneo y popular en defensa de las tradiciones más liberales y regionalistas que el absorbente liberalismo oficial. El tradicionalismo carlista posee una base auténticamente popular y nacional». No es que me importe ni mucho ni nada la opinión del padre del socialismo, pero viene bien recordar algunas cosas frente a la desorientación que provoca el abuso de tópicos y lugares comunes[151].

A esas alturas, el error era ya imparable y continuaría influyendo en el debate político. En 1978, el entonces fundador de EE, exmilitante de ETA y futuro miembro del Partido Socialista de Euskadi-PSOE, Eduardo Uriarte Romero, más conocido como Teo Uriarte, lo empleó para argumentar que la Guerra de los Siete Años fue un alzamiento nacional de los vascos. En 1979, una de las hermanas de Carlos Hugo, María Teresa de Borbón-Parma, lo utilizó para apoyar el giro del PC. Y todavía en 1989 fue incluido el error en la *Enciclopedia General Ilustrada del País Vasco*, publicada por Auñamendi, en la entrada sobre Marx, firmada por Baroja[152], en cuya versión digital aún puede leerse[153]. Auñamendi es una de las más destacadas editoriales de promoción de la cultura vasca, tanto en español como en euskera, que

150 GARMENDIA, Vincent: *El Carlismo*, París, Masson et Cie, 1975, p. 44.

151 SAURAS, Carlos: «La apertura hacia la reintegración foral, lo más importante para la provincia en 1975», *Unidad*, 24/12/1975, p. 3.

152 IZÚ BELLOSO, Miguel José: *op. cit.*, pp. 703-704.

153 Se puede consultar en: https://aunamendi.eusko-ikaskuntza.eus/artikuluak/artikulua.php?id=eu&ar=77751

tomó su nombre de la enciclopedia creada en la Segunda República por Bernardo Estornés, y que en 1976 publicó la traducción al castellano del *Viaje a Navarra* de Chaho.

También influyó en el debate político, *Garaia,* el órgano de expresión de ESB, alimentando las acusaciones contra Araluce. Y lo hizo incluso después de su asesinato a manos de ETA militar, cuyo comunicado había inculpado al presidente de la diputación guipuzcoana en los sucesos de Montejurra de 1976. La revista de ESB publicó, en enero de 1977, un artículo recopilatorio sobre aquellos hechos que volvía a poner el foco en Araluce y que sirvió de fuente al *Libro Negro de Montejurra,* evidenciando que en este último había un intento de justificar el asesinato del presidente de la diputación a manos de ETA, suscribiendo las acusaciones del comunicado. Actitud negativa para los intereses del propio PC, de la que los *carlohuguinos* se dieron cuenta demasiado tarde, cuando la instrumentalización del nacionalismo etarra había conseguido sus objetivos, facilitando el trasvase de sus militantes mediante los vasos comunicantes mencionados.

El artículo aparecido en *Garaia,* tres meses después del asesinato de Araluce, era una *justificación a posteriori* de tal muerte, siendo a su vez aprovechada por el equipo de investigadores *carlohuguinos* que publicaron en la primavera siguiente el *Libro Negro.* Pero, sobre todo, ofrecía una excusa a ETA militar, ocultando la verdadera razón de haber perseguido con ahínco la muerte de Araluce, desde antes de aquel mayo de 1976, que no era otra que cercenar de un tajo la vía autonómica, anclada en la interpretación foral tradicional con la Corona española como protagonista, auspiciada por el presidente de la Diputación Provincial de Guipúzcoa. Un proceso descentralizador cuyo rival fue el propugnado por el Movimiento de Alcaldes, ediles que en la órbita de ESB se expresaban a través de *Garaia.* Se trató, pues, de una maniobra tendente a desprestigiar la memoria de quien había sido la alternativa del Grupo de Alcaldes de Bergara, vehiculada por el medio de expresión próximo a estos, respaldando acusaciones infundadas de su implicación en los sucesos de Montejurra.

El número 21 de la revista, fechado en la semana del 20 al 27 de enero de 1977, en cuyo consejo de redacción figuraban Txillardegi y Baroja, dedicaba, en la sección *Gure Herria* (Nuestra Tierra), un artículo sin firma titulado «Interpelación Montejurra»: «Hace ya ocho meses de los luctuosos sucesos de Montejurra. Dos muertos y varios heridos, algunos graves, fueron el balance. (...) El Partido Carlista recopiló, pidiendo justicia, todas las pruebas necesarias para hablar de un montaje terrorista del fascismo». El texto publicado establecía desde su inicio una relación causal entre los inductores de las muertes y el fascismo, tesis mantenida por el comunicado etarra, apuntando al gobierno de la Monarquía de Juan Carlos I:

> El entonces ministro de la Gobernación, Fraga Iribarne, se limitó a hacerse responsable de la actuación de las Fuerzas allí presentes. Pero el hecho cierto es que después de más de medio año, la única información que se conoce es la concesión de la libertad provisional a dos de los principales inculpados, hasta ahora en prisión: Marín García-Verde (el hombre de la gabardina) y Márquez de Prado.

El artículo resumía además la interpelación presentada en las Cortes por el procurador *carlohuguino* Zubiaga sobre los sucesos de Montejurra:

> Exige que se aclare por qué teniendo conocimiento de propagandas incitadoras; de reclutamiento entre diversos sectores de gentes, algunas armadas; de prácticas castrenses habidas en Irache [en la urbanización, cerca del hotel y del camino de los cañones] días antes de la celebración del Vía Crucis; de la existencia de gente armada en la cima de Montejurra desde la noche anterior y durante toda la mañana del día 9 de mayo, no se tomaron, por parte del Gobierno, ni las más elementales medidas, en evitación de los sucesos que luego ocurrieron, así como el que no se tomara medida alguna para la detención inmediata de los autores de los disparos, ni se haya abierto información sobre inductores, cómplices y responsables.

Y proseguía el artículo de *Garaia,* glosando al procurador carlista:

> El muerto y los heridos de la explanada de Irache se produjeron en presencia de agentes de la Autoridad. ¿Qué órdenes, y procedentes de quién, tenían dichos agentes para no proceder a ninguna detención? ¿Por qué ni detuvieron ni identificaron a personas extrañas al Carlismo y portadoras de armas, a pesar de denuncias numerosas y concretas? Tampoco está el procurador con la versión que en su momento dio el Sr. Fraga Iribarne, intentando presentar los hechos como «un enfrentamiento entre carlistas». En este caso pregunta: ¿qué papel jugaban allí D. Juan M.ª Araluce, presidente de la Diputación y consejero del Reino, y D. Antonio María Oriol, consejero del Reino y presidente del Consejo de Estado? ¿Cómo justificar

> la presencia de gentes reclutadas por las Jefaturas del Movimiento, a base de viaje pagado, bolsa de comida y elevadas dietas de desplazamiento? ¿Qué explicación puede darse a la presencia de Policía Gubernativa, en gran número, disfrazados con boina roja (...)?

Por ello: «Se pide al Gobierno aclaración sobre las razones, actuaciones en el fondo del asunto, responsabilidades, no de los meros ejecutores y sí de los que dieron órdenes»[154].

La revista *Garaia* recogía, pues, en esencia, las acusaciones que pocos meses después serían desarrolladas en el *Libro Negro* y que habían servido antes a ETA para la *justificación* de su asesinato. En esas acusaciones jugó un papel principal Zubiaga, el procurador en Cortes elegido en 1971 por representación familiar, uno de los medios de la democracia orgánica, en la provincia de Guipúzcoa. En 1974, participó, junto a los otros siete procuradores familiares de las provincias vasconavarras, en un cuestionario remitido por la revista *Doblón,* una de las más críticas contra el régimen franquista, que recogía las opiniones de tales políticos sobre la situación vasca. Zubiaga, quien creía que el carlismo había sido «foral y federalista desde su nacimiento», abogaba por una restauración foral en clave regional, que incluyese hasta el pase foral: «Aspiraciones que, partiendo de la autodeterminación, llegarían al restablecimiento del pacto, anteriormente pueblo-dinastía y que hoy podría ser región-Estado»[155]. Debido a su cargo, a finales de 1975, fue incluido como miembro nato[156] en la comisión descentralizadora creada por el régimen, pero el día de su constitución, el 21 de enero de 1976, no se presentó, enviando un escrito de renuncia a participar en el procedimiento autonómico abierto desde el gobierno. El partidario del pretendiente Carlos Hugo argumentaba su renuncia en la «falta de representatividad» de la comisión, poniendo el énfasis en la ausencia de democracia inorgánica: «No hay (...) representantes democráticamente elegidos por el pueblo vasco y, mientras no se salve este vicio de origen, cualquier intento de abordar el problema, resultará estéril».

154 «Interpelación Montejurra», *Garaia,* 21, 20-27/01/1977, p. 20.

155 «Ocho vascos en las Cortes. En defensa del Concierto Económico», *Doblón,* 9, 14/12/1974, pp. 43-49.

156 Orden del Ministerio de la Gobernación, de 3 de diciembre de 1975, por el que se fija la composición de la Comisión para el estudio de la implantación de un régimen administrativo especial para las provincias de Vizcaya y Guipúzcoa. *Boletín Oficial del Estado,* 10/12/1975, núm. 296, pp. 25662-25663.

> Una gran parte de sus miembros han sido designados por el Gobierno para que actúen en su representación y defensa, y el resto, que debían representar y defender con la mayor autenticidad y garantía a Guipúzcoa y Vizcaya, salvo muy escasas excepciones, figuran en la comisión en razón de sus cargos, para los que han sido designados, directa o indirectamente, también por el Gobierno, por lo cual no parecen los más idóneos para la defensa de las reivindicaciones vascas[157].

Las denuncias de falta de representatividad llevaron a Araluce a criticar al procurador carlista en unas declaraciones a Radio Nacional de España (RNE), evidenciando el alto nivel de confrontación alcanzado: «Él sabrá en que centra el concepto de representatividad. Yo no le concedo al señor Zubiaga una representatividad mayor que, por ejemplo, la que yo ostento»[158]. El presidente de la diputación incidía así en que ambos habían sido elegidos en virtud de la democracia orgánica, aunque Zubiaga lo fuera por representación familiar y él por votación de los diputados provinciales, lo que le convertía en procurador por la administración local. Y en aplicación del decreto creador de la comisión, ambos eran vocales natos del organismo descentralizador.

Zubiaga negaba además que la comisión fuera bilateral entre el gobierno y las provincias: «En una negociación en que intervienen dos partes, Gobierno y Pueblo Vasco, no es equitativo ni ajustado a derecho que sea una de ellas —el Gobierno— quien determine la representación de la otra». Entendía por ello el dirigente carlista que había «quedado rota la tradición por la que el Pacto era producto de una negociación entre partes que se respetaban». Y denunciaba que «la comisión se limita a un planteamiento puramente administrativo y pretende desconocer aspectos fundamentales como el socio-político, cultural y lingüístico». La argumentación de Zubiaga descansaba en la existencia de un pueblo vasco, «uno de los países que forman parte del Estado Español», y la «solución al problema vasco no debe buscarse en fórmulas parciales», como podía ser la concesión de sendas autonomías

157 «Escrito que presenta a la Comisión para estudio de la implantación de un régimen administrativo especial a las provincias de Vizcaya y Guipúzcoa el procurador en Cortes de representación familiar por Guipúzcoa, don Gabriel Zubiaga Imaz» (Madrid, 21/01/1976), ACP, *FSGT*, Expediente 2454/5, pp. 14-15.

158 «Declaraciones del presidente de la Diputación de Guipúzcoa sobre el régimen especial», *La Gaceta del Norte*, 24/01/1976, p. 6.

para Guipúzcoa y Vizcaya, abogando por una descentralización decididamente regional, basada en una actualización foral, que permitiese «el reconocimiento de la unidad étnica, política, cultural y económica que constituyen Álava, Guipúzcoa, Navarra y Vizcaya»; es decir, de Euskalerria. Por todo ello, «como vasco y como carlista», estimaba que «se debe tender al pleno y efectivo reconocimiento de nuestra personalidad política, dentro de la estructura de un Estado federal», planteamiento que consideraba secundado por «la mayoría de nuestro pueblo». Y al ser un pueblo diferenciado, como había sido conceptualizado por el pensador carlista Elías de Tejada, entendía el procurador que gozaba del derecho de autodeterminación: «Existe un principio inalienable para todos los pueblos: el de poder decidir por sí mismos su propio futuro». E incidía en considerar que el gobierno lo único que pretendía con la descentralización emprendida era impedir precisamente que esta alcanzase una dimensión regional, no dando satisfacción «a las aspiraciones del Pueblo Vasco»[159]. Es decir, Zubiaga, dirigente de EKA, la federación vasca del PC, consideraba que el gobierno lo que buscaba con su descentralización provincialista era impedir la creación de un ente unitario y autonómico vasco.

Las tesis del *carlohuguino* Zubiaga coincidían con las del Movimiento de Alcaldes, tendentes a una reedición estatutaria en la línea de lo acordado por nacionalistas y carlistas en 1931 que alumbró el proyecto denominado *Estatuto de Estella,* una propuesta de articulación jurídica de un marco unitario vasco-navarro en su interpretación soberanista. En cambio, Araluce era partidario de unas autonomías provinciales para cada uno de los dos territorios vascos que se habían visto despojados de ellas en la Guerra Civil, en consonancia con la interpretación tradicionalista de la foralidad. Dos planteamientos descentralizadores disímiles, que a lo largo de 1976 se enfrentaron, hasta que ETA puso fin a uno de ellos, asesinando al presidente de la Diputación Provincial de Guipúzcoa, cuya moción al Gobierno Arias presentada en las Cortes en julio de 1975 había abierto el camino al proceso descentralizador. Pero, la actuación de ETA matando al mentor de un planteamiento autonómico tenía sus riesgos políticos, porque podía restarle popularidad entre los vascos partidarios de la descentralización del Estado, por lo que silenció la verdadera razón del crimen y achacó su muerte a que

159 «Escrito que presenta a la Comisión... Gabriel Zubiaga Imaz», (Madrid, 21/01/1976), ACP, *FSGT*, Expediente 2454/5, pp. 14-15.

era responsable de los hechos de Montejurra, pese a que había intentado asesinarlo antes de que aquel 9 de mayo se produjesen. La *justicia revolucionaria* fue invocada en el comunicado etarra para disculpar la muerte de Araluce, aunque la organización calló la razón principal que le había llevado a asesinarle, disimulando con acusaciones infundadas. Tras la muerte de Araluce, el dirigente carlista Zubiaga, la revista *Garaia* y el *Libro Negro,* este último con la ampliación a acusaciones de corrupción, secundaron la excusa de ETA militar en su comunicado, refrendando el nacionalista Movimiento de Alcaldes y el carlismo representado en el PC la *justificación* etarra y obviando la verdadera razón de su asesinato. En sus análisis marxistas, ETA siempre se presentó como vanguardia. Una vez más lo fue. De una ESB, que lo reconoció formalmente año y medio después cuando se integró en HB, y de un PC, que cuando se quiso dar cuenta de la instrumentalización sufrida ya era una formación irrelevante.

No obstante, la responsabilidad de la muerte de Araluce reside en ETA militar y, en concreto, en los pistoleros que lo asesinaron aquel 4 de octubre de 1976. La identificación de aquellos no era fácil, como lo muestra el que las pruebas recogidas por la brigada político-social en el lugar de los hechos no permitieron avanzar en el esclarecimiento del caso. Cuatro días después, el Gobierno Civil se vio obligado a hacer un llamamiento pidiendo a los vecinos que hubieran sido testigos del atentado que acudiesen a declarar, garantizándoles el «anonimato» y una «total discreción»[160]. Pese a ello, la investigación no avanzó para desesperación del comisario Ballesteros, quien desempeñaría años después, envuelto en la polémica por sus métodos, pese a su trato cortés y educado, los cargos policiales más relevantes en la lucha antiterrorista. El problema era complejo, pero también subyacía la precariedad de las FOP. No en balde, la comisaría de San Sebastián en 1976 contaba con menos de cincuenta agentes del Cuerpo General de la Policía[161].

Tras el fracaso del llamamiento a los testigos, los policías solo disponían de lo que los etarras se habían dejado en el vehículo con las placas de matrícula dobladas, en el que habían huido del lugar de los hechos. Se trataba de un «impermeable color verde» con el que uno de los asesinos había cubierto su arma en aquel día soleado, de un «bolso de pana

160 «Llamada a los testigos del atentado del lunes», *Unidad,* 08/10/1976, p. 16.
161 *Germán Rodríguez Castiñeira*..., 07/12/2021, Madrid, entrevista realizada por Juan José ECHEVARRÍA.

y piel» y de documentación obviamente falsa. Se interrogó también al propietario de tal vehículo, Alfonso Gómez González, quien se apresuró a acudir a comisaría tras darse cuenta de que le habían robado el coche. En los días siguientes, se practicaron una docena de detenciones en la parte Vieja de San Sebastián y en el barrio de Loyola. En este último lugar, fue arrestado un joven que cumplía el servicio militar en los cuarteles allí situados, permaneciendo recluido en uno de ellos. Se trataba del soldado del Regimiento de Infantería Cazadores de Montaña de Sicilia número 67, Francisco Javier Mendizábal Guilisagasti, en cuyo domicilio, según la documentación judicial, se encontró una tarjeta de visita con una anotación de la matrícula del coche de los escoltas de Araluce, además de propaganda de ETA. Por ello, el Juzgado Militar número 2 de San Sebastián le instruyó el 8 de octubre un sumario, aunque finalmente fue sobreseído. Los días 20 y 21, hubo otros cuatro arrestos en la localidad guipuzcoana de Hernani, que tampoco condujeron a nada[162].

En cuanto a las diligencias judiciales, numeradas como 213/76, la Capitanía de la VI Región Militar se inhibió del caso el 21 de febrero de 1977 que hasta entonces había sido investigado por el citado tribunal militar de San Sebastián, después de que la Fiscalía Jurídico Militar se pronunciara en el mismo sentido[163]. Ello era debido a la reforma de la judicatura que había emprendido el Gobierno Suárez, que el 4 de enero anterior había dictado un real decreto porque el que se creó la Audiencia Nacional, poniendo fin al franquista Tribunal de Orden Público (TOP). El gobierno, en el marco de la reforma política emprendida, entendía que «se estima llegado el momento de dejar sin afecto aquellas competencias que en materia de terrorismo permanecen atribuidas a la jurisdicción militar», que pasaban a la novedosa Audiencia Nacional, aunque, mediante una disposición transitoria, los casos que estuvieran ya siendo instruidos por la jurisdicción castrense recalarían

162 Diligencias policiales del asesinato de Juan María Araluce y Villar..., CGI. «Varios detenidos en relación con el quíntuple asesinato cometido el lunes en nuestra ciudad», *El Diario Vasco,* 07/10/1976, p. 8. «De 12 a 14 detenciones», *La Gaceta del Norte,* 06/10/1976, p. 6. «Asunto: Inicio de un procedimiento» (San Sebastián, 08/10/1976), Juzgado Militar Eventual n.º 2 San Sebastián, CGVIRM. CEBERIO, Jesús: «Más detenciones tras el atentado de San Sebastián», *El País,* 23/10/1976, p. 14.

163 Inhibición de la Capitanía General de la VI Región Militar, CGVIRM. Propuesta de inhibición de la Fiscalía Jurídico Militar de la VI Región Militar (San Sebastián, 19/01/1977), CGVIRM.

en los Juzgados de Instrucción números 21 y 22 de Madrid, reservando los nuevos sumarios al nuevo organismo judicial creado[164]. La decisión suponía un nuevo revés para la investigación de la muerte de Araluce y sus cuatro acompañantes, ya que encargaba el final de la instrucción del caso a unos juzgados ordinarios que se ocuparían provisionalmente de las materias de terrorismo. Tal competencia sobrevenida no auguraba una decidida instrucción de dichos asesinatos. De hecho, el Juzgado 21, donde recayó el caso Araluce, se limitó a tramitar la instrucción del sumario número 9, consignando que se trataba de un delito de «terrorismo» de «autores desconocidos», terminado el 2 de junio de 1977, dando traslado al fiscal el 23 de septiembre. Todo ello anunciaba el sobreseimiento del caso, dictado el 13 de octubre por carecer de motivos para poder dirigir la acusación contra alguien[165], cuatro días antes de que la ley de Amnistía entrase en vigor. Las muertes de Araluce, Elícegui, García, Palomo y Sanz nunca podrán tener unos culpables penales, quedando extinguida para sus autores y cómplices toda responsabilidad criminal, como quedaba explicitado en el artículo sexto de tal norma, sancionada por el Jefe de Estado, Juan Carlos I[166].

Sin embargo, tras el cierre judicial, la investigación policial tuvo algunos avances. Fue decisivo para ello que aparecieran las armas empleadas en el quíntuple asesinato, en concreto las metralletas empleadas aquel día por el comando etarra. El 15 de diciembre de 1978 fue detenido José Antonio Torre Altonaga, *Medios,* a bordo de un vehículo en la carretera que unía las localidades vizcaínas de Munguía y Lemóniz, incautándosele ochenta mil pesetas procedentes de un atraco a Altos Hornos de Vizcaya. Torre Altonaga fue trasladado a las dependencias policiales de Bilbao, donde declaró disponer de un piso deshabitado en la primera localidad, en el que los agentes se incautaron de cuarenta y ocho millones de pesetas más y de cinco metralletas. El informe balístico constató que esas armas fueron utilizadas en el asesinato de Araluce y sus acompañantes, así como en el ametrallamiento de un vehículo de la Policía Armada y en otro atentado al cuartel de ese

164 Real Decreto-Ley 3/1977, de 4 de enero, sobre competencia jurisdiccional en materia de terrorismo. *Boletín Oficial del Estado,* 05/01/1977, núm. 4, pp. 175-176.

165 Sobreseimiento judicial del asesinato de Araluce, Juzgado número 21 de Instrucción de Madrid.

166 Ley 46/1977, de 15 de octubre, de Amnistía. *Boletín Oficial del Estado,* 17/10/1977, núm. 248, pp. 22765-22766.

cuerpo en Basauri. En el primero de estos últimos hechos, un *jeep* de la policía fue tiroteado desde un pinar en las inmediaciones del sanatorio de Santa Marina, matando a los agentes Ramón Muiño Fernández, José Benito Díaz García y Elías García González el 13 de octubre anterior, antes de huir los culpables por la carretera de Santo Domingo hacia el centro de Bilbao. Ese atentado produjo el acto más grave de indisciplina dado en la policía, con agentes rehusando cumplir el servicio y profiriendo insultos al gobierno, durante el funeral por las víctimas en el cuartel de Basauri, que fue respondido por las autoridades con expulsiones y traslados de agentes. La trascendencia de lo sucedido incidía además en que se trataba de una nueva dimensión del peligro de *ulsterización* del País Vasco, propiciado por la estrategia etarra de acción-represión-acción, por el peligro de que los agentes respondieran de forma extrema ante esas provocaciones. Siete días después ocurrió el segundo atentado, cuando un número desconocido de etarras llegaron a bordo de tres vehículos a un arcén de la autopista Bilbao-Behovia, a veinte metros del citado cuartel de Basauri. Desde esa posición elevada se dominaba el campo de fútbol del acuartelamiento, donde practicaban deporte los agentes. Los etarras dispararon primero a los centinelas de las dos garitas cercanas y después indiscriminadamente contra los que jugaban al fútbol. Murieron los policías José Benito Sánchez Sánchez y Benjamín Sancho Legido, resultando heridos dieciséis agentes más y un joven que se encontraba en una parada de autobús próxima. En 1980, la Audiencia Nacional condenó a un encubridor y a un cómplice, pero no pudo determinar los autores materiales del atentado. Si tales hechos no permitieron avanzar en el conocimiento de los autores materiales de la muerte de Araluce, si posibilitaron sospechar de los responsables del asesinato de su homólogo vizcaíno, Augusto Unceta y los dos guardias civiles que le escoltaban, Antonio Hernández Fernández-Segura y Ángel Rivera Navarrón. Las declaraciones de Medios apuntaron a *Peixoto* y a Francisco Javier Aya Zulaica [Zulaika], *Trepa*[167].

La relevancia de Torre Altonaga radicaba en que era el responsable de la infraestructura de los *bereziak*, el que ponía los medios a disposición de los pistoleros. Los *bereziak* (especiales) procedían de ETA político-militar, pero en mayo de 1977, en medio de la disputa de las dos

167 «Detenido uno de los máximos responsables de ETA», *ABC*, 24/12/1978, pp. 1 y 64. ALONSO, Rogelio, DOMÍNGUEZ, Florencio y GARCÍA REY, Marcos: op. cit., pp. 134-135 y 155-157. MOTA ZURDO, David: *op. cit.*, p. 125.

ramas de ETA por el control de la Koordinadora Abertzale Sozialista (KAS), se pasaron a los milis, cambiando la relación de fuerzas y desequilibrándola a favor de ETA V Asamblea. Los *especiales*, dirigidos por Miguel Ángel Apalategui Ayerbe, *Apala*, se significaron el 20 de mayo de aquel año al secuestrar al padrino político de Unceta, a Javier de Ybarra, al entender que era un *miembro de la clase dirigente* y que por ello merecía ser privado de libertad. Un mes más tarde, fue encontrado su cadáver con un disparo en la cabeza, junto a un rosario y un misal. El fallecido, quien había sido herido en una pierna en la Guerra Civil en la que luchó en la 4ª Brigada de Navarra, había sido consejero del Banco de Vizcaya, del periódico *El Correo Español-El Pueblo Vasco* y de Iberduero, empresa eléctrica que ya en la década de los noventa se fusionaría con la Hidroeléctrica Española de los Oriol, conformando Iberdrola. La detención de Medios en 1978 fue parte de una amplia operación antiterrorista que permitió desarticular a cuatro grupos armados de ETA militar, en un momento en el que la organización terrorista «tenía plena capacidad para atentar cuando, donde y como quisiera»[168].

Hubo que esperar a 1981 para avanzar más en el esclarecimiento del asesinato de Araluce. El 4 de febrero de aquel año, fue detenido Isidro Echave [Etxabe] Urrestilla, *Zumaia*, jefe del comando Madrid de ETA militar. Zumaia, que se haría célebre por romper con la organización y aceptar su reinserción social, arrojó algo de luz sobre la muerte de Araluce, nada más ser detenido en su declaración ante la Brigada de Información, heredera de la político-social. Entre los señalados por Etxabe, estaba Pedro [Kepa] María Leguina Aurre, que sería extraditado por Francia el 13 de diciembre de 2001. En el historial de este último, entregado entonces a la prensa por el Ministerio del Interior, se indicaba que «en 1976 participa (…) en el asesinato de San Sebastián del Presidente de la Diputación de Guipúzcoa, Juan María Araluce Villar, mediante el ametrallamiento del coche en el que viajaba» y de sus cuatro acompañantes, además de otros veinte asesinatos entre 1975 y 1981. Kepa Leguina había nacido en Bilbao el 6 de septiembre de 1954, con lo que tenía veintidós años cuando ocurrieron aquellos hechos. El 13 de marzo de 2021, abandonaría en libertad la prisión de Zuera, en

168 FERNÁNDEZ SOLDEVILLA, Gaizka y LÓPEZ ROMO, Raúl: *op cit.*, p. 88. ALONSO, Rogelio, DOMÍNGUEZ, Florencio y GARCÍA REY, Marcos: *op. cit.*, pp. 87-91. SÁNCHEZ CORBÍ, Manuel y SIMÓN, Manuela: *Historia de un desafío. Cinco décadas de lucha sin cuartel de la Guardia Civil contra ETA*, Barcelona, Península, 2017, pp. 181-183.

Zaragoza, después de cumplir veinte años de cárcel —veintiuno contando el tiempo de detención en Francia— por el asesinato de tres guardias civiles, hechos por los que fue condenado a noventa años de prisión. Tal atentado ocurrió el 28 de noviembre de 1979, en el bar Izaro de Azpeitia. Los agentes Ángel García Pérez, Antonio Alés Martínez y Pedro Sánchez Marfil, acompañado este último de su mujer embarazada, comían unos pinchos morunos en la barra del establecimiento, cuando llegaron Kepa Leguina y otras tres personas no identificadas que pidieron *gin-tonics* y cubalibres. Tras consumirlos y pagarlos, salieron del bar, pero regresaron a los pocos minutos empuñando las armas que habían recogido de un coche estacionado en la puerta. Entonces, los terroristas separaron violentamente a la mujer y dispararon contra los guardias, antes de rematarlos en el suelo. Los agentes recibieron dieciocho disparos. Las huellas digitales de Kepa Leguina quedaron en el bar, lo que permitió en 2003 a la Audiencia Nacional condenarle por el asesinato de los tres guardias civiles, de veinte y diecinueve años. Menos de un año después de aquel atentado, en el bar Haizea (Viento) de Zarautz, se repitió un procedimiento similar, muriendo los agentes Ángel Retamar Nogales, Arturo López Hernández, Modesto García Lorenzo y Julio Castillejos Pérez, así como el peluquero Miguel Lasa Arruabarrena, además de ocasionar heridas a otro guardia y a cuatro civiles más. En 1982, Kepa Leguina huyó a Francia y de allí a América Latina. En 1999, regresó a Francia, donde fue detenido antes de ser entregado a España[169].

169 «A Isidro Etxabe se le responsabiliza de nueve asesinatos», *El Diario Vasco*, 08/02/1981, p. 7. MINISTERIO DEL INTERIOR: «Llega a España, extraditado por Francia, el etarra Pedro María Leguina Aurre», 13/12/2001. http://www.interior.gob.es/noticias/detalle//journal_content/56_INSTANCE_1YSSI3xiWuPH/10180/1192296?p_p_state=pop_up&_56_INSTANCE_1YSSI3xiWuPH_viewMode=print

ORTEGA, Javier: «Sale de prisión el etarra *Txiki* tras cumplir 21 de sus 90 años de condena por asesinar a tres guardias civiles», *El Mundo*, 13/03/2021. https://www.elmundo.es/espana/2021/03/13/604cd683fc6c83f63e8b45e3.html

ALONSO, Rogelio, DOMÍNGUEZ, Florencio y GARCÍA REY, Marcos: *op. cit.*, pp. 248-250 y 334-337. CAMPO, Ramón J.: «El histórico terrorista Kepa Leguina saldrá de Zuera en enero», *Heraldo de Aragón*, 31/12/2020. https://www.heraldo.es/noticias/aragon/2020/12/31/etarra-kepa-leguina-salida-prision-zuera1412784.html

Los capitanes de la industria

Juan Mari Araluce Villar nació el 24 de junio de 1917, recibiendo el nombre del santo del día, en Santurce, justo en unos años en los que la industrialización empezaba a hacerse visible en aquella pequeña localidad pesquera, apareciendo las primeras embarcaciones de vapor. La denominación oficial del municipio era entonces la de Santurce Antiguo, después de que la zona minera, Ortuella, mucho más poblada por la inmigración, se desanexionase de la parte costera. Mientras que Ortuella vivía ya inmersa desde finales del siglo XIX en la explotación siderometalúrgica, junto a otras localidades de la orilla izquierda del Nervión, como Portugalete, Sestao y Baracaldo, la mayoría de los pocos más tres mil habitantes del pequeño pueblo marinero se dedicaba todavía a la pesca de bajura de la sardina y la anchoa en el Abra[170], la ensenada marítima que volcaba sus aguas en la ría que llevaba a Bilbao.

En Santurce, además de la población permanente, existía otra que acudía en los meses estivales y que residía habitualmente en Bilbao. Era el caso de los Araluce, que todos los veranos alquilaban una villa, naciendo allí en aquel año de 1917 Juan Mari. Zalvidea [Zalbidea, camino ancho], que así se llamaba la residencia, no se podía comparar con la mansión que se había hecho construir el financiero Lucas Urquijo y donde nació su nieto José María de Oriol, ni con la de los Gandarias, ya entrando en el término municipal de Portugalete, pero era una casa unifamiliar, donde los Araluce disfrutaban de la benigna temperatura de Santurce durante el estío, al igual que lo hacían otros muchos bilbaínos en aquel pueblo pesquero. Aquellos veraneantes se relacionaban entre sí. En una batea, una gabarra de treinta y cuatro metros de eslora

170 RUBIO-ARDANAZ, Juan Antonio: *La vida arrantzale en Santurtzi. Cambios económicos y socioculturales entre los pescadores de bajura (ss. XIX y XX)*, Ayuntamiento de Santurtzi (Vizcaya), 1997, pp. 154-156.

y diez de manga, anclada en los veranos al lado de Portugalete, Juan Mari, con nueve años, conoció a los Oriol, en concreto al joven José María, de veintiún años, nadando en el Real Sporting Club de Bilbao, que así se llamaba la citada entidad deportiva marítima, a la que se llegaba en bote desde ambas orillas del Abra. José María de Oriol recordaba aquello, cuando asesinaron al presidente de la diputación:

> Nadábamos en el Abra bilbaíno (...). Le hacíamos todas las novatadas propias de esos momentos y de esa edad; (...) las soportaba con su campechanía, su tranquilidad, riéndose, tomando la cosa con el buen humor que le caracterizaba y con esa simpatía que siempre irradiaba, con lo que lograba que todos acabáramos riéndonos con él y dejándole en paz. Esta característica suya con la que lograba el afecto, el cariño y la amistad de todos los que le conocieron, fue desarrollándose con su vida.

Con los años, el Real Sporting, un centro de sociabilidad del monarquismo vizcaíno, que celebró en 1905 las regatas de vela de la primera Copa del Rey y al que acudía en verano Alfonso XIII, presidente de honor de la entidad, se fusionaría con el Real Club Marítimo del Abra, en Guecho. El 26 de noviembre de 1973, la nueva sede del resultante club marítimo, situada ya en esta última localidad, sería destruida por ETA[171].

La moda de tomar baños de mar como actividad terapéutica, acreditada desde el siglo XVIII, empezó a convertirse en una modalidad de veraneo en la segunda mitad de la centuria siguiente, algo que era propiciado por monarcas, aristócratas y burgueses en toda Europa. En Vizcaya, los arenales del Abra ofrecían una concreción para esa actividad estival en las playas de Portugalete y Santurce, en la orilla izquierda, y Algorta y Las Arenas de Lamiaco, en el término municipal de Guecho, en la orilla derecha. Tales localidades veraniegas combinaban los baños de mar con las actividades deportivas, como la natación o las regatas, junto a campos de polo, fútbol, hipódromos, golf y tiro de pichón, que ofrecían a las élites, nacidas del proceso de industrialización,

---

171 ALONSO OLEA, Eduardo José: «Del yachting a la vela, de los caballitos a la piscina. La sociabilidad de las élites y sus espacios: Club Marítimo del Abra-Real Sporting Club», *Vasconia*, 33 (2003), pp. 168-170. Carta de José María de Oriol... a Juan Araluce Letamendía...», APJAL. PORTELL, José María: «El Club Marítimo del Abra, destruido por el fuego», *La Gaceta del Norte*, 27/11/1973, pp. 1 y 6.

atracciones para ocupar el tiempo libre, siguiendo el modelo británico de desarrollo físico en torno a la creación de clubes —término sajón—, donde socializar en el ocio, pero también con un sentido político[172].

El aprendizaje vital del niño Juan Mari en Santurce se vio inmerso, pues, en una doble dialéctica, una marcada por el contraste entre modernidad y tradición, y otra derivada de su condición de veraneante en la localidad frente a los vecinos que permanecían todo el año en el pueblo costero. Zalvidea estaba en el barrio de Mamariga, en la costa, a los pies del monte Serantes. La orografía de este estaba marcada, por tanto, por cuestas, destacando en lo alto la iglesia de la Virgen del Mar, además de una atalaya desde donde poder vislumbrar el Abra, fuente de la subsistencia de Santurce, el norte a donde todos sus habitantes estables miraban. Mamariga era un barrio con personalidad propia, euskaldún, donde la mayoría de sus vecinos se dedicaba a la pesca mediante las artes tradicionales en sus barcas con remos. Ese fue el ambiente que disfrutó en sus primeros veranos el niño Juan Mari, quien siempre recordó con devoción aquellos años, bautizando a su primera hija como María del Mar. Precisamente, a esa iglesia, de principios del siglo XX construida sobre una ermita en un estilo neogótico que recreaba el imaginario medieval, acudía con regularidad con sus padres y sus tres hermanas mayores: María [Marichu], Concepción [Conchita] y Josefa [Pepita], una vez muerto otro hermano mayor, Gonzalo, fallecido en 1919 a la temprana edad de quince años. Un microcosmos donde la tradición no había perdido su protagonismo frente a la modernidad industrial, que se desbordaba a su alrededor. El historiador Juan Pablo Fusi, uno de los mayores expertos historiográficos del País Vasco, formuló la mutación que vivían entonces las provincias vascas de la siguiente manera: «Entre 1900 y 1936, el País Vasco experimentó un formidable cambio, evidenciado en el retroceso gradual de formas de vida tradicional y la aparición de nuevas formas de comportamiento y de moral colectivos».

Gonzalo Araluce Olartecoechea, el padre de Juan Mari, era médico y a muchas de las visitas que hacía a sus pacientes se dirigía aún a caballo. En 1916, un año antes de nacer su último hijo, había solo 302

---

172 BEASCOECHEA GANGOITI, José María: «Veraneo y urbanización en la costa cantábrica durante el siglo XIX: las playas del Abra de Bilbao», *Historia Contemporánea*, 25 (2002), p. 181. ERKOREKA, Anton: «Turismo y salud. Los baños de mar en el Abra», *Bidebarrieta*, 14 (2003), pp. 222-223. ALONSO OLEA, Eduardo José: *op. cit.*, pp. 161-164.

vehículos de motor matriculados en Vizcaya, ascendiendo ya en 1931 a 9544[173], lo que mostraba el vertiginoso cambio que le había tocado vivir. Había estudiado en Valladolid, en la Facultad de Medicina, que había recuperado la ciudad castellana gracias a la Ley de Instrucción Pública de 1857, elaborada por el liberal moderado y exrector de esa universidad, Claudio Moyano, que estaría en vigor 113 años conformando el sistema educativo del Estado liberal español. La facultad fue instalada en el Hospital de la Resurrección, el mayor de los que existían entonces en Valladolid, y al mismo se le anexó en 1859 un nuevo edificio construido, llamado el Anfiteatro Anatómico, de dos pisos, con un aula por planta. Cada una de ellas, disponía de un amplio espacio central destinado al profesor y a sus demostraciones anatómicas. Los alumnos se situaban en el graderío que rodeaba por tres partes a aquel, mientras los grandes ventanales existentes ofrecían diafanidad y luminosidad, a la vez que un lavabo facilitaba la higiene[174]. Allí aprendió Gonzalo Araluce la Medicina.

Su primer destino como médico fue Santiago de Compostela, donde ejerció en el Hospital Real, hoy el célebre Hostal de los Reyes Católicos. Después volvió a Vizcaya, al Hospital de Nuestra Señora del Amparo, en la anteiglesia de Abando, en la orilla izquierda de Bilbao, que en 1870 fue anexada a Bilbao para construir su ensanche. En 1887, Gonzalo Araluce era uno de los 20.650 médicos existentes en España, una tasa de poco más de once por cada diez mil habitantes. No es de extrañar, pues, la posición social alcanzada por el padre de Juan Mari y el respeto social que se le tenía. En una ocasión, en que Gonzalo salió de Bilbao a caballo para atender a un paciente, fue asaltado en el camino con el objeto de robarle, pero sus agresores se percataron enseguida de que se trataba del médico, dejándole inmediatamente proseguir su camino. En los primeros años del siglo XX, fue concejal del Ayuntamiento de Bilbao[175].

---

173 *Juan Araluce Letamendía*, 02/11/2020, Madrid, entrevista realizada por Juan José ECHEVARRÍA. Esquela de Gonzalo Araluce Villar, APJAL. FUSI, Juan Pablo: *El País Vasco. Pluralismo...*, p. 16.

174 REDONDO CANTERA, María José: «La modernización de la Universidad de Valladolid en el siglo XIX a través de su arquitectura. Proyectos y realizaciones (1841-1909)», *Boletín del Seminario de Estudios de Arte y Arqueología*, 63 (1997), p. 567.

175 *Juan Araluce Letamendía*, 02/11/2020, Madrid, entrevista realizada por Juan José ECHEVARRÍA. LÓPEZ PIÑERO, José María: *La Medicina en la Historia*, Madrid, La Esfera de los Libros, 2002, p. 629. «Nomenclátor del Excmo. Ayuntamiento de la villa de Bilbao» (1904), Archivo Municipal, Bilbao Udala. https://www.bilbao.eus/ArchivoDigital/Nomenclatores/1904_esp.PDF

Gonzalo Araluce, nacido en 1867 en el seno de una familia asentada en la anteiglesia de Abando desde el siglo XVII, era de ideología carlista, a diferencia de la que tenía la mujer con la que se casó, María Villar Zabala, que era liberal, y a la que siempre profesó veneración, evidenciada en el nombre de la residencia de Mamariga: Zalvidea. Allí, en Santurce, había nacido María en 1879. El matrimonio, pues, era uno más de los que, tras cada una de las dos guerras civiles habidas hasta entonces, reunía a familias oponentes, saldando las diferencias existentes y sanando las heridas abiertas durante las contiendas. Carlistas y liberales vascos, al menos su sector más moderado, habían confluido en la defensa de los fueros, en la *familia feliz*, que en las décadas centrales del siglo XIX desarrollaron una nueva foralidad, diferente a la que había existido en el Antiguo Régimen, y que había puesto en cuestión la Constitución de 1812 y la construcción del Estado nacional español.

Los artífices de tal Estado-nación, los liberales, abolieron el Antiguo Régimen y pretendieron hacerlo también con la foralidad existente hasta entonces, en aras de la igualdad de códigos para todos los españoles, a los que ahora se encuadraba en una nación, pero se fracturaron pronto, en 1834, cuando ni siquiera había transcurrido un año desde que alcanzaron el poder, entre moderados y progresistas. Los segundos, en las provincias vascas, solo eran fuertes en San Sebastián y Bilbao, exigiendo el acceso al poder local hasta entonces detentado, al calor de los fueros, por los *jauntxos*, y la libertad de comercio con el resto de la nación que ahora se constituía, lo que abriría unos mercados hasta entonces inexistentes y, por consiguiente, unos beneficios económicos evidentes. Los primeros, en cambio, conceptuaron un liberalismo doctrinario que buscaba un entendimiento entre la revolución propugnada en 1812 y la tradición que había sido defendida por el carlismo en la Guerra de los Siete Años, viendo en el orden foral el ansiado *justo medio* que perseguían políticamente para toda España[176]. Pese a la fractura, ambas alas del liberalismo fueron

176 ECHEVARRÍA PÉREZ-AGUA, Juan José: *La constitucionalización de la...*, pp. 114-126. VARELA SUANZES-CARPEGNA, Joaquín: *op. cit.*, pp. 63-64. FERNÁNDEZ SEBASTIÁN, Javier. *La génesis del fuerismo. Prensa e ideas políticas en la crisis del Antiguo Régimen (País Vasco, 1750-1840)*, Madrid, Siglo XXI, 1991, pp. 450 y 492-493. MOLINA APARICIO, Fernando: *La tierra del martirio español. El País Vasco y España en el siglo del nacionalismo*, Madrid, Centro de Estudios Políticos y Constitucionales, 2005, p. 90.

capaces de consensuar, acabada dicha contienda bélica en el norte, la ley de 1839[177], que confirmaba los fueros, pero supeditados a su constitucionalización, lo que permitía su modificación, único punto de encuentro posible, que dejaba abierto el desarrollo de una nueva foralidad, que se fue implementando con el paso de los años según gobernasen unos u otros. Diversos decretos y órdenes ministeriales, unos progresistas, suprimieron el pase foral, y extendieron el régimen municipal y la administración judicial a las provincias vascas, y otros, moderados, mantuvieron las diputaciones forales y las juntas generales, y las exenciones económica y militar. De tal manera, que al final de ese proceso, la nueva foralidad resultante había dotado a cada una de las provincias vascongadas de una autonomía con respecto al Estado central más fuerte que la que había existido en el Antiguo Régimen, tal como ha calibrado la historiografía más exigente. Sin embargo, la elaborada por el nacionalismo presentó desde muy pronto aquellos hechos como el progresivo despojo de la soberanía originaria vasca, acabando con la supuesta independencia de Euskadi, tal como había planteado Sabino Arana[178]. Esa era la interpretación que hacía el nacionalismo todavía en 1976, el año del asesinato de Juan Mari, como ha quedado expuesto a través de las obras aparecidas en la feria del libro de aquel año.

El carlismo también había asumido que los derechos de Euskalerria eran anteriores a la construcción de la nación española, no solo por aquellos que propugnaban el consabido giro socialista producido en el tardofranquismo, sino también por otros sectores de tal movimiento, ya que tal interpretación venía de largo. De hecho, desde antes que existiera el nacionalismo vasco. Había sido alentada como reacción a la ley de 1876, promulgada tras la derrota carlista en la Guerra de los Cuatro Años, contienda en la que los tradicionalistas, además de por el integrismo religioso, se habían alzado por los fueros, y como tal lo habían explicitado en folletos desde antes de la propia conflagración armada. Opinión mantenida después de la guerra, como evidenció el publicista carlista Eustaquio de Echave-Sustaeta, director de *El*

177 Ley de 25 de octubre de 1839, de confirmación de fueros. *Gaceta de Madrid*, 26/10/1839, núm. 1812, p. 1.

178 FUSI, Juan Pablo: *op. cit.*, p. 191. RUBIO POBES, Coro: *Revolución y tradición. El País Vasco ante la Revolución liberal y la construcción del Estado español, 1808-1868*, Madrid, Siglo XXI, 1996, p. 385. ARANA GOIRI, Sabino: *Obras Completas*, San Sebastián, Sendoa, 1980, pp. 1077-1078.

Pensamiento Navarro, para quien el primer verdugo de los fueros había sido la Constitución de 1812[179].

La familia de Gonzalo Araluce tenía su residencia principal en Bilbao, en concreto en el piso primero derecha del número 14 de la calle Henao, en el primer ensanche de la capital vizcaína, construido en las dos últimas décadas del siglo XIX, para dar holgura a una ciudad que el desarrollo comercial y luego industrial había ocasionado un *boom* poblacional, llegando hasta los 83.306 habitantes de hecho en 1900, septuplicando la de finales del siglo XVIII[180]. El desarrollo comercial de la villa, previo al industrial, había sido facilitado por el traslado de las aduanas desde el interior a la frontera y costa, decretado en 1841[181] por los progresistas, bajo la regencia del general Baldomero Espartero, el héroe liberal de la Guerra de los Siete Años, cuya figura encarna la antítesis de la de Zumalacárregui. Aquella medida, que contravino la foralidad del Antiguo Régimen, irritó a los carlistas, pero llenó de satisfacción al patriciado comercial bilbaíno que pudo inundar el mercado nacional español con sus productos, propiciando el progreso económico de la capital vizcaína[182].

El desarrollo comercial vivido por Bilbao, alentado por la libertad de mercado introducida por la nueva foralidad decimonónica, fue el prólogo de la gran mutación de la economía vasca, producida esta ya tras la Guerra de los Cuatro Años, al calor de los neoforales Conciertos Económicos. A partir de 1877, tuvo lugar en Vizcaya la revolución industrial, provocando en la sociedad profundos cambios. En el estuario del Nervión, el mineral extraído, sumamente adecuado para fabricar acero de gran calidad siderúrgica, ocasionó un colosal incremento de la exportación al extranjero. Solamente en 1895, cinco millones de

179 ORTIZ DE ORRUÑO LEGARDA, José María: «Fueros, identidades sociales y guerras carlistas», en CASTELLS ARTECHE, Luis y CAJAL VALERO, Arturo, *La autonomía vasca en la España contemporánea (1808-2008),* Madrid, Marcial Pons, 2009, p. 48. ECHAVE-SUSTAETA, Eustaquio: *El Partido Carlista y los Fueros,* Pamplona, Imprenta de *El Pensamiento Navarro,* 1914, p. 25.

180 *Juan Araluce Letamendía*, 02/11/2020, Madrid, entrevista realizada por Juan José ECHEVARRÍA. INSTITUTO NACIONAL DE ESTADÍSTICA: *Censo de 1900/Tomo I. Resultados definitivos. Detalle por provincias/Vizcaya.* https://www.ine.es/inebaseweb/pdfDispacher.do?td=69596&ext=.pdf

ORTEGA BERRUGUETE, Arturo Rafael: «La población de Bilbao: 1808-1870», *Vasconia,* 10 (1988), p. 53.

181 Real Decreto de 29 de octubre de 1841, reorganizando la administración de las Provincias Vascongadas. *Gaceta de Madrid,* del 03/11/1841, núm. 2581, p. 1.

182 RUBIO POBES, Coro: *op. cit.*, p. 307.

toneladas de hierro salieron del puerto de Bilbao. Todo ello, produjo la primera gran acumulación de riqueza a gran escala de la historia vasca y la consiguiente aparición de los primeros *capitanes de la industria* como los Ybarra, los Zubiría, Urquijo y los Gandarias, fundadores entre otros de las grandes empresas siderometalúrgicas, que se fusionarían en 1902 en Altos Hornos de Vizcaya, una compañía con una producción anual de 100.000 toneladas de acero, gracias al proteccionismo económico frente a la competencia extranjera practicado por el régimen Alfonsino[183].

Bilbao era el centro funcional de todo aquello y su ensanche urbanístico hecho a costa de Abando la consecuencia más tangible. Sin embargo, ya en ese siglo XX, la capital vizcaína empezaba a presentar una serie de inconvenientes para los más beneficiados por ese espectacular aumento de la riqueza, sustanciados en una creciente conflictividad social. La industrialización había traído consigo la emigración masiva de trabajadores foráneos, de otras zonas de la constituida nación española. En Vizcaya, donde más acusada fue tanto una como otra, uno de cada cuatro habitantes en 1900 había nacido fuera de la provincia. El consiguiente proletariado inmigrante que se formó fue articulado políticamente por el movimiento socialista, convirtiéndose, a principios del siglo XX, el PSOE en una de las fuerzas más influyentes del espectro social vizcaíno. La radicalización de la conflictividad laboral, con las graves huelgas mineras de 1903, 1906 y 1910, sacudió Bilbao y toda su área de influencia, especialmente la margen izquierda del Nervión[184]. Hubo choques sangrientos y declaraciones de estados de guerra, con intervenciones, no solo de la policía dependiente de la diputación vizcaína, sino también del ejército.

En ese ambiente, en 1904, se empezó a edificar Neguri, que fue «muy pronto dechado de suntuosidad», acrecentado por los títulos nobiliarios otorgados por Alfonso XIII a esos *capitanes de la industria,* como el marquesado de Arriluce de Ybarra, referido a un topónimo [Harri luze, piedra larga] localizado en Getxo y cuyo primer titular había sido presidente del Real Club Sporting. Neguri estaba igualmente en el término municipal de Guecho, fuera de la conflictiva Bilbao. La

---

183 AZAOLA, José Miguel de: *op. cit.*, pp. 141-143. ROBLES, Cristóbal: *José María de Urquijo e Ybarra. Opinión, Religión y Poder,* Madrid, Consejo Superior de Investigaciones Científicas, 1997, p. 35. LÓPEZ ADÁN *BELTZA,* Emilo: *op. cit.*, p. 52.

184 FUSI, Juan Pablo: *op. cit.*, pp. 43-48.

concepción urbanística que lo creó se basaba en parcelas de hasta 1000 metros cuadrados con viviendas unifamiliares, donde la élite industrial levantó lujosas mansiones, desde donde segregarse y establecer un espacio de exclusividad social. Pero lo que verdaderamente diferenciaba la nueva urbanización era el concepto original de no reproducir el modelo estacional estival decimonónico, ya descrito en estas páginas, sino que se trataba de edificar residencias permanentes para todo el año. De hecho, Neguri era, como Euzkadi que había aparecido ocho años antes, un neologismo basado en el euskera, que significaba lugar para invernar. Al calor de la urbanización *getxotarra,* la burguesía media bilbaína se sintió atraída por esa margen derecha del Abra. Las facilidades de comunicación entre la capital y Getxo, situado a trece kilómetros, con un tranvía y un ferrocarril, propiciaban el intercambio diario[185], lo que era un claro síntoma de la modernidad industrial en la que ya se hallaba plenamente sumida casi toda la zona de influencia de Bilbao.

Los Araluce cambiaron Santurce por Guecho, en concreto Algorta, otro de los núcleos poblacionales de la localidad y que desde el siglo XIX había sido uno de los destinos estivales bilbaínos. Allí, frente al mar, tuvieron una segunda Zalvidea, que fue decisiva en la vida de Juan Mari. La nueva residencia veraniega estaba cerca de la parroquia de San Ignacio, camino de Neguri, que, a diferencia de Algorta, estaba de espaldas al mar y por tanto protegida de los vientos marinos. De estilo neobizantino, la iglesia fue construida a finales del XIX, dentro de la mencionada corriente artística de *recuperar* la tradición medieval. Ya en la Guerra Civil, Juan Mari hará llegar al párroco una pregunta, que para él era fundamental. Hasta entonces, cada verano, el adolescente Juan Mari disfrutó de Algorta y del mar que se abría frente a la población. Ya empezaba a ser conocido como *Potolo,* por sus dimensiones físicas.

Juan Mari quería ser médico, como su padre, pero este entendía que en el mundo moderno en el que vivían, aunque no le gustase por su tradicionalismo, era mucho más práctico ser abogado[186]. Pero, estudiar

185 AZAOLA, José Miguel de: *op. cit.*, 172. ALONSO OLEA, Eduardo José: *op. cit.*, p. 170. BEASCOECHEA GANGOITI, José María: «La ciudad segregada de principios del siglo XX. Un suburbio burgués de Bilbao», *Historia Contemporánea,* 24 (2002), pp. 256-268. ARRATE, Juan: «La iglesia y convento de Neguri (Vizcaya). Origen y primer desarrollo (1910-1932)», *Archivo Agustiniano,* 198 (1996), p. 197.

186 *Juan Araluce Letamendía*, 02/11/2020, Madrid, entrevista realizada por Juan José ECHEVARRÍA. «¡Vasco!», *Unidad,* 04/10/1976, p. 1.

Derecho, en el Bilbao de la Segunda República, se había convertido en algo difícil por el artículo 26.º de la Constitución de 1931 que impedía impartir la docencia a las órdenes religiosas[187], como lo eran los jesuitas a los que además la carta magna obligaba a su disolución en España. Eso supuso que Vizcaya perdiera el único centro donde los alumnos podían preparar sus estudios superiores antes de presentarse a los exámenes oficiales para titular en las pocas universidades existentes entonces en España, todas ellas fuera de las provincias vascas.

En 1886 se había creado en Deusto, otra anteiglesia hoy igualmente anexada a Bilbao, el Colegio de Estudios Superiores. Había sido una iniciativa de trece miembros de la burguesía comercial de la capital vizcaína, constituidos en una sociedad anónima, llamada La Enseñanza Católica, con el objetivo de «educar e instruir a la juventud en todos los ramos del saber humano con arreglo a los principios de la religión católica, estableciendo para ello los colegios y universidades que se estimen oportunos». Los patronos encargaron a los jesuitas la docencia en la nueva institución, que evitó el término universidad, ya que la legislación existente, una real orden de 1876, reservaba tal denominación a los establecimientos de educación superior oficiales, optando por el mencionado de Colegio de Estudios Superiores, nombre aparecido por primera vez en el prospecto de información de cursos del año 1888, o Colegio dedicado a los Sagrados Corazones de Jesús y María, en un momento en el que la devoción corazonista estaba en auge. Los tres estudios superiores que se ofertaron desde un principio fueron los de Ingeniería, Derecho y Filosofía; esta última con el claro propósito de «formar a filósofos cristianos», ante la propagación del krausismo en España, una de las doctrinas que había traído la modernidad.

El 23 de enero de 1932, el segundo Gobierno Azaña decretó la disolución de la Compañía de Jesús en España. En ese año había 191 alumnos matriculados en la Facultad de Derecho, que pocos días después en el vestíbulo asistieron en silencio a la salida de los jesuitas del edificio universitario. Los intentos del abogado Antonio Elías y Suárez para impedirlo fueron vanos, amparándose en los estatutos de La Enseñanza Católica, la sociedad propietaria de aquellas inmensas instalaciones ahora vacías, mientras se dirimiría en un largo pleito judicial la cuestión que nunca fue resuelta. Lo que sí logró el letrado, conocido por una

187 Constitución de la República española, 9 de diciembre de 1931. *Gaceta de Madrid*, 10/12/1931, núm. 344, pp. 1578-1588.

famosa disertación sobre el burgués Consulado de Bilbao, fue mantener los estudios jurídicos. Para ello, constituyó la Asociación Vizcaína de Cultura, formalmente ajena a toda vinculación religiosa, impartiéndose los cursos de Derecho en pisos diseminados por Bilbao. Él mismo se encargó de la dirección en la nueva institución, mientras que mantuvo clandestinamente a algunos jesuitas en el claustro de profesores. Allí estudió Araluce. Similar estrategia, aunque más exitosa, mantuvo la Fundación Vizcaína Aguirre que logró mantener operativo el segundo edificio de los jesuitas en Deusto, la denominada Universidad Comercial, creada en 1916 con el objeto de instruir en economía con una relevante base jurídica. Días antes del decreto de disolución, la Compañía de Jesús revirtió ante notario la titularidad de esta a la citada fundación, en cuyo patronato estaban poderosos *capitanes de la industria*. Entre ellos, los liberales Fernando María de Ybarra y de la Revilla, primer marqués de Arriluce, y el hijo del fundador de La Piña, Víctor Chávarri y Anduiza, marqués de Triano, consejero del Banco de Bilbao, presidente de Altos Hornos de Vizcaya y expresidente del Real Sporting Club, pero también el fuerista *intransigente* Ramón de la Sota y Llano, quien también había sido ennoblecido por Alfonso XIII con un marquesado[188]. Todos ellos, representantes de una burguesía ya industrial.

Pudo así Juan Mari cursar sus estudios de derecho, aunque la controversia vivida le reafirmó en las ideas tradicionalistas en las que había sido educado, donde la religión católica tenía un peso fundamental. Pero, también pudo apreciar que la continuidad de los estudios de Derecho en Bilbao se debía a esa burguesía, conformada por liberales y fueristas que habían industrializado y modernizado su tierra a partir del comercio.

En cualquier caso, quien representaba los males republicanos era Manuel Azaña Díaz, quien el 13 de octubre de 1931, un día antes de convertirse en el presidente del Gobierno provisional de la Segunda República, había pronunciado uno de sus más célebres discursos en las

---

188 SAENZ DE SANTA MARÍA, Carmelo: *Historia de la Universidad de Deusto*, Bilbao, Editorial La Gran Enciclopedia Vasca, 1978, pp. 32, 185, 97, 169, 56, 76, 65, 124, 173, 252 y 174-175. SAIZ VALDIVIELSO, Alfonso Carlos: *La Fundación Vizcaína Aguirre y su obra más preclara: La Universidad Comercial de Deusto (1916-2016). Crónica de un compromiso*, Bilbao, Fundación Vizcaína Aguirre, 2016, pp. 41-79. ALONSO OLEA, Eduardo José: *op. cit.*, p. 170. TORRES VILLANUEVA, Eugenio: «Ramón de la Sota y Llano», Diccionario Biográfico Español. Real Academia de la Historia. https://dbe.rah.es/biografias/14538/ramon-de-la-sota-y-llano

Cortes, sentenciando que la revolución política que había supuesto el advenimiento de la Segunda República era inseparable de la implantación del laicismo en el Estado «con todas sus inevitables consecuencia». Para el líder republicano, era una «cuestión de salud pública», al considerar que la causa de la influencia eclesiástica en la sociedad derivaba de la impartición de la enseñanza. Por ello, la Constitución, que aún se debatía en esos momentos, debía prohibir su ejercicio, como hizo, a las órdenes religiosas, especialmente a la Compañía de Jesús, cuya influencia sobre la aristocracia y las élites en general, no le ofrecía duda alguna[189].

Juan Mari había sido un buen estudiante durante el bachillerato, que cursó en el Colegio de Nuestra Señora de Begoña, más conocido como los Jesuitas de Indautxu, pero una vez inició la carrera se destapó como un alumno brillante. Juan Mari culminó sus estudios en el curso 1934-1935, titulando en la Facultad de Derecho de la Universidad Central de Madrid. Un año después terminó en esta última institución el curso de doctorado, a punto de cumplir los diecinueve años, lo que le convertía «probablemente [en] el abogado español que lo ha hecho a más temprana edad», como escribió la revista *Esto,* de inspiración católica, reproduciendo un retrato fotográfico del joven. Para ello, tuvo que viajar en diversas ocasiones a la capital de España, donde más se evidenciaban las convulsiones políticas que desestabilizaban el último período de la Segunda República, una crispación y tensión generalizada que también se daba en la universidad. Desde 1934, las clases en la Facultad de Derecho habían sido suspendidas en diversas ocasiones e incluso fue cerrada temporalmente, lo que mostraba la gran agitación que sacudía entonces a la Universidad Central. El año de 1936, cuando Juan Mari se doctoró, se inició con frecuentes incidentes y algaradas, con una gran radicalización de los estudiantes que luchaban por controlar las instituciones docentes, llegando a introducirse el pistolerismo en la vida universitaria y convirtiéndose la Universidad Central en el laboratorio para la violencia política que poco después tendría trágicas consecuencias. El 22 de enero, el decano de la Facultad de Derecho, Adolfo González Posada, fue objeto de un intento de agresión, forzando la puerta de su despacho unos estudiantes armados con barras de hierro. Pero, el suceso más grave tuvo lugar el 12 de marzo, cuando el socialista Luis Jiménez de Asúa, catedrático en dicha facultad, fue tiroteado a la salida de su casa por un grupo de falangistas, resultando

189 GONZÁLEZ CUEVAS, Pedro Carlos: *op. cit.*, p. 137.

herido mortalmente su escolta Luis Gisbert. Jiménez de Asúa había presidido la Comisión Constitucional que alumbró la carta magna de 1931, que fue definida por el propio catedrático de Derecho Penal como una «constitución de izquierdas». Un texto normativo, que, tal como ha determinado la historiografía, estaba «presidido por un fuerte componente anticlerical», evidenciado en que extinguiría el presupuesto público al clero y en la disolución de la Compañía de Jesús en España. En cualquier caso, las disputas del ámbito universitario reflejaban la importancia que en la lucha política de la Segunda República se daba al poder docente como configurador ideológico. El cuarto Gobierno Azaña permitió a la Junta de la Facultad de Derecho de la Universidad Central seleccionar a su alumnado y expulsar a los más revoltosos[190]. No fue el caso del joven tradicionalista Juan Mari Araluce, quien pudo terminar su curso de doctorado.

En todo ello, pendía la creación del Requeté. El carlismo había llegado a la proclamación de la Segunda República con un pretendiente sexagenario. Era Jaime III, que cuando murió su padre, Carlos VII, en 1909, estaba a punto de cumplir cuarenta años y seguía soltero, lo que para un aspirante al trono era un evidente baldón. Había servido en el ejército zarista y luchado en China. También había viajado clandestinamente por España, acompañado por el dirigente carlista guipuzcoano Tirso de Olazábal Lardizábal, conde de Arbelaiz y de Oria, títulos nobiliarios concedidos por su progenitor. Se trataba, pues, de un hombre de acción, cuya primera decisión al convertirse en pretendiente al trono fue designar a Vázquez de Mella al frente de su secretaría política con el objetivo de actualizar el *Acta de Loredan*[191]; es decir, reformar los postulados carlistas finiseculares para adecuarlos a la segunda década del siglo XX.

La concepción organicista de la sociedad había llevado a Vázquez de Mella a defender planteamientos regionalistas, al considerar a España como una federación de regiones. En su pensamiento, la nación era algo cronológicamente posterior a esas regiones que con el tiempo fueron

190 *Juan Araluce Letamendía*, 09 y 02/11/2020, Madrid, entrevistas realizadas por Juan José ECHEVARRÍA. «Don Juan María Araluce y Villar...», *Esto, Revista del hogar*, 27/06/1936. PUYOL MONTERO, José María: «La Facultad de Derecho de la Universidad Central en sus actas (1931-1936)», en GONZÁLEZ CALLEJA, Eduardo y RIBAGORDA, Álvaro (eds.): *La Universidad Central durante la Segunda República: Las Ciencias Humanas y Sociales y la vida universitaria*, Madrid, Universidad Carlos III, 2013, pp. 318-321. VARELA SUÁREZ-CARPEGNA, Joaquín: *op. cit.*, p. 450 y 456.

191 CANAL, Jordi: *op. cit.*, pp. 203-204.

uniéndose hasta constituir la nación española, lo que evidenciaba un planteamiento historicista que hundía sus anclajes en el pasado histórico. Para el *verbo del carlismo,* dichas regiones eran en esencia Estados autónomos, en los que el rey común, seguía siéndolo al modo medieval; es decir, era rey de Castilla, de Navarra, señor de Vizcaya, etc., algo que habían pretendido superar desde el siglo XVII el conde-duque de Olivares, y ya en el XVIII los monarcas borbones y en el XIX el constitucionalismo liberal. Para Vázquez de Mella, era por tanto necesario recuperar aquel planteamiento pretérito y restaurar la monarquía de estructura federativa acorde con la *constitución interna* de España. Unas propuestas que había exteriorizado en un célebre discurso en 1900 en la Asociación de la Prensa de Madrid sobre los derechos de las regiones, en el que se reconocía hasta el pase foral, en la medida en que sostuvo que la alteración de los fueros regionales no podía hacerse en las Cortes generales, sino solo dentro de la región con el concurso del monarca soberano. Para Echave-Sustaeta, glosador de aquel famoso discurso, aquello se traducía en la reintegración del sistema foral en el caso vasco-navarro. Vázquez de Mella propugnaba además la autarquía económica y administrativa de tales entes con el objetivo de preservar su tributación propia, estableciendo un paralelismo con la neoforalidad existente en las provincias vascas con los Conciertos Económicos. España tenía en materia exterior su principal dedicación, propugnando el *verbo del carlismo* una posición anglofóbica que permitiera recuperar Gibraltar y revivir en América del Sur un imperio espiritual, diplomático y mercantil, anticipándose a lo que dos décadas después sería conceptualizado como la Hispanidad. De ahí que, desatada la Primera Guerra Mundial, Vázquez de Mella intentase arrastrar a España al conflicto, apoyando a Alemania, lo que le costó romper con Jaime III, partidario de la neutralidad. La crisis se saldó con una nueva escisión del carlismo, en 1919, formando los *mellistas* el Partido Católico Tradicionalista y, después, el Partido Social Popular (PSP), ya dirigidos por su sucesor Víctor Pradera Larumbe, que tuvo entre sus filas a un joven Gil-Robles, formación que colaboró abiertamente con la dictadura de Miguel Primo de Rivera y Orbaneja[192], el segundo marqués de Estella.

---

192 GONZÁLEZ CUEVAS, Pedro Carlos: «Vázquez de Mella, Juan...», pp. 789-790. ECHAVE-SUSTAETA, Eustaquio: *op. cit.*, p. 514. CANAL, Jordi: *op. cit.*, pp. 270-279. GONZÁLEZ CUEVAS, Pedro Carlos: *Acción Española. Teología política...*, p. 143. MALDONADO GAGO: «Tradicionalismo y nacionalismo», en BLAS GUERRERO, Andrés (dir.), *Enciclopedia del nacionalismo*, Madrid, Alianza, 1999, p. 766.

De nuevo, pues, la fractura se instaló en el carlismo, como había ya ocurrido con la escisión integrista, en la primera mitad de 1888, justo al final de la etapa de desánimo nacida con la derrota en la Guerra de los Cuatro Años. Cisma consumado entonces bajo la proclama: «¡Dios es lo primero!», degenerando en agresiones físicas entre carlistas. De tal manera que, estos integristas y aquellos *mellistas* conformaron un ala tradicionalista que desembocó, tras la proclamación de la Segunda República, en una confluencia ideológica con los planteamientos doctrinales conservadores del monarquismo-dinástico Alfonsino, que tuvo su órgano de expresión en la revista y sociedad cultural *Acción Española,* dirigida por Ramiro de Maeztu, el intelectual al que homenajeó la UNE en su génesis, cuarenta y cuatro años después. En el ideario de esos tradicionalistas, España era inexplicable sin su componente católico, siendo la monarquía la juntura de la unidad nacional, compuesta por una federación de regiones autárquicas[193].

De la ruptura y consiguiente violencia interna, circunstancias que han acompañado secularmente al carlismo a lo largo de sus cerca de dos siglos de historia, intentó salir el *jaimismo* con el desarrollo de una cohesionada estructura paramilitar, los requetés, creados en 1912. A diferencia del siglo XIX, cuando la acción armada carlista, la base del ejército que levantó Zumalacárregui en las tierras cercanas a Montejurra, había sido esencialmente rural, ahora en el XX, era urbana. De tal modo, que ahora los batallones de jóvenes carlistas lucharon por la ocupación del espacio público urbano, enfrentándose a radicales, republicanos, nacionalistas y revolucionarios, en defensa de los círculos tradicionalistas, de las iglesias y conventos que veían amenazados de incendio y destrucción. Tras la proclamación de la Segunda República en abril y los ataques a edificios religiosos de mayo de 1931, el Requeté se convirtió en la milicia armada más potente y sólidamente estructurada del momento. Todo ello con el objetivo de convertir a esta en el instrumento insurreccional que acabase con la Segunda República. Aprovechando la legislación de retiro de militares, ideada por Azaña en el Gobierno Provisional de la Segunda República, el *jaimismo* cubrió los cuadros de mandos para sus requetés, que impartieron cursillos de práctica militar, como los que organizaba Jaime del Burgo Torres en el

193 CANAL, Jordi: *op. cit.,* pp. 230-231. GONZÁLEZ CUEVAS, Pedro Carlos: «Tradicionalismo y Segunda República», en BLAS GUERRERO, Andrés (dir.), *Enciclopedia del nacionalismo,* Madrid, Alianza, 1999, pp. 767-768.

círculo carlista de Pamplona[194], el cimiento sobre el que intentó edificar Fal Conde la Real Academia Militar Carlista ya en la Guerra Civil.

El pretendiente Jaime III murió en París el 2 de octubre de 1931 de un fulminante ataque al corazón, provocado por una angina de pecho crónica. En una de sus últimas intervenciones, pidió a sus fieles que vigilaran que el nuevo régimen proclamado el 14 de abril no terminara arrollado por el comunismo, porque ellos eran «la Guardia Civil de la Iglesia». Además, el pretendiente abrió negociaciones con el destronado Alfonso XIII, el denominado pacto de Territet, con el objeto de solventar el pleito dinástico, que enfrentaba a las dos ramas de los borbones desde 1833. El acuerdo, que su muerte impidió, hubiera pasado por una unión monárquica que posibilitase una restauración, acabando con la república, momento en el que las Cortes optarían por uno u otro candidato dinástico. En el caso de que la elección recayera en Jaime III, este, sin hijos, sería sucedido por Juan de Borbón, el heredero de Alfonso XIII, adelantando en el tiempo, pues, la solución *estorila*. Tales conversaciones se vieron acompañadas de movimientos políticos, como la fundación de Acción Nacional, la base de lo que luego sería la CEDA, en cuyo proyecto participaron, entre otros, el conde de Rodezno y Víctor Pradera, quien pretendió la confluencia del organicismo y corporativismo *mellista* con la apología de la dictadura y de la unidad nacional, embrazando el tradicionalismo con el españolismo conservador, ambos monárquicos, aunque con candidatos al trono diferentes. Sin embargo, la repentina muerte de Jaime III retrasó esa aproximación de los viejos enemigos decimonónicos, al facilitar que el carlismo se cohesionase en torno al nuevo pretendiente, Alfonso Carlos I. Desaparecido Jaime III, los tradicionalistas *mellistas* e integristas volvieron al redil carlista y el nuevo candidato al trono impulsó el proyecto insurreccional contra la Segunda República, basado en el arma que había creado su sobrino, el Requeté[195]. La confluencia con el liberalismo más conservador quedó, de momento, aparcada, galvanizando la CT a todas sus ramas con objeto de llevar a puerto el proyecto insurreccional que a través de los requetés preparaba contra el régimen republicano.

Pero, en la tercera guerra civil, el carlismo no fue capaz de encabezar la insurrección, a diferencia de 1872, donde desde cuatro años

194 CANAL, Jordi: *op. cit.*, pp. 265-267. ARÓSTEGUI, Julio, CANAL, Jordi y GONZÁLEZ CALLEJA, Eduardo: *op. cit.*, pp. 206-211.

195 CANAL, Jordi: *op. cit.*, pp. 289-291. FUSI, Juan Pablo: *op. cit.*, p. 23. CANAL, Jordi: *Banderas blancas, boinas rojas…*, p. 324.

antes había agrupado a todas las fuerzas antirrevolucionarias. Ahora, durante los cuatro años que se sucedieron entre la muerte de Jaime III y el estallido de la Guerra Civil, dicho protagonismo fue discutido por el falangismo, creado por el hijo del dictador Primo de Rivera. Pero, sobre todo, la diferencia residió en que esta vez, en 1936, no hubo una insurrección que se pudiera calificar de popular, sino un mero golpe de Estado perpetrado por parte de la mayor estructura con la que contaba ese mismo Estado, el ejército o al menos sus militares africanistas. Estos fueron infieles a la nación liberal de ciento veinticuatro años de existencia, que estaba amenazada de desborde revolucionario, imponiendo en los siguientes cuarenta sus directrices el dictador que terminó encabezándolos.

El 18 de julio de 1936 cogió a Juan María de Araluce en Algorta, recién acabados sus estudios. El golpe de Estado supuso en las provincias vasco-navarras una quiebra de su propia esencia, como ejemplificó José de Arteche o Miguel Javier Urmeneta Ajarnaute, unos nacionalistas vascos reconvertidos en pocos días en adalides del nuevo régimen, surgido tras el alzamiento militar. Eso lo pudo reflexionar Juan Mari en los once meses en que se escondió en una carbonera.

Al inicio del calor en 1936, como en los últimos años, los Araluce dejaron su casa de la calle Henao y se trasladaron a Zalvidea. Allí, en Algorta, pasaron juntos la primera parte del verano. Pero, el ambiente húmedo de Guecho, frente al mar, llevó al cabeza de familia, de sesenta y nueve años entonces y con la salud resentida, a cambiar de lugar. Escasos días antes del golpe de Estado, Gonzalo y su mujer María marcharon a Lecumberri [hoy, Lekunberri] en busca del aire seco de la localidad navarra, dejando a sus cuatro hijos en Algorta. El médico estaba convencido de que sufría una infección en las vías respiratorias y que cambiando de clima su salud se restablecería. Aquella mañana en la que el matrimonio salió de Guecho, fue la última vez que Juan Mari vio a su padre.

El 18 de julio de 1936 sorprendió a la familia, separada por unos 135 kilómetros, que en pocas horas se convirtieron en una barrera insuperable. En Navarra y Álava había triunfado el golpe de Estado, controlando los requetés la situación, mientras que en Vizcaya y Guipúzcoa las fuerzas leales a la Segunda República habían abortado la intentona. El matrimonio Araluce-Villar intentó volver, pero ya fue imposible. Después de unos días y no pocos inconvenientes, alcanzaron Vitoria, donde se alojaron en un hotel, varados en su ruta de regreso. Allí moriría Gonzalo Araluce. Mientras, los hijos de Araluce permanecieron en

Zalvidea. La villa de Algorta disponía de una carbonera en el sótano de la casa, unida por una trampilla que se abría en el salón y que se podía ocultar mediante una alfombra y un mueble. La inquietud por la separación familiar, el desconocimiento sobre la suerte de los padres y la incertidumbre que se abría sobre su futuro, especialmente el de Juan Mari, susceptible de ser reclutado para empuñar las armas, invadieron de zozobra a los hijos de Araluce[196]. La carbonera de Zalvidea ofreció un refugio ante lo que se había desatado en toda España, también en aquel pequeño lugar vizcaíno. Según pasaban los días, lo que era un golpe de Estado no abortado por la Segunda República en todo el territorio nacional, se iba convirtiendo en una temible guerra, que cambiaría el destino de millones de personas.

De hecho, el golpe de Estado fue mal planificado por el grupo de generales cuya carrera militar se había desarrollado en el Protectorado de Marruecos, pero, una vez dado el 17 de julio en África, al mismo se sumó con entusiasmo un tercio de los militares de alta graduación del Ejército de Tierra, la práctica totalidad de los oficiales jóvenes y casi todos los mandos de la Armada. Un tercio del territorio nacional quedó en su poder, aunque dividido en cinco áreas distantes entre sí, no incluyendo las zonas más ricas e industrializadas del país que se mantuvieron en la legalidad republicana. Así, en Vizcaya, donde la decidida actuación del gobernador civil, José Echevarría Novoa, logró abortar la sublevación, pese a la amplia conspiración existente que incluía a militares del cuartel del Regimiento de Infantería Garellano y también a civiles, destacando entre estos últimos los tradicionalistas que disponían de hasta tres millares de requetés dispuestos a secundar el golpe. Los planes de sedición habían sido ultimados el 16 de julio en una reunión, a la que asistió entre otros el futuro ministro Areilza, en la casa de Neguri del conde de Motrico, el falangista Evaristo de Churruca Zubiría, descendiente de un hermano del héroe de Trafalgar y a la vez de otras poderosas familias de la burguesía industrial al ser nieto de Cosme de Zubiría y Patricia de Ybarra Gutiérrez de Cabiedes. El considerable número de alzados obligó al gobernador, de Izquierda Republicana, a compartir el poder, creando el 19 de julio el Comisariado de Defensa de la República y autorizando la formación de milicias armadas, lo que dio inicio a la erosión de su autoridad. El 12 de agosto, las estructuras de la Segunda

196 *Juan Araluce Letamendía*, 02/11/2020, Madrid, entrevista realizada por Juan José ECHEVARRÍA.

República pasaron ya a manos de las formaciones fieles a ella, mediante la creación de una Junta de Defensa de Vizcaya, aunque todavía bajo la presidencia de Echevarría. En ella se integraron las fuerzas políticas republicanas, socialistas, comunistas, anarquistas y también el PNV; asimismo las sindicales UGT, CNT y STV.

La incorporación del partido *jeltzale,* primero al Comisariado y luego a la Junta, se dio, eso sí, tras complicados debates internos. Pero, una vez dado el paso, el PNV creó sus propias guardias armadas, primero con la intención de proteger sus sedes y enseguida con la intención de garantizar el orden ante el temor de excesos revolucionarios, tal como empezaron a darse en otras zonas bajo el control formal de la Segunda República, como ocurrió especialmente en Cataluña y Madrid, ante el colapso de los instrumentos y organismos estatales. En Bilbao, destacaron desde el mismo 18 de julio grupos de anarquistas armados, el más numeroso formado por unos setenta militantes. Se formaron así piquetes armados en esa y otras localidades que controlaron las carreteras de acceso y salida, así como algunas de las poblaciones. Los Araluce eran conocidos por sus ideas carlistas y eran conscientes de que en los últimos seis meses en Vizcaya habían sido asesinados al menos tres derechistas, por lo que temieron ser objeto de la actuación de estas milicias armadas, presidiendo el temor aquellos días la villa familiar de Algorta. Tras el fracaso del golpe, hubo numerosas detenciones, entre ellas las de los requetés que esperaron infructuosamente las órdenes de sublevación, concentrados en dos pisos de Basurto, cercanos al cuartel de Garellano. También hubo arrestos de sospechosos de pasar información al enemigo alzado, por lo que bien pronto las cárceles de Bilbao se fueron llenando de prisioneros, ante lo cual el Comisariado y luego la Junta decidieron utilizar los barcos como improvisadas prisiones. El 5 de agosto, se habilitó el mercante Altuna Mendi, en la dársena de Axpe. El 27 de agosto, el Cabo Quilates, y el 1 de septiembre el Aránzazu-Mendi, ambos a la altura de Baracaldo, junto a Altos Hornos de Vizcaya. En el fondo de sus bodegas, fueron hacinadas centenares de personas[197].

197 PUELL DE LA VILLA, Fernando: «El aspecto militar: estrategias y batallas que marcaron la historia», *Bulletin hispanique,* 118-1 (2016), pp. 140-141. AZCONA PASTOR, José Manuel y LEZAMIZ LUGAREZARESTI, Julen: «Bilbao, 18 de julio de 1936», *Sancho el Sabio. Revista de cultura e investigación vasca,* 36 (2013), pp. 99-111. AZCONA PASTOR, José Manuel: *Los desastres de la Guerra Civil Española. La represión en Bilbao (julio de 1936-junio de 1937). Sobre el testimonio inédito «Los crímenes del Quilates. Recuerdos de mi cautiverio» de don José*

En los dos primeros barcos, resultaron muertos muchos de los prisioneros allí custodiados. La historiografía huye de conceptos como el de *incontrolados* a la hora de atribuir la autoría de esos hechos y de otros similares, con el objeto de evitar que queden diluidas las responsabilidades en los mismos. Sin embargo, todavía habla de violencia *espontánea,* caracterizada por ser manifestaciones que se desencadenan como respuesta a un acto previo del otro bando, como podía ser un bombardeo[198], pese a que siempre cabe cuestionar la naturalidad de las mismas, por lo que el debate académico sigue abierto sin haberse logrado una satisfactoria resolución, que solo puede pasar, en la medida de lo posible, por la identificación de los responsables, la filiación ideológica de los mismos y su adscripción a estructuras partidistas, nacionales o estatales. Ambos mercantes eran custodiados por unas guardias que de una manera infiel participaron de las matanzas. Se trataba de milicianos, de los que en unos pocos casos la historiografía ha logrado rescatar sus nombres, puestos allí por las autoridades, ya fuera por el Comisariado o la Junta de Defensa en las que se fue diluyendo el poder institucional de la Segunda República, y que estaban vinculados a las ideologías de los partidos que conformaban esos organismos, hasta el punto de relevarse en sus guardias según su adscripción partidista. En dos ocasiones, tras un bombardeo sobre Bilbao y las dos márgenes de la ría de la aviación franquista y de la de sus aliados, grupos de soldados y de civiles, entre los que también había responsables políticos y sindicales, se acercaron a las márgenes de la ría pidiendo a gritos la muerte de los encarcelados. Pero, estos grupos de exaltados no podían acceder a los barcos-prisión, porque estos no estaban atracados en los muelles, sino anclados en la ría, por lo que jugaron un papel protagonista los propios guardias de los barcos, eso sí jaleados desde las orillas por la multitud congregada.

En el Altuna Mendi, hubo treinta y un detenidos asesinados y en el Cabo Quilates, noventa y tres. En el primero, hubo un asesinato selectivo el 31 de agosto, veintinueve el 25 de septiembre y uno más el 21 de octubre. En el segundo, cuatro asesinatos selectivos el 31 de agosto, uno el 8 de septiembre, otro el 9 de septiembre, otro más el 20

María Vicario Calvo, Madrid, Dykinson, 2007, pp. 14-15 y 17. VARGAS ALONSO, Francisco Manuel: «El Partido Nacionalista Vasco en Guerra: Euzko Gudarostea (1936-1937)», *Vasconia,* 31 (2001), p. 306. PRESTON, Paul: *op. cit.,* pp. 307-308.

198 FERNÁNDEZ, Iñaki: *op. cit.,* p. 188. BARRUSO BARÉS, Pedro: «La represión en las zonas republicana y franquista del País Vasco durante la Guerra Civil», *Historia Contemporánea,* 35 (2007), p. 654.

de septiembre, treinta y cinco el 25 de septiembre, uno más el 29 de septiembre, tres el 1 de octubre y cuarenta y siete el 2 de octubre. De todas esas fechas, existe constancia de bombardeos aéreos solo el 31 de agosto y el 25 de septiembre, que habrían ocasionado, como venganza, la muerte de treinta detenidos en el Altuna Mendi y cuarenta y dos en el Cabo Quilates. También cabría incluir en los presupuestos de la violencia *espontánea*, los cuarenta y siete muertos del Cabo Quilates del 2 de octubre. Asesinatos perpetrados, no a iniciativa de los guardias milicianos, sino por la marinería del acorazado Jaime I, a la sazón en el estuario bilbaíno, tras recibir este barco de la Armada republicana la noticia de que había sido hundido un buque de guerra por la escuadra franquista, lo que evidencia que en este caso los autores de la matanza estaban adscritos a las propias instituciones republicanas, como lo era la Armada fiel a la Segunda República, aunque el gobernador Echevarría prefirió asumir la versión de que los recluidos se habían amotinado, habiéndose hecho necesario el uso de la fuerza. Algo que cabe trasladar a las matanzas por el bombardeo del 25 de septiembre, instigado por el alcalde de Baracaldo, el socialista Eustaquio Cañas Espinosa, luego nombrado gobernador civil de Almería. Entre los que murieron en todos esos asaltos, había *capitanes de la industria,* como Fernando de Ybarra y de la Revilla, el primer marqués de Arriluce, y su hijo Fernando José de Ybarra y Oriol, así como otros tres familiares. Asimismo, Tomás de Zubiría y Somonte, vástago del conde de Zubiría de igual nombre que había sido presidente del Real Club Sporting e hijo a su vez del patriarca familiar Cosme Zubiría Echeandía y de Patricia de Ybarra. También, el más profundo conceptualizador del foralismo, el erudito Gregorio de Balparda de las Herrerías. Entre los supervivientes, un hijo del marqués de Triano, Gabriel de Chávarri Poveda[199].

La progresiva desarticulación del Estado español en Vizcaya, junto a la fragmentación territorial y de soberanía que padeció la Segunda República desde bien pronto, favoreció que el PNV asumiera la dirección política en la provincia[200]. Tan pronto como en agosto de 1936, el par-

199 AZCONA PASTOR, José Manuel y LEZAMIZ LUGAREZARESTI, Julen: «Los asaltos a las cárceles de Bilbao el día 4 de enero de 1937», *Investigaciones históricas,* 32 (2012), p. 221. AZCONA PASTOR, José Manuel: *op. cit.*, pp. 17-20 y 70-77. FERNÁNDEZ, Iñaki: *op. cit.*, p. 188. ALONSO OLEA, Eduardo José: *op. cit.*, p. 170. SERRALLONGA I URQUIDI, Joan: «El aparato provincial durante la Segunda República. Los gobernadores civiles, 1931-1939», *Hispania Nova,* 7 (2007), p. 172.

200 RIVERA BLANCO, Antonio: «La izquierda y la cuestión vasca. Segunda parte:

tido *jeltzale* organizó una concentración de militantes y simpatizantes en el monte Archanda, en Bilbao, iniciando el adiestramiento militar de estos para formar las primeras compañías y batallones. Las juventudes vizcaínas del PNV se encuadraron en milicias dirigidas en cada municipio desde el *batzoki* (sede del partido), supervisadas por el Bizkai Buru Batzar (BBB), la dirección del PNV en Vizcaya. De este modo se levantaron los primeros acuartelamientos de *gudaris,* entre ellos el de Algorta, donde se ocultaba Araluce. Fue entonces cuando Juan Mari empezó a esconderse en la carbonera según salía el sol, subiendo a la casa solo para dormir.

El 25 de septiembre, el PNV formó en Vizcaya el Euzko Gudarostea (Ejército Vasco) para controlar todas las milicias organizadas por el partido. Seis días después de que las Cortes aprobasen el Estatuto de autonomía del País Vasco, el 7 de octubre de 1936 se constituyó el primer gobierno vasco de la historia, presidido por José Antonio Aguirre, quien había dirigido el movimiento municipalista proestatutario como alcalde de Getxo, en cuyo término municipal estaba oculto Araluce. El propio Aguirre se hizo cargo de la Consejería de Defensa, oficializando al Euzko Gudarostea como el ejército de la propia comunidad autónoma, aunque formalmente el Estatuto no otorgaba competencias al gobierno vasco para ello, detalle que el cada vez más inexistente Estado español no estaba en condiciones de objetar, desapareciendo la republicana Junta de Defensa de Vizcaya y los restos de autoridad que aún conservaba el gobernador Echevarría. De hecho, la excepcionalidad de la situación bélica llevó ya en ese otoño de 1936 a la asunción de competencias que sobrepasaban los límites estatutarios. A partir de ahí, el gobierno vasco controló todas las milicias creadas, también las que habían dependido de las formaciones del Frente Popular, y asumió entonces con firmeza las riendas del orden público. El resultante Euzko Gudarostea quedó constituido por treinta y siete batallones nacionalistas, fundamentalmente del PNV, aunque también de Acción Nacionalista Vasca (ANV) y STV, y treinta y ocho de otras fuerzas *frentepopulistas*[201].

1923-1960. Acercamiento y disolución», en CASTELLS ARTECHE, Luis y CAJAL VALERO, Arturo, *La autonomía vasca en la España contemporánea (1808-2008),* Madrid, Marcial Pons, 2009, p. 274.

201 VARGAS ALONSO, Francisco Manuel: *op. cit.,* p. 306-309. RIVERA BLANCO, Antonio: *op. cit.,* p. 274. NÚÑEZ SEIXAS, Xosé M.: «Las patrias de la República: la experiencia de los nacionalistas periféricos durante la Guerra Civil española»,

El 16 de octubre, el Gobierno Aguirre decretó el reclutamiento forzoso con una movilización de quintas, con lo que Juan Mari Araluce, al no incorporarse, pasó a ser técnicamente un desertor. En aquel momento, su situación personal estaba ya tan comprometida, que la reclusión en la carbonera se hizo aún más estricta para evitar servir en un ejército al que ideológicamente rechazaba, lo que aumentaba de un modo exponencial el riesgo mortal al que se enfrentaba, en caso de ser descubierto. Más aún, tal movilización fue ordenada para llevar a cabo una contraofensiva republicana, cuyo objetivo era combatir en Álava, donde se habían refugiado sus padres. El Gobierno Aguirre, dirigido por el PNV, pero formado también por ANV, el PSOE y el PCE, participó en tal ataque destinando veinticinco batallones del Euzko Gudarostea. De ellos, seis eran del PNV, dos de ANV, cuatro del PCE, a los que habría añadir siete de las Juventudes Socialistas Unificadas, y dos del PSOE, a los que también cabría sumar cinco de la Unión General de Trabajadores (UGT), el sindicato socialista. Aparte, dos de la anarquista Confederación Nacional del Trabajo (CNT) y otros dos de Izquierda Republicana. En resumen, la mayoría de los efectivos que lucharon en el frente de Villarreal de Álava [hoy, Legutio] eran de la izquierda obrera, lo que no podía sino aumentar el rechazo de Araluce ya que tales fuerzas revolucionarias estaban aún más alejadas del ideario del joven, que al menos compartía con el PNV su acentuado catolicismo. Fue el momento en el que Juan Mari formuló una pregunta al párroco de San Ignacio de Guecho, a través de su hermana Marichu, consistente en un problema de conciencia, en concreto en qué debía hacer si era descubierto. El joven Araluce estaba preocupado por cómo debía actuar si eso ocurría. Si debía negarse a formar parte de ese ejército, con las consecuencias previsibles, o luchar con el Euzko Gudarostea. El cura le contestó que no era preciso convertirse en un mártir tradicionalista, diciéndole a Marichu que aconsejase a Juan Mari que si era descubierto en su escondrijo se incorporara al ejército vasco[202].

En noviembre de 1936, la situación militar y política se estabilizó. La zona sublevada contaba ya con el general Franco como jefe

Historia Contemporánea, 38 (2009), p. 18. TALÓN, Vicente: *Memoria de la Guerra de Euzkadi de 1936*, Barcelona, Plaza & Janés, 1988, p. 221.

202 SALGADO, Miguel Ángel: «La batalla de Villarreal: 30 de noviembre-24 de diciembre de 1936», *Sancho el Sabio. Revista de cultura e investigación vasca*, 26, (2007), p. 185. *Juan Araluce Letamendía*, 02/11/2020, Madrid, entrevista realizada por Juan José ECHEVARRÍA.

de Estado y generalísimo de los Ejércitos, establecido en Burgos. En la zona republicana, tras la inestabilidad de los primeros meses, el gobierno estaba dirigido por el socialista Francisco Largo Caballero, quien además era ministro de la Guerra, ordenando al Estado Mayor del Ejército salvar Madrid de la conquista franquista. Para ello, era necesario desatar una contraofensiva desde Asturias, Santander y Vizcaya, con el objeto de cortar las comunicaciones ferroviarias entre Burgos e Irún a la altura de Miranda del Ebro, aislando a los sublevados de la frontera francesa. La ocupación de Álava se rebelaba, pues, crucial, pero el Gobierno Aguirre se mostraba reticente, ya que prefería centrar la actuación del Euzko Gudarostea en recuperar Guipúzcoa. En cualquier caso, la contraofensiva a través de Guipúzcoa, de tener éxito, hubiera tenido los mismos resultados, aislando a los rebeldes de Burgos del extranjero. Pero se impuso el criterio del Gobierno Largo Caballero y el lehendakari Aguirre ordenó al Euzko Gudarostea avanzar sobre Villarreal de Álava con los veinticinco batallones descritos con el objetivo de conquistar Vitoria. El 30 de noviembre, día de San Andrés, de especial significado nacionalista[203], dio comienzo la ofensiva, que terminó el 24 de diciembre, tras un millar de muertos y un completo fracaso. Fue el único intento del gobierno vasco por hacer realidad la territorialidad de la Euzkadi bajo su mando.

Tras ello, la situación bélica volvió a estabilizarse en los mismos límites que antes de la contraofensiva, controlando el Gobierno Aguirre el noroeste de Álava, una estrecha franja del oeste guipuzcoano y toda Vizcaya, salvo la localidad tradicionalista de Ondárroa. Por tanto, el Estatuto de 1936, también conocido como de Elgueta, por la localidad guipuzcoana por la que pasaba el frente cuando fue aprobado el 1 de octubre, estuvo vigente solo en algunos territorios vascos; en concreto, en casi toda Vizcaya y en pequeños enclaves guipuzcoanos y alaveses. En los casi nueves meses que subsistió, el gobierno vasco vio progresivamente reducido el espacio de su aplicación, especialmente desde

203 En el diseño de la ikurriña, los hermanos Arana Goiri incorporaron la cruz de San Andrés, ya presente en la bandera tradicionalista, para conmemorar la batalla de Arrigorriaga, que, según la versión ideada por Sabino, permitió en el día de San Andrés del año 888 la independencia de Euzkadi frente a España. En: GRANJA SAINZ, José Luis de la: «Batalla de Arrigorriaga», en PABLO CONTRERAS, Santiago de (coord.): *100 símbolos vascos. Identidad, cultura, nacionalismo,* Madrid, Tecnos, 2016, p. 96.

primeros de abril, hasta desaparecer por completo a finales de junio de 1937[204].

Meses en los que permaneció escondido Juan Mari Araluce y que tuvo especiales momentos de tensión, como cuando una partida de milicianos registró la villa de Algorta. Obviamente, la existencia de un hijo varón de los Araluce no podía pasar desapercibida en Guecho, aunque las hermanas adujesen que Juan Mari había acompañado a sus padres a Lecumberri antes del inicio de las hostilidades. Para suerte de Juan Mari, el registro de Zalvidea fue infructuoso al no advertir quienes lo practicaban la trampilla que llevaba a la carbonera, aunque se incautaron de unos prismáticos que había comprado muchos años antes Gonzalo Araluce, al considerarlos los milicianos un instrumento útil para la guerra. Medida que, en cualquier caso, estaba en consonancia con un edicto del Ayuntamiento de Getxo que había ordenado el 6 de octubre de 1936 a los vecinos, que poseyeran prismáticos, entregarlos a las autoridades, bajo pena de sanción[205].

También fue un momento crítico al 4 de enero de 1937, cuando fueron asaltados en Bilbao cuatro centros penitenciarios, muriendo 224 presos, la mayor masacre en la historia de la ciudad, quedando sobrepasado el Gobierno Aguirre. Una de las primeras medidas que había tomado el ejecutivo vasco había sido el traslado de los supervivientes del Cabo Quilates y Altuna Mendi a tres edificios de Bilbao habilitados como cárceles y a la prisión de Larrinaga para que no se repitieran las matanzas ocurridas en los barcos. Sin embargo, un bombardeo sobre la ciudad aquel 4 de enero, que ocasionó la muerte a cinco civiles, desató una feroz represión. La aviación republicana logró abatir un trimotor Junkers alemán, saltando con vida dos de sus ocupantes en paracaídas. Uno de ellos fue a caer en Bilbao, siendo linchado hasta su exterminio, formándose una manifestación de milicianos y civiles hasta la Consejería de Gobernación. Su responsable, Telesforo Monzón y Ortiz de Urruela, intentó infructuosamente calmar a la multitud, pero la turba no se contentó y se dirigió a la cárcel de Larrinaga, asaltándola

---

204 SALGADO, Miguel Ángel: *op. cit.*, pp. 185-205. GRANJA SAIZ, José Luis de la: «El Estatuto, el Gobierno, los partidos y los sindicatos vascos en la Guerra Civil (1936-1937)», *Gerónimo de Uztariz,* 2 (1988), pp. 95-109, p. 96. AZAOLA, José Miguel de: *op. cit.*, p. 331.

205 *Juan Araluce Letamendía*, 02/11/2020, Madrid, entrevista realizada por Juan José ECHEVARRÍA. «A los propietarios de prismáticos», *La Gaceta del Norte,* 07/10/1936, p. 5.

y ocasionando cincuenta y cinco muertes. La siguiente embestida fue en el antiguo convento de El Carmelo, donde estaban presos supervivientes del Altuna Mendi, quienes se defendieron con ladrillos y botellas, saldándose con siete muertos entre los prisioneros. Pero la principal matanza, ciento nueve víctimas mortales, se produjo en el convento de Los Ángeles Custodios, donde participaron integrantes del destacamento militar que había mandado la Consejería de Defensa, a instancias de la de Gobernación, para impedir el asalto. Se trataba del Batallón Asturias, de la UGT, que estaba acuartelado, después de regresar derrotado de la contraofensiva de Villarreal, en el edificio de la Universidad de Deusto que había sido ocupado por las milicias socialistas. Entre los muertos, estuvo el dirigente integrista católico Juan de Olazábal y Ramery, familiar del conde de Arbelaiz. También participaron miembros de dicho batallón en el último asalto de aquel aciago día, el ocurrido en la Casa Galera, donde murieron cincuenta y tres presos. El Gobierno Aguirre abrió una investigación judicial sobre los hechos acaecidos, que suscitaron un debate interno en el PNV, en el que algunos *jelkides* solicitaron la dimisión de Monzón, extremo que fue rechazado por un lehendakari[206] que además era responsable directo de la Consejería de Defensa.

El 19 de junio de 1937, las tropas franquistas entraron en la ciudad de Bilbao. En los siguientes días, miles de miembros del Euzko Gudarostea se entregaron a los vencedores en la margen izquierda de la ría y durante su retirada por las Encartaciones. La Guerra Civil había terminado en el País Vasco. La represión ocasionada por las fuerzas republicanas entre 1936 y 1937 había alcanzado los 945 fallecidos, mientras que la del régimen franquista se saldaría entre 1936 y 1939 con 1900 muertes[207].

Juan Mari Araluce abandonó la carbonera aquel 19 de junio. Cuatro días más tarde se alistó en el Tercio de Nuestra Señora de Begoña, uno de los contingentes armados que habían entrado en Bilbao, poniendo

206 AZCONA PASTOR, José Manuel y LEZAMIZ LUGAREZARESTI, Julen: *op. cit.*, pp. 227-233. SAENZ DE SANTA MARÍA, Carmelo: *op. cit.*, p. 175. GARRALDA ARIZCUN, José Fermín: «Juan de Olazábal y Ramery», Diccionario Biográfico Español. Real Academia de la Historia. https://dbe.rah.es/biografias/27198/juan-de-olazabal-y-ramery

207 VARGAS ALONSO, Francisco Manuel: «Bilbao, la última resistencia: la batalla de Archanda-Santo Domingo», *Bidebarrieta,* 18 (2007), p. 148. PRESTON, Paul: *op. cit.*, p. 817.

fin al gobierno vasco y a los cerca de nueve meses de Estatuto de autonomía. Los vencedores estaban convencidos, además, de que su actuación sería perenne, tal como expresó el nuevo alcalde de Bilbao: «Ha caído vencida para siempre, esa horrible pesadilla siniestra que se llama Euskadi y que era una resultante del socialismo Prietista por un lado y de la imbecilidad vizcaitarra por otro»[208]. Así lo dijo el regidor José María de Areilza en un homenaje al ejército triunfador, ofrecido en el teatro Coliseo Albia de la capital vizcaína.

Araluce coincidió en aquellos días con el alcalde Areilza, del que recordó siempre verlo, para su asombro, ataviado con el uniforme de FET y de las JONS, combinando la camisa azul con la boina roja. Durante su reclusión en la carbonera se había dictado el decreto de unificación del carlismo con el falangismo. Esta última formación política había sido minoritaria antes de la guerra, de la que Araluce había tenido conocimiento sobre todo en sus viajes a Madrid para examinarse, ya que su implantación en Vizcaya había sido aún más marginal. En la capital, Falange Española de las Juntas de Ofensiva Nacional Sindicalista (FE/JONS), en la que el elemento estudiantil era sustancial, se había sumergido en una sangrienta espiral de asesinatos, mientras que, en Vizcaya, donde predominaban los profesionales y empleados, las reyertas con grupos izquierdistas y nacionalistas fueron escasas, poco más de una decena de altercados por la difusión de periódicos. Ello se debía al escaso número de sus militantes vizcaínos, lo que les retraía de emplear la violencia frente a unos rivales mucho más superiores[209]. De ahí, la escasa relevancia que para Araluce podía tener FE/JONS. Pero, en los cerca de los nueve meses que había pasado escondido, las cosas habían cambiado.

La guerra había convertido a la falange en un movimiento poderoso. En octubre de 1936, a los dos meses y medio de iniciarse la conflagración, 36.809 falangistas estaban movilizados en armas. Y en aquel julio de 1937, cuando Araluce había recobrado la libertad de

208 «Discurso pronunciado por el alcalde de Bilbao, Sr. Areilza, el día 1 de julio de 1937 en el coliseo Albia en homenaje al Ejército Nacional», Fondos documentales de Eusko Ikaskuntza. https://www.eusko-ikaskuntza.eus/es/fondo-documental/fondos-documentales/do-142/#

209 *Juan Araluce Letamendía*, 02/11/2020, Madrid, entrevista realizada por Juan José ECHEVARRÍA. GONZÁLEZ CUEVAS, Pedro Carlos: «Fascismo español y nacionalismo», en BLAS GUERRERO, Andrés (dir.), *Enciclopedia del nacionalismo,* Madrid, Alianza, 1999, p. 240. FERNÁNDEZ, Iñaki: *op. cit.*, pp. 183-186.

movimientos, eran ya 74.519[210]. Una fuerza armada significativa que mediante el decreto de unificación estaba en disposición de imponerse al carlismo, conformando FET y de las JONS, organización a la que se adherían personajes significativos en el Bilbao de entonces, como el monárquico Areilza, quien se convertiría en conde consorte de Motrico por su matrimonio con María Mercedes Churruca Zubiría, después de morir en la guerra su cuñado Evaristo. Con Areilza, Araluce, siete años menor, compartía unos progenitores médicos de profesión y una aspiración primeriza a los estudios de medicina, así como una infancia en el Abra, en la margen izquierda, donde el abuelo materno del primero, el conde de Rodas, integrante de La Piña, disponía de una mansión en Portugalete.

El ejemplo de Areilza, para Araluce y otros muchos, ejemplificaba la deriva hacia posiciones autoritarias de los antiguos liberales monárquicos-dinásticos, vinculados con la burguesía industrial que había traído la modernidad a Vizcaya y que había controlado la representación política de la provincia durante toda la Restauración alfonsina gracias a su poder económico y a su influencia social. Según pasaron los años, la conflictividad social, la aparición y el ascenso del nacionalismo vasco, y la propia crisis del sistema político liberal, como evidenció la dictadura de Primo de Rivera, erosionó el apoyo popular a estos, lo que tuvo un reflejo ideológico, reorientándose hacia el autoritarismo, con el consiguiente rechazo de la democracia. Su conservadurismo, que así se puede ya definir su ideología, tuvo su órgano de expresión en *El Pueblo Vasco,* propiedad de los hermanos Fernando María y Gabriel María de Ybarra y de la Revilla. El posterior advenimiento de la Segunda República y su inflexión democratizadora acentuó y radicalizó dicha tendencia. En 1933, en un acto político organizado en el monte Archanda, un joven Areilza pronunció un encendido discurso contra la democracia y su sistema representativo: el parlamentarismo. Y en abril del año siguiente, lo remachó cargando contra el propio sistema político de la Restauración, al que consideraba que estaba basado en «principios decadentes» como entendía que eran el liberalismo y el sufragio universal. A comienzos de ese 1934, *El Pueblo Vasco* apreciaba que eran escasas las diferencias entre los monárquicos y los tradicionalistas, que eran antiliberales,

210 ARÓSTEGUI, Julio, CANAL, Jordi y GONZÁLEZ CALLEJA, Eduardo: *op. cit.*, p. 214.

desde su origen, un siglo antes, en su formulación carlista. El propio Areilza apuntó en el mismo periódico una nueva preocupación, que no era otra que el separatismo, calificándolo como el «problema principal de España, porque no se puede soñar para España una misión histórica sino tiene bien asentado el principio de unidad nacional». Para entonces, esa derecha monárquica hacía del antiseparatismo su nueva bandera de propaganda y doctrina, convirtiendo en dogma la unidad nacional, pasando a considerar la novedosa opción estatutaria como un instrumento nacionalista para lograr la independencia y aprestándose a combatirla. Unos monárquicos-dinásticos, que se adentraban por el camino del autoritarismo y que habían dejado atrás el liberalismo, aproximándose ideológicamente a su viejo enemigo carlista con el que se habían enfrentado en las dos guerras decimonónicas. Una senda que ya habían labrado tradicionalistas como Víctor Pradera o el conde de Rodezno, y que estuvo a punto de fructificar en 1931, pero que el paréntesis de Alfonso Carlos I aplazó. En 1936, bajo la dirección de los militares rebeldes y, casi un año después, decretada la primacía falangista sobre los carlistas, tal camino volvería a surcarse[211].

Lo dicho por Areilza aquel 1 de julio de 1937 en el coliseo operístico de Bilbao, también motivó la reflexión de Juan Mari Araluce sobre el estatuto de autonomía ahora abolido, obra del nacionalismo vasco y del socialismo, así como del auge de esas dos fuerzas políticas, la primera de las cuales empezó a ser relevante coincidiendo en el tiempo con su propia vida. Porque, pese a que el PNV se creó en 1895, no fue hasta 1917 cuando adquirió notoriedad, en la época en que Ramón de la Sota y Aburto, se convirtió en el primer presidente nacionalista de la Diputación Provincial de Vizcaya. El mandatario era hijo del marqués de Llano, el *capitán de la industria* que había estado en la génesis de la Universidad Comercial de Deusto.

Ramón de la Sota y Llano había hecho su fortuna sumando un tercer pilar a la base de la industrialización vizcaína; aportando, al negocio del mineral y del acero, los barcos de vapor capaces de exportar el hierro e importar la hulla necesaria para alimentar los hornos siderúrgicos. Consciente de que había pasado la época de los veleros, el marqués de Llano crearía los astilleros Euskalduna, para construir barcos

211 REAL CUESTA, Javier: «Los partidos monárquicos en Vizcaya durante la Segunda República», *Estudios de Deusto*, 57/1 (enero-junio 2009), pp. 209-226.

de casco metálico, entrando en el sector del transporte marítimo con la firma Sota y Aznar, la mayor empresa española del sector naviero[212]. El marqués de Llano, como otros industriales vascos, combinó su actuación empresarial con la política, siendo diputado en Cortes, pero se distinguió de estos por no encuadrarse en las candidaturas monárquico-dinásticas. No por ello, dejaba de ser liberal, pero adscrito a la corriente fuerista que tuvo a gala la resistencia numantina contra la merma foral de la ley de 1876. Fueron conocidos como los *intransigentes*, que bajo su liderato confluirían en el PNV.

Los *intransigentes* habían sido la última expresión política de los liberales fueristas que en las décadas centrales del siglo XIX habían puesto en pie la nueva foralidad desde las diputaciones vascongadas. Pese a que esta tenía un marco provincial en cada uno de los tres territorios, lo hicieron desde una perspectiva regional, vascongada, como estrategia negociadora frente al gobierno español, conscientes aquellos fueristas de que así dotaban a sus reclamaciones de una mayor fortaleza, lo que a la luz de la autonomía lograda entonces se rebeló como una táctica extremadamente exitosa. Para ello, convirtieron a cada diputación en el eje del sistema foral, en su institución más poderosa, llenándola de atribuciones desconocidas hasta entonces. La historiadora Coro Rubio Pobes lo formula de la siguiente manera: «El resultado de todo esto fue la *recreación* del régimen foral, o más bien la construcción de una nueva foralidad, entendida ahora como foralidad *vascongada*, y no ya guipuzcoana, vizcaína o alavesa». Tal novación, pese a estar inserta en la secular ideología fuerista, necesitaba de una justificación basada en la existencia de una comunidad específica. Para lograrlo, las diputaciones alentaron entre la población un sentimiento diferencial, una conciencia de identidad supraprovincial, entendida ya como vasca[213], con una enorme proyección futura.

Esa fue la aportación del liberalismo fuerista decimonónico y la herencia recogida por los *intransigentes*, que, ante la pretensión de Cánovas de eliminar las exenciones económicas y militares con la ley de 1876, arrastraron a las tres diputaciones a una feroz disputa con el gobierno español, que finalmente no solo se saldó con esas pérdidas, sino incluso con la de los propios organismos forales, en una actuación calificada historiográficamente como suicida. Tras su fracaso, los

212 AZAOLA, José Miguel de: *op. cit.*, pp. 143-145.
213 RUBIO POBES, Coro: *op. cit.*, pp. 386-387.

intransigentes recorrieron decididamente la senda de la región, fundando el Partido Fuerista de Unión Vascongada y la sociedad Euskal-Erria, un club de opinión en torno a sus periódicos *La Unión Vasco-Navarra* y *Euskalduna*. Destacaron por ser adversarios del caciquismo de La Piña, es decir, de los monárquicos-dinásticos que se repartían los cargos electos en la Restauración alfonsina[214]. A partir de entonces fueron conocidos como los *euskalerriacos*, que fueron los primeros que dieron crédito a un entonces desconocido Sabino Arana, invitándolo a un encuentro en junio de 1893 en el caserío de Larrazábal para que expusiera sus opiniones. Sin embargo, aquella primera reunión acabó mal, porque era incompatible el integrismo católico de Arana con la opinión del liberal Sota favorable a separar la política de la religión. Pese a aquel desencuentro, alimentado por la opinión despectiva del primero que tachó de *fenicio* al segundo, ambos grupos eran conscientes de que los dos trabajaban por el mismo objetivo: lograr una autonomía unitaria para ese ente novedoso, que entonces denominaban Euskaria y pronto Euzkadi. Por ello, en 1898, los dos sectores llegaron a un acuerdo, apoyando Sota la candidatura de Arana como diputado provincial. Un año después la confluencia avanzó y en las elecciones municipales en Bilbao de 1901, el partido nacionalista se convirtió en la minoría mayoritaria en el consistorio. Para entonces, las dos almas del PNV estaban ya perfectamente conformadas, aunque entendiendo de manera dispar el planteamiento resultante: independentismo frente a regionalismo y confesionalismo frente a laicismo.

La labor de Ramón de la Sota y Llano permitió sacar al PNV de la marginalidad aranista, mediante la aportación financiera del *fenicio* y la humana de los *euskalerriacos*. En ese proceso, un hito importante ocurrió en 1913, mediante la puesta en marcha del periódico diario *Euzkadi*, el instrumento de propaganda unionista vasco. En las páginas de *Euzkadi*, ya durante la Segunda República, se verterá la opinión de que las conflagraciones carlistas decimonónicas habían sido «guerras defensivas o forales, de raíz vasca, de defensa de lo esencialmente vasco frente a lo exótico o español», además de considerar a Zumalacárregui como un héroe nacional vasco. En 1917, el marqués de Llano logró recuperar para los herederos de los *intransigentes* el control de la Diputación Provincial de Vizcaya, objetivo valioso en sí para todo fuerista. Su hijo,

214 CASTELLS ARTECHE, Luis: *op. cit.*, p. 110. LUENGO TEIXIDOR, Félix: *op. cit.*, p. 140. ROBLES, Cristóbal: *op. cit.*, p. 27.

Ramón de la Sota y Aburto, se hizo con la presidencia de dicha corporación. Ese mismo año, el alcalde de Bilbao también era nacionalista. Para entonces, el PNV, gracias a la confluencia de los *euskalerriacos*, se había convertido en la primera fuerza política vizcaína[215], justo en el año en que nació Juan Mari Araluce.

Dos jalones faltaban para que el autonomismo regional y estatutario alcanzara rango de aspiración sólida, y ambos estarían enraizados en la foralidad, algo especialmente apreciado por los *euskalerriacos* y por todos aquellos que se reconocían en la herencia *intransigente*. En diciembre de ese mismo año de 1917, Sota y Aburto impulsó el frente unitario vasco-navarro, recuperando un instrumento foral que databa del siglo XVIII, que había sido profusamente utilizado por los liberales decimonónicos, las Conferencias o reuniones de las cuatro diputaciones. El intento quedó menguado con la negativa de la de Navarra, que desde 1841 tenía singularizada su propia vía foral. Ante ello, la de Vizcaya se vio obligada a proponer solo a la de Álava y Guipúzcoa que asumieran un planteamiento unitario vascongado, reclamando al Gobierno García Prieto la restauración de los organismos forales o creando otros nuevos, o bien mancomunando un gobierno de las tres provincias. Sin embargo, las reticencias guipuzcoanas y alavesas descafeinaron el mensaje finalmente enviado al Gobierno, limitándose a pedir para cada diputación una mayor autonomía, basada en la foralidad, al entender que no era suficiente el autogobierno derivado del neoforal Concierto Económico, reclamando una modificación de la estructura del Estado, para que este admitiera como «organismo natural a la región»[216].

A los cinco años de vida de Araluce, en 1922, la Sociedad de Estudios Vascos (SEV), una institución no partidista con vocación cultural, pero sí participante de la mencionada construcción identitaria vasca, asumió el impulso unitario autonómico. En ese año, la SEV (Euzko [Eusko] Ikaskuntza), que celebraba cada dos años congresos de estudios vascos, propuso como tema para el siguiente, a celebrar en 1924, el estudio de la

215 CORCUERA, Javier: «El nacionalismo vasco en la Restauración. Purismo y posibilismo», en CASTELLS ARTECHE, Luis y CAJAL VALERO, Arturo (eds.): *La autonomía vasca en la España contemporánea (1808-2008)*, Madrid, Marcial Pons, 2009, pp. 185-195. URQUIJO GOITIA, José Ramón: *op. cit.*, p. 273. FUSI, Juan Pablo: *op. cit.*, p. 130.

216 ARBELOA, Víctor Manuel: *Navarra ante los Estatutos. Introducción documental (1916-1932)*, Pamplona, Elsa, 1978, pp. 53-60.

autonomía vasca. Sin embargo, no fue hasta el 31 de agosto de 1930, celebrado en Vergara, cuando se constituyó una Comisión de Autonomía, ampliándose el trabajo un año después a subcomisiones provinciales, lo que evidenciaba aún la inmadurez unitaria. Fue el momento en el que las elecciones municipales de abril desembocaron en la proclamación de la Segunda República. Y también, cuando un movimiento de alcaldes nacionalistas, liderado por quien era en ese momento el regidor de Getxo, José Antonio Aguirre, tomó tal iniciativa autonomista, aglutinando a los carlistas y las derechas que hasta el 14 de abril habían sido denominadas monárquico-dinásticas, pero dejando fuera a socialistas, republicanos y a ANV, la escisión laica del PNV seguidora de los principios aconfesionales *euskalerriacos.* La Comisión de Alcaldes, espejo en el que se miró cuarenta y cuatro años después el Movimiento de Alcaldes al que se enfrentó Araluce, propuso convocar sendas asambleas municipales en las cuatro provincias para que restaurasen sus respectivos organismos forales, aboliendo por la vía de los hechos el desarrollo legislativo de la ley de 1876, con el objetivo de elaborar los estatutos de autonomía de cada uno de aquellos territorios, como paso previo a uno unitario. El PNV se había convertido, pues, en «el punto de referencia de tradicionalistas y demás fuerzas históricamente (...) vinculadas con el fuerismo»[217].

En la disputa estatutaria entre la derecha e izquierda vasca, intervinieron los dos gobiernos provisionales de la Segunda República que, conformados por las fuerzas políticas que habían hecho posible el fin del régimen monárquico, se sucedieron de abril a diciembre de 1931, pero sin querer predeterminar si tal marco autonómico debía ser provincial o regional. El segundo de ellos, el primero que encabezó Azaña, promulgó el siguiente decreto:

> El Gobierno no debe prejuiciar si esa autonomía ha de legalizarse en un Estatuto uniforme para las tres provincias Vascongadas y Navarra, o si, por el contrario, se articulará en un Estatuto por cada

217 CORCUERA, Javier: «El estatutismo vasco durante la Segunda República. Foralidad y autonomía regional», en CASTELLS ARTECHE, Luis y CAJAL VALERO, Arturo (eds.): *La autonomía vasca en la España contemporánea (1808-2008),* Madrid, Marcial Pons, 2009, p. 205. ARBELOA, Víctor Manuel: *op. cit.*, p. 23. GRANJA SAINZ, José Luis de la: *El Estatuto Vasco de 1936. Sus antecedentes en la República. Su aplicación en la Guerra Civil,* Oñati (Guipúzcoa), Instituto Vasco de Administración Pública, 1988, p. 13.

provincia, respondiendo así al régimen tradicional que, con peculiaridades distintas, tuvo por Códigos los Fueros de Álava, Vizcaya, Guipúzcoa y Navarra[218].

Tal norma otorgó a las comisiones gestoras de cada diputación, creadas por el propio decreto gubernamental y controladas por republicanos, socialistas y ANV, la dirección del proceso autonómico, con el objeto de invalidar la estrategia de los regidores liderados por Aguirre, que respondieron buscando el apoyo de la SEV. Esta, el 10 de mayo, acogió el encargo y elaboró, basándose en sus trabajos previos, un proyecto de Estatuto unitario, cuyo texto se publicó en los principales periódicos vascos el último día de aquel mes. El denominado *Estatuto General Vasco* fue llevado a una asamblea municipal que se celebró el 14 de junio en Estella[219], en las inmediaciones de la mítica montaña de Montejurra.

En aquel mes de junio de 1931, en el que había dos estrategias enfrentadas para dirigir el proceso autonómico, Juan Mari cumplió los catorce años. Una edad demasiado joven para comprender toda la sutileza que aquello conllevaba, pero no para dejar de advertir que el carlismo se había alineado con el PNV. Tal maridaje, denominado por la historiografía como carlo-nacionalismo, reflejaba que el PNV había conseguido liderar uno de los dos procesos autonómicos existentes entonces, sobre una fracturada derecha católica vasca, con unos renuentes tradicionalistas *mellistas* e integristas, por un lado, y los más decididos *jaimistas,* por otro, todavía enfrentados, a lo que había que unir la desorientación de los monárquico-dinásticos ante un Estado republicano. El liderazgo nacionalista era visto por el resto de esas fuerzas como el baluarte del orden social y religioso existente frente a una Segunda República que tenía a gala ser un vendaval democrático, en un nuevo episodio del secular enfrentamiento entre tradición y modernidad. De modo paralelo al proceso de elaboración estatutario, se produjo el electoral a las Cortes constituyentes republicanas, al que acudieron todas

218 Decreto de 8 de diciembre de 1931, confiriendo a las Comisiones Gestoras de las Diputaciones de Álava, Vizcaya, Guipúzcoa y Navarra, la misión de dirigir los trabajos para formular el proyecto o proyectos de Estatuto o Estatutos en los cuales se fijen y regulen las facultades autonómicas que, como ampliación a las ahora vigentes en dichas provincias, se les pudiera conceder con arreglo a la Constitución. *Gaceta de Madrid,* 09/12/1931, núm. 343, pp. 1550-1551.

219 ARBELOA, Víctor Manuel: *op. cit.,* p. 23. CORCUERA, Javier: *op. cit.,* p. 206.

las derechas vascas unidas en una candidatura denominada indistintamente como católico-fuerista o defensora del Estatuto, que logró el 56 % de los votos, frente al 44 % del bloque republicano-socialista, lo que evidenciaba el apoyo democrático a la tradición. Antes de salir para Madrid, los diputados fueristas-estatutistas celebraron un mitin en la Casa de Juntas de Guernica, so el árbol, en el que se pudo escuchar al nacionalista Aguirre amenazar con que implementarían de todas maneras lo que las Cortes no les dieran y al *mellista* Marcelino Oreja Elósegui defender que el derecho a la autonomía vasca era muy anterior a la construcción del Estado español[220].

El proyecto de Estatuto de 1931 fue votado el 14 de junio en Estella, a donde acudieron representantes del 78 % de los ayuntamientos, municipios que, no obstante, contaban solo con aproximadamente la mitad de la población vasco-navarra, no estando representada ninguna de las cuatro capitales provinciales. El texto de la SEV sometido a votación pretendía, por primera vez en la historia, articular una entidad unitaria vasca, pero seguía siendo profundamente provincialista, hasta el punto de definir a las juntas vascongadas y cortes navarras como cotitulares del futuro parlamento vasco en todas aquellas materias que fueran competencias de los territorios. Confirmaba así las autonomías provinciales existentes, otorgando a sus instituciones el derecho de veto sobre los planes unitarios. Cada legislativo provincial elegiría un número igual de representantes en el legislativo unitario, al igual que en el ejecutivo, independientemente de la población de cada territorio, pese a que sus diferencias poblacionales eran notables, lo que invalidaba el precepto democrático de la igualdad de voto de los ciudadanos de la región vasca. El peso de las provincias quedaba, además, reflejado en que las relaciones financieras con el Estado se regirían por los Conciertos Económicos de cada provincia. Tal articulado fue aprobado, aunque enmendado por la asamblea en un sentido aún más foralista. Se introdujo un preámbulo en el que se expresó que la aprobación de dicho estatuto no significaba la renuncia a la restauración foral plena, es decir anterior a la ley de 1839, lo que para el PNV suponía salvaguardar su planteamiento soberanista, y se aceptó, a requerimiento carlista, que

220 MOLINA APARICIO, Fernando: «La autonomía de la política. El problema vasco y los proyectos de autogobierno durante la Segunda República (1931-1936)», en CASTELLS ARTECHE, Luis y CAJAL VALERO, Arturo (eds.): *La autonomía vasca en la España contemporánea (1808-2008)*, Madrid, Marcial Pons, 2009, pp. 228-232. OREJA AGUIRRE, Marcelino: *op. cit.*, p. 19.

los organismos forales pudieran ser elegidos según los sistemas forales tradicionales, lo que implicaba a su vez otro déficit democrático no solo para los legislativos provinciales, sino también para los órganos comunes vascos. Estas carencias se agrandaban con la limitación de los derechos políticos de los inmigrantes que llevaran menos de diez años residiendo en alguna de las provincias, lo que consagraba dos tipos de ciudadanía. Por último, el Estado autónomo vasco se reservaba las competencias con la Santa Sede, con la que podría establecer un concordato distinto al de España. El contenido de esta última enmienda no fue suficiente para que la totalidad de *mellistas* e integristas apoyaran finalmente el proyecto estatutario. En los primeros, el ascendente de Pradera, quien sería fusilado cinco años después, y en los segundos, el de Juan de Olazábal y Ramery, asesinado en el asalto a Los Ángeles Custodios, igualmente un lustro más tarde, fue determinante para no secundar el *Estatuto de Estella*.

Pese a tales defecciones, la reacción al laicismo de la Segunda República, así como el foralismo y el provincialismo del proyecto estatutario, hicieron posible el apoyo carlista, suscitando alguna comprensión del joven Araluce, pero limitada a esos extremos, ya que se encuadraba en un tradicionalismo no coincidente con la línea política seguida por el *jaimismo*. A finales de aquel año, Juan Mari vio el retorno de *mellistas* e integristas a la casa común carlista, propiciada por la muerte de Jaime III. El nuevo pretendiente, Alfonso Carlos, retomó la Comunión Tradicionalista, que en seguida no solo desconfió de la vía estatutaria inaugurada en Estella, sino aún más del segundo proceso autonomista, el impulsado por unas comisiones gestoras nombradas por el gobierno republicano, que había ganado muchas posibilidades de triunfar al constatarse que el primero era inviable con la Constitución republicana española, promulgada en la *Gaceta de Madrid* el 10 de diciembre de 1931. Dicha carta magna soldó conceptualmente la democracia con el liberalismo. Su articulado insistió en el sufragio universal, extendido por primera vez a las mujeres, para la elección de los organismos representativos e, incluso, apostó por la democracia directa, mediante los referéndums[221]. El artículo 17.º negó a «las regiones autónomas» poder

221 CORCUERA, Javier: *op. cit.*, pp. 207-211. MONREAL ZIA, Gregorio y JIMENO ARANGUREN, Roldán: «El Concierto Económico: Génesis y evolución histórica», *Iura Vasconiae*, 6 (2009), p. 682. GRANJA SAINZ, José Luis de la: *op. cit.*, p. 25. MOLINA APARICIO, Fernando: *op. cit.*, p. 231. ROBLES, Cristóbal: *op. cit.*, p. 447. VARELA SUÁREZ-CARPEGNA, Joaquín: *op. cit.*, pp. 467-468.

regular «ninguna materia con diferencia de trato entre los naturales del país y los demás españoles». Y entre las competencias exclusivas del Estado, según el artículo 14.º, estaba la relación con las diversas iglesias, explicitando en el 3.º que «el Estado español no tiene religión oficial»[222]. El denominado *Estatuto de Estella* era de una manera flagrante inconstitucional.

A principios de 1932, una comisión designada por las gestoras y formada por cuatro republicanos, tres socialistas, un *peneuvista*, un católico-fuerista y un independiente, redactó el proyecto de Estatuto de las Gestoras, que fue aprobado por los ayuntamientos alaveses, guipuzcoanos y vizcaínos, pero rechazado por los navarros, en una asamblea de municipios celebrada en Pamplona el 19 de junio, con lo que el viejo reino se decantaba por mantener su propia vía autonómica. En la defección de Navarra, fue decisiva la nueva línea política impulsada por la CT del pretendiente Alfonso Carlos, secundada por la feroz oposición de Pradera. Tampoco, la derecha monárquico-dinástica apoyó de una manera decidida el proyecto elaborado bajo la dirección de las gestoras republicanas. Tanto los carlistas como los *alfonsinos* habían perdido de hecho su principal aliciente para respaldarlo: la autonomía religiosa del País Vasco. Con ello, el segundo Gobierno Azaña, conformado por republicanos de izquierda y socialistas, no solo logró fracturar el bloque fuerista, sino incorporar al PNV en el segundo proyecto estatutario[223]. Ese mismo mes de junio, cuando Juan Mari Araluce cumplió los quince años, se adivinaban ya los dos bloques que cuatro años más tarde se combatirían en la Guerra Civil.

El decreto republicano del 8 de diciembre de 1931 y la Constitución votada por las Cortes al día siguiente habían establecido detalladamente el proceso estatutario con el objetivo de no incurrir en el error que había alumbrado el inconstitucional *Estatuto de Estella*. Pese a ello, la iniciativa autonómica fue de nuevo conferida en primera instancia a los municipios, lo que mostraba la huella dejada por el movimiento de Aguirre, aunque el articulado del proyecto fue elaborado por la comisión designada por las gestoras de las diputaciones, sustanciándose de esa manera el control del proceso estatutario por las autoridades republicanas. El abandono de Navarra obligó a modificar el marco

222 Constitución de la República española... *Gaceta de Madrid,* 10/12/1931, núm. 344, pp. 1578-1579.

223 GRANJA SAINZ, José Luis de la: *op. cit.*, pp. 29-32. ROBLES, Cristóbal: *op. cit.*, p. 449. CORCUERA, Javier: *op. cit.*, p. 213.

geográfico de aplicación y a convocar una nueva asamblea general, ahora solo vascongada, que reunida en Vitoria el 6 de agosto de 1933 aprobó el proyecto de Estatuto de las Gestoras, con ningún municipio vizcaíno y solo dos guipuzcoanos en contra, pero con veintiséis alaveses opuestos, frente a cuarenta y un a favor, lo que suponía que más de un tercio de los ayuntamientos de la provincia meridional eran refractarios al proceso unitario. El proyecto estatutario debía finalizar, antes de su aprobación definitiva por las Cortes españolas, con un referéndum ratificado por las dos terceras partes del censo electoral, computados como un ente regional; es decir, cabía la posibilidad de que se alcanzase tal umbral, pero que en alguna provincia no se llegase al 50 %. Eso fue exactamente lo que ocurrió, lo que en cualquier caso no invalidaba el resultado, según establecía el tenor literal del texto constitucional[224]. Según los datos oficiales, el proyecto fue refrendado por el 89,5 % de los guipuzcoanos con derecho a voto y el 88,4 % de los vizcaínos, mientras que solo lo fue por un 46,4 % de los alaveses, pero dado que la población de las dos primeras provincias era mucho mayor que la de la tercera, el conjunto del censo electoral vascongado, un 84 %, refrendó la consulta. Pero fue un plebiscito, que, ante la ausencia de interventores electorales de los partidos, prohibidos por el gobierno, concitó desde muy pronto acusaciones de fraude, ya que no cumplió con los requisitos democráticos exigibles, porque la labor de control quedó en manos de una parte, en concreto de STV, el sindicato próximo al PNV. Más de mil *solidarios* tomaron parte activa en el referéndum, actuando de interventores únicos en las mesas electorales. Hubo «pucherazos», especialmente en Guipúzcoa y Vizcaya.

La exitosa estrategia republicano-socialista respecto al estatuto de autonomía, pese al complicado resultado y a las dudas sobre su limpieza, había pasado por regionalizar, rehuyendo el provincialismo, y por evitar cualquier anclaje con la foralidad. El proceso estatutario, tal como había explicitado el dirigente socialista vasco Indalecio Prieto Tuero, debía surgir de la voluntad democrática de los habitantes del territorio *regionalizable,* no por invocación de unos derechos históricos basados en la foralidad. Por ello, el PSOE se había opuesto frontalmente al *Estatuto de Estella*, ofreciendo Prieto un nuevo Estatuto vasco, esta

224 El considerando segundo del artículo 12.º de la Constitución republicana de España, señalaba: «Que lo acepten [el proyecto estatutario], por el procedimiento que señale la ley Electoral, por lo menos las dos terceras partes de los electores inscritos en el Censo de la región».

vez constitucional. La oferta gubernamental no cayó en saco roto, llevando a los *jeltzales* a realinearse, pasando así de la hostilidad al entusiasmo por la Segunda República, al comprender que el estatuto vendría de las manos de las izquierdas[225], lo que les llevaría a romper con sus antiguos aliados.

El *Estatuto de las Gestoras* supuso un paso adelante en la configuración de una unitaria organización jurídico-política vasca por encima de las provincias. El País Vasco, o Euzkadi, o Euskalerria, como múltiplemente denominaba al ente resultante, quedaba configurado como un régimen parlamentario, elegido por sufragio universal y directo, en distrito único, no mediante el sufragio tradicional, aunque la mitad de tal cámara sería votada por el electorado de cada provincia. Pese a tal limitación, que revelaba el poder provincial, establecía un novedoso titular de tal régimen: el pueblo vasco. Y por supuesto no admitía diferencias entre los vascos nacidos y los inmigrantes de fuera[226], ni competencias exclusivas en materia religiosa, alejando el peligro de un *Gibraltar vaticanista*, como había denunciado el propio Prieto. Este segundo proyecto estatutario era, pues, plenamente constitucional. Los postulados del Gobierno republicano-socialista habían triunfado, pero cuando fue plebiscitado entre los vascongados, el 5 de noviembre de 1933, había ya otra mayoría, esta vez de centroderecha, en las Cortes y otro ejecutivo al frente de España, en un movimiento pendular democrático.

Pese al triunfo de las tesis republicano-socialistas, el proyecto de Estatuto vasco de 1933 mantuvo, no obstante, algunas referencias foralistas, como la salvaguardia foral, que habían contentado al PNV, rentabilizando su participación en el proceso y la activa implicación de los *solidarios* en la jornada de votación. También, los alfonsinos, o al menos los herederos de los *transigentes*, aquellos que habían aceptado la ley de 1876, podían conformarse por el mantenimiento de los Conciertos Económicos. No así, la CT, pese a la recuperación del

225 CORCUERA, Javier: *op. cit.*, pp. 212-214. GRANJA SAINZ, José Luis de la: «Cinco años de República en Euskadi», *Historia Contemporánea*, 1 (1988), p. 103. FUSI, Juan Pablo: *op. cit.*, pp. 175 y 58. MOLINA APARICIO, Fernando: *op. cit.*, p. 236. AZAOLA, José Miguel de: *op. cit.*, p. 330. SALA GONZÁLEZ, Luis: *Indalecio Prieto. República y socialismo (1930-1936)*, Madrid, Tecnos, 2017, pp. 166-167.

226 CORCUERA, Javier: *op. cit.*, pp. 214-217. GRANJA SAINZ, José Luis de la: *El Estatuto Vasco de...*, pp. 35-36. MOLINA APARICIO, Fernando: *op. cit.*, p. 238.

topónimo tradicional Euskalerria y al poder provincial. Todo ello sería valorado por un Juan Mari Araluce que ya contaba con dieciséis años e iba formándose en sus estudios de derecho en la Universidad de Deusto, cuya continuidad, a través de la Academia Vizcaína de Cultura, aseguraba la victoria electoral de la centroderecha.

Las elecciones celebradas el 19 de noviembre de 1933 dieron la victoria a la derechista CEDA y a los republicanos centristas —los antiguos radicales del régimen monárquico—, dando paso a una segunda legislatura muy diferente a la primera. En las nuevas Cortes, el proyecto estatutario vasco quedó varado por la cuestión alavesa. A lo largo de los dos años siguientes, se asistió al intento del carlismo y de la derecha de retirar a Álava del proceso autonómico vasco, basándose en la escasa votación de sus habitantes en el referéndum, lo que, sumado a los votos contrarios, superaba a los afirmativos: un 41,5 % del electorado alavés se había abstenido en el plebiscito y un 12 % lo había hecho en contra. Al día siguiente del registro de entrada en las Cortes del *Estatuto de las Gestoras*, el diputado tradicionalista José Luis de Oriol presentó un escrito sosteniendo que en esa provincia no se había conseguido un porcentaje suficiente de sufragios afirmativos en el referéndum, pese a que la Constitución lo exigía de toda la región autónoma. En los primeros meses de 1934, las Cortes debatieron el problema, rechazando la propuesta de retirar automáticamente a Álava del proceso estatutario, pero también la de la permanencia sin ningún trámite más como pretendió el PNV, quedando la situación en una indefinición, de la que ni siquiera lo sacó la recomendación de la comisión de estatutos de celebrar un nuevo referéndum en Álava. Dicha consulta nunca se llevó a cabo, lo que calibra el atolladero democrático en el que se había caído. En cambio, alimentó la ruptura entre el PNV y las derechas, convirtiéndose esta separación en un «abismo infranqueable», el mismo en que dos años después se fracturaría el País Vasco.

Los tradicionalistas alaveses lograron que el presidente de la gestora de la diputación, el republicano centrista Luis Dorao Merino, convocase una asamblea de municipios, con presencia de cuarenta y ocho de los setenta y siete ayuntamientos de la provincia, que designó una ponencia constituida por republicanos, carlistas y otros derechistas que redactaron una Carta Foral de Álava, terminada en enero de 1936. Se trataba de un proyecto de autonomía provincial, anclado en la foralidad. En ella, se restauraban las juntas generales con posibilidad de elección indirecta y permitiendo el sufragio tradicional, no democrático. El único vínculo supraprovincial que la Carta Foral de Álava estaba dispuesta a admitir, y siempre de manera circunstancial y no permanente, era mediante la celebración de Conferencias con los representantes de las otras provincias[227], como había ocurrido en los últimos años del antiguo régimen foral y en la foralidad decimonónica. El carlismo alavés daba forma así a una campaña que contraponía los fueros al estatuto, con una Navarra que no se había sumado al proceso unitario vasco y con una Álava que amenazaba con hacer lo mismo. Campaña que llegó hasta la Guerra Civil, con los requetés navarros y alaveses gritando «¡Fueros sí, Estatuto no!», en su avance militar por Guipúzcoa y Vizcaya.

Para entonces, cuando se inició la Guerra Civil y cuando Juan Mari Araluce se escondió en la carbonera de Zalvidea, la contraposición entre la vía estatutaria y la foral de cara a la autonomía era un hecho, que enfrentaba al PNV y a la CT, posicionándoles en bandos diferentes en la conflagración, pese a su común anhelo autonómico. Años después, Araluce tendría tiempo de hablar de aquellos sucesos con el hijo del diputado tradicionalista que había paralizado el estatuto vasco, con su compañero en la UNE y en la Hermandad de Alféreces Provisionales, además de colega en la aspiración *estorila*, Antonio María de Oriol, hermano menor de José María, su compañero de natación en el Real Sporting Club.

Antes de recluirse en la carbonera, unas nuevas elecciones democráticas, celebradas el 16 de febrero de 1936, habían dado el triunfo a la izquierda, en un nuevo movimiento pendular, dando paso a una tercera legislatura republicana, muy diferente a la segunda y más parecida a la primera. El triunfo del Frente Popular, en un clima de creciente enfrentamiento civil, relanzó la reivindicación estatutaria unitaria, aunque, más que para encauzar una demanda popular, primó la estrategia de apuntalar una alianza. De hecho, en aquella primavera de 1936, la resolución del proceso autonómico vasco permitiría al PSOE integrar al PNV en el bloque republicano, tras su definitiva ruptura con la derecha. El PNV votó con el PSOE la destitución del derechista Alcalá-Zamora como presidente de la República y su sustitución por Azaña, mientras Prieto impulsaba de nuevo la tramitación parlamentaria del estatuto vasco. La nueva comisión de

227 GRANJA SAINZ, José Luis de la: *op. cit.*, p. 43. CORCUERA, Javier: *op. cit.*, p. 214. PABLO CONTRERAS, Santiago de: *op. cit.*, pp. 89 y 92-93. GRANJA SAINZ, José Luis de la: «Cinco años de República...», pp. 103-106.

estatutos, presidida por el propio Prieto y con Aguirre como secretario, validó el 12 de mayo el resultado del plebiscito en Álava, sin recurrir a un nuevo referéndum en la provincia meridional. El dictamen del nuevo proyecto estaba concluyéndose cuando se produjo el alzamiento militar. El comienzo de la guerra y la voluntad socialista de integrar al PNV en el Gobierno Largo Caballero, que se sustanció con la incorporación de Manuel de Irujo Ollo, la primera vez que un *jelkide* entraba en un gobierno de España y con el abandono de Luis Arana del partido, llevaron a las Cortes a declarar de urgencia la tramitación del proyecto el 1 de octubre de 1936, aprobándose por aclamación el dictamen de la comisión el día 6, siendo publicado el Estatuto del País Vasco en la *Gaceta de Madrid* al día siguiente[228]. Para entonces, Juan Mari Araluce llevaba casi tres meses escondido.

El Estatuto Vasco había llegado finalmente a puerto en un proceso en el que había dejado en la gatera gran parte de su inspiración foral. De hecho, no reconocía ningún mínimo de facultades provinciales, que serían en todo caso las que no se atribuyeran los órganos comunes vascos. El parlamento del País Vasco, única denominación que incluyó el Estatuto aprobado, se elegiría por sufragio universal y directo, en un voto con igual poder entre todos los vascongados, independientemente de si eran alaveses, guipuzcoanos o vizcaínos. Tampoco el gobierno resultante debía contentar criterios territoriales[229]. Sin embargo, la Guerra Civil trastocaría los planes. Según las disposiciones transitorias del Estatuto aprobado, el lehendakari sería elegido por los concejales que «puedan emitir libremente su voto», un eufemismo que hacía referencia fundamentalmente a aquellos ediles de los municipios que en octubre no habían sido tomados por los alzados, prácticamente solo los vizcaínos. De hecho, el parlamento vasco regulado en el Estatuto nunca vería la luz. El texto había previsto que el primer legislativo vasco de la historia se constituiría mediante la reunión de las tres diputaciones provinciales, pero dos de ellas, las de Álava y Guipúzcoa, tenían prácticamente todo su territorio en poder de los sublevados. En suma, el período transitorio sí había sido concebido con un fuerte componente provincial, de indudable raigambre foralista, que alcanzaba al hecho de que las provincias tendrían preservada su propia autonomía con

228 MOLINA APARICIO, Fernando: *op. cit.*, p. 242. CORCUERA, Javier: *op. cit.*, p. 217. GRANJA SAINZ, José Luis de la: «El Estatuto, el Gobierno...», p. 96.

229 MOLINA APARICIO, Fernando: *op. cit.*, p. 243. CORCUERA, Javier: *op. cit.*, p. 218.

respecto al órgano regional unitario[230], extremo en el que hasta Prieto había insistido.

Pese a hablar de una Hacienda vasca, el Estatuto confirmaba los Conciertos Económicos de las tres provincias. De hecho, la Segunda República, ya en su primera legislatura, había aceptado tales instrumentos económicos, mediante una ley aprobada el 9 de septiembre de 1931, que revalidó varios decretos del primer gobierno provisional, el presidido por Alcalá-Zamora con Prieto de ministro, que expresaron su respeto a las competencias tradicionales de las provincias y a su peculiar régimen de relaciones con el Estado. El propio Prieto escribió en la prensa en julio de 1936 que el Estatuto podía concederse manteniendo el Concierto Económico, ya que «sería incongruencia absurda que para ampliar la autonomía se empezara a destruir la autonomía ya existente». La posición del dirigente socialista, quien se había opuesto al *Estatuto de Estella* por su invocación foralista, al no admitir más título que la voluntad democrática para aspirar a la autonomía, no estaba exenta, pues, de contradicciones, al admitir la subsistencia de las autonomías provinciales y la dimensión neoforal, porque «lo sugiere la conveniencia de que ninguna de las actuales provincias se sienta sojuzgada por otra». Tal reconocimiento de la «tradición vascongada», tuvo poco más de un mes antes una formulación en el Coliseo Albia, donde explicitó su «veneración» por la historia foral del País Vasco[231]. Prieto recogía así la herencia de los liberales *transigentes.*

La fracasada tentativa de no reconocer la neoforalidad en el debate estatutario de las Cortes tuvo un protagonista: José Calvo Sotelo, quien había sido ministro de Hacienda en la dictadura de Primo de Rivera y durante la cual había polemizado con el tradicionalista Pradera. Calvo Sotelo sería asesinado el 13 de julio de 1936 por un militante socialista que desempeñaba labores de seguridad para Prieto. Un mes antes se había adherido sin titubeos a la sublevación en ciernes que urdían los militares. En la tramitación parlamentaria del estatuto, había considerado incompatible aspirar a un estatuto unitario vasco y a la vez querer mantener los Conciertos Económicos de cada una de las tres provincias, anunciando la contraposición conceptual entre lo foral, ahora en su neodimensión, y el estatuto. Antes, en el frontón Urumea, en San

230 Ley relativa al Estatuto Vasco, de 6 de octubre de 1936. *Gaceta de Madrid,* 07/10/1936, núm. 281, pp. 211-214.

231 CLAVERO, Bartolomé: *Fueros vascos. Historia en tiempos de constitución,* Barcelona, Ariel, 1985, p. 57. SALA GONZÁLEZ, Luis: *op. cit.*, pp. 372-375.

Sebastián, había exteriorizado la célebre frase que condensaba la virulencia del enfrentamiento de la derecha contra el PNV: «¡Antes una España roja que una España rota!»[232].

En 1936, las derechas acudieron a las elecciones divididas, pese a tener casi todas ellas una genealogía común ideológica, enraizada en la seminal revista *Acción Española* de Maeztu. Esta, que empezó como una sociedad cultural, terminó siendo el órgano de expresión de un nuevo tradicionalismo ideológico, pretendiendo sistematizar el hecho religioso, católico, como legitimador de la praxis política. Sus impulsores aspiraban a mantener incólumes las instituciones tradicionales, como la familia, la educación bajo parámetros religiosos, la monarquía y la iglesia, mientras que participaban del desarrollo de uno de los rasgos que la modernidad había traído, el capitalismo económico, por lo que tal planteamiento se ha conceptualizado como neotradicionalismo. Ante la crisis profunda del Estado liberal que había arrancado en 1812, proponían un nacionalismo ensamblado en el catolicismo. Porque, como ha explicado el historiador Pedro Carlos González Cuevas para *Acción Española,* España era inexplicable sin su componente católico y su supervivencia nacional estaba condicionada a la continuidad del *espíritu* católico en el seno de la sociedad.

Para ello, Maeztu apostaba por recobrar ideológicamente la hegemonía sobre una sociedad que había permitido que el Estado cayera en manos revolucionarias, como consideraba que ocurría con la Segunda República. De ahí la importancia de contar con una revista y ser a la vez una sociedad cultural que impartiese conferencias por todo el ámbito nacional, difundiendo la actualización del pensamiento tradicionalista hispánico, en una suerte de neotradicionalismo, que, aceptando la modernidad ineludible en su faceta económica, pusiera fin al liberalismo político y a la evolución democrática de este. *Acción Española* publicaría 88 números hasta su desaparición, en julio de 1936, pero solo contaría con una difusión media de unos 2000 ejemplares, alcanzando como punta en 1934 algo menos de 3000 suscriptores, lo que en cualquier caso evidenciaba su limitada capacidad de influencia en la sociedad.

Conscientes de ello, la estrategia de los intelectuales reunidos en *Acción Española* no se limitó a la difusión ideológica, sino que también

232 GONZÁLEZ CUEVAS, Pedro Carlos: *Acción Española. Teología política...*, pp. 102 y 330. GIBSON, Ian: *La noche en que mataron a Calvo Sotelo,* Barcelona, Argos Vergara, 1982, p. 124. GRANJA SAINZ, José Luis de la: *El Estatuto Vasco de...*, pp. 51. GRANJA SAINZ, José Luis de la: «Cinco años de República...», p. 106.

pasó por la conspiración contra la Segunda República, planteándose el uso de la fuerza y postulándose como la élite de una futura dictadura militar, aunando la «inteligencia y la espada», como dijo Maeztu. Entre los mentores y colaboradores de *Acción Española*, estuvieron el conde de Rodezno, Areilza, Calvo Sotelo y Pradera. Entre sus financiadores, el marqués de Arriluce, Gandarias, y José Luis de Oriol y su hijo Lucas María, evidenciando el apoyo a *Acción Española* de la alta burguesía vizcaína. Entre sus suscriptores, Arauz de Robles y Francisco Franco. Y entre sus protectores, el propio Alfonso XIII y su heredero, Juan de Borbón. El rey destronado llegaría a decir que si *Acción Española* hubiese aparecido cinco años antes no habría caído su Monarquía.

Pese al carácter sincrético de *Acción Española*, que aspiraba a ser el crisol de toda la derecha, su marcada oposición a que esta terminase acatando el régimen republicano, impidió que lograra la unificación de toda ella, restando sus posibilidades para vencer democráticamente a la izquierda en las elecciones de febrero de 1936. El historiador Julio Gil Pecharromán ha establecido una clasificación de aquella derecha estableciendo cinco grandes corrientes, que lastraban su unidad. La mayoritaria, definida por su catolicismo político, estaba representada por la Confederación Española de Derechas Autónomas (CEDA), dirigida por José María Gil-Robles y Quiñones, bajo la tutela del periodista y jurista Ángel Herrera Oria, quien había estudiado en el Colegio de Estudios Superiores, regido por los jesuitas en Deusto. Pero, dicha corriente política contaba con su propio órgano de expresión, el diario *El Debate*, dirigido por el propio Herrera Oria, y con la poderosa labor proselitista de la Asociación Católica Nacional de Propagandistas (ACNP), también presidida por Herrera. Los jesuitas habían protagonizado la fundación de los *propagandistas* para impulsar la labor de Acción Católica.

El ideario de Gil-Robles, formado políticamente en la ACNP y el PSP de Pradera, sometía a una crítica radical al régimen demoliberal de la Segunda República, apostando por su sustitución evolutiva por otro corporativo, en el que era inmediatamente necesaria la constitución de una segunda cámara parlamentaria que no fuera elegida por sufragio universal y sirviera de contrapeso a las democráticas Cortes existentes. A partir de ahí, su planteamiento de máximos pretendía instaurar una dictadura civil, confesional y corporativa, evidenciando la deriva autoritaria de la derecha política heredera del liberalismo decimonónico. Pero, en su opinión, tal camino podía desarrollarse bajo un régimen republicano, pese a que la mayoría de sus seguidores eran monárquicos, fieles a la rama Borbón alfonsina. Por ello, los dirigentes de la CEDA, entre los que también se encontraba el futuro carlista José María Valiente, acataron el régimen republicano, siguiendo las directrices políticas propugnadas por León XIII, e impusieron entre sus seguidores el denominado *accidentalismo*, según el cual se podía actuar legalmente en el sistema republicano.

Todo ello mostraba su origen, la plataforma electoral de Acción Nacional, antecedente de Acción Popular (AP), el embrión de la CEDA, que lideró la actuación política de esa derecha, mientras que la dimensión social de la misma fue protagonizada por Acción Católica. Esta última asociación, existente desde la década de los años veinte, ofrecía a los seglares un campo de actuación en la tarea pastoral evangelizadora, aunque siempre bajo la dependencia jerárquica de la Iglesia. Acción Católica había sido el fruto europeo del movimiento católico impulsado por el último papa mencionado y por su sucesor Pio X para restaurar la influencia de la Iglesia en la vida pública ante el hecho de la modernización de un mundo crecientemente secularizado por culpa del liberalismo, donde la Iglesia había perdido su dominio; incluso a nivel geográfico, al ser despojada de sus territorios por la Monarquía liberal de los Saboya que había unificado Italia.

Si Acción Católica aceptaba el *posibilismo* ante la Segunda República, AP convivió con dos visiones diferentes. Una coincidía con la estrategia del *accidentalismo* ante la Segunda República, mientras que la otra estaba conformada por los monárquicos irreductibles que se negaban a aceptar tal régimen y aspiraban a la Restauración alfonsina en la figura de su antiguo rey o de su heredero Juan de Borbón. Este segundo sector no tardaría en escindirse de AP, dando lugar a Renovación Española (RE), fundada en enero de 1933, siendo el exponente de la segunda corriente derechista, aquella que agrupó el conservadurismo monárquico, que, aunque también procedía del liberalismo dinástico, abrazó el neotradicionalismo de *Acción Española* que se convertiría a su vez en el precedente del doctrinarismo franquista. Su gran líder fue Calvo Sotelo, quien llegó a ser el portavoz en las Cortes de todas las derechas, desplazando a Gil-Robles, y quien propugnó sin éxito un Bloque Nacional bajo su égida. RE hundía sus raíces en la dictadura de Primo de Rivera y aspiraba a acabar por la fuerza con la Segunda República. Para ello alentó las tramas golpistas entre los oficiales del Ejército y patrocinó económicamente al fascismo. En Vizcaya, el presidente y principal animador de RE fue Areilza, el primer alcalde de Bilbao tras la entrada de los requetés y del ejército franquista.

RE se presentaba como una tercera vía, capaz de atraer por un lado al catolicismo político englobado en la CEDA y por otro al tradicionalismo carlista. Este último movimiento, la tercera corriente derechista, tenía en la CT a su baluarte, que, tras la muerte de Jaime III, estaba ya dirigida por Alfonso Carlos, quien de joven se había alistado en un regimiento de Zuavos, destacamento militar conformado por católicos solteros que infructuosamente habían defendido con las armas la integridad territorial de los Estados Pontificios. La CT de Alfonso Carlos, que había atraído de nuevo a *mellistas* e integristas a su seno, preparaba la insurrección contra la Segunda República, a través del Requeté, con el propósito de restaurar la monarquía en la rama Borbón carlista.

Sin embargo, dentro del carlismo, había otras tesis sobre el candidato al trono. Era el caso del *mellista* Víctor Pradera, ajeno siempre al núcleo central carlista, quien había sido diputado en dos ocasiones por Tolosa, defendiendo los intereses fabriles guipuzcoanos, signos de la modernidad, y ganándose por tanto el apoyo de los liberales de la villa. El parlamentario fue un decidido partidario de la unión de las derechas, formando parte de la primera directiva de Acción Nacional, la precursora de AP, junto al conde de Rodezno, y luego del comité ejecutivo del Bloque Nacional de Calvo Sotelo, pese a sus diferencias con este. Pradera priorizaba la actuación conjunta con los *alfonsinos*, ya que entendía que la cuestión dinástica había pasado a un segundo plano, con un octogenario al frente de la CT, como lo era Alfonso Carlos, que además no tenía hijos. Asumía que la vieja rivalidad entre las dos ramas de los borbones había sido superada, haciendo de Alfonso XIII el rey legítimo carlista, adelantando en el tiempo la opción *estorila*. Se consideraba un precursor del neotradicionalismo de *Acción Española*, siendo un defensor del capitalismo y de la unidad nacional. Una nación, que se alzaba sobre los tres órganos naturales de la sociedad: la familia, el municipio y la región, siguiendo a su maestro Vázquez de Mella y su visión corporativa: «El sufragio no es más que un acto de *animalidad gregaria*». Al ensalzar la nación y arrastrar al carlismo en esa concepción, su enemigo era el nacionalismo vasco que había interpretado los fueros como un código de soberanía, cuando en su opinión eran «el gran título de amor de Vasconia a España». Partidario de los Conciertos Económicos, polemizando con Calvo Sotelo, entendía de una manera historicista los regímenes forales vascos, como un sistema político-jurídico de base provincial, exponiendo en *El Estado Nuevo*, su mayor trabajo doctrinal, publicado por primera vez por entregas en *Acción Española*, el rechazo a la concepción etnicista de Sabino Arana y a su pretensión unitaria vasca: «No hay relación obligada entre la raza y su organización política». Y sentenciaba: «La raza más diminuta, la vasca, es el más elocuente testimonio de lo dicho. No hay la menor semejanza entre las instituciones y organización tradicionales de Álava, Guipúzcoa, Navarra y Vizcaya. ¿Cuáles serían entonces las propias de la raza?».

El 6 de enero de 1932, Alfonso Carlos I, que no había adoptado el numeral XII en un gesto de conciliación con la rama rival, firmó un manifiesto, escrito por Rodezno, en el que se mostraba abierto a la transacción con el destronado Alfonso XIII, siempre que este asumiera los principios tradicionalistas. Este último respondió, rechazando el liberalismo constitucional y, en consecuencia, la conversión de su dinastía a los principios gaditanos. Ambos reyes sin trono suscribieron un acuerdo, justificado por la necesidad de unión frente a los *horrores del comunismo,* sustanciado en un comité para la restauración monárquica de acuerdo con las directrices del *credo tradicionalista.* Sin embargo, aquellas negociaciones se truncaron para decepción de Pradera y de Rodezno. La disensión principal radicó de nuevo en Calvo Sotelo y en su Bloque Nacional, propuesto tras la Revolución de Octubre de 1934. La iniciativa aglutinadora del dirigente de RE suscitó la desconfianza en la CT por el temor a que los *alfonsinos* terminaran encauzando para su propio beneficio al Requeté, el arma que el carlismo alimentaba para sublevarse contra la Segunda República. Por ello, Alfonso Carlos reculó y nombró a Manuel Fal Conde secretario general de la CT, un integrista contrario al pacto con los *alfonsinos* y representante del tradicionalismo más arcaico, sin ninguna concesión a la modernidad, ni siquiera en la aceptación del capitalismo, a diferencia de lo que había hecho el neotradicionalismo elaborado por *Acción Española.* De tal manera, que el 29 de junio de 1934, Alfonso Carlos publicó otro manifiesto en el que prometía no cometer «la inconsciencia de entregar las huestes leales (…) a la dirección de quienes no acertaron a comprender (…) el deber de reparar el daño inmenso de un siglo de liberalismo y de revoluciones». La unión de la derecha, pues, tendría todavía que esperar. Y esta se vería aún más lejana, el 23 de enero de 1936, cuando Alfonso Carlos, con ochenta y seis años, creó una Regencia para cuando muriese y colocó en ella a su sobrino Javier de Borbón-Parma. Meses antes de la Guerra Civil, no menguaba la distancia entre carlistas y *alfonsinos.*

También escribieron en *Acción Española,* decididos partidarios del Estado centralista, como los fascistas Ramiro Ledesma Ramos, dirigente de las Juntas de Ofensiva Nacional-Sindicalistas (JONS), constituidas en 1931, y Ernesto Giménez Caballero, destacado militante de esa formación, además de un entusiasta difusor de las vanguardias artísticas. Para Ledesma, asesinado en la Guerra Civil junto a Maeztu, el Estado debía fortalecer la unidad nacional, rechazando los planteamientos autonomistas. Para Giménez Caballero, aquel no habría de permitir ni la fragmentación, ni el federalismo, ni siquiera la autonomía política para ninguna de sus partes, situándose, pues, en las antípodas del tradicionalismo carlista. Este partido fascista confluyó en febrero de 1934 con Falange Española (FE), fundada por José Antonio Primo de Rivera, embarcándose en una espiral de violencia contra las organizaciones obreras, que, a la espera del ansiado levantamiento armado, revistió formas de terrorismo político, especialmente desde marzo de 1936, cuando su dirigente fue encarcelado, dos días después del atentado contra Jiménez de Asúa, antes de ser condenado a muerte por conspiración y rebelión militar, y fusilado ya iniciada la Guerra Civil, convirtiéndose en el caído por antonomasia del Nuevo Estado. Ledesma, incluso, había saludado la llegada de la Segunda República, celebrando la *subversión feliz,* sobre todo por su antimonarquismo profeso, máxime de una dinastía, la Borbón, a la que consideraba extranjera. También José Antonio sacó a sus seguidores a la calle bajo la bandera tricolor republicana para manifestarse contra la Revolución de Octubre y en su discurso del cine Madrid repudió a la monarquía, a la que consideraba «una institución gloriosamente fenecida». Todo ello evidenciaba los obstáculos ideológicos para la unión con otras fuerzas derechistas, no solo con la CEDA, sino especialmente con la tradicionalista CT y la neotradicionalista RE. De hecho, Primo de Rivera rechazó la integración de FE/JONS en el Bloque Nacional de Calvo Sotelo, cuyo manifiesto le pareció una «palabrería mal copiada del fascismo». José Antonio, que en octubre de 1934 se había hecho con el poder en FE/JONS, estableció las bases programáticas del partido, los célebres veintisiete puntos, en los que España era definida como una «unidad de destino en lo universal», mientras que el separatismo era calificado de «crimen», denunciando a la Constitución de 1931 como incitadora de la disgregación nacional. Para FE/JONS, no cabía en el futuro Estado ninguna concesión autonómica territorial, ni siquiera la derivada de la neoforalidad.

En cambio, sí aceptaba tales singularidades la última de las corrientes de la derecha, que procedía igualmente del monarquismo-dinástico, pero a diferencia de la CEDA era defensora de la democracia parlamentaria y había asumido plenamente la realidad republicana, más allá de aceptarla accidentalmente. Tal sector, cuyo máximo representante era Alcalá-Zamora, enraizaba su pensamiento en el liberalismo decimonónico sin presentar influencias del neotradicionalismo de *Acción Española*. Salvo este quinto sector ideológico, todos los demás se vieron inmersos tras el levantamiento militar en una gran coalición, aunque como meros compañeros civiles de la rebelión castrense, subordinándose a los militares que la protagonizaron. Fue además una unidad circunstancial, en la que los diferentes grupos se vieron obligados a resaltar sus elementos comunes: fundamentalmente su catolicismo y su rechazo frontal a la revolución comunista, primando su devoción a la unidad nacional. Solo dos de estas corrientes pudieron mantener una cierta autonomía en el Nuevo Estado, gracias a su aportación al esfuerzo militar, el único valor admitido por los dirigentes de la sublevación: los requetés carlistas y los falangistas que habían desarrollado su propia organización paramilitar en las algaradas contra las organizaciones obreras. Franco, tras vencer en una sorda pugna por la jefatura entre los militares rebeldes, supeditó los primeros a los segundos, mediante el decreto de unificación. Hubo otro sector derechista que aportó efectivos en la guerra, pero su escaso número fue obviado por los responsables militares sublevados. Se trataba de RE, que había mostrado su oposición a la continuidad de los Conciertos Económicos en un marco estatutario regional.

Todo ello evidenciaba la unidad circunstancial provocada por el alzamiento militar e incluso el fracaso de *Acción Española* a la hora de cohesionar a la derecha, especialmente en cuanto a los planteamientos de cómo debía sustanciarse territorialmente el neotradicionalismo que tenía a gala, cuando en sus páginas habían cabido desde un acendrado centralismo a planteamientos autonómicos basados en la foralidad[233].

233 GONZÁLEZ CUEVAS, Pedro Carlos: *op. cit.*, pp. 14, 356, 146-156, 281, 143, 275, 51-53, 300, 197, 261, 302, 269, 162-163, 268-269, 242-246 y 316. GIL PECHARROMÁN, Julio: *op. cit.*, pp. 20-23. ÁLVAREZ TARDÍO, Manuel: «José María Gil-Robles y Quiñones», Diccionario Biográfico Español. Real Academia de la Historia. https://dbe.rah.es/biografias/10687/jose-maria-gil-robles-y-quinones MONTERO GARCÍA, Feliciano: «La Acción Católica, Ángel Herrera y la Asociación Católica de Propagandistas», en CUEVA MERINO, Julio de la y MONTERO GARCÍA, Feliciano: *Laicismo y catolicismo. El conflicto político-religioso en la Segunda República,* Alcalá de Henares (Madrid), Universidad de Alcalá, 2009, pp. 159-165. MONTERO GARCÍA, Feliciano: «Origen y evolución de la Acción Católica Española», en CUEVA MERINO, Julio de la y LÓPEZ VILLAVERDE, Ángel Luis: *Clericalismo y asociacionismo católico en España: de la restauración a la transición: un siglo entre el palio y el consiliario,* Cuenca, Universidad de Castilla-La Mancha, 2005, pp. 133-134. CAVA MESA,

El posterior franquismo, que tomó su doctrina de *Acción Española*, seleccionó de esta sus posicionamientos más centralistas, admitiendo solo la última modalidad de la foralidad político-institucional en los territorios que se habían sumado desde el primer momento al nuevo régimen; es decir, en Álava y Navarra, con el Concierto Económico en la primera y el Convenio Económico en la segunda.

El 23 de junio de 1937, a los cuatro días de la toma de Bilbao, Franco abolió la neoforalidad en las dos provincias donde no había triunfado el golpe de Estado un año antes. El Nuevo Estado primaba las aportaciones ideológicas centralistas de los falangistas y las reservas al Concierto Económico del líder de RE, suprimiendo tales instrumentos autonómicos en Guipúzcoa y Vizcaya que habían conformado la última dimensión política-institucional foral en esas provincias. El decreto-ley del 23 de junio contenía un preámbulo justificativo que incidía en lo ocurrido en esas provincias al inicio de la Guerra Civil, frente a lo sucedido en Álava y Navarra:

> El sistema concertado que en materia económica rige en las Provincias Vascongadas, entraña un notorio privilegio con relación al resto del territorio nacional (...), no solo por la amplísima autonomía de que gozan en este respecto las Diputaciones de dichas provincias, sino por el menor sacrificio con que el contribuyente atiende en ellas (...). Olvidando muchísimos de los favorecidos por el Concierto esta prodigalidad (...), se alzaron en armas en Guipúzcoa y Vizcaya contra el Movimiento Nacional (...), correspondiendo así con la traición a aquella generosidad excepcional (...). Mientras la singularidad de régimen fiscal y administrativo sirvió en algunas provincias, como en la lealísima Navarra, para exaltar cada día más su sentimiento nacional y el fervor de su adhesión al común destino de la Patria, en otras, por el contrario, ha servido para realizar la más torpe política anti-española (...). Las mismas consideraciones imponen que el sistema vigente en la actualidad en la provincia de

---

María Jesús: «José María de Areilza y Martínez-Rodas», Diccionario Biográfico Español. Real Academia de la Historia. http://dbe.rah.es/biografias/7737/jose-maria-de-areilza-y-martinez-rodas

PRADERA, Víctor: *El Estado Nuevo,* Burgos, Editorial Española, 1937, pp. 283 y 137. GONZÁLEZ CUEVAS, Pedro Carlos: «Fascismo español y nacionalismo...», pp. 235-237 y 239. MINA, María Cruz: «Navarrismo», en BLAS GUERRERO, Andrés (dir.), *Enciclopedia del nacionalismo,* Madrid, Alianza, 1999, p. 526.

> Álava, continúe subsistiendo, porque ella no participó en acto alguno de rebeldía y realizó por el contrario aportaciones valiosísimas a la Causa Nacional[234].

Un día antes de promulgarse tal norma, Juan María Araluce se había alistado en el Tercio de Nuestra Señora de Begoña, partiendo al frente poco más de un mes después[235]. Iba a defender con las armas un régimen que había acabado en Vizcaya con el último vestigio foral en su dimensión político-institucional, algo que suponía un contrasentido con su ideología tradicionalista. De la de él y de muchos de sus camaradas vizcaínos con los que compartiría durante un año y tres meses los rigores de una guerra, sin que supusiera poco más que un alivio el reconocimiento que hacía el propio decreto-ley al hecho de que «tanto en Guipúzcoa como en Vizcaya, existen españoles de acendrado patriotismo»[236]. Sin embargo, la comparativa con navarros y alaveses, estimularía en él y en sus compañeros el afán por enmendar el hecho de que se habían incorporado tarde a lo que ya denominaban cruzada. Un aguijón que tampoco sería del todo ajeno a la intención de quien ideó tal decreto-ley, Francisco Franco, obligando a todos los sectores partidarios del mismo, incluidos los carlistas, a secundarle en todas sus decisiones, anticipando un caudillaje que sería asumido por muchos durante cerca de cuatro décadas.

El Tercio de Nuestra Señora de Begoña se había constituido cuando Juan Mari Araluce estaba escondido. En su génesis participó activamente el carlista navarro Jaime del Burgo, uno de los que impartió instrucción militar al Requeté, quien escogió tal nombre por la advocación católica hondamente sentida entre los tradicionalistas de Vizcaya y por estar vinculado a la foralidad de aquel territorio el santuario a ella dedicado. Pío X la había declarado patrona de Vizcaya en 1903, aunque desde cinco siglos antes existía constancia de la veneración en tal templo, reconstruido a principios del siglo XVI, de una talla a la madre de Dios en la anteiglesia de igual nombre, con Bilbao a sus pies, y hoy

234 Decreto-Ley de 23 de junio de 1937 (Gobierno del Estado), Fueros de las Provincias Vascongadas y Navarra, dejando sin efecto el Régimen concertado. *Boletín Oficial del Estado,* 24/06/1937, núm. 247, p. 2042.

235 Certificado de alistamiento..., APJAL. ARÓSTEGUI, Julio: *Combatientes requetés en la Guerra Civil española (1936-1939),* Madrid, La Esfera de los Libros, 2013, p. 499.

236 Decreto-Ley de 23 de junio de 1937... *BOE,* 24/06/1937, núm. 247, p. 2042.

anexada a la capital. El 15 de junio de 1835, en el curso del primer sitio carlista a la villa de Bilbao, Zumalacárregui había sido herido cuando observaba el desarrollo de las operaciones desde el balcón de una casona cercana. La herida, pese a ser leve, degeneró en una septicemia que mató al héroe carlista el día de San Juan, el 24 de junio, ochenta y dos años antes de que naciera ese mismo día Juan Mari. La basílica de Nuestra Señora de Begoña, de estilo gótico, pero con elementos renacentistas, tuvo además especial protagonismo en 1889 en las celebraciones del decimotercer centenario de la unidad católica de España, aquel que redundó en la cohesión del carlismo, cuando las prédicas en el templo se remataban con los siguientes versos:

> Ruja el infierno
> brama Satán
> la fe en España
> no morirá[237].

Sin embargo, cuarenta y siete años después, José Antonio Aguirre ascendió de madrugada el 7 de octubre de 1936 a la basílica de Nuestra Señora de Begoña, en el día en que se convertiría en el primer presidente del Gobierno vasco de la historia. Allí, prometió fidelidad a la fe católica, a las enseñanzas de la Iglesia, a su patria (Euzkadi) y a su partido político (el PNV), horas antes de acudir a Guernica [Gernika], so el árbol, a jurar, *ante Dios humillado*, su cargo de lendakari [lehendakari]. En ese casi medio siglo, que separaba cronológicamente el santuario de Begoña de la *fe en España* al de la *patria vasca,* había aparecido el nacionalismo vasco, cuyo fundador, Sabino Arana, quien había estudiado en el internado de los jesuitas en Orduña, hizo del primer elemento del lema de su partido, «Jaungoikua eta Lagizarra» (Dios y Ley Vieja), el epicentro de su pensamiento: «Si en las montañas de Euskeria, antes morada de la libertad, hoy despojo del extranjero, ha resonado por fin (...) el grito de independencia, solo por Dios ha resonado». Por tanto, el

237 ARÓSTEGUI, Julio: *op. cit.,* p. 492. OSTOLAZA, Maitane: *op. cit.,* p. 72. CANAL, Jordi: *El carlismo. Dos siglos...,* pp. 78-79. PEÑA-SANTIAGO, Luis Pedro: «Camino de derrota, nubes grises», *El Diario Vasco,* 19/09/1976, p. 36. LOUZAO VILLAR, Joseba: «El Sagrado Corazón de Jesús como instrumento de nacionalización (c.1889-1939). Breves notas para un estudio pendiente», en ESTEBAN DE VEGA, Mariano y CALLE VELASCO, María Dolores de la (eds.): *Procesos de nacionalización en la España Contemporánea,* Universidad de Salamanca, 2010, p. 176.

hilo que unía esos dos hitos temporales en un mismo espacio, que iban de 1889 a 1936, era un acendrado catolicismo, capaz por su fortaleza de enlazar en poco más de una generación a los integristas que un año antes se habían escindido del carlismo con los nacionalistas de las primeras décadas del siglo XX. Aguirre, que también había estudiado en el mismo colegio de los jesuitas de Orduña, licenciándose en Derecho en Deusto, había sido presidente de las Juventudes Católicas de Vizcaya, integradas en Acción Católica. Con veinticuatro años, ingresó en la ACNP, recibiendo la insignia de *propagandista,* en un acto en el que estuvieron presentes Herrera Oria y Marcelino Oreja Elósegui[238].

Como Arantzazu cuarenta años después, Begoña era una fuente de legitimación, que ya en 1936 había sido objeto de atracción por los dos bandos enfrentados en la Guerra Civil. En ese sentido, el empeño de Jaime del Burgo en denominar Begoña al tercio revelaba una clara intencionalidad política, máxime porque ya existía otro tercio de igual nombre formado en Álava y en el que se encuadraron vizcaínos que huyeron del territorio controlado por el gobierno vasco. En octubre de aquel año, con el frente estabilizado y la mayor parte de Guipúzcoa en poder de los sublevados, que, además, disponían de un pie en Vizcaya, Del Burgo inició en el círculo carlista de Ondárroa las labores de propaganda para captar a jóvenes tradicionalistas de esa localidad y de la vecina Berriatúa, ambas vizcaínas. Pero la mayoría de los alistados prefirieron servir en la Marina, muriendo en el crucero Baleares. No fue hasta el 3 de enero de 1937, cuando el tercio quedó constituido y los requetés desfilaron por Ondárroa. Era un escaso centenar de hombres, encuadrados en una compañía. Poco después, una veintena de ellos posaron para una fotografía ante el pórtico de Santa María de Durango, delante de un cartel con el lema «Dios, Fueros, Patria, Rey», que tenía representadas las aspas de Borgoña con la cruz de San Andrés y el árbol de Guernica. Más tarde, el avance militar los llevó a la villa foral[239], donde a las órdenes de Del Burgo protegieron físicamente dicho árbol en guardias de día y noche, armados con bombas de mano, ante el temor de que los falangistas lo talasen cuando el ejército sublevado

238 ESCRIBANO RÓDENAS, M.ª Carmen: *Los propagandistas en las calles,* Madrid, CEU Ediciones, 2016, pp. 156-157. GRANJA SAINZ, José Luis de la: «El nacimiento de Euskadi: El Estatuto de 1936 y el primer Gobierno Vasco», *Historia Contemporánea, 35 (2007),* p. 433. CORCUERA, Javier: «El nacionalismo vasco en...», p. 184.

239 ARÓSTEGUI, Julio: *op. cit.,* pp. 494-496.

entró en la villa foral el 28 de abril, dos días después del bombardeo. En esa primavera, como delegado accidental de Requetés del Señorío de Vizcaya, publicitó un manifiesto en el que abogaba por:

> Reconstruir una España grande, donde tengan cabida las justas y lógicas aspiraciones de sano fuerismo de todas las regiones españolas (...). Nuestra comunión (...) tiene un programa que lo resumen las palabras de nuestro Lema: «Dios, Patria, Fueros, Rey». Con ellas expresamos que en todos los actos de reconstrucción patria, debe presidir el espíritu católico que tantos días de gloria proporcionó a España. (...) Y con nuestro Lema expresamos también la concepción de una España imperial, elevada de espíritu, donde las provincias vuelvan a su categoría de regiones que el liberalismo mutiló (...). Una Patria donde patronos y obreros se hermanen en una organización corporativa que acabe con el parlamentarismo (...). Hoy que malos vizcaínos han llevado a Vizcaya a adoptar posturas extremistas (...), se hace preciso que, con espíritu de Patria, con exaltación españolista, diga Vizcaya por boca de sus hijos buenos, que está dispuesta a borrar la nefanda traición de quienes han desvirtuado el concepto de sano regionalismo que siempre alentó en el corazón de todos los vascongados, y con el esfuerzo de su brazo contribuyan a la lucha (...) con que combatieron hace sesenta años los batallones vizcaínos en la guerra carlista[240].

El llamamiento a la leva del delegado de requetés debió tener algún efecto, aunque el incremento mayor de los efectivos del Tercio de Begoña se dio por otra circunstancia: la disolución de la 2.ª Bandera de Falange de La Coruña, incorporando a sus integrantes al tercio, lo que evidenciaba que el espíritu de la aplicación del decreto de unificación de falangistas y carlistas se extendía a las unidades paramilitares, con el objeto de restar la autonomía y singularidad requeté. Las autoridades militares sublevadas continuaron con esa labor en ese mes de mayo, cuando el tercio fue adscrito formalmente a la recién creada 5.ª Brigada de Navarra, dentro del Ejército del Norte franquista. Todavía, a finales de ese mes, cuando el Tercio de Begoña contaba ya con un número suficiente de combatientes para dividirlos en dos compañías, la formalmente disuelta CT hacía todo lo posible por mantener la singularidad

240 «Manifiesto a los vizcaínos» de Jaime del Burgo Torres (primavera de 1937), APJIBT.

de sus tercios. José Luis Zamanillo, el jefe de los requetés designado por Alfonso Carlos I, nombró el 27 de mayo a Del Burgo jefe del Tercio de Begoña, fechando su decisión el 1 de enero anterior, con el objeto de que fuera previo al decreto de unificación de abril.

A principios de junio, el Tercio de Begoña iba a vivir su verdadero bautismo de fuego, contra el *cinturón de hierro*, que el Gobierno Aguirre había levantado para evitar la conquista de Bilbao, consistente en una ristra de búnkeres, abrigos subterráneos, redes de bloqueos y caminos cubiertos, a ocho kilómetros de la ciudad, precedida de otra línea de nidos de ametralladoras y alambradas, unidas por trincheras. El *cinturón de hierro* había sido diseñado, antes de pasarse al enemigo, por el capitán Alejandro Goicoechea, el futuro socio de José Luis de Oriol, llevándose consigo un informe de treinta y dos folios, donde se detallaban las defensas construidas. Fue entonces, cuando Del Burgo se vio reemplazado en el mando del tercio por el comandante Uhagón, el primer militar profesional que mandaría la unidad, quien constituyó una sección de ametralladoras con las tres armas de ese tipo con las que se pudo hacer. Tal relevo evidenciaba de nuevo el interés de las autoridades militares sublevadas por controlar a los requetés. En el ataque contra el *cinturón de hierro,* el Tercio de Begoña estaba compuesto por ochenta y cuatro hombres en su 1.ª compañía y setenta en la 2.ª. El 12 de junio, la unidad coronó la cima del monte Urresti, bajando por el valle de Lezama a la mañana siguiente. Un día después, el tercio vivió su acción más sangrienta hasta entonces, con veinticuatro bajas, en las lomas de Santa Marina, atacando la posición del castillo de Santo Domingo, donde estaban atrincherados efectivos del Euzko Gudarostea. En la misma tarde del día 14, tuvo que hacer frente a un contraataque enemigo que solo pudo frenar gracias a la ayuda del Tercio de San Miguel y a la 1.ª y 3.ª Bandera de Falange de Navarra. La dureza de aquel combate se tradujo en que el Tercio de Begoña sufrió treinta y ocho bajas, de las que diez murieron[241].

De hecho, esos días fueron claves para que el Ejército del Norte desbordara el *cinturón de hierro.* La Guerra Civil entró en uno de sus momentos decisivos. Las tropas con las que contaba la Segunda República, algo más de unos 50.000 hombres, entre los integrantes del Euzko Gudarostea y los efectivos de cinco brigadas que habían llegado

241 PUELL DE LA VILLA, Fernando: *op. cit.*, p. 143. TALÓN, Vicente: *op. cit.*, p. 537. ARÓSTEGUI, Julio: *op. cit.*, pp. 496-497.

en abril a Vizcaya procedentes de Santander y Asturias, se enfrentaron a un número similar de integrantes del otro bando. Pero, la diferencia radicaba en que los primeros solo contaban con un centenar de piezas de artillería, de ellas pocas antiaéreas, de una veintena de carros y blindados, y nada de aviación. En cambio, el Ejército del Norte franquista disponía de 200 cañones y de otros tantos aviones. Entre el 11 y el 13 de junio, las Brigadas de Navarra, en donde estaba adscrito el Tercio de Begoña, mandadas por el general Fidel Dávila Arrondo, rompieron el *cinturón de hierro,* quedando decidida la batalla por Bilbao. Una actuación combinada de 144 cañones y 110 aviones abrieron la brecha, aplastando a los defensores, ocupando Larrabezúa. En tres días, con un millar de bajas, tres Brigadas de Navarra, entre ellas la 5.ª del Tercio de Begoña, desarticularon la 1.ª División Vasca, que sufrió 4000 bajas. Y muchos más integrantes del Euzko Gudarostea retrocedían hacia Bilbao, desorganizados.

Los combates en el monte de Santa Marina, protagonizados por el Tercio de Begoña, motivaron una reunión de Aguirre con los altos mandos del ejército fiel a la Segunda República para analizar si todavía era factible la defensa de Bilbao, al término de la cual se ordenó una contraofensiva, que se efectuó en la noche del 13 al 14, ocasionando al Tercio de Begoña las mayores bajas que hasta entonces había sufrido, aunque resistió. En la tarde del día 14, los requetés lograron capturar un nido de ametralladoras y ahuyentar a un blindado de fabricación soviética. Un día después, estos y toda la 5.ª Brigada de Navarra, además de la 6.ª, apoyados por la aviación, atacaron el cruce de Santo Domingo, con el objeto de superar el monte Archanda, de escasos 300 metros de altitud, que les separaba de Bilbao. El avance del Ejército del Norte franquista era un hecho: la 1.ª Brigada se aproximaba a Basauri y Arrigorriaga, mientras la 4.ª proseguía ocupando el valle de Arratia. El día 16, los enfrentamientos en Santo Domingo y Archanda continuaron. Fue entonces, cuando el gobierno vasco y los altos mandos decidieron abandonar Bilbao, pensando establecer el ejecutivo en Villaverde de Trucios, un enclave santanderino en las Encartaciones. En los enfrentamientos del 17 de junio, resultó herido el capitán Del Burgo, con mando ya solo sobre la 2.ª compañía del Tercio de Begoña, siendo evacuado a retaguardia, circunstancia que abundó en la *normalización* militar de la unidad de requetés. Otros dieciocho heridos y cuatro muertos fueron las bajas del tercio aquel día. Aquel fue el postrer intento del Euzko Gudarostea, en concreto de las tropas acuarteladas en las instalaciones expropiadas a la Universidad de Deusto, por mantener Archanda y el cruce de Santo

Domingo, cuya carretera atravesaba el monte. A las diez de la noche de aquel día 17, Aguirre abandonó Bilbao. En los demás frentes, la línea del ejército vasco también se derrumbó: la 6.ª Brigada avanzaba hacia el monte Banderas, la 4.ª ocupaba Ceberio, en el valle de Arratia, la 3.ª Orduña, y la Brigada de Flechas Negras, compuesta por oficiales italianos y tropa española, llegaba a Lejona, el municipio colindante con Guecho, donde se escondía Juan Mari Araluce. En Las Arenas, el día anterior, con la retirada de las tropas del Euzko Gudarostea se produjeron al menos cuatro muertes, entre ellos las de los monárquicos Rafael, Pedro y Gabriel de Zubiría y Somonte, otros hijos del conde de Zubiría, como reacción a los disparos que recibían en su repliegue los soldados huidos.

El día 18, el Euzko Gudarostea se retiraba finalmente de Santo Domingo, dejando expedito el camino a la capital vizcaína, convertida ya en lo que la jerga militar se denomina una ciudad abierta. Se calcula que hubo entre 4500 y 5000 bajas mortales de ese ejército y de las brigadas republicanas en los dos meses y medio que duró la ofensiva final de los sublevados en Vizcaya, un número sin duda estremecedor, tal como ha sido adjetivado historiográficamente. Al otro lado de la trinchera, estaba el Ejército del Norte de los alzados, que el 19 de junio entraba en Bilbao, diseminándose entre la capital vizcaína y las localidades cercanas. Entre sus integrantes, Ricardo de Uhagón, encabezando el poco más de medio centenar de hombres supervivientes del Tercio de Nuestra Señora de Begoña, que un día después desfilaron por la anteiglesia de Begoña y oraron en el santuario que era objeto de su veneración. Ese día 20, se pasó revista al tercio, constatándose que la 1.ª compañía contaba solo con cuarenta y nueve fusileros y la 2.ª con veintinueve. Al día siguiente, los sobrevivientes salieron de Begoña y fueron acuartelados en las inmediaciones del monumento al Sagrado Corazón de Jesús de Bilbao[242].

Un monumento, que había sido inaugurado durante la dictadura de Primo de Rivera y sobre el que la coalición republicano-socialista que gobernó el Ayuntamiento de Bilbao había votado su demolición,

242 VARGAS ALONSO, Francisco Manuel: *op. cit.*, pp. 132-139 y 141-143. ARÓSTEGUI, Julio: *op. cit.*, p. 498. TALÓN, Vicente: *op. cit.*, p. 455. ZUBIAGA, Erik: «La represión franquista de guerra y posguerra en el País Vasco a debate: entre el exterminio y el oasis», *Historia y Política*, 37 (2017), p. 377. «Diario oficial de operaciones del 1.º Tercio de Requetés de Nuestra Señora de Begoña de Vizcaya» (06/1937-10/1939), APJIBT, pp. 9-10.

parándola el Tribunal Supremo poco antes de la Guerra Civil. La devoción al Sagrado Corazón de Jesús, al que en 1899 el papa León XIII había consagrado a toda la humanidad, había sido durante el primer tercio del siglo XX un poderoso instrumento de *confesionalización* católica de la nación española, frente a la conceptualización liberal de la misma, actuando los jesuitas como el más poderoso agente de su devoción en España. Fruto de esa labor, el 30 de mayo de 1919, Alfonso XIII, que se manifestaba como un monarca católico, había consagrado solemnemente la nación española al Sagrado Corazón, en la inauguración de la estatua al mismo en el Cerro de los Ángeles, en el centro geográfico del país. En las primeras semanas de la guerra, aquel monumento, situado en las cercanías de Madrid, había sido destruido[243].

Las bajas ocasionadas motivaron la reorganización del maltrecho Tercio de Begoña, abriéndose el día 23 de junio la recluta de nuevos efectivos. Ese primer día, se presentó Juan Marí Araluce, siendo adscrito a la nueva compañía creada, la 3.ª. En aquellos últimos días de junio y durante el mes de julio, el tercio alcanzó la cifra de cerca de quinientos hombres reclutados, formándose dos nuevas compañías, la 3.ª mencionada y la 4.ª. Fue también el momento en el que se incorporó a la 2.ª compañía del tercio un alférez de complemento llamado Juan Ramón de Urquijo[244].

Juan Ramón de Urquijo sería director de la Real Sociedad Bascongada de los Amigos del País (RSBAP) en los años 1975 y 1976, cuando Araluce, su compañero de tercio, se enfrentó al Movimiento de Alcaldes dirigido por José Luis Elkoro, quien encabezó una nueva edición del proyecto municipalista proestatutario que cuarenta y cuatro años antes había liderado José Antonio Aguirre. Si entonces, el alcalde de Getxo y futuro presidente del Gobierno vasco se había apoyado en la SEV, ahora el alcalde de Vergara y futuro dirigente de HB, el *brazo político* de ETA militar, lo pretendería hacer en la RSBAP con la intención igualmente de alumbrar un estatuto unitario vasco. El propio Urquijo reconoció, tras el asesinato de Araluce, en la entrevista que concedió a la periodista Pepa Mazo en el diario *Hierro*, que él y el fallecido habían diferido en sus criterios sobre quién debía dirigir el proceso autonomista una vez iniciada la transición democrática, siendo partidario de que lo hiciesen unas reinstauradas juntas generales de

243 LOUZAO VILLAR, Joseba: *op. cit.*, pp. 173-185.
244 Certificado de alistamiento…, APJAL. ARÓSTEGUI, Julio: *op. cit.*, pp. 498-499.

cada provincia y no la comisión descentralizadora creada en el seno del régimen, cuyo mentor había sido el presidente de la diputación guipuzcoana. Se volvía así a reproducir la pugna, de la que ambos habían sido testigos durante la Segunda República, entre dos vías estratégicas, con un planteamiento municipalista enfrentado al establecido por las autoridades gubernativas, que alumbraron, respectivamente, el *Estatuto de Estella* y el *Estatuto de las Gestoras.* En 1976, Urquijo, como Aguirre, daba el protagonismo a los municipios, ya que entendía que debían ser las «Juntas Generales las que, elegidas por los municipios libremente, debían estudiar el día de mañana el régimen más conveniente». En cambio, Araluce consideraba un mes antes de morir a manos de ETA militar que era más adecuado mantener «hasta el final» el marco de la comisión descentralizadora[245], donde negociaban el Gobierno y las diputaciones provinciales. Diferencias que eran evidentes, pese al tradicionalismo que siempre compartieron y que defendieron con las armas en el Tercio de Begoña durante la Guerra Civil. Un acervo común, presidido por faenar por el sentimiento proespañol entre los vascos.

En julio de 1937, Urquijo recibió el mando de la 2.ª compañía. Era licenciado en Derecho, en la promoción 1931-1932 de lo que ya se conocía como Universidad de Deusto, la última que hubo antes de la incautación decretada por las autoridades republicanas, tres años antes de que lo hiciera Araluce. Había nacido en agosto de 1910, por lo que le sacaba casi siete años a Juan Mari, en el seno de una familia integrista, que se destacó por la investigación del euskera y por la promoción de la cultura euskalduna. Su padre, José María de Urquijo e Ybarra, fusilado en septiembre de 1936 en San Sebastián, junto a Pradera, fue un propagandista católico, que participó activamente en la campaña que logró la consideración de Nuestra Señora de Begoña como patrona de Vizcaya. En 1901, había fundado, junto a su hermano Adolfo Gabriel, futuro presidente de la Diputación Provincial de Vizcaya, *La Gaceta del Norte,* el gran periódico católico vasco, después de unos ejercicios espirituales en Loyola. No en balde, el diario fue criticado por la influencia que en el mismo tuvieron los jesuitas desde su génesis. Fue diputado a Cortes por Bilbao en 1903, apoyado por otros católicos, como Sabino Arana, pero también por carlistas e integristas, en un controvertido recuento

245 MAZO, Pepa: «Amigos del País pidió...», «Los presidentes de las diputaciones de Vizcaya y Guipúzcoa piensan continuar con el trabajo», *La Gaceta del Norte,* 04/09/1976, p. 8.

electoral, venciendo a Pablo Iglesias, el fundador del PSOE. En el frontón Euskalduna, celebró su victoria, agrupando a todos esos sectores católicos, con el canto del *Gernikako arbola* (*El árbol de Guernica*), definido como «el himno de nuestras libertades». En 1931 defendió el *Estatuto de Estella* y en 1933 ofreció a Aguirre el apoyo al plebiscito estatutario, a cambio de una alianza antirrevolucionaria, lo que evidenciaba que no todos los integristas, pese al liderazgo de Juan de Olazábal, eran contrarios a una dimensión regional autonómica a través de la novedosa técnica jurídica del estatuto. No en balde, consideraba, al igual que su hermano, que el lema de los vascos era «Jaungoikua eta Foruak» (Dios y Fueros), que en su traducción al castellano era el que aparecía en la mancheta de *La Gaceta del Norte*[246].

Hermano también de José María fue Julio Gabriel Urquijo [Urkixo], quien fue diputado carlista, acompañando al exiliado Carlos VII en sus viajes por Europa. Su matrimonio con Vicenta Olazábal y Álvarez de Eulate, hija de Tirso, el delegado carlista en Guipúzcoa, le facilitó una posición prominente en la CT, hasta el punto de que el pretendiente le concedió el título de conde de Urquijo, que ya en el franquismo sería reconocido bajo la denominación de Ospín de Urquijo, heredándolo después Juan Ramón. También mantuvo excelentes relaciones con Jaime III. En 1931, obtuvo de nuevo el acta de diputado en la candidatura fuerista, apoyando, al igual que su hermano, el *Estatuto de Estella.* Aparte de su trayectoria política, Julio Urkixo, compañero de Pradera en el Colegio de Estudios Superiores, destacó por sus aportaciones culturales, manteniendo correspondencia desde muy joven con el príncipe Louis Lucien Bonaparte, un reputado lingüista que fue sobrino de Napoleón I. Además, atesoró una excepcional biblioteca y creó la *Revista Internacional de Estudios Vascos*, teniendo una participación destacada en el I Congreso de Estudios Vascos, y siendo fundador y vicepresidente de la SEV. Fue además miembro de la Real Academia Española y de Euskaltzandia, y ya en la posguerra reflotó, junto a Areilza, la Real Sociedad Vascongada de los Amigos del País (RSVAP), cuya dirección ostentó su sobrino Juan Ramón desde julio de 1975, convirtiéndola este último en un actor político relevante en el inicio de la transición democrática.

Adolfo Gabriel, Julio y José María eran nietos del *capitán de la industria* Gabriel María de Ybarra Gutiérrez de Cabiedes. Este era hermano

---

246 ROBLES, Cristóbal: *op. cit.*, pp. 666, 168-171, 88-90, 138-149, 452-454, 546-548 y 195.

de Prudencia, la mujer de Cosme Zubiría, un comerciante que en su juventud había sido miembro de la Milicia Nacional que había defendido Bilbao del asedio carlista, e hijo del iniciador de una saga familiar centrada en el comercio del hierro e igualmente posicionada en el liberalismo. Su familia materna era, pues, de fidelidad monárquica-dinástica liberal, a diferencia de la paterna, de ideología católica integrista y sin relación con los marqueses liberales de igual nombre. El padre de Adolfo Gabriel, Julio Gabriel y José María, el abogado Nicasio Adolfo Ospín de Urquijo, decano del Colegio de Abogados de Vizcaya, fue diputado en Cortes e inventarió los bienes de la testamentaría de su cuñada Rafaela de Ybarra y Arambarri, quien había sido fundadora de la Congregación de los Santos Ángeles Custodios y sería beatificada por Juan Pablo II. El convento de los Ángeles Custodios bilbaíno fue objeto en 1937 del mencionado asalto en el que murieron 109 personas, entre ellas el exalcalde de la ciudad Adolfo Gabriel González de Careaga y Urquijo[247], bisnieto del citado Gabriel María y sobrino de Adolfo Gabriel y José María Urquijo, fundadores de *La Gaceta del Norte* al igual que su padre Miguel. Y estos a su vez, primos del marqués de Arriluce y de Gabriel María de Ybarra y de la Revilla, fundadores de *El Pueblo Vasco*, periódico que se fusionaría en 1938 con *El Correo Español*. Todo ello, como una muestra más de la endogamia de la oligarquía vasca.

Los Urquijo eran, pues, un nuevo ejemplo de la *familia feliz* de liberales y carlistas, en su versión integrista, donde la defensa de la foralidad era la característica fundamental de sus planteamientos políticos, llegando en este caso a ensamblarla con la entonces novedosa técnica jurídica estatutaria. En ese último extremo se diferenciaban de los Araluce, distinguiéndose además en una posición social más relevante por parte de los primeros, debido sobre todo a su enlace con los Ybarra, y a través de estos con los Zubiría, prototipos de las estirpes de la oligarquía vasca nacida en la industrialización. En lo que sí coincidían plenamente

247 QUINTANA BERMÚDEZ DE LA PUENTE, Covadonga: «Julio de Urquijo e Ybarra». Diccionario Biográfico Español. Real Academia de la Historia. http://dbe.rah.es/biografias/4467/julio-de-urquijo-e-ybarra

ECHEVARRÍA PÉREZ-AGUA, Juan José: «La Real Sociedad Bascongada de los Amigos del País al inicio de la transición democrática (1975-1977)», en MARTOS CONTRERAS, Emilia, QUIROSA-CHEYROUZE Y MUÑOZ, Rafael y SABIO ALCUTÉN, Alberto (coords.): *40 años de ayuntamientos y autonomías en España*, Universidad de Zaragoza, 2019, pp. 104-105. ROBLES, Cristóbal: *op. cit.*, p. 31. «Por Dios y por España. Las víctimas que inmoló la horda roja-separatista aquel cuatro de Enero», *Nueva España*, 04/01/1938, pp. 4 y 8.

Juan Ramón y Juan María, era en su acendrado catolicismo, algo intrínseco, no solo a tradicionalistas *mellistas* e integristas, sino también a la práctica totalidad de los fueristas, salvo los laicistas *euskalerriacos*. Tras la Guerra Civil, los dos pensaron en continuar en el Ejército, de una manera ya profesional. Juan María Araluce era teniente de aviación en 1945, mientras que Juan Ramón Urquijo fue admitido en la escala profesional del ejército con el empleo de capitán en 1940, abandonando la de complemento[248] y retirándose después con el grado de comandante tras hacer el curso de Estado Mayor. Durante su paso por el Tercio de Begoña fue distinguido en una ocasión por un hecho de guerra, en la campaña que siguió a su incorporación a los requetés.

Ambos vivieron los últimos días de junio y el mes de julio de 1937 entre Bilbao y Guecho. El día 1 de julio, la 1.ª y 3.ª compañía, donde estaba adscrito Araluce, fueron trasladadas a Las Arenas, mientras la 2.ª, mandada por Urquijo, se quedó en Bilbao, hasta que el día 3 también se fue a Guecho. Allí, donde también estaba Zalvidea, se instaló un campamento de instrucción y de reclutamiento, donde Araluce aprendió en aquellos días a marchas forzadas el uso de las armas y la estrategia militar. Completada la 3.ª compañía, el día 19 se inició el reclutamiento de la 4.ª compañía. El Tercio de Begoña, diezmado en su asalto al *cinturón de hierro*, se reconstituía, al calor del seguimiento popular de los que habían ganado la guerra en el País Vasco. El 16 de julio, participó en una ceremonia en Guecho con una misa de campaña en el paseo de Zugazarte [hoy, Zugatzarte]. Fue nombrada madrina del tercio, Ángeles del Solar y Tejada, esposa del industrial metalúrgico de ascendencia británica Eduardo Earle, y se celebraron diversos actos, como un desfile en el paseo y una comida en el cuartel, tras servirse un vino a las autoridades en el Club Marítimo del Abra, en la que José María de Oriol pronunció un discurso que «hizo vibrar» a los presentes, enlazando a los carlistas de las guerras decimonónicas con la coetánea conflagración[249]. Juan Mari volvió a coincidir, pues, con quien había conocido de niño en Santurce, que ahora ocupaba un lugar destacado en el Nuevo Estado como jefe

248 Orden del Ministerio del Ejército, 14 de marzo de 1940. *Diario Oficial del Ministerio del Ejército*, 15/03/1940, tomo I, núm. 62, pp. 924-925.

249 «Diario oficial de operaciones...», APJIBT, pp. 10-11. ARÓSTEGUI, Julio: *op. cit.*, pp. 498-499. «Los requetés del Tercio de Nuestra Señora de Begoña nombraron ayer a su madrina», *El Correo Español. Diario de Falange Española Tradicionalista y de las JONS*, 17/07/1937, p. 6. «Una misa de campaña en el Paseo de Zugazarte», *La Gaceta del Norte*, 17/07/1937, p. 3.

provincial del Movimiento. Además de con viejas amistades, también se reencontró con su madre, que había podido regresar, ya viuda, de Vitoria. Fueron, por tanto, unos días de emotivas reuniones, propiciadas por la cercanía entre Zalvidea y el cuartel de Las Arenas.

A finales del mes de julio, dentro de la reorganización del Ejército del Norte, ordenada por el régimen franquista, el tercio fue adscrito a la 2.ª Brigada de Navarra, junto al leonés de la Virgen del Camino y Cristo Rey, y los guipuzcoanos de Oriamendi y San Ignacio. El 24 de julio, la 1.ª, 2.ª y 3.ª compañías del Tercio de Nuestra Señora de Begoña, junto a la unidad de ametralladoras, salieron de Bilbao para dirigirse a Sopuerta, localidad vizcaína limítrofe con la provincia de Santander, acampando en El Castaño, donde nueve días después llegó la ya conformada 4.ª compañía. El 10 de agosto, hubo recuento y los efectivos del Tercio de Begoña habían ascendido a diecisiete oficiales, dieciocho suboficiales y cuatrocientos cuarenta y cinco requetés, más un médico y el capellán[250].

El tercio estaba a punto de empezar la campaña de Santander, en la que no tuvo que disparar ni un solo tiro. Tras ocupar la posición de Tres Picos, marchó hacia Agüero y ocupó Guriezo, terminando en Ampuero. Aquí se detuvo, mientras otras fuerzas del ejército franquista tomaban Santander. A menos de veinte kilómetros, desde Ampuero, en línea recta hacia la costa, los restos del Euzko Gudarostea se rendían en Santoña a las unidades italianas que intervenían en la guerra en apoyo de las tropas franquistas. Pese a que lo hicieron con condiciones, estas no fueron respetadas por Franco y el 4 de septiembre los oficiales italianos de la Brigada de Flechas Negras entregaron renuentes a los rendidos a las tropas del general Dávila, iniciándose los juicios sumarísimos a los integrantes de la cúpula militar del Euzko Gudarostea. En la represión vivida en toda la provincia de Santander, no solo en Santoña, al menos, 1445 vascos (nacionalistas y republicanos, pero sobre todo izquierdistas) fueron juzgados por consejos de guerra, siendo 326 condenados a la pena capital, de los que 95 fueron ejecutados. De hecho, la intercesión italiana salvó la vida de muchos de los condenados, especialmente de los católicos, como eran los miembros del PNV[251].

---

250 «Diario oficial de operaciones…», APJIBT, p. 11. ARÓSTEGUI, Julio: *op. cit.*, p. 499.

251 «Diario oficial de operaciones…», APJIBT, p. 12. ARÓSTEGUI, Julio: *op. cit.*, p. 499. GRANJA SAINZ, José Luis de la: *op. cit.*, p. 445. PRESTON, Paul: *op. cit.*, pp. 577-578. ZUBIAGA, Erik: «Ley de guerra. La jurisdicción militar de posguerra en Bizkaia (1937-1945)», *Sancho el Sabio. Revista de cultura e investigación vasca*, Extra 1 (2018), p. 167. ZUBIAGA, Erik: «La represión franquista de…», p. 376.

Antes de que eso ocurriera, el 1 de septiembre, todos los efectivos del Tercio de Begoña habían sido subidos a camiones, siendo llevados a Espinosa de los Monteros, desde donde fueron trasladados en tren a la localidad palentina de Guardo. El día 3, a bordo de nuevo de camiones, viajaron a Riaño, en León, donde el tercio permaneció hasta el día 22 de ese mes. Un día después, en una nueva reorganización del Ejército del Norte, el Tercio de Begoña volvía a estar adscrito a la 3.ª Brigada de Navarra[252].

Los Picos de Europa separaban a las tropas franquistas del último resto de resistencia del ejército republicano en el norte peninsular, concentrado en Asturias, compuesto por unos 80.000 hombres armados con fusiles y ametralladoras, pero sin un solo avión. A su favor, además de lo agreste del terreno, estaba el afán revolucionario de muchos de ellos, acreditado desde la huelga general de 1917, aquella que pretendió transformar las estructuras económico-sociales y políticas del Estado liberal. Enfrente, unos 110.000 efectivos con aviones, que recibieron órdenes de avanzar a través de la cordillera y desde la costa santanderina para converger en Gijón[253].

En el ánimo de todas aquellas tropas, de un bando y del otro, ocupaba un lugar destacado los hechos vividos casi tres años antes, cuando, a instancias del Gobierno de centroderecha de la Segunda República, efectivos del Ejército español, fundamentalmente tropas traídas de África y coordinadas desde Madrid por el general Francisco Franco, aplastaron la Revolución de Octubre. Precisamente, en Asturias, se había dado la principal insurrección contra el orden establecido, con el objetivo de instaurar un régimen socialista y acabar con la democracia liberal de la Segunda República, muriendo en torno a 1240 personas. Desde un año antes, en septiembre de 1933, el comité nacional del PSOE había discutido la posibilidad de armarse y preparar un movimiento para la conquista del poder, si en las siguientes elecciones de noviembre se desmoronaba su esperanza de transitar una vía democrática hacia el socialismo. Así fue, en unos comicios en los que el PSOE solo sacó cincuenta y ocho diputados. En enero siguiente, la dirección socialista decidió preparar el movimiento revolucionario, suscribiendo tal proyecto la UGT. En marzo, se sumó la CNT de Asturias y en septiembre el PCE. El 4 de octubre de 1934, cuando se anunció que tres

252 «Diario oficial de operaciones...», APJIBT, pp. 12-13.
253 PUELL DE LA VILLA, Fernando: *op. cit.*, p. 146.

miembros de la derechista CEDA entrarían en el gobierno, se produjo la insurrección, dando lugar en Asturias a una guerra civil que se prolongó durante dos semanas, hasta su total represión por el Ejército. En Cataluña, la insurrección tuvo un componente de reivindicación nacionalista, mientras que en el País Vasco se dio el tercer foco importante de la revolución. Consistió en una huelga general en Guipúzcoa y Vizcaya, con insurrecciones en los núcleos mineros e industriales que estuvieron varios días en poder de los revolucionarios. Los sucesos más graves acaecieron en Éibar y Mondragón, donde el 5 de octubre, los revolucionarios se adueñaron de ambos pueblos, asesinando a Marcelino Oreja Elósegui, al también carlista Eugenio Adurra, *Mendaro,* y al centrista Dagoberto Resusta Múgica, uno de los miembros de la gestora de la Diputación Provincial de Guipúzcoa[254].

En 1937, cuando se iban a cumplir los tres años de esos hechos, los efectivos del Tercio de Begoña miraban a los montes que les separaban de Asturias. Fue la primera vez que Juan Mari Araluce, quien había vivido hasta entonces a la altura del mar con ocasionales escapadas a la meseta castellana en sus viajes a Madrid, ascendía a altitudes tan relevantes, como el Pico de Ten, de 2400 metros, donde el día 23 de septiembre intentó aposentarse la unidad de ametralladoras, impidiéndolo la intensa niebla que cegaba toda visibilidad. Fue, también, cuando se produjo la primera víctima mortal del tercio reconstituido en verano, cuando la alta humedad existente provocó la muerte del requeté José Urgoiti Zuazo en un accidente del automóvil que conducía. Juan Mari vislumbró ese día que la guerra tenía otras dimensiones alejadas de la épica. Al día siguiente, algo propio de la climatología de la cornisa cantábrica, la niebla se disipó, y con mucho calor y penalidades por la empinada pendiente, el tercio alcanzó con esfuerzo el Pico de Ten. El 25, llegó al puerto de Fuenfría. Ese mismo día, recibió órdenes de apoyar al tercio alavés de La Virgen Blanca, el primero que se constituyó en la provincia meridional vasca y que había defendido Villarreal frente al Euzko Gudarostea, experimentando al día siguiente su primer enfrentamiento armado. Ese último día, el alférez Urquijo se destacó en combate. Mientras que Juan Mari permaneció junto a la 3.ª compañía en

254 PRESTON, Paul: *op. cit.*, pp. 131-134. GONZÁLEZ CUEVAS, Pedro Carlos: *Acción Española. Teología política…*, p. 233. AVILÉS FARRÉ, Juan: «Los socialistas y la insurrección de octubre de 1934», *Espacio, Tiempo y Forma,* 20 (2008), p. 130. PAYNE, Stanley G.: *La revolución española,* Barcelona, Argos, 1977, pp. 168-169. GRANJA SAINZ, José Luis de la: «Cinco años de República…», pp. 105-106.

la reserva, la 2.ª compañía, a las órdenes de Urquijo, alcanzó en veinte minutos las alturas de la denominada Peña del Castillo, sufriendo tiroteo continuo desde el flanco derecho y de frente. Gastó mil cartuchos y diez granadas de mano, pero consiguió su objetivo de ver, ese día soleado, Asturias, permitiendo que la unidad de ametralladoras, que había estado todo el día barriendo al enemigo, descendiera camino del Principado. Fue el momento en el que la 1.ª compañía relevó al desgastado Tercio de la Virgen Blanca. Habían superado ya la Cordillera Cantábrica[255].

Tras conseguir algo de resuello, a las once de la mañana del 1 de octubre, la 3.ª compañía, con Araluce sirviendo en ella, tomó la iniciativa asaltando las trincheras del ejército de la República, sufriendo fuerte fuego de ametralladoras en la sierra de Formosa, con cinco bajas mortales, entre ellos el requeté Ricardo López Letona, superviviente del Cabo Quilates, y seis heridos. La crudeza de aquel asalto, aunque cuesta abajo y con el sol de espaldas, lo demuestra que el tercio empleó 25.000 cartuchos de fusilería y 500 bombas de mano hasta alcanzar las trincheras enemigas. Ese día, Juan María de Araluce comprendió lo que era una guerra, empezando a relativizar lo que intelectualmente era una ideología que hasta entonces había determinado su vida. El esfuerzo motivó que al día siguiente fueran relevados por el Batallón de San Marcial, llegado de Burgos con efectivos enrolados de Renovación Española, quedando el tercio custodiando las posiciones tomadas. Fue el momento en el que tomó el mando de la novel 4.ª compañía, uno de los que se había distinguido en la acción de la toma de las trincheras enemigas, el brigada de complemento, Eloy Ruiz de Aramburu[256], carlista de la localidad vizcaína de Sestao, emparentado con el célebre cura Santa Cruz de la Guerra de los Cuatro Años, quien en 1976 depositaría la boina roja en el catafalco de Araluce.

El día 5, actuando como reserva del Batallón San Marcial en la toma de la posición Grande de las Tablas, el tercio sufrió fuerte fuego de ametralladoras y fusilería, sin tener que descontar ninguna baja, quedando de guarnición en tal lugar la 3.ª compañía de Araluce, mientras que el resto del contingente armado se diseminó por la sierra Formosa. Dos días después, la 3.ª compañía ocupó una loma situada delante de Grande

255 «Diario oficial de operaciones…», APJIBT, p. 13-14. ARÓSTEGUI, Julio: *op. cit.*, p. 499.

256 ARÓSTEGUI, Julio: *op. cit.*, p. 499. AZCONA PASTOR, José Manuel: *op. cit.*, p. 76. «Diario oficial de operaciones…», APJIBT, pp. 15-17.

de las Tablas, que dominaba la carretera del puerto de Tarna, dando cobertura al ataque al Manso del Oso de la 2.ª Brigada de Navarra. El día 10, la 2.ª compañía de Urquijo ocupó las últimas estribaciones de la sierra de Formosa sin resistencia enemiga. Tres días después, el tercio recibió una comunicación de «S. E. el Generalísimo» Franco felicitándolo por sus actuaciones. En los días siguientes, avanzó por el interior de Asturias, alcanzando el día 21 la parroquia de La Marea en el río Piloña. Un día después, llegó a la principal localidad de la comarca, Infiesto, constatando que toda resistencia había cesado. De hecho, el día anterior habían llegado noticias al tercio de la toma de Gijón y de la rendición de los últimos resistentes[257]. La campaña había terminado y toda la cornisa cantábrica quedaba sustraída de las directrices de la Segunda República.

Tras pasar por Villamayor, Arriondas y Llanes, el tercio regresó por el litoral a Vizcaya. El 1 de noviembre estaba ya de vuelta, instalándose el tercio en las Escuelas de Berástegui, en el ensanche de Bilbao[258]. Allí, el joven Araluce, de veintiún años, pasó ocho días aún mejores que los que habían seguido a su salida de la carbonera en verano. En ese otoño, en el que paseó uniformado por Bilbao, ya era todo un requeté que había tenido su bautismo de fuego, participando en acciones peligrosas, contribuyendo a crear un Nuevo Estado más conforme con su ideología. Juan Mari pudo ver de nuevo a su familia, después de su primera experiencia militar, que se había saldado con la victoria y con pocas bajas: tan solo seis muertos entre un total de 484 efectivos, contando altas y descontando bajas, poco más de un uno por ciento. El lado más amargo de la guerra aún no se había revelado con toda su crudeza al Tercio de Begoña.

El 4 de noviembre, el tercio juró bandera[259] en un acto al que asistieron los familiares, convirtiendo la jornada en una fiesta, que además sirvió de homenaje a la enseña rojigualda. La bandera bicolor se había impuesto en la zona insurgente, no sin ciertas oposiciones, como la del primer presidente de la Junta de Defensa Nacional instaurada por los alzados el 18 de julio de 1936, el general Miguel Cabanellas Ferrer, partidario de una solución autoritaria que pusiera fin a la democracia,

257 ARÓSTEGUI, Julio: *op. cit.*, p. 499. «Diario oficial de operaciones...», APJIBT, pp. 17-19.

258 ARÓSTEGUI, Julio: *op. cit.*, pp. 499-500. «Diario oficial de operaciones...», APJIBT, p. 21.

259 ARÓSTEGUI, Julio: *op. cit.*, p. 500.

pero con continuidad republicana. Tampoco los falangistas mostraron inicialmente una consideración a la bicolor, luciendo la rojinegra de su enseña partidista. Algunos de sus dirigentes, como Pilar Primo de Rivera, hermana del fundador, aspiraban incluso a que esta fuera la enseña oficial del Nuevo Estado que preconizaban. El propio general Emilio Mola Vidal, coordinador de la conspiración militar, se había resistido a aceptar declarar a la bicolor como la futura enseña, ante el temor de desafección de oficiales antimonárquicos partidarios del golpe de Estado, en las negociaciones con Javier de Borbón-Parma y Fal Conde para la incorporación de los requetés a la guerra. Sin embargo, la restauración de la bicolor era una exigencia irrenunciable para los dirigentes de la CT. Desde el primer día del alzamiento, los destacamentos de requetés lucieron la rojigualda, aunque en la decisión final sobre la bandera de los sublevados tendría mucho que ver la opinión de quien pugnaba por convertirse en el hombre fuerte entre los militares golpistas, Francisco Franco. Este había sido partidario desde un principio de recuperar la rojigualda, pero no como un símbolo monárquico, que facilitase la restauración de la Corona, sino como «insignia de una raza, de unos ideales, (…) de una Religión, de todo lo que estaba en peligro de desaparecer por el avance de las hordas marxistas», como explicitó en un acto en Sevilla celebrado el 15 de agosto, con el general exrepublicano Gonzalo Queipo de Llano, cuando izaron la bicolor en el balcón principal del ayuntamiento de la ciudad andaluza[260]. Finalmente, el renuente Cabanellas firmó el 29 de agosto de 1936 un decreto de la Junta de Defensa Nacional, que restauró formalmente la rojigualda[261]. En cualquier caso, la pugna por la enseña evidenció una vez más la heteróclita alianza de los que se habían alzado el 18 de julio.

La feliz estancia del Tercio de Begoña en Bilbao con su bandera deseada se vio ensombrecida por dos hechos puntuales, que afectaban al futuro del propio contingente armado. El día 8 de noviembre cesó como jefe del tercio Uhagón, quien había llevado a sus soldados victoriosos hasta Bilbao y, ya alistado Araluce, por Santander y Asturias. Y, lo que era peor, pendía sobre el tercio una orden de disolución e integración

260 MORENO LUZÓN, Javier y NÚÑEZ SEIXAS, Xosé M.: *Los colores de la Patria. Símbolos nacionales en la España contemporánea,* Madrid, Tecnos, 2017, pp. 239, 219 y 244-249.

261 Decreto núm. 77, restableciendo la bandera bicolor roja y gualda, como bandera de España, de 29 de agosto de 1936. *Boletín Oficial de la Junta de Defensa Nacional de España,* 30/08/1936, núm. 14, p. 55.

en las unidades militares regulares del Ejército, dictada por las autoridades militares, que siempre habían aspirado a deshacer los requetés, incorporándolos a los destacamentos propios del Ejército. Desde octubre, el Cuartel General del Generalísimo preparaba una serie de disposiciones, con el objetivo de reorganizar las tropas del Ejército del Norte[262], coincidiendo con los últimos días de la campaña en Asturias. No obstante, dichas decisiones quedarían condicionadas por la situación en el frente del Este y de Madrid.

La unidad de mando entre las tropas sublevadas el 18 de julio de 1936, discutida inicialmente por Mola y Queipo, jefes territoriales de las zonas norte y sur insurreccionales, respectivamente, se había saldado a favor de Franco en un proceso que reveló resistencias en medio de una lucha por el poder. Franco ganó la liza el 21 de septiembre, cuando fue aceptado en el cargo de generalísimo de los Ejércitos Nacionales por el resto de los conmilitones alzados[263]. Pese a ello, Franco no logró hasta ocho días después que la Junta de Defensa Nacional le ratificase como «Jefe del Gobierno del Estado» y «Generalísimo de las fuerzas nacionales», tal como quedó consignado en el decreto firmado por Cabanellas y promulgado el 30 de septiembre[264]. Tras su toma de posesión, Franco varió unilateralmente el cargo recibido, firmando su primera ley no como jefe del Gobierno del Estado, sino directamente como «Jefe de Estado»[265], puesto en el que el dictador se mantendría durante treinta y nueve años. Un Nuevo Estado que, además, inauguraba su diario oficial, el *Boletín Oficial del Estado,* en el que se publicó que el nuevo jefe de Estado reorganizaba el «Ejército Nacional», nombrando a Mola como jefe del Ejército del Norte y a Queipo como responsable del Ejército del Sur[266], mientras que relegaba a Cabanellas a

262 «Diario oficial de operaciones...», APJIBT, p. 21. ARÓSTEGUI, Julio: *op. cit.,* p. 212.

263 GARCÍA ÁLVAREZ-COQUE, Arturo: *La fractura del Ejército ante el 18 de julio. El Estado Mayor en la Guerra Civil,* Granada, Comares, 2018, p. 203.

264 Decreto núm. 138, nombrando Jefe del Gobierno del Estado Español al Excelentísimo Sr. General de División don Francisco Franco Bahamonde, quien asumirá todos los poderes del nuevo Estado. *Boletín Oficial de la Junta de Defensa Nacional de España,* 30/09/1936, núm. 32, pp. 1-2.

265 Ley estableciendo la Organización Administrativa a que ha de ajustarse la nueva estructuración del Estado, de 1 de octubre de 1936. *Boletín Oficial del Estado,* 02/10/1936, núm. 1, pp. 1-2.

266 Decreto núm. 1, organizando las fuerzas del Ejército Nacional. *Boletín Oficial del Estado,* 02/10/1936, núm. 1, p. 3

inspector general del Ejército[267]. El hombre fuerte del nuevo régimen redondeó la reestructuración del denominado Ejército Nacional nombrando a quien había tomado Bilbao, el general Fidel Dávila, otro suscriptor de *Acción Española*[268], como nuevo jefe del Estado Mayor franquista[269], cargo en el que se mantendría hasta que el 3 de junio de 1937 Mola murió en un accidente de aviación, momento en el que lo sustituyó al frente del Ejército del Norte[270]. De ese modo, más allá de contingencias, el Nuevo Estado estableció un comandante en jefe y un mando único, que agrupaba a los cuerpos de ejército y a los oficiales afectos del Estado Mayor, establecido primero en el Palacio Episcopal de Salamanca y luego, desde julio de 1937, en el Palacio de la Isla de Burgos. Todo, pues, dirigido desde el Cuartel General del Generalísimo.

Si en el bando nacional, la unidad de mando y de acción fue una constante una vez solventada la pugna en septiembre de 1936, en el republicano, que ya había vivido forcejeos y tensiones con el Gobierno Aguirre sobre como dirigir la campaña del norte, se mantuvo la inestabilidad hasta finales de mayo de 1937, cuando el Gobierno Negrín nombró al general Vicente Rojo Lluch como jefe del Estado Mayor. E, incluso, después, hubo una disparidad de criterios entre el gobierno y dicha cúpula militar, relegada a ser un mero «órgano auxiliar sin facultad para dictar órdenes», ya que «el mando supremo» recaía en el ministro de Defensa, como dictó en una orden el titular de ese departamento, Indalecio Prieto. El propio Rojo calificó al Estado Mayor Central de «consejo de administración» con funciones meramente «asesoras», que nunca pudo actuar como «un organismo de dirección conjunta» de todo el ejército republicano. Ello, pese a que Prieto procedió a la reforma del Ejército Popular, orientada a conseguir su despolitización y el aumento del poder de los militares de carrera frente a los comisarios políticos, lo que le granjeó la inquina de los comunistas. Otra de las medidas del ministro de Defensa para frenar la influencia comunista, pero que abundó en las desavenencias con Rojo, fue dictaminar

267 Decreto núm. 2, nombrando Inspector General del Ejército al Excmo. Sr. General de División D. Miguel Cabanellas Ferrer. *Boletín Oficial del Estado,* 02/10/1936, núm. 1, p. 3.

268 GONZÁLEZ CUEVAS, Pedro Carlos: *op. cit.*, p. 331.

269 Decreto núm. 3, nombrando General jefe del Estado Mayor General, al de Brigada Excelentísimo Sr. D. Fidel Dávila Arrondo. *Boletín Oficial del Estado,* 02/10/1936, núm. 1, p. 3.

270 PUELL DE LA VILLA, Fernando: *op. cit.*, p. 144.

que una vez restablecidos los combatientes heridos se reincorporaran a unidades distintas de las que procedían; una orden que buscaba debilitar los lazos de las unidades más politizadas, no muy alejada en cuanto a sus consecuencias de la conseguida por el otro bando con respecto a los alféreces provisionales. Una *despolitización* que, en cualquier caso, no restó un ápice a la subordinación respecto al gobierno. La prueba de ello fue que el Estado Mayor republicano no pudo movilizar en la primavera de 1938 en auxilio de Aragón al Ejército del Centro, reservado para defender Madrid, lo que era una obsesión gubernamental[271].

271 GARCÍA ÁLVAREZ-COQUE, Arturo: *op. cit.*, pp. 191, 203-204 y 192. ROJO, José Andrés: *Vicente Rojo. Retrato de un general republicano,* Barcelona, Tusquets, 2006, pp. 150 y 192. SALA PRIETO, Luis: *op. cit.*, p. 393.

El general invierno y el verano revolucionario

En octubre de 1937, el Estado Mayor franquista diseñaba desde el Cuartel General del Generalísimo la reorganización del Ejército del Norte. A principios del mes siguiente, el Tercio de Begoña recibió la orden de trasladarse a Navarra, donde estaban siendo concentrados otros destacamentos de requetés. Llegó a Biurrun el día 9[272], permaneciendo allí durante casi un mes a la espera de órdenes, mientras se completaba la reorganización de las Brigadas de Navarra, que pasaron a constituir la 61.ª División al mando del general Agustín Muñoz Grandes, notorio antimonárquico que había dirigido la 2.ª Brigada en la campaña de Santander. Finalmente, la orden de disolución dictada el 6 de noviembre no se concretó en el caso del Tercio de Begoña, aunque quedó encuadrado precisamente en la 2.ª Brigada de la 61.ª División. El 22 de noviembre un estado de fuerzas arrojaba efectivos de 566 hombres en el tercio.

El 7 de diciembre, el contingente armado partió en tren hacia su nuevo destino, a Guadalajara. El objetivo de Franco era concentrar fuerzas en la Alcarria con el objetivo de lanzarlas contra Madrid. Una nueva etapa se iba a abrir en la historia del Tercio de Nuestra Señora de Begoña y en la de sus integrantes, y también una nueva dimensión en su participación en la Guerra Civil, caracterizada por su implicación en cruentos combates, pero no en el previsto frente de Madrid, porque el escenario bélico principal se iba a trasladar a Aragón y Cataluña, extremo que no estaba ni en la mente de Franco ni en la de Rojo. En los combates allí librados en 1938, la Segunda República fue definitivamente derrotada, alzándose «Franco con una victoria que marcaría imperecederamente a varias generaciones de españoles»[273].

272 «Diario oficial de operaciones…», APJIBT, p. 21.
273 ARÓSTEGUI, Julio: *op. cit.*, p. 500. PUELL DE LA VILLA, Fernando: *op. cit.*, p. 147.

Al día siguiente de partir desde Biurrun, los efectivos del Tercio de Begoña llegaron a la localidad de Clares, en Guadalajara. Durante toda la noche anterior, a bordo del tren, Juan Mari Araluce sintió nostalgia, además de mucho frío, mirando con envidia a los vecinos cobijados en sus casas, según pasaba por los pueblos, algo que se repitió en los siguientes días, cuando volvió a ser trasladado hasta llegar a las posiciones avanzadas del ejército que asaltaría el este español en manos de la Segunda República. Así, se lo contó muchos años después a sus hijos, en uno de los pocos recuerdos que les confió sobre la contienda y sus horrores[274]. De hecho, lo que de verdad marcó aquella campaña militar fue el *general invierno,* del que Araluce empezó a tener consciencia aquella noche en el tren.

En Clares, Araluce y todos sus compañeros del tercio padecieron un fuerte temporal de nieve, descendiendo considerablemente la temperatura, durante los doce días que permanecieron en aquel pueblo de Guadalajara. El invierno de 1937-1938, a diferencia del pasado el año anterior, fue gélido y muy largo, caracterizado por una gran incidencia y persistencia de las entradas de aire polar, destacando de manera especial tres grandes episodios de temperaturas muy bajas, acompañados de temporales de nieve. La primera de esas olas ocurrió del 11 al 28 de diciembre, a los tres días de llegar el tercio a Clares. La ausencia de sol, la humedad y el suelo nevado caracterizaron aquellos días[275]. El día 17, la temperatura máxima solo alcanzó el medio grado, siendo las mínimas del día 13 de -4º y el 19 de -6º[276]. Araluce no había vivido nunca unas temperaturas tan bajas, mientras esperaba junto a sus camaradas las órdenes de avanzar hacia su próximo destino, del que no dudaban que sería Madrid.

274 «Diario oficial de operaciones...», APJIBT, pp. 21-22. *Juan Araluce Letamendía,* 02/11/2020, Madrid, entrevista realizada por Juan José ECHEVARRÍA.

275 «Diario oficial de operaciones...», APJIBT, p. 22.

276 AUPÍ, Vicente: *El General Invierno y la Batalla de Teruel. El impacto de los crudos temporales de frío y nieve de 1937-38 en el episodio central de la Guerra Civil Española,* Teruel, Dobleuve Comunicación, 2015, pp. 79-86. El autor, divulgador científico con publicaciones en revistas especializadas, como *Mètode* de la Universitat de València, y responsable del Observatorio Torremocha del Jiloca (Teruel), aporta los datos registrados en el Observatorio de Daroca, el único de la zona que no vio interrumpida su serie estadística por la guerra. Para Aupí, Daroca, aun siendo más calurosa, comparte con la zona norte de Guadalajara y Teruel grandes similitudes en el régimen térmico y pluviométrico.

Sin embargo, los planes de Franco de tomar la capital española se verían pospuestos por la ofensiva del Ejército Popular que el Gobierno Negrín había ordenado con el objeto de ocupar el estrecho corredor de Teruel que unía esa ciudad con el resto de la zona nacional. El ejecutivo republicano, siempre atento a la situación de Madrid, pretendía con esa maniobra aplazar el ataque franquista sobre la capital de España, lo que en esa medida se cumplió, aunque de nuevo dio muestras de la inexistencia de un mando cohesionado, déficit de la Segunda República a lo largo de la guerra. Teruel estaba guarnecida por unos 8000 hombres poco instruidos y mal armados, por lo que Juan Negrín López insistió en tomar la ciudad que se había alzado el 18 de julio, a fin de atraer a las tropas que Franco había concentrado en la Alcarria y desviarlas de Madrid. El ministro Prieto y el jefe de Estado Mayor, en cambio, eran partidarios de una ofensiva sobre Extremadura con el objetivo de dividir la zona nacional, que quedó pospuesta ante el criterio del presidente del Gobierno. El general Rojo, pues, implementó la orden, pero para no renunciar definitivamente a sus planes y a los del ministro de Defensa, su inmediato superior jerárquico, diseñó la actuación de Teruel como una mera operación de alcance limitado, que una vez cubierto el objetivo de conquistar la ciudad se convertiría en defensiva, confiando en que la respuesta franquista no seguiría completamente el señuelo ideado por Negrín y, por tanto, no se volcaría en la recuperación de la ciudad aragonesa. El 14 de diciembre con niebla y un frío intensísimo comenzó el ataque del Ejército Popular que cortó el corredor, entrando en la ciudad el día 22, aunque necesitó de diecisiete días más para acabar con los últimos reductos de los alzados. Pese al estorbo del temporal de nieve, especialmente duro el día 16, continuado de una manera inmisericorde durante las siguientes cuarenta y ocho horas, los republicanos pudieron tomar Teruel. La victoria del Ejército Popular que había conseguido conquistar su primera y última capital de provincia dio la vuelta al mundo, a través de las crónicas de Hemingway y las fotos de Capa, otorgando un éxito propagandístico a la Segunda República. Pero la reacción de Franco no se hizo esperar, anulando la ofensiva de Madrid y ordenando recuperar Teruel al coste que fuese[277].

Y pese al mal tiempo que hubiese. El Tercio de Nuestra Señora de Begoña, en vez de dirigirse hacia el sudoeste, camino de Madrid, recibió órdenes de encaminarse al sureste, hacia Teruel. La Guerra Civil

277 PUELL DE LA VILLA, Fernando: *op. cit.*, pp. 147-148. AUPÍ, Vicente: *op. cit.*, p. 94.

iba a entrar en otro de sus momentos decisivos, decidiéndose en el este la suerte de la Segunda República, no en Madrid. Araluce y el resto del contingente fue subido a camiones con destino a Maranchón el día 20 y de allí al día siguiente, ya en la provincia de Teruel, a Villafranca del Campo. En la estación de tren de esta localidad, el tercio tuvo que prestar auxilio a los heridos producidos en un choque entre un tren militar y unos vagones que habían quedado allí varados, accidente que evidenciaba las prisas e improvisación de la contraofensiva del bando franquista. En la madrugada del día 23, el tercio, remontando el río Jiloca, llegó a Cella, a veinte kilómetros de Teruel. Durante esos días, el tiempo mejoró porque cesaron las nevadas, pero el ambiente se mantuvo muy frío y la niebla, muy espesa, se hizo persistente. Los días de Nochebuena y Navidad no se superaron los 4º al mediodía.

Mientras, los combates en el interior de la ciudad continuaban, a la par que los diversos contingentes de la 61.ª División de Muñoz Grandes se aproximaban a Teruel, entre ellos el Tercio de Begoña. El 28 de diciembre empeoró el tiempo, al reabrirse el pasillo de entrada de aire polar, empujado por un centro de altas presiones sobre las islas británicas y una borrasca en Italia. La niebla que saludó el amanecer de aquel día auguraba la llegada de una segunda ola de frío extremo, que se concretó en las tres jornadas siguientes. En la nochevieja de 1937 cayó una nevada que acumuló espesores de hasta medio metro. Años después, en el curso de la Segunda Guerra Mundial, cuando Muñoz Grandes regresó a España tras dirigir la División Azul y fue preguntado sobre las bajas temperaturas sufridas en Rusia, este dijo: «Para frío el de Teruel». También Ernest Hemingway relató la «cegadora tempestad de nieve» que cayó entonces. El 30 de diciembre, el ejército franquista había roto el frente, llegando un día después a los arrabales de la ciudad, pero entonces el *general invierno* entorpeció toda operación militar, quedando los vehículos atrapados en la nieve. El escenario de la batalla quedó congelado, porque tras la copiosa nevada, los cielos se abrieron con el año nuevo, convirtiendo la nieve en hielo y viviéndose los días más fríos de todo aquel invierno. Hasta el 6 de enero, estuvo helando ininterrumpidamente, sin que las temperaturas superaran en ningún momento los 0º. En el día de Reyes hubo una mínima de -15,8º[278].

---

278 «Diario oficial de operaciones…», APJIBT, pp. 22-23. AUPÍ, Vicente: *op. cit.*, pp. 96 y 85-89. Todos los datos de temperatura se refieren a Daroca, lo que lleva a Aupí a sostener que en Teruel se alcanzaron los -20º. ROJO, José Andrés: *op. cit.*, p. 179. PUELL DE LA VILLA, Fernando: *op. cit.*, p. 148.

La helada pilló al tercio a tres kilómetros de Teruel, en la carretera de Albarracín, en San Blas. El día 4 de enero avanzó un kilómetro, acercándose a la primera línea. En un barranco, el Tercio de Begoña sufrió la mayor cantidad de bajas de su historia, veintitrés muertos y ochenta y nueve heridos, cuando la aviación republicana bombardeó incansablemente la posición, acompañada por fuego artillero. En esa jornada, que terminó con el repliegue del tercio, Araluce comprobó que la guerra podía ser otra cosa, muy diferente a lo que había vivido en las campañas de Santander y Asturias, donde los aviones solo fueron de uno de los dos bandos. Mientras caía el fuego enemigo, el joven requeté tuvo conciencia de la importancia de la aviación en las conflagraciones armadas contemporáneas, como un signo más de la modernidad. Su compañía fue la más afectada, ya que sufrió diecinueve bajas, entre ellas un alférez, dos sargentos y dos cabos. Durante los días siguientes, el tercio fluctuó de una manera errática en un estrecho radio de espacio, en torno a un kilómetro, sufriendo fuerte fuego enemigo, continuando el goteo de bajas: trece el día 6, dos el 8 y otras dos el 9.

En esa situación insostenible, el día 10, que empezó de nuevo con cañoneo enemigo, el tercio recibió orden de alcanzar la que se iba a convertir en la célebre posición de La Muela, una meseta elevada de tres kilómetros de diámetro, lugar clave para dominar Teruel, que había cambiado varias veces de bando en las últimas semanas y que fue descrita por Hemingway como una rocosa *eminencia en forma de dedal, parecida a conos de géiseres extintos*, que protegía o amenazaba a la ciudad por el este. Para ello, los requetés del Begoña debieron cruzar varias descubiertas, consiguiendo alcanzarla al fin de la jornada y empleando la noche en cavar trincheras. A la mañana siguiente, sin apenas descanso, la 3.ª compañía, donde marchaba Araluce, reforzó las posiciones del Tercio de Oriamendi. Durante los siguientes días, la construcción de fortificaciones y abrigos, en medio del fuego enemigo que seguía ocasionando bajas, se convirtió en la principal actividad. Durante aquellos gélidos días de enero, La Muela fue el escenario de algunos de los combates más encarnizados, manteniéndose en tablas durante muchas jornadas agotadoras, mientras el frío y los combates competían en intensidad.

Si la aviación y la artillería republicana eran la causa de la mayoría de esas bajas en el Tercio de Begoña, otro enemigo acechaba a aquellos requetés, agazapados en sus trincheras y fortificaciones, el provocado por el frío. El suelo de aquellos refugios, helados y, ya a mediados de mes, encharcados, provocaron una dolencia que en las guerras anteriores había sido denominada *pies de trinchera* y que ahora sería llamada *pies negros de Teruel,* por el color que cogían las extremidades. En algunos casos, la dolencia suponía la amputación por necrosis de falanges, dedos o de los propios pies, y en algunos otros, al gangrenarse esos miembros, la muerte. En ambos ejércitos, entre diciembre de 1937 y marzo de 1938, hubo más de 15.000 bajas por congelación en la Batalla de Teruel.

La segunda quincena de enero el frío remitió, desapareciendo la nieve, lo que facilitaba el movimiento, circunstancia que quisieron aprovechar ambos bandos. En esos días, en el que el tiempo mejoró, las compañías del tercio alternaron los combates con la construcción de más fortificaciones, sufriendo seis bajas. El día 24, los requetés iniciaron un movimiento hacia la Guea, un conjunto de casas, a los pies de La Muela. Cinco bajas más sumó el tercio, tres de ellas al accidentarse un vehículo. El 31 de enero, volvió a ascender, yendo en cabeza la 3.ª compañía de Araluce, y relevó al Tercio de Valvanera de la cota 1062, en primera línea de fuego, donde el Tercio de Begoña dio los más grandes combates de su historia y también los más sangrientos.

La cota 1062, en disputa por los dos bandos, se convirtió durante el mes de febrero de 1938 en el escenario de una cruenta lucha, si no decisiva, al menos relevante, para el conjunto de la Batalla de Teruel, en mitad de la cual llegó la tercera ola polar. Del 13 al 22 de febrero se produjo una situación meteorológica similar a las nevadas de diciembre y enero, con un anticiclón centrado en las islas británicas y un centro de bajas presiones en el Mediterráneo, que canalizó una nueva corriente polar hacia la península ibérica. En los tres primeros días de este nuevo episodio regresó la nieve y los termómetros se desplomaron hasta los -15º entre los días 15 y 18[279].

El Tercio de Begoña, mandado por el capitán Manuel Santana Izquierdo, debía cubrir una posición amenazada por el enemigo desde tres frentes. Los requetés plantearon su acción en una primera fase, que duró veintidós días, de una manera defensiva, y en una segunda, de tenor ofensivo, del 23 de febrero al 3 de marzo. La posición ocupada por el tercio era una bolsa en territorio enemigo, unida al resto de contingentes de la 61.ª División por la gola, con la que se comunicaba en

279 «Diario oficial de operaciones…», APJIBT, pp. 25-35. ARÓSTEGUI, Julio: *op. cit.*, pp. 500-501. ROJO, José Andrés: *op. cit.*, p. 178. AUPÍ, Vicente: *op. cit.*, pp. 145, 77 y 90-91.

un estrecho pasillo. En los otros tres lados, el Ejército Popular dominaba la situación desde el Colmillo de la Muela, los Morrones y la cota 1076, separado de los requetés en algún punto por tan solo sesenta metros. Ya el día 31 de enero, cuando el tercio vizcaíno dio el relevo al riojano de Valvanera, el mando comprobó que la bolsa era demasiado extensa, unos ocho mil metros de perímetro, para los efectivos con los que contaba, por lo que decidió no dejar a ninguna compañía en reserva y emplear a todas en las trincheras existentes, colocando un requeté cada cuatro metros. Las fortificaciones, además, eran deficientes debido al terreno rocoso, por lo que Santana pidió zapadores y más ametralladoras, ya que solo disponía de ocho. También víveres y agua, ante el peligro de que desde los barrancos próximos el enemigo tomase la gola, aislando al tercio de la División de Muñoz Grandes. Por ello, era crucial mantener las comunicaciones, instalando dos líneas telefónicas, una estación óptica y otra de radio. Mientras los efectivos del tercio procedían a solventar los problemas logísticos, desde el día 1 de febrero, el tiroteo era constante e intenso, además de que la artillería enemiga batía constantemente la posición. La alambrada fue reforzada en algunos lugares con otra doble e incluso triple.

El 2 de febrero, dos sucesos encresparon los ánimos de los requetés. Un teniente de artillería de la 54.ª división se presentó con treinta y cinco mulos con la intención de llevarse el depósito de municiones, a lo que Santana se negó. Y el sargento Pedro Alcón, reclutado en Asturias y adscrito a la compañía donde prestaba sus servicios Araluce, se pasó al enemigo. Al conocer el emplazamiento del depósito de municiones, el capitán del tercio ordenó cambiarlo de lugar, ante el temor de que la artillería enemiga focalizase allí el fuego, trasladando todas las bombas de mano a las trincheras. Ese mismo día se incorporaron setenta y cuatro reclutas, a los que había que dar instrucción.

El día 3 arreció el fuego enemigo. A media mañana, los republicanos asaltaron las posiciones con el apoyo de cuatro tanques. «El fuego es rápido y los proyectiles (...) caen en la posición, arrancando de cuajo lienzos de parapeto de veintisiete metros, destrozando la posición», tal como relata el *Diario de operaciones del Tercio de Begoña*. Tras el bombardeo, llegó el momento del ataque. Un batallón republicano avanzó, siendo respondido a setecientos metros, quedando «en cinco minutos destrozado». Otros dos batallones fueron igualmente rechazados, mientras se sucedían los gritos de «¡Viva Cristo Rey!, ¡Arriba España! y ¡Viva Franco!» Al final de la jornada, el tercio recibió un mensaje de Muñoz Grandes felicitando a «los bravos del Begoña (...) que con sus pechos defendían aquellos riscos». Entre los destacados aquel día, estuvo el entonces alférez Ruiz de Aramburu, el que acudió al velatorio de Araluce cuando fue asesinado. Siete muertos y veintiún heridos fue el balance de bajas del tercio aquel día. Al día siguiente, se repartió chocolate con coñac para desayunar, en previsión de nuevas ofensivas, que sin embargo no llegaron hasta casi las doce de la noche, cuando aprovechando la oscuridad, se dio un nuevo ataque en el centro de la posición. Cuando fue advertido, el enemigo estaba a solo veinticinco metros, al haber cortado las alambradas, pero fue finalmente rechazado con las bombas de mano, los fusiles y las metralletas. Eran ya las tres y veinte de la madrugada del día 5. Un requeté murió. Dos nuevos ataques se sucedieron desde la mañana siguiente con tres tradicionalistas heridos. Al día siguiente, se distribuyeron diez cajas de coñac Osborne y mil doscientos paquetes de cigarrillos. Una nueva ofensiva se produjo el día 7, causando al tercio tres heridos. Fue el último intento del Ejército Popular por hacerse con la cota 1062. Los días siguientes hubo bajas por tiroteos desde las posiciones respectivas: siete el día 8, cinco el 9 y uno cada uno de los días 12, 16, 17, 18 y 21. El día 13 volvió el frío, el viento y la nieve, paralizando los combates.

El 22 de febrero, una vez amainaron las inclemencias, en el tercio se ultimó el plan de ataque a las posiciones republicanas, en un día en el que el tiroteo causó cuatro bajas. El plan previsto preveía que la 3.ª compañía, en la que servía Araluce, y la 4.ª iniciarían la ofensiva cortando las alambradas enemigas, y después la 2.ª compañía atacaría los Morrones. Sin embargo, la precipitación de esta última trastocaría los planes. Al amanecer del día 23, nevaba ligeramente, cuando la 2.ª compañía se lanzó *impaciente* hacia las posiciones enemigas, encabezada por Ruiz de Aramburu, recorriendo en poco tiempo el espacio que les separaba de los Morrones, apoderándose de esa posición, con una sola baja. «El enemigo huye velozmente», dejando montones de material de guerra y, algo más valioso, en aquella tercera ola polar, los capotes de carabineros, y que inmediatamente se repartieron los ateridos requetés. Era la primera posición que conquistaba el tercio en La Muela, justo en el momento en el que se derrumbaban las posiciones republicanas.

La ofensiva del Tercio de Begoña formó parte de la fase final de la Batalla de Teruel. El día anterior, las tropas del general Antonio Aranda Mata del Cuerpo del Ejército de Galicia habían entrado en una Teruel devastada, después de que dos millares de soldados republicanos la abandonasen. Para ello, había sido decisiva la contención del Ejército Popular en La Muela. El día 7 de febrero, cuando el Tercio de Begoña paraba en aquella elevación rocosa la ofensiva republicana, se había producido la ruptura de la línea defensiva del Ejército Popular en el río Alfambra. Una carga de caballería, propia de otros tiempos, marcados por la tradición, puso en desbandada a las tropas republicanas, avanzando decisivamente las tropas nacionales en su cerco sobre Teruel. La derrota republicana en la Batalla de Teruel, la más sangrienta de la guerra, causó un grave quebranto al Ejército Popular en cuanto a su armamento y provocó el desplome de la moral en la retaguardia. Tuvo también repercusiones políticas, que conducirían al cese de Prieto en abril.

Nada más tomar Teruel, pese a que los últimos reductos republicanos en torno a la ciudad, como el de La Muela, donde en los días siguientes el tercio sufrió otras seis bajas, tardaron en algunos casos hasta cuatro semanas en ser reducidos, Franco decidió continuar el éxito en Aragón, iniciando la maniobra que llevaría a sus tropas al Mediterráneo, también al Tercio de Begoña, aislando a Cataluña, y dando el golpe de gracia a la Segunda República. De hecho, hasta el 3 de marzo, nueve días después de la reconquista de Teruel, el Tercio de Begoña no abandonó La Muela, siendo reemplazado por el batallón Ceriñola de la 54.ª División. Tras recuperarse sus efectivos, partió a Concud, donde se elaboró un estadillo de fuerzas: cuatro compañías de fusiles y una de ametralladoras, con 514 hombres en total[280]. Eran los supervivientes de la Batalla de Teruel, entre ellos Araluce. La cifra de bajas que había sufrido el tercio se puede calcular comparándola con los 566 efectivos contabilizados en Biurrun, a los que habría que sumar los 74 incorporados en la Muela. 126 bajas, en total.

El día 15, se embarcó al tercio en camiones con destino a Molina de Aragón. La misión que ahora les fue encomendada era inédita para el tercio y consistía en acabar con un motín de un Tabor de Regulares que estaba en rebeldía. Al día siguiente, los requetés rodearon a las tropas africanas, quienes depusieron su actitud nada más amanecer del día 17. Solventado el problema para el ejército franquista, el tercio fue trasladado en camiones a Monreal y, desde allí, en tren a Ayerbe. Allí, en compañía de los tercios de Nuestra Señora del Camino y de Oriamendi, emprendería una rápida campaña que concluiría con la ocupación completa de la provincia de Huesca. Los siguientes hechos relevantes del Tercio de Nuestra Señora de Begoña se dieron en el

---

280 ARÓSTEGUI, Julio: *op. cit.*, p. 501-502. «Diario oficial de operaciones...», APJIBT, pp. 34-53. PUELL DE LA VILLA, Fernando: *op. cit.*, pp. 148-149.

Maestrazgo, con el objeto de dividir la zona aún controlada por la Segunda República. En Cinotorres, el 5 de mayo, tras ser atacado por un avión y la artillería enemiga en una descubierta de más de mil metros, los requetés asaltaron las trincheras enemigas con bombas de mano, contabilizándose siete bajas. Al día siguiente, una gran tromba de agua y granizo obligó a construir chabolas donde guarecerse. También fueron atacados el día 7, con dos bajas, llegando al río La Cuba, límite entre las provincias de Teruel y Castellón. El 10 de mayo, el tercio asaltó unos montículos que no pudo ocupar por la resistencia del Ejército Popular, que le ocasionó cinco muertos y diez heridos. Al día siguiente, lo volvió a intentar infructuosamente, con el resultado de tres muertos y once heridos, teniendo que desistir de su empeño. Las desgracias continuaron. El día 18 sufrió fuego amigo, cuando la aviación del bando nacional bombardeó al tercio en las inmediaciones de Mosqueruela, aunque finalmente pudo ser tomada esta localidad, con un muerto y cinco heridos. El día siguiente, con dos bajas, estuvo marcado por el frío, el viento y la lluvia pese a lo avanzado de la estación primaveral[281]. El tercio, adscrito en ese momento a la 1.ª División de Navarra, fue felicitado por el mando.

En junio, el tercio estaba ya en la provincia de Castellón, avanzando hacia el Mediterráneo. El contingente militar luchó en los combates de Lucerna del Cid, en la sierra de la Cruz. El día 10, la 1.ª y la 3.ª compañías avanzaron en vanguardia del tercio para tomar el denominado vértice Gozalvo, a ochocientos metros de altitud, escenario de otra batalla casi un siglo antes en la Guerra de los Siete Años, entre el liberal Leopoldo O'Donnell y el carlista Ramón Cabrera, el *tigre del Maestrazgo*. La compañía de Araluce sufrió un fuego intenso, pero pudo coronar el monte. El día 14 el tercio avanzó hacia Alcora, asaltando las trincheras de tres batallones enemigos. El día 17, el tercio atravesó el río Mijares y recibió la orden de ocupar la posición de La Torreta[282], haciéndolo «bajo intensísimo fuego enemigo», pero logrando pernoctar en ella, fortificándola. Al día siguiente, la División Extremadura del Ejército Popular

281 «Diario oficial de operaciones...», APJIBT, pp. 54, 60-61 y 66. ARÓSTEGUI, Julio: *op. cit.*, pp. 502-503.

282 GONZÁLEZ GARCÍA, Clemente: *El Ejército del Centro en la provincia de Castellón. Historia militar y arqueología de los campos de batalla en la Primera Guerra Carlista (1833-1840)*, Tesis doctoral, Salamanca, Universidad de Salamanca, 2019, pp. 15-16. «Diario oficial de operaciones...», APJIBT, pp. 70-72. ARÓSTEGUI, Julio: *op. cit.*, p. 503.

contraatacó, quedando La Torreta y sus defensores requetés, expuestos a toda la artillería enemiga. La situación era comprometida para los del Begoña. Araluce llevaba dos días sin dormir y el tercio tenía escasez de municiones. La artillería enemiga les batía incansablemente y un tanque les atacaba. En un barranco se concentró la lucha. Fue en aquel día, el 18 de junio, seis días antes de cumplir veintiún años, cuando Juan María Araluce resultó herido, al igual que el requeté Juan Ostendi y el cabo Juan Alonso, muriendo José Cano. Todos ellos eran de la 3.ª compañía[283].

Araluce cayó herido al salir de una trinchera. Había recibido la orden de comunicar unas instrucciones a otra posición defensiva, cuando sintió un fuerte golpe, como si hubiera recibido un duro palo, cayendo al suelo. Araluce fue trasladado al hospital donde permaneció más de dos meses. Había sido alcanzado en una pierna. Un proyectil le atravesó el muslo, aunque de una manera limpia, sin afectarle a la arteria femoral. No pudo reincorporarse al tercio hasta el 3 de agosto, cuando sus compañeros ya habían alcanzado el Mediterráneo después de luchar en la sierra de Espadán. El tercio estaba ahora estacionado entre las poblaciones de Artana y Eslida, en la plana baja de Castellón, pero el 17 de agosto, Araluce fue de nuevo evacuado por enfermedad. La larga y dura campaña que le había llevado por Guadalajara, Teruel, Zaragoza, Huesca y el Maestrazgo le pasaba factura. Pese a ser de complexión fuerte, los rigores de la guerra y una climatología adversa, ahora en forma de incesantes lluvias, hicieron mella en la salud de aquel joven de veintiún años. Se reincorporó el 23 de agosto al frente estabilizado de Levante, a las mismas posiciones que el Tercio de Begoña ocupaba. El día 31, el general Aranda pasó revista al tercio y los días siguientes se sucedieron en calma bajo la lluvia, construyendo chabolas para guarecerse del agua. El día 8 de septiembre, el tercio celebró la festividad de Nuestra Señora de la Virgen de Covadonga, con misa cantada por los requetés, una fecha especialmente reverenciada en el Nuevo Estado por las connotaciones de reconquista que tenía. El 27, cayó un temporal de agua, que debido a la pendiente del campamento arrastró muchas de las chabolas levantadas, quedando los requetés a la intemperie durante toda la noche. Las lluvias prosiguieron en octubre. También el Día del

283 «Diario oficial de operaciones...», APJIBT, pp. 72-73. El *Diario de operaciones del Tercio de Begoña* transcribe incorrectamente el apellido de Araluce, citándolo como «Juan M. Basaraluce», «Requeté» de la «3.ª Cía», «herido».

Pilar, que se celebró con un rancho extraordinario. El 24, un nuevo temporal de lluvias obligó de nuevo a levantar chabolas. El 30, el tercio celebró la fiesta de Cristo Rey[284].

Tal festividad era especialmente querida por los requetés, sobre todo por aquellos que, dentro del carlismo, seguían las tesis integristas, hasta el punto de que antes de la vuelta al redil carlista con Alfonso Carlos habían cambiado el trilema a «Dios, Patria y Cristo-Rey». Dicha devoción había tenido en Pío XI a su propagador, desarrollando desde 1925 la doctrina de que los gobernantes estaban obligados a respetar las prerrogativas de Cristo, especialmente como legislador supremo, ajustándose «a los principios cristianos en la labor legislativa y en la administración de la justicia». Tras el derrocamiento de Alfonso XIII, un adalid de la confluencia de religión y Estado, la República supuso una «gran tribulación» para muchos fieles, acrecentada con la expulsión de los jesuitas, propagandistas precisamente del Sagrado Corazón y de Cristo Rey[285]. Los requetés se habían sumado al golpe de Estado del 18 de julio de 1936 para acabar con ello y volver a la monarquía católica.

Un día después de celebrar la festividad, el 1 de octubre de 1938, Juan Mari Araluce dejaba definitivamente el tercio para incorporarse a los cursillos de alférez provisional[286]. Aunque no lo sabía, los combates habían acabado en su vida. El nuevo alférez fue adscrito al Ejército del Aire, donde fue instruido mientras terminaba la guerra. Ingresó, pues, en el arma de Aviación, de la que había comprobado su mortífero potencial, incluido el fuego amigo, a lo largo de los quince meses en que fue un requeté, especialmente cuando él mismo lo sufrió en Aragón.

Tras la Batalla del Ebro, que acabó con el repliegue republicano el 16 de noviembre, el Ejército Nacional rompió la víspera de Nochebuena el frente de Cataluña. El 25 de diciembre, las tropas franquistas ocuparon

---

284 *Juan Araluce Letamendía*, 02/11/2020, Madrid, entrevista realizada por Juan José ECHEVARRÍA. Certificado de alistamiento…, APJAL. «Diario oficial de operaciones…», APJIBT, pp. 84-88.

285 CANO MEDINA, Luis: *La devoción al Sagrado Corazón y a Cristo Rey en España y su recepción por los metropolitanos españoles (1923-1931),* Tesis doctoral, Roma, Pontificia Universitas Sanctae Crucis, 2007, pp. 208-211. CANO MEDINA, Luis: «Acerca de Cristo Rey», en AURELL I CARDONA, Jaume y PÉREZ LÓPEZ, Pablo: *Católicos entre dos guerras: la historia religiosa de España en los años 20 y 30,* Madrid, Biblioteca Nueva, 2006, pp. 185-203.

286 Certificado de alistamiento…, APJAL.

Barcelona sin disparar un solo tiro. El 13 de enero de 1939, toda Cataluña estaba en manos del bando nacional. En marzo, el general Segismundo Casado López, jefe del Ejército del Centro republicano, negoció la rendición de Madrid, cuya defensa había sido la principal preocupación de los gobiernos de la Segunda República durante toda la Guerra Civil. El 28 de ese mes, las tropas franquistas entraban en Madrid. El 1 de abril, acabó la guerra[287].

El alférez Araluce fue destinado a la isla de Mallorca, donde se reencontró con la vida, después de la dura experiencia de la guerra. Aquellos años fueron placenteros y alegres. Mucho después, volvería con su esposa y recorrería de nuevo la isla, constatando que el recuerdo de su carácter extrovertido permanecía y volviendo a ver a amigos y conocidos, sintiendo con satisfacción que había sido apreciado. De allí, fue destinado a Madrid, en concreto a Getafe, donde fue ascendido el 5 de abril de 1945 a teniente en el 21.º Regimiento de la Región Aérea I[288]. Tres años antes, Araluce todavía creía que seguiría toda su vida como militar, pero como le pasó en su niñez, con su intención de ser médico, se equivocó.

Su madre le insistió en que retomara su carrera jurídica, convenciéndole de que se presentase a las convocadas oposiciones libres a notarías, junto a 1445 aspirantes más, en 1943[289], en virtud de un decreto del 14 de octubre anterior, en el que a los candidatos se les exigía ser licenciados en Derecho y un certificado acreditativo de su adhesión «al Glorioso Alzamiento Nacional y de no existir antecedentes ideológicos contrarios al mismo»[290]. Persuasiva, María Villar se trasladó incluso a vivir a Madrid, donde estaba destinado Juan Mari, para que su hijo no se distrajese y se centrase en el estudio. Casadas Conchita y Pepita en Bilbao, la tercera hermana, Marichu, se fue también para Madrid. Había enviudado, de su primo Cándido Araluce Ajuria, y nada le ataba a Bilbao. Su hijo mayor, José María, también había muerto. Así, que en la calle Ferraz se reunieron María, Marichu, sus otros tres

287 PUELL DE LA VILLA, Fernando: *op. cit.*, pp. 153-156.

288 *Juan Araluce Letamendía*, 02/11/2020, Madrid, entrevista realizada por Juan José ECHEVARRÍA. Notificación de ascenso…, APJAL.

289 Dirección General de los Registros y del Notariado, lista de señores opositores, 20 de enero de 1943. *Boletín Oficial del Estado*, 25/01/1943, núm. 25, pp. 869-880.

290 Decreto de 14 de octubre de 1942, por el que se dispone que los artículos que se indican del Reglamento para las oposiciones libres a Notarías, aprobado por Decreto de 22 de febrero de 1941, queden redactados en la forma que se expresa. *Boletín Oficial del Estado*, 23/10/1942, núm. 296, pp. 8474-8476.

hijos (Gonzalo, Manuel María y Pedro Juan), y Juan María. Este, como recordó y comentó años después a sus hijos, estudió a partir de ese momento, especialmente en plena canícula veraniega madrileña, compaginándolo con su dedicación militar[291].

El Nuevo Estado regulaba entonces el Notariado, estableciendo el reglamento de su organización y régimen, después de constatar que la guerra había dejado 392 notarías vacantes. Lo había hecho con el mencionado decreto de 1942, que a su vez había modificado parcialmente otro de 1941[292], y lo haría de una manera más exhaustiva año y medio después. Según lo estipulado, había que superar tres ejercicios, uno oral y dos escritos. En el primero, el aspirante debía contestar en hora y cuarto ocho temas de entre las siguientes materias: Derecho civil, mercantil y notarial, así como de legislación hipotecaria. Superado este, el opositor debía redactar una Memoria de Derecho civil, de legislación hipotecaria o notarial, formulado por el tribunal. Y el tercer ejercicio, consistía en redactar una escritura o documento notarial. En cada uno de los dos ejercicios escritos, el aspirante disponía de seis horas para su realización. Los tribunales estaban compuestos por siete miembros, siendo necesario para aprobar cada uno de los ejercicios la mayoría de los votos de sus integrantes. Una vez descartado el resto de los aspirantes, los miembros del tribunal calificaban a los que habían llegado al final, repartiéndolos con sus puntuaciones en una jerarquía, que, en orden descendente, era: notaría de Madrid o Barcelona, de primera, segunda o tercera clase. Para la de Madrid y Barcelona, el opositor debía obtener más de 110 puntos, para los de la primera clase más de 100, para los de segunda más de 80 y para los de tercera más de 60[293]. Los de primera clase tendrían plazas en las capitales de provincia, salvo Madrid y Barcelona, o en poblaciones de más de 50.000 habitantes. Los de segunda clase estaban destinados a localidades con más de 12.000, y los de tercera a municipios con menos habitantes[294].

291 *Juan Araluce Letamendía*, 02/11/2020, Madrid, entrevista realizada por Juan José ECHEVARRÍA.

292 Decreto de 22 de febrero de 1941 por el que se aprueba el Reglamento para las oposiciones libres a Notarías. *Boletín Oficial del Estado*, 05/03/1941, núm. 64, pp. 1559-1561.

293 Decreto de 14 de octubre de 1942... Notarías... *BOE*, 23/10/1942, núm. 296, pp. 8474-8476.

294 Decreto de 2 de junio de 1944 por el que se aprueba con carácter definitivo el Reglamento de la organización y régimen del Notariado. *Boletín Oficial del Estado*, 07/07/1944, núm. 189, pp. 5225-5282.

Araluce aprobó la oposición en el puesto 138 de la lista e ingresó en el Notariado con 62,11 puntos, logrando una plaza de tercera clase, una vez que fueron adjudicadas en septiembre de 1944[295]. Pidió entonces el retiro en el Ejército y tuvo su primer destino como notario en Villagonzalo, un pequeño pueblo de Badajoz con 2283 habitantes, cerca de Mérida, dedicado a la recolección de algodón, con una economía estancada, al igual que su población, que apenas variaba desde 1910[296]. En la pensión en que se alojó, no había ni sábanas en las camas. Tampoco un aseo. Algunos fines de semana, Juan María se escapaba a Madrid para reunirse con su familia, aunque en más de una ocasión llegó tarde al tren. En una de esas, rompió el reloj por el enfado que se cogió, aunque el problema no fuera, precisamente, aquel cronómetro, lo que revelaba un fuerte carácter, cuya firmeza se había acrecentado por las experiencias vividas en la guerra[297].

El 18 de diciembre de 1944 tomó posesión de la notaría y el 23 de octubre de 1945 le fue comunicado su pase a la reserva en el Ejército del Aire por el coronel jefe del 21.º Regimiento con sede en el Aeródromo de Getafe. Su carrera militar había definitivamente acabado. Araluce permaneció como notario de Villagonzalo hasta el 20 de junio de 1947[298], siendo la plaza suprimida en la nueva demarcación territorial de notarías, debido al escaso volumen de asuntos que atendía[299]. Temeroso de ello, aquellos dos años y medio que estuvo en la localidad pacense, Juan María siguió estudiando y, en 1947, sacó la

295 Órdenes de 29 de septiembre de 1944 por las que se nombra a los señores que se mencionan para servir las Notarías vacantes de las localidades que se citan. *Boletín Oficial del Estado,* 13/10/1944, núm. 287, p. 7696.

296 INSTITUTO NACIONAL DE ESTADÍSTICA. *Censo de 1940/Tomo II. Volúmenes provinciales/Badajoz/Clasificación por municipios.* https://www.ine.es/inebaseweb/pdfDispacher.do?td=117827&ext=.pdf

INSTITUTO NACIONAL DE ESTADÍSTICA. *Censo de 1910/Tomo I. Resultados definitivos. Detalle por provincias/Badajoz.* https://www.ine.es/inebaseweb/pdfDispacher.do?td=79790&ext=.pdf

297 *Juan Araluce Letamendía,* 02/11/2020, Madrid, entrevista realizada por Juan José ECHEVARRÍA.

298 ORTEGA REGALADO, María José: «RE: Juan María Araluce», *Email electrónico,* 14/12/2021, 12.22. Pase a la reserva militar de Juan María Araluce Villar (1945), APJAL.

299 Dirección General de los Registros y del Notariado, anunciando concurso de provisión ordinaria de las Notarías vacantes que se indican, correspondientes a los grupos y en los turnos que se expresan, 25 de abril de 1947. *Boletín Oficial del Estado,* 07/05/1947, núm. 127, pp. 2723-2724.

notaría de Tolosa, ganándola por oposición entre notarios[300], de la que tomó posesión el 26 de junio. Dicha notaría había quedado vacante por el traslado de su anterior titular, Alejandro Bérgamo y Llábres[301], autor de una reconocida obra jurídica y que acabaría su carrera con despacho profesional en Madrid. La notaría de Tolosa era de segunda clase, ya que la población guipuzcoana contaba con 13.583 habitantes[302]. Su vida iba a volver a cambiar, pero más que por el ascenso de categoría en su nuevo destino, por el hecho de que conoció a la que iba a ser su mujer, María Teresa [Maité] Letamendía Goitia. Para ello, fue decisiva la amistad que el nuevo notario de Tolosa hizo con José María de Zavala en aquella localidad guipuzcoana, que se había caracterizado por ser un tradicional feudo electoral carlista, incluidos los integristas y los tradicionalistas *mellistas*.

José María de Zavala Alcíbar-Jáuregui pertenecía a una familia de *jauntxos*, cuyos ancestros se retrotraían a un combatiente de la batalla de Lepanto, aquella que marcó el cénit de la monarquía hispánica. Los Zavala, procedían de Ordizia, aunque tenían casa solariega en Tolosa, así como otras residencias en San Sebastián, con una de las bibliotecas más relevantes de toda Guipúzcoa, donde hoy en día se atesora un archivo y una colección de obras fueristas, habiendo sido desde el siglo XIX un foco propagador de tal ideología. El hermano de José María, Federico, requeté en la Guerra Civil, dedicó su tiempo a recuperar tal pasado, siendo uno de los dirigentes del PNV, al que se afilió a finales de 1976, que fiel al alma *euskalerriaca,* más hizo en la transición democrática por imbuir a todo el partido *jeltzale* en la foralidad, siendo miembro de la ponencia que redactó el Estatuto de Gernika de 1979[303]. En 1976, antes de la muerte de Araluce, publicó *De los Fueros a*

300 Dirección General de los Registros y del Notariado, transcribiendo relación de las Notarías vacantes que han de ser provistas por oposición entre Notarios, 20 de mayo de 1946. *Boletín Oficial del Estado,* 26/05/1946, núm. 146, pp. 4408-4409.

301 «Currículum vitae de... Araluce...», APJAL. AZPÍROZ, Juan I.: «RE: Juan María Araluce Villar», *Email electrónico,* 16/12/2021, 13.54.

302 INSTITUTO NACIONAL DE ESTADÍSTICA. *Censo de 1940/Tomo II. Volúmenes provinciales/Guipúzcoa/Clasificación por municipios.* https://www.ine.es/inebaseweb/pdfDispacher.do?td=119145&ext=.pdf

303 *Jesús María Azurza Ayerbe,* 30/08/2022, Tolosa (Gipuzkoa), entrevista realizada por Juan José ECHEVARRÍA. ZAVALA FERNÁNDEZ DE HEREDIA, Luis María de: «Federico Zavala y Alcíbar-Jáuregui», Diccionario Biográfico Español. Real Academia de la Historia. https://dbe.rah.es/biografias/48096/federico-zavala-y-alcibar-jauregui

los Estatutos. Los Conciertos Económicos, donde erosionó los prejuicios aranistas contra las leyes de 1839 y 1876, facilitando a la historiografía nacionalista un mayor acomodo con el rigor histórico. Federico de Zavala, profesor de la Universidad de Deusto y alumno de los jesuitas de Orduña, no compartía los recelos de Sabino Arana hacia los fueros. Tal prevención del fundador del PNV se debía a la vinculación de estos con la monarquía española[304]. En cambio, Federico de Zavala haría de los fueros el arquitrabe de su propuesta autonomista para el País Vasco desde su escaño del Senado en la legislatura constituyente. Para ello, rompió un tabú en el seno de la historiografía nacionalista, admitiendo que la ley de 1839, aquella que el *aranismo* había identificado con el fin de la independencia vasca, confirmó los fueros. Tampoco acabó con ellos la de 1876, ya que los Conciertos Económicos tuvieron su origen en ella. Tales aceptaciones suponían una modificación sustantiva en la conceptualización del foralismo soberanista.

De los Fueros a los Estatutos fue presentado el 19 de julio de 1976, dos meses antes de morir Araluce, en un momento de máxima exaltación fuerista por coincidir con el centenario de la ley de 1876, en un acto en la Biblioteca del Doctor Camino, situada en el casco viejo de San Sebastián, que contó con la presencia de la plana mayor de la RSBAP y de la Caja de Ahorros Municipal (CAM). Al mismo no pudo asistir por su avanzada edad, el autor del prólogo, Ignacio Pérez-Arregui García, quien había sido diputado provincial guipuzcoano de ideología integrista y negociador en 1925 del último Concierto Económico guipuzcoano. El «venerable patricio», como era presentado en el libro, auguraba una próxima restitución foral. «Los Fueros no han muerto. Viven como una especie de sentimiento de felicidad perdida», dijo Federico de Zavala en aquel acto, que, cambiando la grafía del apellido a Zabala, glosó *Garaia,* palabras que también recogieron *El Diario Vasco* y *La Voz de España.* Como también hizo con las empleadas por Juan Antonio Garmendia Elósegui, director de la sociedad editora de la obra, dependiente de la CAM, y miembro de la RSBAP, quien manifestó que «se sumaba al espíritu foral que existe en este País». Y las dichas por el abogado y secretario de la comisión de Vizcaya de la RSBAP, Miguel [Mitxel] Unzueta Uzcanga, que también sería senador del PNV en la misma legislatura constituyente: «Los fueros están vivos y prueba de ello es que cien años no han sido suficientes para borrarlos de pechos

304 ARANA GOIRI, Sabino: *op. cit.,* pp. 1077-1078.

vascos». Y las del mismo Juan Ramón de Urquijo: «El sentir del País no ha muerto»[305].

El padre de Federico y José María, Ladislao de Zavala Echaide, había sido, en 1917 cuando se envió al gobierno el mensaje de reclamación regionalista, presidente de la Diputación Provincial de Guipúzcoa, como luego lo fue Araluce, y al igual que Ignacio Pérez-Arregui, fueron tradicionalistas e integristas que pretendieron una descentralización territorial. Además, fue el primero en la familia Zavala que diversificó sus rentas como terrateniente con la novedad de los negocios que la modernidad había traído, convirtiéndose en un empresario industrial, conformando el incipiente negocio papelero de Tolosa, además de participar en la electrificación de la villa y en la constitución en 1911 del Banco de Tolosa, cuando Guipúzcoa desarrollaba su propia industrialización, tras iniciarla a finales del siglo XIX[306].

Antepasado de los hermanos Zavala había sido el tercer conde de Villafuertes, un título otorgado en tiempos de Fernando VI. Manuel José de Zavala fue un *jauntxo* con considerables propiedades en la cuenca del Deba y en los enclaves marítimos de Mutriku y Zarautz, casado con una terrateniente de Álava, con la que amplió su perspectiva al marco vascongado. Era un ilustrado, miembro de la RSBAP, que instaló en su casa solariega de Tolosa un laboratorio químico, al que la crisis del Antiguo Régimen trastocó su vida. Como su padre y abuelo, fue diputado general de Guipúzcoa en la difícil época de la invasión napoleónica. Sufrió el exilio bajo Fernando VII y regresó con Isabel II, llegando a convertirse en prócer del Reino, miembro, por tanto, del primer Senado del Estado liberal. Manuel José fue el promotor de la ideología liberal fuerista, aquella que buscaba un punto intermedio entre la revolución y la tradición, apoyando el movimiento Paz y Fueros, con el objetivo de poner fin a la

305 ZAVALA, Federico de: *De los Fueros a los Estatutos. Los Conciertos Económicos,* San Sebastián, Sociedad Guipuzcoana de Ediciones y Publicaciones, 1976, p. 8. G. M., L.: «De los Fueros al...», *Garaia*, 1, 02-09/09/1976, p. 48. INCHAUSTI, Estrella: «En la Biblioteca Doctor Camino se presentó el libro de don Federico de Zavala», *El Diario Vasco*, 20/07/1976, p. 8. ARAMBURU, Javier de: «Presentación del libro de Zavala *De los Fueros a los Estatutos*», *La Voz de España*, 20/07/1976, p. 11.

306 CASTELLS ARTECHE, Luis: «Los Zavala o la suerte de los *jauntxos* (1865-1923)», en ZAVALA, Luis M.ª de (ed.): *Política y vida cotidiana. La sociedad vasca del siglo XIX en la correspondencia del archivo de la Casa de Zavala,* volumen II, Basauri (Vizcaya), Grafo, 2008, pp. 26-27. LÓPEZ ADÁN *BELTZA*, Emilio: *op. cit.*, pp. 48-50. ARRIETA ALBERDI, Leyre y BARANDIARAN CONTRERAS, Miren: *Diputación y modernización: Gipuzkoa 1940-1975,* Donostia-San Sebastián, Diputación Foral de Gipuzkoa, 2003, p. 103.

Guerra de los Siete Años, utilizando a los fueros como argumento para lograr la paz, presagiando un razonamiento de futuro. Aquello quedó consagrado en el *Abrazo de Vergara* entre Espartero y el general carlista Rafael Maroto, que puso fin a la Guerra de los Siete Años en las provincias vasco-navarras. La ley de 1839, que creó la foralidad decimonónica, fue también una consecuencia de ello. Como premio a su anticipación, el 21 de diciembre de aquel año, el tercer conde de Villafuertes, a punto de cumplir los setenta años, fue nombrado corregidor político de Guipúzcoa; es decir, el representante de la reina en el sistema foral de la provincia. Sus hijos, en cambio, bascularon hacia el integrismo católico al considerar un atentado a la debida fidelidad al papa el reconocimiento del Estado liberal español a un Reino de Italia que se había anexionado ya parte de los Estados Pontificios. Con la Revolución de la Gloriosa de 1868, que supuso el establecimiento del primer régimen democrático en España, mediante el sufragio universal masculino y la libertad de culto, Ladislao y Ramón de Zavala, tras haber sido ambos igualmente presidente de diputación, vieron en el pretendiente Carlos VII la mejor opción para frenar dichos avances igualitarios y defender la religión católica, apoyando al carlismo en la Guerra de los Cuatro Años. Tras la derrota, secundaron la escisión integrista de 1888, apoyando a Ramón Nocedal, quien se enfrentó incluso con el ya exiliado Carlos VII, a quien tildó de liberal. Aquella crisis se saldó con el portazo de Nocedal, mediante la publicación de un manifiesto que achacaba la disputa a cuestiones de doctrina, no de obediencia: «Con Dios se tiene todo, y cualquier cosa o constitución es buena; y sin Dios nada se tiene, y todo es insuficiente y dañoso». En suma, todo un ideal teocrático[307].

Cuando Araluce llegó a Tolosa y conoció al abogado José María de Zavala, bisnieto del último Ladislao citado, un catolicismo muy acendrado seguía presente en el núcleo familiar de los Zavala. Tanto Juan María como José María habían tenido una educación conformada por el prisma de los jesuitas y habían estudiado Derecho. Con José María,

---

307 RUBIO POBES, Coro: «El conde de Villafuertes (1772-1842). Biografía política de un patricio guipuzcoano en tiempos de revolución», *Historia Contemporánea*, 9 (1993), pp. 194-215. CAJAL VALERO, Arturo: «El fuerismo liberal, el carlismo y la sociedad vasca del siglo XIX, en la correspondencia del Archivo de la Casa de Zavala», en ZAVALA, Luis M.ª de (ed.): *Política y vida cotidiana. La sociedad vasca del siglo XIX en la correspondencia del archivo de la Casa de Zavala*, volumen I, Basauri (Vizcaya), Grafo, 2008, pp. 22 y 25. CANAL, Jordi: *op. cit.*, pp. 223-230. GONZÁLEZ CUEVAS, Pedro Carlos: *op. cit.*, p. 50.

Araluce pudo debatir sobre religión y fueros, en un marco familiar propiciado por la amplia disponibilidad de textos fueristas. Los estudios de Derecho de Araluce permitieron a este indagar en todo aquel universo con las categorías mentales del jurista, aprovechando al máximo esa oportunidad. José María de Zavala era novio de María del Coro [Marichu] Solchaga Lizasoain, con la que se casó en 1951 en San Sebastián. Marichu era hija del general José Solchaga Zala, quien al inicio de la Guerra Civil fue el *jefe de columnas* de las Brigadas de Navarra, entonces un coronel que al mando de 7000 hombres diseñó el avance de los requetés por Guipúzcoa y posteriormente el asalto al *cinturón de hierro* vizcaíno. A finales de 1938, participó ya como general en la toma de Barcelona, persiguiendo al ejército republicano hasta la frontera. De ideología carlista, su hoja de servicios incluía la Guerra del Rif, donde ascendió a comandante, y la intervención militar en Asturias en 1934. Llegó a ser teniente general en Barcelona y fue uno de los militares, junto a Dávila y Varela, que firmó en 1943 una petición a Franco de una restauración monárquica, demanda que fue desoída por el dictador. Murió dos años después de casar a su hija. Marichu Solchaga y José María de Zavala, quien siguió la tradición familiar siendo diputado provincial desde 1955 y más tarde vicepresidente de la diputación guipuzcoana, tuvieron un solo hijo, que recibió el nombre de Ladislao, que en la transición democrática formó parte del Batallón Vasco Español. Ladis, junto a otro ultraderechista guipuzcoano, Ignacio María Iturbide Alcain, *Piti,* sembró el terror en la comunidad nacionalista en el famoso *triángulo de la muerte,* entre Hernani, Urnieta y Andoain, entre 1979 y 1981, ocasionando siete muertes, antes de ser detenido y condenado por la Audiencia Nacional. Entre ellos, el asesinato del concejal de HB en San Sebastián, Tomás Alba Irazusta[308]. La violencia de Ladis y Piti pusieron al País Vasco al borde de la *belfastización,* no solo por la gravedad de sus crímenes, sino fundamentalmente porque evidenciaba que había vascos, nacionalistas españoles, dispuestos a emplear las armas, lo que, *más allá del apoyo de las estructuras policiales del Estado, encajaba en el concepto de ulsterización,* de dos comunidades enfrentadas a tiros, circunstancia inserta en lo que la historiografía ha denominado la tercera oleada del terrorismo, que desarrollaremos más adelante.

308 ARÓSTEGUI, Julio: *op. cit.*, p. 479. CARDONA, Gabriel: *op. cit.*, p. 412. PRESTON, Paul: *Juan Carlos. El rey…*, p. 38. PÉREZ PÉREZ, José Antonio: *op. cit.*, pp. 552-554.

En 1948, José María de Zavala llevó a Araluce a una fiesta de Marichu en San Sebastián. Allí, Juan María conoció a Maité Letamendía, nacida el 11 de marzo de 1920, por lo que era casi tres años más joven que él. Pese a que esta dijo de él que era un *pesado*, terminó casándose con él. Tenaz, como era Araluce, aprovechó que le dieron unas fotografías para Maité en una boda, de otros conocidos, los Echávarri, propietarios de una fábrica de cemento en Olazagutía. Con esa excusa, Juan María logró volver a verla, consiguiendo que quedaran ya de una manera continuada. Fue un noviazgo breve, aunque la boda se tuvo que retrasar unos meses por la marcha de la madre de Maité, Ana Goitia, a Argentina, donde la familia de esta había emigrado en el siglo XIX, para arreglar unos asuntos económicos. Finalmente se casaron el 13 de julio de 1949 en la iglesia de San Vicente Mártir, en San Sebastián. La familia de Maité eran de esa parroquia, cuyos fieles eran conocidos como *koskeros*, frente a los de Santa María, los *josemitarras*, como era Marichu y donde esta se casó. También los Araluce eran parroquianos de la iglesia de San Vicente Mártir, pero de la de Abando, en el ensanche bilbaíno, cercana a la casa familiar de la calle Henao y donde habían tenido lugar las exequias por el joven Gonzalo Araluce Villar. La celebración del enlace tuvo dos escenarios en San Sebastián. Con los familiares, fue en el Real Club Náutico, un selecto lugar deportivo y de recreo donostiarra homólogo del Real Sporting Club de Bilbao, reformado —o más bien edificado de nuevo— por el arquitecto vanguardista y fundador de FE/JONS de San Sebastián, José Manuel Aizpurúa Azqueta. Unos días antes, Juan Mari y Maité dieron otra fiesta, esta para los amigos, en la Real Sociedad Hípica de San Sebastián, donde ella montaba a caballo, siendo toda una amazona pionera en aquel deporte.

Los Letamendía, la familia paterna de Maité, encajaban en el prototipo burgués donostiarra. El padre, Paco, era propietario de una fábrica de caucho en Inchaurrondo, un barrio de San Sebastián, donde se elaboraban productos de goma y artículos moldeados en ebonita. La empresa, denominada Cauchos Letaman, había sido fundada en 1920, el año de nacimiento de Maité, y las oficinas estaban en el número 4 de la calle Reina Regente, la misma donde vivían los Letamendía, que eran propietarios de todo el edificio. Estaba situado en el centro de San Sebastián, creado con el ensanche de la ciudad tras la demolición de las murallas en 1863, ordenada por el liberal Eustasio Amilibia y Egaña, que habían encorsetado hasta entonces a la ciudad en su casco viejo. Francisco Letamendía se había casado con una mujer de Asteasu, un pequeño pueblo de Guipúzcoa. Ana Goitia, hija única, pintaba, encuadernaba y tocaba el piano. El matrimonio de Paco y Ana tuvo cinco hijos. El mayor, Quico, fue químico como el padre, estando destinado a heredar la dirección de la empresa de cauchos, como lo hizo, pilotándola en su época de expansión con la edificación de otra fábrica en Itsua Goikoa, un polígono en Oyarzun [hoy, Oiartzun], en la carretera que va de Rentería a Irún. Hubo otro hijo varón, Fernando, que puso un negocio de componentes eléctricos, y dos mujeres, Ana y Maité. A los quince años de nacer Maité, el matrimonio Letamendía tuvo a su último hijo, otro varón, llamado Javier, quien fue compañero de Juan Carlos de Borbón en cursillos de vela, cuando este residió y estudió el bachillerato en el palacio de Miramar de San Sebastián entre los años 1950 y 1954.

Tras la Guerra Civil, Francisco Letamendía fue teniente de alcalde del Ayuntamiento de San Sebastián y presidente del Real Club Náutico. Al igual que otros burgueses donostiarras, aceptó el nuevo régimen, después de la experiencia vivida desde el 18 de julio hasta el 13 de septiembre, fecha esta última en la que la ciudad fue tomada sin resistencia por los requetés de las Brigadas de Navarra, dirigidos desde Pamplona por el coronel Solchaga. A diferencia de lo que había ocurrido en Vizcaya, en Guipúzcoa los militares sublevados pudieron sacar sus tropas por la ciudad, a la par que se producía el hundimiento de las instituciones de la Segunda República, propiciando la aparición de un poder revolucionario, representado por la Junta de Defensa de Guipúzcoa. De hecho, la continuidad de la estructura institucional republicana se vio cortada con la evacuación a Éibar del gobernador civil Jesús Artola Goicoechea, mientras se sucedían los combates callejeros desde el 18 de julio hasta que los alzados se vieron obligados a replegarse a los cuarteles de Loyola, donde finalmente se rendirían el 28 de julio. En la víspera, se constituyó la Junta de Defensa de Guipúzcoa, integrada por republicanos, socialistas, comunistas y anarquistas, así como por miembros del PNV y de ANV, poniendo fin al vacío de poder existente. Fue presidida por el socialista Miguel Amilibia Machimbarrena, nieto del alcalde que derribó las murallas de San Sebastián, destacando en su seno el comisario de Guerra, Jesús Larrañaga Churruca, dirigente del PCE de Euzkadi, y el de Obras Públicas, Telesforo Monzón, del PNV. El primero, conocido como *Goierri*, había militado en las juventudes *peneuvistas* y en STV, antes de ingresar en la UGT y fundar el PCE en Euskadi. El segundo, ya mencionado anteriormente por su deficiente actuación como consejero de Gobernación del gobierno vasco en la crisis de las prisiones bilbaínas, pertenecía a una familia de *jauntxos* guipuzcoanos, con casa solariega en Vergara, emparentados también con los Zavala. En la transición democrática, Monzón sería uno de los fundadores de HB. Su abuela, María Lardizábal había sido pionera en la propagación del nacionalismo en Guipúzcoa, siendo elogiada por Luis Arana por su patriotismo vasco. Su padre, Vicente Monzón, fue un fuerista *intransigente* que deambuló en la senda de los *euskalerriacos.*

Según cálculos de Pedro Barruso, el historiador que más dedicación ha empleado para investigar lo sucedido, cerca de 500 personas fueron muertas por la violencia revolucionaria en Guipúzcoa entre el 18 de julio y finales de septiembre, fecha esta última en que toda la provincia se encontraba ya en manos de los militares alzados, salvo una estrecha franja occidental. Cifra que podemos contrastar con la violencia perpetrada *a posteriori* por los sublevados. Según el hispanista Paul Preston, quien recopiló numéricamente el desatino de la Guerra Civil en su obra *El holocausto español,* un número ligeramente superior, en torno a los 600, murieron por la represión franquista entre mediados de septiembre de 1936 y 1943, lo que es un marco cronológico sustancialmente mayor, aunque solo contabilizado en la ciudad de San Sebastián, donde, no obstante, el número de ejecuciones fue el más alto de todo el País Vasco. En el resto de Guipúzcoa está constatada además la inmediata violencia mortal tras la toma de Tolosa, Irún y Beasáin [hoy, Beasain], destacando el hecho del fusilamiento de trece sacerdotes y religiosos en diversos puntos de la provincia, entre ellos José de Ariztimuño Olaso, *Aitzol,* ideólogo del PNV y propagandista de STV. En toda Guipúzcoa, en 1938 fueron ejecutados 485 condenados a muerte por consejos de guerra. Pero, la represión continuó, como muestra que en 1942 fuera fusilado Larrañaga en Madrid, tras ser entregado el año anterior por las autoridades portuguesas, país en el que se había refugiado[309].

---

309 *Juan Araluce Letamendía,* 12/10/2020, Madrid, entrevista realizada por Juan José ECHEVARRÍA. Esquela de Gonzalo Araluce Villar, APJAL. *Íñigo Letamendía Belzunce,* 22/09/2021, Zarautz (Gipuzkoa), entrevista realizada por Juan José ECHEVARRÍA. BARRUSO BARÉS, Pedro: *op. cit.*, p. 654. ESTORNÉS ZUBIZARRETA, Idoia: «Larrañaga Churruca, Jesús», Auñamendi Eusko Entziklopedia. https://aunamendi.eusko-ikaskuntza.eus/es/larranaga-churruca-jesus/ar-86034/ CASTELLS ARTECHE, Luis: *op. cit.*, p. 30. BARRUSO BARÉS, Pedro: *Verano y revolución. La Guerra Civil en Gipuzkoa (julio-septiembre de 1936),* Donostia-San Sebastián, Haranburu, 1996. PRESTON, Paul: *El holocausto español. Odio…*, p. 568. BARRUSO BARÉS, Pedro: «De los tribunales populares a las comisiones depuradoras. Violencia y represión en Guipúzcoa durante la Guerra Civil y el primer franquismo (1936-1945)», *Pasado y Memoria. Revista de Historia Contemporánea,* 4 (2005), pp. 53-54.

La ejecución de los citados clérigos ocasionó un revuelo internacional que obligó a las autoridades alzadas a un cambio en su estrategia represiva, dejando a los miembros de la Iglesia al margen, al menos en cuanto a ser susceptibles de ser víctimas de la pena capital, lo que no les libró de ser sometidos a consejos de guerra y encarcelados. La muerte de Aitzol y los otros doce religiosos levantó críticas en el Vaticano hacia los sublevados, a la par que potenció la inicial equidistancia de Pío XI, quien buscó un acuerdo entre los nacionalistas vascos y los militares alzados, en un primer momento, y, finalmente, tras decidir las armas, intercedió por los católicos derrotados, es decir por los militantes del PNV, partido que, al menos su alma aranista, había tenido siempre a gala su integrismo católico, circunstancia que Roma no podía dejar de considerar. De hecho, no fue hasta el 27 de agosto de 1937 cuando la Santa Sede reconoció al Gobierno de Franco, tras un duro proceso negociador. Pero, lo que decantó a la Iglesia en su apoyo a los alzados, especialmente a la jerarquía eclesial española, fue lo que se vivió en la retaguardia de la Segunda República.

La Junta de Defensa de Guipúzcoa, que ostentó el poder entre el 27 de julio y el 13 de septiembre de 1936, reveló desde pronto unas intenciones de cambio social que trascendió el modelo en el que se había inspirado, el *juntismo* decimonónico, cuya primera expresión había aparecido en la Guerra de la Independencia. Al igual que cuando la invasión francesa, la junta guipuzcoana suplantó ahora a las autoridades legales y se constituyó en un nuevo poder político, pero esta vez de carácter netamente revolucionario con el objetivo de modificar las estructuras económico-sociales provinciales. Con la vista en ese horizonte, el PCE y la Comisaría de Guerra procuraron la *sovietización* de la provincia, mediante la creación de multitud de comités, descendiendo desde el municipio hasta el nivel de barrio, con la pretensión de asegurar y controlar la cohesión social en el proceso revolucionario. En cambio, el PNV guipuzcoano y la Comisaría de Orden Público no participaron en ese proceso revolucionario, destacando por su defensa del culto católico y por sus esfuerzos por garantizar el respeto de la vida de los militares detenidos que habían fracasado en el golpe de Estado contra la Segunda República y de los derechistas sospechosos de connivencia. No en balde, el PNV guipuzcoano se había mostrado dividido tras el golpe, sin aclarar su postura hasta tres días después del mismo, como evidencia el ejemplo en aquellos días de José de Arteche y de otros partidarios de los alzados. Ambigüedad explicable a la luz de la posición del partido *jeltzale* y su alianza con las fuerzas de la derecha hasta el plebiscito de 1933, resabios que aún mantenía tras las elecciones de febrero de 1936, que propiciaron una reunión con FE/JONS, CT, CEDA y RE a la que asistió el entonces diputado por Guipúzcoa, Monzón, para frenar la revolución comunista.

De hecho, ya en la guerra, el PNV controló una de las juntas locales, formalmente dependiente de la Junta de Defensa de Guipúzcoa, la de la localidad de Azpeitia, que fue conocida como Comité de Defensa o Comisariado de Azpeitia. Allí, bajo la dirección de Irujo, desde el 8 de agosto y, por tanto, antes de la constitución formal del Euzko Gudarostea, el PNV desarrolló un experimento militar, exclusivamente formado por militantes del partido y de STV, aunque terminó aceptando a miembros de ANV. Contó con hasta 1349 efectivos. Aquellos *gudaris* no desplegaban más bandera que la ikurriña y el único idioma alentado era el euskera, contando con capellanes que oficiaban las ceremonias religiosas. El cuartel general fue instalado en las inmediaciones de la Basílica de Loyola, edificada por los jesuitas en recuerdo de su fundador san Ignacio. De hecho, con estos efectivos, el PNV controló militarmente la zona central de Guipúzcoa con la salida al mar por Zarautz, Guetaria [hoy, Getaria] y Deba, lo que fue objeto de críticas por las fuerzas *frentepopulistas* al considerarlo un «cantón independiente» de hecho, que además no contribuyó a la defensa de la Guipúzcoa sudoriental que ya era asaltada por las Brigadas de Navarra[310].

Mientras, la Comisaría de Guerra de la Junta de Defensa de Guipúzcoa se encargó de los sesenta y seis militares detenidos en los cuarteles del barrio donostiarra de Loyola el 27 de julio, tras la rendición de los alzados y de otros veintidós arrestados, algunos civiles, en la Comandancia Militar, el hotel María Cristina, el Casino y el Real Club Náutico, que habían ocupado en los días anteriores. Fueron confinados en el palacio de la Provincia, la sede de la Diputación Provincial de Guipúzcoa, que pronto se convertiría en el cuartel general de la Comisaría de Guerra, escenificando que la más prestigiosa institución provincial estaba en manos ahora de los comunistas y de su líder Larrañaga. El militar de mayor graduación y destino entre

310 ZUBIAGA, Erik: *op. cit.*, pp. 372-375. BARRUSO BARÉS, Pedro: *Verano y revolución. La...*, pp. 118-119, 131-132, 153, 81-84 y 68. CARDONA, Gabriel: *op. cit.*, p. 412. VARGAS ALONSO, Francisco Manuel: *El Partido Nacionalista Vasco...*, p. 307. TALÓN, Vicente: *op. cit.*, pp. 330-331.

los detenidos, el coronel León Carrasco Amilibia, comandante militar de San Sebastián y tío del presidente de la Junta de Defensa de Guipúzcoa, apareció muerto a los pocos días junto a las vías del ferrocarril en el barrio de Amara. Carrasco había dirigido en 1934 la represión de la Revolución de Octubre en Guipúzcoa, encarcelando a unos setecientos trabajadores.

El resto de los detenidos en julio de 1936 fue trasladado a la prisión de Ondarreta. En la madrugada del 30 de julio, un grupo de milicianos, instados por Larrañaga, se presentó en la cárcel y fusiló a cincuenta y tres presos, cuarenta y uno de ellos militares. A la noche siguiente, en Tolosa, con las Brigadas de Navarra a las puertas de la villa, un Comité Revolucionario, conformado por socialistas y comunistas, tomó el poder, desatando una oleada de detenciones y de registros generalizados en domicilios. Ante el temor a que entrara en Tolosa el ejército alzado, catorce de los detenidos, todos ellos tradicionalistas, fueron trasladados a San Sebastián, donde murieron fusilados en el paseo de la República [después, de José Antonio Primo de Rivera], entre ellos un hermano de Germán Raguán, el carlista que coincidió con Araluce en el Montejurra de 1976.

El 13 de agosto, San Sebastián sufrió el bombardeo naval de los buques Almirante Cervera y España. Una concentración popular frente a la Comisaría de Guerra, la antigua diputación, clamó venganza, señalando a los presos supervivientes de la matanza de Ondarreta. El comisario Larrañaga salió al balcón del palacio de la Provincia y prometió a los congregados que los sublevados responderían ante la Justicia, ante lo que la Junta de Defensa acordó la celebración de un consejo de guerra, pidiendo permiso al gobierno de la Segunda República que lo autorizó. Pese a que según la legislación vigente debía ser un tribunal militar el que juzgase a los oficiales acusados de rebelión, la junta revolucionaria continuó adelante, arrogándose una jurisdicción especial con competencias en justicia civil y militar. Al día siguiente se celebró el primero de los consejos de guerra contra ocho de los militares, la mayoría de alta graduación, que habían participado en la sublevación. El tribunal fue presidido por el propio Larrañaga, quien estuvo auxiliado por diez vocales, cinco militares y otros tantos civiles, representantes de los partidos integrados en la junta. El fiscal solo pidió la condena a cadena perpetua, pero el consejo de guerra dictó pena de muerte a los ocho acusados, ejecutándolos el mismo día, pese a que Irujo intercedió ante Prieto y el comisario Monzón pidió que se respetasen sus vidas. La historiografía ha calificado tal *justicia revolucionaria* como de una «dureza remarcable»[311].

El día 18 se produjo un nuevo bombardeo naval contra la ciudad en el que murieron tres personas y hubo treinta y un heridos, ante lo cual la Junta de Defensa de Guipúzcoa volvió a pedir permiso al Gobierno Giral para celebrar otro consejo de guerra. Esta vez, desde Madrid, se dieron instrucciones precisas de que el tribunal estuviese compuesto íntegramente por militares, quedando constituido el mismo en la madrugada del día 19 por tres sargentos, que juzgaron a siete militares y un civil que también había sido detenido en los cuarteles de Loyola. Nuevamente, el fiscal pidió la reclusión perpetua, siendo condenados a muerte todos, salvo dos alféreces, que fueron absueltos, y el civil, que recibió la pena de cadena perpetua. Pese a que Irujo volvió a interceder, los cinco militares condenados a muerte fueron ejecutados. El tercer consejo de guerra, del que no se conserva el sumario, se celebró el día 26, contra el general retirado Mario Muslera Planes, que había llegado desde Francia a San Sebastián el 17 de julio para ponerse al mando de la sublevación y que había sido detenido tras ser descubierto en su escondite. También fue arrestado su ayudante, el teniente coronel de Estado Mayor Eduardo Baselga Recarte. Ambos fueron condenados a muerte y ejecutados al día siguiente.

La designación de Muslera al frente del golpe de Estado en San Sebastián había sido tomada por el general Mola no sin grandes dudas sobre la capacidad del general, evidenciando todas las tensiones generadas por la existencia de dos proyectos de insurrección diferenciados, uno el de los militares y otro el de los carlistas, que solo coincidían en la pretensión común de derribar a la Segunda República. Muslera había formado parte del Directorio Militar de Primo de Rivera y después, una vez retirado, ingresó en la CT, donde contaba con la confianza de Fal Conde. Finalmente, Mola transigió con la designación de Muslera porque consideraba vital asegurar el alzamiento en Guipúzcoa y así cerrar a la Segunda República la frontera con Francia. Priorizó así el general africanista, el urdidor de la insurrección militar, el concurso de los efectivos de la otra conspiración. Tanto Muslera como su ayudante habían formado parte de esa segunda dirección insurreccional a través de una

---

311 BARRUSO BARÉS, Pedro: *op. cit.*, pp. 144-149, 54, 124 y 164-166. «Los mártires tolosanos, víctimas de las hordas rojas», *Unidad*, 06/10/1936, p. 5. BARRUSO BARÉS, Pedro: «1936: Violencia espontánea, popular y revolucionaria», *Vasconia*, 26 (1998), p. 263. FERNÁNDEZ, Iñaki: *op. cit.*, p. 187.

junta conspirativa carlista, establecida en San Juan de Luz (conocida en euskera como Donibane Lohizune) bajo la presidencia de Fal Conde, que tras la victoria electoral de febrero del Frente Popular ultimó el alzamiento carlista. Hubo, por tanto, dos proyectos insurreccionales paralelos, uno monárquico tradicionalista, basado en el Requeté y con la pretensión de sumar a una parte del ejército, y otro cimentado en los militares que conspiraban contra la Segunda República, y que consideraban conveniente el apoyo de los paramilitares carlistas y también de los falangistas. De hecho, las conversaciones en busca de la confluencia, entre Mola y Fal Conde previas al golpe, atravesaron serios momentos de ruptura, como en la reunión del 2 de julio en el monasterio de Irache, a los pies de Montejurra, aunque finalmente tanto este como Javier de Borbón-Parma aceptaron la participación carlista en la conspiración que diseñaban los militares, abandonando su propio proyecto insurreccional, lo que supuso el principio de la subordinación carlista, solo matizada por la aceptación por escrito por parte de Mola de la autoridad del exiliado general Sanjurjo, el originario jefe de la conspiración militar, quien decidiría sobre el contencioso de la bandera rojigualda. Para entonces, el programa maximalista de Fal Conde, concretado en la creación de un Directorio controlado por la CT que dirigiera el Nuevo Estado autoritario y corporativo, como antesala de la restauración de la monarquía en la rama dinástica carlista, se derrumbaba, hasta el punto que Mola, de sentimientos antimonárquicos, se negó a cuestionar el futuro del régimen republicano, maniobrando con José Luis de Oriol, Zamanillo y el conde de Rodezno, todos ellos futuros *estorilos*, para quebrar la inicial oposición de Fal Conde y de Javier de Borbón-Parma, que terminaron por plegarse a los planes de la conspiración militar por temor a una escisión en el seno del carlismo. De tal manera que los requetés guipuzcoanos recibieron órdenes de esperar las decisiones de los mandos militares. El 20 de julio, José Sanjurjo Sacanell moría en el despegue de la avioneta que le traía desde Estoril a Burgos para ponerse al frente de la sublevación militar, lo que supuso el definitivo mazazo a las esperanzas carlistas para implementar su proyecto político[312]. Aquello también abrió un vacío de poder en la dirección de la insurrección militar, que cerraría Franco.

312 BARRUSO BARÉS, Pedro: *Verano y revolución. La...*, pp. 149-151 y 58. CANAL, Jordi: *op. cit.*, pp. 324-326. ARÓSTEGUI, Julio, CANAL, Jordi y GONZÁLEZ CALLEJA, Eduardo: *op. cit.*, pp. 115-116. PRESTON, Paul: *Juan Carlos. El rey...*, p. 22.

En Navarra y en Álava, el concurso de los requetés fue decisivo para el triunfo del golpe de Estado, y en el caso concreto del viejo reino para la expansión territorial del bando sublevado. En la provincia meridional, unos 3000 requetés ayudaron a controlar el territorio, otorgando el triunfo al teniente coronel Camilo Alonso Vega, un monárquico con quien había negociado José Luis de Oriol la restitución de la bandera bicolor. Ya desde el 4 de junio, con la reunión de Mola y Oriol, en el alto de Azpiroz, no lejos de Lecumberri, había quedado claro el apoyo de los tradicionalistas alaveses al golpe militar[313]. En Vizcaya, los requetés quedaron varados en varios pisos de Bilbao a la espera de órdenes militares que nunca llegaron. Pero fue en Guipúzcoa, donde más se evidenció que los ineficientes ajustes entre las conspiraciones militar y tradicionalista influyeron en el fracaso de la sublevación. Hubo indecisión de los militares que debían iniciar el golpe y, sobre todo, descoordinación entre Muslera y la oficialidad favorable a la conspiración destinada en San Sebastián, lo que hizo fracasar la concentración de requetés y falangistas en la plaza del Buen Pastor del 19 de julio. Estos se disolvieron al no contar con las armas que les iban a proporcionar los militares y comprobar, en cambio, que quienes controlaban las calles eran milicianos socialistas armados. En los días siguientes, estos se hicieron fuertes en la parte Vieja de la ciudad, defendida con barricadas, mientras que milicianos anarquistas concentrados en torno a la sede de la CNT, en la calle Larramendi, colindante con el barrio obrero de Amara, frustraban los intentos de las tropas sublevadas de hacerse con la ciudad.

El fracaso del golpe fue seguido del castigo a los militares implicados y, también, de los civiles, cuya participación en los hechos había mostrado la concentración del Buen Pastor. Sin embargo, la represión se extendió a todo aquel derechista del que se le pudiera suponer connivencia con la sublevación. Fue el caso de Víctor Pradera, de su hijo Javier, y de su compañero de estudios, el integrista y editor de prensa José María de Urquijo, el padre del futuro director de la RSBAP, fusilados en la madrugada del 6 de septiembre en las tapias del cementerio donostiarra de Polloe. Otros diecinueve derechistas, entre ellos el dirigente local de RE, Jorge Satrústegui, uno de los fundadores de *El Diario*

313 ARÓSTEGUI, Julio, CANAL, Jordi y GONZÁLEZ CALLEJA, Eduardo: *op. cit.*, p. 115. CARDONA, Gabriel: «Las operaciones militares en el País Vasco: Escuela de la Luftwaffe», *Historia Contemporánea*, 35 (2007), p. 411. BALLESTERO, Alfonso: *op. cit.*, pp. 45-46. TALÓN, Vicente: *op. cit.*, p. 145.

Vasco, y el concejal monárquico de San Sebastián, Pedro Soraluce y Goñi, fueron igualmente ejecutados en los últimos días antes de la entrada en la ciudad del ejército sublevado. También el falangista Aizpurúa, el creador del nuevo Real Club Náutico, quien, en su etapa de alumno de la Escuela Superior de Arquitectura en Madrid, había frecuentado la Residencia de Estudiantes, donde trató a Buñuel, Dalí y Lorca[314].

La detención de Víctor Pradera, el publicista del Tradicionalismo que había sido discípulo de Vázquez de Mella, se llevó a cabo pese a que gozaba de inmunidad por ser miembro del Tribunal de Garantías Constitucionales, precedente del actual Tribunal Constitucional, lo que muestra una vez más la erosión de la legalidad republicana que se vivía. Tal arresto había sido ordenado el 2 de agosto por Monzón, aunque con la intención de evitar que fuera objeto de represalias por parte de los milicianos y preservar así su vida. A esas alturas, la Comisaría de Orden Público había logrado garantizar la vida de los presos supervivientes de la cárcel de Ondarreta y también de los recluidos en otra habilitada en el teatro del Kursaal. Sin embargo, la estratagema del comisario Monzón se reveló ingenua, ya que puso a Pradera a disposición de un *tribunal popular*, que lo condenó a muerte. Cuando fue fusilado, el responsable de Orden Público ya había dimitido como comisario de la Junta de Defensa. Pradera era hijo de un navarro carlista que hizo fortuna en la emigración, estableciéndose a la vuelta en San Sebastián, donde su hijo vivió desde los siete años hasta su muerte a los sesenta y cuatro[315].

La Segunda República pretendió dar cobertura legal a tales *tribunales populares* mediante dos decretos del Gobierno Giral, dictados el 23 y el 25 de agosto, por los que se crearon unos «tribunales especiales», primero en Madrid y luego en todas las capitales de provincia, con el objeto de enjuiciar los delitos de rebelión y sedición, así como «los cometidos contra la seguridad del Estado» desde el 17 de julio, cuando en el Protectorado de Marruecos se inició el golpe de Estado. Sus juicios

---

314 BARRUSO BARÉS, Pedro: *op. cit.*, pp. 71-81, 91 y 169-170. ENCÍO CORTÁZAR, Juan M.: «José Manuel Aizpurúa Azqueta», Diccionario Biográfico Español. Real Academia de la Historia. https://dbe.rah.es/biografias/29678/jose-manuel-aizpurua-azqueta

315 BARRUSO BARÉS, Pedro: *op. cit.*, pp. 156-157, 166-170. ORELLA MARTÍNEZ, José Luis: «Víctor Pradera Larumbe», Diccionario Biográfico Español. Real Academia de la Historia. http://dbe.rah.es/biografias/10159/victor-pradera-larumbe

serían «sumarísimos», dedicando el gobierno buena parte del preámbulo del segundo de los decretos a justificar las «rápidas normas procesales que sin negarle al acusado la posibilidad de defenderse, permitan substanciar todo el proceso con la rapidez imprescindible para que la pena rinda su máxima eficacia», ya que «la pena debe seguir lo más cerca posible a la comisión del delito», máxime «en instantes como el que vivimos, de gravísimo riesgo para la seguridad del Estado». El articulado concretaba esa inmediatez en tan solo «cinco días» para completar el sumario, disponiendo los defensores de solo «cuarenta y ocho horas» para estudiar la acusación antes de celebrarse la vista, en la que las conclusiones se formularían *in voce*, pudiendo el presidente del tribunal cortarlas si excedían de «media hora». Contra la sentencia no cabía recurso alguno. El preámbulo justificaba también que esos tribunales fueran mixtos en su composición: tres jueces profesionales y catorce jueces populares, argumentándolo por el deseo gubernamental de «dar entrada en los Tribunales de Justicia al pueblo que defiende la República vertiendo en ella su sangre generosa». Los catorce jueces populares formaban el jurado, a quien los tres jueces de carrera, una vez celebradas las conclusiones de las partes, debían formular una serie de preguntas, cuyas respuestas formarían el veredicto y conformarían la sentencia que dictarían los tres jueces profesionales por mayoría[316].

Se trataba, pues, de un tribunal con jurado, algo inscrito en la tradición judicial del Estado liberal español. Ya la Constitución de 1837 había instituido el jurado, aunque limitado en principio a los delitos de imprenta. La progresista de 1869, lo amplió a todos los delitos políticos[317]. En 1880, en la Restauración alfonsina, se dictó una ley del jurado,

316 Decreto de 23 de agosto de 1936, creando con plena jurisdicción para juzgar los delitos de rebelión y sedición y los cometidos contra la seguridad del Estado por cualquier medio, un Tribunal especial compuesto por tres funcionarios judiciales que juzgarán como Jueces de Derecho y catorce jurados que decidirán sobre los hechos de la causa. *Gaceta de Madrid*, 24/08/1936, núm. 237, p. 1451. Decreto de 25 de agosto de 1936, disponiendo que para conocer de los delitos de rebelión y sedición y de los cometidos contra la seguridad exterior del Estado, desde el 17 de Julio del año actual, cualquiera que sea la Ley Penal en que se hallen previstos y mientras dure el actual movimiento subversivo, se constituya en cada provincia un Tribunal especial formado por catorce Jefes populares que actuarán como Jueces de hecho, y tres funcionarios judiciales, que actuarán como Jueces de derecho. *Gaceta de Madrid*, 26/08/1936, núm. 239, pp. 1479-1481.

317 ESTEBAN, Jorge de (ed.): *Las Constituciones de España*, Madrid, Taurus, 1981, pp. 106, 114 y 151.

que llegó viva a 1936, que incluía los delitos de rebelión y sedición. Sus tribunales estarían compuestos de tres jueces y doce jurados[318]. Además, la Constitución republicana de 1931 había expresado que «el pueblo participará en la Administración de Justicia mediante la institución del jurado»[319]. Por tanto, el hecho de ser unos tribunales con jurados, los instaurados en el mes de septiembre en Guipúzcoa, competentes en juzgar la rebelión habida, no suponía ninguna novedad en sentido estricto. Tan solo el carácter sumarísimo de tales juicios, con una cortedad temporal llamativa en su instrucción y vista, permitiría albergar dudas sobre tal justicia. Pero, ese aspecto, no era el que los convertía en revolucionarios y en esa medida en lesivos de la división de poderes, base del Estado de Derecho en su conceptualización liberal.

Lo eran por la composición de los jurados y por la autoridad que nombraba a los tres jueces de carrera, erosionando el principio del juez natural. Respecto de esto último, los decretos gubernamentales establecían que serían nombrados por «orden del Ministerio de Justicia», evidenciando la injerencia del poder ejecutivo, conformado en aquellos momentos por Izquierda Republicana, Unión Republicana y Esquerra Republicana de Catalunya, en el nombramiento de los jueces que juzgaron a Pradera y a otros derechistas. Ese aspecto de los decretos contravenía la propia Constitución de 1931, que había desligado la judicatura del poder ejecutivo con la intención de equiparar al judicial con el resto de los poderes del Estado, aunque dicha carta magna no lo había hecho con respecto al poder legislativo, debido a los recelos de muchos diputados constituyentes al considerar a los jueces unos oligarcas contrarios a la democracia. Cuando se elaboró la Constitución de 1931, como ha señalado Joaquín Varela, uno de los más prestigiosos historiadores constitucionales, «lo que se pretendía era una justicia dócil con el Parlamento y con las reformas revolucionarias que se estaban adoptando». Pero, tal politización de la Justicia no era la única que incluía los decretos mencionados. El aspecto más lesivo al Estado de Derecho residía en que «los catorce jurados serán designados por los Comités provinciales de los partidos que integran el Frente Popular y organizaciones sindicales obreras que se hallan defendiendo la República». Dos jurados por cada partido y sindicato, convirtiéndose en representantes

318 Ley estableciendo el juicio por jurados para determinados delitos, de 20 de abril de 1888. *Gaceta de Madrid,* 25/04/1888, núm. 116, p. 277.

319 Constitución de la República española... *Gaceta de Madrid,* 10/12/1931, núm. 344, p. 1586.

de ellos en el tribunal[320]. Es decir, las fuerzas *frentepopulistas* decidirían el veredicto de inocencia o culpabilidad de los derechistas juzgados. De esa manera fue condenado Pradera a la pena de muerte.

La revolución vivida en Guipúzcoa en esos dos meses tuvo también una traslación en las Comisarías de Finanzas y de Trabajo, lideradas respectivamente por José Imaz Arrieta, de ANV, y Guillermo Torrijos Goyarzu, de la UGT. Una de las primeras medidas de la de Finanzas, ante la escasez de dinero en efectivo debido a la insuficiencia de moneda fraccionaria en la reserva del Banco de España de San Sebastián y al cierre de las oficinas bancarias de la ciudad, fue imponer, cuando estas abrieron el 3 de agosto, una disponibilidad limitada de retirada de fondos, lo que hoy en día se denomina *corralito financiero,* establecida en 125 pesetas semanales; completada con otra medida que situaba el límite de la nómina mensual en 500 pesetas. La Comisaría impelió a todos los comerciantes e industriales, como Francisco Letamendía, a depositar el dinero, que superara esa cantidad y tuvieran guardado en casa, en una cuenta corriente en un banco o caja de ahorro. Independientemente del valor que esas cantidades pudieran suponer, difícilmente evaluable, aunque como referencia cabe citar que un periódico costaba diez céntimos de peseta, fue un hecho que la España republicana se vio inmersa rápidamente en una aceleración del coste de la vida con características de hiperinflación, ante lo que el gobierno se aplicó infructuosamente intentando limitar los precios de los artículos de primera necesidad, estableciendo sanciones a los que se lucraran con ello de hasta tres años de prisión. Algunos economistas han querido ver una de las causas de la derrota de la Segunda República en el hecho de que su moneda dejó progresivamente de tener valor[321].

La Comisaría de Finanzas apretó en ese mes de agosto de 1936 a los comerciantes e industriales guipuzcoanos con otra medida, consistente en la obligatoriedad de abonar las nóminas de los trabajadores que estaban en huelga, desde el 19 de julio, el día en que los requetés se concentraron en

320 Decreto de 23 de agosto de 1936… *Gaceta de Madrid,* 24/08/1936, núm. 237, p. 1451. Decreto de 25 de agosto de 1936… *Gaceta de Madrid,* 26/08/1936, núm. 239, p. 1480. VARELA SUÁREZ-CARPEGNA, Joaquín: *op. cit.,* pp. 459-460. BARRUSO BARÉS, Pedro: *op. cit.,* p. 146.

321 BARRUSO BARÉS, Pedro: *op. cit.,* pp. 176-178. SINOVAS, Justino: *La prensa en la Segunda República española: historia de una libertad frustrada,* Madrid, Debate, 2006, p. 20. MALUQUER DE MOTES, Jordi: *La inflación en España. Un índice de precios de consumo, 1830-2012,* Madrid, Banco de España, 2013, pp. 73-74.

el Buen Pastor. La huelga general había sido proclamada en la tarde de ese día, domingo, por las organizaciones sindicales en defensa de la Segunda República, después de que milicianos *frentepopulistas* hubiesen asaltado la armería del cuartel de Carabineros para hacerse con las armas. Las nóminas debían pagarse a la Comisaría de Finanzas que a su vez las distribuiría entre los trabajadores, pero la escasez de circulación monetaria dejó la medida en poco más que una mera intención, pese a que la Federación de Patronos de Guipúzcoa adelantó en ocasiones los montantes y pese a la imposición a que la banca concediese créditos a los empresarios. El día 6 de septiembre, los comerciantes e industriales recibieron la orden de entregar los fondos de sus cuentas corrientes para el pago de las nóminas, advirtiendo la Comisaría de «sanciones severísimas» si no se avenían a ello. Pese a estas medidas, la falta de liquidez obligó a la Comisaría a emitir unos vales, acelerando el proceso inflacionario. La inexistencia de valor de tales vales llevó a que la última decisión de la Comisaría, antes de la entrada de las tropas sublevadas en la ciudad, fuese la de anunciar la intención de poner en circulación los vales de la Junta de Defensa de Vizcaya en el territorio guipuzcoano que aún estaba bajo su poder. En esa búsqueda desesperada de ingresos, la Comisaría de Finanzas había impuesto a los propietarios de locales con rentas superiores a 200 pesetas mensuales una contribución del 50 % de estos ingresos. Entre las medidas revolucionarias que implementó estuvo también la incautación del cupo del Concierto Económico, lo que le supuso un ingreso de 2.600.131 pesetas.

Por su parte, la Comisaría de Trabajo no se constituyó hasta el 24 de agosto, por lo que las primeras decisiones fueron tomadas por la de Guerra, que dictó una orden el 31 de julio por la que se decretaba la vuelta al trabajo, tras la huelga general. Sin embargo, tal medida fue boicoteada por la UGT, que a esas alturas aún no había logrado estar representada en la Junta de Defensa de Guipúzcoa. La presión del sindicato socialista tuvo finalmente éxito, logrando la presidencia de la recién creada Comisaría de Trabajo. A partir de ahí, el comisario Torrijos, dirigente de la UGT guipuzcoana y concejal del ayuntamiento donostiarra, impulsó la movilización de cuarenta y una industrias para el esfuerzo bélico con la intención de que pasasen a ser controladas por la propia Comisaría. En esas industrias, se constituyeron, o al menos se dieron planes de crear, unos Comités de Fábrica, nombrados por los mismos obreros, que dirigirían la producción y establecerían la remuneración de los trabajadores. Además, otras cincuenta y dos industrias fueron intervenidas, aunque en estas la titularidad de las industrias afectadas siguió formalmente en manos de sus propietarios, aunque condicionada por los Comités de Fábrica en aquellas que se constituyeron. Estos estaban formados normalmente por dos representantes de cada una de las tres organizaciones sindicales mayoritarias en la provincia: STV, UGT y CNT. El intervencionismo en la industria fue completado con la creación de la figura del comisario local en cada municipio, quien fiscalizaba la producción y elaboraba estadillos de artículos producidos, materias primas utilizadas y número de obreros en cada fábrica. El control de la producción industrial guipuzcoana, llevado a cabo por la revolucionaria Junta de Defensa, estaba argumentado en la necesidad de atender las necesidades creadas por la guerra.

Pero, cuando se dio la vuelta al trabajo, acordada el 10 de agosto, el frente bélico en la provincia había variado en desventaja para la Segunda República. Las Brigadas de Navarra habían establecido una cabeza de puente en Oiartzun, amenazando Irún y San Sebastián. Más al sur habían tomado Beasain, la llave del valle del Oria, donde fueron fusiladas unas sesenta personas a la entrada de las tropas sublevadas y algunos requetés protagonizaron acciones de saqueo. El 11 de agosto, tropas del Batallón de Montaña Arapiles, auxiliadas por requetés y falangistas, ocuparon Tolosa. Desde ese día hasta el 5 de septiembre, se desarrolló la batalla de Irún. Para Mola, alcanzar la frontera con Francia era irrenunciable, ya desde sus planes conspirativos, objetivo que sus tropas consiguieron el día 4, cerrando el puente de Santiago, la ruta internacional sobre el Bidasoa. En su retirada, milicianos anarquistas incendiaron Irún, y fusilaron a presos derechistas en la ciudad y en el fuerte de Guadalupe, en Fuenterrabía, entre ellos el tradicionalista Joaquín Beunza Redín, uno de los más firmes defensores del *Estatuto de Estella,* y el hijo de Antonio Maura, el *alfonsino* Honorio Maura Gamazo, al que la guerra cogió veraneando en Zarautz, junto a José María de Urquijo, quien se encontraba de paso en la localidad guipuzcoana, camino de Roma donde iba a ser recibido por Pío XI. La caída de Irún provocó el derrumbe del frente republicano. El día 13, el Tercio de Navarra entró en San Sebastián. Cuatro días más tarde, Solchaga ultimó ya en esta ciudad el plan de ocupación del resto de la provincia, que se cumpliría parcialmente en los restantes días de septiembre, incluido el *cantón* del PNV en Azpeitia, quedando inconclusa en su franja occidental, al estabilizarse el frente en la línea del río Deba en los primeros días de octubre de 1936[322].

322 BARRUSO BARÉS, Pedro: *op. cit.*, pp. 179-184, 78-85, 188-197, 224, 233-248 y 169. TALÓN, Vicente: *op. cit.*, pp. 306-307. ARÓSTEGUI, Julio: *op. cit.*, pp. 173-174.

La entrada en San Sebastián de las tropas procedentes de Navarra, antes de los dos meses de guerra, evidenció la fractura de la sociedad donostiarra. Los soldados fueron recibidos en las calles por vecinos que vitorearon a los vencedores y que celebraron el día 20 un tedeum en acción de gracias en la iglesia de Santa María, presidido por el general Cabanellas, entonces todavía máxima autoridad de los alzados[323]. Obviamente, no eran todos. La demostración de la ruptura social existente pasa por la cuantificación de los que huyeron de San Sebastián en la víspera de la toma de la ciudad y por el origen de las denuncias posteriores por desafección al nuevo régimen instaurado. Ambos hechos, han sido estudiados y analizados también por el profesor Barruso.

El día 12 de septiembre, la Junta de Defensa de Guipúzcoa había ordenado la evacuación de la ciudad, con el criterio en contra de los anarquistas, partidarios de una defensa a ultranza, y de los nacionalistas, que finalmente cambiaron de opinión porque, visto lo sucedido en Irún, les preocupó más los desmanes que pudieran ocurrir con una resistencia numantina. Hubo un éxodo masivo de sus habitantes, en embarcaciones, trenes, automóviles y camiones, cuantificado por el periódico *Unidad*, en 44.398 personas, el 48,6 % de la población donostiarra. El 6 de octubre, dicho periódico falangista publicitó una noticia facilitada por el nuevo alcalde de la ciudad, José Múgica, que había militado antes de la guerra en una formación guipuzcoana adherida a Renovación Española. Se trataba de un resumen, que el diario vespertino reproducía, elaborado por el propio ayuntamiento y basado en un informe estadístico. Tal recuento, que incluía todos los barrios de San Sebastián, había sido hecho por funcionarios municipales, auxiliados en esta labor por los requetés vencedores. «Nos hallamos, pues, ante el caso formidable de una ciudad reducida repentinamente a la mitad de su población normal», reconocía *Unidad*. El abandono de San Sebastián fue secundado por un porcentaje mayor de donostiarras que habitaban en barrios obreros, destacando los de Eguía (un 79,92 %) y Amara (69,29 %), o cuando menos populares, como el Antiguo (53,34 %), Gros (52,79 %) y la parte Vieja (48,15 %), evidenciando los condicionantes sociales de los vecinos que temían la represalia de las tropas vencedoras. En cambio, los barrios más acomodados, donde vivía la

323 TALÓN, Vicente: *op. cit.*, p. 320. «El general Cabanellas, en el día del domingo, fue nuestro huésped de honor», *La Voz de España*, 22/09/1936, p. 5.

burguesía de la ciudad, presentaban cifras mucho más bajas de huidos ante la llegada de las tropas alzadas: Plaza de Guipúzcoa (11,29 %), Igueldo (12,97 %) y Miraconcha (19,88 %)[324]. En lo Viejo, los socialistas habían formado barricadas los días en los que se decidió la suerte del golpe de Estado en la ciudad y en Amara, lo habían hecho los anarquistas. Los Letamendía, como otros muchos industriales y comerciantes, tenían sus residencias en las manzanas que rodeaban la plaza de Guipúzcoa, en el centro de la ciudad. Todo ello son datos que confirman la fractura de la sociedad donostiarra.

El segundo de los datos relevantes tiene su origen en las denuncias que al calor del Nuevo Estado se pusieron por la desafección al régimen triunfante contra donostiarras que permanecieron o fueron regresando a la ciudad en los meses siguientes. La mayoría de ellas no fueron puestas por las nuevas autoridades, sino por vecinos de la ciudad, revelando que la experiencia revolucionaria de aquel verano de 1936 había ocasionado unos resentimientos entre los que la padecieron. Un 33 % de estas provenían de vecinos y un 20 % directamente de familiares de las víctimas de la represión en tiempos republicanos. Tan solo un 24 % procedía de las autoridades, dividida a su vez en un

12 % del poder local, un 7 % de los militares triunfantes, un 3 % de funcionarios y un 1,75 % de la Guardia Civil[325]. En suma, una ciudad no solo fracturada, sino resentida tras la experiencia revolucionaria sufrida, que llevó a una parte de la sociedad a implicarse en el proceso represivo.

También en la lucha que continuaba en gran parte de España. El 30 de septiembre, salió de la estación de San Sebastián el primer contingente con destino al frente, formado fundamentalmente por falangistas donostiarras, al mando del teniente coronel Antonio Sagardía Ramos, que entró inmediatamente en combate, en el norte de la provincia de Burgos y más tarde en la de Santander. La prensa recogió con titulares entusiásticos que «San Sebastián se incorpora (...) a las tropas salvadoras de España», sin ahorrar adjetivos en el contenido, como «despedida apoteósica» del pueblo donostiarra. También, se recordaba en las crónicas de aquellos días a los carlistas muertos en la represión del

---

324 TALÓN, Vicente: *op. cit.*, p. 316. BARRUSO BARÉS, Pedro: «El difícil regreso. La política del Nuevo Estado ante el exilio guipuzcoano en Francia (1936-1939)», *Sancho el Sabio. Revista de cultura e investigación vasca,* 11 (1999), pp. 105-107. «El éxodo de San Sebastián», *Unidad,* 06/10/1936, p. 5.

325 BARRUSO BARÉS, Pedro: «De los tribunales populares...», p. 54.

verano revolucionario, especialmente a José María Raguán Zubeldia[326], jefe de los requetés de Tolosa y hermano de quien estaría con Araluce en Montejurra.

En Tolosa, tan pronto como el 17 de agosto, dieciséis días tras el fusilamiento de José María Raguán y seis después de que entraran las tropas alzadas en la localidad, ya había 100 requetés armados. En Villafranca y en pueblos cercanos la cifra alcanzaba los 183. En San Sebastián, el 15 de septiembre, el periódico tradicionalista *La Voz de España,* que compartía local con *Unidad,* hacía, en su primer número, un llamamiento para alistarse en el Requeté. Junto a voluntarios de Beasáin, todas ellas localidades del valle del Oria, constituirían el Tercio de Oriamendi, el primero de los guipuzcoanos que se formaron, en recuerdo del himno carlista compuesto en la Guerra de los Siete Años. En el valle del Urola, en Azpeitia y Azcoitia, se creó a finales de septiembre el Tercio de San Ignacio, en honor del santo de Loyola, fundador de los jesuitas, cuya bandera guardó Araluce en su despacho. Y, más tarde, en el Alto Deba, el de Zumalacárregui, en recuerdo del célebre héroe carlista, con voluntarios de Oñate, Mondragón y Vergara. Los tres tercios, pues, se constituyeron según avanzaba el frente en la conquista de Guipúzcoa, participando activamente en las operaciones bélicas en Vizcaya contra el Euzko Gudarostea puesto en pie por el Gobierno Aguirre. A ojos de muchos guipuzcoanos, no solo de los que luchaban, la actuación de esas tropas estaba redimiendo a la provincia. Así, lo exteriorizaron los medios de comunicación: «Ciudad mártir y perseguida de San Sebastián. Si has pecado, ya has sufrido por las culpas», destacando «el sacrificio heroico de los voluntarios del Ideal», como se dijo desde Radio Requeté o las palabras del nuevo presidente de la Diputación Provincial, el carlista Fidel Azurza Aramburu, recogidas por los periódicos, en su toma de posesión en el recobrado palacio de la Provincia, tras el *verano revolucionario,* en las que no escondía que Guipúzcoa estaba «pagando» sus faltas. Azurza, uno de los más firmes opositores al *Estatuto de las Gestoras* y el primer alcalde de Tolosa tras la entrada del ejército sublevado, recuperando el cargo que ya había ostentado en la Segunda República, formaba

326 «San Sebastián se incorpora por medio de sus hijos a las tropas salvadoras de España», *El Diario Vasco,* 01/10/1936, p. 1. «Esta mañana salió para el frente de batalla la primera Compañía de voluntarios de Falange Española», *Unidad,* 30/09/1936, p. 6. «A la gloriosa lista...», *La Voz de España,* 30/09/1936, p 7.

parte de la Junta Carlista de Guerra guipuzcoana[327], una de las instituciones que la CT puso en pie al inicio de la Guerra Civil, hasta su eliminación por el Estado franquista. Fidel fue, además, padre del diputado provincial Jesús María, quien sería compañero de Araluce en la diputación.

Pero el triunfo del bando nacional en la contienda bélica no supuso la uniformidad ideológica. Entre los que habían ganado la guerra existían sensibles diferencias, especialmente en lo referente al grado de descentralización de los poderes locales con respecto a los del Nuevo Estado que se instituía. Franco, una vez que logró el poder, impuso la supresión del Concierto Económico también en Guipúzcoa, lo que fue contestado por otros que también habían luchado en el bando vencedor. Así, el 28 de junio de 1937, a los cuatro días de la promulgación del decreto-ley que derogó tal instrumento económico en las dos provincias vascas septentrionales, la Diputación Provincial de Guipúzcoa se reunió «en sesión secreta para que el acto no tuviera publicidad», acusando el recelo a la dictadura impuesta ya por Franco. Pese al sigilo, la corporación pidió que quedara en suspenso la decisión, acordando elevar un escrito a los dignatarios de la «nueva España», «expresando su sorpresa y rechazando de plano cuantas consideraciones se aludían» en la norma, que aducía que guipuzcoanos y vizcaínos habían correspondido *con la traición* al *notorio privilegio* disfrutado hasta entonces con el Concierto Económico. El acuerdo fue suscrito por la Delegación Provincial de FET y de las JONS[328], por lo que los carlistas habían arrastrado a los falangistas en la provincia vasca que menor contingente de combatientes *joseantonianos* aportaba al bando nacional en la Guerra Civil, pese a la *apoteósica* despedida tributada por los donostiarras en la estación del Norte. De hecho, la 5.ª y 6.ª Banderas de Falange de Burgos, denominadas popularmente como Columna Sagardía, con efectivos de

327 ARÓSTEGUI, Julio: *op. cit.*, pp. 459, 478 y 485. TALÓN, Vicente: *op. cit.*, p. 327. «Dos vibrantes discursos de los redactores jefes del *Diario Vasco* y *La Voz de España*», *La Voz de España*, 23/09/1936, p. 6. «Se constituye la Diputación provincial de Guipúzcoa», *La Voz de España*, 20/09/1936, pp. 6 y 7. AIZPURU, Mikel: *El otoño de 1936 en Guipúzcoa. Los fusilamientos de Hernani*, Irun (Gipuzkoa), Alberdania, 2007, p. 124.

328 «Informe, moción y conclusiones del presidente de la Diputación de Guipúzcoa señor Epelde Hueto en sesión extraordinaria de 8-6-1966», «Trabajos preliminares del Estudio sobre Régimen Administrativo Especial para las provincias de Guipúzcoa y Vizcaya. Tomo II: Anexos de la Memoria» (02/1976), ACP, *FSGT*, Caja 2273, pp. 202-209.

San Sebastián, Irún, Pasajes, Rentería, Hernani, Tolosa y Fuenterrabía, estaba compuesta por solo 320 hombres.

El escaso peso falangista explicaba el apoyo al Concierto Económico, pero insospechadamente sus integrantes mostraron una inusitada resistencia a los planes autocráticos de Franco. Todo ello, en un territorio, donde la superioridad numérica tradicionalista era incontestable, lo que a su vez era motivo de prevención por parte de muchos de los militares que se habían alzado y, en concreto, del nuevo dictador. Motivos que llevaron a Franco a apoyarse en los antiguos monárquicos-dinásticos en la provincia, lo que a su vez azuzó las querellas internas existentes entre los vencedores de la Guerra Civil, redundando en la inestabilidad política. El líder provincial falangista, el *hedillista* Aniceto Ruiz Castillejo, hizo acopio de armas para oponerse al decreto de unificación, más que por la obligada integración con los tradicionalistas, por lo que la norma suponía de sometimiento a Franco, con una junta directiva del resultante partido compuesta por miembros sumisos al autócrata y en la que se había negado a integrarse Manuel Hedilla Larrey, el jefe nacional de FE/JONS y aspirante a suceder al fusilado José Antonio. Ruiz Castillejo organizó incluso una manifestación en San Sebastián, siendo encarcelado y condenado a muerte, aunque no fuera ejecutado.

El 7 de octubre de 1936, nada más hacerse con el poder, Franco había destituido al gobernador civil, el periodista Ramón Sierra Bustamante, exdirector de *El Diario Vasco* y miembro de RE que había perdido dos familiares en el *verano revolucionario,* revelando que el cargo de gobernador sería clave en la configuración del Nuevo Estado con una concentración de poder de tal calibre que ha llegado a ser descrita por la historiografía como la de un *pretor romano.* Lo sustituyó por el también monárquico José María Arellano Igea, quien procedió a cambiar el equipo directivo de la diputación que se había conformado el 19 de septiembre de 1936, seis días después de la entrada de los requetés en San Sebastián. Esa comisión gestora había tenido un predominio tradicionalista y su presidente, el *falcondista* Azurza, había sido elegido en votación secreta entre los propios integrantes de la diputación, un procedimiento que al estar alejado del dirigismo dictatorial desaparecería en el Nuevo Estado. Arellano depuró el 19 de octubre a esa diputación y conformó una nueva, sin presencia tradicionalista ni falangista, dando prioridad a los dinásticos provinciales. El nuevo gobernador, nada más ocupar el cargo, había marcado el objetivo de su mandato: la depuración de funcionarios desafectos con el régimen. En febrero de 1937, destituyó al alcalde Múgica por considerarlo tibio en la tarea, pero preservó el poder de los monárquicos en el Ayuntamiento de San Sebastián, donde se mantendrían con el paso de los años. Paco Letamendía, el padre de Maité, fue uno de ellos. Los Letamendía habían sufrido en el *verano revolucionario,* más allá del *corralito financiero*, de la asfixia económica derivada del pago de las nóminas, de las limitaciones a la renta del alquiler y la falta de liquidez monetaria, y de las intervenciones en la producción industrial. Habían llegado a temer por su integridad física, como prueba que tiraran un tabique de su piso, el tercero del número 4 de Reina Regente para comunicarse con el edificio contiguo y parejo, el 5, por si era necesario huir ante una detención ordenada por la junta revolucionaria[329].

Si el ayuntamiento donostiarra fue un baluarte de los monárquicos, el Nuevo Estado no pudo impedir que los tradicionalistas recuperaran posiciones en las otras instituciones. En abril de 1937, tras el decreto de unificación, el *mellista* Agustín Tellería Mendizábal fue nombrado al frente de la Jefatura Provincial de FET y de las JONS. Y poco después, recuperaron la presidencia de la diputación con José Eizaguirre Huarte, quien en junio de 1937 pidió la suspensión del decreto-ley de abolición del Concierto Económico. Eizaguirre sería sustituido dos años después por Elías Querejeta Insausti, uno de los carlistas con mayor proyección política entonces en la provincia, que había ocupado la Jefatura Provincial del partido, y este a su vez por el capitán de requetés Fernando Aramburu Olarán, quien en 1942 pidió en una Memoria elevada al ministro-secretario general de FET y de las JONS, José Luis de Arrese, la restitución del Concierto Económico, argumentándolo porque «es (...) reliquia y recuerdo, bien exiguo, por cierto, de los fueros guipuzcoanos abolidos por las doctrinas de gobiernos liberales». El presidente de la diputación planteaba enfáticamente: «¿Había de ser el triunfo de nuestra Última Cruzada el que diese fin a los últimos restos administrativos de nuestras viejas Instituciones?»[330].

---

329 BERRIOCHOA AZCÁRATE, Pedro: «Franquistas guipuzcoanos tempranos», *Cuadernos de Alzate,* 50-51 (2018), pp. 238-239. FERNÁNDEZ, Iñaki: *op. cit.*, pp. 193-195. GIL PECHARROMÁN, Julio: *op. cit.*, pp. 26-27. LUENGO TEIXIDOR, Félix: «La formación del poder local franquista en Guipúzcoa (1937-1945)», *Gerónimo de Uztariz,* 4 (1990), pp. 84-86. *Juan Araluce Letamendía,* 07/10/2021, Madrid, entrevista realizada por Juan José ECHEVARRÍA.

330 LUENGO TEIXIDOR, Félix: *op. cit.*, pp. 87-90. «Memoria del presidente de la Diputación de Guipúzcoa al ministro secretario general el 1-4-1942», ACP, *FSGT,* Caja 2273, pp. 135, 111 y 101.

La defensa de la restauración del Concierto Económico suscitaba, pues, un apoyo extendido entre la sociedad guipuzcoana, no solo de los carlistas con la aquiescencia falangista local, sino también de una burguesía, fundamentalmente monárquica, que había abrazado tal instrumento económico desde su creación en el último cuarto del siglo XIX, refrendando a los *transigentes* con la abolición foral de 1876. De hecho, al calor del Concierto, Guipúzcoa había dado los pasos de su industrialización y que, a diferencia de la precursora Vizcaya, se caracterizaba por la diversificación de su producción y por la dispersión geográfica de sus instalaciones fabriles y de los núcleos de población industrial, limitando de esa manera las consecuencias más negativas de la modernización. Sus primeros asientos fueron en el valle del Deba y especialmente en Éibar, la franja occidental guipuzcoana cercana a Vizcaya, donde las fuerzas fieles a la Segunda República pararían a las Brigadas de Navarra. Luego, se extendió por la zona de influencia de San Sebastián, especialmente en Pasajes e Irún. Pero, la industrialización atrajo también la emigración obrera. Entre 1900 y 1930, la población guipuzcoana aumentó un 54 %, de 196.000 a 302.000 personas. Por ello, el PSOE y la UGT se propagaron por la provincia, pero también el sindicato socialcristiano STV, cuyos mentores fueron sacerdotes católicos, como Aitzol, que habían colocado a los *solidarios* bajo la advocación de san Andrés, figura cristiana especialmente apreciada por Sabino Arana y cuya cruz dibujaba no solo la ikurriña, sino también la vieja bandera tradicionalista. En 1936, sus 18.000 afiliados, convirtieron a STV en la primera fuerza sindical en la provincia. Los *solidarios* eran, de hecho, un sindicato próximo al PNV, creado para incorporar a los obreros vascos al movimiento nacionalista frente al vigoroso sindicalismo socialista, volcándose en los trabajadores autóctonos de las provincias vasco-navarras. Recogía así STV, la estrategia de Arana, que había sido partidario de crear una organización sindical separada, formada por trabajadores vascos, que dejase fuera a los *maketos* y redujese la influencia del sindicato socialista[331]. Más allá de la disputa entre *solidarios* y *ugetistas*, la propia conflictividad social se había traducido en Guipúzcoa, al igual que había pasado desde antes en Vizcaya, en una deriva hacia posiciones conservadoras de su burguesía industrial. La experiencia del *verano revolucionario* potenció aún más el valor de estas concepciones,

331 AZAOLA, José Miguel de: *op. cit.*, pp. 158 y 171-172. FUSI, Juan Pablo: *op. cit.*, pp. 45-52.

también la de la unidad nacional, lo que, sin embargo, no fue un obstáculo para que esa burguesía abogase por la restitución del Concierto Económico, el instrumento que en la Restauración alfonsina había industrializado su provincia y había consagrado un poder autónomo provincial a través de su diputación.

No otra cosa había hecho su antecesora, la burguesía comercial en la segunda mitad del siglo XIX, con respecto a la nueva foralidad nacida de la ley de 1839. Aquella novación ya potenció el papel de las diputaciones frente a las juntas generales, supeditando los municipios al órgano rector provincial, que debía aprobar todo aumento de gasto de estos[332]. Además, las diputaciones lograron el control de la educación en sus respectivos territorios, en detrimento del gobernador civil que había asumido esa competencia en la ley Moyano. También, el crucial papel en la elaboración de las estadísticas económicas en cada provincia vascongada, que en el resto del Estado era competencia de una comisión del Reino. Asimismo, en el aspecto hipotecario, ya que, una vez creado un Registro de la Propiedad en el Estado liberal, quedaron exentas dichas provincias de tal impuesto sobre los bienes radicados en ellas. Incluso, en materia eclesiástica, el Concordato de 1851 no se aplicó en las Vascongadas, quedando la gestión del culto y clero en manos de las diputaciones. A la par, el papado creó un obispado de Vitoria —precedente religioso de la futura unión política—, ensamblando a las provincias vascongadas y rompiendo la dependencia hasta entonces existente de diócesis ajenas a ellas.

El liberalismo, la ideología que había llegado de la vecina Francia, había tenido el grueso de sus prosélitos entre la burguesía comercial, abrazándolo porque suponía la supresión de las trabas comerciales que frenaban su desarrollo económico y de los obstáculos nobiliarios que impedían su acceso al poder. La invasión napoleónica, heredera de la Revolución de 1789, facilitó a esos burgueses disfrutar del poder local en la administración impuesta por los ejércitos franceses, miel que degustó de nuevo durante el Trienio Liberal. Con esa experiencia, esa misma burguesía donostiarra se sintió también atraída por la unidad de códigos que estableció la Constitución de 1812, cimiento del Estado-nación español, y la consecuente unidad judicial que estableció el

---

332 RODRÍGUEZ FERNÁNDEZ, Tomás Ramón: *Los derechos históricos de los territorios forales. Bases constitucionales y estatutarias de la Administración Foral Vasca,* Madrid, Civitas, 1985, p. 184.

Estado liberal. Unos códigos que acababan con las diferencias jurídicas del Antiguo Régimen, posibilitando el acceso al poder de esa burguesía y abriendo el mercado a toda la nación española. Para ello, era necesario acabar con la vieja foralidad que había preservado a Guipúzcoa en un estanco, posibilitando por primera vez en la historia que las mercancías donostiarras pudieran llegar a toda España libres de aranceles. Y también finalizar con el poder de los *jauntxos* que impedían, mediante procedimientos electorales basados en la tradición, su acceso a los centros decisivos de poder, especialmente a la diputación y al propio ayuntamiento donostiarra. Por ello, esa burguesía donostiarra aplaudió entusiásticamente a Espartero y a los progresistas con su reforma de la foralidad del Antiguo Régimen[333].

333 RUBIO POBES, Coro: *Revolución y tradición. El...*, pp. 291-298 y 51-53.

Con audiencia de las provincias

Juan Mari y Maité fueron de viaje de novios a S'Agaró y a Palma de Mallorca. La primera de las localidades era un lugar de vacaciones, creado desde la nada, en la costa del Bajo Ampurdán [Baix Empordà], en la provincia de Gerona [hoy, Girona], bajo las premisas de un turismo de playa elitista a rebufo de los beneficios terapéuticos del agua y la brisa marina. En la década de los años veinte del siglo XX, se inició su construcción en estilo novecentista, un movimiento artístico con connotaciones vanguardistas que pretendía romper con lo decimonónico y la estética romántica que había acompañado al liberalismo. Una urbanización que estaba basada en el planteamiento de ciudad jardín con chalés de grandes parcelas y zonas comunes destinadas al deporte y al ocio. Era la segunda vez que Araluce visitaba el Mediterráneo, pero las circunstancias fueron muy diferentes a cuando lo conoció en la Guerra Civil. Después de disfrutar de unos días placenteros, los recién casados fueron a Mallorca, que tan buenos recuerdos traía a Juan Mari. Allí había pasado los hasta entonces mejores años de su vida, de alférez provisional, una vez acabada la guerra. A Maité le llamó la atención lo conocido que era, también en los bares donde le llevaba ahora su marido. Finalizaron así su viaje de novios que habían iniciado en Pamplona. Juan Mari y Maité se habían alojado entonces en el Gran Hotel La Perla, en el centro de la capital navarra. Aquella primera noche juntos, vieron desde el balcón de la habitación una procesión con la imagen de Nuestra Señora de Fátima. Los recién casados se arrodillaron a su paso[334].

En aquel año de 1949, diversas localidades españolas reclamaron poder contar por unos días con una réplica de la talla que recordaba

334 *Juan Araluce Letamendía*, 12/10/2020, Madrid, entrevista realizada por Juan José ECHEVARRÍA.

la aparición en 1917 de la Virgen de Fátima en aquella localidad portuguesa. Fue el caso de la vecina Badajoz y también, dentro de aquella provincia, Villagonzalo[335], donde Araluce había tenido su primera notaría, pero asimismo en la más lejana Navarra, donde la parroquia de San Miguel Arcángel dispone de una capilla para su culto en Pamplona.

El culto mariano vivía una auténtica *edad dorada,* desde que en 1854 Pío IX había proclamado el dogma de la Inmaculada Concepción, hasta que en 1950 Pío XII estableció el de la Asunción de María. Tal devoción, que realzaba a la Madre de Dios, se había convertido en uno de los principales puntales de la Iglesia contra la secularización de las sociedades que había abierto el liberalismo y en uno de los elementos piadosos más primordiales sobre los que se incardinaba la movilización de los católicos. Tal culto se cimentó con las noticias de apariciones de la Virgen, más de un centenar de casos entre la segunda mitad del siglo XIX y el primero del XX. El más destacado de todos ellos, fue el de Lourdes. Su santuario, concebido como un espacio sobrenatural, se convirtió en un centro curativo, que habría sanado a más de 7000 devotos, aunque solo en el caso de 69 de ellos hayan sido reconocidos por la Iglesia. La pequeña localidad francesa de Lourdes se transformó así en un centro de peregrinaje a nivel europeo, lo que fue facilitado por la implantación del ferrocarril, paradójicamente, uno de los signos de la modernidad, circunstancia que facilitó la visita de muchos católicos. En 1958, en el centenario de las apariciones, se erigió una basílica con capacidad para 25.000 fieles, lo que da una idea de la fuerza devocional de aquel lugar sagrado. Otro fue Fátima, donde miles de peregrinos acudieron en 1917 ante las noticias de apariciones. Y donde el 13 de mayo de 1946, tres años antes de casarse Juan Mari y Maité, se congregaron 700.000 católicos portugueses para dar gracias a la Virgen de Fátima por el fin de la Segunda Guerra Mundial. También hubo noticias de apariciones en España, entre ellas en la localidad guipuzcoana de Ezquioga [hoy, Ezkio], en 1931, precisamente cuando la Segunda República proclamaba su política laicista. Unas 50.000 personas se congregaron entonces en la campa donde los testigos decían que se habían producido las apariciones, convirtiéndose en un suceso que tuvo una amplia repercusión mediática, por lo que llegó a los oídos de muchos, entre ellos a los

335 SÁNCHEZ GARCÍA, Francisco: «Julio de 1949. Visita de la imagen de la Virgen de Fátima a Villagonzalo», en *Fiestas del Cristo*, Ayuntamiento de Villagonzalo (Badajoz), 2010. http://www.ayuntamientodevillagonzalo.es/web/wp-content/uploads/2013/12/Visita-de-la-imagen-de-la-Virgen-de-Fátima.pdf

entonces adolescentes Juan Mari, de catorce años, y Maité, todavía con once. Sin embargo, el obispo de Vitoria, Mateo Múgica Urrestarazu, no dio crédito a esos hechos, tampoco los jesuitas, ni el periódico *El Pueblo Vasco*, por lo que los ecos se fueron apagando, aunque lentamente, porque para algunos católicos lo sucedido era una advertencia contra la Segunda República. Para estos, la quema de conventos e iglesias en mayo de 1931 en Madrid y Andalucía, las expulsiones de España del propio obispo de Vitoria y del arzobispo de Toledo, la disolución de los jesuitas, la retirada de los crucifijos de las escuelas, y la separación constitucional de Iglesia y Estado eran unos episodios que reflejaban el castigo divino por la caída de la monarquía, ante lo que algunos de los videntes de Ezquioga anunciaron una inminente guerra civil[336].

Más allá de la dimensión religiosa, en aquellos días por Pamplona, Juan Mari y Maité pasearon por la plaza del Castillo, donde estaba su hotel, que doce años antes había sido el *patio de armas* de España, desde donde los requetés de las Brigadas de Navarra partieron para conquistar Guipúzcoa y Vizcaya, poniendo fin al *verano revolucionario* que había aterrado a la familia de ella y a la reclusión de once meses que había sufrido él. En aquellos días, fueron a escuchar misa a la catedral de Santa María de la Asunción, de talla gótica, también conocida como La Real, donde los reyes de Navarra juraban los fueros antes de la incorporación del viejo reino a la Corona de Castilla. Ocho meses después de que asesinaran a Araluce, el senador Jaime Ignacio del Burgo Tajadura, hijo del capitán de requetés del Tercio de Begoña que había preservado el árbol de Guernica durante la Guerra Civil, lo expresaría en el momento de mayor auge del planteamiento estatutario autonómico regional, cuando se discutía que territorios lo conformarían:

> Si los diputados vizcaínos van a ir, como dicen, a jurar sus Fueros en el árbol de Guernica, nosotros como navarros (..) si a algún sitio tuviéramos que ir, sería a los pies de Santa María la Real. Ante el árbol de Guernica se juraban los Fueros vizcaínos, nunca los de Navarra[337].

336 LOUZAO VILLAR, Joseba: «La Virgen y lo sagrado. La cultura aparicionista en la Europa contemporánea», *Vínculos de Historia*, 8, (2019), pp. 157-170. LOUZAO VILLAR, Joseba: «La Virgen y la salvación de España. Un ensayo de historia cultural durante la Segunda República», *Ayer*, 82 (2011), pp. 198-205.

337 ARBIZU, M.A.: «Declaraciones de los Diputados del Centro Democrático por Navarra», *La Gaceta del Norte*, 19/06/1977, p. 7.

Lo que Jaime Ignacio Del Burgo enunció era la oposición de los diputados y senadores de la Unión de Centro Democrático (UCD) navarros, electos tras los primeros comicios democráticos celebrados desde 1936, a formar parte de la Asamblea de Parlamentarios Vascos, porque preferían desarrollar la propia vía foral de Navarra sin formar parte de un ente unitario vasco. De hecho, Del Burgo fue el creador intelectual de la actualización del régimen foral navarro, basada en la ley de 1841[338].

La relevancia de esa norma para Navarra y consecuentemente para las tres provincias vascas merece una digresión, que clarifique la aportación descentralizadora que haría Araluce en 1975, un año antes de caer asesinado. La norma de 1841 había supuesto el desarrollo legislativo en el viejo reino de la ley de 1839, aquella que supeditó la vigencia de los fueros a su constitucionalización. De hecho, la implementación de tal norma, el denominado *arreglo de los fueros*, tuvo un desigual camino en Navarra y en las tres provincias vascongadas. Mientras estas últimas dilataron tal solución, el viejo reino se aprestó a solucionarlo. Para ello, fue decisivo el papel del liberal navarro José Yanguas y Miranda, quien era muy consciente de las desigualdades jurídicas del antiguo régimen foral, criticando las Cortes estamentales navarras, formadas por «siete monjes, cien casas nobles hereditarias y cuarenta pueblos privilegiados», por lo que influyó decisivamente en los comisionados navarros para que llegaran a un acuerdo con el Estado liberal. De orígenes modestos, recordaba que en el Antiguo Régimen existían dos tipos de hombres: nobles y labradores. «Cuando moría el labrador o villano se repartían sus hijos entre el rey y los señores, como si fueran bestias para que cultivasen las heredades señoriales», sentenciaba. Yanguas, quien vivió en San Sebastián tras regresar del exilio después de su activa participación en el Trienio Liberal, entendía que dichas desigualdades también existían en las provincias vascongadas, debido a su foralidad: «En Guipúzcoa sus casas concejales, nobles y hereditarias, lo gobernaban todo; y en Vizcaya no se reconocía por vecino a quien no probaba su hidalguía»[339].

Fruto del acuerdo, fue la ley del 16 de agosto de 1841, promulgada por el ya regente Espartero, por la que Navarra dejó de ser un reino y perdió el Consejo Real, un órgano ejecutivo y judicial, y el cargo de

338 BARAIBAR ETXEBERRIA, Álvaro: «La LORAFNA en el contexto ideológico de la transición», *Hermes*, 25 (2008), p. 64.

339 YANGUAS Y MIRANDA, José: *Artículos, análisis, apuntes y observaciones*, Pamplona, Herper, 1999, pp. 214-217.

virrey, así como las Cortes estamentales, cuya última reunión había sido celebrada tan tarde como en 1829. Navarra se convirtió entonces en una provincia del Estado-nación español, regida internamente por una Diputación Provincial compuesta por siete miembros, elegidos por las cinco merindades navarras, según el sistema electoral que estuviera vigente en España. El máximo organismo institucional navarro asumió competencias del Consejo Real, salvo las judiciales, en aplicación del principio liberal de la separación de poderes. También se hizo cargo de las de la Diputación del Reino, el órgano que en el antiguo régimen foral implementaba las decisiones de las Cortes navarras. Asimismo, tomó las que correspondieran al resto de diputaciones provinciales de las que se había constituido el Estado liberal. Además, la nueva diputación navarra se atribuyó las relevantes labores fiscalizadoras sobre los municipios de la provincia. Esta última competencia, que consagraba la posición de dominio de la diputación en el seno provincial, sería una de las características de la nueva foralidad decimonónica, que el Estado liberal terminó por extender a las diputaciones vascongadas, como había advertido el gran historiador y jurista de los fueros, Gregorio de Balparda, muerto en el Cabo Quilates. Balparda, el *mártir de la toga* como fue denominado en el franquismo, había destacado la trascendencia de tal medida, que supuso un vuelco en la foralidad, hasta entonces eminentemente municipal y a partir de entonces provincial, ostentada por unas diputaciones cuyo poder no pararía de crecer desde entonces. Hecho que valoraría el también jurista Araluce.

Por lo demás, la ley de 1841 estableció que la Diputación Provincial de Navarra sería presidida por un octavo miembro, elegido por el gobierno, el jefe político de la provincia, cargo que más tarde sería llamado gobernador civil. Ese era el modelo de administración periférica que los liberales habían establecido en el Estado que construían. También en Navarra, donde los ayuntamientos serían elegidos eliminando los sistemas electorales forales; extendiéndose además el sistema de administración judicial, basado en partidos judiciales y en la unidad de códigos, acabando con las desigualdades del Antiguo Régimen, aunque subsistiendo el derecho civil foral. También fueron trasladadas a los Pirineos las aduanas, cuestión irrenunciable para el liberalismo y la burguesía comercial que lo sustentaba en Navarra. Asimismo, los mozos navarros entraron en el sistema general de quintas del Estado con lo que serían llamados a filas. En materia tributaria, competencia que la ley de 1841 atribuyó a la Diputación Provincial de Navarra, se estableció una contribución directa anual para sostener las cargas del

Estado, que con los años se regularía mediante un Convenio Económico, un instrumento parecido, pero no idéntico, al Concierto Económico vascongado. El mantenimiento del culto y clero quedó a expensas de la legislación del Estado. Todo ello evidenciaba la diferente foralidad de cada provincia vasco-navarra, extremo que había advertido Pradera, y el hecho de que los fueros no han sido nunca un cuerpo de normas fijas e inmutables[340], algo que para entonces ya barruntaba un Juan María de Araluce de formación jurídica y que le serviría de mucho para su propuesta de descentralización foral, aquella por la que le mataron.

En suma, Navarra siguió su propia vía foral, distinguiéndose de las provincias vascas y disfrutando ahora en el Estado liberal de un régimen de autogobierno con tantas competencias como jamás había conocido[341]. De tal manera, que pronto hubo un debate, aún no cerrado, sobre el carácter paccionado de la ley de 1841, extremo que también interesó a Araluce, en la medida en que tal aspecto podía otorgar una concepción confederal de las relaciones entre ese territorio y el Estado, siendo susceptible de extenderla a las provincias vascongadas. De hecho, los gobiernos liberales siempre que llamaron a las provincias a discutir el *arreglo foral*, con el objeto de implementar la ley de 1839, lo hicieron recibiendo previamente a las diputaciones, como una cuestión preceptiva, que consistía en oír las demandas provinciales. Tal trámite de audiencia estaba recogido en la propia ley de 1839, que había establecido que «el Gobierno, tan pronto como la oportunidad lo permita, y oyendo antes a las provincias Vascongadas y a Navarra, propondrá a las Cortes la modificación indispensable (...) en los (...) fueros»[342]. Esa aseveración alejaba una perspectiva unilateral por parte del gobierno, aunque tampoco implicaba tanto como una obligación gubernamental de admitir las pretensiones de esos territorios, como quedó evidenciado cuando el Gobierno Cánovas impuso el fin de las exenciones militar y tributaria a las provincias vascongadas con la ley de 1876, igualándolas a la Navarra surgida de la norma de 1841.

---

340 MONREAL ZIA, Gregorio: «Los Derechos Históricos vascos: Poder constituyente limitado o instituciones concretas», *Iura Vasconiae*, 16 (2019), p. 68. PÉREZ NÚÑEZ, Javier: *op. cit.*, p. 291. YANGUAS Y MIRANDA, José: *op. cit.*, pp. 6-13. BALPARDA, Gregorio: «El Bizcaitarrismo», *Nuestro Tiempo*, 123 (mayo de 1909), p. 310. FERNÁNDEZ RODRÍGUEZ, Tomás Ramón: *op. cit.*, p. 45.

341 BURGO, Jaime Ignacio del: *El pacto foral de Navarra*, Pamplona, Gómez, 1966, p. 36.

342 Ley de 25 de octubre de 1839... *Gaceta de Madrid*, 26/10/1839, núm. 1812, p. 1.

La concepción confederal logró un avance jurídico mediante un decreto de 25 de enero de 1871, promulgado en pleno Sexenio Democrático por el rey Amadeo I que había sustituido a Isabel II, destronada en la Revolución de la Gloriosa. En aquella norma, el Estado liberal admitió que la confirmación foral de la ley de 1839 se debía al hecho de que fue «pactado en el Convenio de Vergara, que las Cortes del Reino se apresuraron a reconocer después»[343]. De tal manera, que el Estado establecía una relación causal entre el fin negociado de la Guerra de los Siete Años y la ley de 1839, de lo que podían derivarse unas consecuencias pactadas en la negociación del *arreglo de los fueros*. Ese detalle, también llamó la atención del jurista Araluce. Máxime, porque ya en la Restauración alfonsina, el mismo Estado liberal dictó un real decreto, en concreto el 6 de marzo de 1919, donde estableció el procedimiento a seguir si aparecían discrepancias a la hora de implementar el cuarto Concierto Económico, aprobado dos años antes. En dicha norma, se afirmó que «cualquier duda» entre el gobierno y «las Provincias Vascongadas (...) habría de dilucidarse, a ser posible, de común acuerdo y siempre con formal audiencia de los legítimos representantes de las aludidas provincias»[344]. Es decir, la norma recuperaba, en una norma posterior a la ley de 1876, la formalidad de la ley de 1839 que había establecido que toda negociación foral debía contar con el requisito del trámite, implicado en la fórmula *con audiencia de las provincias* vascongadas, con el objetivo de intentar alcanzar un acuerdo, aunque no se lograse finalmente. Tanto ese real decreto, como el de 1871, serían tenidos en cuenta por Araluce, cuando edificó su propuesta de descentralización foral. Pero el caso navarro era diferente, como también sabía Araluce, porque con el viejo reino el Estado español había ido más lejos.

Ya en 1848, el liberal navarro José Alonso Ruiz de Conejares, quien había sido el ministro de Gracia y Justicia del gobierno que promulgó la ley de 1841, calificó de paccionada dicha ley. «Es esta una ley paccionada,

343 Decreto de 25 de enero de 1871, disponiendo que en Álava, Guipúzcoa y Vizcaya continúen las Diputaciones forales desempeñando las atribuciones de las provinciales. *Gaceta de Madrid*, 26/01/1871, núm. 26, p. 202.

344 Real Decreto de 6 de marzo de 1919, dictando reglas para resolver las cuestiones que surjan entre el Gobierno y la representación de las provincias Vascongadas con motivo de la interpretación del vigente Concierto económico contenido en el decreto-ley de 13 de Diciembre de 1906. *Gaceta de Madrid*, 08/03/1919, núm. 67, pp. 832-833.

una ley que es un verdadero convenio o pacto entre el poder supremo de la nación y aquella provincia», tal como sentenció quien además fue presidente del Tribunal Supremo, la cúspide de la administración judicial creada por el Estado liberal y que gracias a la propia ley de 1841 se había podido extender a Navarra. Sin embargo, a nivel historiográfico, se niega tal carácter paccionado. Así, el historiador Ignacio Olábarri Gortázar refuta, en una publicación de la SEV, que se pueda hablar de ley paccionada, ya que fue una ley ordinaria más, «como cualquier otra de las aprobadas por las Cortes españolas», aunque admite que hubo un pacto político entre el gobierno y los comisionados navarros que, bajo la batuta de Yanguas, negociaron la ley de 1841. Más taxativa aún es María Cruz Mina Apat, quien señala: «Ni es posible un pacto entre órganos jerárquicamente desiguales, tampoco históricamente se dio el pacto; ni nadie pretendió pactar», llegando a tachar el pretendido carácter paccionado de *mito*, que sigue condicionando el acontecer político[345], incluso hoy en día.

Y también ocurrió en el tardofranquismo e inicio de la transición democrática, cuando Araluce propuso su vía descentralizadora foral. En 1976, por ejemplo, tal carácter paccionado fue defendido entre políticos, como el exalcalde de Pamplona, Miguel Javier Urmeneta, el mencionado miembro del PNV en la Segunda República, requeté en la Guerra Civil y *divisionario azul* en el franquismo, quien consideraba a la ley paccionada como garante de la *bilateralidad* igualitaria en la negociación con el Estado: «De tú a tú». Y también entre juristas, como el entonces decano del Colegio de Abogados de Pamplona, Ignacio Ruiz de Galarreta, quien exigía que cualquier modificación de la ley de 1841 «al ser esta pactada, debe hacerse por la misma vía, por medio de un pacto con el Estado; es decir, de poder a poder y nunca por decisión unilateral de una de las partes»[346].

---

345 BURGO, Jaime Ignacio del: «José Alonso y la Ley Paccionada de 1841», en *Ley Paccionada de Navarra de 1841. Homenaje al ministro D. José Alonso Ruiz*, Madrid, Ministerio de Justicia, 2004, p. 49.

OLÁBARRI GORTÁZAR, Ignacio: «La controversia en torno a la Ley de Modificación de Fueros (*Ley Paccionada*) de 16 de agosto de 1841», *Cuadernos de Sección. Historia y Geografía*, 19 (1992), pp. 44-53. MINA, María Cruz: *Fueros y revolución liberal en Navarra*, Madrid, Alianza, 1981, p. 230.

346 «Conferencia sobre *Navarra en la posible organización regional de España*, por M. J. Urmeneta», *Unidad*, 09/04/1976, p. 12. «Los diputados que son minoría en la Diputación representan la opinión mayoritaria de Navarra», *Unidad*, 24/07/1976.

Además, tal *mito* fue alimentado por el propio Estado español desde muy temprano. Ya una real orden del 22 de septiembre de 1849, que aclaraba la interpretación sobre la dotación de culto y clero, mencionaba expresamente «la Ley Paccionada», refiriéndose a la ley de 1841. En 1871, otro decreto adaptó el sufragio universal a Navarra, declarando en la norma: «Pactose en dicha ley». Consecuencia de ello fue que, en el último tercio de ese siglo, la diputación navarra empezara a intitularse como «Foral y Provincial», limitándose al primer término al poco de iniciarse la Guerra Civil. Pero, aún hubo más. Formalmente, el primer Convenio Económico entre Navarra y el Estado, que desarrolló el sistema de pago directo de la provincia hasta entonces mantenido, se dio en 1927, en plena dictadura de Primo de Rivera, mediante una negociación entre ambas partes que alumbró el real decreto-ley de 15 de agosto. En dicha norma, promulgada cuando Araluce tenía diez años, se reconocía que era competencia de la diputación establecer el régimen tributario que estimase y, aunque no explícitamente, se indicaba su carácter paccionado, al señalar que «la modificación del régimen establecido en el presente Decreto deberá hacerse, llegado el caso, por el procedimiento guardado para su adopción». Paradójicamente, la comisión negociadora estatal estuvo dirigida por Calvo Sotelo[347], quien años después, durante la Segunda República, se opondría a considerar los Conciertos Económicos como compatibles con un estatuto de autonomía. Pero, ya siendo adulto Araluce, el paroxismo, en la consideración de paccionada de la ley de 1841 por parte del Estado, ocurriría en el franquismo. En 1973, se promulgó la Compilación del Derecho Civil de Navarra, también conocido como Fuero Nuevo de Navarra. En ese texto, se señalaba explícitamente el carácter paccionado de la ley de 1841: «De conformidad con esta Ley, se exigía el procedimiento de Convenio para introducir reformas legislativas en Navarra»[348]. Máxime porque el Fuero Nuevo de Navarra fue promulgado de una forma prerrogativa por el dictador, competencia que Franco conservaba desde la Guerra Civil, lo que implicaba la no participación en el mismo de las Cortes, resultando que el derecho foral navarro no era competencia del órgano legislativo español. Dicha promulgación de la Compilación del

347 BURGO, Jaime Ignacio: *La epopeya de la Foralidad vasca y navarra. Principio y fin de la cuestión foral (1812-1978)*, Bilbao, Fundación Popular de Estudios Vascos, 2015, pp. 50, 47 y 90-91. CLAVERO, Bartolomé: *op. cit.*, p. 30.

348 Ley 1/1973, de 1 de marzo, por el que se aprueba la Compilación del Derecho Civil de Navarra. *Boletín Oficial del Estado*, 07/03/1973, núm. 57, p. 4537.

Derecho Civil de Navarra permitió la subsistencia del derecho foral de esa provincia, amenazado por el hecho de que llevaba casi siglo y medio sin ser actualizado, ya que hasta entonces el único competente para ello habían sido las desaparecidas Cortes navarras. Ahora, lo había hecho el Estado español, basándose en la ley de 1841, aunque no las Cortes españolas, sino el jefe de ese Estado, matiz relevante, que tampoco escapó a Araluce.

También en el proceso de elaboración del Fuero Nuevo de Navarra, cuya negociación había durado dos décadas, se observó la *bilateralidad*. Una orden del Ministerio de Justicia del 10 de febrero de 1948 reconoció a la Diputación Foral de Navarra su competencia para nombrar a sus negociadores, que fueron encabezados por el presidente de la Audiencia Territorial de Pamplona, creada por la ley de 1841. Para la diputación, no podía ser de otra manera, porque la compilación que se pretendía era una modificación del derecho foral que debía contar con su consentimiento, al estar relacionada precisamente con la ley de 1841. El régimen franquista ponía así fin a una labor compiladora de los derechos civiles, que supuso la promulgación de los derechos privativos de todos aquellos territorios que los habían conservado desde los decretos de Nueva Planta que dictó Felipe V, el primer rey Borbón de España que venció a la dinastía de los Austrias en la Guerra de Sucesión. Así, Vizcaya y Álava en 1959, Cataluña en 1960, Baleares en 1961, Galicia en 1963, Aragón en 1967 y Navarra en 1973[349]. En la compilación de esta última, se recordaba tal hecho, señalando que con el Fuero Nuevo navarro culminaba la «recopilación de los derechos forales de España, laboriosamente realizada a lo largo de los últimos veinticinco años»[350]. En todas estas compilaciones, salvo en el caso de Navarra, el gobierno designó a los juristas que la hicieron realidad[351].

El régimen franquista mostraba así una vez más su doctrina consistente en demonizar los estatutos de autonomía y a la vez incensar los fueros, sobre todo en su vertiente jurídica, algo que doctrinalmente había defendido Pradera con su concepción del régimen foral español. Pero, si la foralidad es un sistema formado a su vez por dos subsistemas,

349 BURGO, Jaime Ignacio: *op. cit.*, pp. 96-97. ARANGUREN, Jimeno: «Derecho civil navarro y Codificación general española», *Anuario de Historia del Derecho Español*, 82 (2012), p. 301. «Don Adrián Celaya, jurista foralista de la comisión de Codificación», *Hierro*, 01/04/1976, p. 4.

350 Ley 1/1973, de 1 de marzo… *BOE*, 07/03/1973, núm. 57, p. 4537.

351 ARANGUREN, Jimeno: *op. cit.*, p. 302.

uno el político-institucional y otro el jurídico, el primero fue reducido por Franco a Álava y Navarra, aboliéndolo en Guipúzcoa y Vizcaya, mientras que el segundo fue, no solo permitido, sino desarrollado por su régimen. Y lo hizo desde 1946, cuando se celebró en Zaragoza el Congreso Nacional de Derecho Civil, dando inicio a una etapa de dinamismo de los derechos forales, que se concretó en el mencionado proceso de compilación y promulgación de los derechos civiles que habían subsistido tras la Guerra de Sucesión. El régimen estableció un nuevo procedimiento que se alejaba como nunca del modelo de Código Civil de 1889 y de la ley de bases del año anterior, mediante los que el Estado liberal había hecho realidad la pretensión de la unidad de códigos y la consiguiente igualdad jurídica de los españoles que en 1812 formuló la Constitución de Cádiz. El Nuevo Estado, que había puesto fin al Estado liberal, abandonó los apéndices forales al Código Civil, que tan solo había fructificado con el de Aragón en 1925, precisamente durante la dictadura de Primo de Rivera, pasándose ahora de una manera disruptiva a la compilación de aquellos derechos civiles y, extremo más relevante, a su actualización[352], con lo que se facilitase una efectiva implementación del derecho foral en la sociedad.

El notario de Tolosa, Araluce, era plenamente consciente de ello. Por sus estudios y profesión, esa era su especialidad, el subsistema jurídico foral. La importancia de este era muy relevante para sus habitantes, porque regulaba las relaciones familiares, las herencias y sucesiones, los testamentos y la disposición de los bienes, la propiedad y su transmisión, el usufructo de viudedad y el contrato económico del matrimonio, entre otras significativas cuestiones; en suma, las más cotidianas para el ser humano. Incluso más de las que se derivaban del subsistema político-institucional, mucho menos cercano para el común de los mortales, como la ideología tradicionalista había puesto en evidencia, cargando la relevancia en la familia, frente al individuo de la concepción liberal.

Álava, Navarra y Vizcaya habían llegado en el franquismo a solucionar ese relevante problema, no así Guipúzcoa, donde Araluce tenía su notaría, lo que suponía un reto para quien tenía a gala su ideología tradicionalista. La realidad de la que partía el notario de Tolosa era, no

352 AZAOLA, José Miguel de: *op. cit.*, p. 333. GARCÍA CANTERO, Gabriel: «Primeras jornadas de Derecho Foral (Pamplona, 27-30 de noviembre)», *El Diario Vasco*, 13/11/1975, p. 24. ARANGUREN, Jimeno: *op. cit.*, pp. 295-300.

obstante, desmoralizadora, debido a la inexistencia de un derecho foral escrito en Guipúzcoa, siendo este meramente consuetudinario, lo que dificultaba hasta extremos insospechados su compilación y actualización. Incluso, entre algunos juristas, se negaba la existencia de tal derecho civil, ya que solo existía constancia de alguna mención sobre la sucesión familiar en el Fuero de San Sebastián, de 1180, concedido por Sancho VI, *el Sabio,* rey de Navarra, y confirmado por Alfonso VIII de Castilla. De hecho, el Fuero Real, de origen castellano, se había introducido en Guipúzcoa a través de Vitoria, que lo recibió en época de Alfonso X. En consecuencia, desde 1348, regía en Guipúzcoa el derecho del Reino de Castilla, tal como precisó el Ordenamiento de Alcalá. Y, por si fuera poco, a partir de 1505, se aplicaron en la provincia las Leyes de Toro, al igual que en gran parte del resto del reino. Por todo ello, para muchos, hablar de derecho civil guipuzcoano era cuando menos un exceso verbal. Sin embargo, los historiadores y también algunos juristas habían constatado la práctica de costumbres que, fundamentalmente, pretendían el mantenimiento unido e indivisible del patrimonio familiar, del caserío[353]. Precisamente, ese fue el objeto del discurso de entrada de Araluce en la RSVAP, la prestigiosa entidad cultural vasca, celebrado en el palacio de Insausti de Azkoitia, el 23 de junio de 1970. Tal discurso, era toda una comunicación jurídico-histórica sobre el caserío, basado en sus estudios y en la práctica profesional cotidiana de quien había sido el notario de Tolosa.

Tal aportación partía de «algo tan hondamente sentido por el alma de nuestro pueblo cual es la ordenación familiar del caserío guipuzcoano que, hábilmente conducido por el buen oficio de escribanos y notarios, hace posible instrumentar (...), lo que realmente podemos calificar de propio derecho consuetudinario». Para quien ya era presidente de la Diputación Provincial de Guipúzcoa, no había ninguna duda de la existencia de un derecho foral no escrito, que convenía valorar y sobre todo desarrollar, como había sido objeto en otros territorios. El origen de este se centraba en la unidad de producción familiar:

353 AYCART ORBEGOZO, José María: «Visión histórica y actual del derecho consuetudinario guipuzcoano», *Azpilicueta,* 13 (1998), pp. 36-37. SALINAS QUIJADA, Francisco: «El Derecho Civil en el Fuero de San Sebastián y sus relaciones con el Derecho Civil en los fueros navarros», en *Donostiako Forua eta bere garaia/ El Fuero de San Sebastián y su época, San Sebastián, 19-23 de enero de 1981,* San Sebastián, Eusko Ikaskuntza/Sociedad de Estudios Vascos, 1982, p. 301.

> La problemática del caserío guipuzcoano viene determinada en gran medida por una exigencia común a toda la montaña pirenaica: la necesidad de atender a la explotación agropecuaria *in situ,* al pie de los propios pertenecidos [propiedades], en territorios difíciles a los cuales es imposible acudir con la asiduidad necesaria desde un poblado compatible con otras ocupaciones. El aislamiento del caserío, el contorno mínimo de sus pertenencias, el esfuerzo de las labores y la fuerte afección del hombre vascongado a su casa solar, imponen de otro lado, el restablecimiento de un régimen de convivencia entre matrimonio joven y matrimonio viejo sobre la base económica de una explotación indivisible destinada a sostener las cargas y tradiciones de la familia. Mal se aviene todo esto con el sistema de legítimas individuales del derecho común, la división del patrimonio hereditario y la disposición separada de bienes entre marido y mujer.

Es decir, ese derecho foral guipuzcoano entraba en colisión con el Código Civil (y antes con otros ordenamientos, como el Fuero Real y las Leyes de Toro) que considera inalienable la legítima herencia de todo hijo. El mayorazgo guipuzcoano, en virtud del cual el caserío solo era heredado por un hijo, suponía, pues, un problema jurídico, cuando era la única forma de preservar la unidad de producción familiar. Y aquí radicaba la dificultad y la relevancia de la actuación del hombre de leyes para dar seguridad jurídica a la sociedad:

> El sentido cautelar del notario, preocupado antes que nada por dar a los negocios jurídicos en que interviene la seguridad y fuerza que reclama su eficacia, dota a veces de apariencia convencional, arbitrada por las partes y otorgantes, a lo que contemplado a través de un estudio sistemático de los protocolos, constituye una constante exigencia del ambiente, una norma de actuación sancionada por el sentir de la colectividad con valor de tradición.

Una tradición consuetudinaria centrada en el «hijo de casa», frente a las obligadas «asignaciones» al resto de descendientes en virtud del derecho común, y que constreñía al labrador o ganadero guipuzcoano a hacer testamento, si no quería pasar por «poco serio» o, lo que era peor, «estar faltando en cierto modo a una obligación que le viene impuesta por el legado de sus mayores», razonaba Araluce, que como tradicionalista, entendía a la familia y al medio de vida practicado desde generaciones anteriores, por encima de cualquier derecho de los individuos integrantes de la misma en el presente. De ahí, la importancia del notario ante un derecho foral no escrito:

> Coadyuvando a la formación (...) o fijación del derecho consuetudinario, porque, aunque la base de esta fuente jurídica sea (...) el consentimiento de las partes (...) que realizan los actos generadores de la costumbre, no debe olvidarse que es el fedatario [el notario y antes el escribano] quien les ofrece la fórmula técnica para dar satisfacción dentro de la ley a sus necesidades y aspiraciones.

Esa relevancia notarial podía evitar lo que a veces ocurría, cuando se repartía la herencia familiar, «viéndose por ello obligados de ordinario a enajenarla, sucediendo que si cada uno traspasaba su parte al comprador quedaba deshecho el instrumento de producción formado por la casería, sus heredades, praderas y montes, con el consiguiente perjuicio». O lo que era peor, si se daba con un comprador para la totalidad de la herencia, «los vendedores tenían que dedicarse a oficios, ponerse a servir o emigrar», lo que para Araluce significaba algo trágico, el fin de la vida rural tradicional[354].

Araluce hizo tal discurso un día antes de cumplir los cincuenta y tres años, ingresando en una de las pocas instituciones culturales vascas que había sobrevivido a la Guerra Civil. Se encontraba en la plenitud de su carrera jurídica e iniciaba otra ya política, desde que en noviembre de 1968 se había convertido en presidente de la Diputación Provincial de Guipúzcoa. Su aportación al derecho foral guipuzcoano lo convirtió en un precursor de su reconocimiento y su compilación escrita ya en la época democrática. Tan solo se le había adelantado el jurista Bonifacio de Echegaray Corta, quien en 1950 había publicado su obra *Derecho Foral Privado*, incidiendo en la relevancia de lo consuetudinario en la organización social. Gracias a las aportaciones de Echegaray, exasesor jurídico del Gobierno Aguirre y secretario del Tribunal Supremo, y Araluce, se dio un desarrollo conceptual del derecho civil guipuzcoano en los últimos años de la vida de este, destacando la tesis doctoral de Álvaro Navajas Laporte, titulada *La ordenación consuetudinaria del caserío en Guipúzcoa*. Esta fue publicada como libro en diciembre

354 «La ordenación familiar del caserío guipuzcoano, el derecho consuetudinario y el ordenamiento jurídico», *Unidad*, 24/06/1970, p. 7.

de 1975 por la Sociedad Guipuzcoana de Ediciones y Publicaciones, empresa cultural de la RSBAP y de la CAM de San Sebastián. En la obra, se ponía el foco de atención en un derecho civil «obscurecido por un derecho público que prima»; es decir, en el subsistema jurídico foral ensombrecido por la importancia que se daba al político-institucional en esas fechas del final del franquismo. *El Diario Vasco,* periódico fuerista, dedicó un artículo a la presentación de la tesis, destacando el hecho de arrancar tal derecho consuetudinario guipuzcoano en el siglo XVI, tras las Leyes de Toro, con el objetivo «de eludir la aplicación» de tales normas del Reino de Castilla en Guipúzcoa, «por obra esencialmente del Notariado», destacando la labor hecha por esos juristas en el caserío. Sobre todo, en las capitulaciones matrimoniales, en la reversión troncal de bienes y, en suma, en la ordenación económica-familiar de la casa entendida como unidad de producción[355].

El jurista Álvaro Navajas, doctor en Derecho por la Universidad de Zaragoza, fue otro de los grandes estudiosos de la foralidad, esencialmente la guipuzcoana y no solo de su subsistema jurídico, destacando en una entrevista en abril de 1976 a *La Voz de España* la funcionalidad coetánea de lo foral: «Es adaptable, se va cambiando, adecuando al momento», incidiendo en la mutabilidad de lo foral, como característica esencial de la foralidad. Tampoco rehuyó contestar otra de las cuestiones que ha hecho correr ríos de tinta en torno a los fueros: «Se ha hablado mucho por los foralistas de que el Fuero poco menos que era el *alma mater* de la democracia. Y por los antiforalistas, que de democracia nada, que era una oligarquía. Pues, ni uno, ni otro». El periódico rival en Guipúzcoa, *El Diario Vasco,* también contribuyó entonces al debate, creando una tribuna en los meses estivales, cuando su difusión era mayor en una ciudad como San Sebastián que debido a los veraneantes contaba con más lectores, para analizar *la reintegración foral vista desde 1976,* como denominó a la serie. El 24 de agosto la inició, pidiendo al abogado Navajas que la inaugurara, en torno a dos cuestiones que el matutino consideraba claves: si era factible una restitución foral y si podía ser un vehículo para la democracia. El erudito partía de un hecho:

355 ECHEGARAY EIZAGUIRRE, Lázaro: *En busca de Vasconia. Vida de Bonifacio Echegaray (1878-1956),* Bilbao, Academia Vasca de Derecho-Zuzenbidearen Euskal Akademia, 2001, pp. 292-293 y 279-280. AYCART ORBEGOZO, José María: *op. cit.,* p. 36. CASTILLO, Antonio: «La ordenación consuetudinaria del caserío en Guipúzcoa», *El Diario Vasco,* 10/12/1975, p. 9.

los fueros en las distintas provincias tienen unas «manifestaciones parecidas, pero no del todo iguales». Eran «independientes, distintos, es decir, cada provincia tenía su propio fuero», aunque para el jurista eso no justificaba la creación de unos estatutos de autonomía diferentes para cada uno de esos territorios, abogando por un ámbito regional, vasco en este caso, por «razones de índole práctico y mecánico», además de tener «un reflejo sociológico evidente». Sin embargo, su apoyo a un planteamiento estatutario regional no alcanzaba al *Estatuto de Elgueta*, ya que dudaba de que, en 1976, la recuperación del de 1936 respondiese a «una aspiración actual», recordando que dicho texto normativo fue «otorgado de manera circunstancial» durante la Guerra Civil. Para Navajas, lo prioritario, antes de la descentralización, era la reforma democrática, como «paso previo a la elaboración de cualquier fórmula estatutaria que, por otra parte, tendría que adecuarse al orden constitucional que se estableciera». Navajas fue, pues, capaz en sus análisis de vislumbrar el acontecer en etapas que llevó, en el espacio de tres años después, a elecciones democráticas, a una nueva Constitución y a un nuevo Estatuto, en este caso el de Gernika. Navajas, en su calidad de profesor de la Facultad de Derecho de San Sebastián, era asesor de la comisión descentralizadora y tuvo la oportunidad de influir en las ponencias que aquella redactó y elevó al Gobierno Suárez. Entre ellas, una inflexión municipalista de dichas autonomías forales. En el artículo escrito en *El Diario Vasco,* sentenció: «Los municipios son el origen de la organización foral y es el fundamento de la misma», tal como había sostenido Balparda. Y recordó que la extensión del Fuero Real por las villas de Guipúzcoa supuso un «elemento de unificación jurídica y a la vez un apuntalamiento del concepto de soberanía real, no solo en el aspecto judicial (el rey-juez de la Edad Media), sino del rey como órgano de unificación política (...). Todo ello produce un tándem rey-villas que (...) tiene como resultado la desaparición de cualquier vestigio feudal y la aparición de un orden nuevo. El poder real, apoyado por las villas guipuzcoanas se reafirma en la zona», convirtiéndose los reyes en los «valedores y guardianes» de las libertades municipales. Por iniciativa de los reyes, se organizó la Hermandad de las Villas que mediante su colegialización constituyeron las juntas generales, origen para Navajas de la provincia de Guipúzcoa, ya que la hermandad «se realiza sobre la base del llamado Fuero Real, cuerpo legal arraigado (...) a través de los fueros municipales en las villas guipuzcoanas y elemento de importancia capital para la unificación jurídica, preámbulo necesario para la posterior unificación política»[356]. El jurista dictaminaba así la importancia de los monarcas castellanos en la génesis provincial, conformadora de Guipúzcoa como una unidad política.

Navajas acudió en 1977 a las primeras elecciones democráticas, tras la dictadura, en la candidatura de Demócratas Independientes Vascos, cuyo lema fue una «Unión foral para la autonomía», que no logró ningún escaño. En el verano anterior, el papel de los municipios en los futuros entes autónomos de Guipúzcoa y Vizcaya había provocado, tres días después de la aparición del artículo de Navajas, la más grave crisis que vivió la comisión descentralizadora hasta la ocurrida con el asesinato de Araluce. Hasta ocho dimisiones se produjeron en aquellos días de finales de agosto y primeros de septiembre, exigiendo un mayor poder municipal y que fueran las juntas generales reconstituidas las que a partir de entonces negociaran con el gobierno, contraviniendo los planes que había trazado Araluce, partidario de unas autonomías forales dirigidas sin contrapesos por las diputaciones y que la labor negociadora continuase en la comisión descentralizadora creada por el gobierno[357].

Un mes antes, el Movimiento de Alcaldes acababa de demostrar que era capaz de mantener el pulso con el Estado, reuniendo en Vergara a representantes municipales que exigieron una restitución foral en un marco unitario vasco-navarro similar al *Estatuto de Estella*. En ese momento de enfrentamiento entre los dos procesos descentralizadores de la transición democrática, que recordaba al vivido durante la Segunda República entre Aguirre y las gestoras de las diputaciones, la revista *Garaia*, el órgano de expresión de ESB, daba por derrotado al proceso descentralizador ideado por Araluce, vencido por el del Grupo de alcaldes de Bergara. «A los comisionados se les ha muerto la Comisión», sentenció la publicación próxima al Movimiento de Alcaldes[358].

---

356 «D. Álvaro Navajas analiza la foralidad guipuzcoana», *La Voz de España*, 04/04/1976, p. 22. «El punto de vista del abogado don Álvaro Navajas», *El Diario Vasco*, 24/08/1976, p. 9. Nombramiento de Álvaro Navajas Laporte (Madrid, 27/01/1976), ACP, *FSGT*, Expediente 2454/5, p. 26.

357 ECHEVARRÍA PÉREZ-AGUA, Juan José: *La constitucionalización de la...*, pp. 364-368.

358 RUIZ CEBERIO, Elías: «Réquiem por una Comisión difunta», *Garaia*, 5, 30-07/09-10/1976, p. 1.

Hubo también otros expertos en derecho foral que se manifestaron al respecto, principalmente los nucleados en torno a la Comisión de Cultura de la Cámara de Comercio, Industria y Navegación de Bilbao (CCB). En dicha comisión, que estaba presidida por Juan Ramón de Urquijo, trabajó un relevante grupo de intelectuales que se decantó por la opción municipalista, frente a la defendida por Araluce. De aquellos juristas, destacaron dos: Adrián Celaya Ibarra, juez municipal decano de Bilbao, que en la Guerra Civil había luchado en uno de los batallones nacionalistas del Euzko Gudarostea, y el abogado bilbaíno Mitxel Unzueta. Este último sería parlamentario, mientras que el primero alcanzaría el Consejo General del Poder Judicial, el organismo creado por la Constitución de 1978 con el objetivo de garantizar la división de poderes en el Nuevo Estado democrático y de Derecho constituido tras el franquismo. Ambos eran expertos en la foralidad.

Dicho equipo de trabajo, coordinado por Urquijo, asesoró al presidente de la CCB, Enrique de Guzmán y Martínez, que era miembro nato de la comisión descentralizadora para Guipúzcoa y Vizcaya, confiando el director de la RSBAP en poder influir así en sus deliberaciones. Sus planteamientos disfrutaron además de una amplia difusión pública, a través fundamentalmente del periódico vizcaíno *Hierro,* de la cadena del Movimiento. La periodista Ofa Bezunartea Valencia, actual catedrática de Periodismo en la Universidad del País Vasco, contactó entonces con aquellos intelectuales de Bilbao para desarrollar su labor profesional. La propia Ofa Bezunartea explicó su interés, más histórico que político, en establecer un cauce de información con aquellos que «procedían de la RSBAP, que desarrollaban una interesante actividad cultural y en cuyas publicaciones aparecían a menudo artículos relacionados con los fueros. Sobre todo, en su relación con las peculiaridades del Fuero Civil, que suponía un régimen muy especial en temas de patrimonios y herencias, y que se mantuvo en vigor a pesar de la supresión del Concierto económico por el franquismo». La periodista publicaría mes y medio después de la muerte de Araluce un artículo en la *Hoja del Lunes de Bilbao,* en el que sostendría la tesis de los intelectuales agrupados por Urquijo de que los trabajos ya concluidos entonces de la comisión descentralizadora habían llegado «demasiado tarde», ya que se trataban de «un hijo tardío con las taras suficientes para no medrar», incapaces en su opinión de «suponer un reconocimiento (...) de lo justificado de las reivindicaciones de las provincias vascas». Tanto Celaya como Unzueta habían sido cofundadores en 1973 del Instituto Español de Derecho Foral, una asociación privada dedicada al estudio y promoción de los derechos civiles, cuyos estatutos fueron aprobados por el Ministerio de la Gobernación en 1974[359], cuando su titular era José García Hernández, quien canalizó en el seno del primer Gobierno Arias la pretensión de Araluce de crear la comisión descentralizadora.

Todos estos expertos en el derecho civil extraían sus planteamientos descentralizadores de su propia labor profesional, como era el caso de Araluce. El notario de Tolosa recibía en su despacho a muchos vecinos que venían a formalizar escrituras y testamentos. Por estos últimos, no era extraño que el notario tuviera que desplazarse, debido a una circunstancia que Araluce comentaría en más de una ocasión con su familia: los caseros retrasaban el momento de hacer testamento hasta que en ocasiones se encontraban ya en el lecho de muerte. Entonces, el notario se desplazaba en coche, si como era habitual el caserío estaba en la comarca de Tolosa, aunque a veces solo hasta un determinado punto, a partir del cual ningún automóvil podía continuar. En esos casos, un familiar del pronto finado esperaba a Araluce con un burro, a lomos del cual el notario hacía los centenares de metros que aún le separaban del caserío. Juan María Araluce era apreciado por muchas de esas familias que vivían en los caseríos, ya que les ofrecía confianza, porque podía entender el euskera e incluso chapurrear algunas palabras. Su pasado familiar, y sobre todo su niñez en el barrio marinero de Mamariga en Santurce, se lo permitía, aunque entonces, antes de la unificación de la lengua, la variedad dialectal era enorme. En una ocasión, en que un casero terminó su testamento, pidió como su última voluntad que le trajeran al santo, a san Ramón, para besarlo, empleando las palabras en euskera *Erramun santua.* El asombro de Araluce fue a más cuando advirtió que traían una estampa que había entrevisto en la chimenea y llegó al paroxismo al comprobar cuando lo tenía más a la vista que, pese a que estaba tiznada por los hollines, se trataba en realidad de

359 BEZUNARTEA, Ofa: «Comenzó el trabajo», *Hierro,* 27/01/1976, p. 3. BEZUNARTEA, Ofa: «Re: Tesis doctoral», *Email electrónico,* 09/02/2015, 18.39. BEZUNARTEA, Ofa: «Demasiado tarde», *Hoja del Lunes de Bilbao,* 20/12/1976, p. 5. El artículo fue impreso con una errata, «hijo traidor» en vez de «hijo tardío», ante lo que la autora se apresuró a una rectificación, publicada en el resto de los periódicos vizcaínos: el mismo día en el vespertino *Hierro* (p. 4), y al día siguiente en *La Gaceta del Norte* (p. 3) y en *El Correo Español-El Pueblo Vasco* (p. 7). CERDÁ GIMENO, José: «El Instituto Español de Derecho Foral», *Revista Crítica de Derecho Inmobiliario,* 516 (septiembre-octubre 1976), p. 1177.

Carlos María Isidro, el pretendiente Carlos V[360]. Monarquía y religión estaban intrínsecamente unidas en el mundo tradicional.

En 1959, el notario Araluce logró uno de sus mayores éxitos profesionales, cuando revirtió una decisión del Registro Mercantil de Guipúzcoa, relativa a una hipoteca mobiliaria sobre máquinas industriales contraída por un particular, Felipe de Juan Lorenzo, dueño de una papelera, que no contó con la autorización de su esposa para dicho préstamo. La cuestión que dilucidar residía en los bienes gananciales reflejados en el Código Civil a la hora de que dicho préstamo tuviera la cobertura registral para ser objeto de la garantía hipotecaria, logrando el notario de Tolosa la inscripción de la escritura de la hipoteca como garantía del préstamo solicitado[361]. Para Araluce, como tradicionalista, la familia era un bien superior a los individuos que la componían.

En la posguerra, Franco visitó en dos ocasiones Tolosa. La primera vez, en 1941, y la segunda en 1948, cuando no había pasado ni un año desde que el nuevo notario había tomado posesión de su destino. Araluce pudo ver por primera vez, personalmente, al jefe de Estado, quien había sido el máximo mando del Ejército en el que había combatido durante la Guerra Civil, al Generalísimo. Pero, aquella visita, a diferencia de la de siete años antes, fue poco más que una escala, camino de San Sebastián. De hecho, Franco siempre acudía en verano a la capital guipuzcoana. Lo hizo en los treinta y nueve años en los que ocupó la más alta magistratura, una vez acabada la Guerra Civil, salvo los dos últimos años de su vida, solo cinco de ausencia en total. Y lo hacía porque aquello reflejaba como pocas cosas más su condición de jefe de Estado. No en balde, desde Isabel II, la corte se trasladaba durante el estío a San Sebastián, convirtiendo en aquellos meses a la ciudad en la sede veraniega de la monarquía, con un ministro de Jornada que siempre acompañaba al monarca y luego a Franco, y que recibía a los cónsules y delegaciones diplomáticas extranjeras. Desde 1887, la regente María Cristina de Habsburgo-Lorena, viuda de Alfonso XII, formalizó la presencia de la corte en la ciudad durante los meses de

---

360 *Juan Araluce Letamendía*, 12/10/2020, Madrid, entrevista realizada por Juan José ECHEVARRÍA.

361 Resolución de la Dirección General de Registros y del Notariado en el recurso gubernativo interpuesto por el Notario de Tolosa don Juan María de Araluce y Villar contra calificación del Registrador Mercantil de la provincia de Guipúzcoa, del 23 de octubre de 1959. *Boletín Oficial del Estado,* 11/11/1959, núm. 270, pp. 14432-19433.

verano, una costumbre que luego mantuvo inalterada su hijo Alfonso XIII. Fue ese uno de los factores determinantes para consolidar a San Sebastián como el principal núcleo turístico español, favoreciendo su desarrollo y crecimiento, convirtiendo a la ciudad en las primeras décadas del siglo XX en el lugar de veraneo más visitado de España. La estancia estival de la familia real, que edificó en San Sebastián su residencia de verano, el palacio de Miramar, situado en un lugar privilegiado en la bahía de la Concha, favoreció la presencia de los miembros del gobierno, de la corte y de todos aquellos interesados en mostrar su prestigio social. Por todo ello, un Franco que siempre fue muy puntilloso con todo el ceremonial que entendía debía acompañar al jefe de Estado, a través del cual se exteriorizaba su condición, no podía dejar de continuar con esa tradición, con la que escenificaba su máxima posición entre los españoles, como lo habían hecho los antiguos reyes, ocupando su mismo rol, aunque desde otro palacio, el de Ayete [hoy, Aiete], comprado por el Ayuntamiento de San Sebastián en 1939, pese a tener un emplazamiento más discreto, pero también más protegido[362].

En ruta por carretera, pues, desde Burgos hacia San Sebastián, Franco llegó a Tolosa el 24 de agosto de 1948 a las siete de la tarde. Jóvenes tradicionalistas de FET y de las JONS le dieron la bienvenida apostados en la carretera a la entrada de la villa y no pocos vecinos hicieron lo mismo ya dentro de ella, en el paseo de San Francisco, aplaudiendo y gritando «¡Franco, Franco, Franco!». La villa había sido engalanada con banderas rojigualdas, especialmente apreciadas por los requetés locales que habían formado el Tercio de Oriamendi doce años antes. En el citado paseo, el automóvil se paró, bajándose Franco, su esposa y su hija, momento en el que se le rindió honores, interpretándose el himno nacional: la *Marcha Real,* oficial desde Isabel II, salvo durante la Segunda República, recuperada mediante un decreto del 27 de febrero de 1937. Del paseo San Francisco, el dictador fue a pie a la inmediata plaza de los Padres Escolapios, hoy plaza del Triángulo, donde se había levantado una tribuna de madera, desde la que Franco pronunció un discurso en defensa del caserío y del campo, como ideal de la autarquía económica, pregonada por el Nuevo Estado. A su finalización, hubo un desfile de ganado. El carlista Fermín Sanz-Orrio y Sanz, delegado

---

362 «El Caudillo visita Tolosa», *La Voz de España,* 14-09-1941, pp. 1 y 5. LUENGO TEIXIDOR, Félix: «Franco en San Sebastián», *Cuadernos de Alzate,* 50-51 (2018), pp. 201-204.

nacional de sindicatos —de la Organización Sindical Española, OSE—, antiguo gobernador civil de Guipúzcoa y futuro ministro de Trabajo, otro de los máximos defensores de la unificación de falangistas y tradicionalistas, entregó a Franco la distinción de Prohombre Honorario. Desfilaron también dos carrozas, una que representaba al caserío y otra a una ermita, como ejemplificación del anhelo tradicionalista de aunar lo productivo con lo espiritual. Entre los congregados, pudo verse una pancarta de los ganaderos que decía en euskera: «Guipuzkoako Nekazari Anaitasunak Francorekin» (La Hermandad de Agricultores de Guipúzcoa con Franco), lo que fue valorado por el diario tradicionalista *La Voz de España* como una muestra de las «creencias españolas» de Guipúzcoa. Y en la balconada del edificio, situado detrás de la tribuna levantada, destacaba una bandera rojigualda con el rótulo de FET y de las JONS de veintiún metros de ancho[363].

Juan Mari Araluce, aún soltero, se había llevado a su madre con él a Tolosa, cuando sacó la notaría de la localidad. Los dos hablaron en más de una ocasión de lo que significaba para ellos el régimen de Franco en cuanto al respeto a las creencias religiosas que compartían y al restablecimiento del orden social, pero también en el discurrir de María Villar se deslizaban opiniones no tan entusiásticas derivadas de la abolición del Concierto Económico en Vizcaya, de donde eran originarios, y en Guipúzcoa, donde ahora vivían. La madre en más de una ocasión había criticado a sus hijas por mostrarse excesivamente condescendientes con quien había acabado en su provincia con el último vestigio foral, en su dimensión político-institucional[364]. El alma liberal de María Villar se resistía a aceptar aquella merma infligida por quien había ocupado el lugar de los reyes y esa opinión política perduró en su hijo.

Araluce había alquilado una casa en Tolosa donde vivir, iniciando una costumbre que se mantendría toda su vida. Siempre se mostró partidario de esa fórmula, no la de comprar la vivienda, porque su profesión, la de notario, le podía llevar a muchos lugares, sin descartar volver

363 «El Caudillo llegó anoche a San Sebastián», *La Gaceta del Norte*, 25/08/1948, p. 1. «Guipúzcoa aclama al Caudillo», *La Voz de España*, 25/08/1948, pp. 1 y 5. MORENO LUZÓN, Javier y NÚÑEZ SEIXAS, Xosé: *op. cit.*, pp. 205 y 262. «Tolosa recibió entusiásticamente al Jefe del Estado», *El Diario Vasco*, 25/08/1948, p. 1. «Guipuzkoako Nezakari Anaitasunak Francorekin», *La Voz de España*, 25/08/1948, p. 1. «Franco y España» (6 de septiembre de 1948), *No-Do*, Not N 296 A, AFE.

364 *Juan Araluce Letamendía*, 02/11/2020, Madrid, entrevista realizada por Juan José ECHEVARRÍA.

a Vizcaya, logrando una plaza en su provincia natal, como intentó infructuosamente en una nueva oposición entre notarios en 1952[365], con lo que hubiera logrado dar satisfacción a la nostalgia por su tierra. Pero, también la encontró en la provincia *hermana*, en Guipúzcoa, en concreto en Tolosa, donde vivió ya con su mujer y con su madre en el número 3 de la avenida de los Fueros, en el entresuelo derecha, en el ensanche de la villa. La casa de viviendas, de cinco plantas más el entresuelo, había sido construida por el arquitecto tolosarra Joaquín Labayen Toledo[366], quien había sido amigo y socio de José María Aizpurúa, el falangista fusilado en los últimos días del *verano revolucionario.* Labayen era de ideología nacionalista, lo que no había sido obstáculo para que él y Aizpurúa hubieran compartido despacho profesional en la calle Prim de San Sebastián y hubieran llevado sus postulados vanguardistas a las obras que proyectaron. La obra más conocida a nivel internacional de los dos, que suscitó incluso la atención de Le Corbusier, el más relevante arquitecto del siglo XX, fue sin duda el Real Club Náutico de San Sebastián, que destaca por su optimismo, por su luz y por su aire, en medio de la magnífica *tarjeta postal iluminada* que es la bahía de la Concha. Aquel proyecto, como dijeron sus autores, se concibió buscando soluciones racionales, alejadas del romanticismo imperante desde que a principios del siglo XIX se impuso la estética liberal; extremo en el que el vanguardismo fue especialmente puntilloso. La superficie vidriada que presenta el Náutico responde al deseo de que se domine la bahía desde cualquier punto del club: vestíbulo, biblioteca, restaurant, etc.; «una necesidad de amplitud de horizonte, lirismo de esta generación mal llamada materialista». Construido en 1929 con hormigón armado, amplió en veintiún metros de largo la anterior construcción, que simulaba un caduco y decimonónico barco de vela. La modernidad había llegado, por fin, pasando de los barcos de madera a los de casco metálico, en forma de transatlántico, enseñoreándose de la bahía de la Concha.

En Tolosa, un año después, Aizpurúa y Labayen proyectaron la reforma del Casino de Tolosa, para dotarle de 161 metros cuadrados

---

365 Dirección General de los Registros y del Notariado, transcribiendo la lista de los señores Notarios que han sido admitidos a las oposiciones entre Notarios anunciadas en el Boletín Oficial del Estado del 29 de marzo de 1952, del 1 de mayo de 1952. *Boletín Oficial del Estado,* 21/05/1952, núm. 142, p. 2291.

366 *Juan Araluce Letamendía,* 12/10/2020, Madrid, entrevista realizada por Juan José ECHEVARRÍA.

adicionales. Y tres años antes, diseñaron la imprenta Laborde-Labayen. En 1935, la cooperativa Pablo Iglesias. Ambos arquitectos buscaron siempre el contento obrero, porque ambos coincidían en su preocupación social, ya fuera de inspiración fascista o cristiana: «La clase obrera, al vivir con higiene y con los adelantos modernos se sentirá menos oprimida y podremos conseguir que las diferentes clases de la sociedad se ayuden para el mejor logro de sus aspiraciones, unos con su trabajo corporal y otros con el intelectual».

Ese planteamiento, que pretendía superar el análisis marxista de la lucha de clases, fue el *horizonte* del despacho de arquitectura de Aizpurúa y Labayen, también del fascismo, del tradicionalismo y del nacionalismo vasco, como ejemplificaba STV, que aspiraba a romper la dialéctica hostil entre el patrón y el obrero, congraciándolos en una dirección unívoca. Para FE/JONS, eso formaba parte de la modernidad necesaria que también tendría su plasmación en la forma de edificar, como expresó Aizpurúa: «La arquitectura en España no existe (...). Un espíritu sereno sale a la calle y ve edificios faltos de tranquilidad y llenos de sensualismo; pierde la serenidad y grita revolución». Aizpurúa y Labayen construyeron casas para turistas en Fuenterrabía y proyectaron bloques de viviendas para obreros en Bilbao. «Nuestra idea fundamental que es la base de todo el proyecto es la de que todas las habitaciones de más uso, como son dormitorios, comedor y sala de estar tengan la mayor cantidad posible de sol». Idearon más casas, en San Sebastián, Idiazábal, Basauri, en Navarra y hasta en Canadá[367].

Tras la muerte de Aizpurúa, Labayen continuó solo construyendo casas. Como la vivienda de vecinos de la avenida de los Fueros de Tolosa, que disfruta de una llamativa composición de planos y colores, atendiendo a su asoleamiento e higiene. Allí, Juan Mari y Maité formaron una familia al calor de sus ideas tradicionalistas, teniendo como vecino, en el tercer piso, al propio arquitecto y a la familia de este. Tras un aborto y una fallida prescripción médica de que no podría tener hijos, el matrimonio Araluce Letamendía consiguió traer al mundo a la primera de sus nueve hijos, María del Mar Francisca, el 22 de marzo de 1951. Araluce había cogido la costumbre de rezar todos los días el

367 MEDINA MURUA, José Ángel: *Arkitektura, noizko? ¿Cuándo habrá arquitectura? José Manuel Aizpurua & Joaquín Labayen*, San Sebastián, Diputación Foral de Gipuzkoa, 2012, pp. 86-90, 104-184, 13 y 22-185. MEDINA MURUA, José Ángel: *José Manuel Aizpurua y Joaquín Labayen*, San Sebastián, Diputación Foral de Gipuzkoa, 2011, p. 52.

rosario, reafirmándose en su fe cristiana, cuando la pequeña vio la luz, pese al susto de nacer con el cordón umbilical en torno al cuello, motivo por el que fue bautizada inmediatamente. Su madre había permanecido todo el embarazo en absoluto reposo, algo que repitió durante siete meses con el segundo, Juan, nacido el 27 de septiembre de 1952. María del Mar y Juan, así como el resto de sus siete hermanos, nacieron en la clínica de Nuestra Señora de las Mercedes, en San Sebastián, la tercera privada que se había abierto en la capital guipuzcoana, con quince camas, repartidas en doce habitaciones, que contaba con un quirófano. La clínica de las Mercedes había iniciado su actividad en 1913, aunque no fue hasta diez años después cuando se construyó la casona de estilo vasco que fue su sede hasta su desaparición en 1981. Construida de cemento armado, acanaladas las paredes para facilitar su limpieza y con un suelo denominado *alfombra de corcho*, que mitigaba el ruido, contaba además con una villa cercana, la vivienda del médico fundador, Luis Egaña Monasterio, quien había incorporado algunos de los elementos de la portada del palacio Zabala de Vergara, antes de su demolición en 1919 para construir un cine. Tal palacio había sido sede del Laboratorium Chemicum, creado por el Real Seminario, una de las obras ilustradas de la RSBAP del siglo XVIII, el siglo de las luces, donde fue aislado por primera vez el wolframio. En suma, un ambiente médico-científico, como pocos entonces, capaz de garantizar el final feliz de unos embarazos complicados. La clínica, rodeada de un espléndido arbolado, hasta que se trazó la avenida de Navarra, disfrutaba además de unas óptimas condiciones higiénicas, incluido *toilettes* con lavabo y retrete en cada habitación. Dobles vidrieras y ventanas aislaban del exterior, buscando una confortable estancia, que pretendía ser similar a la que se podía tener en una placentera casa de campo, disponiendo de un solárium en la tercera planta, orientado al sur[368], donde Maité pudo restablecerse tras los partos.

La vida en Tolosa de los Araluce Letamendía estaba marcada por la religiosidad, lo que no era óbice para tratarse de una localidad próspera, con una relevante industria papelera, que como una consecuencia negativa de la modernidad contaminaba con sus desechos el río Oria. Todos

---

368 *Juan Araluce Letamendía*, 12/10/2020, Madrid, entrevista realizada por Juan José ECHEVARRÍA. SOLÓRZANO SÁNCHEZ, Manuel: *Clínica Nuestra Señora de las Mercedes. Nueva clínica operatoria del doctor Egaña*, San Sebastián, Donostia Unibertsitate Ospitalea, 2014, pp. 5-12. http://www.aniorte-nic.net/archivos/trabaj_libro_clinica_nuestra_senyora_de_las_mercedes.pdf

los jueves, Juan Mari llevaba a María del Mar a la parroquia de Santa María, la iglesia de época renacentista situada en el casco antiguo de la localidad a unos diez minutos de donde vivían, antes de dejarla en el colegio. María del Mar, ataviada con un cordón dorado al cuello del que pendía una imagen del Sagrado Corazón y por atrás una borla, acudía a misa, junto a su padre, formando parte de los Cruzados del Sagrado Corazón. Los jueves eucarísticos eran una iniciativa de la Iglesia con predicamento en Bilbao, Vitoria, Pamplona, Irún y Tolosa, que pretendía extenderse a San Sebastián, como un «elemento de vida moral y de verdadera regeneración social», formando una «atrayente y fervorosa Archicofradía española», abierta a todos, a hombres y mujeres, a jóvenes y ancianos, «a los obreros y a los hacendados». Unos años antes, en 1950, los esfuerzos devocionarios del Sagrado Corazón en San Sebastián se habían visto coronados con la inauguración del monumento, en lo alto del monte Urgull (orgullo, en la lengua gascona originaria), dominando no solo la bahía de la Concha, sino toda la ciudad, obra del arquitecto Pedro Muguruza Otaño, autor del Sagrado Corazón de Bilbao, que en unos años levantaría el Valle de los Caídos [hoy, Cuelgamuros]. El entonces obispo Carmelo Ballester Nieto se congratulaba, poco antes de morir, porque tal monumento daría buen nombre a San Sebastián y a España, presentando a Guipúzcoa «como lo que es: una Provincia verdaderamente católica»[369].

El resto de los días laborables, Araluce ayudaba con los deberes a sus hijos, antes de salir para la notaría. Los chavales estudiaban en los escolapios —el Colegio de las Escuelas Pías, regido por la orden religiosa fundada por san José de Calasanz— y las chicas en las jesuitinas, ambos colegios a cinco minutos del domicilio. Juan, el hijo varón mayor de Araluce, tuvo de compañero en el colegio a Francisco [Patxi] Arratíbel Fuentes, quien sería asesinado por ETA el 11 de febrero de 1997. Los domingos, a primera hora, iba toda la familia a misa a la iglesia del siglo XVI de los franciscanos, a menos de cinco minutos de casa. Después, desayunaban pasteles y a media mañana era ya el momento del aperitivo en el bar Frontón o en el Iruña. Y por las tardes, allí al lado, al cine Salón Iparraguirre con su letrero de FET y de las JONS, que rendía homenaje al autor del *Gernikako arbola*, el célebre himno fuerista,

369 «Feligreses del Buen Pastor! ¡Católicos de San Sebastián!», APJAL. GRAU, José: «Circular núm. 15. Sobre el Monumento al Sagrado Corazón de Jesús en el Castillo de Santa Cruz de la Mota en San Sebastián», *Boletín Oficial del Obispado de Vitoria,* 9, 24/09/1949, pp. 297-299.

tan caro para los carlistas. El día de San Juan, onomástica y cumpleaños de Araluce, había procesión por la villa y la costumbre era estrenar vestimenta. El primer día de las vacaciones estivales, muchos de los romeros llevaban escopeta y había alarde, disparando al aire. La tradición de los escopeteros hundía sus raíces en el antiguo régimen foral, cuando cada provincia vasca organizaba sus propios contingentes de tropas para servir con las armas al rey dentro de sus límites territoriales. En el río se celebraban regatas de bateles con la ribera abarrotada de gente, relacionadas con el rito curativo del baño en el solsticio de verano. En la víspera, las fogatas y los cohetes anunciaban las fiestas[370]. El 5 de febrero, se conmemoraba a Santa Águeda, la patrona de los partos difíciles, especialmente venerada en Tolosa y por la familia Araluce, con coros cantando por las calles en la víspera de la festividad. El 24 de diciembre, en la natividad de Cristo, los tolosarras celebraban *jaiotza* (el nacimiento) y cantaban a los belenes llevados en parihuelas, mientras el *olentzero* (carbonero del folclore vasco; *olentzaro* en la variedad dialectal propia) repartía caramelos. Un ambiente sincrético del cristianismo con las tradiciones locales y muy euskaldún, donde primaba el euskera en las conversaciones entre los vecinos. La víspera de la festividad de los Reyes Mayos, la cabalgata bajaba del monte Uzturre con antorchas rojas y verdes. El segundo domingo de septiembre, los tolosarras subían a ese monte, a la capilla de Santa María de Yzascun [Izaskun], la patrona de Tolosa, y a lo largo del año a las muchas novenas que se celebraban en la ermita. Todo el año, pues, marcado por el calendario litúrgico católico, algo propio de un mundo tradicional como lo era Tolosa en la posguerra, implementando la utopía integrista.

Juan Mari Araluce era de la Adoración Nocturna y empleaba su tiempo en esa actividad religiosa que organizaba, al igual que los *cruzados*, el arcipreste de Santa María de Tolosa, Wenceslao Mayora Tellería, quien el 11 de septiembre de 1949 había celebrado la coronación canónica de la Virgen de Izaskun, en una nueva muestra de que el Tradicionalismo seguía insuflando las referencias conceptuales

370 ALONSO, Rogelio, DOMÍNGUEZ, Florencio y GARCÍA REY, Marcos: *op. cit.*, pp. 1004-1006.

Juan Araluce Letamendía, 12/10/2020, Madrid, entrevista realizada por Juan José ECHEVARRÍA. GARMENDIA LARRAÑAGA, Juan: *Tolosa zaharberriak. Sobre el ayer de Tolosa*, Donostia, Eusko Ikaskuntza, 2009, pp. 73-77. ZAVALA, Federico de y GARMENDIA LARRAÑAGA, Juan: *Monografía histórica de la villa de Tolosa*, Donostia, Eusko Ikaskuntza, 2007, p. 55.

necesarias para sus seguidores. El Nuevo Estado estuvo presente en aquel evento, enviando a dos destacados dirigentes: al ministro de Justicia, Raimundo Fernández-Cuesta y Merelo, quien había sido secretario general de FE/JONS en vida de José Antonio, y al presidente de las Cortes, el superviviente del Altuna Mendi Esteban Bilbao Eguía, un *jaimista* colaborador de la dictadura de Primo Rivera que consecuente con el pacto de Territet de 1931 abogó por la confluencia con los *alfonsinos*. Un tablado ensamblado en la plaza Justicia [hoy, Euskal Herria] de la localidad sirvió para celebrar la misa, oficiada por el Nuncio en España de Pio XII, Gaetano Cicognani, a la que asistieron muchos de los vecinos de Tolosa, entre ellos el matrimonio Araluce Letamendía, vuelto ya de su viaje de novios. Un tedeum cerró los festejos en Santa María. El año anterior, en mayo, Tolosa celebró otro acto de masas, congregando a todas las agrupaciones de Acción Católica de la provincia, organizado por la Congregación Mariana de San Luis de la Villa y publicitado a través de su hoja mensual, *Izaskun*, en cuyo evento central ocupó un lugar destacado Federico de Zavala[371], quien ese año conoció, junto a su hermano José María, a Araluce. La Acción Católica de la posguerra era diferente de la de la Segunda República, aunque seguía dirigida por los *propagandistas* de ACNP, pese a que el futuro cardenal Herrera Oria había abandonado la dirección de ambas desde que en 1940 fuera ordenado sacerdote y en 1947 obispo de Málaga. Ya tan pronto, como en abril de 1937, en plena Guerra Civil, Acción Católica organizó en el monasterio de Irache, a los pies de Montejurra, una semana sacerdotal donde estudió dos significativas ponencias, una sobre el Estado autoritario católico que se avecinaba y otra sobre las relaciones con la recién creada FET y de las JONS, con el partido único del régimen.

La cohabitación con FET y de las JONS implicó algunas renuncias para Acción Católica. Algunas de sus organizaciones fueron disueltas, como los Estudiantes Católicos que fueron encuadrados en el Sindicato de Estudiantes Universitarios (SEU), inserto en la estructura

---

371 *Juan Araluce Letamendía*, 15/11/2020, Madrid, entrevista realizada por Juan José ECHEVARRÍA. TELLERIA TAPIA, Mikel: *Tolosa egin dugun Tolosarrok*, Tolosa (Guipúzcoa), Zazpiko Kultur Elkartea, 2008, p. 328. https://doczz.es/doc/4300738/tolosa-egin-dugun-tolosarrok-3ª-edición-por-mikel

BUCES CABELLO, Javier: *Tolosa 1945-1975. Giza eskubideen urraketak eta errepresioa diktadorea hil artean. Violaciones de derechos humanos y represión hasta la muerte del dictador*, Donostia-San Sebastián, Sociedad de Ciencias Aranzadi, 2018, p. 22. http://www.aranzadi.eus/fileadmin/docs/Tolosaldea_Historia_Bilduma/tolosaldea21-web.pdf

del Movimiento, o como la Confederación Nacional Católico-Agraria, integrada en la OSE. Pese a ese peaje, Acción Católica se convirtió en uno de los instrumentos sociales principales del proyecto nacional-católico triunfante en la contienda bélica vivida, que consideraba a la Guerra Civil como una etapa purificadora, y a la posguerra como la ocasión para recatolizar íntegramente España. El punto culminante de ese proyecto fue el Concordato con la Santa Sede de Pio XII que el Nuevo Estado suscribió en 1953, mientras que el de partida había sido la Carta Colectiva de los obispos, apoyando el alzamiento *cívico-militar* contra *la revolución comunista*[372], firmada por todos los prelados españoles el 1 de julio de 1937, salvo escasas excepciones, como la protagonizada por Mateo Múgica, el obispo de Vitoria con jurisdicción sobre las tres provincias vascas, que no había creído en las apariciones de la Virgen en Ezquioga y que había sido expulsado de España al inicio de la guerra.

El régimen franquista dejó en manos de la Iglesia la unidad moral de la nación, agradecida esta porque durante la Guerra Civil la había protegido de la represión revolucionaria. De hecho, a partir de 1939, la Iglesia vivió una etapa de restauración, manifestada en los altos índices de asistencia a los actos de culto y devocionales, al regreso de las órdenes religiosas a la dirección de los centros educativos, a la eclosión de vocaciones religiosas y a la adscripción de numerosos fieles a las asociaciones confesionales, como Acción Católica. La Iglesia, junto al Ejército, fueron de hecho los verdaderos pilares del régimen franquista, mucho más que el partido único, lo que supuso una notable diferencia respecto del fascismo italiano y del nazismo alemán. La Iglesia gozó de notables privilegios políticos y fiscales, además de otorgarle un papel relevante en el sistema educativo y amplias competencias en derecho matrimonial[373].

Ese era el ambiente político y social de Tolosa en los años cuarenta y cincuenta, donde vivió la familia Araluce Letamendía. Tan solo en una ocasión se ausentaron de la villa, cuando el matrimonio hizo una

---

372 MONTERO GARCÍA, Feliciano: «Origen y evolución de...», pp. 141-142. COBO PULIDO, Pedro: «Las asociaciones de cabezas de familia como cauce de representación: un fallido intento de apertura del régimen franquista», *Espacio, Tiempo y Forma*, 14 (2001), pp. 467-468.

373 GONZÁLEZ GULLÓN, José Luis y COVERDALE, John F.: *Historia del Opus Dei*, Madrid, Rialp, 2021, pp. 85-88. VARELA SUÁREZ-CARPEGNA, Joaquín: *op. cit.*, p. 512.

escapada a París, una de las pocas ocasiones en las que Juan Mari fue al extranjero. La notaría de Juan María Araluce estaba en el número 7 del paseo San Francisco, enfrente del frontón Beotibar, uno de los recintos más afamados de pelota mano, a un par de minutos de la vivienda familiar. Una casa, donde antes de cenar, se escuchaba la radio, en concreto el serial costumbrista de *Matilde, Perico y Periquín,* radiado por la Sociedad Española de Radiodifusión (SER), donde se retrataba a una familia española de pocos recursos económicos que evitaba parecerlo hasta que desbarataba sus pretensiones la sinceridad del niño de la casa. En el domicilio de los Araluce Letamendía, las necesidades eran mucho menores, gracias a una notaría que daba trabajo a dos pasantes, una secretaria y una mecanógrafa, pero eso no impedía que Maité, usualmente embarazada, se pasara el día cosiendo o haciendo punto. Así, la recuerdan sus hijos[374].

El miércoles, 14 de octubre de 1953, fue un día de intensas lluvias en toda la provincia de Guipúzcoa, desde la mañana, pero sobre todo en la tarde y noche, provocando unas terribles inundaciones que ocasionaron en torno a tres decenas de muertos[375]. El suceso más luctuoso ocurrió en Cestona, donde un autobús de pasajeros de la compañía La Guipuzcoana, que cubría la línea San Sebastián-Azcoitia, fue arrastrado por la crecida del río Urola ocasionando la muerte de al menos dieciocho de sus pasajeros, así como de dos vecinos que intentaron auxiliar a las víctimas. En esa misma localidad, dos caseríos quedaron

---

374 *Juan Araluce Letamendía*, 12/10/2020, Madrid, entrevista realizada por Juan José ECHEVARRÍA.

375 "Treinta personas muertas a causa de los temporales en Guipúzcoa", *Diario de Burgos,* 16/10/1953, p. 1. En realidad, hubo al menos 29 muertos, según se desprende fundamentalmente de las esquelas aparecidas en la prensa en los días siguientes. La relación de fallecidos que consta, porque fueron recordados por los suyos mediante la contratación y pago de las mencionadas necrológicas, es la siguiente: en el autobús siniestrado, Antonio Altuna Otamendi, María Altuna Otamendi, Juan Altuna Otamendi, Javier Altuna Lizaso, Águeda Berasategui de Altuna, Juan de Dios Aguirre Olascoaga, Eusebio Aguirrezabalaga, María Dolores Osa Amas, Bernabé Orbegozo Orbegozo, Miguel Unanue Odriozola y su esposa María Echeverría, Josefa Unanue Odriozola, Juliana Iturzaeta, José María Ybieta Aranguren, Pía Oyarzábal, José San Juan Lafita, María Querejeta Mendizábal y María Asunción Arrue de Pablo; los vecinos de Cestona que auxiliaron a las víctimas, José Olaizola Arriarán y José Uría Olaizola; los habitantes de Cestona que murieron al derrumbarse sus caseríos, Catalina Unanue, María Iraola e Iciar Iturria Iríbar; en Endarlaza, Francisco Errandona, Miguel Iturria Madariaga y el cabo de la Guardia Civil José Serrano; en Ataún, Tomás Arratíbel y José Echeverría; y el niño de Vergara Aurelio González.

derrumbados, pereciendo tres personas más. En Endarlaza, en Irún, en la cuenca del río Bidasoa, otras tres, cuando un corrimiento de tierras sepultó a un vehículo y a sus dos ocupantes, así como a un cabo de la Guardia Civil. En Ataun, regado por el río Agaunza, hubo otros dos muertos, arrastrados por las aguas. En la cuenca del Deba, en Vergara, un niño de diez años quedó electrocutado al asir un cable de alta tensión que se había desprendido por el vendaval, y en Mondragón, en el sanatorio psiquiátrico de Santa Águeda, se vivieron escenas de pánico ante la amenaza de rotura de la presa cercana. El agua se desbordó también en la del Urumea, en los barrios donostiarra de Loyola y Martutene, obligando a evacuaciones. Un metro y medio, hubo en las calles de Rentería. En la del Oria las inundaciones fueron aún más graves en el aspecto material, especialmente en Beasáin, Villafranca, Isasondo, Alegría, Tolosa, Villabona, Andoáin y Usúrbil, siendo el valle más castigado por la crecida de las aguas. En Beasain, los talleres de Construcciones y Auxiliar de Ferrocarriles (CAF) quedaron anegados, sufriendo pérdidas por cincuenta millones de pesetas. En Itsasondo, se midió hasta dos metros de altura de las aguas, cortando la nacional uno, que une Madrid con Irún, e interrumpiendo también el tráfico ferroviario. Hubo también inundaciones en las provincias de Santander, Vizcaya, Álava y Navarra, aunque fue especialmente letal en Guipúzcoa y en concreto en el valle del Oria.

El Nuevo Estado respondió movilizando al ejército, uno de los pocos instrumentos efectivos que tenía a su alcance. Soldados de la guarnición de Vitoria llegaron a Mondragón, volando la tapia en el sanatorio y salvando la situación. Otros efectivos militares, procedentes de San Sebastián, como una compañía del Regimiento de Zapadores número 6, se desplegaron por Cestona, Villabona y Tolosa, reparando infraestructuras, como puentes y carreteras destrozadas, con el objetivo de que pudiera llegar la ayuda. El capitán general de la VI Región, el general Antonio Alcubilla Pérez, tomó el mando, dirigiendo el operativo de rescate, y subordinándose a él las autoridades civiles, como el gobernador civil, el tradicionalista Garicano Goñi, que, pese a que la inundación le cogió en Madrid, desplegó una vez regresado una intensa actividad, exhortando a una actuación conjunta de todas las autoridades y también de la población.

En Tolosa, los daños ocasionados por la inusual crecida del Oria afectaron tanto a la industria, entre ellas a la Papelera del Norte y a las fábricas de Arrosi, Amaroz, Alzabalza, Perot y Llanos, donde hizo explosión el horno eléctrico, como a la práctica totalidad de los comercios de la villa, entre otros la joyería Zamarripa que perdió todo su género y la librería Monfort, cuyo escaparate fue destrozado por un camión arrastrado por las aguas, y las sucursales de los bancos de San Sebastián, Guipuzcoano y Vizcaya, perdiendo este último hasta la llave de su caja de caudales. Cuando el agua empezó a bajar, pudo observarse la desolación: calles y plazas llenas de troncos y ramas, de muebles, enseres, vehículos y hasta maquinaria de las industrias. Desde San Sebastián se envió pan, unos 3000 kilos, para repartir entre los damnificados, después de que quedara anegada la tahona local. Los primeros cálculos hechos por la prensa cifraron en 200 millones de pesetas las pérdidas en la localidad, estimándose en 1000 en toda la provincia[376].

En el domicilio de los Araluce, un entresuelo, el agua inundó rápidamente la casa, siendo advertido en la madrugada del 15 de octubre por la abuela María. Ella, el matrimonio y los dos hijos abandonaron a toda prisa el domicilio y, subiendo por las escaleras, pidieron refugio en la casa de Labayen, situada en el tercer piso, quien los acogió durante ese día y el siguiente, hasta que el nivel de las aguas descendió, comiendo conservas y otras provisiones. La notaría de Araluce sufrió igualmente la crecida del agua, destruyendo escrituras y libros, por lo que el matrimonio se empleó con cuchillas limpiando el barro. Un

376 «Extensas zonas de Guipúzcoa, inundadas por las aguas», *El Diario Vasco,* 16/10/1953, p. 1. «Inundaciones en Guipúzcoa», *El Diario Vasco,* 15/10/1953, p. 3. «Treinta personas muertas a...». «Dos muertos en Ataún», *La Voz de España,* 17/10/1953, p. 8. «El barrio de Loyola fue el más afectado por las inundaciones en nuestra ciudad», *El Diario Vasco,* 16/10/1953, p. 3. «Más de veinte muertos por el temporal en Guipúzcoa», *La Voz de España,* 16/10/1953, p. 1. «Más de 50 millones de pesetas de pérdidas en los talleres de la CAF, en Beasáin», *La Voz de España,* 18/10/1953, p. 5. «Guipúzcoa, azotada terriblemente por el temporal de lluvia», *La Voz de España,* 16/10/1953, p. 4. ECHEVERRÍA, Francisco: «Mil millones de pesetas de pérdidas en Guipúzcoa», *La Voz de España,* 17/10/1953, p. 8. «El gobernador civil, que ayer regresó de Madrid, dirige un llamamiento a la provincia», *El Diario Vasco,* 17/10/1953, p. 1. CLAVERÍA, Alberto: «200 millones de pérdidas en Tolosa», *La Voz de España,* 17/10/1953, p. 7. «Es difícil calcular los daños que las inundaciones han causado en Guipúzcoa», *El Diario Vasco,* 17/10/1953, p. 1. En 1951, el tipo de cambio por un dólar estadounidense era de 29,11 pesetas. En SERRANO SANZ, José María: «La economía española en Europa más allá de treinta años», *Información Comercial Española,* 889-890 (marzo-junio 2016), p. 8. Una estimación de pérdidas de 1000 millones de pesetas equivaldría entonces a 34.352.456 dólares. Hoy en día, un dólar se cambia a 0,9335 euros. Hoy, 32.068.730 euros.

protocolo apareció en la desembocadura del Oria[377]. Los plazos judiciales fueron prorrogados y los pleitos civiles suspendidos.

Tolosa fue visitada por el ministro de Industria, Joaquín Planell Riera, militar africanista, y el de Obras Públicas, Fernando Suárez de Tangil y Angulo, conde de Vallellano, quien había sido alcalde de Madrid durante la dictadura de Primo de Rivera y miembro de RE durante la república, acompañados por el gobernador Garicano Goñi y el presidente de la diputación, el tolosarra José María Caballero Arzuaga. Las autoridades prometieron ayudas e invocaron un *espíritu de resurgimiento,* aunque también hubo apelaciones a la resignación cristiana que difundió la prensa, ante el «turbión imprevisible» de las aguas, intentando limitar las responsabilidades al dejar claro que lo sucedido excedía a la capacidad de previsión humana. El tradicionalista y exnacionalista José de Arteche se hizo eco de esa consideración y constató en *La Voz de España* que «en general, existe resignación», aunque también había ganas de superar la calamidad sufrida, «despertando de un sueño de pesadilla», a través de la solidaridad de todos los vecinos. El ánimo de reparación propagado desde el régimen hacía mención a un rasgo de la modernidad, al hecho de que Guipúzcoa con sus múltiples fábricas y talleres era «la provincia más fabril de España», lo que también era secundado desde otros planteamientos ideológicos, como el que expresó el nacionalista Labayen, entonces arquitecto municipal de Tolosa. Este insistió ante las autoridades que visitaron la villa que lo prioritario en aquellos momentos era limpiar las calles, por una necesidad higiénica, en cuya relevancia había incidido en toda su carrera profesional; demanda que se tradujo en que cada vecino se aplicara a baldear su trozo de calle, lo que fue pregonado por el alcalde Pedro Irazusta Gaztañaga[378].

Pese a las ideologías diferentes, la amistad entre los Araluce y los Labayen, forjada en aquellos momentos difíciles de 1953, prosiguió con los años, compartiendo los hijos de ambos matrimonios muchas horas

377 *Juan Araluce Letamendía*, 12/10/2020, Madrid, entrevista realizada por Juan José ECHEVARRÍA.

378 «Los ministros de Industria y Obras Públicas visitan las zonas afectadas por las inundaciones», *El Diario Vasco*, 21/10/1953, p. 1. «Espíritu de resurgimiento», *El Diario Vasco*, 17/10/1953, p. 3. «Solidaridad en la tragedia», *La Voz de España*, 19/10/1953, p. 1. ARTECHE, José de: «Un entierro inolvidable y una fidelidad conmovedora», *La Voz de España*, 18/10/1953, p. 5. ECHEVERRÍA, Francisco: «Mil millones de pesetas…».

de juego en torno a un balón de fútbol o con los patines de ruedas en el patio del edificio de la vivienda. Los primeros ampliaron el círculo de sus allegados con Jesús Zabala y Antonio Aguirre. Los cumpleaños de los hijos de la familia Araluce los celebraban en el monte Leaburu, en compañía de los *tíos* Jesús y Antón. Antonio Aguirre Echeberría [Antxon Agirre Etxeberria] era una persona muy conocida y apreciada en Tolosa. Médico de profesión, era el titular de la Santa Casa de la Misericordia, lo que le puso en contacto con muchos vecinos de toda condición. De 1956 a 1961 sería presidente del Tolosa Club de Fútbol, reconstruyendo el estadio de fútbol. Fue entonces cuando el Tolosa ascendió a la 3.ª división, todo un hito que permitió al equipo abandonar las divisiones regionales y medirse con equipos de otras regiones españolas. Se hicieron también las piscinas Berazubi, dando a la localidad unas instalaciones para el solaz de todos, especialmente de los más jóvenes. Gran pescador de salmones, Antón se carteó con sir Edmund Hillary, el célebre montañero y explorador que en 1953 coronó el Everest, la cima del mundo, dándole consejos sobre cómo atrapar al yeti, el mítico animal tan en boga entonces. Antxon era vizcaíno como Araluce, nacido en Amorebieta en 1915, aunque su padre era guipuzcoano de Vergara y su madre alavesa de Aramayona. Con vínculos en las tres provincias, era de ideología nacionalista, habiendo estudiado el bachillerato con los jesuitas en Orduña. Después, cursó Medicina en Madrid y Salamanca, y ejerció en el Hospital Sant Pau de Barcelona, hasta que en 1941 obtuvo por oposición la plaza de Asistencia Pública Domiciliaria de Tolosa. Hasta su jubilación fue médico de familia, también de los Araluce. Antxon Agirre sería nombrado en 1982 vocal de la Fundación Miguel Muñoa, impulsora de las ikastolas, las escuelas de enseñanza en lengua euskera. En la Guerra Civil, fue capitán de *gudaris*[379].

De 1951 a 1955, Antxon Agirre había sido presidente del Casino de Tolosa, animando la vida cultural de la localidad. El 29 de noviembre de 1963, Juan María Araluce dio una conferencia en el casino, titulada *Orientación sobre las nuevas carreras que se pueden cursar*, dentro de un ciclo sobre «Temas de Enseñanza», que contó con disertaciones de Patricio Peñalver Simó, catedrático de Filosofía y Letras de

379 TELLERIA TAPIA, Mikel: *Tolosa egin dugun Tolosarrok...*, pp. 243-244. *Jesús María Azurza Ayerbe*, 30/08/2022, Tolosa (Gipuzkoa), entrevista realizada por Juan José ECHEVARRÍA.

la Universidad de Pamplona, y de Teresa Tuduri Sánchez, directora de la Escuela Normal de San Sebastián. No fue la única charla que dio Araluce en aquellos años en Tolosa. En febrero de 1965, intervino en la sociedad cultural Ágora, en una conferencia celebrada en el cine Iparraguirre. También habló en las jesuitinas[380], el colegio de María del Mar, cuyas monjas, pertenecientes a la Congregación de las Hijas de Jesús, fundada en el último tercio del siglo XIX por la andoaindarra Cándida María Cipitria, canonizada en 2010, recurrieron a Araluce en más de una ocasión para pedirle consejo.

380 «Conferencias-Coloquios sobre Temas de Enseñanza. Homenaje a doña Teresa Tuduri», Casino de Tolosa (Guipúzcoa), del 21 al 29 de noviembre de 1963, APJAL. *Juan Araluce Letamendía*, 15/11/2020, Madrid, entrevista realizada por Juan José ECHEVARRÍA.

La ética del trabajo

Fueron los primeros pasos en su actuación pública, a la que el notario, libre de preocupaciones económicas por su profesión, llegó por una vocación de servicio a la sociedad, encuadrada en una ética del trabajo derivada de sus quehaceres laborales, al considerar que el prestigio profesional, labrado con dedicación y esfuerzo, era también una manifestación religiosa. Algo que destacó de él, José María de Oriol: «El ejemplo de una vida de trabajo, de capacidad y eficacia, que pueda ayudar a establecer una situación de orden y trabajo en donde se derrame también la paz por la que siempre luchó y vivió». El alcalde de la villa, Enrique Ortiz de Zárate, regidor de 1957 a 1969, le insinuaba que debía sustituirle. Junto a otros tradicionalistas tolosarras, como Jesús María Azurza, Araluce empezó a plantearse participar en las decisiones comunitarias, coincidiendo con este en la necesidad de desplazar a los integrantes de la estructura de FET y de las JONS de los cargos locales, muchos de ellos de ideología falangista, al considerar que serían capaces de llevar a cabo una mejor gestión municipal. Su actividad política comenzó entonces, en el seno de la asociación de familias de Tolosa, de la que llegaría a ser presidente[381]. De hecho, Araluce jugaría un papel relevante en la conformación del movimiento asociacionista.

A principios de los años sesenta, en Guipúzcoa, pero también en muchas otras provincias españolas, se inició el asociacionismo familiar, constituyéndose organizaciones de este tipo en los municipios más importantes a partir de los congresos sobre la Familia Española de 1959 y 1961, alentados por el régimen franquista. A finales de los

381 Carta de José María de Oriol… a Juan Araluce Letamendía (Madrid, 08/10/1976), APJAL. *Juan Araluce Letamendía*, 12/10/2020, Madrid, entrevista realizada por Juan José ECHEVARRÍA. *Jesús María Azurza Ayerbe*, 30/08/2022, Tolosa (Gipuzkoa), entrevista realizada por Juan José ECHEVARRÍA. «Candidatos a procuradores en Cortes», *El Diario Vasco*, 28/09/1967, p. 8.

años setenta, tras un largo proceso, existían en España 2695 asociaciones de cabezas de familia y 1079 de padres de alumnos. La distribución de tal movimiento familiar encuadraba desde asociaciones de cabezas de familias a otras más específicas, como las de padres de alumnos, de familias numerosas o de amas de casa. Pero, el asociacionismo en España no solo se debía al Movimiento, porque la Iglesia también había contribuido a ello. Tal génesis dual, reveló tensiones desde muy pronto. De hecho, su precedente era la Confederación Católica de Padres de Familia, creada en 1930, y que se desarrolló con la defensa de la enseñanza religiosa frente al laicismo de la Segunda República. De tal modo, que el asociacionismo era fruto por un lado del pensamiento social católico, alentado por los pontífices, y por otro de la democracia orgánica del propio régimen, ofreciendo un cauce de integración de las demandas populares. La doctrina franquista, siguiendo la conceptualización de José Antonio Primo de Rivera sobre las *unidades de convivencia,* se articulaba a través de la familia, del municipio y del sindicato[382]. El régimen terminó desarrollando la representatividad del tercio familiar, aunque en un proceso lento, marcado por la cautela, iniciado con la Ley de Bases de Régimen Local de 1945, que reservaba un tercio de los concejales de cada ayuntamiento a la elección de los cabezas de familia[383].

Antes, en 1941, un decreto del Nuevo Estado había regulado el derecho de asociación con un criterio restrictivo del que solo se salvaron las asociaciones dependientes de FET y de las JONS y las «asociaciones católicas que se propongan un fin exclusivamente religioso»[384]. La jerarquía eclesiástica pudo así salvar parte de sus asociaciones, sobre todo una vez se fue templando el ardor totalitario del partido único. Destacó Acción Católica, nutrida por los dirigentes de ACNP, como su presidente Alberto Martín Artajo, convertido a partir de 1945 en el ministro de Asuntos Exteriores que negoció el Concordato de 1953, así como los primeros acuerdos con los Estados Unidos y el ingreso de España en la ONU. Incluso, con el tiempo, la Iglesia pudo ampliar el

382 AYUSO SÁNCHEZ, Luis: «Emergencia y configuración del asociacionismo familiar en España», *Revista Internacional de Sociología,* 67, 1 (enero-abril de 2009), pp. 116-118.

383 Ley de 17 de julio de 1945, de Bases de Régimen Local. *Boletín Oficial del Estado,* 18/07/1945, núm. 199, p. 362.

384 Decreto de 25 de enero de 1941 sobre regulación del ejercicio del derecho de asociación. *Boletín Oficial del Estado,* 06/02/1941, núm. 37, p. 891.

asociacionismo católico, con la creación de la HOAC, su rama obrera, atendiendo así a la doctrina social cristiana desarrollada en las encíclicas papales. Incluso, *Ecclesia*, el medio de difusión de Acción Católica, fue liberada de la censura previa. En 1964, se creó la Unión Nacional de Apostolado Seglar con el fin de coordinar y facilitar la participación de los católicos no sometidos a votos religiosos, llegando a contar a finales de los años sesenta con un centenar de instituciones, y cuarenta y siete emisoras de radio y periódicos. Todo ello con el objetivo de promocionar en la vida pública a políticos católicos a través de los propios cauces y estructuras creadas por la Iglesia. No se trataba de crear, como en la Italia de la posguerra, un Estado democratacristiano, porque no había opción democrática, en su concepción inorgánica, en el Nuevo Estado, pero sí de colmar al régimen de políticos católicos, que implementasen los Principios Fundamentales del Movimiento. Estos, que habían sido promulgados por Franco, en presencia de las Cortes, diecinueve años después de ganar la guerra, acompasaron al régimen con el Tradicionalismo, desdeñando los planteamientos fascistas de Arrese. Pero, el partido único no aceptó tal descalabro e ideó utilizar el asociacionismo familiar como la fórmula que le permitiera recuperar sus posiciones perdidas a través de su promoción, dotándolo además de poder político, mediante un tercio familiar, que no solo eligiese a concejales como hasta entonces, sino también a un considerable número de escaños en las Cortes. Aquel planteamiento de los dirigentes de FET y de las JONS presagiaba un nuevo encontronazo que iban a tener el partido único y la Iglesia, no de menor virulencia que el habido en 1958 con la ley de Principios Fundamentales del Estado y que iba a marcar un punto de inflexión en el hasta entonces apoyo sin fisuras eclesial al régimen.

José Solís Ruiz, el sustituto de Arrese al frente de la Secretaría General del Movimiento (SGM), y Manuel Fraga, su subordinado como primer delegado nacional de Asociaciones, se propusieron como meta crear un gran movimiento asociativo familiar dependiente totalmente de FET y de las JONS, y así inundar de políticos afines al Movimiento los órganos de decisión del Estado. De triunfar su planteamiento, Solís, quien había luchado en la Guerra Civil como alférez provisional y había sido después gobernador civil de Guipúzcoa, habría logrado lo que no pudo Arrese y el régimen, más allá de su máxima magistratura, se hubiera impregnado de hombres de FET y de las JONS, relativizando que su cúspide lo ocupase un militar o en un futuro, en el peor de los casos, un denostado rey. Para ello, la Delegación Nacional de Asociaciones (DNA), dirigida por Fraga, se dotó de una serie de órganos con el objetivo de guiar y controlar a las asociaciones de familia. Incluso, Fraga, animado por Solís, se planteó incorporar dentro de ese aparato burocrático a otras asociaciones, cuyos integrantes habían tenido un papel relevante en el triunfo en la Guerra Civil, como la Asociación de Alféreces Provisionales, en cuyo seno Araluce se sentía no solo cómodo, sino también comprometido. En abril de 1958, se había constituido la Hermandad Nacional de Alféreces Provisionales y un año después su primera Junta Nacional, donde fue elegido vocal, en representación de la VI Región, el carlista Germán Raguán[385], quien años después estaría con Araluce en el Montejurra de 1976 y que como este había iniciado la Guerra Civil como requeté, promocionando luego a alférez provisional. Se trataba, pues, no solo de potenciar la participación política de los españoles en el régimen, sino sobre todo de copar las estructuras del Estado con hombres del partido-movimiento, implementando en aquel los principios de FET y de las JONS, en detrimento de los católicos impulsados por las asociaciones eclesiales. El objetivo de Solís era, pues, conseguir la supremacía del partido en la dictadura, lo mismo que había pretendido infructuosamente Arrese en 1957, y no que aquel fuera un mero intermediario, «un enlace entre el Estado y la Sociedad», como había sido definida FET y de las JONS en el decreto de unificación[386]. Otra cuestión por dilucidar en esos planes futuros sería qué principios seguiría el partido único: si los falangistas o los tradicionalistas, ambigüedad que arrastraba el partido desde su unificación en 1937.

La SGM, pues, se aprestó a crear un movimiento asociativo familiar, basado en la figura del cabeza de familia, estructurado en tres niveles piramidales: local, provincial y nacional. Se constituyó así la Unión Nacional de Asociaciones Familiares (UNAF). La figura elegida por Solís para dirigir el proceso fue el falangista Jorge Jordana de Pozas Fuentes, quien tomó posesión como nuevo responsable de la DNA en 1963, sustituyendo a Fraga, nombrado ministro. Con la elección de Jorge Jordana, quien era procurador en Cortes y había sido jefe nacional del SEU, quedó claro que los principios falangistas predominarían sobre los tradicionalistas en el movimiento asociativo familiar,

385 COBO PULIDO, Pedro: *op. cit.*, pp. 439-452. RODRÍGUEZ JIMÉNEZ, José Luis: *Reaccionarios y golpistas. La…*, p. 102. «Ha quedado constituida la Junta nacional de Hermandades de Alféreces Provisionales», *Diario de Burgos*, 01/04/1959, p. 4.

386 Decreto de 19 de abril de 1937… *BOE*, 20/04/1937, núm. 182, p. 1034.

extremo que Araluce intentó contrarrestar en múltiples conversaciones que mantuvo con el nuevo delegado nacional de Asociaciones, desde la federación provincial de Guipúzcoa y especialmente desde su ingreso en la directiva nacional de la UNAF como consejero en 1966[387]. Sus diferencias no impidieron que surgiera entre ellos una confianza, rasgo que cultivaría Araluce con la mayoría de sus rivales a lo largo de su trayectoria política. En el caso del responsable de la DNA, permitió al notario conocer al padre de este, circunstancia en extremo beneficiosa cuando en 1975, el régimen creó la comisión descentralizadora para Guipúzcoa y Vizcaya, y designó para presidir la misma a Luis Jordana de Pozas[388], el más prestigioso catedrático de Derecho Administrativo existente entonces, jubilado ya de la Universidad Central. A través de Jorge, Araluce entabló una sólida relación con Luis, no exenta de admiración intelectual del notario hacia el experto jurista.

Araluce, pues, se forjó como político en la década de los sesenta en el asociacionismo familiar, siendo un defensor de abrir los cauces de representación política para los españoles en el seno del régimen nacido el 18 de julio en su versión tradicionalista. En aquellos años, era un referente la figura de Fraga, como promotor de políticas novedosas, pese a que era cinco años más joven que Araluce. De hecho, el ascenso de aquel en 1962 al gobierno, como ministro de Información y Turismo, presagiaba una fulgurante carrera política y un futuro para sus postulados. Sin embargo, las pretensiones de Fraga de convertir a las asociaciones en el instrumento de la representatividad del tercio familiar fracasaron por la oposición de la Iglesia, recelosa del poder que podía acaparar el Movimiento Nacional a través de la utilización de las asociaciones, algo que para un tradicionalista como Araluce no podía dejarle indiferente, llevándole a una profunda reflexión sobre el aperturismo en el régimen, la democracia orgánica y el papel de la Iglesia.

Los planes de la SGM, desde la época de Fraga al frente de la DNA, pasaban por otorgar a las asociaciones el monopolio en la presentación de candidatos por el tercio familiar. Tal planteamiento suscitó desde el principio la oposición no solo de la Iglesia, sino también en el seno del propio gobierno. El ministro de la Gobernación, Alonso Vega,

387 COBO PULIDO, Pedro: *op. cit.*, pp. 454-455. *Juan Araluce Letamendía*, 15/11/2020, Madrid, entrevista realizada por Juan José ECHEVARRÍA. «Candidatos a procuradores en…».

388 Orden del Ministerio de la Gobernación, de 3 de diciembre de 1975… *BOE*, 10/12/1975, núm. 296, pp. 25662-25663.

quien había dirigido la sublevación en Vitoria en 1936, era crítico con la dependencia de las asociaciones de la SGM y con el hecho de mediatizar la representación familiar de los municipios interponiendo a las asociaciones y creando los que consideraba un cauce *artificioso* en los otros dos niveles: provincial y nacional. También contó con la oposición de López Rodó y del propio Carrero Blanco, y en general de los *tecnócratas* del régimen, que habían alcanzado el poder por su prestigio profesional y desconfiaban de la iniciativa falangista en la que veían un intento de recuperar su poder en el seno del Estado. Pese a ello, finalmente, el proyecto de ley que aprobó el gobierno el 12 de junio de 1964 recogía la capacidad de las asociaciones para participar en la representación pública no solo de los organismos locales, sino también provinciales (diputaciones) y nacionales (Cortes, Consejo del Reino y Consejo Nacional del Movimiento). Sin embargo, eso no significó el triunfo de Solís, ya que quedaba la tramitación en las Cortes del proyecto de ley, momento en el que la Iglesia exteriorizó su frontal oposición al mismo, porque este establecía que las asociaciones que quisieran presentar candidatos en el tercio familiar debían aceptar la tutela del Movimiento Nacional, lo que ponía en peligro su propia estructura asociativa en las que los políticos católicos se forjaban. La HOAC alzó la voz contra el intento falangista de instrumentalizar el asociacionismo. No fue la única voz eclesial que protestó. Desde las Cortes, el procurador y arzobispo de Valencia, el baracaldés Marcelino Olaechea Loizaga, hijo de trabajadores, que se consideraba un *amante del obrero* y que como obispo de Pamplona había calificado de cruzada a la Guerra Civil, proclamó que «la vinculación de los Cabezas de Familia al Sistema Jurídico Asociativo del Movimiento no contribuirá (...) a la mayor unión de los que son y quieren ser buenos españoles», maniobrando hasta que el presidente de las Cortes, el carlista Esteban Bilbao aparcó definitivamente el proyecto, después de que una carta del arzobispo y de otros obispos pidiese a Franco el final de los planes de la SGM, pese a los intentos de Jorge Jordana de Pozas por negociar. Otros procuradores que se opusieron igualmente a los planes de Solís fueron Lucas María de Oriol y el presidente de la Diputación Foral de Álava, Manuel Aranegui Coll. Otro procurador, el carlista Miguel Fagoaga, que junto a Lucas María de Oriol sería colocado entre los *amigos* violentos de Sixto Enrique por el panfleto *carlohuguino* en el Montejurra de 1976, presentó enmiendas que no lograron el acuerdo, decayendo el proyecto de la SGM.

Sin embargo, el rechazo al asociacionismo del Movimiento no podía obviar que poco después, en 1967, la poderosa estructura puesta en marcha diez años antes por Solís y Fraga había tenido sus frutos: en esa fecha, la UNAF, cuya cabeza seguía siendo Jorge Jordana, declaraba tener un millón ochocientos mil cabezas de familia afiliados, pertenecientes a mil setecientas asociaciones; es decir, contando con cinco miembros por familia, unos nueve millones de españoles estarían representados dentro de los parámetros de la democracia orgánica por dichas asociaciones[389]. El debate en el seno del régimen había supuesto de hecho una indagación en los límites de la propia democracia orgánica, marcados por la pretensión del monopolio falangista, pero también por una fórmula que podía desembocar en unas asociaciones poderosas en todos los niveles territoriales que exigirían más participación, pudiendo convertirse, como desde los sectores más inmovilistas temían, en un precedente de los partidos políticos.

Pese a que el proyecto no prosperó, el régimen seguiría inmerso en ese debate. En enero de 1967, tras ser refrendada la ley Orgánica del Estado, con la que el régimen pretendió culminar sus leyes fundamentales, se modificó la ley Constitutiva de las Cortes, de 1942, abriendo la puerta a la representación familiar en la cámara, con procuradores elegidos directamente en cada provincia por los cabezas de familia[390], aunque sin tener que ser obligatoriamente presentados los candidatos por las asociaciones. El 28 de junio de 1967, Franco sancionaba la ley de Representación Familiar en Cortes. La elección sería por «sufragio igual, directo y secreto» de los cabezas de familia y mujeres casadas, eligiéndose dos procuradores por cada provincia. Los candidatos debían enviar una solicitud en la que constase «expresamente la adhesión a los Principios del Movimiento Nacional y demás Leyes Fundamentales del Reino». Solo podrían optar aquellos que habían sido ya procuradores en Cortes, o ser propuesto por cinco de estos, o por la mitad de los miembros de la diputación provincial, o reuniendo mil firmas de cabezas de familia de la provincia acreditadas por la federación provincial de asociaciones familiares[391]. Desde el propio régimen, a través de los medios de comunicación del Movimiento, se animó a los cabezas de familia a participar en los comicios, valorando la cita como «el primer paso de una nueva etapa»[392].

---

389 COBO PULIDO, Pedro: *op. cit.*, pp. 457-469 y 483.

390 GIL PECHARROMÁN, Julio: *op. cit.*, p. 77.

391 Ley 26/1967, de 28 de junio, de Representación Familiar en Cortes. *Boletín Oficial del Estado*, 01/07/1967, núm. 156, pp. 9181-9182.

392 «El primer paso de una nueva etapa», *La Voz de España*, 28/09/1967, p. 2.

El régimen puso en marcha las primeras votaciones del tercio familiar de las Cortes mediante un decreto promulgado por Franco en el *BOE* en agosto de 1967, quedando establecido el 10 de octubre como fecha de las votaciones[393]. En Guipúzcoa, se presentaron cuatro candidatos: Araluce, Juan Pagola Birebén, Antonio Arrúe Zarauz y Manuel María Escudero y Rueda. Los dos últimos, con vitola de opositores al régimen, mientras que a los dos primeros se les encasilló como continuistas del mismo. Todos ellos, salvo Pagola que ya había sido procurador en Cortes, lograron alcanzar la condición de candidatos mediante la presentación del número suficiente de firmas de las asociaciones familiares[394].

Antxon Arrue había formado parte de la Junta Carlista de Guerra guipuzcoana hasta que la disolvieron las autoridades militares que se habían alzado el 18 de julio de 1936, visitando las unidades de requetés del frente en su calidad de secretario personal de Javier de Borbón-Parma. De absoluta fidelidad a este y a la orientación del carlismo de Fal Conde, acompañó al primero el 19 de mayo de 1937 a Guernica, donde el regente carlista juró los fueros ante «el Santo Árbol de las tradiciones vascas». El carlista Arrue se opuso al decreto de unificación, recordando, una semana antes de su promulgación, la obligación de los tradicionalistas de integrarse exclusivamente en las entidades que había creado la propia CT. Además, coordinó con los tradicionalistas de Navarra el contenido de la propaganda que debía implementar el carlismo en las localidades de Vizcaya que iban siendo conquistadas. Una propaganda que debía ser «de clara afirmación vasquista, defensa del idioma y de las costumbres tradicionales, de los derechos históricos del País Vasco derivados de sus fueros, himnos regionales». En diciembre de 1937, Arrue fue detenido por el régimen franquista. Una vez liberado, se puso a las órdenes de Fal Conde de una manera aún más entusiasta para reorganizar la CT en las provincias vasco-navarras al margen de FET y de las JONS. En 1942, Arrue intervino en el sabotaje del acto celebrado el 9 de mayo en Tolosa, en el quinto aniversario de la toma de la villa, mediante la difusión de panfletos denunciando los «estómagos agradecidos» y las «plumas mercenarias y lacayas» de

393 Decreto 1849/1967, de 18 de agosto, por el que se convocan elecciones de Procuradores en Cortes representantes de la familia por cada una de las provincias. *Boletín Oficial del Estado,* 25/08/1967, núm. 203, pp. 11960-11961.

394 «La mayoría de los candidatos de representación familiar han sido propuestos por firmas de los electores», *El Diario Vasco,* 03/10/1967, p. 4.

los carlistas *unificados*. El gobernador y jefe provincial del Movimiento, Luis Rodríguez de Miguel, mientras inauguraba el Monumento a los Caídos, en la plaza del Triángulo, respondió: «nadie profane ni rompa la sagrada unión que impone la memoria de los muertos». El monumento había sido diseñado por Joaquín Labayen como arquitecto municipal. Después, Arrue se opuso frontalmente al giro colaboracionista con el régimen auspiciado por Valiente, abandonando sus responsabilidades directivas en el sector *javierista*, lo que le llevó a volcarse con el euskera. Fue un firme defensor de la lengua vasca, ingresando en Euskaltzaindia en 1955. Un año después jugó un papel clave en el primer congreso de esa institución en Arantzazu, que supuso la reactivación de la Academia de la Lengua Vasca tras la Guerra Civil. Excelente orador, tanto en euskera como en castellano, fue reclamado en Francia para participar en un homenaje al príncipe Bonaparte, así como en numerosas conferencias en España. También fue miembro de la RSVAP. Poco antes de conocerse que se presentaba a las elecciones, pronunció una conferencia en el Ayuntamiento de San Sebastián sobre gastronomía vasca, en la que incluso se atrevió a establecer una relación de esta con los fueros y que fue presidida por el ministro Fraga[395]. Tal evento fue ampliamente difundido por la prensa, lo que le permitió darse a conocer entre sus futuros votantes.

También contó con más presencia en los periódicos el segundo de los candidatos, Manuel María Escudero, abogado de profesión, como Arrue. De origen ideológico carlista y planteamientos socialcristianos, se había curtido en el asociacionismo familiar católico, fundando la HOAC en Guipúzcoa, pero a diferencia de los límites marcados por la jerarquía eclesial de la posguerra, Escudero tenía a gala considerarse un demócrata. Además, luchó por la vuelta a la vía estatutaria que contemplara una autonomía regional vasco-navarra, como defendería denodadamente en la comisión descentralizadora creada en 1975. Una vez convocados los comicios, participó en un debate organizado por *El Diario Vasco* sobre los problemas de las familias. Allí, se mostró preocupado

395 MARTORELL PÉREZ, Manuel: «Antonio Arrue, el carlista que colaboró en el relanzamiento de Euskaltzandia», *Euskera*, 56 (2011), pp. 850-861. «Nadie profane ni rompa la sagrada unión que impone la memoria de los muertos», *La Voz de España*, 11/08/1942, pp. 1 y 4. «Hoy, a las 8, en el Ayuntamiento, don Antonio Arrúe disertará sobre el tema *Gastronomía Vasca*», *El Diario Vasco*, 12/09/1967, p. 8. «Brillante disertación de D. Antonio Arrúe en el salón de actos del Ayuntamiento», *El Diario Vasco*, 13/09/1967, p. 8.

por las diferencias con la nueva generación de jóvenes, debido a la «contradicción entre la realidad social española y la Fe que se dice profesada», lo que alentaba el enfrentamiento de las fuerzas sociales, entre propietarios y trabajadores. «Entonces nuestros jóvenes (...), con su inconformismo y la radicalización de sus posturas, no quieren saber nada de tantas cosas, incluso de la autoridad de los padres, de los profesores, y, en nuestros medios cristianos, también del magisterio de la Iglesia», sentenció. Para Escudero, eso se traducía en un divorcio entre generaciones, peligroso para la sociedad existente. Fruto de esa percepción, con los años, Escudero redundó en esa tesis en un informe enviado en 1975 al entonces presidente del Gobierno, a la sazón Arias Navarro, en el que expuso su preocupación por la «terrible y extendida confusión ideológica de nuestras juventudes». A continuación, hacía autocrítica de su generación que no había sabido dar respuesta a los «problemas sociales», propiciando una «descristianización ostensible» entre los jóvenes, que ya no se sentían conformes con los presupuestos tradicionales de la religión. Para Escudero, los «soportes filosóficos y políticos extraños», como el marxismo y el nacionalismo, estaban ocasionando que el País Vasco corriese «el peligro más grave de su historia»[396].

En 1967, esa situación ya la vislumbraba Escudero. Pero tal hecho, el de una generación contestataria no era algo privativo de España, ni estaba sujeta su relación causal con el hecho de una dictadura, aunque tal circunstancia indudablemente la agravara, según han desbrozado las aportaciones historiográficas más actuales. El amplio y multiforme movimiento de protesta que se había difundido por Estados Unidos, América Latina, Europa Occidental y Japón, tuvo en la década de los sesenta una amplísima participación, sobre todo juvenil, siendo en origen esencialmente no violento y formando parte de un proceso de profundas transformaciones sociales y culturales. El historiador Juan Avilés Farré, estudioso de tal fenómeno, destacó dos rasgos esenciales de esa cultura de los años sesenta. Por un lado, la afirmación de una identidad generacional diferenciada, especialmente intensa en aquellos momentos, y por otro, la aparición de una cultura que trascendía las

396 ECHEVARRÍA PÉREZ-AGUA, Juan José: *op. cit.*, pp. 307-309. PEÑA, Juan José: «Problemas de la familia examinados en nuestra mesa de Redacción», *El Diario Vasco*, 29/08/1967, pp. 10-11. «Breve resumen de algunos datos con informe que en relación con los problemas del País Vasco, eleva el procurador familiar por Guipúzcoa, Manuel María Escudero y Rueda» (San Sebastián, 22/07/1975), ACP, *FSGT*, Caja 2273, p. 435.

fronteras nacionales, a lo que contribuyeron diversos fenómenos globalizadores, como una nueva música (el *rock and roll*), la televisión y la amplia difusión radiofónica alcanzada por los ubicuos transistores. Para el autor, ese desafío juvenil no implicaba necesariamente una actitud revolucionaria y menos aún el recurso a las armas, pero se trataba de una contestación, que desafiaba a las normas e instituciones establecidas, terminando por producir ya en los setenta lo que se ha conceptualizado como la tercera oleada terrorista —la primera fue en el siglo XIX y la segunda a partir de 1920—, que se prolongó durante más de cuarenta años y que tuvo en ETA a uno de sus más significados protagonistas. Frente a lo tradicional, parte de esa generación asumió lo que la historiografía ha denominado la «gran falacia marxistizante» —diferenciándola del estricto marxismo—, que aspiraba a un cambio total ante la «detestable sociedad burguesa» existente. ETA, un movimiento básicamente nacionalista, que se definió en su I Asamblea, en 1962, como Movimiento Revolucionario Vasco de Liberación Nacional, terminó participando con los años de tal ficción, al igual que otros grupos, como el IRA (Irish Republican Army, Ejército Republicano Irlandés), que formaron parte de dicha tercera oleada terrorista, junto a otros que en esencia eran ideológicamente antitéticos, como los grupos lealistas unitarios del Ulster o los neofascistas italianos[397].

El tercer candidato a las elecciones por el tercio familiar era Juan Pagola, quien contaba con más vínculos con el régimen surgido en 1936, como representante de esa burguesía donostiarra que había sufrido el *verano revolucionario* y luego luchando en la guerra civil. Pagola fue alcalde de San Sebastián de 1952 a 1958, después de haber sido elegido un año antes concejal de ese municipio por elección en el tercio familiar. Compaginó el cargo de regidor con el de procurador en Cortes, cámara a la que había accedido en 1949 por elección en el Sindicato Nacional del Metal. Pagola, ingeniero de profesión, era además presidente del Consejo Provincial de Empresarios de Guipúzcoa, otro de los órganos corporativos con los que el Nuevo Estado vertebraba el territorio nacional.

Pagola y Juan María de Araluce contaron con una limitada difusión en la prensa de sus postulados, a través de sendas notas que elaboraron

397 AVILÉS FARRÉ, Juan: «La resaca del 68. El inicio de los años de plomo en Europa», en FERNÁNDEZ SOLDEVILLA, Gaizka y DOMÍNGUEZ IRIBARREN, Florencio (coords.): *Pardines. Cuando ETA empezó a matar*, Madrid, Tecnos, 2018, pp. 22-30.

ellos mismos y que fueron publicadas el 28 de septiembre de 1967 en los tres periódicos provinciales, junto a las que remitieron Arrue y Escudero. En ella, el notario de Tolosa hacía profesión de servir «los dictados» de su conciencia, presentándose «ilusionado a estas elecciones que constituyen un paso notable en el desarrollo de las leyes fundamentales», mostrando su integración en el régimen, pero a la vez su apuesta por una evolución de este que permitiese unas mayores cotas de representación, «desde la entraña misma del sufragio directo»[398], como había abierto la ley Orgánica del Estado. Así, pues, Araluce se presentaba como un continuador, pero con un perfil alejado del inmovilismo que ofrecía Pagola, al basarse el notario precisamente en el nuevo cauce representativo abierto por el asociacionismo familiar y por las propias elecciones a Cortes del tercio familiar, con un colegio electoral ampliado a las mujeres casadas, como había estipulado la misma norma de 1967 «de acuerdo con el principio de igualdad de derechos políticos de la mujer»[399]. Araluce agradecía a las asociaciones de padres de familia guipuzcoanas que le hubiera apoyado en la candidatura: «Inmerso por profesión en los problemas familiares, padre de muchos hijos [nueve, después de nacer dos años antes su última hija, Marta], libre de vinculaciones políticas, pero sintiendo el apremio de llevar a la gobernación del Estado las preocupaciones de nuestras familias (...), he aceptado gustoso la confianza de quienes me han promovido a la candidatura». Araluce era consciente de cuánto quedaba por hacer al régimen a la hora de «articular cuanto constituye el principio de solidaridad familiar». El candidato entendía que no era «justo proclamar la bendición de una familia numerosa sin proporcionarle la ayuda que reclama, ni considerar» que discapacitados, pensionistas e inasistidos «son problemas a resolver individualmente». Ponía así el dedo en la llaga en las deficiencias en materia social del régimen, esperanzado en que la labor de la UNAF colmase esos vacíos: «Es toda la gran familia de España quien debe afrontar estas situaciones, y responsabilidad de las Cortes y Gobierno instrumentar los medios adecuados». Araluce también tuvo palabras para el problema social, incluso en la vertiente generacional de la que había advertido Escudero, pidiendo el «máximo sacrificio» para el desarrollo cultural, «garantía de diálogo sereno y medio único

398 «Los candidatos a Cortes hablan a los guipuzcoanos», *La Voz de España*, 28/09/1967, p. 8.

399 Ley Orgánica del Estado, 1/1967, de 10 de enero. *Boletín Oficial del Estado*, 11/01/1967, núm. 9, p. 466.

(...) que permita superar el enfrentamiento capital-trabajo envenenador de nuestras relaciones de convivencia. Solamente con hombres formados, capaces de mantener sus propios derechos, será posible el encuentro inteligente que nuestra sociedad reclama». La atención al desarrollo formativo juvenil fue otra de las constantes del Araluce político, al considerar que ello no solo redundaba en una dimensión humana más completa, incluida su vertiente religiosa, sino que además podía paliar la fractura generacional que se abría también ante sus ojos.

A la vez, Araluce planteaba en el debate político algo que el régimen eludía y que no era otra cosa que la restitución del Concierto Económico para Guipúzcoa, mediante alguna fórmula que recuperase los fueros para la provincia. Araluce se mostraba así fiel a la memoria de su madre, María, muerta hacía siete años en Madrid, recuperando el legado de los liberales fueristas, que redundaba en ese punto con el de los tradicionalistas. «Sería imperdonable que omitiera dos preocupaciones hondamente arraigadas en nuestra tierra: se refiere una al estudio de la posible reintegración del tradicional sistema de administración provincial», señaló en la nota enviada. En ese aspecto, en cuanto planteaba un espinoso asunto para el Nuevo Estado que había abolido la última muestra de la foralidad político-institucional guipuzcoana en 1937, Araluce mostraba su perfil más rupturista con el régimen franquista, máxime recordando que, paradójicamente, lo foral era lo tradicional y que se trataba de una demanda sentida entre los guipuzcoanos, a algunos de los cuales, aquellos con responsabilidades familiares, se les impelía ahora a votar mediante la articulación del tercio familiar en las Cortes. La segunda de las preocupaciones guipuzcoanas, existentes a juicio de Araluce, suponía también una crítica al régimen, que pese a haber manifestado su atención sobre ella, incluso personalmente Franco, no había logrado solucionarla: los problemas del caserío, acuciados por el éxodo rural ante el éxito de la industrialización provincial. Además, ligado con ello, proponía el desarrollo compilador de la dimensión foral jurídica consuetudinaria guipuzcoana, tema en el que el notario se sentía especialmente competente. Así, abogaba por «la reestructuración del campo guipuzcoano, que poco sensible a las reformas agrarias dictadas con carácter general para la nación, necesita del tratamiento legal adecuado, para salvarlo de la atonía, que comprobamos, quienes vivimos diariamente la intimidad del caserío».

Comparado con lo propuesto por Araluce, Pagola se quedaba muy atrás en sus críticas al régimen. Pagola recordaba la tesis *joseantoniana* de que la familia «constituye la comunidad nacional», para insistir en que la atención a ellas «influyan en mejorar el nivel de vida familiar en todas las clases sociales». Para ello, proponía mejorar la educación y formación de todos «sin discriminación de índole alguna», evidenciando también una preocupación por los jóvenes; así, como en aspectos más materiales, como la construcción de viviendas, retribución de la jubilación y desempleo, y ayuda a las familias numerosas, incluyendo a aquellas que padecían «el problema especial» de los discapacitados, de cuya asociación guipuzcoana era fundador y vicepresidente. No en balde, conocía de primera mano el problema, al ser padre de un hijo aquejado de ello.

Planteamientos diferentes, esencialmente más críticos, expusieron los otros dos candidatos, Arrue y Escudero, aunque tampoco alejados de la misma doctrina social católica que defendían sus rivales. Arrue mostraba su fidelidad a las «enseñanzas y decisiones conciliares» para atender a las familias guipuzcoanas «en todos los órdenes, desde el espiritual y moral hasta el material y económico». «En el terreno social será mi obsesión constante velar por un desarrollo económico que lleve aparejado un reparto equitativo de la renta nacional», añadía, poniendo como referencia la encíclica *Populorum Progressio*, que acababa de dictar Pablo VI. «Quiero recordar como Carlos VII decía que en el terreno social los carlistas estaban dispuestos a dar un paso más allá del más avanzado que diese la Iglesia Católica», agregaba para no dejar dudas sobre sus posiciones socialcristianas. A continuación, al igual que había hecho Araluce, Arrue ponía sobre el tapete la foralidad, aunque desde unos planteamientos más agresivos contra el régimen, como el marco regional autonómico, tal como el sector *javierista* del carlismo defendía nítidamente desde la segunda mitad de la década de los sesenta:

> Prometo trabajar sin desmayo por la derogación del Decreto que abolió nuestro Concierto Económico y, seguidamente, por la descentralización que nos devuelva el Régimen Foral, pues entiendo que las Regiones son las columnas vivas de España y que las libertades de los diversos pueblos españoles no tienen más que un límite: la unidad de la gran Patria española.

Arrue consideraba al euskera como un instrumento vital para alcanzar ese objetivo, una autonomía vasco-navarra de base foral, extremo que ya había defendido el *jaimismo* en 1931. «Trabajaré por la conservación y difusión del vascuence», apoyando las peticiones que hacía la relanzada Academia de la Lengua Vasca, de la que formaba parte, y recordando que él mismo lo había defendido en el Montejurra de 1966. Ya en 1960, pronunció un discurso en euskera en ese sentido, en un acto por el 125.º aniversario de la muerte de Zumalacárregui, celebrado en la localidad guipuzcoana de Cegama, con una guardia de honor de requetés uniformados en el mausoleo del héroe carlista de la primera guerra. Y cinco años después, lo repitió en el teatro Olimpia de Azkoitia. Por último, el candidato Arrue prometía en la nota programática entregada a la prensa la reclamación de una universidad para Guipúzcoa, y la defensa del comercio e industria guipuzcoana «con vistas al Mercado Común» europeo.

El último candidato, Manuel Escudero, vicepresidente de la Asociación Católica de Padres de Familia, abogaba por proyectar la acción familiar y social a la política, mediante «una evolución ordenada que desemboque en una democracia». Al igual que Arrue, reclamaba una universidad para Guipúzcoa, sobre la que no ocultaba su interés en que estuviera cimentada en los valores católicos. También mostraba su preocupación socialcristiana por un reparto más equitativo de la riqueza, buscando un modelo de consonancia entre las rentas del trabajo y del capital en aras de una «justa distribución», que entendía que era demandado en una perspectiva de integración en Europa. En la cuestión social, Escudero expresaba sin ambages su rupturismo con respecto al régimen: «Honradamente tengo que decir que no he estado, ni estoy conforme con muchos aspectos de nuestra circunstancia socio-económica y política». Incluso, justificaba su participación en los comicios organizados por el régimen ya que «no representa en mi caso ninguna actitud conformista», porque «debemos intentar asegurar, sin convulsiones, un futuro político a nuestro pueblo». El candidato Escudero tampoco ocultaba su apuesta por la recuperación de un estatuto de autonomía, como en la Segunda República, algo especialmente vilipendiado por el régimen. Así, el candidato, ligaba a la familia y su encuadramiento orgánico, grato al régimen, con «la región, con todos sus valores espirituales y tradiciones, como los baluartes de defensa frente a las corrientes positivas y pragmáticas modernas». Es decir, frente a la desorientación que Escudero entendía que había hecho mella en la juventud, con ideologías que consideraba ajenas a lo vasco, él proponía la vuelta a la familia y a la foralidad, que en este último caso enmarcaba regionalmente, al igual que hacía su compañero de candidatura, el *javierista* Arrue. De esa manera, proclamaba que defendería los «derechos históricos de las regiones», así como la «eficacia administrativa de la descentralización» y el «restablecimiento del Concierto

Económico», en lo que volvía a coincidir con aquel, pero también con Araluce. En suma, haciendo suyas «las inquietudes Forales de nuestro pueblo»[400].

El proceso electoral puesto en marcha por el régimen coincidió con la habitual estancia estival de Franco en San Sebastián. El dictador era consciente que en aquella provincia el régimen se jugaba más que en otras, con dos candidatos claramente opositores. Por ello, Franco dedicó más tiempo a labores proselitistas, pese a que no permaneció en la capital guipuzcoana más tiempo del habitual, veinte días, incluyendo un desplazamiento a Liébana (Asturias); período cronológico que estaba en la media de sus estancias en los treinta y cuatro veranos en los que acudió a San Sebastián. A bordo del Azor, arribó al puerto donostiarra el 1 de septiembre, siendo recibido por el ministro de Asuntos Exteriores y de Jornada, el bilbaíno Fernando María Castiella y Maiz, antiguo *divisionario azul* que se había formado en el periódico católico *El Debate*, así como por el presidente de las Cortes, el baracaldés Iturmendi, y el presidente de la Diputación Provincial de Guipúzcoa, el igualmente tradicionalista, Antonio Epelde Hueto. Franco, a diferencia de la familia real que aprovechó sus veranos en San Sebastián como un medio de popularización de la monarquía con visitas y apariciones en las calles de la ciudad, había limitado su actividad pública a su presencia en los actos protocolarios, muchos de ellos en el interior del palacio de Ayete. La estancia del dictador fue siempre, por tanto, más lejana y distante, porque sus protocolos de seguridad fueron siempre más rígidos, ya que al menos hubo dos intentos de atentado contra él, de autoría anarquista, en 1948 y 1962. En aquel verano de 1967, Franco presidió un Consejo de Ministros y una reunión de la comisión económica del gobierno en el palacio de Ayete, además de recibir allí mismo a las autoridades y corporaciones guipuzcoanas. También acudió al Ayuntamiento de San Sebastián, donde fue agasajado con un banquete. Todo ello se encuadraba en lo usual de cada temporada estival. Como su atención al deporte, donde la faceta populista era más fácil. Además de la habitual entrega de la bandera de La Concha, el más prestigioso torneo de traineras, que ese año se saldó con la victoria de la embarcación de Fuenterrabía, el

400 «Los candidatos a Cortes... ». ARRIETA ALBERDI, Leyre y BARANDIARAN CONTRERAS, Miren: *op. cit.*, p. 110. MARTORELL PÉREZ, Manuel: *op. cit.*, pp. 863-864.

dictador se trasladó una semana más tarde a bordo del Azor a esta última localidad guipuzcoana, donde presenció una competición de las dos mejores traineras de aquella temporada, la propia hondarribitarra y la santoñesa de Pedreña, venciendo la primera, que recibió igualmente el trofeo de manos de Franco. También acudió a una exhibición de pelota en el frontón Urumea. Pero, en aquel verano de 1967, a diferencia de lo habitual, Franco participó además en dos actos de carácter eminentemente proselitista, ante una población que afrontaba unos comicios que incumbían por primera vez a personas que en el mejor de los casos habían votado a las Cortes por última vez en 1936. Ante esa perspectiva, el régimen hizo propaganda en los ámbitos religioso y social, consciente de que dos de los cuatro candidatos a procuradores en Cortes, que oficializarían sus pretensiones tan solo cuatro días más tarde[401], eran muy críticos con las realizaciones del franquismo en esas materias, sin contar con que los otros dos aspiraban a mejorar las prestaciones de este. Uno de los eventos estaba dirigido a la clase media, que el I Plan de Desarrollo impulsado por los *tecnócratas* había hecho realidad en esa década de los sesenta, en el ensanche del originario barrio obrero de Amara, y el otro a la clase trabajadora en el nuevo barrio de Bidebieta. El primero fue la inauguración de la iglesia de la Sagrada Familia y el segundo consistió en la entrega de viviendas sociales. Ambos actos serían presididos por el jefe de Estado, cuando las primeras elecciones familiares a Cortes tenían como candidatos a un democratacristiano y a un carlista *javierista*, por un lado, y por otro, a un tradicionalista y a un representante de la burguesía otrora liberal.

El 16 de septiembre, Franco llegó a las cinco de la tarde al barrio donostiarra de Bidebieta para inaugurar 732 viviendas, construidas

---

401 LUENGO TEIXIDOR, Félix: *op. cit.*, pp. 205-207. FUSI, Juan Pablo: *Franco. Autoritarismo y poder...*, p. 160. «Franco, en San Sebastián», *El Diario Vasco*, 02/09/1967, p. 1. «Se fija el salario mínimo en 96 pesetas», *El Diario Vasco*, 16/09/1967. «El Caudillo presidió en el Palacio de Ayete la reunión de la Comisión Delegada para Asuntos Económicos», *El Diario Vasco*, 15/09/1967, p. 1. «Franco recibió a las autoridades y corporaciones de Guipúzcoa», *El Diario Vasco*, 19/09/1967, p. 1. «Cena en honor del Jefe del Estado y su esposa», *La Voz de España*, 17/09/1967, p. 5. «Otra bandera para Fuenterrabía», *El Diario Vasco*, 12/09/1967, p. 1. «Fuenterrabía, la mejor tripulación del Cantábrico», *El Diario Vasco*, 19/09/1967, p. 13. «El Jefe del Estado presidió ayer el festival del Urumea», *El Diario Vasco*, 17/09/1967, p. 15. «Cuatro candidatos guipuzcoanos a procuradores por representación familiar», *El Diario vasco*, 21/09/1967, p. 1.

por el Instituto Nacional de la Vivienda en doce torres de quince pisos cada una, denominadas Grupo La Paz. Las viviendas fueron bendecidas por el obispo Lorenzo Bereciartua Balerdi, tras lo cual Franco entregó a diez de los beneficiarios los títulos de propiedad. La importancia que el régimen otorgaba a aquel acto, a menos de un mes de las elecciones por el tercio familiar, lo muestra el número de altos cargos allí presentes, entre ellos el ministro subsecretario de la Presidencia, Carrero Blanco, el de Justicia, Antonio María de Oriol, el de Agricultura, Adolfo Díaz-Ambrona Moreno, el del Aire, José Lacalle Larraga, y el secretario general del Movimiento, Solís, además de los ministros del Ejército, Camilo Menéndez Tolosa, y Marina, Pedro Nieto Antúnez. Toda esa comitiva se trasladó poco después a la iglesia de la Sagrada Familia, entrando Franco en el templo bajo palio, cuyas varas fueron portadas por concejales del ayuntamiento donostiarra. Un complejo religioso, construido igualmente por el Ministerio de la Vivienda, que además de una iglesia con capacidad para acoger 2300 fieles, contaba con viviendas para los sacerdotes, oficinas parroquiales, aulas para la formación cristiana y almacén de distribución de alimentos y locales para Acción Católica. Todo ello, con el objeto de que el nuevo barrio, Amara Berri, dispusiera no solo de un templo, sino que garantizara además de la práctica del culto, todas aquellas actividades «ligadas con las sociales y culturales para la adecuada preparación religiosa de la feligresía», como señaló la prensa. Como destacó el gobernador Valencia Remón, «el Estado (...) ha querido poner los medios materiales, una vez más, al servicio puro y simple de la Iglesia», presentando a Franco como el adalid del cristianismo. *El Diario Vasco* destacaba que «los días donostiarras del Caudillo» estaban dedicados «a ponerse en contacto con el pueblo»[402].

La presencia institucional a menos de un mes de los comicios había alcanzado ya el 12 de septiembre un nivel relevante, cuando otros tres ministros llegaron a San Sebastián: López-Bravo, Fraga y López Rodó, este último responsable entonces del Plan de Desarrollo. Solís, por su parte, enfatizó en el cine Leidor de Tolosa, ante 4000 empresarios y

402 «Franco inauguró ayer las viviendas de Bidebieta», *La Voz de España*, 17/09/1967, pp. 1 y 5. «Hoy, bendición e inauguración de la nueva parroquia de Amara», *El Diario Vasco*, 16/09/1967, p. 2. «El Caudillo presidió ayer las inauguraciones de Bidebieta y de la parroquia de Amara», *El Diario Vasco*, 17/09/1967, p. 3. «Franco inauguró el polígono de Bidebieta y la parroquia de Amara», *El Diario Vasco*, 17/09/1967, p. 1.

trabajadores, la relevancia de los comicios al tercio familiar a celebrar, bajo los parámetros de la democracia orgánica:

> Ahora la representatividad de las instituciones va a ser reforzada. Y la participación del pueblo en las tareas del Gobierno incrementada. (...) Un día anunció Franco la creación de una nueva democracia y tal democracia está en marcha, españolísima en sus características, en su desarrollo (...). Nuestra responsabilidad colectiva es inmensa y puesto que Franco ha tenido fe en su pueblo, el pueblo debe corresponder a tal confianza[403].

Llamamiento que evidenciaba que el régimen era consciente de que existía una oposición antifranquista en Guipúzcoa, extensible a las otras dos provincias vascas y a Navarra, que el régimen combatió, a través de diversos instrumentos. El más conocido fue el TOP, que había sido el competente desde 1964 para juzgar los delitos de subversión a los principios del Movimiento y la perturbación del orden público, reemplazando a la jurisdicción militar. La represión del TOP alcanzó sus mayores cotas en las cuatro provincias vasco-navarras, aunque también en Asturias, con respecto al resto del Estado. Guipúzcoa fue la provincia más perseguida en relación con su población, seguida de Vizcaya, Álava y Navarra. En total, 1700 residentes en las tres provincias vascongadas y 198 en Navarra fueron procesados por el TOP a lo largo de su existencia, con un evidente incremento a medida que transcurría dicho período temporal, partiendo de 41 en 1964.

Esa oposición tenía conexiones con los partidos políticos que habían perdido la Guerra Civil. Pese al ostracismo, el PNV logró en 1964, veinticinco años después, volver a celebrar el Aberri Eguna (Día de la Patria Vasca) en el interior de España, en concreto en Gernika, gracias a que Vizcaya era la única provincia donde contaba con una mínima organización. El PSOE consiguió en febrero de 1967 reunir clandestinamente en Baracaldo a sus juventudes, acto que fue respondido con la represión por parte del régimen. En Guipúzcoa, las exiguas fuerzas socialistas sufrían además la desventaja de la división, tras la constitución en 1961 de Euskadiko Sozialisten Batasuna (ESBA, Unidad de los Socialistas de Euskadi), liderada por José Ramón Recalde Díez. Este último era

403 «Ministros del Gobierno en San Sebastián», *El Diario Vasco,* 13/09/1967, p. 1. «La Ley Sindical ha de ser pieza fundamental en la transformación de nuestra vida política», *La Voz de España,* 17/09/1967, p. 7.

un abogado que sufriría golpes y malos tratos cuando fue detenido en San Sebastián el 20 de agosto de 1962, a manos de policías de la brigada político-social, en un interrogatorio dirigido por el inspector jefe Melitón Manzanas González. ESBA era la rama vasca del estatal Frente de Liberación Popular, conocidos como los *felipes*. Mucho después, en 2000, Recalde sobreviviría a un tiro en la cabeza, disparado a bocajarro por un pistolero de ETA[404].

Sin embargo, el protagonismo de la oposición antifranquista en aquellos años correspondió a los sindicatos, aunque no propiamente a los existentes hasta la Guerra Civil, salvo una UGT que mantenía cierta fuerza en Vizcaya, gracias a su presencia en la industria siderometalúrgica de la margen izquierda del Abra. Pero, el papel más destacado en la década de los sesenta, período del desarrollo económico franquista, lo tuvo Comisiones Obreras, que tuvo su origen en las delegaciones de trabajadores elegidas en las fábricas por sus compañeros al calor de la ley de Convenios Colectivos, norma promulgada en 1958 que permitió concertar entre empresarios y trabajadores los salarios. Los integrantes de dichas comisiones eran fundamentalmente trabajadores comunistas y de la HOAC, la rama obrera de Acción Católica. Especialmente, significativa fue la huelga de Laminaciones de Bandas de Echávarri, mantenida durante 163 días ininterrumpidos entre 1966 y 1967, cuyos trabajadores recibieron el apoyo del PCE y de la Iglesia con asambleas en las parroquias. En abril de 1967 hubo dos manifestaciones en Bilbao, una de trabajadores, siendo reprimida por la Policía Armada, y otra de sacerdotes, unos ochenta, que intentaron infructuosamente entregar en el Gobierno Civil un comunicado criticando la represión policial. Aquella concentración de *sotanas* por la Gran Vía de Lope de Haro alarmó especialmente al gobierno. El régimen solo pudo acabar con la protesta obrera, implantando el estado de excepción en Vizcaya. Por su parte, ELA-STV, el sindicato socialcristiano próximo al PNV, sufrió en aquellos años sesenta un relevo generacional, por parte de nuevos dirigentes en el interior que pretendían dejar de ser la *correa de transmisión* del partido *jeltzale*, participando en la génesis de CCOO y exigiendo

404 PABLO CONTRERAS, Santiago de: «Tiempo de contrastes. El País Vasco en la década de 1960», en FERNÁNDEZ SOLDEVILLA, Gaizka y DOMÍNGUEZ IRIBARREN, Florencio: *Pardines. Cuando ETA empezó a matar,* Madrid, Tecnos, 2018, pp. 43 y 66. RECALDE, José Ramón: *Fe de vida,* Barcelona, Tusquets, 2004, pp. 18-21. ALONSO, Rogelio, DOMÍNGUEZ, Florencio y GARCÍA REY, Marcos: *op. cit.*, p. 1073.

para Euskadi una autonomía *inmediata* en cuanto se pudiese acabar con el régimen franquista[405].

El papel jugado por sacerdotes en muchos de esos acontecimientos mostraba que la Iglesia había vuelto a cambiar o, al menos, una parte de ella, en concreto sus presbíteros más alejados de los planteamientos de la jerarquía eclesiástica. Ya no era aquella que entendía, sin fisuras, como *purificadora* la Guerra Civil, ni la que había suscrito un Concordato que a cambio de consagrar sus privilegios en el Nuevo Estado había facilitado el reconocimiento internacional del régimen. En 1960, 339 sacerdotes vasconavarros denunciaron ante el Vaticano la «encarnizada persecución de las características étnicas, lingüísticas y sociales que nos dio Dios a los vascos». En 1964, el sacerdote Alberto Gabicagogueascoa Menchaca [Gabikagogeaskoa Mentxaka] denunció en una homilía la represión del régimen y el empleo de la tortura. Algunos clérigos, que terminarían en muchos casos secularizándose, asumieron la ideología nacionalista más radical e incluso una peculiar versión marxista de la teología de la liberación, reduciendo la figura de Jesucristo a la de un mero libertador nacional vasco, mediante la interpretación ramplona de los escritos bíblicos, transmutando la liberación del pueblo judío al vasco. Esos sacerdotes y religiosos construyeron así una nueva relación entre Dios y los vascos, desplazando los contenidos de la fe en Dios hacia la nación vasca propugnada, sobre las bases que establecían los coetáneos movimientos nacionales de liberación en boga en el Tercer Mundo[406].

Para todos era evidente el prestigio comunitario que tenía arrogarse una filiación cristiana, también si se hacía de una manera ostentosa, reclamando una pretendida *autenticidad* de la fe y asumiendo planteamientos sociales y nacionales alejados por entonces de los de la jerarquía eclesiástica. En consonancia con esta actitud, se produjeron diversas reuniones y asambleas de un nuevo grupúsculo opositor en casas religiosas. A finales de 1958, unos universitarios agrupados desde seis

---

405 PABLO CONTRERAS, Santiago de: *op. cit.*, pp. 62-63. ESTORNÉS ZUBIZARRETA, Idoia: «Entre partido y sindicato…», pp. 510-511. ONTOSO, Pedro: *ETA, yo te absuelvo. El papel clave de la Iglesia en el Proceso de Burgos*, Bilbao, Ediciones Beta, 2020, p. 54.

406 VARELA SUÁREZ-CARPEGNA, Joaquín: *op. cit.*, p. 512. PABLO CONTRERAS, Santiago de: *op. cit.*, pp. 55-56. LOUZAO VILLAR, Joseba: «El síndrome de Jerusalén. ¿Los vascos y la religión?», en MOLINA APARICIO, Fernando y PÉREZ PÉREZ, José Antonio (eds.): *El peso de la identidad. Mitos y ritos de la historia vasca*, Madrid, Marcial Pons, 2015, p. 104.

años antes bajo el nombre de Ekin (Actuar), se desgajaron de las juventudes del PNV, fundando Euskadi Ta Askatasuna (ETA, Euskadi y Libertad). Dichos jóvenes, de ideario democratacristiano[407], se veían a sí mismos como unos *gudaris,* continuadores de la lucha que durante la Guerra Civil había mantenido el Euzko Gudarostea, como había explicitado uno de ellos, Txillardegi, el hermano de quien retrataría a Araluce como un cristiano auténtico, sin aspavientos, en el obituario que escribió a su muerte. En la madrugada del 24 al 25 de octubre de 1959, en el 120.º aniversario de la ley de 1839, aquella que confirmó los fueros, pero que Sabino Arana interpretó como el fin de la independencia vasca, una bomba de fabricación casera estalló en el diario *Alerta* de Santander, siendo sucedida poco después por otras dos explosiones en Bilbao y Vitoria. La primera contra una Comisaría de Policía y la segunda contra el Gobierno Civil. La historiografía ha podido establecer que se trató de los primeros atentados de ETA.

A partir de entonces, se sucedieron las actuaciones etarras, marcadas todavía por un bajo nivel técnico y perpetradas por personas poco adiestradas en la violencia, aunque en busca de una resonancia publicitaria. En 1961, en San Sebastián, miembros de ETA quemaron un par de banderas rojigualdas y a la vez sabotearon la línea férrea por donde pasó un tren de excombatientes guipuzcoanos que no descarriló. Aquello fue un fiasco para ETA, ya que no solo no impidió una multitudinaria celebración del 25.º aniversario del alzamiento, sino que permitió a la policía conocer la existencia del grupo opositor, que hasta entonces había pasado inadvertido para el aparato represor franquista, produciéndose una treintena de detenciones y condenas a siete de ellos. Pese al revés, la fecha elegida, el 18 de julio, fue destacada por exiliados nacionalistas en Latinoamérica quienes elogiaron a los etarras como *gudaris,* enorgulleciendo a quienes lo habían perpetrado. Pero, la reacción no pudo ocultar que la capacidad de ETA quedó seriamente afectada, no conociéndose ninguna nueva actuación hasta el 6 de diciembre de 1963, cuando un profesor de Zaldívar [hoy, Zaldibar], llamado Antonio García Escobar, sufrió una paliza a manos de tres etarras por amonestar a sus alumnos por ir a misa oficiada en euskera y por discutir con el sacerdote al entender que discriminaba entre niños vascos y de origen foráneo. Uno de los matones era Juanjo Etxabe, futuro dirigente de ETA, uno de cuyos hermanos fue asesinado en 1975 y otro fue uno de los dirigentes del Movimiento de Alcaldes que

407 SULLIVAN, John: *op. cit.*, p. 40. AZAOLA, José Miguel de: *op. cit.*, p. 219.

plantearía un modelo descentralizador rival al de Araluce. Dos días más tarde de aquella zurra, ese mismo grupo de etarras descolgó sendas banderas de los requetés de los tercios de Oriamendi y de San Miguel, y un banderín de la Hermandad de Ex Cautivos —organización dependiente de FET y de las JONS que agrupaba a aquellos que habían sufrido prisión en la zona republicana—, que se encontraban depositadas en la ermita de Nuestra Señora de Izaskun desde el fin de la guerra, además de sustraer dinamita de una cantera cercana. Las dos banderas y el banderín aparecieron ajados en las calles de Tolosa, rotulados con las siglas de ETA y con restos de orín. Una pintada aparecida en esa localidad pretendió explicar el objetivo de los etarras: «Virgen de Izaskun, te hemos liberado»[408].

Aquella acción, provocativa y propagandista de ETA, tuvo una respuesta por parte de los requetés supervivientes del Oriamendi, compuesto por muchos tolosarras, y del navarro San Miguel, que se había constituido en Leiza, en la línea divisoria con Guipúzcoa, al inicio de la Guerra Civil. El 19 de julio de 1936 se habían incorporado a dicho tercio navarro, treinta y dos requetés que habían huido de Tolosa y que conformarían la 4.ª compañía de tal destacamento armado, entre ellos Germán Raguán. También se alistaron entonces en el Tercio de San Miguel, otros dieciocho voluntarios llegados desde San Sebastián, entre ellos Elías Querejeta Zubía[409], sobrino del futuro jefe provincial guipuzcoano de FET y de la JONS, y quien sería el padre de Jon Kerejeta, el fundador de los GAC.

Una delegación de aquellos excombatientes, entre los que se encontraban Raguán y Querejeta Zubía, acudió al gobernador Valencia Remón, en busca de amparo, denunciando la «profanación» sufrida por sus símbolos, ante lo cual, más allá de la labor policial, las estructuras del régimen se pusieron en marcha para organizar un acto de desagravio a celebrar una semana después, el domingo 15 de diciembre. Hubo también llamamientos de la Jefatura Local de FET y de las JONS de Tolosa, dirigida por el alcalde Ortiz de Zárate, y de la Delegación

---

408 FERNÁNDEZ SOLDEVILLA, Gaizka: «A sangre fría. El asesinato de José Antonio Pardines (y sus antecedentes)», en FERNÁNDEZ SOLDEVILLA, Gaizka y DOMÍNGUEZ IRIBARREN, Florencio: *Pardines. Cuando ETA empezó a matar,* Madrid, Tecnos, 2018, pp. 82-87. «Veinte mil excombatientes de toda Guipúzcoa rindieron homenaje al Caudillo y al Ejército», *La Voz de España,* 19/07/1961, pp. 1 y 9-10. «Responsabilidades lejanas ante un acto injustificable», *La Voz de España,* 12/12/1963, p. 4.

409 ARÓSTEGUI, Julio: *op. cit.,* pp. 261-262.

Provincial de Excombatientes, presidida por el alcalde de Villafranca José Sarasola Goldaracena. Asimismo, de la Hermandad de excombatientes requetés, a través de su delegación guipuzcoana, presidida por Querejeta. La Jefatura Provincial del Movimiento puso a disposición de los requetés guipuzcoanos autobuses para trasladarse a Tolosa, coordinándose con los círculos tradicionalistas de las localidades guipuzcoanas de Zarauz, Vergara, Villafranca y Éibar, así como de San Sebastián. La hermandad guipuzcoana de la División Azul animó a sus integrantes a utilizar los autobuses, así como la falangista de excombatientes de la Columna Sagardía. La Diputación Provincial de Guipúzcoa, presidida por el tradicionalista Epelde, denunció el «odio incivil del vandálico acto». Y la Junta Provincial de Alféreces Provisionales, donde se integraban Raguán y Araluce, animó también a acudir a Tolosa, avisando de que la «pasividad» ante lo sucedido alentaría el «avance de la loca aventura de una minoría»[410]. El notario de Tolosa tuvo entonces su primer posicionamiento público de carácter político, pronunciándose por escrito contra las opiniones que ponían en duda la licitud de portar banderas en los actos civiles y, sobre todo, en «el templo del Señor», que consideraba «la casa de todos»: «Lo que no comprendemos es que haya gente que encuentre explicación, aunque sea por vía de disculpa a lo que sucede —vituperios, injurias, destrucción— con las banderas de la tradición, las de España, las de todos». Veinte y cuatro años después de acabada la guerra, Araluce defendía los ideales de los requetés, justificando aquella conflagración por la defensa del cristianismo:

> La Cruzada la hicimos para todos, con la generosidad cristiana del que lucha y se esfuerza por lo que estima mejor y más deseable. ¿Es que, de otra forma, puede entenderse que nos jugáramos la vida luchando hermano contra hermano, en una guerra que no

410 «Una representación de los tercios de San Miguel y Oriamendi visitó a los gobernadores civil y militar», *El Diario Vasco,* 12/12/1963, p. 2. «El domingo, acto de desagravio, en Izaskun», *El Diario Vasco,* 12/12/1963, p. 7. «Indignación en Tolosa», *El Diario Vasco,* 11/12/1963, p. 7. «Excombatientes a Tolosa», *Unidad,* 13/12/1963, p. 4. «Vergara», *Unidad,* 13/12/1963, p. 4. «Villafranca», *Unidad,* 13/12/1963, p. 4. «Éibar», *Unidad,* 13/12/1963, p. 4. «Nota aclaratoria sobre los actos a celebrar mañana, domingo, día 15, en Tolosa, con motivo del desagravio a la Bandera», *La Voz de España,* 14/12/1963, p. 2. «Hermandad de la División Azul», *La Voz de España,* 14/12/1963, p. 2. «Hermandad de la Columna Sagardía», *La Voz de España,* 14/12/1963, p. 2. «Diputación», *El Diario Vasco,* 15/12/1963, p. 2. «Para que no se repita», *Unidad,* 14/12/1963, p. 2.

queríamos, que nos fue impuesta por razón de las cosas, porque así tuvo que ser?

Araluce asumía que no todos compartirían su opinión: «Comprendemos que haya gente a quienes no gustemos: que haya incluso quienes no se hayan representados en el simbolismo de nuestras banderas». Pero, «por haber luchado para todos, nuestras banderas son de todos y así se la ofrecimos al Señor, libres de agravios, libres de partidismos, puras de rencores, como pueden ser aceptadas por nuestra Santa Madre Iglesia. Expresión del cariño y la veneración que la sociedad debe a Dios, porque la sociedad es también de Dios». Sintetizaba así el pensamiento integrista y tradicionalista, donde la fe religiosa estaba por encima de cualquier otra consideración. De tal manera, que podía entender que hubiera opositores en el seno de la sociedad vasca, una *minoría* como había evaluado su apreciada asociación de alféreces, pero no podía comprender que se criticase el hecho de que esas enseñas estuvieran confiadas en los templos católicos; siempre, eso sí, que las mismas se hubiesen ofrecido *libres de agravios*. A sus hijos, el notario de Tolosa siempre les dijo, en los años en que ascendieron el vía crucis de Montejurra, que las cruces allí expuestas honraban a todos los caídos en la Guerra Civil, *libres de partidismos*, porque en su concepción el catolicismo había redimido los *rencores* y unido a todas las víctimas[411].

A primera hora del 15 de diciembre, un día frío en el que nevó, se congregaron más de un millar de requetés y otros excombatientes, procedentes de las cuatro provincias vasco-navarras y hasta *divisionarios azules* de Zaragoza, junto a otros tantos vecinos de Tolosa, en el paseo de San Francisco. A las diez y cuarto se inició el desfile de los concentrados, portando tanto las banderas ultrajadas como las nuevas que iban a reponerlas, camino de la iglesia parroquial, pasando por la plaza del Triángulo, donde lucía una enseña rojigualda, al igual que en muchos balcones, atendiendo al requerimiento que había hecho el alcalde y jefe local del Movimiento, Ortiz de Zárate. En el templo parroquial, las tres banderas dañadas fueron colocadas frente al altar, portadas por excombatientes, situándose en el centro Querejeta. Tales enseñas y sus reemplazos fueron bendecidas, mientras que el himno nacional sonó en el

411 «Las banderas de la tradición al viento», *El Boletín Carlista*, 12, 10/1995, p. 3. *Juan Araluce Letamendía*, 29/11/2020, Madrid, entrevista realizada por Juan José ECHEVARRÍA.

momento de la consagración. Terminado el oficio a las once y media, los manifestantes iniciaron el ascenso al monte Uzturre, camino de la ermita de Nuestra Señora de Izaskun, situada a tres kilómetros, ya en el término municipal de Ibarra, donde fueron depositadas las enseñas antiguas y alzadas las nuevas. En la campa adyacente, Sarasola, Raguán y Valencia Remón pronunciaron sendos discursos a los allí congregados en la montaña con un común contenido, centrado en el catolicismo y su identificación con España. El delegado de excombatientes afirmó que las banderas «simbolizan hoy, al igual que antes, la ofrenda de nuestra sangre católica y española», recordando que otras muchas estaban conservadas en catedrales, abadías, parroquias, santuarios y basílicas, donde «se recibieron con inusitado júbilo» al final de la guerra. El jefe provincial del Movimiento aseguró que «venimos sin odios, ni rencores ante la Virgen de Izaskun como pudiéramos hacerlo ante otra advocación de tantas y tantas vírgenes esparcidas en las ermitas de la geografía española». Y ante la pintada aparecida, se preguntó de quién había sido liberada la Virgen, «¿de la católica España, de los Papas?», expresando la certeza de seguir el verdadero catolicismo, frente a la «sinrazón cerril de los extraviados», de los que se arrogaban profesar un auténtico cristianismo, opinión que se extendía entre los más jóvenes y que ya combatía el régimen. Germán Raguán, que fue el más aclamado, calificó de «cruzada» la guerra, denominada así «por los prelados, aunque algún sacristán de pueblo lo ignore». La prensa enfatizó esa disputa en torno al verdadero cristianismo y recordó los muertos del Tercio de San Miguel, donde luchó como requeté el orador y donde murió otro hermano suyo, Ricardo Raguán Zubeldia[412].

La cosmovisión de Araluce era igualmente religiosa. Su vida se había articulado en torno al catolicismo, ya desde niño, y luego, de joven, en la guerra, su actuación como requeté había respondido a ese planteamiento de protección de la religión en el que habían coincidido los diversos sectores ideológicos que se alzaron en 1936. Y, después, el cristianismo siguió centrando su existencia, como revela su noche de bodas, con la imagen de la Virgen de Fátima. En Tolosa, dio un paso más, cuando en 1961 ingresó como socio en el Opus Dei, en la Obra de Dios. Fue una decisión

412 «Desagravio a las banderas ultrajadas en Izaskun», *Unidad*, 16/12/1963, pp. 1 y 5. «El domingo vivió Tolosa una imborrable jornada patriótica», *El Diario Vasco*, 17/12/1963, p. 8. B. OLARRA, José María: «El pueblo guipuzcoano rindió en Tolosa homenaje a la enseña nacional», *La Voz de España*, 17/12/1963, pp. 1 y 14. «Muertos de una Compañía», *El Diario Vasco*, 17/12/1963, p. 8.

meditada y tomada con tiempo, desde que en 1959 se aproximó a la obra creada por Josemaría Escrivá de Balaguer, a través de su cuñada Ana, que a su vez conocía a profesores del colegio Gaztelueta. Para Araluce, el Opus Dei ofrecía un mensaje de plenitud religiosa a los padres de familia como él. A los católicos casados que no podían aspirar a un mayor compromiso religioso debido al obstáculo insalvable del celibato sacerdotal. «Ni votos, ni botas, ni botines, ni botones», les decía Juan María a sus hijos, recordando una conocida frase de Escrivá de Balaguer, empleada por este para explicar que para santificarse no era ineludible asumir los votos de pobreza, castidad y obediencia, propios de otros compromisos religiosos. Varios de ellos, como María del Mar y Juan, seguirían su estela y José, su sexto hijo, incluso se haría sacerdote, ordenándose en Torreciudad, el santuario mariano edificado por el Opus, en Secastilla (Huesca), donde existía una ermita desde el siglo XI y a donde, con dos años, Josemaría de Escrivá fue llevado en brazos por su madre aquejado de una meningitis aguda de la que sanó.

José María Escrivá Albás sería canonizado por Juan Pablo II en 1992 como san Josemaría. El papa destacaría entonces en su homilía la predicación que había hecho «por la llamada universal a la santidad y al apostolado» de todos los católicos, independientemente de su condición religiosa. Esa labor de perfección cristiana entre todos los fieles, la había promovido Josemaría desde 1928. Tal proclama general para alcanzar la santidad en el ámbito secular abrió las más altas metas de la Iglesia a todos sus integrantes, incluso a los cristianos corrientes, no limitándola a aquellos que con sus votos religiosos asumían una mayor implicación. Ese fue el mensaje que convenció a Araluce, casado y entonces con seis hijos, cuando pidió su ingreso en el Opus Dei. Sus circunstancias familiares no le impedían aspirar a una vida plenamente cristiana, como había pretendido desde niño. Cualquier católico podía hacer en consecuencia apostolado, propagando la fe, «iluminando los caminos de la vida» para los demás, como decía Josemaría en *Camino,* obra que vio su primera edición en septiembre de 1939, al poco de acabar la Guerra Civil, conteniendo 999 máximas espirituales, muchas de ellas dedicadas al ejercicio de la virtud entre los laicos. Dicho planteamiento iba más allá de lo expresado en sus encíclicas por Pio XI, que había impulsado en 1926 Acción Católica para la participación de los seglares en el apostolado jerárquico de la Iglesia.

Araluce abrió sus casas de Tolosa y Estella a vecinos para propagar ese mensaje, siguiendo el método propuesto por el fundador del Opus Dei, quien consideraba que dicha prédica debía expandirse en conversaciones entre amigos, uno a uno, mediante el apostolado personal de cada socio de la obra. A su domicilio, donde había reunido a sus conocidos, venían a dar charlas profesores de la Universidad de Navarra —creada en 1952 como Estudio General de Navarra por el Opus Dei, un año después del colegio Gaztelueta—, como el filósofo Leonardo Polo Barrena, integrante de la Obra e hijo de un exiliado republicano. También, organizó retiros espirituales, que se celebraban en una capilla de la parroquia de Tolosa. Y dejó las llaves de su casa de Estella a estudiantes de la Universidad de Navarra, lo que ocasionó que apareciera una pintada en las proximidades del domicilio, que rezaba: «Opus, no».

Juan María de Araluce, ya como presidente de la diputación, se incorporaría al patronato de la Escuela Superior de Ingenieros de San Sebastián, uno de los centros docentes de la Universidad de Navarra, que había sido abierta en 1961 en la capital guipuzcoana en un edificio cedido por la corporación provincial en la calle Urdaneta, lo que palió la inexistencia de estudios universitarios en la provincia, abundando en una demanda sentida en la ciudad y no satisfecha como evidenciaron los programas de los candidatos en las elecciones de 1967. Y en el caso de Araluce, además incidía en su concepción de la dimensión humana. También ayudó económicamente en la fundación en 1963 de otro centro del Opus Dei en San Sebastián, el Instituto Superior de Secretariado y Administración (ISSA), cuyas escrituras fueron firmadas, entre otros por Araluce. El ISSA estaba situado en un palacete que domina desde las alturas la bahía de La Concha, como ninguna otra residencia. Toda la familia ayudó limpiando la casona, que había sido de unos indianos. Los planes de estudio incluían el aprendizaje de idiomas y prácticas en empresas. La constitución de ISSA respondía a otra motivación de Josemaría de Escrivá, la formación femenina de cara a su incorporación al mundo laboral. En su planteamiento de llevar a Dios a la sociedad civil para transformarla era fundamental que esa misión la llevaran a cabo hombres, pero también mujeres, en las circunstancias ordinarias del trabajo, al entender que el Opus Dei se debía apoyar, «como en su quicio, en el trabajo ordinario, en el trabajo profesional ejercido en medio del mundo». Tal *santificación* del trabajo recuerda la concepción laboral y religiosa de muchos de los *capitanes de la industria* de la sociedad vasca[413].

413 *Juan Araluce Letamendía*, 15/11/2020, Madrid, entrevista realizada por Juan José ECHEVARRÍA. GONZÁLEZ GULLÓN, José Luis y COVERDALE, John F.: *op. cit.*, pp. 26, 501, 37-50, 94, 327 y 133.

El propio Josemaría de Escrivá dijo en una homilía, celebrada en 1967 en el campus de la Universidad de Navarra, a la que asistieron 40.000 personas, entre ellos el matrimonio Araluce con sus hijos mayores, que la doctrina católica «os ha de llevar a realizar vuestro trabajo con perfección», centrando la labor profesional en una ética del trabajo revestida de religiosidad, que presentaba similitudes con la desarrollada por la moral puritana; concepción que entendía como «el núcleo mismo del espíritu del Opus Dei». De esa manera, se dirigía a «la gran muchedumbre formada por hombres y mujeres (...) que viven de su trabajo profesional, casados la mayor parte». De hecho, siguiendo a Max Weber, la idea de profesión es uno de los elementos constitutivos del espíritu capitalista y de la modernidad, que nació del ascetismo cristiano, trasladado de las celdas monacales a la vida profesional para dirigir la moralidad mundana[414].

El matrimonio Araluce había conocido personalmente a Josemaría de Escrivá en una tertulia que el fundador del Opus Dei ofreció en Pamplona, en septiembre de 1960, donde bendijo a Maité, embarazada de su antepenúltima hija, Maite, quien nacería en el año siguiente. Juan Mari ingresó en la Obra en abril de 1961 y Maité lo hizo un año después. La esposa de Araluce no solo participó en aquellos pasos dados por su marido, sino que lo hizo de una manera fervorosa. En su condición de mujer, el Opus Dei, le ofrecía una vía de plenitud cristiana desconocida, rompiendo los límites que la sociedad de entonces establecía. También los de género. Maité asumió el apostolado entre los más próximos. Su madre, Ana, llegaría a acoger a alumnos de la Escuela de Ingenieros en otra de sus propiedades, en su casa de la calle Idíaquez de San Sebastián. El matrimonio aconsejó a cuantos conocían, aún más a sus familiares, como a su sobrino, Francisco Letamendía [Letamendia] Belzunce, hijo de Quico, el hermano mayor de Maité. El joven estaba muy preocupado por asuntos de ética y moralidad en el mundo en el que vivía, considerando, como otros muchos jóvenes de aquella generación, que había que cambiar la sociedad burguesa existente. No valiéndole la dimensión socialcristiana del catolicismo, que pretendía acabar con el enfrentamiento entre el patrón y el obrero; aspiración que compartía buena parte de las otras formaciones de la derecha política,

414 «Misa de Monseñor Escrivá en el Campus de la Universidad de Navarra», *El Pensamiento Navarro,* 10/10/1967, p. 20. ILLANES, José Luis: *Conversaciones con Mons. Escrivá de Balaguer,* Madrid, Rialp, 2012, pp. 495-496. WEBER, Max: *op. cit.*, pp. 232-233.

también si eran carlistas o nacionalistas. Tampoco, la que se centraba en la *ética profesional,* pregonada desde el Opus Dei, ni incluso aquella que, desde el planteamiento del cristianismo protestante, había reconciliado al burgués con su conciencia de estar en plena Gracia de Dios, si su conducta moral era intachable y si no hacía un uso de la riqueza escandaloso, siguiendo los parámetros del ascetismo. En cambio, para Francisco Letamendia solo existía la lucha de clases marxista.

Juan Mari Araluce le daba consejos, también sobre la carrera de Derecho que cursaba. Frecuentemente acudía desde San Sebastián a Tolosa, a bordo de un ciclomotor Mobylette, para escuchar la opinión de sus tíos. Por ellos, estudiaría un año en el Colegio Mayor Aralar de Pamplona, también del Opus Dei. El joven Letamendia se implicó progresivamente en el activismo social, como cuando fue visto a las puertas del Coliseo Albia, a la salida de una ópera, pidiendo dinero para las cajas de resistencia de trabajadores en huelga de la margen izquierda de Bilbao. Una vez que se licenció en Derecho, *Ortzi,* como empezaba a ser conocido, fue abogado defensor de etarras y tras abandonar España se convirtió en un miembro destacado de la obrerista ETA VI Asamblea. Regresado de Francia, en las navidades de 1976, después de que ETA V Asamblea asesinase a su tío Juan Mari, se integró en Euskal Iraultzarako Alderdia (EIA, Partido para la Revolución Vasca), el partido que había creado ETA VII Asamblea para poder concurrir en las primeras elecciones democráticas, a las que la formación acudió bajo las siglas EE, las de la coalición Euskadiko Ezkerra. Elegido diputado en las Cortes constituyentes abandonaría EIA y se integraría ya en 1978 en Herri Batasuna, el *brazo político* de ETA militar (ETA V Asamblea), volviendo a obtener escaño, de la que también se terminaría distanciando por el control de los milis sobre HB. Pero, sobre todo, Francisco Letamendia fue un teórico, un estudioso de ETA, su primer investigador desde un punto de vista cronológico. Vuelto a Francia, se doctoró en la Universidad de la Sorbona, con una tesis titulada *Historia del nacionalismo vasco y de ETA*[415]. En ella, el sobrino de Araluce ofreció una investigación académica sobre las formaciones nacionalistas en la

415 *Juan Araluce Letamendía*, 15-09/11/2020, Madrid, entrevistas realizadas por Juan José ECHEVARRÍA. WEBER, Max: *op. cit.*, pp. 229-230. SULLIVAN, John: *op. cit.*, p. 116. FERNÁNDEZ SOLDEVILLA, Gaizka y LÓPEZ ROMO, Raúl: *op. cit.*, pp. 84, 120, 128, 135 y 314. ECHEVARRÍA PÉREZ-AGUA, Juan José: *Pervivencias foralistas en la descentralización vasca (1975-1978),* Tesis doctoral, Madrid, Universidad Complutense de Madrid, 2017, p. 352.

que plasmó conceptualmente la hibridación entre marxismo y nacionalismo que tenían a gala muchos de los miembros de su generación.

Entre ellos, su hermano Diego, quien se paseó con una ikurriña por la plaza del 18 de julio [hoy de la Constitución] de San Sebastián. También, su hermana Rosa [Rosi], la única de los Letamendía que de mayor aprendería el euskera y que estaba casada con el montañero Rodolfo [Korcho] Kirch, quien tuvo que declarar ante la policía por exhibir la ikurriña en 1967 en una expedición vasco-navarra por tres picos de los Andes, la llamada Trilogía del Cóndor. Asimismo, su hermano Jorge, condenado por el TOP en 1973, y luego concejal de San Sebastián por el PSOE-EE, donde había confluido EIA, y que en 2011 sería director general de Energía y Minas del gobierno presidido por Francisco Javier [Patxi] López, en el primer y único ejecutivo vasco conformado en exclusiva por los socialistas. Todos ellos eran hijos de Quico Letamendía, nacido en 1915, quien había combatido en la Guerra Civil en el Tercio de Oriamendi, así como su hermano Fernando. El padre de los nueve hermanos Letamend*í*a había sido también alférez provisional y mantuvo durante toda su vida una actitud reverencial hacia Franco, diciendo a sus hijos que si no hubiera sido por él no estarían vivos, en referencia a la amarga experiencia del *verano revolucionario.* Quico Letamendía, casado con María Teresa Belzunce de Carlos, fue un gran aficionado a la fotografía y a la colección de estampas fotográficas, sobre todo de las primeras décadas del siglo xx, cuando San Sebastián se convirtió en el lugar de referencia turístico mundial. El cuñado de Araluce, de trato amable y simpático, publicaría en el verano de 1985 una recopilación de fotografías de aquellos años, cuando el «ambiente era distendido, que hace cómoda y agradable la estancia de cuantos la visitan», contrastando con el tiempo en el que escribió esas palabras. Para Quico Letamendía aquella fue la *edad dorada* de San Sebastián, alentada por la monarquía, destacando «la influencia que ejerció, el cariño que a mi ciudad tuvo su alcaldesa honoraria María Cristina de Habsburgo Lorena», la viuda de Alfonso XII y regente del reino en la minoría de edad de su hijo Alfonso XIII. Quico se apreciaba de ser donostiarra: «Tuve la suerte de nacer en San Sebastián (...), en la calle de la Reina Regente». Fue miembro de la junta directiva del Hipódromo de Lasarte, mostrando la misma predilección por los caballos que su hermana Maité, pero sobre todo fue quien mantuvo la empresa familiar Letaman durante todo el franquismo, hasta que la crisis del petróleo de 1973 dejó tocado el negocio, llevándolo a la quiebra años después. Entonces, los Letamendía tuvieron que vender su piso de Reina Regente y acogerse a la hospitalidad de Pilar Belzunce, hermana de María Teresa, que les cedió Villa Paz en el alto de Miracruz, donde había vivido con su marido, el escultor Eduardo Chillida. Pero no todos los hermanos Letamendía-Belzunce destacaron por su crítica a los valores defendidos por su padre. Algunos de ellos mantuvieron la ideología en la que fueron educados, como María Teresa [Maite], que se casó con Íñigo Vergarajáuregui Satrústegui, nieto del monárquico dinástico Jorge Satrústegui, que fue asesinado en el *verano revolucionario.* La boda fue en marzo de 1974, celebrándose la ceremonia en Lezo y el festejo en el hotel María Cristina. En la misma, firmaron como testigos Eduardo Chillida y Juan María Araluce, quien había regresado horas antes de Madrid, donde el día anterior había intervenido hasta tarde en una comisión de las Cortes a propósito de la pensión de la viuda de Carrero Blanco[416].

Otro ejemplo de la diversidad de aquella generación fue Íñigo Letamendía Belzunce, otro de los nueve hijos de Quico y María Teresa. En su caso, se aprecia también el componente contestario, el desafío cultural que pretendía, a los sones de una nueva música, aquella generación que se dio a conocer en los Estados Unidos. *Íñigo abandonó* a los tres días los estudios de perito químico para hacerse *hippy*, para viajar haciendo autostop a Torremolinos, Barcelona y la costa murciana, y para practicar el relativamente desconocido surf, llegando a formar parte de la selección española que compitió en Hossegor, en las Landas francesas, en un campeonato del mundo. Después estudió Turismo, donde conocería a su mujer, María de los Ángeles [Marian] Azpiroz Arruti, quien sería directora del donostiarra hotel Niza, propiedad de los Chillida. Íñigo también trabajó allí, hasta que unos amigos le convencieron para irse a vivir a una comuna en la playa de Somo, en la localidad de Loredo, perteneciente al término municipal de Ribamontán al Mar, entonces en la provincia denominada Santander

416 *Juan Araluce Letamendía*, 09/11/2020, Madrid, entrevista realizada por Juan José ECHEVARRÍA. *Íñigo Letamendía Belzunce,* 22/09/2021, Zarautz (Gipuzkoa), entrevista realizada por Juan José ECHEVARRÍA. GARMENDIA ELÓSEGUI, Juan Antonio: *Donostia zaharreko urudiak. Estampas del viejo Donostia. Frantzisko «Quico» Letamendiaren Omenez. Homenaje a Francisco «Quico» Letamendía,* San Sebastián, Sociedad Guipuzcoana de Ediciones y Publicaciones, Instituto Dr. Camino de Historia Donostiarra, 1991, pp. XIII-XVII. «Enlace Vergarajáuregui y Satrústegui – De Letamendía y Belzunce», *ABC,* 03/04/1974, p. 59. Carta de Juan María Araluce Villar a María del Mar Araluce Letamendía (Madrid, 21/03/1974), APMAL.

[hoy, Cantabria], trasladándose los inviernos a Canarias. En Somo, Íñigo empezó a hacer tablas, entre ellas las célebres Jerónimo, cuyo nombre era un guiño contracultural y homenaje al *indio* que luchó contra el *célebre séptimo de caballería.* Con los años, Íñigo, Marian Azpiroz y un hermano de esta, fundarían Pukas, una de las empresas más conocidas de venta de tablas de surf y de complementos de baño, contribuyendo a convertir a Zarautz en una de las mecas mundiales de esa modalidad deportiva[417].

Los primos Araluce y Letamendía tuvieron mucha relación. No solo en las fechas propicias, como Navidad, cuando se reunían en la casa de Reina Regente de la abuela Ana y donde representaban obritas de teatro escritas por Ortzi, sino sobre todo en verano. De hecho, compartieron los meses estivales durante muchos años en Estella, desde que en la década de los cincuenta alquilaron Juan Mari y Quico una villa en Los Llanos, una zona verde donde el río Ega hace un meandro. Allí, los niños se bañaban y montaban en bicicleta. La razón de haber escogido la localidad navarra en verano era porque la abuela Ana padecía de asma. La mujer de Quico, Mar*í*a Teresa Belzunce, procedía de Bearin, en el Valle de Yerri, en las inmediaciones de Estella, aunque había nacido en Filipinas, donde su familia poseía una plantaci*ón* de azúcar. Fue ella la que convenció al resto de la familia para veranear en Estella, porque su clima seco sería propicio para la abuela. Pero Villa Amezua se fue quedando pequeña, según las familias Araluce y Letamendía se iban llenando de hijos. Por ello, Juan María compró en 1960 el solar contiguo y allí edificó una nueva Zalvidea, otra villa de dos pisos, construida por el arquitecto local Antonio Ros Pérez. El matrimonio Araluce cuidó todos los detalles de la casa, hecha de piedra en su primer piso y con un amplio porche orientado al sur. A los pocos años, compró más terreno aledaño, donde construyó una piscina y un garaje. A aquella piscina venían a bañarse los primos Letamendía y con los años, también, sus conocidos, como Eduardo Moreno Bergareche, amigo de Jorge desde que ambos fueron alumnos del colegio de la Compañía de María, de los Marianistas de San Sebastián. En fiestas de Estella, en el mes de agosto, ambos fueron amonestados por vestir con pantalones cortos. En otra ocasión, Maité los echó de casa después de beber más de la cuenta y amenazar con mearse en la piscina. Eduardo, quien sería conocido

417 *Íñigo Letamendía Belzunce*, 22/09/2021, Zarautz (Gipuzkoa), entrevista realizada por Juan José ECHEVARRÍA.

como *Pertur,* era hijo de otro requeté que incluso mintió sobre su edad para poder alistarse en la Guerra Civil[418].

Moreno Bergareche alcanzaría notoriedad por su labor intelectual, ya que fue el ideólogo de que ETA VII Asamblea se dotase de una dirección política que actuase como vanguardia del movimiento, relegando a la violencia. Pertur, que se definía como un comunista abertzale, fue de los pocos etarras que comprendió que las limitaciones de los poli-milis les impedirían competir en igualdad de condiciones con el PSOE y el PNV en las primeras elecciones democráticas, lo que supondría volver al equilibrio político de 1936, con un tercio de los votos para el tradicionalismo, otro para el nacionalismo y otro para el socialismo, sin rentabilizar la labor opositora al franquismo, hecha en aquellos años por ETA. Para ello, elaboró en 1976, el año de la muerte de Araluce, la ponencia Otsabiaga, tomada del nombre de la célula de estudiantes donde se había iniciado en la organización, que preveía el desdoblamiento de ETA político-militar, mediante la creación de un partido político —el futuro EIA—, que aprovechando todos los cauces que la transición democrática empezaba a permitir, liderase al conjunto poli-mili, relegando a la retaguardia a los miembros armados e incluso obligándoles en un futuro a su desaparición. La verificación completa de sus planes no se concretaría hasta 1982, entre otras cosas, porque Pertur fue asesinado. Otro crimen no esclarecido aún, del que ETA militar responsabilizó al Gobierno Suárez en el comunicado en el que asumió la muerte de Araluce, pero para buscar a sus verdaderos autores convendría observar a los principales opositores de Pertur, en el seno de ETA VII Asamblea, los *bereziak.* Al menos, así lo entendió la familia Moreno Bergareche, después de que, poco antes de su muerte, Pertur denunciara el clima de terror impuesto por los *especiales* entre los poli-milis. De hecho, días antes del asesinato de Araluce a manos de los milis, tras ser aprobada la ponencia Otsabiaga por aplastante mayoría en septiembre de 1976, los *bereziak,* dirigidos por Apala, iniciaron el proceso de abandonar ETA político-militar, poniendo rumbo a su integración en ETA militar. Eduardo Moreno Bergareche, tachado de *liquidacionista* por los *especiales,* fue visto con vida por *última vez el 23 de ju*lio de 1976, poco más de dos meses antes de la muerte de Araluce, en la localidad francesa de Donibane Lohizune, a bordo de un coche, conducido por Apala, y en cuyo asiento trasero viajaba Francisco Múgica Garmendia,

418 *Juan Araluce Letamendía*, 02-09/11/2020, Madrid, entrevistas realizadas por Juan José ECHEVARRÍA.

Pakito, quien sería el gran jefe de ETA militar entre 1987 y 1992. «Nunca quedó aclarado si el enfrentamiento de Pertur con los bereziak había sido la causa de su muerte», escribió en 1986 el historiador John Sullivan, uno de los primeros intelectuales extranjeros que estudió a ETA[419].

Hoy seguimos igual, aunque uno de los hijos de Araluce, Ignacio, casado con una prima de Eduardo, a la que este dio clases particulares, añade una rivalidad personal entre Apala y Pertur, relacionada con una circunstancia sentimental[420]. Araluce, pues, conocía a Eduardo Moreno, desde que este era muy joven, además de haber tratado a sus padres, compartiendo con el progenitor su común pasado como requeté. En Estella, Pertur conoció la religiosidad de su anfitrión. Juan María de Araluce dio un paso trascendental en su creciente implicación religiosa cuando dejó de confesarse con los jesuitas y empezar a hacerlo con los sacerdotes de la Obra. Aquel hito tenía mucho de simbólico, ya que la Compañía de Jesús no solo había liderado la educación de las élites vascas, sino que también había ejercido una dirección espiritual sobre sus integrantes, como atestiguaban muchos de los *capitanes de la industria.* El cambio tenía una evidente trascendencia en la década de los sesenta del siglo XX, porque para entonces los *tecnócratas* habían alcanzado una posición prominente en el régimen. De hecho, desde muy pronto se desconfió del Opus Dei desde FET y de las JONS. Algunos jerarcas falangistas extendieron el rumor de que la Obra tenía como objetivo el control del Estado, incluida la crucial enseñanza superior, acusando al Opus Dei de ser contrario al *espíritu nacional* y tildándolo de ser una institución secreta que actuaba infiltrándose en las estructuras estatales. Hasta el punto, de que, tan pronto como en 1941, el Opus Dei fue denunciado ante el Tribunal Especial para la Represión de la Masonería y el Comunismo —uno de los instrumentos represivos del régimen que cedió en 1964 sus competencias al TOP— por practicar actividades clandestinas, acusación que fue sobreseída dos años después. Todavía en 1943, FET y de las JONS elaboró varios informes en los que se caracterizaba a la Obra como una organización secreta que pretendía «llegar a la conquista del Poder a través de las Entidades

419 FERNÁNDEZ SOLDEVILLA, Gaizka y LÓPEZ ROMO, Raúl: *op. cit.*, pp. 83-84. SULLIVAN, John: *op. cit.*, pp. 205-206. FERNÁNDEZ SOLDEVILLA, Gaizka: «ETA político-militar, de…», p. 137. ALONSO, Rogelio, DOMÍNGUEZ, Florencio y GARCÍA REY, Marcos: *op. cit.*, pp. 78-79.

420 *Ignacio Araluce Letamendía*, 09/11/2020, Madrid, entrevista realizada por Juan José ECHEVARRÍA.

culturales». Las veladas acusaciones continuaron durante las décadas siguientes, alimentadas por tres características del apostolado del Opus Dei. La primera incidía en la novedad teológica que suponía que la perfección religiosa la pudieran alcanzar los laicos, la segunda en que la atracción de la Obra sobre los estudiantes, debido a su dedicación pedagógica, les alejaba de sus anteriores directores espirituales, queja que suscribió más de un jesuita, y la tercera incidía en el método de proselitismo, centrado en la comunicación individual y sin que los miembros de la Obra luciesen signos externos (medallas o determinada vestimenta) en su labor de apostolado, a diferencia de la insignia que lucían los *propagandistas* de Acción Católica, lo que facilitaba las acusaciones de secretismo, siendo tachado el Opus Dei como «mafia blanca o masonería cristiana»[421].

En 1956, los planes neofascistas de Arrese alertaron a muchos de los mandos militares, del empresariado y de la Iglesia. El 18 de diciembre, una delegación episcopal, animada por el Vaticano, visitó a Franco para expresarle su disgusto por la pretendida reforma constitucional del ministro-secretario de FET y de las JONS, que denunciaba cercana al nazismo. A la misma se sumaron los políticos del propio régimen más antifalangistas, encabezados por los ministros Carrero, el conde de Vallellano e Iturmendi, entonces responsable de Justicia, así como el presidente de las Cortes, Esteban Bilbao. Estos atribuían a Arrese la intención de convocar un referéndum a la muerte de Franco que decidiese el futuro del Nuevo Estado, entre la opción monárquica y la republicana, modalidad esta última que, sospechaban, apoyarían los falangistas. El 8 de enero de 1957, en Madrid, en la calle Alcalá, en la sede de la Secretaría General de FET y de las JONS, y en el cercano edificio de los sindicatos, los falangistas se manifestaron en apoyo de Arrese. Pero, tal demostración de fuerza aceleró su caída. El 25 de febrero, Franco cambió el gobierno, siguiendo la opinión de Carrero Blanco, que se convirtió en la *eminencia gris* del régimen. En el área económica del nuevo gabinete, entraron los que entonces se empezarían a conocer como los *tecnócratas*, que encabezarían el giro que llevaría al régimen de la fracasada etapa de la autarquía a la exitosa del desarrollismo, y que a la larga facilitaría el ascenso al trono de Juan Carlos de Borbón. Mariano Navarro Rubio, socio de la Obra desde 1947, fue

421 GONZÁLEZ GULLÓN, José Luis y COVERDALE, John F.: *op. cit.*, pp. 105-106 y 109-110.

nombrado ministro de Hacienda y Alberto Ullastres Calvo, desde 1940, nuevo responsable de Comercio, un exmilitante de las juventudes de Acción Nacional, quien sufriría en el futuro un intento de secuestro. Pero mayor peso político tuvo, sin ser inicialmente ministro, el número dos de Carrero, Laureano López Rodó, destacado miembro del Opus Dei. Todos ellos eran unos decididos partidarios de desideologizar las estructuras del poder, pilotando el cambio del Nuevo Estado, terminología que caería en desuso, hacia una fórmula de Estado más convencional, que cancelase el sistema autárquico e intervencionista que ni siquiera había logrado que España superase la barrera del subdesarrollo. El nuevo camino iba hacia el libre mercado, a través del Plan Nacional de Estabilización Económica, aprobado por las Cortes en 1959, que fortaleció la peseta y redujo la inflación, atrayendo capital extranjero. La derrota del falangismo fue palmaria. En vez de Arrese, los *tecnócratas* López Rodó y Fernández de la Mora, en origen un monárquico tradicionalista, fueron los encargados para redactar el anteproyecto de la ley de Principios del Movimiento Nacional, promulgada por Franco el 17 de mayo de 1958, que confirmaba la devaluación de FET y de las JONS, invalidando la pretensión de convertirlo en un partido-Estado, al modo fascista o nazi. A partir de entonces y bajo la égida de Carrero, los *tecnócratas* ganaron influencia y también aumentó su número en el gobierno, incorporándose a un nuevo gobierno en 1962, que consolidó la liberación económica, entre otros, Gregorio López-Bravo, igualmente miembro del Opus Dei, y que junto a López Rodó acudió al funeral de Araluce. Todo ello conllevó la identificación de la Obra con el franquismo, un régimen autoritario que incorporó a políticos liberales en lo económico, pero reaccionarios en lo doctrinal y renuentes a la liberalización política[422].

El perfil del candidato Araluce en los comicios al tercio familiar de 1967 era atractivo para esos *tecnócratas* que habían tomado el poder en el régimen, bajo la dirección de Carrero. Ellos fueron los que repararon en el notario de Tolosa, socio del Opus Dei y, por tanto, con una sólida cultura católica con la que se identificaban. Su amplia preparación profesional e intelectual era otro punto favorable, mucho más valorada que si hubiera tenido una carrera política, de la que Araluce carecía.

422 GIL PECHARROMÁN, Julio: *op. cit.*, pp. 54-66. FUSI, Juan Pablo: *op. cit.*, p. 162. GONZÁLEZ GULLÓN, José Luis y COVERDALE, John F.: *op. cit.*, pp. 231-232 y 376-386.

Apreciaban que los aspirantes a ocupar las estructuras del Estado fueran pluriopositores, como lo era Araluce que todavía en 1967 se preparaba, acudiendo a Madrid para estudiar con un reputado preparador de la Gran Vía y repasando con un dictáfono en Tolosa, para aspirar a una notaría de más categoría, de primera clase, con la que obtener una plaza en San Sebastián, algo que, sin embargo, nunca lograría. Su «sólida formación jurídica» había sido también uno de los argumentos que le permitió el decisivo apoyo del ministro de la Gobernación[423]. Asimismo, su paso por el asociacionismo familiar, iniciativa falangista que había sido vista con recelo por los *tecnócratas* y por el propio Alonso Vega, había estado presidida por la oposición a los planteamientos del falangista Jorge Jordana, desde presupuestos católicos que eran gratos tanto para el ministro de la Gobernación como para todos aquellos amparados bajo la égida de Carrero.

Su pasado, además, era irreprochable. Requeté y tradicionalista, alejado de cualquier veleidad *javierista,* su carlismo había sido siempre compatible con el régimen, máxime desde que este había abandonado las veleidades fascistas, volviendo al *verdadero* espíritu del 18 de julio, que la ley de Principios del Movimiento Nacional había reconducido hacia la restauración monárquica, cuyo único candidato posible, a ojos de Araluce, era Juan Carlos de Borbón. Eso le granjeó la estima de los poderosos Oriol, que reconocían su «competencia jurídica», y que vieron en él a un continuador de las tesis *estorilas*, como pudo confirmar Antonio María cuando acudió como ministro de Justicia a San Sebastián en el verano de 1967, consolidando una estrecha relación que venía de muy antiguo, desde la época de la infancia y juventud en el Abra; que incluía vínculos también políticos, que solo se deteriorarían en el último año de la vida de Araluce, precisamente el de la edición de 1976 de Montejurra. A su vez, su promoción durante la guerra como alférez provisional y su vinculación a la hermandad que agrupaba a estos, incluido Antonio María, aumentaba su atractivo.

Todo ello le convirtió en el candidato de aquellos que dirigían el gobierno. Sin embargo, Araluce no logró salir elegido en los comicios al tercio familiar de 1967. Se quedó a poco menos de 5000 votos para alcanzar el acta de procurador en Cortes. El ganador fue el *javierista*

423 MARIEZCURRENA, Elena: *op. cit.*, p. 88. *Juan Araluce Letamendía*, 09/11/2020, Madrid, entrevista realizada por Juan José ECHEVARRÍA. Carta de Camilo Alonso Vega a Gregorio López-Bravo de Castro (Madrid, 30/11/1968), APJAL.

Arrue, que logró 49.597 votos, seguido por el socialcristiano Escudero con 43.800, lo que les valió convertirse en procuradores. Araluce se quedó en 38.957 votos y Pagola en 36.332. Pese a ser derrotado, Araluce fue el candidato más votado en localidades muy pobladas como Irún y Rentería. También, en poblaciones menos habitadas como Beasáin, Elgóibar, Legazpia y Villafranca. Asimismo, en Tolosa, donde era muy conocido y donde derrotó al otro candidato carlista, a Arrue, por 394 votos. Este último venció en otros feudos carlistas como Azcoitia, Azpeitia, Vergara, Zarauz y Zumárraga. Escudero solo sobrepasó a Arrue en Rentería, mientras que Pagola solo ganó a Araluce en Hernani y Pasajes. El régimen logró una participación del 36,64 %, incluyendo 3690 votos en blanco y 710 nulos. Se trataba, por tanto, de un seguimiento bajo, dato que quiso minusvalorar el diario de la cadena del Movimiento, *La Voz de España,* señalando en un editorial que «no hay que perder de vista que no se trataba de un referéndum y que en este tipo de elecciones sucede incluso en las democracias inorgánicas que no es frecuente que se registren afluencias masivas».

Todos esos datos, unido al perfil de Araluce, llevaron un año después al gobierno a promoverlo como presidente de la Diputación Provincial de Guipúzcoa, después de que Alonso Vega lo prefiriese frente a otro candidato que había sido alcalde de Fuenterrabía de 1959 a 1967, el *propagandista* José Ramón Fernández de Casadevante Raguán, miembro de un linaje de *jauntxos* de la localidad hondarribitarra. Araluce contaba a su favor con el hecho de ser «persona inédita» a diferencia del anterior[424], por lo que fue finalmente elegido por el ministro de la Gobernación, Alonso Vega, quien era el competente en el gobierno para ello, como establecía la vigente legislación local de 1950[425], decisión que fue comunicada a la diputación por el gobernador civil de Guipúzcoa,

424 Carta de José María de Oriol… a Juan Araluce Letamendía (Madrid, 08/10/1976), APJAL. «Los Srs. Arrúe y Escudero, procuradores en Cortes por la representación familiar», *La Voz de España,* 15/10/1967, p. 9. «En Guipúzcoa, triunfo de los Sres. Arrúe y Escudero», *El Diario Vasco,* 11/10/1967, p. 1. «Tras cuatro horas de…», *La Voz de España,* 15/10/1967, p. 9. ANÓNIMO: «Fernández Casadevante Raguán, José Ramón», *Diccionario biográfico.* Asociación Católica de Propagandistas. https://www.acdp.es/biografia/fernandez-casadevante-raguan-jose-ramon/

Carta de Camilo Alonso Vega a… López-Bravo… (Madrid, 30/11/1968), APJAL.

425 Decreto de 16 de diciembre de 1950 por el que se aprueba el texto articulado de la Ley de Régimen Local, de 17 de julio de 1945. *Boletín Oficial del Estado,* 29/12/1950, núm. 363, pp. 6037-6114.

Enrique Oltra Moltó, un relevante miembro de la ACNP, que había sustituido a Valencia Remón y que hubiera preferido al otro candidato con el que compartía su condición de *propagandista*. *La Voz de España* destacaba del nuevo dirigente de la diputación que era presidente de la Asociación de Cabezas de Familia de Tolosa y consejero nacional de la UNAF. También resaltaba su condición de excombatiente y directivo de la Hermandad de Alféreces Provisionales de Guipúzcoa[426].

426 «Relevo presidencial en la Diputación», *Unidad*, 14/11/1968, p. 4. ANÓNIMO: «Oltra Moltó, Enrique», *Diccionario biográfico*. Asociación Católica de Propagandistas. https://www.acdp.es/biografia/oltra-molto-enrique/

«Nuevo equipo para el gobierno de Guipúzcoa», *La Voz de España*, 09/11/1968, p. 7.

A sangre fría

El nombramiento de Araluce formaba parte de una renovación en profundidad de cargos en la provincia que había afrontado el gobierno, cambiando asimismo al alcalde de San Sebastián, puesto que ocupó el empresario Miguel Muñoa Carresson, presidente de la Cámara de Comercio de Guipúzcoa y del Sindicato Provincial de Papel y Artes Gráficas, y al subjefe provincial del Movimiento, eligiendo al abogado Luis Larrañaga Bilbao, quien había sido teniente de alcalde del ayuntamiento donostiarra[427]. Con ello, el ejecutivo, vicepresidido ya por Carrero, pretendía hacer frente a una situación preocupante para el régimen, como mostraba el estado de excepción que había decretado tres meses antes en Guipúzcoa y la generada por la actuación de los procuradores familiares de la provincia, los rivales de Araluce en los comicios del año anterior. Además, para alarma del régimen, Arrue y Escudero no se encontraron solos en las Cortes. Eran en total 108 procuradores familiares, los que formaron parte de la IX Legislatura franquista, los primeros elegidos por aquel tercio en la historia de esa institución, que habían sido refrendados con una participación del 40 % del censo electoral a nivel nacional; un porcentaje escaso, pero un poco más de tres puntos por encima de los que habían votado en Guipúzcoa. Pese a ello, y a que solo conformaban el 19 % de los 564 miembros de aquella cámara, por debajo de los 150 procuradores por representación sindical o de los 115 por las administraciones locales, llegaron a las Cortes con un cierto espíritu de superioridad respecto al resto de representantes, ya que habían conseguido entrar en la carrera de San Jerónimo, en muchos casos, superando a los candidatos gubernamentales y venciendo la presión de las asociaciones familiares controladas por la SGM. La mayoría de ellos se consideraban aperturistas con respecto al

427 «Don Miguel Muñoa, nuevo alcalde de San Sebastián, y D. Juan María Araluce, nuevo presidente de la Diputación», *El Diario Vasco,* 09/11/1968, p. 8.

régimen, aunque solo unos setenta constituyeron propiamente el núcleo evolucionista de las Cortes, criticando, a veces con presencia de la prensa, la política económica de los *tecnócratas*, la educativa con el trasfondo de las protestas estudiantiles e, incluso, la depuración de funcionarios tras la guerra. También se preocuparon por la ley de secretos oficiales y la del servicio militar, proponiendo acortar el período de presencia en filas. Desde pronto, iniciaron reuniones itinerantes, primero en Pamplona y en Salamanca, donde la prensa acuñó el término de Cortes trashumantes, y luego en Zaragoza, Barcelona y Valladolid. Adquirieron un aura popular de rebeldía, destacando Escudero, entre otros, ante lo que el régimen decidió poner punto final a aquello. El ministro Alonso Vega, con el apoyo del carlista Iturmendi, a la sazón presidente de las Cortes, prohibió a finales de septiembre de 1968 que se produjesen más reuniones de aquellas Cortes trashumantes. Con ello, el régimen demostró que no podía asimilar la flexibilidad y el pluralismo. La liberalización política tendría que esperar.

Los procuradores familiares *trashumantes* también se ocuparon del apoyo a las lenguas no oficiales. Fue en la reunión de Barcelona, donde el procurador Arrue propuso crear una comisión de los representantes gallegos, vascos y catalanes para pedir al Ministerio de Educación facilidades para su enseñanza. Además, el representante carlista intentó infructuosamente que las Cortes elaboraran una proposición de ley «tendente a la conservación y protección de las tres lenguas regionales». En cambio, otras gestiones de los *trashumantes* tuvieron algún rédito, cuando el procurador familiar por Vizcaya, Martín Fernández Palacios, futuro senador de UCD en las Cortes constituyentes, elevó en marzo de 1968 un escrito solicitando la eliminación del preámbulo del decreto-ley de 1937. Con su iniciativa, se sumó a una cadena de pronunciamientos iniciada en 1966 con el objetivo de la supresión de la totalidad de la norma que había abolido el Concierto Económico en Guipúzcoa y Vizcaya, que habían sido hechas desde el tradicionalismo guipuzcoano, como la del entonces presidente de la Diputación Provincial de Guipúzcoa, Antonio Epelde, quien se entrevistó con el ministro Alonso Vega con ese propósito, la de un pleno extraordinario del Ayuntamiento de Tolosa, dirigido por el también diputado provincial Ortiz de Zárate, el amigo de Araluce, y la de la delegación de Excombatientes Requetés de Guipúzcoa, liderada por Sarasola, el alcalde de Villafranca, que había hablado en la campa de Izaskun en 1963 a los veteranos reunidos por el ultraje a las banderas. Asimismo, por la Hermandad de Alféreces Provisionales guipuzcoana, de la que

Araluce era un miembro destacado, en cuya VIII Asamblea, celebrada el 5 de junio de 1966 en San Sebastián, Germán Raguán pidió al gobierno que atendiera la petición «en orden a una posible estructuración [territorial] futura de la nación»[428]. Finalmente, el régimen accedió a la demanda, aunque limitada a la supresión de parte del preámbulo, con lo que denegaba las iniciativas tradicionalistas y solo parcialmente aceptaba la del *trashumante* Fernández Palacios. De tal manera que, el 7 de junio de 1968, Franco promulgó un decreto-ley por el que suprimió los párrafos del preámbulo más lesivos para la reputación de los habitantes de las dos provincias, pero dejando en vigor todo el articulado que había abolido los Conciertos Económicos y el primer párrafo del citado preámbulo que consideraba un *notorio privilegio* dicho instrumento económico[429]. La gestión de Epelde con Alonso Vega se había saldado, pues, con un mero desagravio formal a las provincias afectadas, sin afectar a la parte dispositiva de la norma. El decreto-ley de 1968 se limitaba a eso y el nombramiento de Araluce meses después pretendía colocar a un experto jurista al frente de una institución para que hiciera frente a «ciertos Diputados que vienen reiterando posiciones reivindicativas contrarias al criterio del Gobierno sobre el régimen económico de aquella Corporación», tal como pensaba Alonso Vega[430]; extremo en el que erró el ministro de la Gobernación, porque el nuevo presidente

428 GIL PECHARROMÁN, Julio: *op. cit.*, pp. 88-91. MIRANDA RUBIO, Francisco: «Los procuradores de representación familiar en la novena legislatura franquista (1967-1971)», *Príncipe de Viana*, 203 (1994), pp. 619 y 630. En las elecciones al tercio familiar de 1967, el censo electoral estuvo compuesto por 16.415.139 personas (9.437.721 cabezas de familia y 6.977.418 mujeres casadas). La población española era de 30.582.936 personas (según el censo de 1960), por lo que un 46 % de habitantes no pudieron votar, ya fueran menores de edad o estuvieran excluidos de un voto que no fue universal. INSTITUTO NACIONAL DE ESTADÍSTICA: *Censo de 1960*. https://www.ine.es/jaxiT3/Datos.htm?t=3035#!tabs-tabla

«Para regular la enseñanza de las lenguas regionales», *La Voz de España*, 11/07/1968, pp. 1 y 7. «Moción del Ayuntamiento en Tolosa solicitando la derogación de un decreto ley de 1937», *Unidad*, 02/07/1966, p. 4. PÉREZ PÉREZ, José Antonio: «Foralidad y autonomía bajo el franquismo (1937-1975)», en CASTELLS ARTECHE, Luis y CAJAL VARELA, Arturo (eds.): *La autonomía vasca en la España contemporánea (1808-2008)*, Madrid, Marcial Pons, 2009, pp. 289-290. «Vicente Asuero, nuevo presidente de la Hermandad Nacional de Alféreces Provisionales», *La Voz de España*, 07/07/1966, p. 14.

429 Decreto-Ley 6/1968, de 6 de junio, por el que se modifica el preámbulo del de 23 de junio de 1937. *Boletín Oficial del Estado*, 07/07/1968, núm. 137, p. 8255.

430 Carta de Camilo Alonso Vega a... López-Bravo... (Madrid, 30/11/1968), APJAL.

de la diputación guipuzcoana no solo no frenaría esas aspiraciones, sino que sabría articular una solución foral mucho más ambiciosa.

El mismo día que apareció en el *BOE* tal medida, ETA cometió su primer asesinato. Aquel 7 de junio de 1968, murió el guardia civil José Antonio Pardines Arcay, de veinticinco años, después de haber dado el alto a un vehículo en el que viajaban dos etarras en la desviación de la carretera N-1, Madrid-Irún, a la altura del kilómetro 446,5, en el término municipal de Aduna. Fue un atentado no planificado, que sin embargo puso en marcha una espiral de violencia que no se detuvo hasta más de cuatro décadas después. Literatos como Bernardo Atxaga —pseudónimo de José Iranzu Garmendia—, que se había iniciado como escritor en *Zeruko Argia*, una publicación en euskera que se retrotraía a 1919 y que tras el parón de la Guerra Civil había reiniciado su actividad en 1954, consideran que entonces cambió la historia política vasca.

Los etarras Francisco Javier [Txabi] Echevarrieta Ortiz e Ignacio [Iñaki] Sarasqueta [Sarasketa] Ibáñez, ambos armados, se trasladaban a bordo de un Seat 850 sustraído para acudir a una cita con Joaquín [Jokin] Gorostidi Artola, futuro dirigente de HB, quien les iba a entregar un cargamento de explosivos. El agente de la Agrupación de Tráfico les hizo señas para que se detuvieran y una vez parado el vehículo les requirió el permiso de circulación. Cuando Pardines, agachado y de espaldas, comprobaba en el motor que los datos no coincidían con el número de bastidor y exteriorizó tal hecho, recibió cinco disparos que le causaron la muerte, sin que en ningún momento desenfundara su arma. De los dos etarras, al menos, Txabi Echevarrieta hizo uso de la pistola que portaba. Los etarras huyeron a Tolosa, donde recibieron la ayuda de un colaborador, Eduardo Osa, que los trasladó en otro vehículo. Pero la fuga para Txabi terminó en Venta-Aundi [hoy, Benta-Haundi], en el cruce de la N-1 con la carretera comarcal Tolosa-Azpeitia, donde les paró una pareja de la Guardia Civil, que ya estaba alertada. Hubo un tiroteo en el que tanto los dos agentes, como Echevarrieta y Sarasketa, hicieron uso de sus armas de fuego, muriendo Txabi, dándose a la fuga los otros dos. Sarasketa fue detenido al día siguiente en la casa parroquial de Régil [Errezil], donde se había refugiado, ayudado por el párroco y el coadjutor, aunque fue denunciado por otro miembro de la parroquia. Osa fue arrestado una semana después[431].

---

431 FERNÁNDEZ SOLDEVILLA, Gaizka: «A sangre fría. El...», pp. 77-78 y 94-106. ONTOSO, Pedro: *op. cit.*, p. 26.

El niño Juan Mari Araluce, vestido de casero.

Juan Mari, en su primera comunión.

Ana Goitia Elola-Olaso, en San Sebastián, con sus cuatro hijos mayores. De izquierda a derecha, Quico, Maité (a quien su madre tiene en brazos), Ana y Fernando.

Juan Mari con su padre Gonzalo y su hermana Conchita, en la casa de verano Zalvidea, en Santurce.

El adolescente Juan Mari.

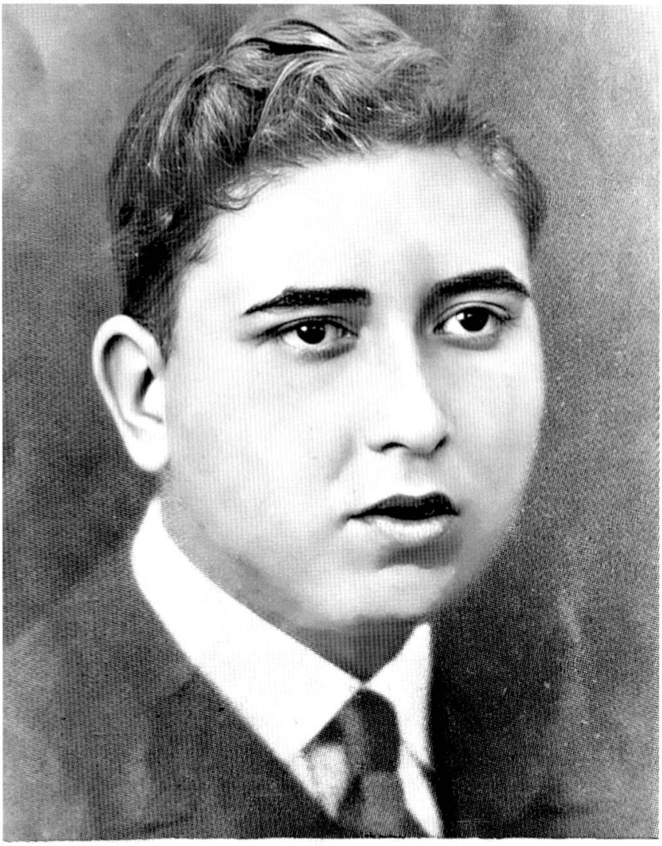

↑ Don Juan María Araluce y Villar, de distinguida familia vizcaína, que ha terminado brillantemente a los dieciocho años de edad el doctorado de Derecho, siendo probablemente el abogado español que lo ha hecho a más temprana edad.

(Fotos Pío Ortiz.)

El doctor en Derecho Juan María Araluce, en una fotografía publicada por la revista *Esto*.

El requeté Juan Mari con su madre María en el balcón de la casa familiar de la calle Henao, en Bilbao, durante un permiso en la Guerra Civil.

El alférez del Ejército de Aviación Juan María Araluce.

Un grupo de dantzaris baila un aurresku a la salida de la boda de Juan Mari y Maité, en la iglesia de San Vicente, en San Sebastián.

Entrega de arras en la boda. A la izquierda, Francisco Letamendía, y a la derecha, María Villar, los padrinos del enlace.

Juan Mari, durante el viaje de novios.

Juan Mari y Maité, en la campa de Montejurra.

Los abuelos Francisco Letamendía y Ana Goitia con sus nietos en los jardines de la Reina Regente, en San Sebastián. Al fondo se ve la casa de los Letamendía. Arriba, de izquierda a derecha: Jaime Letamendía Buceta, su hermano Gonzalo, Jorge Letamendia Belzunce, Ignacio Escudero Letamendía, Íñigo Letamendía Belzunce, María del Mar Araluce Letamendía, Francisco Letamendia Belzunce. Abajo, María Luisa Escudero Letamendía, Maite Letamendía Belzunce, Ana Escudero Letamendía. En brazos del abuelo, Gonzalo Araluce Letamendía. A su derecha, agarrándole, Diego Letamendia Belzunce. Finalmente, la abuela con Paloma Letamendía Buceta y Juan Araluce Letamendía.

Juan Mari Araluce en la basílica de Nuestra Señora del Puy de Estella. Arriba, de izquierda a derecha, sus hijos Juan y María del Mar. Abajo, Ignacio y Gonzalo.

En el monte Igueldo, en San Sebastián. De izquierda a derecha, la abuela María, Juan María y Maité. Abajo, los niños Gonzalo, Ignacio, María del Mar y Juan.

El matrimonio en su casa de Tolosa, localidad donde Juan María Araluce ejerció de notario, con sus primeros cinco hijos. De izquierda a derecha: Juan María con Ignacio en sus brazos y Maité con Javier. Abajo, Juan, María del Mar y Gonzalo.

Juan María Araluce, en París.

Los *pelayos* suben a Montejurra. A la izquierda Gonzalo, en el centro Ignacio y por detrás Juan.

Juan María de Araluce en su despacho de la Diputación de Guipúzcoa. A su derecha, la bandera del tercio requeté de San Ignacio.

Toda la familia Araluce Letamendía en el jardín de la nueva Zalvidea, en Estella. De izquierda a derecha, de pie, Gonzalo, Ignacio y Juan. En la segunda fila: Maite, Juan María, Maité y Javier. En el suelo, María, José y María del Mar quien tiene en brazos a Marta.

El matrimonio Araluce Letamendía con los príncipes Juan Carlos y Sofía en la cena de gala celebrada en la Diputación el 10 de julio de 1973.

Juan María de Araluce saluda al príncipe Juan Carlos en el acto de homenaje a Juan Sebastián Elcano, en lo que hoy se llama el Paseo Nuevo, el 10 de julio de 1973.

Maité Letamendía, del brazo del príncipe Juan Carlos, sale del salón del Trono, camino del comedor de la Diputación de Guipúzcoa, para celebrar la cena de gala, momento culminante de la visita de los príncipes a la provincia. Detrás, Juan María de Araluce y la princesa Sofía.

Primera comunión de Marta, en San Sebastián. De izquierda a derecha: Gonzalo, Ignacio, María del Mar, Maité, José, María y Juan María, Maite, Juan y Javier. Una de las últimas fotografías existentes de toda la familia.

El presidente de la Diputación de Guipúzcoa reparte libros en el Festival Interescolar de Danzas Vascas.

Juan María de Araluce con uno de los más destacados representantes de los tecnócratas y responsable del primer acuerdo de España con el Mercado Común, Gregorio López-Bravo, ministro de Jornada en el verano de 1973, en Laurgain, Aia.

Juan María de Araluce.

Desde el primer momento, ETA presentó lo sucedido en Aduna como un enfrentamiento armado entre Pardines, por un lado, y Echevarrieta, por otro. Una lucha, frente a frente, con los dos implicados desenfundando sus pistolas, propia del *far west*. Respecto a lo ocurrido después, en Venta-Aundi, uno de los hagiógrafos de ETA, José María Lorenzo Espinosa, miembro de HB, sostuvo sin pruebas que Txabi —cuyo apellido escribía como Etxebarrieta, pese a que el propio interesado siempre lo hizo como Echevarrieta— fue arrastrado contra un muro de granito, donde fue rematado, como si hubiera sido fusilado. De esa manera, la figura de Txabi, al que el mismo Lorenzo Espinosa llegó a calificar de *humanista armado*, fue agigantada, convirtiéndose en un mito, en un *gudari* al que se comparó con Ernesto *Che* Guevara, fusilado siete meses antes en Bolivia, justificando la espiral de violencia en la que ETA se embarcó a partir de entonces, provocando una honda inflexión en la historia vasca. ETA llegó a calificarle como el «primer mártir de nuestra revolución» (*Gure Reboluzioaren Lenengo Martiria*), tildando su muerte como un «asesinato a sangre fría». En sus funerales, en San Sebastián, los oficiantes citaron la encíclica *Popularum Progressio* de Pablo VI y escritos del prepósito general de los jesuitas Pedro Arrupe y Gondra para justificar la violencia. Decenas de misas por toda la geografía vasca se oficiaron en su recuerdo[432].

El maridaje entre una parte del clero vasco y el nacionalismo tuvo otro ejemplo en aquel año de 1968, cuando una minoría de clérigos, agrupados en el colectivo Gogor (Duro), se enfrentó a la jerarquía eclesiástica a la que consideraban vendida a la dictadura. Tal grupo vizcaíno había nacido a finales de 1967 con el nombre de Gogortasuna, una reducción del lema «Gogorkeriaren aurka, Gogortasuna» (Contra la violencia, dura resistencia), denunciando casos de torturas y malos tratos policiales. En abril de 1968, una carta en ese sentido, enviada a los gobernadores civil y militar de Guipúzcoa, fue escrita por el abad del monasterio de Santa Teresa de Lazcano, el lingüista y promotor del euskera Mauro Elizondo Artola, y los misioneros capuchinos Miguel Ángel Olano y Urteaga e Ignacio Larrañaga Lasa. Ese mismo año, la

432 LÓPEZ ROMO, Raúl: «Pardines: (Des)memoria de un asesinato», en FERNÁNDEZ SOLDEVILLA, Gaizka y DOMÍNGUEZ IRIBARREN, Florencio: *Pardines. Cuando ETA empezó a matar*, Madrid, Tecnos, 2018, p. 134. LORENZO ESPINOSA, José María: *Txabi Etxebarrieta. Armado de palabra y obra*, Tafalla (Navarra), Txalaparta, 1994, p. 135. LOUZAO VILLAR, Joseba: *op. cit.*, p. 104. ONTOSO, Pedro: *op. cit.*, p. 25.

Curia diocesana de Bilbao fue ocupada en dos ocasiones por un grupo de sacerdotes del colectivo Gogor. También se produjo un encierro en el Seminario de Derio (Vizcaya), protagonizado por medio centenar de sacerdotes y una decena de miembros de órdenes religiosas, denunciando la opresión franquista en Euskadi. Entre 1965 y 1968, el Gobierno Civil de Vizcaya elaboró 367 informes sobre actividades políticas del clero, incluyendo homilías y apoyo a movilizaciones, acabando en multas y detenciones que provocaron nuevas protestas. Los problemas para el franquismo se acrecentaron, cuando a finales de aquel último año fallecieron los máximos representantes de la jerarquía eclesiástica en Guipúzcoa y Vizcaya, que se habían significado por su convivencia con el franquismo, reduciéndose así el apoyo de la Iglesia de aquellas provincias al régimen. El obispo Bereciartua, poco antes de morir, había condenado el atentado contra Pardines «porque la violencia no es camino para resolver los problemas (...), no cabe, en cristiano, ninguna justificación para su empleo». El obispo Pablo Gúrpide Beope había suspendido *a divinis* a los encerrados de Derio[433], con lo que los afectados vieron interrumpidas sus funciones.

Más allá de la actuación de una parte de la iglesia vasca, fue la propia ETA la que constató que la estrategia de acción-represión-acción, conceptualizada por el nacionalista Federico Krutwig Sagredo, conseguía unos réditos extraordinarios. En 1968, hubo 434 detenidos, 189 encarcelados, 75 deportados y 28 exiliados. El régimen, con una cortedad de miras extraordinaria, facilitó el éxito etarra, decretando el mencionado estado de excepción en Guipúzcoa que suprimió las garantías personales existentes. Los abusos policiales consiguientes reforzaron a ETA, adquiriendo un protagonismo inédito hasta entonces y erigiéndose en la representación de un nacionalismo revitalizado. Fue entonces, como señaló Fusi, cuando el franquismo entró en la senda del desprestigio entre los vascos, arrastrando consigo al españolismo en aquellas provincias, donde hasta 1968 no se habían producido desafíos relevantes contra el régimen. Para el citado historiador, la época de estabilidad del franquismo en aquellas provincias, que había presidido las décadas de los cuarenta y cincuenta, entró en crisis en los años sesenta por la actuación de ETA, por el creciente conflicto con la Iglesia vasca, por la conflictividad laboral y por una

433 PABLO CONTRERAS, Santiago de: *op. cit.*, pp. 55-57. ONTOSO, Pedro: *op. cit.*, pp. 55-57.

disidencia intelectual y cultural. De la estabilidad del régimen, se pasó a la conflictividad con este[434].

De hecho, ETA había decidido recurrir al asesinato desde antes de la muerte de Txabi Echevarrieta, aplicando la estrategia de que la esperada represión solo podía ocurrir después de la acción. El 2 de junio de 1968, cinco días antes de los sucesos de Aduna, la cúpula etarra había celebrado una reunión en Ondarroa, donde decidió matar a los jefes de las brigadas político-sociales de Vizcaya y Guipúzcoa, José María Junquera Rubio y Melitón Manzanas, respectivamente. El segundo de esos objetivos fue encargado a Txabi, en una operación que, bautizada como Sagarra (Manzana), se concretó después de la muerte de Echevarrieta. El 2 de agosto, Manzanas fue asesinado por la espalda en presencia de su mujer e hija al llegar a su domicilio en Irún, decretando al día siguiente el gobierno el estado de excepción. El inspector jefe había nacido en San Sebastián y estuvo preso en el fuerte Guadalupe, donde fueron asesinados derechistas en la Guerra Civil. Desde 1941, pertenecía al Cuerpo General de la Policía, recibiendo una cincuentena de felicitaciones públicas, a la par que era acusado de malos tratos por opositores antifranquistas, como Recalde. Junquera se salvó al irse de vacaciones[435].

Ambos formaban parte de la élite del Cuerpo General de la Policía, como miembros de la Brigada de Investigación Social, más conocida como la brigada político-social o la secreta, centrada en la persecución de la oposición política en las ciudades. El cuerpo de seguridad al que pertenecían era la única estructura policial de la que disponía el régimen que no estaba formalmente militarizada, pero de hecho los militares lo dirigían desde el Ministerio de la Gobernación, por lo que en la práctica no se diferenciaba de las militarizadas Policía Armada o la Guardia Civil con una jerarquía castrense que había combatido en el bando alzado durante la guerra. Tanto estas como el Cuerpo Superior disponían de unas estructuras de carácter autoritario, cuya misión era

434 SULLIVAN, John: *op. cit.*, p. 54. JAIME JIMÉNEZ, Óscar: «De la *Guerra revolucionaria* a la guerra de desgaste. La espiral violenta de ETA (1968-1978)», en FERNÁNDEZ SOLDEVILLA, Gaizka y DOMÍNGUEZ IRIBARREN, Florencio: *Pardines. Cuando ETA empezó a matar,* Madrid, Tecnos, 2018, p. 203. FUSI, Juan Pablo: «El País Vasco durante el franquismo: una visión general», *Cuadernos de Alzate,* 50-51 (2018), p. 60.

435 FERNÁNDEZ SOLDEVILLA, Gaizka: *op. cit.*, p. 94. ALONSO, Rogelio, DOMÍNGUEZ, Florencio y GARCÍA REY, Marcos: *op. cit.*, pp. 20-23.

garantizar el orden público al servicio de la propia supervivencia del régimen franquista. Todas aquellas policías estaban caracterizadas por unas «actitudes rudas y autoritarias», que «eran la expresión de una forma de entender el mantenimiento de la paz social por parte de las autoridades y de la propia sociedad», en palabras del politólogo experto en seguridad y violencia política Óscar Jaime Jiménez[436]. Tal carácter autoritario se vio acrecentado bajo los estados de excepción, que suspendían tres artículos del Fuero de los Españoles, una de las leyes fundamentales del régimen, interrumpiendo la libre fijación de la residencia, la inviolabilidad del domicilio y el período de detención limitado a las setenta y dos horas[437]. A causa de la brutalidad y arbitrariedad policial, fueron detenidas y, en algunos casos, maltratadas físicamente cientos de personas, muchas de ellas sin vinculación con ETA[438]. Todo ello ratificaba la idoneidad de la estrategia acción-represión-acción para la dirección de aquel movimiento nacionalista radical.

Esta era la situación política y social que se encontró Araluce cuando tomó posesión como presidente de la Diputación Provincial de Guipúzcoa. Desde poco más de un año antes, la familia Araluce se había trasladado a vivir a San Sebastián, debido a la muerte del padre de Maité, que dejó viuda a Ana Goitia. Un año antes, lo había hecho la hija mayor para estudiar el bachillerato de letras, opción que no había en Tolosa. María del Mar hizo ya el curso 66-67 en el colegio de la Asunción, regido por la congregación religiosa de igual nombre y situado en el alto de Miracruz, viviendo aquel año en la casa de la abuela, en la calle Reina Regente. Para el curso 67-68, el segundo hijo, Juan, se trasladaría también a San Sebastián por el mismo motivo, estudiando en el colegio de San Ignacio de Loyola, regido por los jesuitas, muy cerca de la clínica donde habían nacido todos los hermanos. Todo ello, llevó al matrimonio a decidir el traslado. Además, Juan María quería que sus hijos viviesen un ambiente más cosmopolita y eso solo podía dárselo San Sebastián. «No quiero que los chavales se limiten a ser los hijos del notario del pueblo», dijo en alguna ocasión. En septiembre de 1967, alquilaron una casona de estilo francés en Ategorrieta que disponía de jardín, donde crecían hortensias y que tenía una casa aledaña

436 JAIME JIMÉNEZ, Óscar: *op. cit.*, pp. 198-199.

437 Decreto-Ley de 3 de agosto, por el que se declara el estado de excepción en la provincia de Guipúzcoa. *Boletín Oficial del Estado*, 05/08/1968, núm. 187, p. 11.591.

438 SULLIVAN, John: *op. cit.*, p. 89.

para los guardeses, un matrimonio cuyos nombres eran Justo y Justa. Era Villa Ignacia, situada muy cerca de donde proseguiría su formación María del Mar, en el mismo colegio donde habían estudiado su madre, Maité, y su abuela, Ana, fundado en 1882. Araluce, mientras tanto, se desplazaba a diario a Tolosa a su despacho profesional, a la par que seguía preparándose para alcanzar una notaría de primera categoría en San Sebastián o un traslado a una de segunda categoría más cercana a la ciudad. Los planes familiares coincidían, pues, en la capital guipuzcoana. Pero los miembros de la familia no eran aún conscientes de hasta qué punto. El 14 de noviembre de 1968, Araluce juró como nuevo presidente de la Diputación Provincial de Guipúzcoa, siendo sustituido en la notaría de Tolosa por su colega Manuel Tamayo Clarés, con quien trabajaba desde antes bajo la fórmula de despacho *convenido* (unido), pero manteniendo la titularidad de protocolo y acordando un reparto de los honorarios profesionales al ser incompatible con su nueva responsabilidad al frente de la corporación provincial, que no era retribuida[439].

En el acto donde Araluce asumió su primer cargo político, celebrado en el palacio de la Provincia, el gobernador Oltra Moltó, un hombre del régimen que destacaba por su capacidad de disertación política como conferenciante, así como por sus análisis periodísticos, reconoció que «se produce este relevo en momentos importantes para la nación y para la provincia». El gobernador, fiel representante de aquellos católicos que habían abrazado el franquismo que puso fin a la democracia liberal de la Segunda República, se vio obligado a hacer una referencia justificativa de la posición del régimen: «No nos atrae (…) ni el centralismo absolutista y liberal, ni un desorbitado y desfasado autonomismo, ni mucho menos un separatismo suicida, trasnochado, anacrónico y superado». Para el *propagandista* Oltra, «la fórmula es (…) el equilibrio, el justo encaje de provincias y municipios dentro de una empresa común que a todos nos une y nos comprometa en aquella superior unidad de destino en lo universal que constituye la patria», obviando la región vasca y enfatizando el viejo lema *joseantoniano*. Araluce, en cambio, prefirió centrar su discurso en el futuro, recordando que era un jurista: «Traemos cada hombre la impronta de nuestro personal acervo, que en mi ha de traducir la de quien ha consumido buena parte de su vida

439 *Juan Araluce Letamendía*, 12-09/10-11/2020, Madrid, entrevistas realizadas por Juan José ECHEVARRÍA. AZPÍROZ, Juan I.: «RE: Juan María Araluce…», *Email electrónico*, 16/12/2021, 13.54.

instrumentando para el Derecho las exigencias del cotidiano quehacer». Por ello, ahora que asumía responsabilidades políticas, entendía que el Derecho debía marcar aún más su actuación: «Esto, que en el orden privado resulta indispensable, cobra aún mayor relieve, si cabe, cuando se desplaza a la esfera pública, pues constituye el respeto al derecho la condición necesaria para el buen orden de nuestra convivencia, destino en definitiva de la Política y de la Administración». Por razones ideológicas y de tradición familiar, Araluce defendió siempre que el Derecho amparaba la singularidad de la provincia que ahora gobernaba:

> Un Estado, que en sus leyes fundamentales se define enraizando en nuestra mejor tradición histórica, constituye garantía inapreciable de que su ordenamiento jurídico habrá de recoger la realidad, vivamente sentida por nuestro pueblo, de que las tierras y los pueblos de España se integran en la comunidad nacional, para lograr (...) la proyección, sin desfiguraciones uniformadoras, de los valores que le son propios.

No reconocerlos, para Araluce, implicaba una grave equivocación, alertando del peligro de no actuar al unísono: «Dislocar esta visión, identificando las necesidades de la Nación con la acción administrativa de los Organismos Centrales y enfrentarla a la propia de las Entidades locales, como si de dos fuerzas en pugna se tratara, constituiría (...) el mayor error político que podríamos padecer». Araluce juró ante el crucifijo y los evangelios, imponiéndole el gobernador las insignias correspondientes y dándole el bastón de mando. Para ello se había tenido que afiliar a FET y de las JONS, por indicación expresa de Oltra en su calidad de jefe provincial del Movimiento, algo a lo que hasta entonces siempre se había negado. De hecho, nunca usó el uniforme del partido único, acudiendo a la toma de posesión vestido de traje[440].

Tras el acto, Araluce concedió una entrevista al periódico tradicionalista *La Voz de España* para que fuera publicada al día siguiente. Era consciente que la ineludible pregunta sobre la recuperación del

440 PASTOR, Roberto: «¿Quién es...? Enrique Oltra Moltó», *La Voz de España,* 14/11/1968, p. 2. «Amar y servir a Guipúzcoa dentro de una empresa común», *Unidad,* 14/11/1968, p. 4. Discurso de Araluce en su toma de posesión como presidente de la Diputación Provincial de Guipúzcoa (San Sebastián, 14/11/1968), APJAL. «Relevo presidencial en la...». *Juan Araluce Letamendía,* 22/11/2020, Madrid, entrevista realizada por Juan José ECHEVARRÍA.

Concierto Económico podía ocasionarle problemas políticos en un régimen que era dirigido por quien lo había abolido en 1937 y cuyo gobierno era contrario a su restitución, como evidenciaba la equivocada estrategia de Alonso Vega cuando le nombró. Por ello, contestó la respuesta sopesando mucho lo que decía, ya que supondría su primer posicionamiento al respecto como presidente de la diputación: «Efectivamente, la descentralización, que yo llamaría más bien descongestión de la administración central, habrá de constituir un factor de evidente importancia para la mejor administración de los intereses públicos. La forma en que ha de realizarse esa descentralización y su concreta expresión en la provincia de Guipúzcoa es un tema que exige ser examinado con la mayor seriedad y en colaboración con otras provincias de características parecidas»[441]. Es decir, Araluce se mostraba inequívocamente a favor de una autonomía provincial que propiciase una mejor administración para Guipúzcoa, sin querer aún explicitar que esta debía de ser de carácter neoforal, recuperando el Concierto Económico, aunque ya apuntaba que tal reivindicación debía contar con el apoyo de la provincia vasca que lo había mantenido (Álava) y sobre todo con la que también lo había perdido: Vizcaya. El entrevistador de *La Voz de España* transcribió sus palabras y se las envió al nuevo presidente de la diputación antes de ver la luz, por si quería matizar algún extremo, siendo devuelta sin correcciones y como tal publicada.

El periodista que le había hecho la pregunta sobre el Concierto Económico, ligando la oportunidad de su recuperación a unos mayores ingresos para la diputación y consecuentemente una mayor capacidad de gasto para ella, era Javier de Aramburu Sagarzazu, que más tarde sería redactor jefe del diario nacionalista *Deia*, además de miembro de la RSBAP. Aramburu inquirió también al presidente de la diputación sobre el euskera, en concreto por la demanda sobre la educación bilingüe en Guipúzcoa, que no había sido atendida por el Ministerio de Educación y Ciencia. Araluce respondió: «La promoción del vascuence, que ciertamente hemos descuidado muchas generaciones, recobre felizmente en nuestros días un claro impulso». A la par, estableció su futura línea argumentativa al respecto, que pasaba por evitar una fractura de la sociedad vasca a causa de la lengua:

441 «Tomó posesión el nuevo presidente de la Diputación de Guipúzcoa», transcripción mecanografiada de una entrevista de Javier de Aramburu para *La Voz de España* publicada el 15 de noviembre de 1968 (San Sebastián), APJAL.

> Personalmente opino que esta labor de promoción deberá estar marcada por el signo de estas dos circunstancias concurrentes: privarla de cualesquiera prejuicios e implicaciones políticas y evitar a todo trance la división del pueblo vasco en dos comunidades idiomáticas repartidas según sus distintas circunstancias geográficas y sociales. Lo ideal sería el empleo indiscriminado de ambos idiomas con arreglo a su peculiar funcionalidad.

También fue preguntado por la mejora de la red de carreteras, a todas luces insuficiente con el nivel de industrialización provincial, que en los años cincuenta y sesenta había experimentado un exponencial incremento, colocando a Guipúzcoa entre las provincias españolas con mayor Producto Interior Bruto per cápita. Araluce contestó que era plenamente consciente: «Por cuanto por mi profesión de notario, me ha tocado patear mucho por los caminos y los montes de la provincia». De hecho, a resolver ese problema, dedicaría muchas horas en el futuro, presentando ya en el mes de enero siguiente un plan de carreteras rurales[442].

Su primera visita como nuevo presidente de la diputación la hizo al santuario franciscano de Arantzazu, que albergaba la talla de la patrona de Guipúzcoa y que era un centro difusor de la foralidad, del euskera y en general de la cultura vasca. Acudió con Maité, ambos vestidos de luto porque acababa de fallecer la madre de su esposa, Ana Goitia. En noviembre de 1968, tomó posesión como presidente del Consejo de Administración de la Caja de Ahorros Provincial (CAP), el principal instrumento financiero con el que contaba la diputación. A principios del año siguiente, Araluce tuvo la satisfacción de inaugurar la nueva sucursal de la CAP en Tolosa, en un acto al que acudió el alcalde Ortiz de Zárate[443].

El 24 de enero de 1969, el régimen decretó el estado de excepción en todo el territorio nacional ante unas nuevas protestas estudiantiles tras la muerte en Madrid del miembro del FLP Enrique Ruano Casanova

442 ARAMBURU, Javier de: «Cinco preguntas al nuevo presidente», *La Voz de España,* 15/11/1968, p. 21. ARRIETA ALBERDI, Leyre y BARANDIARAN CONTRERAS, Miren: *op. cit.*, p. 103. «Este año comenzará el plan de carreteras rurales», *La Voz de España,* 11/01/1969, p. 1.

443 «El presidente de la Diputación, en Aránzazu», *La Voz de España,* 17/11/1968, p. 12. *Juan Araluce Letamendía,* 09/11/2020, Madrid, entrevista realizada por Juan José ECHEVARRÍA. «Toma posesión del Sr. Araluce Villar», *La Voz de España,* 24/11/1968, p. 25. «Inauguración en Tolosa», *El Diario Vasco,* 27/02/1969, p. 1.

mientras estaba detenido. Estuvo en vigor hasta el 22 de marzo siguiente[444], por lo que Guipúzcoa sumó casi nueve meses ininterrumpidos bajo el estado de excepción, contados desde el día siguiente del asesinato de Melitón Manzanas. El 11 de diciembre de 1968, *La Voz de España* había publicado una carta enviada por Araluce, en la que el presidente de la diputación mostraba su solidaridad con el alcalde de Lazcano [hoy, Lazkao], Juan Beguiristain Izaguirre, quien había sufrido el saqueo e incendio de su domicilio. En la misiva, Araluce advertía que la «corrección» de tales hechos «no se agota por la sola represión policial», al entender que la acción gubernamental debía contemplar otro tipo de medidas más políticas[445].

Sin embargo, la represión tuvo sus resultados: a partir de agosto de 1968, ETA se vio obligada a replegarse para reorganizarse, evidenciando lo sumamente vulnerable que era. Una serie de actuaciones policiales no solo la descabezó, sino que también la diezmó. A finales de aquel año fue detenido José María Dorronsoro Ceberio, *Unai*. Ya, en enero de 1969, fueron capturados Gregorio López Irasuegui [Irasuegi] y Francisco Javier Izco [Izko] de la Iglesia cuando intentaron asaltar la cárcel de mujeres de Pamplona. En marzo, cayeron otros cuatro miembros de ETA. Y en abril, la policía detuvo a otros tres en un piso de Bilbao, entre ellos Mario Onaindía [Onaindia] Nachiondo [Natxiondo]. Los cuatro mencionados formaban parte del núcleo dirigente de ETA. Solo unos cuarenta etarras lograron evitar su detención entonces, mientras que ETA contaba con unos quinientos militantes cuando murió Manzanas, cifras elocuentes que reflejan el «golpe durísimo» infringido, obligándola a reconsiderar su estrategia. De aquel piso de Bilbao vigilado desde días antes por la policía, logró huir, pese a ser herido, Miguel [Mikel] Echevarría Iztueta, *Makagüen*, quien paró un taxi en la calle. Cuando el taxista, Fermín Monasterio Pérez, advirtió que su cliente estaba ensangrentado, le pidió explicaciones. La discusión terminó con cuatro disparos de Makagüen que acabaron con la vida de

444 Decreto-Ley 1/1969, de 24 de enero, por el que se declara el estado de excepción en todo el territorio nacional. *Boletín Oficial del Estado*, 25/01/1969, núm. 2, p. 1175. Decreto-Ley 8/1969, de 22 de marzo, por el que se levanta el estado de excepción en todo el territorio nacional. *Boletín Oficial del Estado*, 24/03/1969, núm. 71, p. 4221.

445 ARALUCE, Juan María de: «Solidaridad con el alcalde de Lazcano», *La Voz de España*, 11/12/1968, p. 12.

Monasterio[446]. El chófer se convirtió en la tercera víctima mortal de ETA, organización que no volvió a recurrir al asesinato hasta el verano de 1972, tres años después, evidenciando su debilitamiento.

La huida de Mikel Echevarría, quien se puso a salvo en Francia, provocó una nueva oleada de detenciones, hasta un centenar de ellas, entre las que destacó la del sacerdote José Ángel Ubieta López, vicario general de la Diócesis de Bilbao —el segundo en la jerarquía provincial—, arresto que motivó una enérgica protesta del obispo José María Cirarda Lachiondo, nuevo responsable de la diócesis de Bilbao tras la defunción de Gúrpide. Hasta siete sacerdotes habían participado en la fuga de Makagüen. Cuatro de ellos fueron arrestados y enjuiciados. No fueron los únicos presbíteros vizcaínos que fueron detenidos en 1969 y 1970 por sumarse a las protestas. Cientos de seglares y sacerdotes ocuparon una iglesia en febrero del primer año para denunciar la represión que ejercía el régimen. El propio Cirarda se negó, en junio de ese segundo año, a oficiar un tedeum en conmemoración del aniversario de la entrada en Bilbao de las tropas franquistas que se celebraba desde 1938 en la basílica de Begoña, algo inédito para la Iglesia *purificadora* de la Guerra Civil, evidenciando que la ruptura entre el clero vasco y el régimen alcanzaba ya a la jerarquía eclesiástica, lo que preocupó al régimen en la medida en que uno de sus pilares flaqueaba. En San Sebastián, la Policía Armada desalojó en 1969 a los curas que se habían encerrado en el Buen Pastor como protesta al estado de excepción, donde treinta y tres años antes se habían concentrado los requetés para subvertir el orden liberal. Unos quinientos sacerdotes vascos pidieron en aquel año de 1969 a la Conferencia Episcopal que condenara dicho estado de excepción[447].

El propio régimen no solo fue incapaz de calibrar lo capitidisminuida que había quedado ETA en 1969, sino que además tardó en percatarse de que la actuación policial propiciaría una de sus mayores crisis con la escisión vivida en la VI Asamblea celebrada en los últimos días de agosto y primeros de septiembre de 1970 en un albergue de la localidad francesa de Itxassou (conocida en euskera como Itsasu). Entonces,

446 JAIME JIMÉNEZ, Óscar: *op. cit.*, pp. 203-204. SULLIVAN, John: *op. cit.*, pp. 89-91. SÁNCHEZ CORBÍ, Manuel y SIMÓN, Manuela: *op. cit.*, p. 78. ALONSO, Rogelio, DOMÍNGUEZ, Florencio y GARCÍA REY, Marcos: *op. cit.*, p. 25.

447 SULLIVAN, John: *op. cit.*, pp. 91 y 89. ALONSO, Rogelio, DOMÍNGUEZ, Florencio y GARCÍA REY, Marcos: *op. cit.*, pp. 24-25. ONTOSO, Pedro: *op. cit.*, pp. 86-89 y 95. PABLO CONTRERAS, Santiago de: *op. cit.*, pp. 56-57.

dos planteamientos ideológicos se enfrentaron: el marxista y el nacionalista. El primero se había ido incorporando al ideario nacionalista de ETA desde su IV Asamblea, celebrada cinco años antes, en la que se marcó como objetivo la construcción de una sociedad socialista, para desesperación de uno de sus fundadores, de Txillardegi, que creía que ETA había dejado de ser un movimiento nacionalista para convertirse en un partido marxista, que relegaba la importancia del euskera y primaba la constitución de un frente de clase, lo que a sus ojos era un anatema. En el fondo de la polémica, subyacía una realidad incontestable, la existencia de una comunidad de origen inmigrante cuya lengua no era el euskera y que formaba en gran medida la clase trabajadora en las provincias vascas. La presencia de tales inmigrantes era una amenaza para la construcción nacional vasca, ya que se trataba de «una quinta columna eficaz contra nuestra liberación»[448], como dijo el propio Txillardegi, que abandonó ETA en 1967.

Tales disensiones estallaron en 1970 en la VI Asamblea, cuando ETA atravesaba uno de los momentos de mayor debilidad de su historia. En dicho cónclave, ante la victoria de los planteamientos marxistas, los militantes más nacionalistas se escindieron, no reconociendo a dicha VI Asamblea que tacharon de ilegal y permaneciendo bajo las directrices de la V Asamblea. Fueron tildados de milis, epíteto de éxito futuro. Entre ellos, había miembros fundadores de ETA, como Julen Madariaga Aguirre [Agirre], que fue expulsado de la asamblea por conspirar contra los que ya eran los nuevos dirigentes. También destacados ideólogos del nacionalismo radical, como Federico Krutwig, que denunciaba la subordinación de la lucha nacional a la de clases por unos dirigentes a los que creía traidores y que consideraba que eran comunistas españoles infiltrados en el movimiento. Asimismo, por otros que ocupaban puestos relevantes en ETA, como Juanjo Etxabe que controlaba el Frente Militar de la organización y que había criticado que el botín del atraco a un banco hubiera terminado siendo cedido a obreros de Granada, lo que en su opinión suponía un robo a la resistencia vasca para ayudar

448 FERNÁNDEZ SOLDEVILLA, Gaizka y LÓPEZ ROMO, Raúl: *op. cit.*, pp. 74-75 y 54. ETXANIZ ORTUÑEZ, José Ángel: «La revitalización del Partido Comunista de Euskadi (1970-1975): El ingreso de militantes de ETA VI asamblea (Minos)», en BUENO LLUCH, Manuel, HINOJOSA MONTALVO, José Ramón y GARCÍA GARCÍA, Carmen (coords.): *Historia del PCE: I Congreso, 1920-1977*, Volumen II, Oviedo, Fundación de Investigaciones Marxistas, 2007, p. 322. SULLIVAN, John: *op. cit.*, pp. 58-63.

a los aborrecidos españoles. Los escindidos elaboraron un manifiesto que tachaba a los triunfadores de la VI Asamblea de *españolistas* y proclamaba su aspiración de que el euskera fuera la única lengua del futuro Estado vasco independiente, en la línea del nacionalismo de base lingüística conceptualizado por Txillardegi. En cambio, para los triunfadores de aquella asamblea, había que acabar con la tradicional reivindicación de la exigencia monolingüe (en euskera), entre otras razones porque la propaganda dirigida a los obreros debía hacerse en castellano si pretendía movilizar a estos; una estrategia que tuvo enseguida réditos, introduciéndose ETA por primera vez en el entorno obrero, a través de CCOO, en detrimento del PCE y de la HOAC. Por el contrario, para los derrotados, tales *españolistas* pretendían actuar en conjunción con la clase obrera en el ámbito del Estado español relegando la mencionada cuestión nacional, cuando su prioridad era crear un Frente Nacional, una vieja demanda de la ETA nacionalista, desde 1964, contra *el opresor extranjero.* En cambio, una de las decisiones aprobadas en la asamblea de 1970 insistía en que el mejor marco para la lucha contra la burguesía era el estatal a través de un único partido proletario centralizado, siguiendo el ejemplo bolchevique y limitando los contactos a *organizaciones políticas tituladas proletarias.* Se trataba, pues, de una ETA diferente a la nacionalista de sus orígenes, que aspiraba a confluir con otras organizaciones de izquierda, especialmente con la federación vasca del PCE, partido que había hecho posible la reunión en la localidad fronteriza de Itsasu, gracias a su red de contactos en Francia. Una nueva ETA que aceptaba el bilingüismo y que, hecho relevante, limitaba su pretensión secesionista al derecho de autodeterminación. Respecto al crucial aspecto de la violencia, la asamblea triunfante no rompió con su práctica, pero se acordó que cada preparativo de una acción mortal debía ser examinado de un modo crítico, antes de su aprobación[449]. De hecho, la comunista ETA VI Asamblea nunca recurrió a matar, a diferencia de la nacionalista ETA V Asamblea que asesinaría a Araluce.

Un año y medio antes de la asamblea de Itsasu, el presidente de la diputación guipuzcoana ya había hecho declaraciones a favor del bilingüismo. Fue en otra entrevista a Aramburu, aparecida el 11 de enero de 1969, en la que el presidente de la Diputación Provincial de Guipúzcoa

449 SULLIVAN, John: *op. cit.*, pp. 96 y 105-108. JAIME JIMÉNEZ, Óscar: *op. cit.*, p. 204. FERNÁNDEZ SOLDEVILLA, Gaizka y LÓPEZ ROMO, Raúl: *op. cit.*, p. 99. ETXANIZ ORTUÑEZ, José Ángel: *op. cit.*, p. 323.

señaló: «Haremos cuanto está a nuestro alcance para lograr su efectividad en las dos vertientes de iniciación al vascuence y al castellano, según la distinta procedencia de los niños, a fin de convertir en realidad la deseada posesión de ambos idiomas». Araluce ponía como ejemplo algunas experiencias piloto que pasaban por convencer al Ministerio de Educación y Ciencia para firmar un convenio de construcción de centros de enseñanza primaria y viviendas para maestros. Sobre estos, recaería el esfuerzo de una diputación, que tenía como objetivo el conseguir docentes con la capacitación suficiente que permitiera a los niños «la posesión común de ambos idiomas». En los planes de Araluce, siempre estaba presente el objetivo de impedir «que se segregue al país en dos comunidades idiomáticas». «Quede por tanto bien claro que la Corporación que presido se afanará por estimular el conocimiento del vascuence en todas las vertientes». Eso sí, respetando que la competencia sobre la forma de impartir la enseñanza era del Ministerio de Educación y dejando claro «que el primer derecho y la primera obligación que impone el acceso a la cultura de todo español es la plena posesión del idioma castellano, elemento integrador de nuestra unidad nacional y medio imprescindible para una eficaz promoción del escolar»[450]. Araluce era, pues, consciente, como Txillardegi, de la importancia de la lengua en las construcciones nacionales, proponiendo frente al monolingüismo de ETA V Asamblea, basado precisamente en el nacionalismo de base lingüística conceptualizado por Alvarez Enparantza, un bilingüismo en el que, eso sí, la lengua vehicular educativa fuera el español.

La dedicación del presidente de la diputación a la educación, preocupación que ya expresó como candidato a las Cortes en 1967, tuvo otra muestra aquel año de 1969, cuando logró en abril, en un viaje a Madrid, que en San Sebastián se creara el primer Centro de Enseñanza Especial para alumnos con discapacidad de toda España. Algo que valoró especialmente Juan Pagola, su compañero de candidatura en las elecciones a procuradores familiares y vicepresidente de la asociación guipuzcoana para la atención a ese colectivo. En aquel viaje, Araluce también trató sobre otra aspiración de la provincia, reclamada por la diputación en

450 ARAMBURU, Javier de: «El presupuesto de cooperación a los Municipios es de 48.331.000 pesetas», *La Voz de España,* 11/01/1969, p. 9. FUERTES, Sol: «Convenio colectivo de la Diputación con el Ministerio de Educación y Ciencia sobre enseñanza primaria», *Unidad,* 26/03/1969, p. 5. ARALUCE, Juan María: «Carta del presidente de la Diputación», *Unidad,* 27/03/1969, p. 5.

1967: la creación de centros públicos de enseñanza universitaria, que igualmente incidía en la necesidad de potenciar el desarrollo formativo de la juventud guipuzcoana con el que confiaba reducir la brecha generacional abierta, la disidencia cultural e intelectual advertida por Fusi, problema que los cuatro candidatos de aquellos comicios expresaron entonces. El gobierno había creado una facultad de Derecho, dependiente de la Universidad de Valladolid, en San Sebastián. Para ello, era necesaria la cesión de los terrenos para su construcción. La Diputación Provincial de Guipúzcoa, reunida en sesión ordinaria el 18 de marzo de 1969, estudió la idoneidad de un terreno de 59.600 metros cuadrados, trasladando al Ayuntamiento de San Sebastián la conveniencia de adquirirlo, situado en el barrio donostiarra de Ibaeta. El 15 de agosto, tanto la diputación, como el ayuntamiento, hicieron las previsiones presupuestarias para ello, después de reunirse el Patronato Pro-Estudios Superiores Oficiales de Guipúzcoa, en cuyo organismo director estaba, entre otros, Araluce, el nuevo alcalde donostiarra Felipe Ugarte, y el procurador Escudero[451]; este último rival del presidente de la diputación en los comicios de 1967.

Araluce insistió en que en el desarrollo de los pueblos «lo cultural juega un papel decisivo», en un acto celebrado en el palacio de la Provincia en el que pronunció una conferencia Ignacio Barandiarán Maestu, catedrático de Historia en la Universidad de Zaragoza. Los congregados escucharon como el historiador habló de la romanización de Guipúzcoa y de la incorporación de esta al reino de Castilla no como un acto voluntario, sino en el curso de los enfrentamientos bélicos habidos entre Alfonso VIII de Castilla y Sancho VII, *el Fuerte*, de Navarra[452], tesis entonces negadas desde planteamientos nacionalistas y que aún hoy día suscitan rechazo pese a las evidencias historiográficas.

451 «Regresó de Madrid el presidente de la Diputación», *La Voz de España*, 12/04/1969, p. 11. ARAMBURU, Javier de: «Guipúzcoa va a tener el primer centro de enseñanzas especiales», *La Voz de España*, 31/05/1969, p. 17. ARRIETA ALBERDI, Leyre y BARANDIARAN CONTRERAS, Miren: *op. cit.*, p. 192. «La dirección General de Enseñanza Superior fija los terrenos para la Facultad de Derecho», transcripción del acta de la sesión ordinaria de la Diputación Provincial de Guipúzcoa del 18 de marzo de 1969 (San Sebastián), APJAL. «Se aprueba, en terrenos de Ibaeta, el sector donde será construida la Facultad de Derecho», *El Diario Vasco*, 21/02/1969, p. 8. «El presidente de la Diputación y el alcalde de la ciudad confirman las previsiones presupuestarias de la Facultad de Derecho», *El Diario Vasco*, 15/08/1969, p. 8.

452 «El señor Araluce ofreció el libro *Guipúzcoa* a la provincia», *La Voz de España*, 01/11/1969, p. 15.

Tales precisiones históricas tenían su relevancia en el debate sobre la foralidad. De hecho, en la entrevista del 11 de enero de 1969, Araluce había vuelto a hablar del Concierto Económico, a preguntas de nuevo, de Aramburu. En esta segunda ocasión, en su respuesta igualmente cotejada antes de su publicación, el presidente de la diputación pronunció las palabras que no había querido decir en la primera: «Con respecto al Concierto Económico, que por su formulación reivindicatoria tiene una gran fuerza de sugestión cara a la opinión media de la provincia, creo que encaja dentro de las fórmulas defendibles en la proyectada restructuración general de la Administración local». Además de constatar que se trataba de una demanda sentida entre muchos guipuzcoanos, revelaba la estrategia que seguiría para lograr la devolución de tal instrumento económico, insertándolo en la nueva ley que había anunciado el régimen sobre la administración local[453], cuya normativa se retrotraía a 1945[454]. Sin embargo, Araluce encontraría una seria oposición por parte del gobierno para engarzar la devolución del Concierto Económico en la futura legislación local del régimen.

De momento, Araluce logró cuatro días después de la entrevista un éxito político al ser elegido procurador en Cortes por administraciones locales, en concreto en representación de la diputación provincial guipuzcoana que presidía, siendo votado por todos los diputados provinciales, también por aquellos más entusiastas de la restauración neoforal que habían alarmado al ministro Alonso Vega. El nuevo procurador había conseguido con sus declaraciones sobre el Concierto Económico y el euskera el apoyo de toda la corporación, como recordó en unas declaraciones efectuadas tras salir elegido, en las que además reivindicó la representatividad otorgada por sus compañeros de la diputación[455]. Circunstancia especialmente apreciada por Araluce, que un año y tres meses antes, se quedó a las puertas de lograr el acta de procurador por representación familiar. En concreto, le faltaron entonces 4843 votos.

---

453 «Declaraciones del presidente de la Diputación de Guipúzcoa», transcripción mecanografiada de una entrevista de Javier de Aramburu para *La Voz de España* publicada el 11 de enero de 1969, APJAL. ARAMBURU, Javier de: «El presupuesto de cooperación…».

454 Ley 41/1975, de 19 de noviembre, de Bases del Estatuto de Régimen Local. *Boletín Oficial del Estado*, 21/11/1975, núm. 280, p. 2434.

455 «El presidente de la Diputación y el alcalde de Éibar, procuradores en Cortes», *El Diario Vasco*, 16/01/1969, p. 8. «El presidente de la Diputación y el alcalde de Éibar, procuradores en Cortes", *La Voz de España*, 16/01/1969, p. 16.

El procurador Araluce entró a formar parte de la Comisión de Presupuestos, siendo nombrado su secretario, y de la Comisión Permanente de las Cortes, las dos principales de aquella institución. La ley Orgánica del Estado, promulgada en 1967, había reforzado las funciones de una cámara que desde su regulación en 1942 elaboraba y preparaba las leyes, aunque el jefe de Estado mantuviera la «suprema potestad de dictar normas jurídicas con carácter general», en virtud de sendas leyes dictadas en plena Guerra Civil, conformadoras del derecho de prerrogativa que se había dado el dictador. En la Comisión de Presupuestos, Araluce fue elegido para defender el dictamen del proyecto de Presupuestos del Estado para el bienio 1970-71. Ello le permitió subir el 29 de diciembre de 1969 al estrado del hemiciclo de las Cortes y dirigirse al resto de procuradores, estrenándose en esa tarea: «Señor Presidente, Señores Procuradores. Al ocupar esta tribuna pública por primera vez, quiero agradeceros, señor Presidente, el honor que con ello me habéis dispensado y dirigir a la Cámara, con la emoción propia de quien, nuevo en las tareas parlamentarias, es ya viejo en el servicio a España, mi cordial y respetuoso saludo». Para el procurador en representación de las administraciones locales, las enmiendas que se habían introducido en la comisión suponían «recabar para las Cortes Españolas la responsabilidad de compartir con el Gobierno de la Nación la importante misión de administrar los fondos públicos, controlando su gasto y su inversión, como dinero que es del pueblo y para el pueblo, cuya participación en las tareas del Estado se produce en su más alto nivel a través de esta Cámara»[456]. Araluce había logrado en menos de un año ocupar una posición preeminente entre los procuradores de unas Cortes vigorizadas, lo que sin duda era debido a su sintonía política con los *tecnócratas* del régimen, a la par que había cimentado su liderazgo en una corporación provincial dispuesta a plantear la devolución del Concierto Económico y a propiciar el desarrollo del euskera. Un difícil equilibrio que el presidente de la diputación supo mantener en el resto de su carrera política.

El 22 de septiembre de 1969, Araluce acudió por primera vez al palacio de Ayete como presidente de la Diputación Provincial

456 «Regresó de Madrid el...». «Currículum vitae de (...) Araluce..., APJAL. «En la Comisión Permanente de las Cortes», *El Diario Vasco*, 12/12/1969, p. 1. VARELA SUÁREZ-CARPEGNA, Joaquín: *op. cit.*, pp. 506-513. «Discursos. Defensa ante el Pleno de las Cortes del Proyecto de Presupuestos del Estado para los años 1970-71» (12/1969), AJPAL.

de Guipúzcoa. Fue en el curso de la habitual audiencia que Franco concedía a esta corporación cada verano desde hacía treinta años. Subiendo a bordo del Austin Princess por la cuesta de Aldapeta, era consciente que su interlocutor aquel día sería la persona a cuyas órdenes había luchado en la Guerra Civil y quien había decretado treinta y dos años antes la abolición del Concierto Económico en su provincia natal y en la que ahora presidía, algo contradictorio para un tradicionalista como él. Llevaba preparado un discurso de tres folios que había repasado hasta la saciedad. Traspasó las puertas del palacio y ya en el salón de recepciones saludó al jefe de Estado que regía dictatorialmente España. En presencia de toda la corporación provincial, expresó primero la «adhesión» a la figura de quien tenía enfrente e inmediatamente explicitó el argumento foral de que la diputación guipuzcoana era heredera «de una vieja tradición de buenos administradores». «Nuestros desvelos se encaminan a dotar a la Administración Provincial de ese buen instrumento que debe ser la Diputación», añadió a continuación, anunciando su estrategia: «Un órgano de gestión capaz de responder seriamente a la importante función que la perfectividad de nuestras instituciones tiene destinada a las Corporaciones Locales». En su concepción, el Tradicionalismo debía insuflar al franquismo su apego a las entidades territoriales, más allá de los municipios ya amparados por el *joseantonionismo,* para convertir en *perfectas* las instituciones y así retornar al *verdadero espíritu* del 18 de julio. Por ello, entendía que la nueva legislación local que anunciaba el régimen era el marco adecuado para implementar tal pretensión foral, que se enmarcaba en la recuperación del Concierto Económico, que dotaría a las provincias vizcaína y guipuzcoana de una autonomía en el gasto, a través de la cual las diputaciones podrían confirmar su reputación de buenas administraciones, como tenía a gala que había sido durante las casi seis décadas que tal instrumento económico estuvo en vigor en las dos provincias septentrionales.

Finalizado tal delicado asunto, el nuevo presidente de la Diputación Provincial de Guipúzcoa pasó a atender otros problemas. Primero, el de convertir a San Sebastián en una sede de estudios superiores públicos, mediante la apertura de la facultad de Derecho, dependiente de la Universidad de Valladolid. Así, mencionó «el acuerdo de adquisición conjunta con el Excelentísimo Ayuntamiento de San Sebastián de los terrenos necesarios para la construcción de la nueva facultad de Derecho, ya delimitados y en trato para su compra a los propietarios». También, el convenio con el Ministerio de Educación para construir escuelas, mediante el que confiaba en desarrollar el euskera. Después, pasó a hablar del problema del agua, ante una población que se incrementaba con la llegada de inmigrantes, pero también con las tasas de crecimiento natural del *baby boom*, en concomitancia con el desarrollo del plan de urbanismo elaborado por la diputación de la época de su antecesor Epelde. Para ello, propuso «la realización de los embalses en las cabeceras de los ríos», como se hacía ya con la cuenca del Urumea, mediante la Mancomunidad del Añarbe, constituida por los municipios de San Sebastián, Pasajes, Lezo, Rentería, Oyarzun, Hernani, Urnieta y Usúrbil. Por último, se centró en la construcción de nuevas carreteras, destacando la proyectada autopista Behovia-Bilbao, que uniría las dos provincias septentrionales y que desde abril de ese año negociaba con la empresa Europistas Concesionaria Española[457].

Un mes después de la audiencia en Ayete, Franco procedió a un cambio de gobierno después de que el caso Matesa sacudiera al régimen. El gran caso de corrupción del franquismo fue protagonizado por la empresa Maquinaria Textil del Norte de España

S. A. (MATESA), considerada la primera multinacional española, que exportaba un revolucionario telar sin lanzadera. Dicha empresa era el mascarón de proa económico de un régimen *reinventado* que había dejado atrás las veleidades totalitarias del Nuevo Estado, al calor del desarrollismo dirigido por los *tecnócratas*. Por ello, Matesa había obtenido numerosas subvenciones oficiales, la mitad de los créditos a la exportación concedidos por el Banco de Crédito Industrial desde el año de 1964. Pero, aquel éxito se basaba en una falsedad, porque la empresa, dirigida por Juan Vilá Reyes, íntimo amigo de López Rodó, se vendía a sí misma, a través de sus filiales latinoamericanas, almacenando los telares a la espera de que llegaran ofertas para traspasarlos, mientras que la matriz recibía los créditos oficiales y desgravaba a Hacienda. El escándalo, descubierto en una inspección rutinaria de la Dirección General de Aduanas, llegó a los tribunales, lo que fue aprovechado por Fraga y Solís para airear un escándalo que perjudicaba a los *tecnócratas*, ya que habían permitido esa estafa desde

457 «Discurso del Sr. Araluce en la Audiencia del Caudillo a la Diputación» (San Sebastián, 22/09/1969), APJAL. ARRIETA ALBERDI, Leyre y BARANDIARAN CONTRERAS, Miren: *op. cit.*, p. 88-90. «Europistas establecerá diálogo con la Diputación y Ayuntamientos interesados en la autopista y en el enlace con Vitoria» (San Sebastián, 16/04/1969), APJAL.

sus puestos en los ministerios económicos y en los bancos oficiales[458]. A partir de ahí, se desarrolló una de las mayores escaramuzas ideológicas que vivió el régimen. Fraga, como ministro de Información y Turismo, permitió, que con la liberalización de la ley de Prensa de 1966 que había abolido la censura previa[459], una amplia difusión del caso Matesa, oponiéndose a cualquier insinuación de ahogar el debate público. Solís, como secretario general de FET y de las JONS, facilitó que el falangista y antimonárquico *Diario SP* criticara a los *tecnócratas* ya que «bordean las fronteras del escándalo, la ligereza y el fiasco», exigiendo la destitución de los ministros económicos[460]. Todo ello en 1969, cuando los *tecnócratas*, agrupados bajo la dirección de Carrero, acaban de lograr la designación de Juan Carlos de Borbón como futuro rey de España. La crisis vivida por el régimen fue, sin duda, mayúscula.

Araluce tuvo una participación en ella, aunque *a posteriori*, como miembro de la Comisión Permanente de las Cortes. Para alarma de Franco, el escándalo de corrupción llegó a las Cortes, una cámara revitalizada que contaba ahora con procuradores familiares que exigían responsabilidades. Máxime porque a ojos del dictador se había ido demasiado lejos al permitir ser aireado por la prensa, convirtiendo en debate social las contradicciones del régimen. Aquella comisión, tramitó los suplicatorios pedidos por los tribunales, entre ellos los del entonces director del Banco de España, Navarro Rubio, quien había diseñado el plan de estabilización que había puesto fin a la autarquía falangista. Pese a que fueron procesados dos exministros, siete exdirectores generales y ex altos cargos de la banca, el caso terminó con un indulto de Franco en 1971. Antes de eso, Navarro Rubio siempre agradeció a Araluce que le liberara de su aforamiento para poder defenderse de un asunto, en el que salvo por negligencia al ser el máximo garante de la legalidad económica, no tenía ninguna responsabilidad. Hasta uno de los que, sin ser falangista, habían alzado su voz contra el estado de cosas que habían posibilitado el caso Matesa, el *propagandista* Federico Silva Muñoz, reconoció el papel que protagonizó el notario Araluce, recordando que siempre lo tendría presente porque era un hombre de larga memoria, agradeciéndole que facilitara la defensa del

458 GIL PECHARROMÁN, Julio: *op. cit.*, pp. 112-113.

459 Ley 14/1966, de 18 de marzo, de Prensa e Imprenta. *Boletín Oficial del Estado*, 19/03/1966, núm. 67, pp. 3310-3315.

460 GIL PECHARROMÁN, Julio: *op. cit.*, p. 113.

miembro del Opus Dei ante la Justicia[461]. Todo ello reforzó la proyección política del presidente de la diputación, en un caso especialmente preocupante para los *tecnócratas,* y en general para los católicos y también en concreto para el Opus Dei, acusando la puya falangista.

El 29 de octubre de 1969, Franco destituyó a Solís y a Fraga. También al *tecnócrata* López-Bravo como ministro de Industria, pero le nombró ministro de Asuntos Exteriores, cargo en el que conseguiría uno de los mayores logros del franquismo, un acuerdo con el Mercado Común. Una vez más, la crisis gubernamental se saldó a favor de los *tecnócratas,* manteniendo el dictador a López Rodó como ministro responsable de los planes de desarrollo económico, confirmando a Carrero como vicepresidente y formando lo que Fraga tachó de gobierno *monocolor.* Fue entonces cuando dos hombres de la futura UNE coincidieron en el gobierno: el exmiembro del Consejo Privado de Juan de Borbón y para entonces conceptualizador de la *tecnocracia,* Fernández de la Mora, quien tomó posesión como ministro de Obras Públicas, en sustitución precisamente de Silva Muñoz, mientras que el *estorilo* Antonio María de Oriol, que compartía ideología con Araluce, se mantuvo en Justicia. Se incorporó también el *propagandista,* de raíz tradicionalista, Tomás Garicano Goñi, como ministro de la Gobernación, sustituyendo a Alonso Vega, un *peso pesado* del Nuevo Estado y amigo del dictador desde la infancia, al que Franco le otorgaría el título simbólico de capitán general, junto al africanista y *divisionario azul* Muñoz Grandes, el conquistador de Teruel, donde había luchado Araluce. Alonso Vega había representado el componente monárquico del régimen y en sus últimos años concretamente *juancarlista,* y Muñoz Grandes el falangista, preservando así el dictador el equilibrio de las dos tendencias ideológicas predominantes dentro del ejército triunfador de la Guerra Civil, el principal baluarte franquista. En su seno, el primero, quien al frente de la Guardia Civil acabó con el maquis, fue un «intransigente» ministro de la Gobernación, además de contrario a la restitución del Concierto Económico, mientras que el segundo, ministro-secretario de FET y de las JONS, del Ejército y hasta vicepresidente del Gobierno, hasta que fue relevado por Carrero, fue el adalid de la oposición a la transición

461 *Juan Araluce Letamendía*, 22/11/2020, Madrid, entrevista realizada por Juan José ECHEVARRÍA. GIL PECHARROMÁN, Julio: *op. cit.*, p. 116.

hacia la monarquía[462]. Murió en 1970 y un año después Alonso Vega. El triunfo de *tecnócratas* y *propagandistas,* todos ellos monárquicos, implicó un giro en el régimen.

Tomás Garicano, quien había sido el gobernador civil de Guipúzcoa cuando las graves inundaciones de 1953, sorprendió el 1 de enero de 1970 con unas declaraciones publicadas ese día en exclusiva por el *Diario de Barcelona.* «Soy antes que nada un descentralizador», señaló, haciendo gala de su ideario arraigado en el Tradicionalismo. Para ello, se comprometió como ministro de la Gobernación a una «reestructuración de los Ayuntamientos y de las Diputaciones, dándoles los medios administrativos y económicos necesarios para que cumplan la importante función que en el futuro les espera». En el caso de Guipúzcoa y Vizcaya, tales medios administrativos y económicos podían entenderse como la restitución del Concierto Económico, lo que motivó que las declaraciones del ministro Garicano fueran recogidas por la prensa local de aquellas dos provincias. Pero, el responsable de la Gobernación de lo que realmente quería opinar era sobre algo que por entonces estaba en el debate sobre la descentralización: si el marco territorial elegido debía ser provincial o regional, extremo este último que había sido especialmente combatido por el Nuevo Estado surgido en la Guerra Civil que había demonizado los estatutos regionales de autonomía. Para Garicano, «se puede hablar de desarrollo económico de una región (...). A mi juicio, más que reconsiderar el marco de la provincia, lo que debemos de considerar es en qué casos específicos ese marco ha quedado pequeño o desdibujado para determinadas actividades a través de mancomunidades, consorcios, confederaciones»[463], avanzando en un planteamiento que sería definido como neorregionalismo.

El nuevo ministro de la Gobernación incidía así en lo que había sido una deficiente conceptualización del Tradicionalismo respecto

---

462 GIL PECHARROMÁN, Julio: *op. cit.,* p. 115. QUERALT DEL HIERRO, María del Pilar y GONZÁLEZ CUEVAS, Pedro Carlos: «Gonzalo Fernández de la Mora y Mon». Diccionario Biográfico Español. Real Academia de la Historia. https://dbe.rah.es/biografias/9401/gonzalo-fernandez-de-la-mora-y-mon
PRESTON, Paul: *op.cit.,* pp. 198, 246, 118 y 248.

463 «Garicano Goñi: "Soy antes que nada un descentralizador"», *Diario de Barcelona,* 01/01/1970, p. 27. «Declaraciones de seis ministros del Gobierno», *El Diario Vasco,* 02/01/1970, p. 3. "Daremos medios a las Diputaciones y Ayuntamientos para que cumplan sus funciones», *La Voz de España,* 02/01/1970, p. 7. «Declaraciones de seis ministros en el *Diario de Barcelona*», *La Gaceta del Norte,* 02/01/1970, p. 12.

al marco territorial susceptible de gozar de autonomía. El carlismo, ajeno en su prístina génesis a los presupuestos descentralizadores, había asumido con los años los planteamientos regionalistas, sobre todo a partir del tradicionalista Vázquez de Mella, quien tenía una concepción negativa de la provincia, «porque tiene cierto mal sabor de imperialista». No en balde, el *verbo del carlismo* achacaba a la división provincial, efectuada por el afrancesado Javier de Burgos en 1833, todos los males de la ordenación territorial del Estado liberal al importar el modelo centralista francés. No obstante, Vázquez de Mella no extendía esa consideración a las provincias vasco-navarras al entender que Navarra era una región y también cada una de las tres vascongadas, todas ellas «oasis de las libertades éuskaras, que, aunque mutiladas, todavía conservan algunos de sus restos antiguos», porque en «aquellas regiones vascas y navarras» late el principio regionalista. La contradicción *mellista*, que el propio pensador asturiano había intentado salvar trasmutando la denominación de provincias en regiones para las que conformaban el universo vasco-navarro, fue objeto de análisis por parte de otro de los publicistas del carlismo, Echave-Sustaeta, quien defendió la consideración de provincias a las tres vascongadas y a Navarra, en contra de lo sostenido por Vázquez de Mella. En una famosa polémica con Sabino Arana, el pensador alavés había acusado a este último de inmiscuirse en asuntos ajenos a lo que el ideólogo nacionalista llamaba *Estado Bizcaino*: «¿Qué tenemos que ver los alaveses, con los bizcainos, ni con estos los nabarros y guipuzcoanos?», no vaya a ser que resulte «usted un invasor bizcaino en los otros Estados», le espetó a Arana. En el fondo, subyacía por parte del publicista carlista la defensa de la foralidad propia de cada una de las provincias vasco-navarras, frente al criterio unionista nacionalista. En aquella polémica, Echave-Sustaeta se vio respaldado por Carlos VII desde su palacio de Loredan, lo que supuso la consideración de tal doctrina, la provincial, como la ortodoxa del carlismo. Además, el papel protagonizado en la sublevación de 1936 por el propio Echave-Sustaeta, a la sazón entonces presidente de la Junta Carlista de Guerra alavesa, confirma el ascendiente de tal visión provincial del Tradicionalismo, ya que no en balde actuó a las órdenes de un defensor de la singularidad alavesa, José Luis de Oriol, a la par que este negociaba con Mola, saltándose la autoridad de Javier de Borbón-Parma y de Fal Conde. Así, el planteamiento provincial carlista en el Nuevo Estado quedó confirmado con el nombramiento de Echave-Sustaeta como presidente de la Diputación Foral de Álava y como el primer jefe provincial de FET y de las JONS[464]. El régimen franquista reforzó esta línea de pensamiento tradicionalista, reeditando desde Burgos en 1937 *El Estado Nuevo* del ya fallecido Pradera, quien había sido el más decidido adalid de las singularidades forales de cada provincia. Sin embargo, el *jaimismo* había supuesto una inflexión hacia la aceptación por parte del carlismo de la región vasca, como evidenció el apoyo en 1931 al *Estatuto de Estella*. Y ya mucho después, los presupuestos *javieristas* y las concepciones de Elías de Tejada sobre Euskalerria, incidieron en lo mismo, presagiando lo que defendería el *carlohuguismo,* considerando lo vasco-navarro como un ente unitario con derecho a la autodeterminación.

El tradicionalista Garicano no llegaba tan lejos, por supuesto, pero su planteamiento mancomunitario abría en el seno del régimen un camino hasta entonces vetado, una senda supraprovincial que su formulación más extrema eran los vilipendiados estatutos regionales. De hecho, el ministro de la Gobernación, quien participó en la conspiración diseñada por Mola en los albores de la Guerra Civil, había sido un admirador de Pradera, conciliando con los años el pensamiento tradicionalista con su integración en la CNEP y una progresiva adhesión a la doctrina democratacristiana. Al igual que Pradera, Araluce y los demás tradicionalistas *estorilos*, como los Oriol, no estaban dispuestos a transitar esa senda, enfatizando en las provincias el marco territorial a descentralizar y basándose en las foralidades propias de cada uno de aquellos territorios. Para Araluce, la provincia de Guipúzcoa era «una entidad natural», como dijo en una entrevista a *La Voz de España*. «Hay que rectificar la opinión de que la provincia constituye una división formal y administrativa y es pura agrupación de municipios», negando que «el ente natural es la región». Contra la convicción sustentada por Garicano, el presidente de la diputación insistía en que «varias provincias como la nuestra, constituyen una entidad histórica con sentido de comunidad y no es muy aventurado afirmar que el guipuzcoano se siente guipuzcoano». Y en esa concepción provincial, ocupaba un lugar primordial la foralidad: «El fuero es la formulación de los derechos de

464 VÁZQUEZ DE MELLA Y FANJUL, Juan: *Obras completas, Discursos parlamentarios V,* volumen X, Madrid, Junta del Homenaje a Mella, 1932, pp. 168, 77, 281, 190 y 281. ECHAVE-SUSTAETA, Eustaquio de: *op. cit.,* p. 89. ARANA GOIRI, Sabino: *op. cit.,* p. 1118. UGARTE, Javier y RIVERA, Antonio: «La Guerra Civil en el País Vasco: la sublevación en Álava», *Historia Contemporánea,* 1 (1998), pp. 184 y 194-198.

la propia personalidad». Un planteamiento historicista que era la antítesis del pretendido por ETA. Pese a esa relevante limitación del marco territorial *descentralizable*, el presidente de la Diputación Provincial de Guipúzcoa acogió con agrado el resto de las declaraciones de Garicano, reuniendo a su equipo y celebrando una Comisión de Gobierno de la corporación, en la que se acordó enviar una carta expresando la «satisfacción» de la diputación por las declaraciones del ministro, aunque expresamente ceñida «a los propósitos de ese Departamento sobre una mayor competencia y responsabilización de las Diputaciones y Ayuntamientos, constante anhelo de esta Provincia». La provincia era, pues, el marco territorial descentralizador para Araluce y así lo promovió en los años siguientes desde la diputación guipuzcoana, organismo que dio publicidad a la misiva enviada al ministro de la Gobernación[465].

El 24 de febrero de 1970, dio un paso más en su estrategia. Ese día, Araluce pronunció el discurso de la corporación provincial ante el nuevo gobernador civil, Julio Iranzo, nombrado por Garicano, que anualmente se celebraba a principios de cada año en el palacio de la Provincia y que abría el año político en el territorio, escenificando la subordinación de la diputación. Consciente de ello, el día anterior, le había remitido una copia con el objeto de que el gobernador, de cara a preparar su discurso de respuesta, tuviera una «orientación de por dónde irá el asunto», dándole la posibilidad de que hiciera sus observaciones antes del acto, precisando que después del evento comerían con sus esposas en Laurgain, una casa-torre del siglo XIV, propiedad de la diputación en el término municipal de Aya [hoy, Aia]. Al final de su discurso, el presidente de la diputación mencionó la descentralización anunciada por el ministro de la Gobernación:

> Hemos dejado expresamente para lo último el referirnos a nuestra Hacienda Provincial, que en su día fue motor importante para las realizaciones de la Provincia y que hoy se ve reducida a una sombra de su pasado. Esperamos confiadamente que el Gobierno de la

465 CUENCA TORIBIO, José Manuel: «Tomás Garicano Goñi», Diccionario Biográfico Español. Real Academia de la Historia. https://dbe.rah.es/biografias/10483/tomas-garicano-goni

ARAMBURU, Javier de: «La provincia es una entidad histórica y no una mera división formal y administrativa», *La Voz de España*, 03/04/1970, p. 15. «La Diputación se adhiere a las declaraciones del Ministerio de la Gobernación», *El Diario Vasco*, 10/01/1970, p. 9.

> Nación, que vos aquí representáis, tome las medidas necesarias a fin de facilitar la revitalización de este Servicio, siendo prometedoras las declaraciones hechas últimamente por varios miembros del Gobierno y muy singularmente por el Excmo. Sr. D. Tomás Garicano Goñi, Ministro de la Gobernación y hombre vinculado a nuestro país, que comprende las posibilidades que una nueva ordenación de la Administración Local debe ofrecer a las Diputaciones que como la nuestra se precien de conservar una solera administrativa, garantía de su eficaz gestión.

Así lo señaló, siendo recogidas sus palabras por la prensa[466]. El presidente de la diputación expresaba así su optimismo ante la estrategia que había diseñado y de la que había hecho partícipe a Franco en la recepción del palacio de Ayete. Ahora ante el gobernador Iranzo, Araluce mencionó las declaraciones del navarro Garicano, quien además era de ascendencia guipuzcoana, ligando su promesa de potenciar las competencias y responsabilidades de las diputaciones con su pretensión de recuperar el Concierto Económico en el curso de la nueva legislación local que preparaba el régimen. Una estrategia, que Araluce veía factible en febrero de 1970, pero que encontraría graves obstáculos en el futuro, el primero de ellos el estado de excepción que fue decretado de nuevo en Guipúzcoa el 4 de diciembre de aquel mismo año.

A Iranzo le pidió también ayuda sobre el desarrollo del euskera, recordando el convenio que finalmente había suscrito la diputación con el Ministerio de Educación y Ciencia. En un borrador escrito a mano, Araluce desarrolló las posibilidades que abría dicho convenio, como que el 80 % de los gastos de construcción de aulas y casas para maestros corriera a cargo del ministerio, que aumentara la inversión en bibliotecas y que en parvularios se implantase «la enseñanza bilingüe». En este tema, el gobernador recogió el guante: «Trabajaremos por la enseñanza parvularia y que esta debe ser bilingüe, porque todo lo que trabajemos por nosotros trabajamos por el bien de España». La respuesta de Iranzo ofrecía solidez, porque el nuevo ministro de Educación y Ciencia, José Luis Villar Palasí, había hecho unas declaraciones a la prensa en las que anunciaba que la futura ley de educación contemplaría «la realidad

466 Copia de una carta de Araluce al gobernador civil Julio Iranzo Domínguez (San Sebastián, 23/02/1970), APJAL. «Discurso en el Pleno febrero 1970» (San Sebastián), APJAL. «El presidente de la Diputación dio cuenta al gobernador civil de las necesidades de nuestra provincia», *El Diario Vasco*, 25/02/1970, p. 8.

gozosa de la existencia de las lenguas vernáculas», con lo que no solo las reconocería, sino que las exaltaría «como una manifestación lingüística del rico acervo cultural de España». Villar Palasí entendía que la educación debía servir «al desarrollo integral de la persona para permitirle ejercitar plenamente sus capacidades y aptitudes», lo que en el caso de los españoles bilingües, como lo era él, se debía traducir en que la lengua materna sirviera «de inserción en el aprendizaje de la lengua común», garantizando que su desarrollo personal «se realice aportando a ella el rico bagaje que encierra el conocimiento de la lengua vernácula con el ensanchamiento cultural que de ello se deriva. Creo, sinceramente, que solo así puede servirse con leal amor a esas regiones patrias»[467]. De hecho, la nueva ley, que se promulgaría en el mes de agosto siguiente, sustituyendo a la ley Moyano de 1857, recogió en su artículo 14.º la enseñanza de la «lengua nativa» en la educación preescolar y en el 17.º «el cultivo, en su caso, de la lengua nativa» durante la Educación General Básica (EGB). En su preámbulo, abogaba además porque cada centro escolar mantuviera una «situación peculiar», originada por «la singularidad de las condiciones derivadas del pueblo, la ciudad y la región donde se halle enclavada», además de que el artículo 1.º defendía «la incorporación de las peculiaridades regionales»[468].

Iranzo, quien había leído detenidamente las declaraciones de Villar Palasí, también se mostró favorable a que, con respecto a los estudios superiores, Guipúzcoa no solo tuviera una facultad de Derecho dependiente de la Universidad de Valladolid, sino que gozara de una universidad «completa»; es decir, propia, lo que era una vieja aspiración que habían exteriorizado los candidatos en las elecciones de 1967, aunque con mayor énfasis en el caso de los dos opositores; es decir, Arrue y Escudero. Pero, Araluce en el año que llevaba al frente de la diputación se había adelantado, facilitando el desarrollo de los estudios superiores que impartía la Universidad de Navarra, como obra corporativa del Opus Dei, en San Sebastián. Así, en 1970 se graduó la primera

467 «Discurso en el Pleno...», 1970, APJAL. Tres cuartillas manuscritas por Juan María de Araluce Villar sobre el convenio con el Ministerio de Educación (San Sebastián, 1970), APJAL. «El presidente de la Diputación ha expuesto al gobernador civil las necesidades de la provincia», *Unidad*, 24/02/1970, p. 4. «En la Ley de Educación hemos tenido como premisa especial la necesidad de más y mejores profesores», *Diario de Barcelona*, 01/01/1970, p. 26.

468 Ley 14/1970, de 4 de agosto, General de Educación y Financiamiento de la Reforma Educativa. *Boletín Oficial del Estado*, 06/08/1970, núm. 187, pp. 12525-12546.

promoción de la Facultad de Ciencias Físicas, que compartía con la Escuela Superior de Ingenieros, abierta en 1961, el edificio de la calle Urdaneta. Y en el campo de la universidad pública, tal como dijo al gobernador:

> La adquisición de los terrenos de Ibaeta con destino a la nueva Facultad de Derecho, cuyas obras han comenzado y se espera su funcionamiento para el próximo curso. El peso financiero de esta adquisición, llevado a medias con el Excmo. Ayuntamiento de San Sebastián, impondrá una fuerte carga que la Diputación deberá afrontar mediante la obtención del correspondiente crédito. Confiamos además que el debido aprovechamiento de las posibilidades de estos terrenos imponga la creación de nuevos centros de enseñanza con la urgencia que las necesidades universitarias que la Provincia reclama.

El Banco de Crédito Local otorgó un crédito a la diputación por importe de setenta y seis millones de pesetas. Las subvenciones en materia de educación que había impulsado Araluce, una de sus prioridades, reflejaba que en 1969 la corporación provincial dio ayudas a la Escuela de Ingenieros, al Patronato Pro-Estudios Superiores de Guipúzcoa, a la RSVAP, al Seminario de Filología Vasca Julio de Urquijo y a la Agrupación Cultural Orereta, entre otras. Esta última estaba dedicada al sostenimiento de la enseñanza del euskera, mientras que el penúltimo era un centro de estudio de la filología de esa lengua, creado en 1953 por la Diputación Provincial de Guipúzcoa, presidida entonces por José María Caballero, con los fondos de la biblioteca del erudito carlista Julio de Urkixo, compuestos por 14.000 volúmenes y comprados por la CAP por 1.500.000 de pesetas. En el Patronato Pro-Estudios superiores participaba Escudero, el rival de Araluce en 1967, y su creación en este último año, el primero de toda España, había sido una demanda de tal procurador *trashumante*, hecha realidad por la diputación guipuzcoana[469].

469 «El presidente de la...». «Discurso en el Pleno...», 1970. APJAL. DIPUTACIÓN PROVINCIAL DE GUIPÚZCOA: *Guipúzcoa 73-74*, San Sebastián, Industria Gráfica Valverde, 1974, p. 62. Subvenciones dadas en 1969 por la Comisión de Educación, Deportes y Turismo de la Diputación Provincial de Guipúzcoa (18/02/1970), APJAL. UGARTE MUÑOZ, Antón: «Cultura vasca y regionalismo franquista: Julio Urquijo y los estudios vascos en la posguerra», *Cercles. Revista d'Història Cultural*, 22 (2019), p. 189. ARRIETA ALBERDI, Leyre y BARANDIARAN CONTRERAS, Miren: *op. cit.*, p. 193. MIRANDA RUBIO, Francisco: *op. cit.*, p. 630.

En su discurso ante Iranzo, Araluce recordó asimismo el tema de la infraestructura viaria, recordando su «deficiente» estado. Así, destacó los planes sobre carreteras. El presidente de la diputación había pedido un informe interno sobre la red de carreteras provinciales en el que se constataba que «el estado actual de conservación de la Red provincial es bastante precario». Para paliar tal circunstancia en 1970 se había presupuestado incrementar la inversión de la diputación, desde los 8.853.922 a 20.203.922 de pesetas. En 1969, la corporación provincial había construido siete nuevos caminos rurales e iniciado las obras de otros nueve, con lo que se alcanzarían los cuarenta y tres kilómetros realizados. Respecto al proyecto de la autopista Bilbao-Behovia, el informe consignaba los avances en las informaciones previas y licitaciones de diversos tramos, y destacaba la asesoría a los ayuntamientos afectados por la construcción y sus problemas con la empresa concesionaria, además de la evidencia de que el enlace programado de la provincia guipuzcoana con Vitoria peligraba, cuestión que se confirmaría en el futuro, algo que para Araluce sería una decepción, ya que como indicaba el informe la realización de tal ramal era algo en lo que «la provincia se halla altamente interesada». Para el presidente, la mejora en la comunicación vial con las otras dos provincias vascas era una cuestión de orden prioritario, no estableciendo ninguna precedencia entre Vizcaya y Álava. Asimismo, en cuanto a la gestión, otro problema preocupaba entonces a Araluce, el del suministro de agua a unas poblaciones que habían incrementado su densidad debido a la inmigración y a la alta tasa de nacimientos del *baby boom*. Por ello, pidió otro informe en el que se incidía en «la necesaria red de embalses para asegurar la precisa dotación del abastecimiento de agua y regularización del caudal de los ríos guipuzcoanos, problema en el que se dificultan las actuaciones ante la absoluta necesidad de contar con la iniciativa de la Administración Central». Las mayores partidas presupuestarias en materia de inversión con que contó la diputación en 1969 eran los 107 millones de pesetas en Sanidad y Beneficencia, los 47 para Obras y los 18 para Agricultura, Ganadería, Repoblación Forestal y Servicio Catastral. Los presupuestos de la diputación para 1970 habían alcanzado las 360.382.520 pesetas, frente a los 299.115.408 del año anterior. En ese incremento, había tenido mucho que ver la mejora en la recaudación de las tasas provinciales y los cobros por los servicios de la diputación, en concreto en 48 millones, lo que exhibió ante el gobernador como una muestra más de la reputación de buena administración de la que hacía gala la corporación provincial y que a la par era un argumento para la descentralización. Asimismo, recordó a Iranzo la caída de otros ingresos, destacando el arbitrio de rodaje y arrastre de carros de llantas metálicas, cuyo mantenimiento solo se explicaba «en razón a las posibilidades recaudatorias que en su día pueden reconocerse a la Corporación Provincial». Todo ello incidía en los escasos recursos propios con que contaba la diputación a la hora de financiarse, repercutiendo en la nostalgia de cuando la corporación disfrutó del Concierto Económico. De hecho, en 1969, la diputación se había visto obligada a reconocer créditos por valor de más de 23 millones de pesetas para cubrir las necesidades existentes. Ante esa penuria, Araluce dejó claro al gobernador Iranzo que entendía a la diputación, más allá de las labores de gestión, como el órgano «político de la Provincia»[470].

La principal implementación de aquella consideración consistió en acudir con el gobernador y con su equipo de la diputación al palacio de la Zarzuela para ser recibido por quien desde el año anterior era el sucesor designado de Franco, el príncipe Juan Carlos de Borbón. Para el *estorilo* Araluce, tal hecho tenía una repercusión política fuera de dudas. El 28 de julio, se trasladó toda la corporación provincial a Madrid con motivo de la audiencia concedida por quien a sus ojos sería quien restaurase la monarquía tradicional y con ella, si no lo conseguían antes, la neoforalidad del Concierto Económico. En su discurso, proclamó a la diputación como sucesora de las instituciones forales abolidas con el desarrollo legislativo de la ley de 1876:

> Señor os queremos rendir el homenaje de esta Diputación Provincial, heredera política de las viejas Juntas Generales, haciéndoos entrega de nuestro emblema y del acuerdo de felicitación adoptado en el Pleno de Julio del pasado año, con motivo de vuestra proclamación como sucesor en la Jefatura del Estado, a título de Rey.

El presidente de la diputación recordaba al futuro rey el pronunciamiento hecho por la corporación a favor de su designación justo un año antes, obsequiándolo con un recuerdo de este, cuyos detalles había cuidado personalmente, evidenciando la importancia que para el tradicionalista Araluce tenía aquella audiencia. Para el presidente de la diputación, tal encuentro era la metáfora de sus anhelos que

470 «Discurso en el Pleno...», 1970. APJAL. «Red de carreteras de la Provincia» (1970), APJAL. «Servicio de Cooperación Provincial» (1970), APJAL.

pasaban por la recuperación de la trabazón entre la Monarquía y las provincias vascas, como símbolo de una vinculación que se sustanciaba en el lazo foral. Solo así, recuperando esa ligazón, que redundaría en el sentimiento proespañol del pueblo vasco, Juan Carlos se afianzaría en el trono, ya que sería la «clave indispensable para afirmar los destinos políticos de España. Amadla, Señor y hacérselo saber. Tendréis así su cariño, su fidelidad y su devoción». Una vez precisado todo ello, Araluce dedicó el final de su intervención ante el príncipe a implementar la concreción de sus planes, que pasaban en primer lugar por una visita a Guipúzcoa de Juan Carlos y de su familia: «Guipúzcoa, Señor, os espera. Os espera en vuestra presencia personal, en la de Vuestra esposa y en la de Vuestros hijos. Os espera con el recuerdo —donostiarra entre donostiarras— de vuestros años chicos». El presidente de la diputación recordaba así la formación estudiantil de Juan Carlos en San Sebastián, de cuyos nimios detalles sabía por su cuñado Javier Letamendía. Todo ello enmarcado en un pasado en el que San Sebastián había sido residencia de la familia real, cuyas reminiscencias se mantenían entonces con la estancia estival del jefe de Estado, del ministro de Jornada y del cuerpo diplomático. En la fotografía de la audiencia, en las escaleras de la Zarzuela, se ve a un Araluce, al lado de Juan Carlos, consciente de la relevancia de lo sucedido. Araluce siempre entendió como plenamente coherente la fidelidad conjunta y complementaria entre lo vasco y lo español. Ambos sentimientos los había vivido desde niño. Así, lo recordaba su amigo Alfonso de Urquijo, el hijo del III marqués de Urquijo y propietario de Las Jarillas, donde también había estudiado Juan Carlos, quien rememoró en una carta su pasado común, en Sevilla y Larache, cuando ambos ingresaron en el arma de Aviación, así como la infancia compartida en Bilbao: «Teníamos muchas cosas comunes, los dos éramos vascos, amantes de nuestra patria chica y de nuestra patria grande»[471].

Tras salir del palacio de la Zarzuela, los planes de Araluce encaminados a la restitución del Concierto Económico presentaban en aquel verano de 1970, con Garicano en el ministerio de la Gobernación en sustitución de Alonso Vega, una perspectiva favorable, plausible incluso antes de la ascensión al trono de Juan Carlos de Borbón. Sin embargo,

471 «Palacio de la Zarzuela 28-7-70», APJAL. Fotografía del príncipe Juan Carlos de Borbón con los miembros de la Diputación Provincial de Guipúzcoa (Madrid, 28/07/1970), APJAL. Carta de Alfonso de Urquijo… a Juan Araluce Letamendía (Madrid, 08/10/1976), APJAL.

fue a partir de entonces cuando sus planes se torcieron, debido a la campaña publicitaria que una ETA sumamente debilitada fue capaz de articular, exacerbando las disensiones internas de la dictadura[472]. Aquello fue conocido como el Proceso de Burgos.

El sumario judicial 31/69, instruido en la Capitanía de la VI Región Militar, con sede en Burgos, había sido abierto tan tarde como siete meses después del asesinato de Manzanas. Su instrucción tan solo prosperó una vez que un informe pericial concluyó que la pistola que se había incautado a Javier Izko de la Iglesia era la misma con la que se había dado muerte al jefe de la brigada político-social. Ya en el verano de 1970 había avanzado lo suficiente para convertirse en un macroproceso judicial castrense contra treinta y dos personas civiles, dieciséis de ellas en rebeldía, que incluiría peticiones de muerte, en aplicación de la legislación vigente. Los actos de los que se acusaba a los procesados eran graves, algunos de ellos por el de asesinato, pero era cuando menos extraño, no solo a ojos internacionales, que se fuera a enjuiciar a civiles por un tribunal militar[473]. Aquello era posible, porque un decreto-ley de 1968 devolvió a la jurisdicción militar, en detrimento del TOP creado cuatro años antes, los delitos de terrorismo, rebelión militar, atentado contra la seguridad pública, bandidaje y subversión social, secuestro y ataque con arma de fuego[474], que ya habían sido tipificados en un decreto de 1960, donde se habilitaba a la jurisdicción castrense a juzgarlos por «procedimiento sumarísimo»[475], lo que permitía el acortamiento de los plazos de defensa de los procesados. La ilegitimidad jurídica de aquello quedaba en evidencia si se tiene en cuenta que el decreto-ley de 1968 fue propuesto en un Consejo de Ministros celebrado el 14 de agosto, sancionado por el dictador Franco dos días después y promulgado en el *BOE* el 17. En todo caso, después del asesinato del inspector jefe Manzanas, ocurrido el 2 de agosto; es decir, sin respetar el principio jurídico de la irretroactividad, aquel que garantiza en

---

472 FERNÁNDEZ SOLDEVILLA, Gaizka y BRIONES APARICIO, José Francisco: «El franquismo ante el proceso de Burgos», *Araucaria,* 44 (segundo semestre de 2020), p. 47.

473 ONTOSO, Pedro: *op. cit.*, p. 97. SULLIVAN, John: *op. cit.*, p. 113.

474 Decreto-Ley 9/1968, de 16 de agosto, sobre represión del bandidaje y terrorismo. *Boletín Oficial del Estado,* 17/08/1968, núm. 198, p. 12192.

475 Decreto 1794/1960, de 21 de septiembre, revisando y unificando la Ley de dos de marzo de mil novecientos cuarenta y tres y el Decreto-Ley de dieciocho de abril de mil novecientos cuarenta y siete. *Boletín Oficial del Estado,* 26/09/1960, núm. 231, pp. 13405-13406.

un Estado de Derecho la imposibilidad de aplicar una norma a hechos anteriores a su promulgación.

Los dieciséis detenidos y procesados en el sumario habían sido arrestados en el curso de las investigaciones policiales dirigidas por el inspector José Sainz González, quien había sucedido a Manzanas al frente de la brigada político-social de San Sebastián, y por su homólogo de la de Bilbao, Antonio Juan Creix. Sainz se convertiría en la pieza clave de la desarticulación de ETA de 1969, de la que solo se libró el puñado de etarras mencionado, la mayoría de ellos, abandonando España y exiliándose al otro lado de los Pirineos, en Francia. Los métodos policiales de Sainz, incidiendo más en la investigación que en la mera represión, junto a un refuerzo en el número de agentes, una quincena frente a los ocho existentes en la época de Manzanas, tuvieron éxito. Las detenciones se sucedieron. El arresto de Joaquín Echave [Jokin Etxabe], otro hermano del responsable del Frente Militar de ETA, llevó al de Unai Dorronsoro, quien fue detenido el 8 de diciembre de 1968. La de este a la del sacerdote Julián Calzada Ugalde [Julen Kalzada], quien era hijo de un edil del PNV de Busturia que había sido fusilado en agosto de 1937, al poco de entrar las tropas franquistas en aquella localidad vizcaína. Párroco coadjutor en Yurre [hoy, Igorre] y en Yurreta [hoy, Iurreta], Kalzada era partidario de potenciar el euskera, empleando su uso de una manera exclusiva respecto al castellano, en la línea de los planteamientos lingüísticos de Txillardegi y la primera ETA. Había sido uno de los firmantes del documento de 1960 que se envió al Vaticano. También participó en la manifestación de *sotanas* de 1967, así como en el encierro del seminario de Derio de 1968. En ese último año, Julen Kalzada dio cobijo a Jokin Gorostidi, quien fue detenido en marzo de 1969, junto a su novia Itziar Aizpurua Egaña, y unos días antes a Francisco Javier Larena Martínez [Xabier Larena], quien militaría posteriormente en EE. Gorostidi y Larena formaron parte del órgano dirigente etarra que decidió la muerte del inspector Manzanas. La documentación incautada a Larena supuso la apertura formal del sumarísimo 31/69, mientras que la información proporcionada por Gorostidi condujo a la detención de Antonio [Andoni] Arrizabalaga Basterrechea [Basterretxea], quien tenía las llaves del piso de Bilbao donde serían detenidos Onaindia, Víctor Arana Bilbao y Jesús Abrisqueta Corta [Josu Abrisketa Korta], *Txutxo.* Los arrestados sufrieron palizas y torturas en su paso por la comisaría de Bilbao. Las declaraciones obtenidas permitieron la caída de otros dirigentes etarras en una borda de Mogrovejo, en el municipio santanderino de Camaleño. Se trataba de Teo Uriarte, Enrique Guesalaga [Gesalaga] Lasarte, Juana [Jone] Dorronsoro Ceberio —tesorera de la organización que era hermana de Unai y esposa de Izko de la Iglesia— y Juan Echave Garitacelaya [Jon Etxabe Garitazelaia]. Este había sido ordenado sacerdote en 1958, siendo destinado a una parroquia de Éibar, desde donde propagó su ideario nacionalista, considerándose, más que un antifranquista, un antiespañolista. Ingresó en ETA, formando parte de su aparato de propaganda y ocupándose también de labores de infraestructura, como el alquiler de pisos y la compra de vehículos de segunda mano. Casó a los etarras Irasuegi y María Aránzazu [Arantza] Arruti Odriozola con la pistola al cinto y vestido con los ornamentos sacerdotales.

Sin embargo, la aparición de la pistola que había sido empleada en la muerte de Manzanas no fue debida a esa concatenación de investigaciones, sino a un error de ETA, al volverla a emplear en otro atentado. En noviembre de 1968 había sido detenida por la Guardia Civil en Pamplona Arantza Arruti, entonces la responsable de ETA en Navarra, junto a su marido, quien fue puesto en libertad al no existir indicios entonces contra él. Un mes más tarde, los responsables de ETA que no habían sido aún apresados se reunieron en una borda de pastores en Dima para idear alguna actuación que levantara la decaída moral de los compañeros tras tanto arresto. Irasuegi e Izko propusieron liberar de la cárcel a Arantza Arruti. Pese a que la propuesta no prosperó, ambos etarras no acataron la decisión y decidieron actuar por su cuenta, acudiendo el 5 de enero de 1969 a la cárcel de Pamplona. Se identificaron como esposo y cuñado de la interna, por lo que lograron entrar en la prisión, momento en el que esgrimieron sus armas. Tras un forcejeo, fueron reducidos. El arma que portaba Izko, quien resultó herido, era la que se había utilizado el 2 de agosto anterior en el asesinato del jefe de la brigada político-social de San Sebastián. Irasuegi e Izko fueron declarados culpables de los hechos de Pamplona en un consejo de guerra, siendo condenado el primero a diez años de cárcel y el segundo a cuarenta[476].

476 FERNÁNDEZ SOLDEVILLA, Gaizka y BRIONES APARICIO, José Francisco: *op. cit.*, p. 35. LABIANO, Roncesvalles y MARRODÁN, Javier: «La lucha policial contra ETA: los atentados que no se cometieron», en FERNÁNDEZ SOLDEVILLA, Gaizka y DOMÍNGUEZ IRIBARREN, Florencio (coords.): *Pardines. Cuando ETA empezó a matar*, Madrid, Tecnos, 2018, pp. 241-247. ONTOSO, Pedro: *op. cit.*, pp. 95-97.

Aparte de ese juicio, la decisión de agrupar a todos estos detenidos, salvo Andoni Arrizabalaga, en un único proceso, el sumario 31/69, fue tomada por la Auditoría de Guerra de la VI Región Militar, en uso de su autonomía de decisiones[477], en aplicación del artículo 2.º de una ley de 1942 de simplificación de trámites, según la cual «el auditor resolverá, con facultades delegadas, todos los trámites e incidentes de los procedimientos sin necesidad de dar cuenta al Capitán General (...), al que propondrá únicamente los acuerdos que tengan carácter definitivo, estimándose como tales los de sobreseimiento, aprobación de sentencias e inhibiciones»; eso sí, sin perjuicio de las «facultades inspectoras» de dichos generales jefes[478]. Es decir, siendo una decisión del régimen, no lo fue ni de su gobierno, ni de la alta jerarquía militar, sino de la citada Auditoría, aunque en ningún caso fue enmendada o corregida en su seno a través de la inspección. Las razones de tal resolución, que desembocó en un macroproceso, han sido objeto de un incesante debate periodístico e historiográfico, porque facilitó que la literatura militante de corte nacionalista radical presentara desde pronto el Proceso de Burgos como un episodio más del *secular enfrentamiento* entre España y Euskadi, como un ataque del franquismo contra la nación vasca, narrativa que echó a andar con la publicación en 1971 de *El proceso de Euskadi en Burgos,* obra de dos de los abogados defensores, Miguel Castells Arteche y Francisco Letamendia, el sobrino de Araluce.

No hay duda de que aquellos auditores se reconocían como franquistas, pero la decisión de instruir un macroproceso judicial no se puede imputar al gobierno de *tecnócratas* y *propagandistas* que en junio de 1970 había logrado firmar un acuerdo preferencial con el Mercado Común Europeo y que temía que su imagen internacional se resintiera ante unas previsibles condenas a muerte. Tampoco a la alta jerarquía militar, como el teniente general Manuel Díez-Alegría Gutiérrez, exintegrante de la I Brigada de Navarra y combatiente, como Araluce, en La Muela, en la Batalla de Teruel, que fue nombrado en julio de 1970, en sustitución del fallecido Muñoz Grandes, jefe del Alto Estado Mayor, quien auguró que el Proceso de Burgos enconaría la situación política y perjudicaría la imagen del Ejército. Igualmente, el *africanista* Rafael García-Valiño y Marcén,

477 FERNÁNDEZ SOLDEVILLA, Gaizka y BRIONES APARICIO, José Francisco: *op. cit.*, p. 47.

478 Ley de 6 de noviembre de 1942 por la que se dispone la simplificación de trámites en las causas derivadas del Alzamiento Nacional. *Boletín Oficial del Estado,* del 25/11/1942, núm. 329, p. 9556.

procurador en Cortes, que advirtió de que pondría en peligro la reputación de las Fuerzas Armadas. García-Valiño, ya retirado, había sido capitán general de la I Región Militar con sede en Madrid y responsable de la I Brigada de Navarra en su marcha por Guipúzcoa. Y, por el propio capitán general de la VI Región Militar, el también *africanista* Tomás García Rebull, el máximo representante de la jerarquía militar en Burgos, quien intentó infructuosamente, dentro de sus labores de inspección, que los auditores descartasen el informe balístico sobre la pistola empleada en el asesinato de Manzanas, lo que era clave, jurídicamente hablando, para sustentar el macroproceso. García Rebull, *divisionario azul* y de ideología falangista, estaba convencido de que Izko de la Iglesia no había matado al jefe de la brigada político-social porque tenía información de que el etarra había estado en Francia en agosto de 1968 sometiéndose a una operación en una pierna[479].

Pero la Auditoria de Guerra unificó los sumarios abiertos contra ETA por varias razones, fundamentalmente por el principio de economía procesal. De hecho, el coronel auditor Fernando Suárez de la Dehesa, considerado el *cerebro gris* del consejo de guerra, había encargado al mismo vocal ponente, al capitán Antonio Troncoso de Castro, integrante del Cuerpo Jurídico Militar, todos los sumarios sobre ETA. Sin embargo, Troncoso no incluyó tampoco en el macroproceso otro de los sumarios, el que había condenado a muerte en octubre de 1969 por un atentado contra un vehículo de la policía municipal de Ondarroa a Andoni Arrizabalaga, el etarra a quien se le incautaron las llaves del piso de Bilbao, donde fueron detenidos Onaindia, Arana y Txutxo. Arrizabalaga, quien se había iniciado en el sindicalismo de CCOO, fue salvajemente torturado antes de comparecer en el consejo de guerra que le juzgó. Aquella fue la segunda condena a muerte de un etarra y al igual que la primera, un año antes, la de Sarasketa, el acompañante de Txabi Echevarrieta, fue conmutada por la cadena perpetua. De hecho, desde 1963, con los ajusticiamientos de Julián Grimau García, miembro del PCE, y de los anarquistas Francisco Granados Gata y Joaquín Delgado Martínez, el régimen había evitado aplicar la pena de muerte, evitando así escándalos internacionales para un país que daba muestras

479 FERNÁNDEZ SOLDEVILLA, Gaizka y BRIONES APARICIO, José Francisco: *op. cit.*, pp. 28-29 y 34-44. PUELL DE LA VILLA, Fernando: «Rafael García-Valiño y Marcén», Diccionario Biográfico Español. Real Academia de la Historia. https://dbe.rah.es/biografias/10446/rafael-garcia-valino-y-marcen ONTOSO, Pedro: *op. cit.*, p. 116.

de liberalización económica, que no política, y que aspiraba incorporarse al Mercado Común. «Al gobierno no podía agradarle la perspectiva de ejecutar a más miembros de la oposición política», como señaló el historiador Sullivan, quien consideró además que cuando Franco fue consciente de las secuelas perniciosas del macroproceso no se atrevió a contradecir su celebración por los efectos negativos que tal decisión tendría, ya que entendía que una súbita anulación produciría impresión de debilidad del propio régimen[480].

Por todo ello, no cabe descartar, que la Auditoría de Guerra se plantease un juicio ejemplar que disuadiese de seguir con la violencia a lo poco que quedaba de ETA. Según esta hipótesis, la concepción del macroproceso habría sido un *exceso de celo* protagonizado por efectivos del Ejército, no corregido desde la propia jerarquía militar ni tampoco por las más altas instancias del régimen franquista, lo que en cualquier caso fue un grave error, puesto en evidencia por otro de los abogados de los presos, Juan María Bandrés Molet, futuro parlamentario de EE, quien acusó a Troncoso de convertirse en el «gran inquisidor del pueblo vasco», propiciando una «causa general», lo que facilitó la narrativa del nacionalismo. Para Fusi, «el juicio de Burgos marcó un verdadero punto de inflexión. Significó (...) el fin de la ascendencia política que el franquismo pudiera tener en la región».

Evidencia de la oposición del gobierno al macroproceso fue otro suceso que se sustanció cuando, el 10 de febrero de 1971, finalizado ya el consejo de guerra, la Auditoría de Guerra abrió otro sumario, el 18/71, contra Mariano Rojas García, periodista del Ministerio de Información y Turismo, quien se había presentado en el juicio como agente del responsable de ese departamento gubernamental, el *propagandista* Alfredo Sánchez Bella, que había sustituido a Fraga en la crisis ministerial de 1969. Poco antes del inicio del juicio, Rojas comió con Troncoso y su mujer en un hotel de Burgos. En los cafés, el periodista sugirió al vocal ponente que, si el consejo de guerra no imponía ninguna pena de muerte, desde el gobierno ofrecerían a Troncoso la vicepresidencia de un banco público de crédito oficial. Troncoso se negó a aceptar el soborno y respondió que «las penas que se impongan han de ser serias, dada la gravedad de los hechos». Iniciado el juicio, Rojas expresó cándidamente ante un grupo de personas, entre ellos Suárez de la Dehesa, su asombro por la independencia del tribunal militar. La posterior investigación sumarial de la

480 SULLIVAN, John: *op. cit.*, pp. 89 y 112-113.

Auditoría de Guerra incluyó la testificación de Sánchez Bella ya que existían contra él indicios de culpabilidad, pero el caso fue sobreseído cuando el 23 de septiembre de 1971, Franco decretó un indulto con motivo del 35.º aniversario de su ascensión a la Jefatura del Estado, que también benefició a los implicados en el caso Matesa.

Las grietas que presentaba el franquismo se hicieron más visibles con el Proceso de Burgos, momento en el que el régimen constató que la Iglesia le daba la espalda. Según el Concordato vigente de 1953, los sacerdotes tenían derecho a ser juzgados a puerta cerrada. Dos de los dieciséis procesados eran presbíteros. Eran Jon Etxabe y Julen Kalzada, quienes se negaron a ejercer ese privilegio en aras de conseguir la mayor resonancia pública del consejo de guerra que se avecinaba. Y fueron respaldados por sus obispos, Cirarda y Argaya, este último sucesor de Bereciartua en la diócesis de San Sebastián. A su vez, los prelados tuvieron el apoyo del Vaticano, quien a través de la Nunciatura en Madrid comunicó oficialmente el 24 de octubre de 1970 al Ministerio de Asuntos Exteriores su renuncia al privilegio concordatario y su apuesta por un juicio con audiencia pública, lo que no dejó margen al gobierno. Eso implicaba que habría público y periodistas, también extranjeros, entre ellos el representante del periódico comunista *Pravda*. Los acusados y sus abogados convertirían sus intervenciones en el juicio en una denuncia global de la dictadura, una estrategia diseñada por Mario Onaindia. Jon Etxabe permanecía encarcelado desde que el 11 de abril de 1969 la Guardia Civil le detuvo en Mogrovejo. Julen Kalzada desde el 2 de mayo, cuando la Policía Armada entró en el Obispado de Bilbao, sin el plácet de Cirarda, para detener a cinco sacerdotes que se habían encerrado tres días antes, protagonizando una huelga de hambre para denunciar la opresión del pueblo vasco «que vive bajo el imperio de un auténtico terrorismo, privado de los derechos más elementales y sufriendo la amenaza constante de las torturas policiales». Kalzada y los otros cuatro presbíteros, entre los que se encontraba Gabikagogeaskoa, fueron conducidos a la cárcel de Basauri y luego a la de Burgos. En esta última ciudad fueron juzgados por esa protesta en otro consejo de guerra, pese a que el auditor fue también Troncoso, que les condenó a penas de entre diez y doce años, siendo finalmente trasladados a la cárcel concordataria de Zamora, habilitada en 1968 para sacerdotes y miembros de órdenes religiosas, donde se reunieron con los encubridores de Makagüen. El 26 de octubre, Cirarda y Argaya publicaron una carta conjunta en la que defendían la pluralidad política de la sociedad vasca, además de criticar las «violencias institucionalizadas», denunciando la existencia de malos tratos a detenidos.

Asimismo, cuestionaron el decreto-ley de 1968, aquel que devolvió a la jurisdicción militar los delitos de terrorismo[481]. Estaba claro que la Iglesia vasca había dejado de ser un sostén del régimen.

Tampoco ETA, pese a la debilidad que presentaba, se quedó de brazos cruzados. La dirección de ETA VI Asamblea estaba convencida de que su labor primordial era salvar las vidas de los compañeros. Y a eso se aplicó, contando de nuevo con el apoyo del PCE. ETA VI, conformada ya como un partido marxista-leninista, se acercó a la federación vasca del PCE, el Euskadiko Partidu Komunista (EPK, Partido Comunista de Euskadi). Dirigentes de esta última formación, como Manuel [Manu] Escudero Zamora, hijo del procurador familiar que había advertido en el seno de su propia familia de la profundidad del cambio generacional, y de ETA VI como José Luis [Patxo] Unzueta Ortiz de Zárate, futuro editorialista del periódico *El País,* firmaron un manifiesto contra la represión, que fue el preludio de otro suscrito ya conjuntamente por el EPK y ETA VI, a iniciativa de CCOO, contra el inminente consejo de guerra, que apareció el 3 de noviembre, y en el que se convocó a una huelga general para el inicio del juicio. De tal manera, que ETA VI vio el camino en la movilización de masas y no en la lucha armada, basando su campaña en un documento elaborado por Patxo Unzueta, titulado *A todos los makos,* donde se presentaba como un partido comunista de vanguardia. El apoyo a los presos vendría de sumar todas las fuerzas heterogéneas a las que ETA quería orientar y convertir en aliadas. Estas incluían a los afines marxistas como el EPK y a los sindicalistas que en su práctica totalidad no eran nacionalistas, pero también a los que llamaban *capitalistas no monopolistas,* un eufemismo para definir a las bases del PNV y de STV. Los intentos por lograr dicha movilización fueron bastante productivos, alcanzando una solidaridad popular que superó incluso la que había suscitado la muerte de Txabi Echevarrieta. ETA VI montó una enorme campaña de publicidad por medio de panfletos y folletos, instando a que la sociedad mostrara su apoyo a los presos. En ella, pedía que no se llevara al colegio a los niños, a participar en las huelgas y cerrar los negocios, como bares y comercios. Hubo además pronunciamientos de sacerdotes y de

481 FERNÁNDEZ SOLDEVILLA, Gaizka y BRIONES APARICIO, José Francisco: *op. cit.*, pp. 35-39 y 32. FUSI, Juan Pablo: «Los años 60: los años de la ruptura», en FUSI, Juan Pablo y PÉREZ PÉREZ, José Antonio (eds.): *Euskadi 1960-2011. Dictadura, transición y democracia,* Madrid, Biblioteca Nueva, 2017, p. 44. ONTOSO, Pedro: *op. cit.*, pp. 103-106 y 93-95.

miembros de congregaciones religiosas, así como huelgas en fábricas donde la mano de obra era predominantemente inmigrante. También asambleas y manifestaciones estudiantiles, como las protagonizadas en la Universidad de Deusto[482].

El 3 de diciembre, primer día del juicio, CCOO organizó una huelga general, que paralizó parte de los centros industriales de Guipúzcoa y Vizcaya. Según los datos aportados oficialmente por el régimen, en la segunda provincia pararon unos 17.000 trabajadores de 33 empresas que contaban con una plantilla total de 29.000 empleados. Los mayores paros laborales se produjeron en Erandio, Sestao, Portugalete, Bilbao y Guernica. En Guipúzcoa, no acudieron a sus trabajos unos 30.000 trabajadores de un censo de población activa de 180.000. En San Sebastián, hubo ataques con piedras a la oficina que compartían los periódicos del Movimiento *La Voz de España* y *Unidad*, rompiendo cristales. En Pasajes, unas 3000 personas se manifestaron, produciéndose también concentraciones y alteraciones de orden público en las localidades de Éibar, Arechavaleta, Rentería, Hernani, Azpeitia, Vergara y Villafranca. En Tolosa, se levantaron barricadas. En Mondragón, unas 2000 personas se manifestaron. En San Sebastián, la Policía Armada impidió una manifestación de estudiantes. No hubo clases en la Escuela Superior Técnica de Ingenieros Industriales, ni en la Facultad de Ciencias Físicas, ni en la Facultad de Derecho. En Vizcaya, también fue prácticamente total la ausencia estudiantil en la Universidad de Deusto, manifestándose los alumnos por Bilbao. En Durango, se concentraron unas 400 personas, que fueron disueltas por cargas de la Guardia Civil. En Bilbao, en la iglesia del Sagrado Corazón, de los jesuitas, hubo un encierro de unas 60 personas, mientas que en el Buen Pastor donostiarra hubo una sentada en la que participaron tres sacerdotes. El Gobierno Civil de Guipúzcoa amenazó a los comercios que cerraron, deteniendo a un centenar de personas.

El PCE fue muy activo en toda la campaña, propiciando además la internacionalización de la protesta, como también hizo el gobierno vasco en el exilio que se sumó a la convocatoria de huelga general, que fue secundada por STV. También los agrupados en torno a la revista *Branka* de Txillardegi se unieron a la campaña, pese a su vehemente prevención contra los comunistas. Pero, fueron otros los que realmente

482 SULLIVAN, John: *op. cit.*, pp. 121-123. ETXANIZ ORTUÑEZ, José Ángel: *op. cit.*, p. 324. «Incidentes estudiantiles en Bilbao», *La Gaceta del Norte*, 01/12/1970, p. 6.

lograron atraer la atención internacional, cuando, repentinamente, los periódicos extranjeros empezaron a informar de aquella región hasta entonces poco considerada a nivel informativo en Europa. Aquello fue debido a un golpe audaz, aunque sencillo en su implementación, protagonizado por los escindidos de la asamblea de Itsasu, dirigidos por Juanjo Etxabe. El 1 de diciembre, los que habían regresado a los planteamientos y procedimientos acordados por la V Asamblea de ETA secuestraron al cónsul honorario de la República Federal de Alemania, Eugen Beihl Schaeffer, quien residía en San Sebastián desde hacía más de tres décadas. Hasta entonces el grupo de Etxabe, que tenía como lema «Askatasuna ala hil» (Libertad o muerte), se había limitado a criticar la campaña de ETA VI, denunciando la infiltración de los *españoles*, en referencia al EPK. Ahora, adquirieron todo el protagonismo con un secuestro que tuvo mucho de propagandístico, ya que Beihl fue liberado el día de Nochebuena, antes de que se resolviera la suerte de los presos de Burgos. En tal acción publicitaria colaboraron de una manera decidida Telesforo Monzón y el abate Pierre Larzabal, quienes habían creado Anai Artea (Entre hermanos), una organización de ayuda a los exiliados en Francia. El antiguo consejero del Gobierno Aguirre y el autor de obras de teatro y letras de canciones de temática nacionalista actuaron como portavoces e intermediarios en el secuestro, concitando la atención de los corresponsales extranjeros, otorgando a ETA V una proyección muy superior a la realidad de sus efectivos[483].

A los pocos días de producirse el secuestro, Juan María Araluce envió una carta al vicepresidente Carrero, publicada por la prensa, en la que expresó su protesta «contra quienes pretenden involucrar al pueblo vasco en la criminalidad de un terrorismo extraño a nuestra tradición política, y que, con independencia de los criterios ideológicos que cada uno podamos profesar, todos condenamos». Para el presidente de la diputación de Guipúzcoa, los vascos: «No confundimos la convivencia con la lenidad, ni el ejercicio de la piedad con el mantenimiento del orden y del derecho». Por ello, y de cara a la resolución del juicio de Burgos, expresaba su «absoluta confianza en la recta administración de la justicia encomendada a la autoridad militar y en la decisión final del jefe del Estado y su Gobierno. Pido a Dios que les aliente e

483 SULLIVAN, John: *op. cit.*, p. 123-127. «Incidentes en Vizcaya... y en Guipúzcoa», *La Gaceta del Norte*, 04/12/1970, p. 7. «El paro de ayer afectó en Guipúzcoa a un 16 % de su población», *El Diario Vasco*, 04/12/1970, p. 8. «Manifestaciones en diversas localidades de Guipúzcoa", *La Voz de España*, 04/12/1970, p. 9.

ilumine en tan difícil tarea para bien de España y de mi querida tierra vascongada»[484].

Poco más de dos meses antes, Araluce había vuelto a subir la cuesta de Aldapeta para ser recibido en el palacio de Ayete por Franco. Fue el 18 de septiembre y en aquella ocasión, el presidente de la diputación aparcó cualquier mención del Concierto Económico, después de que el último Consejo de Ministros, celebrado en San Sebastián el día 11, hubiera respaldado un informe del Ministerio de Hacienda, con un presupuesto de 1000 millones de pesetas, para dedicarlos a los planes de abastecimiento de aguas y de reordenación viaria provincial. Tal anuncio sería completado con el respaldo gubernamental de una línea de crédito de otros 1000 millones para hacer frente a la aportación, a partes iguales, de la corporación provincial en los referidos planes hidráulico y de carreteras. La relevancia que la diputación daba aquella financiación estaba fuera de duda, hasta el punto de que Araluce había convertido su concreción en un requisito cuando fue propuesto para el puesto de presidente de la diputación. Respecto a los viales supraprovinciales, que escapaban a las competencias de la diputación, Araluce recordaba al jefe de Estado que «la decisión de su trazado estimamos que es elemento indispensable para cualquier política de población que haya de realizarse», en una mención explícita a la importancia que daba a la conexión por autopista con Bilbao, pero también con Vitoria. Mayor concreción reivindicativa expuso el presidente de la diputación respecto a la educación superior y al euskera: «Es justo (...) agradeceros las importantes decisiones del último Consejo (...) con la creación de nuevos Centros y muy singularmente del correspondiente a los Estudios Superiores sobre Informática, que continúa la trayectoria de promoción universitaria iniciada en la Provincia por el Ministerio de Educación y Ciencia».

Guipúzcoa sumaba así a las privadas Escuela Superior de Ingenieros y Facultad de Ciencias Físicas, y a la pública Facultad de Derecho, otra más, la de Informática, dependiendo del Centro de Informática con sede en Madrid, ampliando de esa manera la oferta de estudios superiores en la provincia. Luego, expresó el positivo impacto que había tenido en el «país» la promulgación de la nueva ley de Educación «por

484 «Carta del presidente de la Diputación de Guipúzcoa» a Luis Carrero Blanco (San Sebastián, 1970), APJAL. «En nombre del pueblo vasco», *La Voz de España*, 05/12/1970, p. 1 y 8.

cuanto recoge como materia de enseñanza las peculiaridades regionales y el uso de las lenguas propias. La Diputación Provincial, Señor, tiene clara conciencia de lo que ello supone para el mantenimiento de nuestras tradiciones». Araluce acabó su discurso expresando su satisfacción por haber sida recibida la diputación dos meses antes en el palacio de la Zarzuela por el príncipe Juan Carlos, el sucesor de quien tenía enfrente[485].

En la audiencia de Ayete, estuvo presente no solo el gobernador Iranzo, sino también el ministro Garicano. A su término, ambos políticos, junto a Araluce, se quedaron a comer, invitados por Franco, en un almuerzo con altos mandos del Ejército, entre ellos García Rebull, el capitán general de Burgos, donde serían juzgados los etarras poco más de dos meses después. En el año que había trascurrido desde la audiencia anterior de Franco a Araluce, la situación política en Guipúzcoa se había complicado para el régimen, precisamente según se acercaba la resolución del Proceso de Burgos, circunstancia que merodeó en torno a los comensales y que ratificó el propio dictador horas después. A las siete de la tarde, Franco y su esposa acudieron al frontón de Anoeta para inaugurar el VI Campeonato Mundial de Pelota, acompañados por Garicano como ministro de Jornada. Tras desfilar los equipos participantes y antes de que Franco diese por inaugurados los juegos, un espectador de la segunda galería se lanzó envuelto en llamas, cayendo sobre un policía a la altura del cuadro 9 de la cancha. Quien pretendió inmolarse era el militante del PNV José Elósegui Odriozola, que sobrevivió tras permanecer diecisiete días entre la vida y la muerte. Joseba Elosegi había sido capitán de un batallón del Euzko Gudarostea en la Guerra Civil, siendo testigo del bombardeo de Guernica. Condenado a muerte, tras la rendición de Santoña, fue canjeado por un prisionero en zona republicana. En 1942, volvió clandestinamente a España, pero cuatro años más tarde fue detenido por colocar una ikurriña en lo alto del Buen Pastor y encarcelado durante seis meses. En la decisión de lanzarse en llamas ante Franco influyó su solidaridad con los presos de Burgos, aunque la razón de aquello tenía más que ver con el fuego que

485 «Importantes acuerdos para el desarrollo de Guipúzcoa», *La Voz de España,* 12/09/1970, pp. 1 y 5. ARAMBURU, Javier de: «Agradezco al Gobierno este acuerdo», *La Voz de España,* 12/09/1970, p. 5. *Jesús María Azurza Ayerbe,* 30/08/2022, Tolosa (Gipuzkoa), entrevista realizada por Juan José ECHEVARRÍA. «Discurso: Ante Franco, Palacio de Ayete» (San Sebastián, 18/09/1970), APJAL.

cayó sobre Guernica en 1937 y su intención de hacérselo ver así al dictador. El *gudari* fue condenado a siete años de cárcel, de los que cumplió tres, porque se benefició del indulto de Franco del 23 de septiembre de 1971[486], que redujo de un modo general, salvo para los conmutados de pena de muerte, las condenas privativas de libertad por delitos cometidos desde el 21 de julio de 1965, fecha de un anterior perdón. El indulto alcanzaba a aquellos hechos que estuvieran siendo instruidos «sin necesidad de que se celebre juicio oral ni, en consecuencia, se dicte sentencia», lo que permitió que los políticos acusados de negligencia en el caso Matesa fueran exonerados. También, el periodista Mariano Rojas por intentar sobornar a Troncoso.

El 4 de diciembre, tres días después del secuestro de Beihl, Franco sancionaba un decreto-ley tras celebrarse un Consejo de Ministros, a propuesta de Tomás Garicano, que volvía a instaurar el estado de excepción en Guipúzcoa, justificándolo en su preámbulo por «el reciente secuestro en nuestro país del representante consular de un Estado extranjero, con la evidente pretensión de forzar la recta actuación de los Tribunales de Justicia»[487], en referencia al consejo de guerra de Burgos que ya había empezado. Ese mismo día, en Éibar, localidad natal de dos de los acusados (Onaindia y Gesalaga) y donde desarrollaba su labor pastoral un tercero (el padre Jon Etxabe), una manifestación, que culminó la segunda jornada de huelga general, recorrió sus calles hasta que fue reprimida por las fuerzas de la Guardia Civil, de la Policía Armada y de la brigada político-social, utilizando fuego real. Un manifestante, Roberto Pérez Jáuregui, de veintiún años, cayó malherido frente a la iglesia de los carmelitas por impacto de bala, muriendo cuatro días después, quien era militante del Partido Comunista de España Internacional (PCEi)[488], una escisión del PCE.

486 «El presidente de la Diputación expresó la satisfacción de la Corporación por las últimas decisiones del Gobierno que afectan a Guipúzcoa», *El Diario Vasco,* 19/09/1970, p. 9. EGUIZALE, Juan de: «S. E. el Jefe del Estado inaugura los VI Mundiales de Pelota», *La Voz de España,* 19/09/1970, p. 15. «Franco inauguró los mundiales de pelota», *El Diario Vasco,* 19/09/1970, p. 31. ONTOSO, Pedro: *op. cit.,* pp. 109-110. EGAÑA SEVILLA, Iñaki: *Diccionario político de Euskal Herria,* Tafalla (Navarra), 1996, p. 244. SULLIVAN, John: *op. cit.,* p. 125.

487 Decreto 2326/1971, de 23 de septiembre, por el que se concede indulto con motivo del XXXV aniversario de la exaltación a la Jefatura del Estado. *Boletín Oficial del Estado,* 01/10/1971, núm. 235, p. 15857. Decreto-Ley 14/1970, de 4 de diciembre, por el que se declara el estado de excepción en la provincia de Guipúzcoa. *Boletín Oficial del Estado,* 05/12/1970, núm. 291, pp. 19830-19831.

488 ONTOSO, Pedro: *op. cit.,* pp. 137-138.

El segundo día de protestas por el Proceso de Burgos tuvo también repercusión en San Sebastián, Rentería, Pasajes, Arechavaleta, Andoain, Villabona, Villafranca, Irún, Elgóibar, Tolosa y Hernani, deteniéndose a cincuenta personas. En esta última localidad, un grupo de manifestantes ocupó momentáneamente el ayuntamiento y en la penúltima hubo intentos de quemar vagones del ferrocarril. Sin embargo, el régimen consideraba que la participación de los trabajadores guipuzcoanos en la huelga general había decrecido, limitándolos a 20.000. En Vizcaya, pararon un número similar de trabajadores al de la primera jornada y hubo un intento de manifestación en Bilbao, manteniéndose la ausencia de alumnos en la universidad. Las protestas, sin embargo, se extendieron a Pamplona, donde hubo manifestaciones y cortes de tráfico, así como en Vitoria, donde una concentración fue disuelta por efectivos policiales. Pero el calendario beneficiaba al régimen, ya que se entraba en el fin de semana que, tras la reanudación el lunes de los días laborables, volvía a interrumpirse el martes siguiente por la celebración de la Inmaculada Concepción. El sábado 5 de diciembre, los datos ofrecidos cada día por el gobernador civil de Guipúzcoa rebajaban a 13.400 los trabajadores que mantenían la huelga, aunque Iranzo tuvo que admitir, a preguntas de un periodista extranjero, que los paros vividos en los tres últimos días «habían sido los más importantes» a los que había tenido que hacer frente el régimen. En la tercera jornada de huelga hubo incidentes en Rentería y Pasajes, mientras que en Villabona se paró el tráfico al derramar unos manifestantes aceite sobre la carretera. Los detenidos aquel sábado fueron quince, pero Iranzo, consciente de la impopularidad del estado de excepción, quiso precisar que ninguno de aquellos arrestos había sido practicado por su aplicación. El régimen empezaba a barruntar que generaba desafección entre la población. De hecho, Iranzo insistió en que el gobierno pretendía «que el estado de excepción se notase lo imprescindible para los que están dentro de la legalidad». El balance de heridos en las protestas alcanzaba a tres miembros de las fuerzas policiales y a cuatro manifestantes, uno de ello, Pérez Jáuregui, extremadamente grave en esos momentos. En Vizcaya, la cifra de obreros en paro bajó a 9000. Hubo intentos de concentraciones en Bilbao y Amorebieta, cortados por las FOP. En Vitoria, hubo conatos de manifestación disueltos por la policía. Sin embargo, según avanzaba el juicio, las protestas se extendían fuera de las provincias vascas. En Barcelona, hubo una manifestación estudiantil protestando contra el Proceso de Burgos. También, en Roma, donde se dio una concentración frente a la Embajada de España ante la Santa Sede. Desde el día 3, fecha del inicio del juicio, hubo manifestaciones en París, Milán, Berna, Ciudad de México y Caracas. La internacionalización de las protestas avanzaba, lo que fue criticado por las Hermandades de Alféreces Provisionales de las cuatro provincias vasco-navarras, así como las de Santander, Burgos y Logroño, todas las encuadradas en la VI Región Militar. Mediante un manifiesto, expresaron su «menosprecio» hacia esas actitudes de «fuera de nuestras fronteras», a la par que criticaban los intentos de «coaccionar la libre y justa decisión que haya de adoptar el Consejo de Guerra». El domingo 6, unas cincuenta personas intentaron manifestarse en la localidad guipuzcoana de Zumárraga y el lunes 7 pararon 1500 trabajadores, según los datos facilitados por el régimen. En Vizcaya, fueron 3400, reanudándose las clases en la Universidad de Deusto. El martes 8, día de la Inmaculada, hubo una manifestación de doscientas personas en Legazpia, interviniendo las fuerzas policiales y practicando cuatro detenciones. El miércoles 9, el mismo día que acabó el juicio en Burgos, el régimen pudo proclamar que, tanto en Guipúzcoa, como en Vizcaya, se había recuperado la normalidad, mientras que era enterrado en absoluto silencio Pérez Jáuregui, homenajeado por doscientas personas en Éibar[489].

La vista oral del juicio sumarísimo se desarrolló a lo largo de seis sesiones, incluyendo todo el fin de semana y hasta el mismo día de la Inmaculada. En cambio, se paró el lunes 7 de diciembre, por indisposición alegada por Troncoso, observándose desde el día siguiente un mayor rigor a la hora de restringir las declaraciones de los acusados, instándoles desde el tribunal a limitarse a responder a las

489 «En Éibar, la fuerza pública se vio obligada a disparar», *La Voz de España,* 05/12/1970, pp. 1 y 8. «Normalidad en la calle; se mantienen las cifras de trabajadores en paro», *La Gaceta del Norte,* 05/121970, p. 6. «Intentos de manifestación en Pamplona», *La Gaceta del Norte,* 05/12/1970, p. 6. «Ayer, intento de manifestación, en Vitoria», *La Gaceta del Norte,* 05/12/1970, p. 6. «En Rentería y Pasajes fueron desalojadas algunas fábricas», *La Voz de España,* 06/12/1970, pp. 1 y 8. «Vizcaya: normalidad casi absoluta», *La Gaceta del Norte,* 06/12/1970, p. 7. ONTOSO, Pedro: *op. cit.,* p. 138 y 155. «Manifiesto de las Hermandades de Alféreces Provisionales», *La Gaceta del Norte,* 06/12/1970, p. 6. «Domingo y lunes, jornadas de calma en Guipúzcoa», *La Voz de España,* 08/12/1970, p. 8. «Solo hubo una pequeña manifestación en Legazpia», *La Voz de España,* 09/12/1970, pp. 1 y 8. «Normalidad absoluta en toda la provincia», *La Voz de España,* 10/12/1970, p. 6.

preguntas que les formulaban. Tal hecho fue evidente cuando Izko de la Iglesia, quien había negado que matara a Manzanas, pretendió detallar el trato recibido en su paso por dependencias policiales, a preguntas de su abogado, José Antonio Echevarrieta, hermano del fallecido Txabi, lo que motivó que el letrado denunciara a los jueces por obstrucción de la defensa. De hecho, las declaraciones precedentes se habían centrado en relatar los malos tratos y torturas recibidos, como un aspecto esencial de la denuncia global contra la dictadura. Así, lo habían hecho Jon Etxabe y Txutxo Abrisketa. Este último detalló que había sido torturado de modo continuo durante varios días seguidos. La presencia de periodistas extranjeros en el juicio permitió una resonancia internacional a esas denuncias, ofreciendo al mundo una imagen que el régimen acusaría. El último día del juicio, el presidente del tribunal ordenó desalojar la sala cuando el último procesado que quedaba por declarar, Onaindia, se aproximó al estrado donde estaba el tribunal, subiendo algunos de los escalones que separaban a este del banquillo de los reos, mientras entonaba la primera estrofa del *Eusko Gudariak*, lo que era una señal para que todos los acusados se pusieran igualmente a cantar. De esa manera, se proclamaban *gudaris*, herederos de los batallones nacionalistas del Euzko Gudarosteak, que hicieron suya aquella melodía en la Guerra Civil. El historiador Sullivan consideró el Proceso de Burgos como «el suceso más trascendental de la historia de ETA». De hecho, el juicio se había revelado incómodo para un régimen que no había calibrado las consecuencias de este, mientras que para ETA supuso que todas sus ideas fueran conocidas por la población vasca y por el mundo, debido a la internacionalización del proceso.

El 28 de diciembre, se hizo pública la sentencia, tras dieciocho días de deliberaciones. La solicitud de 752 años de cárcel se rebajó a 519 y 6 meses, pero las penas de muerte aumentaron de seis a nueve, aunque para las mismas seis personas: Onaindia, Larena, Unai Dorronsoro, Uriarte, Gorostidi e Izko de la Iglesia. Estos tres últimos, recibieron cada uno de ellos dos condenas capitales. Los otros diez enjuiciados fueron condenados a penas de entre doce y setenta y dos años de prisión, excepto Arantza Arruti que fue absuelta. Los delitos recogidos en la sentencia eran los de asesinato, terrorismo, rebelión militar, bandidaje, tenencia ilícita de armas, robo a mano armada, robo con fuerza en las cosas, hurto de vehículo y falsificación. Tras las alegaciones de las defensas, el capitán general García Rebull ratificó la sentencia, hecho que la confería la condición de firme y que fue comunicada el día 30 al Ministerio del Ejército, que a su vez lo trasladó al gobierno, quien tenía la potestad de proponer al jefe de Estado el indulto de las penas capitales[490].

El mismo día en que se conoció la sentencia se produjeron paros en fábricas, en Vizcaya, protagonizados por unos 6000 trabajadores, según los datos ofrecidos por el régimen. De hecho, las críticas no habían desaparecido desde que finalizó el consejo de guerra. En la Abadía de Montserrat, en Cataluña, unos 300 intelectuales y profesionales, entre ellos el futuro premio nobel Mario Vargas Llosa, protagonizaron un encierro del 12 al 14 de diciembre para mantener la llama de la protesta. Y una vez que se conoció la sentencia, se produjeron concentraciones en París, Berlín, Hamburgo, Fráncfort, Roma, Milán, Berna y Moscú. El aluvión de peticiones de clemencia por parte de mandatarios internacionales incluyó al presidente de Chile, Salvador Allende, y al de la República Federal de Alemania, Gustav Heinemann. También, al rey de los belgas, Balduino, al ministro de Exteriores neerlandés, Joseph Luns, y al presidente de la Comisión Europea, Franco Maria Malfatti, quien trasladó al gobierno español su preocupación por «la repercusión que ciertos desenlaces pudieran tener en las relaciones entre España y la Comunidad Europea», medio año después de haber firmado el acuerdo Madrid y Bruselas. Pero, sin duda, el mensaje que más podía afectar al régimen provino del papa Pablo VI. El 29 de diciembre, el gobierno recibió la petición de clemencia, abogando para que Franco otorgara *la gracia de la vida* a los condenados a muerte. A mediados del mes de noviembre, familiares y allegados de Onaindia, Uriarte, Etxabe, Gorostidi, Kalzada, Larena y de los hermanos Dorronsoro, acompañados por el sacerdote Juan María Arregui [Arregi] Azpeitia, miembro de Gogor que había sido juzgado en rebeldía por la huida de Makagüen, habían visitado el Vaticano, aunque no lograron ser recibidos por el papa, aunque sí en la Secretaría de Estado y también por Pedro Arrupe, el prepósito de los jesuitas. También viajó a Roma el lehendakari Jesús

490 SULLIVAN, John: *op. cit.*, p. 119 y 111-113. ONTOSO, Pedro: *op. cit.*, pp. 152 y 116. FERNÁNDEZ SOLDEVILLA, Gaizka y BRIONES APARICIO, José Francisco: *op. cit.*, p. 33. CASQUETE, Jesús.

«Eusko Gudariak», en PABLO CONTRERAS, Santiago de (coord.): *100 símbolos vascos. Identidad, cultura, nacionalismo,* Madrid, Tecnos, 2016, pp. 126-127. «La sentencia recoge minuciosamente los actos de terrorismo producidos en nuestra región», *La Voz de España*, 29/12/1970, p. 14. «Los trámites judiciales del Consejo de Guerra», *La Voz de España*, 29/12/1970, p. 14.

María Leizaola Sánchez, el sustituto de Aguirre al frente del gobierno vasco en el exilio[491].

Paralelamente, los servicios secretos del régimen, la Organización Contrasubversiva Nacional (OCN), precedente del SECED, prepararon manifestaciones de apoyo a Franco. El 16 de diciembre, hubo una nutrida concentración en Burgos y al día siguiente, se produjo otra más masiva en la plaza de Oriente de Madrid, con centenares de miles de participantes. Sus agentes repartieron medio millón de panfletos llamando a la manifestación. Pese a que el ministro Garicano era contrario, el gobierno terminó por autorizar la concentración, en la que fueron vistas pancartas contra el ejecutivo de *tecnócratas* y *propagandistas*. Se trató de uno de los actos de masas más concurridos del franquismo y a la vez una muestra más de las diferencias en el seno de un régimen, cuyas grietas se profundizaban por el Proceso de Burgos. Para el gobierno dirigido por Carrero, el consejo de guerra había sido un tremendo error que ponía en cuestión no solo sus logros, como la relación con el Mercado Común, sino su propia supervivencia, un gabinete, que apostaba por la autocracia y el liberalismo económico, en detrimento de los elementos fascistas predominantes en la época del Nuevo Estado[492].

El 29 de diciembre, el mismo día que se había recibido el mensaje de Pablo VI, se reunió el Consejo de Ministros para debatir informalmente los indultos. En la nota oficial que se entregó al término de la reunión, se indicó que «el Gobierno ha mantenido un cambio de impresiones, sin perjuicio de que cuando reciba la sentencia (...), una vez que sea firme mediante el cumplimiento de los trámites previstos, se reúna nuevamente para tomar la resolución que proceda». El gabinete se había reunido en el palacio de El Pardo por la mañana. Paralelamente, el Consejo del Reino también lo hizo, en el palacio de las Cortes, defendiendo la conmutación de las penas de muerte el jefe del Alto Estado Mayor, el teniente general Díez-Alegría, quien desde un principio había sido muy crítico con que los etarras fueran juzgados en consejo de guerra. Por su cargo, era uno de los dos militares que formaban parte del órgano consultivo de la Jefatura del Estado. A las cinco de la tarde de aquel día, su presidente, que lo era también de las Cortes, Alejandro Rodríguez de

491 «Paros en algunas empresas de Vizcaya», *La Voz de España*, 30/12/1970, p. 5. ONTOSO, Pedro: *op. cit.*, pp. 156-160, 169, 139, 172-173, 117-121 y 101-102. «El Gobierno se reunió para cambiar impresiones sobre el Proceso de Burgos», *La Voz de España*, 30/12/1970, p. 5.

492 FERNÁNDEZ SOLDEVILLA, Gaizka y BRIONES APARICIO, José Francisco: *op. cit.*, pp. 40-42. SULLIVAN, John: *op. cit.*, p. 132.

Valcárcel, y catorce de sus consejeros, al haber una vacante en representación de las administraciones locales, mientras otro convalecía de un accidente, fueron recibidos por Franco en El Pardo.

Un día después, a las cinco de la tarde, una vez recibida oficialmente la sentencia firme a través del Ministerio del Ejército, el gobierno se volvió a reunir en Consejo de Ministros extraordinario, presidido por Franco. Durante hora y media, sus integrantes debatieron de nuevo sobre los indultos. El ministro de Justicia, Antonio María de Oriol, leyó una petición de clemencia de la familia de Javier Izko de la Iglesia, en la que se recordaba la participación en la guerra como requeté del padre del etarra, Jesús Izco Anocibar, perdiendo un ojo. La carta estaba firmada por la madre y el hermano, Lucio Izco de la Iglesia, quien rememoraba en la misiva, fechada el 12 de noviembre, su militancia en el SEU, lo que le había llevado a ser recibido en audiencia por Franco tres años antes junto a otros universitarios. En ese ínterin, escribió el hermano en la carta, «no paré de luchar denodadamente, sin miedo y a cara descubierta, por mantener la fe de mis compañeros y los ideales que nuestra Patria recuperó e hizo vigentes S. E. desde 1936. Sufrí, y solo ayudado por Dios pude soportarlo, insultos, falsas acusaciones y hasta golpes físicos», mientras era delegado del sindicato universitario en la Facultad de Filosofía y Letras de la Universidad Central. En la misiva, se revelaba que la familia se había trasladado de Bilbao a Madrid en un último intento por apartar a Javier del «rumbo que empezaba a tomar». El contenido de la carta fue difundido por Televisión Española (TVE) la noche después de la decisión tomada por el dictador. También fue filtrada otra carta de Lucio Izco al embajador de España en Roma, en la que el hermano del condenado a muerte se desmarcaba de las gestiones que habían llevado a cabo en el Vaticano los familiares de los otros procesados. El apoyo al perdón fue mayoritario entre el resto de los ministros de aquel consejo extraordinario, sumándose así al respaldo a los indultos por parte del Consejo del Reino[493]. El dictador

493 «El Gobierno cambió impresiones sobre el Consejo de Guerra», *ABC*, 30/12/1970, p. 23. FERNÁNDEZ SOLDEVILLA, Gaizka y BRIONES APARICIO, José Francisco: *op. cit.*, pp. 40-43. «Así está compuesto el Consejo», *La Gaceta del Norte*, 30/12/1970, p. 12. «Franco presidió la reunión del Consejo de Estado», *La Gaceta del Norte*, 30/12/1970, p. 12. «El Consejo del Reino, recibido por Franco», *ABC*, 30/12/1970, p. 23. SALGADO, Javier: «La firma de la sentencia», *ABC*, 31/12/1970, p. 22. «Indultados por el jefe del Estado los seis condenados a muerte», *ABC*, 31/12/1970, p. 21. «Carta de la madre y del hermano de Izco de la Iglesia al Jefe del Estado», *La Gaceta del Norte*, 31/12/1970, p. 7.

firmó esa misma tarde del 30 de diciembre el decreto en el que hacía uso de la prerrogativa de gracia, señalando que obraba «de acuerdo con Mi Gobierno y con el Consejo del Reino». La decisión, promulgada el último día de aquel año de 1970, conmutaba las nueve penas de muerte de seis de los procesados por la inmediatamente inferior de reclusión[494].

La noticia de los indultos fue divulgada por RNE a las seis de la tarde del 30 de diciembre. Horas después se emitiría por Radio Televisión Española (RTVE), el tradicional mensaje de fin de año de Franco, por lo que su director general y procurador familiar por Ávila, Adolfo Suárez, recibió una orden desde el palacio de El Pardo para que mandara otro equipo de televisión para *volver* a grabarlo. En esa nueva versión, el dictador ya se refirió a los indultos, ligándolos al refuerzo de autoridad que había recibido con el «inmenso plebiscito de adhesión en la Plaza de Oriente», lo que evidenciaba que el régimen llevaba tiempo preparando la conmutación de las penas capitales en un intento de pasar página, de poner fin a un año en el que el Proceso de Burgos había maltratado no solo la imagen de España en el extranjero, sino también alienado del régimen a muchos vascos, además de exasperar las disensiones en el seno del franquismo. Por eso, Franco tuvo palabras para un ejército que empezaba a comprender el error de montar un macroproceso sumarísimo a ETA. No en balde, era el único pilar incólume que le quedaba al régimen, porque el otro, la iglesia, había dado muestras de desafección. Consciente de ello, dijo: «La Iglesia Católica y el Estado constituyen dos poderosas fuerzas vitales (...). Sus finalidades no pueden contradecirse porque ello produciría una lamentable crisis social»[495].

Palabras premonitorias de la crisis del régimen, que en aquellos últimos días de 1970 eran difícilmente soslayables. De hecho, el estado de excepción decretado el 4 de diciembre en Guipúzcoa, tuvo su epílogo con otro decreto-ley que extendió a toda España la suspensión del artículo 18.º del Fuero de los Españoles, con lo que se permitió prorrogar las detenciones más allá de las setenta y dos horas sin autorización

494 Decreto 3653/1970, de 30 de diciembre, por el que se ejerce la prerrogativa de la gracia de indulto. *Boletín Oficial del Estado,* 31/12/1970, núm. 313, p. 21154.

495 ONTOSO, Pedro: *op. cit.,* pp. 178-179. «Las clamorosas manifestaciones de adhesión a mi persona, al Ejército y a las instituciones han reforzado nuestra autoridad en tal modo que nos facilita, de acuerdo con el Consejo del Reino, el hacer uso de la prerrogativa de indulto, pese a la gravedad de los delitos juzgados en Burgos», *ABC,* 31/12/1970, pp. 20 y 22.

judicial[496]. Hasta el 12 de abril de 1971 hubo 1221 arrestos. Para el gobernador Iranzo, lo que se había vivido no era comparable con nada «desde la Guerra de Liberación», porque desde 1939 «no se había creado una situación tan difícil y preocupante». En palabras de Fusi, lo sucedido «fue el inicio de un proceso que, en pocos años de agitación y represión, acabaría por alienar del régimen de Franco a amplios sectores de la opinión vasca y que terminaría por generar un sentimiento amplio de enconamiento y crispación contra la idea misma de España»[497]. Justamente, todo lo contrario, por lo que trabajaba Araluce. Pero, de momento, el alivio de *tecnócratas* y *propagandistas* por las conmutaciones de las penas capitales fue compartido por muchos cargos del régimen, entre ellos Araluce, quien se aprestó a continuar con su labor como presidente de la diputación guipuzcoana y con su hoja de ruta descentralizadora, aunque ralentizada por lo sucedido en los últimos meses. De hecho, lo vivido en 1970 iba a condicionar no solo su tarea, sino su propia vida, en los seis años que siguieron, hasta que unos pistoleros de ETA V Asamblea acabaron con ella a sangre fría.

496 Decreto-Ley 15/1970, de 14 de diciembre, por el que se suspende en todo el territorio nacional, y por plazo de seis meses, la vigencia del artículo 18 del Fuero de los Españoles. *Boletín Oficial del Estado,* 15/12/1970, núm. 299, pp. 20287-20288.

497 FERNÁNDEZ SOLDEVILLA, Gaizka y BRIONES APARICIO, José Francisco: *op. cit.*, p. 41. FUSI, Juan Pablo: *Franco. Autoritarismo y poder...*, p. 199.

Fecunda simbiosis

La primera muestra de ello la tuvo cuando conoció que el intento de sabotaje del repetidor de televisión de Berberana, cuya realización hubiera impedido conocer a la población de muchas zonas del norte peninsular el mensaje del indulto otorgado por Franco, era obra de unos que le disputaban su condición de tradicionalista carlista, en concreto de los GAC. Los viejos fantasmas de la profunda división del carlismo seguían presentes, lastrando igualmente la operatividad de sus planes descentralizadores. El miércoles 30 de diciembre de 1970, a las diez de la noche, poco antes de la difusión del mensaje del jefe de Estado, en el término municipal de la localidad burgalesa de Berberana, en los montes de Orduña, cerca de Vizcaya, la Guardia Civil interceptó a cinco carlistas que habían herido al vigilante del repetidor, entre ellos Carlos Catalán y Jon Kerejeta, el hijo de quien había ocupado un lugar protagonista siete años antes en la recepción de las nuevas banderas de los tercios de requetés en la ermita de Izaskun[498].

Poco después de aquel significativo incidente, en concreto el 29 de marzo de 1971, Araluce alcanzó la cúspide de lo que sería su carrera política, ingresando en el Consejo del Reino. Ese día, los procuradores en Cortes por administraciones locales le votaron como uno de sus dos representantes en el máximo órgano consultivo de la Jefatura del Estado, cuyo poder decisorio se había visto incrementado dos años antes con la ley Orgánica del Estado. El presidente de la diputación guipuzcoana logró ochenta y seis votos a favor y ninguno en contra. Once procuradores no asistieron y se dieron solo cinco votos en blanco. Fue la única candidatura presentada y estuvo avalada por cuarenta procuradores, evidenciando que era el candidato que concitaba el apoyo del

498 SEMPRÚN, Alfredo: «Cinco terroristas intentaron ocupar el repetidor de Televisión Española de Berberana (Burgos)», *ABC*, 01/01/1971, p. 18.

gobierno vicepresidido por Carrero. «Es motivo de honor el hecho de que sea Guipúzcoa quien represente en este cargo a todas las provincias españolas», declaró a la prensa Araluce, quien ocupó la vacante que estaba pendiente de renovación desde que el Consejo del Reino acudió al palacio de El Pardo a comunicar a Franco su posición favorable a las conmutaciones de las penas de muerte del Proceso de Burgos. El Consejo del Reino estaba formado por diecisiete miembros, siete de los cuales lo eran debido a sus cargos, los consejeros natos, como era el caso de los militares Díez-Alegría y José Héctor Vázquez, en su condición de teniente general de mayor veteranía, así como el prelado de mayor jerarquía y antigüedad entre los que eran procuradores en Cortes, el arzobispo de Zaragoza, Pedro Cantero Cuadrado, y el presidente del Tribunal Supremo, Francisco Ruiz-Jarabo Baquero; y por diez elegidos por las Cortes, entre los que se encontraba el entonces alcalde de Madrid, Arias Navarro, así como Martín Villa, en representación sindical, y el democristiano Alfonso Osorio García, por los procuradores familiares[499]. Estos dos últimos, formarían parte consecutivamente de los dos primeros gobiernos de la Monarquía de Juan Carlos, mientras que Arias presidiría el último de Franco y el primero de su sucesor en la Jefatura del Estado.

El 1 de abril, Araluce prestó juramento en el palacio de El Pardo, ante Franco, de su nuevo cargo. Por incompatibilidad, tuvo que renunciar a ser miembro de la Comisión Permanente de las Cortes. Ese día, al estar en Madrid, no pudo asistir a la despedida de los diputados provinciales salientes de la corporación guipuzcoana, entre ellos Ortiz de Zárate, quien había dejado también su cargo de alcalde de Tolosa, poniendo fin a su carrera política. El discurso de despedida lo dio en su lugar Santiago San Martín, el vicepresidente de la Diputación Provincial de Guipúzcoa, un funcionario de Hacienda que representaba la cuota falangista, a quien Araluce confirmó en el cargo tras la renovación de la corporación, que supuso el reemplazo de un tercio de los diputados, a los que el presidente agradeció «la magnífica lección de afecto y lealtad» que había recibido. En su discurso, San Martín incidió en las «dificultades presupuestarias y (...) económicas» que padecía la corporación desde la supresión del Concierto Económico, recordando

499 «El presidente de la Diputación de Guipúzcoa, elegido consejero del Reino», *Unidad,* 29/03/1971, p. 5. «Don Juan María de Araluce, elegido consejero del Reino», *La Voz de España,* 30/03/1971, p. 8.

que el arbitrio de rodaje y arrastre de carros de llantas metálicas, la única figura impositiva que le quedaba a la diputación, solo permitía recaudar 12,5 y 200 pesetas al año, respectivamente, a los propietarios de bicicletas y carros. Por ello, la diputación se encontraba a merced de lo que concediese el gobierno a través de los Presupuestos Generales del Estado, recurriendo a los créditos para la reforma de la red viaria y la construcción de embalses. A continuación, habló del euskera: «Nos ocupamos como correspondía de la enseñanza del vascuence en la seguridad de que popularizándolo conseguiríamos su continuidad». Recordó el convenio con el Ministerio de Educación y Ciencia, lo que permitiría el plan diseñado por la diputación para crear 200 parvularios «que resolvieran el doble problema de hacer penetrar en el conocimiento del castellano a los niños con el vascuence como idioma materno y medio de expresión, y de los de habla castellana con el conocimiento del euskera, como medio de asegurar la persistencia de una lengua tan antigua como maravillosa de nuestra cultura nacional». Habló también de la apertura de ikastolas por iniciativa privada, destacando los nuevos locales de la escuela en euskera de Rentería y la *modesta* aportación dada por la diputación. El 26 de marzo, Araluce había inaugurado las nuevas instalaciones de dicho centro escolar, que daba estudios a 380 alumnos, hasta cuarto de bachillerato elemental, siendo bendecidas por el párroco en representación del obispo Argaya. El modelo educativo de las ikastolas, basado en el euskera como lengua vehicular de la enseñanza, había sido recuperado desde 1957, asistiéndose en la década de los sesenta a su desarrollo, que contó a favor de su implantación con la mediocridad y doctrinarismo de la enseñanza pública. La diputación dirigida por Araluce daba inicio así a una política de subvenciones a las ikastolas[500].

500 «Don Juan María de Araluce presta juramento como consejero del Reino», *Unidad*, 01/04/1971, p. 1. «Las Cortes aprobaron diversos convenios con la Oficina Internacional del Trabajo (OIT)», *La Voz de España*, 30/03/1971, p. 7. *Jesús María Azurza Ayerbe*, 03/04/2023, Tolosa (Gipuzkoa), entrevista realizada por Juan José ECHEVARRÍA. Carta de Juan María Araluce Villar a los diputados provinciales salientes (Madrid, 01/04/1971), APJAL. «Discurso de D. Santiago San Martín en nombre de los diputados salientes» (San Sebastián, 01/04/1971), APJAL. «Fueron inauguradas las nuevas aulas de la ikastola de Rentería», *La Voz de España*, 28/03/1971, p. 21. CASANELLAS, Pau: «Evitar *caballos de Troya*. Las estructuras provinciales de poder del franquismo ante el resurgimiento del nacionalismo subestatal en Cataluña y el País Vasco (1960-1975)», *Ayer*, 123 (2021), p. 155.

El mismo día de la inauguración de la ikastola, Araluce había acompañado al gobernador civil a una reunión de la Academia de la Lengua Vasca, sesión celebrada en el palacio de la Provincia. Iranzo, quien hizo gala de antepasados vascos, abogó en su intervención ante los miembros de Euskaltzaindia por un mayor conocimiento sobre el euskera, una lengua sobre la que manifestó: «Tenemos que guardarla como una joya, conservarla y ayudar a su expansión». Ese mismo mes, la diputación había aprobado el nuevo reglamento de su Junta de Cooperación Cultural, en el que se apostaba por «el fomento de la lengua y literatura vernácula». La nueva normativa fue aprobada en un acto presidido por Araluce y al que también asistió Arrue como representante de Euskaltzaindia. También, uno de los más destacados miembros de dicha junta, quien escribiría un sentido obituario a la muerte de Araluce, Juan María Álvarez Emparanza, el hermano de *Txillardegi*[501].

Las iniciativas de las instituciones guipuzcoanas en pro de la cultura euskalduna no suponían una estricta novedad y enlazaban con los planteamientos que ya se habían producido en el Nuevo Estado, aunque sí su intensidad y dedicación, y sobre todo la participación en ellas de las estructuras periféricas del régimen franquista, como el Gobierno Civil. La actitud de Iranzo era el reflejo de los debates producidos en las reuniones de la década de los sesenta del Consejo Nacional del Movimiento (CNM), el órgano superior del partido único cuya misión era fortalecer la unidad de España y defender los Principios del Movimiento, promoviendo ante el gobierno cuantos informes considerase oportunos. Entre 1961 y 1963, en diversas reuniones de tal órgano, se habían oído voces propugnando acciones positivas en defensa de la cultura y lengua vasca, promoviéndolas desde una óptica integradora que presentase lo vasco como genuinamente español. Tal acción debía desarrollarse en múltiples ámbitos, desde el folclore a la lengua, pasando por la historia, proponiendo la creación de un Centro de Estudios Vascos. No obstante, conscientes los consejeros del valor de la lengua como elemento identitario, también hubo advertencias que veían un riesgo entrañado, en cuanto a que podían alentar el separatismo. En lo que no había diferencias era en potenciar el uso académico del vascuence, los estudios lingüísticos, más que en su desarrollo como lengua como lo que pretendía

501 «El gobernador civil visitó ayer la Academia de la Lengua Vasca», *La Voz de España*, 27/03/1971, p. 17. O. J.: «Fue aprobado el reglamento de la Junta de Cultura de la Diputación de Guipúzcoa», *El Diario Vasco*, 06/03/1971, p. 8.

Euskaltzaindia en esos mismos años, embarcada en la unificación del euskera como elemento previo necesario para su posterior expansión. Por ello, las palabras del gobernador Iranzo en la Academia de la Lengua Vasca explicitando su apoyo al desarrollo del euskera, suponían un paso más allá de lo debatido en aquellas reuniones del CNM. De hecho, la propia prensa destacó de aquel encuentro que era la primera vez que un gobernador civil presidía una sesión de la Academia de la Lengua Vasca. Pero Iranzo, no había actuado por su cuenta, ya que un mes antes de aquel acto, en una nueva reunión del CNM, en el que se debatió la crisis suscitada por el Proceso de Burgos, se propusieron por parte de algunos consejeros iniciativas más ambiciosas descentralizadoras. De hecho, tanto el Gobierno Civil como algunos consejeros nacionales pretendían dar una respuesta cultural al hecho de la ocupación del espacio público por parte de agrupaciones privadas que aspiraban a una revitalización de las manifestaciones euskaldunas, que el régimen interpretaba que estaban dirigidas por el nacionalismo. Se trataba de festivales vascos, ferias del disco y libros en euskera, teatro en esa lengua, semanas culturales, etc., cada vez más presentes en la sociedad vasca según transcurrió la década de los sesenta[502].

La incardinación de tales muestras euskaldunas como expresiones culturales de lo español, a través del vínculo foral, presentaba raíces historicistas. Tras la Guerra Civil, ofreció esa interpretación el sacerdote Zacarías de Vizcarra y Arana, quien sería consiliario general de Acción Católica Española. Vizcarra, nacido en la localidad vizcaína de Abadiano [hoy, Abadiño] en el seno de una familia carlista, publicó en 1939 en San Sebastián su *Vasconia españolísima,* presentando a Euskalerria como testimonio de la grandeza y antigüedad de España. Tal aproximación histórica tenía en la foralidad decimonónica su anclaje al considerar lo foral como la singularidad vasca, que asociaba identitariamente a los habitantes de esas provincias, vinculándolos con la monarquía española. Esos planteamientos hundían su genealogía en los primeros escritores vascos, en lengua castellana, allá por el siglo XVI, como Juan Martínez de Zaldivia, Esteban de Garibay y

502 LAMIKIZ JAUREGIONDO, Amaia: «La acción cultural del franquismo en el País Vasco durante la dictadura: las posibilidades de un sano vasquismo español», *Ayer,* 123 (2021), pp. 100-101 y 98-99. «El gobernador civil preside la sesión de la Academia de la Lengua Vasca», *El Diario Vasco,* 23/03/1971, p. 8. NÚÑEZ SEIXAS, Xosé M.: «Nuevos y viejos nacionalistas: la cuestión territorial en el tardofranquismo, 1959-1975», *Ayer,* 68 (2007), p. 79.

Zamalloa o Andrés de Poza Yarza. Esa línea interpretativa fue la que el fuerista Araluce argumentó en un intento de restablecer la españolidad de las provincias vascas, a través precisamente de la vinculación con la monarquía que, como *estorilo*, representaría en un futuro Juan Carlos de Borbón, tras la debacle de la españolidad experimentada con la muerte de Txabi Echevarrieta y el Proceso de Burgos. En diciembre de 1971, Araluce inauguró una reunión en San Sebastián del Patronato José María Quadrado, dedicado a los estudios locales y adscrito al Consejo Superior de Investigaciones Científicas (CSIC), el organismo creado en 1939 por el Nuevo Estado para promover la investigación en el conocimiento. En su discurso, Araluce destacó del lugar anfitrión que era una «tierra de foralidades» que se afirmaba en «nuestra esencia hispánica». Araluce daba así continuidad a la labor de la corporación que presidía, que ya en 1939, dirigida entonces por José Eizaguirre, propuso crear una colección de libros que divulgase la historia bélica provincial en defensa de España. Dos años más tarde, bajo la Presidencia de Querejeta Insausti, la diputación creó el Instituto Esteban de Garibay, dirigido por Julio Urkixo, cuya misión era desarrollar los estudios históricos, arqueológicos, artísticos, folclóricos y filológicos que salvaguardaran los valores de una provincia, que, como sostenían sus promotores, se había destacado a lo largo de los siglos por engrandecer a España. En 1942, fue el turno del Archivo Histórico de Protocolos de Guipúzcoa y la Junta Provincial de Archivos y Bibliotecas; así como la adquisición y conservación de monumentos como la antigua Universidad de Oñate y las casas natales de Zumalacárregui en Ormáiztegui y del fundador de Manila, Miguel López de Legazpi, en Zumárraga. En 1953, el del Seminario de Filología Vasca Julio de Urquijo. Todo ello pretendía controvertir los planteamientos culturales del nacionalismo vasco, que habían sobrevivido bajo la dictadura[503].

La historiografía nacionalista había tenido su origen en 1892 con la publicación de *Bizcaya por su independencia*, obra de Sabino Arana,

503 GENIOLA, Andrea: «Una Cataluña española, una Vasconia españolísima. (Re) construcción de un relato, (re)significación de un imaginario (1939-1959)», *Ayer*, 123 (2021), pp. 53-55. MOLINA APARICIO, Fernando: *La tierra del martirio…*, pp. 98-104. AZURMENDI, Mikel: *Y se limpie aquella tierra. Limpieza étnica y de sangre en el País Vasco (siglos xvi-xviii)*, Madrid, Taurus, 2000, pp. 30-49. Discurso de Juan María Araluce Villar en el pleno del Patronato José María Cuadrado (San Sebastián, 10/12/1971), APJAL. LAMIKIZ JAUREGIONDO, Amaia: *op. cit.*, pp. 87-88.

en donde el fundador del PNV describía cuatro pretendidas victorias, no contrastadas históricamente, que habrían permitido una supuesta independencia vizcaína en época medieval. La genealogía de tal planteamiento se limitaba al siglo XVIII, cuando dos autores, también en castellano, conceptualizaron dicha soberanía, vizcaína en un caso —como había hecho originariamente Arana— y guipuzcoana en el otro, aunque ya claramente con una dimensión unitaria vasca en el segundo caso. El primero fue Pedro de Fontecha y Salazar, quien calificó la unión de Vizcaya y del rey de Castilla de «igual, principal y respectiva quoad caput et Regimen» (en cuanto a cabeza y régimen); es decir, un contrato entre iguales, incluso en lo que concierne a la dirección y a las normas de la relación. El segundo fue el padre Manuel Larramendi, un jesuita que había sido el confesor de la viuda del rey Carlos II, quien señaló que el fuero de Guipúzcoa «no procede de alguna concesión y favor humano. Antes que Castilla y Navarra tuviesen reyes, gozaba Guipúzcoa de este fuero primitivo»; planteamiento que haría suyo en el futuro no solo el nacionalismo vasco, sino también el carlismo durante la Segunda República, como evidenciaba el mencionado discurso de Marcelino Oreja Elósegui en la Casa de Juntas. Además, Larramendi se preguntó: «¿Qué razón hay para que la nación vascongada, la primitiva pobladora de España (...) no sea nación aparte, nación de por sí, nación exenta e independiente de los demás?»[504].

Tras Sabino Arana y la contribución foralista de los *euskalerriacos* en clave igualmente unitaria, el legado nacionalista fue conformándose con colaboraciones como la citada de Bernardo Estornés, convirtiendo a Zumalacárregui y a los carlistas en unos precursores del nacionalismo. El exilio tras la Guerra Civil de los dirigentes del PNV incorporó al acervo nacionalista un desarrollo de esa concepción soberanista, cuyas aportaciones, pese a la censura franquista, terminaron llegando a la comunidad nacionalista del interior. Destacaron en ello, Manuel Irujo, Francisco Javier de Landaburu Fernández de Betoño y Jesús Galíndez Suárez. El primero interpretó la foralidad en clave soberanista: «Lo que queremos es el régimen foral, o lo que es lo mismo, la facultad soberana que pueda ser aplicada en los órdenes legislativos, ejecutivo y judicial por la libre voluntad del país». Incluso, aseveró: «No acepto que se diga (...) que los Fueros en nuestro país no

504 AZURMENDI, Mikel: *op. cit.*, pp. 291, 189 y 319.

eran libertad, no eran soberanía, no eran independencia». El segundo, quien llegaría a ser vicepresidente del Gobierno Leizaola, proclamó en consecuencia que «los vascos son dueños de su destino, poseen lo que más tarde se ha llamado derecho de autodeterminación». Tal planteamiento, que redundó en su popularidad entre la nueva generación nacionalista, evidenciaba la presunción de una realidad pretérita vasca y anterior a cualquier otra construcción política, porque lo vasco era una «colectividad natural», concepto indudablemente orgánico. Años antes, en 1947, y en Buenos Aires, publicó el tercero, quien mantuvo unas tesis a favor de la democracia orgánica, no muy alejadas de las de sus enemigos franquistas. Para quien fue asesor de Irujo, cuando este fue ministro de Justicia de la Segunda República, «la democracia vasca jamás se fundó en el individuo, se fundó en la familia». Galíndez entendía que, «entre los vascos, el voto no fue universal, el voto fue cualificado. No votaron todos los hombres, adultos y jóvenes, casados y solteros, padres e hijos; no, votaron los etxekojaun, los cabezas de familia, los señores de caserío, los que tenían la responsabilidad en la vida colectiva». Por ello, criticaba el *Estatuto de Elgueta*: «El Estatuto de Autonomía de 1936, forzado por las circunstancias, hubo de seguir demasiado al pie de la letra el ejemplo español, y en su virtud establecía el sufragio universal inorgánico, que viene a romper la tradición euskeldun (euskaldun). Seamos valientes el día de mañana y rectifiquemos la línea»[505].

Todo ello son ejemplos de la *guerra cultural* en torno a lo que había que entender como vasco, vivida en la época franquista, en la que también tuvieron un papel relevante dos instituciones, una de ellas recuperada tras la Guerra Civil y la otra creada desde la nada con el objeto de loar la Hispanidad. Este último concepto, entendido como el conjunto de todos los pueblos de cultura y origen hispánico diseminados por el mundo, había sido creado en la década de los años veinte del siglo XX por Zacarías de Vizcarra, cuando este impartía cursos docentes en Argentina y fue captado para escribir en *Acción Española* por Maeztu, embajador de España en aquel país durante la dictadura de Primo de Rivera. Vizcarra dotó al término de una fundamentación religiosa,

505 IRUJO, Manuel de: *Desde el Partido Nacionalista Vasco,* volumen VII, Bilbao, Ekin, 1984, pp. 337 y 447. LANDABURU, Francisco Javier de: *Obras completas,* volumen III, Bilbao, Idatz Ekintza, 1982, p. 267. LANDABURU, Francisco Javier de: *Obras completas,* volumen V, Bilbao, Idatz Ekintza, 1984, p. 70. GALÍNDEZ, Jesús: *El derecho vasco,* Buenos Aires, Ekin, 1947, pp. 48-49 y 196.

considerando el catolicismo como la esencia de la propia Hispanidad, lo que conformaría la base del nacional-catolicismo abrazado por el franquismo y resumido en el eslogan «Por el Imperio hacia Dios». La ley de reforma de la Enseñanza Media de 1938, una de las primeras innovaciones legislativas del Nuevo Estado, consideró a la Hispanidad como «defensora y misionera de la Cristiandad».

En 1954, se había creado en Bilbao, el Instituto Vascongado de Cultura Hispánica (IVCH), dependiente del Instituto de Cultura Hispánica, para subrayar la contribución vasca a la historia de la monarquía hispánica, fomentando las relaciones culturales con los países latinoamericanos a través del ideal católico. En esa labor, fue relevante el estudio de la presencia vasca en el pasado de la Hispanidad y los contactos con los núcleos vascos diseminados por América, que contaban con una relevante presencia de exiliados. En 1964, coincidiendo con el décimo aniversario de su constitución y con el cuarto centenario de la expedición de Legazpi a Filipinas, se escogió a Guernica y a Zumárraga como escenarios a nivel nacional del Día de la Hispanidad. Por otra parte, en Guipúzcoa, tan pronto como en 1944, se había reflotado la RSBAP, aunque bajo el nombre de Real Sociedad Vascongada de los Amigos del País, evitando la letra be originaria por la connotación eusquérica, lo que mostraba la mediocridad de razonamiento lógico en el seno del Nuevo Estado. En dicha refundación había participado Areilza, prestando el palacio Arrietacúa, en Motrico, propiedad de los Churruca. Para quien había sido alcalde de Bilbao, la misión de la institución se debía centrar en el mantenimiento del orden tradicional, distanciándose del liberalismo. Pero, lejos de ello, la nueva RSVAP se articuló en torno al grupo de intelectuales que se reunían en la biblioteca del palacio de la Provincia y cuyas ideologías eran diversas. Entre ellos, el archivero e historiador Fausto Arocena Arregui, una figura intelectual en toda la consideración del término. A la par, había liberales, como José Berruezo Ramírez, propagandista del foralismo constitucional, e incluso exnacionalistas como José de Arteche, que contaron con el decisivo apoyo del carlista Julio Urkixo. La RSVAP se convirtió así en un centro de erudición plural, que irradió a su vez una serie de grupos culturales que conformaron un denso y fértil entramado de instituciones, como la Sociedad de Ciencias Naturales Aranzadi, la Sociedad Fotográfica de Guipúzcoa, el Instituto Ibero de Arquitectura, y el grupo Doctor Camino, que atesoró una relevante biblioteca de historia donostiarra. Los *amigos* publicaron una revista literaria en euskera, *Egan* (Volando), y otra histórica, en castellano, el *Boletín de la*

Real Sociedad Vascongada, difundiendo propuestas como la unificación del euskera y la creación de una universidad vasca[506].

Araluce, miembro de la RSVAP, era partidario de una universidad pública, pero limitaba su distrito universitario a Guipúzcoa, en la medida en que Bilbao gozaba de una propia desde 1968 con su área de influencia circunscrita a Vizcaya. Un decreto-ley de 6 de junio de aquel año, el mismo día en que otro suprimió parte del preámbulo del de 1937, había ampliado el mapa de estudios superiores en España, creando las universidades autónomas de Madrid, Barcelona y Bilbao, pero dejando para San Sebastián una sola facultad, la de Derecho, y dependiendo de la Universidad de Valladolid[507]. Partiendo de esa situación, el ya presidente de la Diputación Provincial de Guipúzcoa se había marcado, como una de las líneas preferentes de su actuación política, alcanzar la categoría de universidad, añadiendo en primera instancia el mencionado Centro Superior de Informática. De esa manera, la oferta de estudios superiores para los guipuzcoanos se incrementaría, sumando los dos centros de la obra corporativa del Opus Dei, la Facultad de Ciencias Físicas y la Escuela Superior de Ingenieros. A ello, había que agregar una preexistente delegación de la Facultad de Filosofía y Letras de la Universidad de Deusto. En ella, la docencia era impartida por la Compañía de Jesús en los Estudios Universitarios y Técnicos de Guipúzcoa (EUTG), aunque carecía de titulación oficial[508]. Todo ello, enmarcado en la preocupación de Araluce por la formación de la juventud, a cuyo déficit achacaba que la nueva generación se hubiera dejado tentar por ideologías que la separaban de la tradición. Pero sus planes para potenciar los estudios superiores en Guipúzcoa sufrieron un grave contratiempo, al no incluirse en el III Plan de Desarrollo la ansiada universidad, decisión del ministro *tecnócrata* López Rodó que convulsionó la provincia, desatando una crisis política y social, cuando la ampliación de estudios superiores se daba por hecha por todos.

506 TATEISHI, Hirotaka: «Zacarías de Vizcarra y *La vocación de América:* Apuntes sobre la Hispanidad y el nacional-catolicismo», *The Mediterranean Studies Group Hitotsubashi University*, 17 (2004), pp. 41-47. LAMIKIZ JAUREGIONDO, Amaia: *op. cit.*, pp. 90-101.

507 Decreto-ley 5/1968, de 6 de junio, sobre medidas urgentes de reestructuración universitaria. *Boletín Oficial del Estado*, 07/06/1968, núm. 137, pp. 8254-8255.

508 DÍAZ DE RADA, Ignacio: «Examen de la situación universitaria», *Unidad*, 15/11/1971, p. 5.

En noviembre de 1971, Araluce tuvo que responder por ello en una entrevista, de nuevo, de Aramburu, en la que el periodista le detallaba las seis nuevas universidades previstas en los planes gubernamentales, «sin que ninguna de ellas sea en Guipúzcoa». Araluce no escondió la contrariedad producida: «No debo ocultarle que a mí, como a todos los guipuzcoanos, la noticia me ha preocupado profundamente». El presidente de la diputación criticó el desvío del «camino» gubernamental, abierto con la facultad de Derecho: «Parece improbable que se piense mantener una Facultad aislada, ni menos institucionalizar la duplicidad de facultades (Valladolid y San Sebastián) dentro de la misma Universidad. Por ello, siempre hemos pensado que dicha Facultad constituía un núcleo generador de la Universidad Guipuzcoana». Por ello, exteriorizó su perplejidad por el hecho de que López Rodó, con el que compartía presencia en el Opus Dei, no hubiera incluido a Guipúzcoa en los propósitos del III Plan de Desarrollo, cuando creía tener la seguridad de que el Ministerio de Educación y Ciencia, dirigido por Villar Palasí, apostaba claramente por la creación de una universidad pública guipuzcoana. Araluce entendía que el departamento de Educación había reconocido la necesidad existente en la provincia por su número de estudiantes, como «demostraba a su juicio» que en el plazo de dos años se hubieran puesto en pie la Facultad de Derecho y ahora un Centro Superior de Informática. «Así lo concibe el Ministerio», remachó. En el curso 71-72 había 330 alumnos matriculados en la Facultad de Derecho, 576 en la Escuela de Ingenieros, 274 en la Facultad de Ciencias Físicas y 241 en la delegación de Filosofía y Letras de la Universidad de Deusto. La entrevista fue publicada en *La Voz de España*[509] con las críticas a la descoordinación y bandazos gubernamentales formuladas por Araluce, que renovaba entonces su puesto en el Consejo del Reino. El presidente de la diputación abría así el debate en la provincia por la negativa gubernamental, pese a que la creación de una universidad guipuzcoana había tenido el respaldo expreso del gobernador Iranzo, representante del gobierno en la provincia. Tal retractación aumentó la desafección al régimen, máxime cuando en el debate social producido se ligó la desestimación a los atentados de ETA, como hizo el periódico de la cadena del Movimiento *La Voz de España*.

509 Entrevista de Javier Aramburu a Juan María Araluce Villar (San Sebastián, 11/1971), APJAL. «Firme postura municipal ante el problema creado a la Universidad de Guipúzcoa», *El Diario Vasco*, 01/12/1971, p. 10. ARAMBURU, Javier de: «Creo que la Facultad de Derecho es núcleo generador de la Universidad de Guipúzcoa», *La Voz de España*, 12/11/1971, p. 17.

Araluce sintió en aquellos días que sus correligionarios *tecnócratas* lo habían dejado a los pies de los caballos, pese a todos sus intentos por reconducir la crispación social tras el Proceso de Burgos. El 7 de septiembre, el presidente de la Diputación Provincial de Guipúzcoa había publicado una carta en la prensa ante el inmediato arribo del Azor, haciendo referencia a las conmutaciones de las penas de muerte. El 20 de septiembre, Araluce volvió a subir la cuesta de Aldapeta. En esta ocasión, ofreció a Franco un resumen de lo hecho, calificando su primer año al frente de la diputación volcado en la nivelación presupuestaria. Del segundo, destacó los parvularios con educación en euskera y la línea de créditos para la red viaria y el abastecimiento de agua. «El signo del presente año viene marcado por la puesta en marcha y ejecución de tales propósitos». «A través de los correspondientes créditos extraordinarios, llevamos en este momento un importe de cien millones de pesetas en obras comprometidas durante el presente ejercicio para carreteras y caminos provinciales», mencionando asimismo la autopista Bilbao-Behovia y el ansiado ramal de Vitoria. Araluce dejó para el final sus planes descentralizadores con una mínima mención, consciente de que lo vivido desde la anterior audiencia, el Proceso de Burgos, había alterado los tiempos de su proyecto, retrasándolos cuando menos. Por ello, el presidente se limitó a mostrar su optimismo por «la potenciación de las Corporaciones Locales», enmarcándola en la futura ley de régimen local, cuya presentación en las Cortes había sido ya anunciada por el gobierno. Y respecto a los estudios superiores guipuzcoanos, Araluce confió en la inauguración del nuevo edificio de la Facultad de Derecho en los terrenos de Ibaeta para el presente curso y la puesta en marcha del Centro de Estudios Superiores de Informática, mostrando al jefe de Estado la disposición de la diputación para abrir más facultades. Ese mismo día, Franco recibió también al Consejo Provincial de Movimiento, presidido por Iranzo, quien quiso dejar clara la «lealtad» de los guipuzcoanos, evidenciando la erosión provocada por el Proceso de Burgos. Asimismo, el jefe de Estado concedió una audiencia al Ayuntamiento de San Sebastián. En ella, el alcalde Felipe Ugarte reclamó la universidad para Guipúzcoa[510].

---

510 «Carta abierta del presidente de la Diputación al pueblo de Guipúzcoa» (07/09/1971, San Sebastián), APJAL. Los tres periódicos guipuzcoanos publicaron la misiva: *La Voz de España* (pp. 1 y 6), *El Diario Vasco* (p. 1) y *Unidad* (p. 1). «Discurso del Sr. Araluce en la audiencia de S. E. el Jefe de Estado, a la Diputación. 1971, septiembre» (San Sebastián), APJAL. «En nombre de la

El camino para abrir una universidad pública parecía, pues, expedito en aquel mes de septiembre. Sin embargo, el 11 de noviembre, el ministro López Rodó presentó en Madrid, en rueda de prensa, el III Plan de Desarrollo que no recogía la universidad para Guipúzcoa. Las alarmas se desataron en la provincia, en un momento, además, en el que la posición de Araluce a nivel nacional podía verse en entredicho, ya que al día siguiente se celebraría el último pleno de las Cortes de la IX Legislatura, por lo que todos los miembros electos del Consejo del Reino perderían su condición de tales a la espera de lo que se decidiera en la X Legislatura cuyo primer pleno se anunciaba para el día 18[511]. El contratiempo para el presidente de la diputación era evidente. Los *tecnócratas*, que le habían aupado al órgano consultivo del jefe de Estado, habían obviado una de sus principales demandas: la creación de la universidad guipuzcoana.

Araluce viajó a Madrid en busca de una explicación, dejando una provincia crispada por la negativa. En el Ayuntamiento de San Sebastián, se presentó una moción para debatir la exclusión de la universidad y decidir las gestiones a realizar para intentar revertirla. Tal iniciativa presagiaba que no habría una única respuesta provincial, algo que no podía dejar de incomodar al presidente de la diputación. En la entrevista a Aramburu, Araluce había pedido que «las gestiones, como es natural, deberán hacerse de forma coordinada». Sin embargo, el alcalde Ugarte amagaba el día 15 con convocar un pleno del consistorio donostiarra, criticando que el «asunto [ya] se va a tratar a destiempo» al quedar fuera del III Plan de Desarrollo, en una clara descalificación de las gestiones de Araluce. Dicho lo cual, Ugarte viajó a Madrid para tomar posesión como procurador en la nueva legislatura de las Cortes en representación de los municipios guipuzcoanos[512].

A ello se unió un hecho que tendría trascendencia futura, repercutiendo negativamente en la reputación de Araluce. El alcalde Ugarte

comunidad guipuzcoana, reiteró su lealtad a los principios del 18 de Julio», *La Voz de España*, 21/09/1971, p. 7. «La ciudad de San Sebastián agradece a Franco su presencia en el verano», *La Voz de España*, 21/09/1971, p. 7.

511 «El III Plan de Desarrollo, lanzado oficialmente», *El Diario Vasco*, 12/11/1971, pp. 1 y 7. «Último pleno de la Novena Legislatura de las Cortes», *La Voz de España*, 13/11/1971, p. 6.

512 «Diputación», *El Diario Vasco*, 13/11/1971, p. 2. «Moción sobre la universidad presentada en el Ayuntamiento», *La Voz de España*, 13/11/1971, p. 12. ARAMBURU, Javier de: «Creo que la Facultad...». «Posible Pleno Municipal para tratar de problemas relacionados con la Universidad de San Sebastián», *El Diario Vasco*, 16/11/1971, p. 2.

negociaba entonces la venta de la Red Telefónica Urbana de San Sebastián a la CTNE, aquella por la que los *carlohuguinos* acusarían falsamente de corrupción al presidente de la diputación guipuzcoana. El 24 de noviembre de 1971, el Ayuntamiento de San Sebastián cerró los últimos flecos del traspaso telefónico, cuando aprobó pagar a la CTNE nueve millones y medio de pesetas por los derechos pasivos de los trabajadores de su red traspasados a la telefónica nacional, más trescientas setenta mil pesetas por gastos originados en congresos celebrados en la capital guipuzcoana[513]. Una venta que no era de la incumbencia de Araluce, ajeno a ella.

El presidente de la diputación, vuelto de Madrid tras asistir al último pleno de la IX Legislatura, respondió a la maniobra de Ugarte sobre la universidad, convocando al Patronato Pro-Estudios Superiores de Guipúzcoa, del que formaba parte el alcalde de San Sebastián. En el acuerdo alcanzado entre sus miembros, se expresaba la «preocupación y extrañeza (...) por la no inclusión (...) de la Universidad para Guipúzcoa», basada «en el hecho de que se creó un centro superior, en este caso la Facultad de Derecho, que auguraba ser la primera y sólida piedra de la Universidad». Además, recordaba que la compra de los terrenos de Ibaeta, a medias entre la diputación y el ayuntamiento, por importe de 150 millones de pesetas, se hizo pensando no solo en una facultad, «ya que sería la más cara del mundo», sino en la ubicación en ese solar de otros centros de enseñanza superior. Por ello, pedía que se crearan facultades de Filosofía y Letras y de Ciencias Químicas y Petroquímicas. Por su parte, Ugarte se entrevistó en Madrid con el ministro de Educación, así como con el rector de la Universidad de Valladolid. El alcalde mantenía así una interlocución propia, poniendo en entredicho la dirección provincial del presidente de la diputación, potestad que había sido un axioma foral desde el siglo XIX. No obstante, los viajes de Ugarte y Araluce habían aclarado algunos aspectos, más allá de que el regidor donostiarra quisiera erosionar al presidente de la diputación. Araluce pudo comprobar que su impresión que exoneraba al departamento de Villar Palasí en la decisión de excluir a Guipúzcoa no era del todo correcta y que, en consecuencia, el *tecnócrata* López

513 ESTORNÉS LASA, Bernardo: «Ugarte Lambert de Sainte-Croixe, Felipe de», Auñamendi Eusko Entziklopedia. https://aunamendi.eusko-ikaskuntza.eus/es/ugarte-lambert-de-sainte-croix-felipe-de/ar-133975/ «El Ayuntamiento abona nueve millones y medio a la Institución de Previsión Telefónica», *La Voz de España*, 25/11/1971, p. 11.

Rodó se habría encontrado con la decisión de no incluir en el III Plan de Desarrollo dicha universidad. Por eso, el comunicado del patronato revelaba que el Ministerio de Educación y Ciencia no había incluido la universidad de Guipúzcoa entre sus «planes prioritarios»[514], verdadero motivo por el que había quedado excluida; sin que, eso sí, el Comisariado del Plan de Desarrollo revirtiera tal hecho.

A esas alturas, el debate en la sociedad sobre el revés sufrido para las aspiraciones universitarias provinciales inundaba los periódicos. El periodista y miembro de la RSVAP, José Luis Zubiaurre Armendia, que firmaba sus artículos en *Unidad*, insertos en la columna titulada *Euskalerria*, bajo el pseudónimo de *Luis de Cantabria*, criticó que «Guipúzcoa (...) haya quedado en situación de cenicienta», después de ser «sorprendentemente escamoteada» la universidad. «Todo hacía suponer que era cosa hecha», añadía, para advertir que «el pueblo guipuzcoano ha tomado conciencia del tema», porque el problema «tiene una profunda significación para nuestro pueblo». Un editorial de *El Diario Vasco* iba más allá, lamentando el «olvido» del III Plan de Desarrollo «respecto a la Universidad de Guipúzcoa, justa aspiración de nuestro pueblo». Pero, era *La Voz de España*, quien relacionaba en otro editorial al terrorismo con la decisión de excluir a Guipúzcoa de la concesión de una universidad; máxime porque la propia ETA, desde 1965, había reclamado que Euskadi contara con estudios superiores públicos. Ante lo cual, el diario pedía una «reflexión» a los guipuzcoanos sobre su aspiración universitaria: «La violencia, el terrorismo, ¿son compatibles con el estadio civil, cultural, ciudadano de la sociedad guipuzcoana? Creemos rotundamente que no». A continuación, repasaba algunas actuaciones de ETA producidas en los últimos meses, como la voladura de la Cruz de los Caídos en el cementerio de Villafranca o una explosión en los sótanos del Ayuntamiento de Éibar, lamentando «la imagen que esas acciones terroristas puedan dar, hacia fuera, de nuestra Guipúzcoa», por lo que llamaba a cambiar esa impresión mediante una participación más activa de la población frente al terrorismo. Es decir, el periódico del Movimiento reconocía que la respuesta social de los guipuzcoanos frente a ETA, lejos de ser la que deseaba el régimen,

514 «Preocupación y extrañeza del Patronato pro Estudios Superiores de Guipúzcoa, por la no inclusión en el III Plan de Desarrollo, de la Universidad para nuestra provincia», *La Voz de España*, 16/11/1971, p. 8. DÍAZ DE RADA, Ignacio: «Examen de la situación...». «El alcalde trató con el ministro de Educación del problema de la Universidad», *El Diario Vasco*, 21/11/1971, p. 2.

era cuando menos tibia, sin contar con que muchos de sus habitantes habían participado de las protestas por el Proceso de Burgos. En cambio, el periódico fuerista y católico *El Diario Vasco* apuntaba a la Administración central por el «*desdecimiento* de algo, que, prometido solemnemente, ahora se nos escamotea, en una ordenación oficial que, suponemos, no ha sido improvisada», sentenciando: «Y puesto que la categoría política de quienes prometieron la Universidad de Guipúzcoa es grande, proporcionada a su magnitud es el disgusto causado en la provincia en orden a estas realizaciones». Dos años antes, en 1969, por tanto, antes del juicio de Burgos, el propio Franco había alentado el anhelo universitario en los corrillos habituales en el palacio de Ayete tras las audiencias a las corporaciones locales, diciendo: «Esa no es una aspiración, (...) es un derecho. Porque ¡qué menos se merece Guipúzcoa, con su nivel económico y social, que tener una Universidad!». Al menos, esa fue la transcripción que hizo de las palabras del dictador el que era entonces subjefe del Movimiento, Luis Larrañaga, en un artículo publicado años después, una vez muerto Franco[515]. Sin duda, el rechazo social guipuzcoano al Proceso de Burgos cambió los planes del régimen.

Sin embargo, en aquel 1971, hubo quienes buscaron una razón más técnica que hubiera motivado o, al menos, justificado que el departamento de Villar Palasí no incluyera entre sus prioridades a la universidad guipuzcoana. Así, Manuel Agud Querol, miembro del Seminario de Filología Vasca Julio de Urquijo, señaló la existencia de centros superiores de enseñanza de cuatro entidades distintas: «Dependemos de Valladolid en Derecho, de Pamplona en Ingenieros y Físicas, de Madrid en Informática, y de Deusto en Letras». «El peligro nuestro es que divididos en cuatro jurisdicciones, nos quedamos sin Universidad, a pesar de contar con centros suficientes», añadió en *Unidad*. «Efectivamente, los centros privados pueden ser obstáculo, si creen los planificadores que está la provincia servida», agregó, señalando a los técnicos del

515 ZUBIAURRE ARMENDIA, José Luis: «El viejo tema de la universidad», *Unidad*, 18/11/1971, p. 6. ZUBIAURRE ARMENDIA, José Luis: «Más sobre el viejo tema de la universidad», *Unidad*, 23/11/1971, p. 9. «Desarrollo», *El Diario Vasco*, 20/11/1971, p. 3. ESCAURIAZA ESCUDERO, Ana: «ETA y la universidad durante el franquismo», en AZCONA PASTOR, José Manuel (ed.): *El discurso de ETA, la internacionalización del terror y la ficción audiovisual*, Madrid, Sílex, 2002, pp. 80-82. «Reflexiones sobre nuestra conducta ciudadana», *La Voz de España*, 02/12/1971, pp. 1 y 6. «¿Réquiem por una Universidad?», *El Diario Vasco*, 04/12/1971, p. 3. LARRAÑAGA, Luis: «Universidad de Guipúzcoa», *La Voz de España*, 20/01/1977, p. 14.

Ministerio de Educación y Ciencia. También, el diputado provincial Eduardo Manzano García, un sindicalista falangista, quien, en declaraciones al mismo periódico, habló de «carrera de obstáculos» entre unos y otros, circunstancia que «puede hacer inclinar la balanza final» en la decisión ministerial. El mismo rotativo señaló: «Aquí se nos antoja ver el quid de la cuestión». «En este Plan de Desarrollo se ve claramente: el Estado va a poner sus Universidades allí donde nadie ha hablado jamás de ponerlas», remachó el diario[516]. Indudablemente, este planteamiento suponía una descalificación de la estrategia de la diputación de permitir la apertura en la provincia de centros de enseñanza superior privados de cara a concienciar a la Administración central de la necesidad de crear la universidad guipuzcoana. Enfoque que había sido puesto en marcha mucho antes de que Araluce la presidiera, en concreto desde 1961, cuando la Universidad de Navarra abrió la Escuela Superior de Ingenieros en San Sebastián. Criterio que, en cualquier caso, había seguido también Vizcaya que contaba con una universidad privada, la de Deusto, reconocida oficialmente como tal desde 1963, lo cual no había sido obstáculo para que el gobierno crease en 1968 una universidad pública. Mientras, la disputa entre el ayuntamiento donostiarra y la diputación guipuzcoana fue incrementándose, azuzada por los periódicos. *El Diario Vasco* se preguntaba: «¿Quién es el responsable de que los dirigentes de la Administración Nacional no hayan tenido, al publicarse el III Plan de Desarrollo, la información oportuna sobre las necesidades guipuzcoanas?»[517].

El 23 de noviembre, la Diputación Provincial de Guipúzcoa aprobó una moción de su presidente por la que elevaba al gobierno la «preocupación» de la corporación por la exclusión de la universidad. En el mismo pleno, Araluce mostró su satisfacción porque el III Plan de Desarrollo, elaborado por el *tecnócrata* López Rodó, sí había incluido el ramal con Vitoria de la autopista Bilbao-Behovia, otra de las grandes aspiraciones de su presidencia, que pese a ello nunca pasaría de ser un proyecto, aunque con variaciones terminaría llevándose a cabo treinta y siete años después bajo la denominación de AP-1. El día 30, un pleno extraordinario del Ayuntamiento de San Sebastián aprobó trasladar al

516 AIZARNA, Santiago: «Una Universidad para Guipúzcoa», *Unidad*, 22/11/1971, p. 10. DÍAZ DE RADA, Ignacio: «Tenemos Universidad sin tenerla», *Unidad*, 15/11/1971, p. 7.

517 SAENZ DE SANTA MARÍA, Carmelo: *op. cit.*, p. 199. «¿Réquiem por una Universidad...».

gobierno «el desaliento y profundo disgusto (…) por la inexplicable omisión en el III Plan de Desarrollo (…) de la Universidad de Guipúzcoa», focalizando la responsabilidad en López Rodó. No obstante, recababa del Ministerio de Educación y Ciencia que reconsiderase tal decisión y pedía audiencia al vicepresidente Carrero, buscando que resolviera la cuestión el máximo dirigente de los *tecnócratas*. Asimismo, cargaba contra el patronato, presidido por Araluce, por «el balance poco satisfactorio» de su labor[518]. Tanto el tono como la novedad de la gestión ante Carrero, así como la dispar atribución de responsabilidades de la negativa a la universidad, mostraban las diferencias de las estrategias de Ugarte y Araluce, así como la ruptura de una única interlocución provincial ante el gobierno, como había sido costumbre en la foralidad.

Araluce y Ugarte, por separado, volvieron a viajar en aquellos días a Madrid, además de para atender sus responsabilidades como procuradores de la X Legislatura de las Cortes, para celebrar reuniones que redundasen en sus respectivas estrategias. Así, el alcalde entendió infundadamente que podía ser «factible» una solución tras reunirse con Villar Palasí, mientras que Araluce se centró en los *tecnócratas*, gracias a cuyo apoyo logró ser reelegido para el Consejo del Reino el 24 de noviembre mediante una votación en la que obtuvo 92 votos a favor y solo tres en blanco de los procuradores por administración local. Días después, el procurador Araluce presentó una enmienda al proyecto de ley de Aprobación del III Plan de Desarrollo, por la que se autorizaría al gobierno a «crear durante la vigencia del Plan otras Universidades». Sin embargo, ni esa enmienda de Araluce, ni la entrevista de Ugarte con el ministro, modificaron el III Plan de Desarrollo. Tampoco, la gestión del alcalde donostiarra ante Carrero fructificó, ya que el vicepresidente del Gobierno en su reunión con Ugarte, en la que también estuvo presente Araluce, se limitó a admitir la creación de nuevas facultades en San Sebastián, pero dependientes de la Universidad de Valladolid, tal como diseñaba el plan de desarrollo *tecnócrata*[519]. Este fue publi-

518 «Preocupación de la Corporación Provincial por la no inclusión, en el III Plan de Desarrollo, de la Universidad de Guipúzcoa», *El Diario Vasco*, 24/11/1971, p. 8. «Firme postura municipal ante…».

519 «El alcalde trató con…». «Don Juan María Araluce Villar, elegido consejero del Reino», *La Voz de España*, 25/11/1971, p. 7. Enmienda de Juan María de Araluce Villar al Proyecto de Ley de Aprobación del III Plan de Desarrollo Económico y Social (Madrid, 04/12/1971), APJAL. «Guipúzcoa tendrá su universidad», *La Voz de España*, 09/05/1972, p. 1.

cado en el *BOE* como ley el 11 de mayo de 1972 creando las nuevas universidades de Córdoba, Málaga, Santander y Extremadura, así como una tercera en Madrid —la Universidad Politécnica— y la Universidad Nacional de Educación Libre a Distancia (UNED), pero no la de Guipúzcoa. La nueva ley indicaba expresamente que «la creación de nuevos Centros por parte del Estado se planificará y coordinará con la correspondiente a la de los Centros de enseñanza privados, con objeto de lograr una extensión educativa más equilibrada tanto para evitar su duplicidad como para conseguir una mayor eficacia», respaldando que los criterios técnicos del Ministerio de Educación y Ciencia se hubieron impuesto, aunque la norma incluyó la siguiente mención: «En la planificación educativa se considerará a las localidades insuficientemente atendidas y se procederá a una urgente información pública de necesidades». Asimismo, el texto definitivo incorporó que las universidades ya preexistentes, como la de Valladolid, podrían abrir nuevas facultades «en poblaciones distintas» a su sede central[520], lo que posibilitaba que la de Derecho no fuera la única de esa universidad en San Sebastián. Tal novedad fue incluida y aprobada en el debate de la Ponencia de las Cortes, mediante otra enmienda presentada por Araluce. Sin embargo, no prosperó la que facultaba al gobierno a crear otras universidades[521].

Magro consuelo para Araluce que vio escaparse la creación de una universidad guipuzcoana, aunque en su versión regional vasca, ya en época democrática, terminó por hacerse realidad a través de la Universidad del País Vasco-Euskal Herriko Unibertsitatea, con campus en las tres capitales de provincia, también en San Sebastián. Menos éxito obtuvieron las gestiones de Ugarte, pero más allá del fiasco universitario, el año de 1971 dejó a las principales instituciones de la provincia enfrentadas. A la vez, también se deterioraron las relaciones entre Araluce e Iranzo, ya que no en balde el gobernador incumplió su palabra y además fue incapaz de adelantar a los dirigentes de dichas instituciones el cambio de opinión gubernamental, enterándose estos por la rueda de prensa de presentación del III Plan de Desarrollo. De tal manera, que Iranzo falló en la principal misión encomendada a los gobiernos civiles, desde su creación en el siglo XIX por el Estado-nación español, que no era otra que servir de cauce de transmisión de

520 Ley 22/1972, de 10 de mayo, de aprobación del III Plan de Desarrollo Económico y Social. *Boletín Oficial del Estado,* 11/05/1972, núm. 113, p. 8244.

521 «Nuevas universidades en el III Plan de Desarrollo», *La Voz de España,* 21/04/1972, p. 6.

las decisiones gubernamentales a las provincias. Una vez producida la decepción, Araluce tampoco encontró apoyo en Iranzo respecto a su disputa con Ugarte. La pretensión del presidente de la diputación fue mantener en su persona la interlocución de toda la provincia con el gobernador, pero, tras el error cometido, Iranzo optó por una postura que a ojos del fuerista Araluce era equidistante, prefiriendo la división institucional en la provincia, entre la corporación y el principal ayuntamiento guipuzcoano, a la posibilidad de un frente unido contrario a la decisión gubernamental.

Iranzo fue destituido[522], aunque se convertiría el 9 de octubre de 1976, cinco días después del asesinato de Araluce, en el primer secretario general de Alianza Popular, coalición dirigida por Fraga, de la que sería vicepresidente Fernández de la Mora, el dirigente de la UNE. Araluce, aún antes de la crisis vivida en 1971, veía a Iranzo con perplejidad, sobre todo cuando la actividad de ETA alcanzó una resonancia relevante gracias al error del Proceso de Burgos, porque el entonces gobernador le dio una pistola como único medio para proteger su seguridad, salvo la que pudieran garantizar los dos policías que protegían Villa Ignacia[523]. El sustituto que buscó el gobierno al frente del Gobierno Civil de Guipúzcoa fue un coronel del Ejército de Tierra, lo que decía mucho de la respuesta del régimen a la insurgencia de ETA, sustituyendo a un miembro del Cuerpo Jurídico Militar por otro del arma de Infantería, abundando en el mensaje de *La Voz de España* en la crisis universitaria. El elegido, además, había sido jefe superior de Policía de Madrid. El 7 de enero de 1972, a propuesta de Garicano y previa deliberación del Consejo de Ministros, fue nombrado gobernador Eulogio Salmerón Mora[524].

---

522 Decreto 40/1972, de 7 de enero, por el que cesa como Gobernador civil de la provincia de Guipúzcoa don Julio Iranzo Domínguez. *Boletín Oficial del Estado,* 10/01/1972, núm. 8, p. 385.

523 RAMÍREZ, Pedro J.: «La Gran Coalición ya es Alianza Popular», *ABC,* 10/10/1976, p. 8. *Juan Araluce Letamendía,* 09/11/2020, Madrid, entrevista realizada por Juan José ECHEVARRÍA.

524 Ceses, 8 de noviembre de 1974. *Boletín Oficial del Ministerio del Ejército,* 13/11/1974, núm. 256, p. 593. Orden de 24 de julio de 1964 por la que se nombra Jefe Superior de Policía de Madrid a don Eulogio Salmerón Mora. *Boletín Oficial del Estado,* 30/07/1964, núm. 182, p. 9855. Decreto 41/1972, de 7 de enero, por el que se nombra Gobernador civil de la provincia de Guipúzcoa a don Eulogio Salmerón Mora. *Boletín Oficial del Estado,* 10/01/1972, núm. 8, p. 385.

El 25 de enero, el nuevo gobernador acudió al palacio de la Provincia para el tradicional discurso de apertura del curso político en Guipúzcoa, calificando a esta «casa [como] representativa de [toda] la provincia» en un claro mensaje de respaldo a la jerarquía foral, que había sido puesta en tela de juicio por el alcalde de San Sebastián. Salmerón Mora insistió en que el gobierno y la administración provincial eran competencia de la diputación «con todas las consecuencias que dichos conceptos entrañan». En su discurso de bienvenida, Araluce hizo propósito de enmienda de no repetir las tensiones vividas con el Gobierno Civil, desechando estrategias que conciban «ambos círculos de competencias como fuerzas de tensión con campos diferenciados celosamente guardados por sus propias rectorías, preocupados únicamente por mantener sus respectivas atribuciones y procurar a ser posible ampliarlas a costa del otro». Por ello, pidió a Salmerón Mora apoyo en los cuatro planes que la diputación pretendía sacar adelante, entre ellos el de reordenación viaria interior. También, el plan de utilización de recursos hidráulicos, a través de la Confederación Hidrográfica, el gerontológico, mediante la Seguridad Social, y el de electrificación rural, aún en fase preparatoria. «La acción o colaboración de la Administración central en estos planes resulta imprescindible para su feliz ejecución», dijo. No olvidó Araluce el asunto de la universidad, insistiendo ante el nuevo gobernador en su necesidad; así como «en la ampliación de los recursos» provinciales en materia de Hacienda, confiando en que «se multiplique con las posibilidades que no dudamos ha de ofrecer la nueva legislación del régimen de la Administración local cuyo proyecto de Ley de Bases ha de entrar inmediatamente en discusión en las Cortes Españolas»[525].

Así, una vez remitido por el gobierno el proyecto de la ley de Bases del Estatuto de Régimen Local, Araluce entendió que era el momento para concretar su proyecto descentralizador, aunque readecuó su estrategia, en consideración a lo vivido desde que había salido tan ufano de la audiencia del príncipe Juan Carlos hacia más de año y medio. No en balde, el presidente de la diputación había constatado con la crisis universitaria, que cualquier predisposición del régimen a considerar las demandas guipuzcoanas había sufrido un serio menoscabo

525 «Nada que afecte al desarrollo de la comunidad guipuzcoana es ajeno a nuestra preocupación», *La Voz de España*, 26/01/1972, p. 17. «25 de enero de 1972. Discurso del Sr. Araluce, con motivo de la toma de posesión del Gobernador Civil D. Eulogio Salmerón» (San Sebastián), APJAL.

con el Proceso de Burgos. El nombramiento de un militar del arma de Infantería y responsable policial como sustituto de Iranzo incidía, además, en que desde el gobierno se había optado por una política de *mano dura*, en la que la demanda de restitución del Concierto Económico quedaba fuera de cualquier consideración. La posibilidad barajada de que antes de que reinase Juan Carlos, el régimen podía devolver el Concierto Económico se había desvanecido. Por ello, Araluce aparcó transitoriamente la reivindicación neoforal, ajustándola a la foral.

En una entrevista, publicada en febrero de 1972, el presidente de la diputación calificó el proyecto gubernamental, presentado por Garicano, de «avance notable en el régimen jurídico de los entes locales», lo que en su opinión permitiría que estos fueran protagonistas del «desarrollo político, económico y social de la nación», además de que los situaba en «una concepción más ajustada a su sentido histórico» y también «al espíritu de nuestras leyes fundamentales». Así, era visto por alguien que entendía que era labor del tradicionalismo carlista en su ideario descentralizador recuperar el *verdadero espíritu* del 18 de julio. A preguntas del entrevistador, Araluce señaló que «el decreto de supresión del concierto económico supuso un innegable trauma en la honda intimidad de nuestras provincias», felicitándose porque el decreto-ley de 1968, a lo máximo que había llegado el fallecido Alonso Vega, «eliminó el aspecto sancionador del precepto». «La adaptación del sistema administrativo y económico de las respectivas Diputaciones a las peculiaridades de su tradición histórica queda remitido al estudio de la reordenación del régimen local, que de la Ley que salga de las Cortes, deberá ofrecer formas de solución adecuada a la disformidad de las provincias españolas», añadió. Araluce, cuya estrategia descentralizadora había contemplado siempre la restitución del instrumento económico neoforal, ofrecía ahora una alternativa foral que, eso sí, otorgase a la Hacienda provincial «la correspondiente dotación de medios». Con tal flexibilidad, nacida sin duda de lo vivido en el poco más de un año que había transcurrido desde el juicio de Burgos, el presidente de la diputación confiaba en recuperar «el hilo de nuestra tradición», devolviendo a Guipúzcoa y Vizcaya «al sentido que le es propio»; es decir, siendo objeto de una restitución foral, dejando en el aire la concreción del instrumento económico. Y en ese aspecto preciso, quiso dejar claro que hablaba a título personal, no como presidente de una diputación que desde 1937, año de la supresión del Concierto Económico, había planteado su restitución, y siendo consciente de que no todos los diputados provinciales estarían de acuerdo con sus palabras: «Personalmente pienso que el concierto económico, con la institucionalización de un constante enfrentamiento de competencias y las tensiones propias de su revisión periódica, fue un mal remedio arbitrado en la coyuntura histórica de las leyes paccionadas que hoy hay que tratar de superar». La exégesis de tales palabras debe incidir en el carácter temporal que se derivaba del decreto de Cánovas de 1878, creador del neoforal Concierto Económico, y en las continuas disputas competenciales consiguientes entre la Hacienda estatal y las provinciales, más que en el abandono del objetivo de la recuperación de una autonomía financiera y tributaria, abriendo el abanico a otras posibilidades existentes, como las desarrolladas en la foralidad de las décadas centrales del siglo XIX, incluido el posterior Convenio Económico navarro, que se definía por ser indefinido en el tiempo. Se trataba, pues, más que de una renuncia de objetivos, de una estrategia más flexible ante la respuesta de un régimen que había visto con evidente desagrado la reacción de buena parte de la sociedad guipuzcoana al Proceso de Burgos, constatando además que se había roto el consenso entre las instituciones provinciales, lo que dejaba en una posición de mayor debilidad a la diputación guipuzcoana a la hora de plantear sus reivindicaciones. Ya al poco de tomar posesión como presidente de la diputación, Araluce había dejado claro que los fueros eran «permanentes en la esencia», pero debían «ajustarse en su expresión y contenido a la coyuntura histórica del momento»; algo que en sí era consustancial a la mutabilidad foral. Así, lo veía también el consejero nacional por Guipúzcoa, Marcelino Oreja Aguirre, hijo póstumo del tradicionalista y *propagandista* asesinado en 1934. En una entrevista, publicada el mismo día que la de Araluce, Oreja abundaba en esa idea: «Hay fórmulas más amplias que la vuelta al concierto económico»[526].

Araluce había promocionado la carrera política de Marcelino Oreja, viendo en aquel joven una referencia del tradicionalismo por su herencia familiar. No en balde, este había recibido en su bautizo los nombres de Marcelino Alfonso Carlos, estos dos últimos en honor de su padrino, el pretendiente carlista, quien fue representado en aquel acto religioso por el conde de Rodezno, el carlista que más se significaría por apoyar al nuevo régimen franquista. En octubre de 1971, Marcelino Oreja se había presentado a las elecciones para consejero nacional en Guipúzcoa, animado por dos carlistas, Ramón Baglietto Martínez y José Tomas

526 «La Ley de Administración Local ofrecerá formas adecuadas a la diversidad de las provincias», *La Voz de España*, 27/02/1972, p. 19. ARAMBURU, Javier de: «La provincia es una…». «Enmiendas al proyecto de Ley de Administración Local», *La Voz de España*, 27/02/1972, pp. 19 y 20.

Larrañaga Arenas, avalados por Araluce, de quien partió la iniciativa. Oreja consiguió el apoyo de 72 consejos locales del Movimiento, cerca del 90 % de todos los existentes en la provincia. El triunfador y sus dos ayudantes recorrieron en veinte días todos los municipios guipuzcoanos, hablando con los consejeros locales y ganando de una manera clara al candidato *oficial* del Consejo Provincial del Movimiento, Luis Ignacio Pedrosa Pérez del Busto, delegado del SEU, por 279 votos frente a 83 de los compromisarios de los citados consejos. Se trataba, pues, de una candidatura ajena al aparato del Movimiento, con la que el presidente de la diputación pretendía renovar los cargos provinciales de la estructura del partido, desplazando a los falangistas. De hecho, las relaciones entre los Araluce y los Oreja se habían forjado en comidas en casa de los primeros, a las que asistían tanto Marcelino como su madre, Pureza[527].

Oreja reconoció la labor de Baglietto y Larrañaga en una entrevista: «Un grupo de guipuzcoanos me expusieron su idea de que yo, por el nombre que tenía (...) era persona que podía servir como candidato a consejero nacional», definiendo a sus animadores como personas «de arraigo tradicionalista y muy vinculados con la política de hoy». Ambos eran consejeros locales y el segundo, delegado provincial de Acción Política. El propio Oreja se definía a sí mismo como alguien con «una gran tradición tradicionalista esencialmente familiar, y enormemente respetuosa con los principios de la monarquía, la religión, los fueros y una exigencia de acomodarlos a las necesidades del momento». Su cargo de consejero nacional conllevaba el de procurador en Cortes, recordando en la entrevista que, tras la constitución de la X Legislatura, asistió con otros representantes provinciales a una cena con Araluce donde constató la coincidencia de aspiraciones en «los principios forales, de descentralización administrativa». Tanto Baglietto como Larrañaga evolucionaron desde el tradicionalismo hacia la democracia cristiana, al igual que el propio Oreja. Así, este presentó una enmienda al proyecto de nueva legislación local para que la futura elección de los concejales fuese por sufragio universal. Baglietto sería asesinado por ETA militar en la noche del 12 de mayo de 1980 en el alto de Azcárate, mientras regresaba a su domicilio de Azkoitia. Igual infortunio le ocurrió a

527 OREJA AGUIRRE, Marcelino: *op. cit.*, pp. 29, 97-98 y 405. L. S.: «Siempre he tenido una inmensa fe en el país vasco, tanto en su misión histórica como en su realidad actual», *El Diario Vasco*, 26/10/1971, p. 9. ANGULO, Gorka: *op. cit.*, pp. 268-269. *Juan Araluce Letamendía*, 09/11/2020, Madrid, entrevista realizada por Juan José ECHEVARRÍA.

Joxe Txiki Larrañaga el 31 de diciembre de 1984, también en Azkoitia, mientras *chiquiteaba* con su cuadrilla. Cuando falleció, Baglietto era militante de la UCD y Larrañaga simpatizante de la misma. Ambos fueron asesinados dentro de las campañas contra los partidos de centro y derecha españolista perpetradas por ETA (a través de sus distintas facciones), que buscaba la desaparición de esas opciones políticas en el País Vasco. Consecuencia de ello, el espacio electoral de esas formaciones experimentó un retroceso constante desde 1977 hasta mediados de los años noventa[528].

La evolución de Oreja a postulados democristianos tuvo ya en 1972 una muestra significativa. El 12 de marzo y el 16 de abril, en Cegama, en sendos actos organizados por el Consejo Provincial del Movimiento, Oreja se negó a calarse la boina roja tradicionalista. En la primera de las fechas, se rindió un homenaje a Zumalacárregui, en la localidad donde estaba su cenotafio, consistente en el tributo de las banderas de los tercios de requetés que custodiaba la diputación guipuzcoana, remarcando así la tesis tradicionalista de continuidad con las guerras decimonónicas. La segunda, también celebrada en domingo, consistió en un desagravio por la voladura hecha por ETA del monumento al músico Juan Tellería Arrizabalaga. El acto contó con la presencia de Araluce y del gobernador Salmerón Mora. También asistió la viuda del compositor de *Amanecer en Cegama,* la base musical del *Cara al sol,* el himno falangista. Sobre el monumento ya reconstruido, mientras el público cantaba el *Cara al sol,* fueron izadas las banderas nacionales y del Movimiento por el gobernador y por Oreja, así como también por el miembro del Consejo Nacional del Movimiento, José Antonio Elola-Olaso e Idiacaiz, un falangista nacido en Argentina, pero oriundo de Guipúzcoa y familiar de la suegra de Araluce, que había sido delegado nacional del Frente de Juventudes y que en 1957 había inaugurado el monumento que el 2 de abril fue volado. Elola-Olaso, quien había sido amigo personal de Tellería, situó a este entre «los vascos más influyentes en la historia de España», citando a Elcano, a Legazpi y a Maeztu.

---

528 MALLO, Albino: «Marcelino Oreja: Debo recoger el sentir y pensar de los consejos locales y el provincial para trasladarlos al nacional», *Unidad,* 23/11/1971, p. 6. «Fueron designados los consejeros provinciales del Movimiento», *La Voz de España,* 30/03/1971, p. 19. «Delegado provincial de Acción Política Local», *La Voz de España,* 28/05/1971, p. 11. «Enmiendas al proyecto de...». ANGULO, Gorka: *op. cit.,* pp. 273-278 y 12. ALONSO, Rogelio, DOMÍNGUEZ, Florencio y GARCÍA REY, Marcos: *op. cit.,* pp. 288 y 499.

Finalizado el homenaje, la comitiva de autoridades se trasladó a Tolosa, donde el mismo día que el busto de Tellería, había sido atacado con explosivos el Monumento a los Caídos, aquel que había sido diseñado por el arquitecto Labayen en 1941. La prensa estimó en unas seis mil personas las que se congregaron frente a los restos del obelisco de piedra arenisca de 9,25 metros de altura en el que estaba inserta una cruz, a cuyos pies nacía un basamento longitudinal de doce metros de anchura con los nombres de los caídos tolosarras en el bando vencedor de la Guerra Civil. En su discurso, Salmerón Mora recordó a los muertos allí citados de los tercios de Oriamendi y San Miguel, y de la Columna Sagardía: «En esta villa, donde se siguen dando cita los vestigios más puros de las peculiaridades de Euzkalerria, también se aportó lo más extenso y selectivo de los pueblos guipuzcoanos a nuestra Cruzada, a nuestro Movimiento Nacional». Y tuvo también palabras para el acto previo celebrado en Cegama: «En esa querida localidad de Guipúzcoa que se asienta en el pequeño valle donde nace el Oria, presidido por el imponente Aitzgorri y donde se compenetra admirablemente su paisaje con su historia carlista; allí donde reposan los restos del general Zumalacárregui». El acto finalizó con la izada de las banderas nacional y del Movimiento, mientras se entonaba el himno nacional y se cantaba el *Cara al sol,* el *Oriamendi* y el *Gernikako arbola*[529].

Los monumentos a Tellería y a los caídos de Tolosa no fueron los únicos que en aquel año de 1972 fueron atacados. El 5 de abril, le tocó el turno a la cruz de los caídos de Peña Lemona, de diez metros de altura, a trece kilómetros de Bilbao, que solo afectó a la base del monumento. La cruz conmemoraba la batalla en torno al *cinturón de hierro* protagonizada por la 4.ª Brigada de Navarra, dirigida por el entonces coronel Alonso Vega con efectivos del Tercio de Nuestra Señora del Camino y del Tercio de San Ignacio. El 26 de junio, fue el turno del monumento en Pamplona al general Sanjurjo, el primer jefe de la conspiración que desembocó en el golpe de Estado del 18 de julio de 1936, derribando el busto del militar nacido en la capital navarra. El 23 de agosto, el

529 *Juan Araluce Letamendía,* 22/11/2020, Madrid, entrevista realizada por Juan José ECHEVARRÍA. DIPUTACIÓN PROVINCIAL DE GUIPÚZCOA: *Guipúzcoa 72,* San Sebastián, Industria Gráfica Valverde, 1973, p. 21. «El pueblo guipuzcoano afirma su voluntad de paz», *La Voz de España,* 18/04/1972, pp. 1, 17 y 18. ALONSO CARABALLÉS, Jesús: *Memorias de piedra y de acero. Los monumentos a las víctimas de la Guerra Civil y del franquismo en Euskadi (1936-2017),* Gernika (Bizkaia), Fundación Museo de la Paz de Gernika, 2017, p. 107.

Monumento a los Caídos de Hernani quedó destrozado[530]. Todos esos ataques fueron obra de ETA V Asamblea, más tarde conocida como el Frente Militar de ETA o ETA militar, cuando mató a Araluce. La campaña iba dirigida contra la memoria de los vascos vencedores de la Guerra Civil con el propósito de borrar sus vestigios erigidos por el Nuevo Estado; con la salvedad del monumento al precursor del régimen que había sido levantado en 1929 por su actuación en la Guerra del Rif. Además, ETA V atentó contra locales de la OSE, el *sindicato vertical*, y perpetró atracos a sucursales bancarias para financiarse. También llevaron a cabo el segundo secuestro de la organización, cuando en enero de 1972 capturaron al industrial Lorenzo Zabala Suinaga, quien había respondido con despidos a la huelga en Precicontrol de Éibar, dedicada a fabricar motores de diésel y gasolina. La empresa cedió, readmitiendo a los obreros y subiéndoles el sueldo, tras lo cual fue liberado Zabala. Para los dirigentes etarras aquello demostraba su valor como vanguardia revolucionaria, porque entendían que los obreros no habrían sido capaces por sí solos de torcer la mano del patrón.

Seis meses antes, ETA V Asamblea había sustituido al frente de la misma a Juanjo Etxabe por un exseminarista de Lazkao, llamado Eustaquio Mendizábal Benito, *Txikia*, un admirador del cura Santa Cruz y del Che Guevara, quien lanzó una campaña violenta que produciría atentados mortales, detenciones y también su propia muerte. Antes de ocurrir este último hecho, el 29 de agosto de 1972, en la estación de autobuses de Galdácano, un miembro de ETA V tenía una cita con otros tres militantes, el cual fue parado por el policía municipal Eloy García Cambra, resultando muerto el agente. Era la cuarta víctima mortal de ETA y al igual que la primera, Pardines, no fue víctima de una acción premeditada. Uno de los etarras de la estación era José Ignacio Múgica Arregui [Iñaki Mugica Arregi], quien había liderado una escisión de cientos de afiliados de Euzko Gaztedi Indarra (EGI, Fuerza de la Juventud Vasca), las juventudes del PNV, que dejó al partido *jeltzale* reducido a un mínimo resto en el interior de España, rentabilizando así ETA V las protestas del Proceso de Burgos. Algo, que

530 «Atentado contra la Cruz de Peña Lemona», *La Gaceta del Norte*, 06/04/1972, p. 7. ARÓSTEGUI, Julio: *op. cit.*, p. 328. PALACIOS GONZÁLEZ, Daniel: «ETA contra los Encuentros de Pamplona: un desencuentro entre arte y política», *Anuario del Departamento de Historia y Teoría del Arte*, 27 (2015), p. 62. «Reunión de la Comisión Permanente del Consejo Provincial del Movimiento», *El Diario Vasco*, 25/08/1972, p. 8.

no aprovechó ETA VI, que además se dividió pronto, entre los *mayos*, dirigidos por Patxo Unzueta, que asumieron los principios trotskistas, confluyendo con los *exfelipes* de la Liga Comunista Revolucionaria, y entre los *minos*, liderados por el sobrino de Araluce, que tuvieron un papel destacado en las huelgas que sacudieron Pamplona en 1973, antes de que la mayoría de sus integrantes se integraran en el comunista EPK, camino que no siguió Ortzi, quien desembocaría en EIA, el partido que crearía ETA VII Asamblea[531].

Pese a las continuas divisiones de ETA, sus actuaciones hicieron más perentorias las iniciativas que la diputación y su presidente tenían en mente para reanimar el sentimiento proespañol de la población vasca, en un intento de cerrar el paréntesis abierto cuatro años antes con la muerte de Txabi Echevarrieta. La ocasión vino de la mano del 450.º aniversario de la primera vuelta al mundo, en tiempos de Carlos I, protagonizada por el marino de Guetaria, Juan Sebastián Elcano. Aquella gesta, a mayor gloria de la monarquía hispánica, era insertable en la actividad proselitista de Vizcarra y de los organismos culturales creados por el Nuevo Estado para destacar los vínculos de los vascos con España. Además, presentaba el perfil atractivo de que ninguna disposición foral limitaba la intervención de los monarcas sobre la flota cantábrica y sobre los marinos que la servían. Desde el verano de 1972, la prensa provincial, especialmente la dependiente del Movimiento Nacional, animó a la celebración de la efeméride, anunciando que se preparaban exposiciones, competiciones náuticas, conferencias, concursos y demás actos oficiales, además de reclamar la restauración del monumento a Elcano, que había sido inaugurado en 1924. También lo hizo *El Diario Vasco,* periódico fuerista de capital privado, que en un editorial ensalzaba la figura del navegante que protagonizó la «grande y soberana gloria de la marinería hispánica» y fue precursor de «una verdadera legión de nautas y exploradores hispánicos», que llevaron a todas las mares «las estelas espumosas de las naves de Castilla y Aragón»[532].

531 ESTORNÉS ZUBIZARRETA, Idoia: *op. cit.*, p. 526. SULLIVAN, John: *op. cit.*, pp. 158-168 y 149-152. ALONSO, Rogelio, DOMÍNGUEZ, Florencio y GARCÍA REY, Marcos: *op. cit.*, p. 28. «Identificación de los asesinos del guardia muerto en Galdácano», *La Voz de España,* 07/09/1972, p. 10.

532 ARAMBURU, Javier de: «Guipúzcoa honra la gesta de Elcano», *La Voz de España,* 28/06/1972, p. 40. «Programa de actos conmemorativos de la primera vuelta al mundo», *La Voz de España,* 26/08/1972, p. 17. ARAMBURU, Javier de: «La redondez de la tierra», *La Voz de España,* 26/08/1972, p. 17. CEREZO, Francisco: «Elcano dio la vuelta al mundo», *La Voz de España,* 07/09/1972, p. 32.

El 6 de septiembre de 1972, el día del aniversario de la misiva de Elcano al emperador, dando cuenta de su regreso, se desarrollaron los actos centrales de la conmemoración en Guetaria. Estos se iniciaron con una misa celebrada en la parroquia de San Salvador por el obispo Argaya. En su homilía bilingüe, el prelado tuvo palabras para el recuerdo de Elcano, así como para otros vascos, como Legazpi e Ignacio de Loyola. Terminado el oficio, el evento se trasladó al monumento de Elcano, donde Araluce depositó una ofrenda de flores, mientras el cañonero Vulcano, anclado frente al puerto, disparaba diecinueve salvas y la banda municipal de San Sebastián interpretaba el himno nacional. A la tarde, se celebró el acto más popular con la llegada a puerto de dieciocho marineros, representando a Elcano y los diecisiete tripulantes supervivientes de la vuelta al mundo, y la celebración de un tedeum en la iglesia. La prensa destacó el «éxito de público», que pudo escuchar a una banda de música dirigida por el maestro Francisco Escudero García de Goizueta, el compositor vasco más relevante entonces. Otro acto popular, en recuerdo de la circunnavegación, fue la celebración al día siguiente de la I Bandera Elcano de traineras con un recorrido en mar abierto entre Getaria y Zarautz, que ganó la embarcación de Orio. También, hubo manifestaciones más culturales como conferencias sobre el marino en San Sebastián y reediciones de libros, como la célebre biografía de Elcano, escrita por el recién fallecido José de Arteche, cuyo pasado nacionalista hacía más atractiva la nueva publicación. Asimismo, la inauguración en el donostiarra Museo de San Telmo de la exposición «El mar en la pintura española», presidida por Araluce, que contó con cuadros de Sorolla y Dalí, cedidos por El Prado y otras pinacotecas. El 22 de septiembre, el presidente de la diputación entregó los premios de periodismo, radio y fotografía, convocados por el 450.º aniversario. El de prensa escrita recayó en Javier de Aramburu, el periodista que más había propagado el homenaje al marino y habitual entrevistador de Araluce en *La Voz de España*[533], que una vez llegada la tran-

IRIONDO, Luis de: «La reciedumbre de la personalidad en la estirpe guipuzcoana», *El Diario Vasco,* 26/08/1972, p. 8. «Gloria del gran marino», *El Diario Vasco,* 06/09/1972, p. 3.

533 ARAMBURU, Javier de: «En Guetaria se conmemoró la gesta de la primera vuelta al mundo», *La Voz de España,* 07/09/1972, p. 16. J. O.: «Ayer, en Guetaria: Brillantes actos conmemorativos del 450 aniversario de la vuelta al mundo por Elcano», *El Diario Vasco,* 07/09/1972, p. 8. «Se cumplió el pronóstico y los

sición democrática participó activamente en la creación de la Euskal Telebista (ETB).

Araluce, en su afán por mostrar los nexos vascos con lo español, ideó otras dos iniciativas de mayor calado político. La primera, fue la de «proclamar de modo formal y solemne la vinculación de la provincia a la Marina Española, enalteciendo (...) el permanente servicio a los destinos de la Nación, los valores más auténticos y entrañables del pueblo guipuzcoano». En una sesión extraordinaria de la diputación, celebrada el 11 de septiembre, se aprobó una moción en la que se destacaban los actos celebrados en homenaje a Elcano que «han puesto de manifiesto una vez más la entrañable vinculación de nuestras gentes a la Marina Española». Y como símbolo de ello, se acordó entregar una bandera al buque escuela Juan Sebastián Elcano, cuyo nuevo crucero de instrucción daría la vuelta al mundo, arribando en San Sebastián. Los destinatarios de tal mensaje eran todos los guipuzcoanos, pero especialmente estaba pensado «como ejemplo a los jóvenes». La preocupación, que ya en 1967 exteriorizó Araluce, junto a los otros candidatos a procuradores, sobre la influencia a los jóvenes de ideologías que a sus ojos eran extrañas, seguía no solo presente, sino acuciada por lo vivido desde el verano de 1968. En una carta enviada a *El Diario Vasco,* Araluce ligaba todo ello, con motivo del 450.º aniversario del viaje de Elcano, en homenaje «a los hombres del mar que han marcado y siguen marcando el destino universal de nuestro pueblo en estrecha vinculación con la Marina española, de forma tal que la historia de una y otra no pueden tener cabal sentido sin la contemplación de esta fecunda simbiosis». Ese mismo texto fue incluido en un folleto editado por la diputación, bajo el título *450 Aniversario de la Primera Vuelta al Mundo por Juan Sebastián Elcano*[534].

---

aguiluchos ganaron en Guetaria», *La Voz de España,* 08/09/1972, p. 34. «Solemne y entrañable homenaje de la Diputación Provincial a la marina española», *El Diario Vasco,* 12/09/1972, p. 2. «Programa de actos conmemorativos...». «Se ha inaugurado la exposición "El mar en la pintura española"», *La Voz de España,* 08/09/1972, p. 19. «Entrega de los premios de periodismo, radio y fotografía, convocados con motivo de Elcano», *La Voz de España,* 23/09/1972, p. 19.

534 ARAMBURU, Javier de: «Acto de homenaje de la Diputación de Guipúzcoa a la Marina española», *La Voz de España,* 12/09/1972, p. 17. ARALUCE, Juan María de: «Recuerdo y gratitud a los hombres del mar», *El Diario Vasco,* 06/09/1972, p. 10. «450 Aniversario de la Primera Vuelta al Mundo por Juan Sebastián Elcano» (San Sebastián, 09/1972), APJAL.

La segunda iniciativa era aún más relevante y pretendía conjugar la entrega de esa bandera prevista en 1973 con la visita de los príncipes a Guipúzcoa, un viaje preparado con esmero por Araluce que ya había cursado la invitación en la audiencia que Juan Carlos ofreció a la diputación en el palacio de la Zarzuela en 1970. Para un *estorilo*, ese viaje de los príncipes supondría un hito crucial en su estrategia de recomponer el sentimiento proespañol de los vascos, lo que, unido a su plan descentralizador, permitiría vincularlo con lo foral, restableciendo la secular conexión entre la monarquía española y las provincias vascas a través precisamente de la foralidad. Los desvelos de Araluce tuvieron recompensa el 9 de diciembre de 1972, cuando Nicolás Cotoner y Cotoner, marqués de Mondéjar, jefe de la Casa del Príncipe de España, confirmó al presidente de la diputación que Juan Carlos, junto a su esposa, viajaría en el mes de julio siguiente a Guipúzcoa, coincidiendo con la llegada del Juan Sebastián Elcano. Cinco días después, Araluce, junto al gobernador Salmerón Mora, y al resto de miembros de la diputación fueron recibidos en el palacio de la Zarzuela, en una audiencia en la que también estuvieron presentes el alcalde de Guetaria, Pedro Basterrechea Balenciaga, y el de San Sebastián, consiguiendo este así mayor protagonismo tras el enfrentamiento vivido con el presidente de la diputación. Araluce era consciente de que no podía obviar a Ugarte, máxime cuando una parte relevante de los actos de la visita de los príncipes debía desarrollarse en San Sebastián. En la audiencia, el gobernador civil de Guipúzcoa le hizo entrega a Juan Carlos de la medalla de oro conmemorativa del 450.º aniversario de la vuelta al mundo, con ocasión del homenaje de vinculación de la provincia a la Marina española, acordada por la diputación. Araluce dijo que con ello «la provincia honra a España y a sí misma se enaltece». El príncipe confirmó que Sofía sería la madrina de la entrega de la bandera al Juan Sebastián Elcano. En el mismo viaje a Madrid, una delegación visitó al ministro de la Marina, Adolfo Baturone Colombo, quien recibió también la medalla y quien confirmó que el Juan Sebastián Elcano arribaría en verano a San Sebastián, junto con otros buques de la Armada con nombres referidos al pasado vasco[535]. La implicación de la Marina en el proyecto de Araluce era inequívoca. Baturone y Araluce compartían su pertenencia al Opus Dei.

535 Carta del marqués de Mondéjar a Juan María Araluce (Madrid, 09/11/1972), APJAL. «Entrega al príncipe de España de la medalla conmemorativa de la vuelta al mundo», *El Diario Vasco*, 15/12/1972, p. 4. «Visita al ministro de la Marina», *El Diario Vasco*, 15/12/1972, p. 4.

Con anterioridad, Araluce había ofrecido también a Franco la medalla de oro conmemorativa del viaje de Elcano, además de darle las gracias por haber aceptado la presidencia de honor de los actos del 450.º aniversario. Eso había sido el 19 de septiembre, en el curso de la tradicional recepción a la diputación en el palacio de Ayete. A bordo del Azor, el dictador había llegado a San Sebastián diez días antes, en pleno homenaje al marino de Guetaria, siendo recibido por un texto bilingüe de *La Voz de España,* en el que se señalaba que «los que pretenden romper nuestra amada unidad están al acecho de cualquier coyuntura para amedrentar a la población pacífica y trabajadora, mediante el uso de jóvenes atraídos a su causa con extrema astucia, derribando mausoleos donde reposan nuestros gloriosos Caídos o asesinando a guardias encargados del orden público de nuestras villas». Un día antes, el alcalde Ugarte se congratulaba de que «un año más», la ciudad se convertiría en «capital política de la nación», pidiendo a los vecinos engalanar con la bandera nacional los balcones como expresión de «afecto» a Franco. La prensa local destacó el papel del regidor en el recibimiento dado por las autoridades al dictador en el muelle donostiarra, mientras su mujer ofrecía el tradicional ramo de flores a la esposa de Franco. Todo ello evidenciaba que Ugarte había salido reforzado de la pugna con Araluce y sobre todo su ascendente sobre los medios de comunicación que ejercía desde que en 1953 había sido delegado provincial de Información y Turismo. Diez días después de aquel recibimiento, Araluce volvió a subir la cuesta de Aldapeta. En la audiencia, hubo referencias a la descentralización y a la crisis de la universidad. Sobre lo primero, Araluce, hizo una mención a la futura ley de régimen local, de la «que la Diputación de Guipúzcoa espera tanto». Respecto a la segunda, mostró su esperanza en que prosperase la información pública recabada sobre la creación de nuevas facultades que había permitido su enmienda a la ley del III Plan de Desarrollo. Pero, en aquella ocasión, el presidente de la diputación centró su discurso ante Franco en aspectos mucho más concretos. Así, habló de la presa del Estanda, río afluente del Oria, respecto a los planes hidráulicos, y del plan de electrificación rural que había puesto en marcha ese mismo año. También, de la inversión de 82 millones de pesetas para la reordenación viaria. Araluce tenía a gala la «cuidada administración» que llevaba a cabo desde que accedió a la presidencia de la diputación, permitiendo una disminución de los créditos contraídos por la corporación, con el objetivo de sanear las cuentas provinciales. El presupuesto había aumentado de 414 a 461 millones de pesetas, ocupando los gastos de personal un incremento de 18 millones. También habían aumentado los gastos en educación en ocho millones por los centros universitarios puestos ya en marcha, así como por el aniversario de Elcano[536].

Si a nivel local Araluce había sufrido el tropiezo con Ugarte, a nivel nacional su proyección política se había acrecentado aquel 1972. Por primera vez, recibió la invitación para una entrevista del diario *Pueblo*, el de mayor difusión de todos los medios de la cadena del Movimiento. En ella, hizo un encendido elogio de la solución monárquica en la sucesión de Franco y de la relevancia que adquiriría el Consejo del Reino del que era miembro. «La Monarquía es un régimen de encarnación de la soberanía popular en la persona del Rey, quien actúa en el contexto de la constitucionalidad española», manifestó, indicando que el Consejo del Reino era la «pieza fundamental en el equilibrio de las instituciones», máxime desde que en 1967 la ley Orgánica del Estado había potenciado sus competencias. Para el periodista que lo entrevistó en el palacio de la Provincia, Antonio Casado Alonso, Araluce era todo un propagandista de que «los españoles de hoy sepan (...) lo que significa esta pieza clave de nuestro dispositivo político fundamental», describiéndole como «un hombre afable», mientras que charlaban y fumaban sosegadamente, paseando bajo la vidriera de la diputación que representa a Alfonso VIII de Castilla jurando los fueros de Guipúzcoa[537].

A finales de aquel año, el periódico madrileño *Nuevo Diario*, entre cuyos accionistas estaban el *tecnócrata* López Rodó y otros ocho ministros del gobierno, recurrió a él en el curso de una encuesta preparada para fin de año con diversas personalidades que hacían balance de la situación política vivida en 1972 y sus pronósticos para 1973. Araluce consideró la nueva legislación local que se discutía en las Cortes como «base de nuestra comunidad nacional», lo que permitiría la «definición de nuevas áreas comarcales y regionales». «Cuanto de ella resulte saldrá la imagen de la realidad de nuestra vida local, esencialmente varia y disforme, con perfiles radicalmente distintos y tratamiento propio»,

536 «Palacio Ayete. 19 Sep. 1972» (San Sebastián), APJAL. «Guipúzcoa ha rendido homenaje de adhesión y respeto a Franco», *La Voz de España*, 10/09/1972, p. 1. «Franco Donostian. Franco en San Sebastián», *La Voz de España*, 10/09/1972, p. 7. «Franco viene a San Sebastián», *La Voz de España*, 08/09/1972, p. 1. «Franco en San Sebastián», *El Diario Vasco*, 10/09/1972, p. 1. «Don Felipe Ugarte, nuevo alcalde de San Sebastián», *La Voz de España*, 14/06/1969, p. 11. «Aumento del Presupuesto, de 414.829.000 a 461.175.000 pesetas» (San Sebastián, 22/02/1972), APJAL. «Palabras del Sr. Presidente. Presupuestos 1972» (San Sebastián), APJAL.

537 CASADO, Antonio: «El Rey nunca será...».

añadió, reclamando la singularidad foral guipuzcoana. En esa entrevista, el presidente de la diputación aprovechó para anunciar que 1973 «traerá para Guipúzcoa un hecho entrañable: la Princesa Sofía será la madrina de la entrega de la bandera que nuestra Diputación ha ofrecido al buque escuela Juan Sebastián Elcano como expresión del homenaje de vinculación de la provincia a la Marina española»[538].

Además, de cara al consumo interno provincial, Araluce aprovechó una entrevista de fin de año en el periódico falangista guipuzcoano *Unidad* para vindicar su actuación en la crisis universitaria. Allí, obvió a Ugarte, consciente del poder de este, sobre todo en los periódicos del Movimiento, y se centró en sus propias gestiones una vez que la ley del III Plan de Desarrollo no incluyó la universidad guipuzcoana. Araluce habló de su enmienda en las Cortes para crear dicha universidad, que había sido rechazada porque aumentaba el gasto. Ante lo cual orientó el resto de ellas, como la que triunfó para que se permitiera a las universidades ya existentes, como la de Valladolid, crear nuevas facultades fuera de la cabecera del distrito universitario, confiando en que en 1973 pudiera ver la luz en San Sebastián la de Petroquímica y que la de Informática adquiriera rango universitario. Para Araluce, su labor había tenido al menos la virtud de poner en evidencia «la necesidad y pretensiones del pueblo guipuzcoano». En la Comisión de Presupuestos de las Cortes, presidida entonces por García Hernández, había intervenido para defender la educación impartida por centros religiosos, abogando por mantener las subvenciones estatales. En cuanto a los centros superiores, eso suponía mantener la estrategia de la diputación favorable a los estudios universitarios del Opus Dei en San Sebastián, pese a que había sido uno de los argumentos para escamotear la universidad guipuzcoana. La entrevista sirvió también a Araluce para hacer recuento de lo hecho por la diputación y anunciar nuevos proyectos. Así, destacó la puesta en marcha del plan de electrificación rural, con un presupuesto de 350 millones de pesetas en cuatro años, y el inicio de la construcción de la presa del Estanda con una obra de 150 millones, dentro del Plan de Utilización de Recursos Hidráulicos. Anunció además la construcción de otra presa, la del río Urkulu, en la cuenca alta del Deba. Todo ello, lo incardinaba Araluce en una actuación conjunta

538 BARRERA, Carlos: «El Opus Dei y la prensa en el tardofranquismo», *Historia y Política*, 28 (julio-diciembre de 2012), p. 161. «Balance del 72; pronóstico del 73», *Nuevo Diario*, 31/12/1972, pp. 14 y 15.

del Ministerio de Obras Públicas y de la diputación guipuzcoana «para la depuración de las aguas de nuestros ríos y costas». Otras intervenciones eran los 100 millones en carreteras y caminos, los 700 millones para construir un Centro Geriátrico en San Sebastián y la inauguración de la Escuela de Capacitación Agropecuaria de Fraisoro, en Cizúrquil [hoy, Zizurkil]. Esta última para formar en agricultura y ganadería a los jóvenes guipuzcoanos. También anunció la construcción de casas de cultura en Mondragón, Legazpia, Villafranca y Tolosa. 1972 había sido además un año en el que Araluce hizo dos viajes al extranjero, uno a Londres como presidente de la CAP para asistir a la Asamblea Internacional de Cajas de Ahorro y otro a Burdeos en el curso de la Unión Notarial Franco-Española[539].

1973 sería el año en que Araluce vio concretado su anhelo del viaje del futuro rey a Guipúzcoa, con el que pretendía insuflar la recomposición del sentimiento proespañol de los vascos. El lunes 9 de julio a media tarde, un avión Mystère aterrizó en el aeropuerto de Hondarribia con los príncipes Juan Carlos y Sofía. Fueron recibidos allí por las autoridades, entre ellas Araluce y Oreja. La comitiva se trasladó a San Sebastián, donde fue acogida por Ugarte. El príncipe pronunció unas palabras desde el balcón municipal al más del millar de personas congregadas en los jardines de Alderdi-Eder, en las que recordó sus cuatro años de estudiante en la ciudad: «Estamos con vosotros, donostiarras, para continuar antiguas amistades». Después, los príncipes se dirigieron a pie, saludando y estrechando la mano a los vecinos congregados, por la calle Mayor hasta la basílica de Santa María, en pleno casco viejo, donde fueron recibidos por el obispo Argaya. Ese mismo día, en la mañana, el ministro de Marina, Gabriel Pita da Veiga, había acudido a Pasajes, donde estaban anclados el Juan Sebastián Elcano y el destructor Oquendo, que fueron visitados por la población. A la una de la tarde, Araluce había recibido en la diputación al comandante, jefes, oficiales y guardiamarinas del buque escuela, dando inicio a los actos de homenaje a la Marina española y recordando que en la fachada principal del palacio de la Provincia estaban esculpidos los bustos de cinco

539 MALLO, Albino: «Próxima acción concertada entre Obras Públicas, Presidencia de Gobierno y Diputación para la depuración de ríos y costas», *Unidad*, 29/12/1972, p. 18. «Diario de las sesiones de Comisiones», «Comisión de Presupuestos, sesión número 19, 12 de diciembre de 1972» (Madrid), *Boletín Oficial de las Cortes Españolas*, X Legislatura, Apéndice 109, p. 21. DIPUTACIÓN PROVINCIAL DE GUIPÚZCOA: *op. cit.*, pp. 24 y 33.

marinos ilustres (Oquendo, Lezo, Legazpi, Elcano y Churruca), celebrando después un almuerzo en el Real Club Náutico. Por la noche, en el Real Club de Tenis, edificado sobre el solar de la antigua cárcel de Ondarreta, hubo una cena con baile, mientras que los suboficiales del Juan Sebastián Elcano eran agasajados en una sociedad gastronómica y la marinería en un restaurante de Ategorrieta. La jornada acabó con una verbena en la plaza de la Trinidad, en lo Viejo[540]. Todo el programa ideado por la diputación estaba concebido para fomentar las relaciones entre marinos y población, a través del recuerdo de la *fecunda simbiosis* histórica de españoles y vascos.

La jornada del día 10 estuvo asimismo preparada para desarrollar los principales actos del homenaje de la vinculación de la provincia a la Marina española. Tras una misa en el paseo de José Antonio Primo de Rivera [hoy, Paseo Nuevo], en la ermita levantada en 1941 en recuerdo de la tripulación del Baleares, Araluce entregó la bandera a la princesa Sofía y esta, a su vez, al comandante del Juan Sebastián Elcano. Después, los príncipes ofrecieron una recepción a la sociedad civil en el hotel María Cristina, a la que asistió un millar de personas, entre ellos antiguos compañeros deportistas de Juan Carlos, como Javier Letamendía. Por la tarde, el acto central fue en Guetaria, donde los príncipes visitaron el Ayuntamiento, desde donde se dirigieron a pie por la calle Mayor a la iglesia de San Salvador y luego al monumento a Elcano, donde los marinos del buque escuela depositaron una corona de flores. Pero, el momento cumbre de la visita para Araluce fue por la noche, con la cena de gala ofrecida a los príncipes en el palacio de la Provincia. Las fotografías del príncipe dando el brazo a Maité y, por detrás, Araluce haciendo lo mismo con la princesa, desde el salón del Trono, camino del comedor, muestran el mayor momento de gloria de la carrera política del presidente de la diputación. Tras la comida, servida por Casa Nicolasa, hubo discursos. Araluce dijo: «Al teneros junto a nosotros en este entrañable país vascongado, la Diputación Provincial ve colmado uno de sus deseos más queridos». El otro, el restablecimiento de la foralidad. Araluce estaba convencido que quien compartía con él la mesa

540 «El ministro de Marina y otras personalidades recibieron en Fuenterrabía a los príncipes», *La Voz de España*, 10/07/1973, p. 10. «Cálida y cordial acogida de Guipúzcoa a los príncipes de España», *La Voz de España*, 10/07/1973, p. 11. «El ministro de Marina visitó el Juan Sebastián Elcano y el Oquendo», *La Voz de España*, 10/07/1973, p. 10. «Numeroso público visitó el Juan Sebastián Elcano», *La Voz de España*, 10/07/1973, p. 10.

presidencial lo haría realidad una vez convertido en rey, como efectivamente lo hizo. Juan Carlos tuvo también palabras de reconocimiento, «porque aquí, en San Sebastián, empecé a conocer España, a sentirla y a quererla». «Podéis estar seguros, que el empeño de la princesa y el mío, es lograr que se establezca una relación permanente y fecunda entre esta Guipúzcoa y la institución que representamos»[541], como era tradicional en la foralidad. La sintonía personal entre ambos era evidente.

La última jornada de los príncipes en Guipúzcoa, el día 11, consistió en una visita por fábricas de Villabona, Olaberría y Éibar, así como a la finca Fraisoro de la diputación, en Zizurkil, donde hubo un desfile de ganado. En Éibar, en la plaza del 18 de Julio [antes plaza de la República y hoy Untzaga plaza], frente al Ayuntamiento, varios centenares de vecinos recibieron a Juan Carlos y Sofía. Luego, los príncipes visitaron la Universidad Laboral, donde se impartía educación básica y formación profesional. Pero, por su simbolismo, la visita a la provincia tuvo otros tres escenarios, cargados de significado. En Azkoitia, los príncipes acudieron al palacio de Insausti, sede de la RSVAP, y en Azpeitia, a la basílica de Loyola y a la casa natal de san Ignacio. Al reconocimiento a la relevante institución difusora de la cultura vasca y a la principal congregación religiosa vasca, la de los jesuitas, se añadió otra no menos importante. En Ormáiztegui, Juan Carlos y Sofia visitaron la casa natal de Zumalacárregui, el gran héroe carlista, donde descubrieron una placa conmemorativa, en presencia de «muchos carlistas de boina roja» y donde fueron obsequiados con una carta del militar, referida a la vinculación con la monarquía. El periódico tradicionalista *La Voz de España* publicó un editorial en el que incidía en el «emotivo y valioso gesto del príncipe hacia el recuerdo del general carlista», destacando su «significado importante en cuanto gesto hacia el caudillo de la causa dinástica que enfrentó a sus antecesores». A todos esos actos fueron acompañados por el tradicionalista Araluce. Al día siguiente, Juan Carlos y Sofía regresaron a Madrid, tras recibir a la diputación. Su presidente señaló en su discurso de despedida: «La Diputación, Alteza, que se siente heredera de las viejas Juntas Generales, confía esperanzadamente que la proyectada revisión de nuestro ordenamiento positivo instrumente (...) los cauces adecuados que por necesidad y tradición

541 «Vinculación de Guipúzcoa a la Marina», *La Voz de España*, 11/07/1973, p. 16. «Todo Guetaria se volcó hacia los Príncipes», *La Voz de España*, 11/07/1973, p. 16. «Cena de gala en la Diputación de Guipúzcoa», *La Voz de España*, 11/07/1973, p. 19.

le corresponde». Además de la foralidad, Araluce tuvo también palabras para otro anhelo guipuzcoano: «Esperamos que el Ministerio de Educación, cuyas realizaciones dentro de la provincia en materia de enseñanza preescolar y básica han sido verdaderamente espléndidas, cumpla de modo inmediato su propósito de definir la nueva Facultad de Ciencias en sus dos secciones de Informática y Petroquímica». La diputación editó un folleto a color de cuarenta y dos páginas para difundir la visita. También hizo lo mismo el Consejo Provincial del Movimiento, en una edición bilingüe[542].

1973 fue también el año en el que Franco dio un paso relevante en su intento de perpetuar el régimen a su muerte, mediante el nombramiento de su fiel Luis Carrero Blanco como presidente del Gobierno, algo que parecía obligado dada la edad del dictador, de ochenta años entonces. La *eminencia gris* del régimen adquiría así una titulación acorde con su posición de poder, que había sido efectiva desde al menos la remodelación gubernamental de 1967, aquella que había supuesto su ascenso a vicepresidente y la consolidación de los *tecnócratas*. El Gobierno Carrero se fundamentó en el continuismo del régimen de cara a la sucesión, bajo los conocidos parámetros del desarrollo económico, a los que se añadía ahora la reforma administrativa, con el fin de construir la monarquía del 18 de julio, aunque intensificando la represión porque el dictador había llegado a la conclusión de que el anterior gobierno, paradójicamente vicepresidido por el propio Carrero, no había hecho lo suficiente para combatir a ETA[543]. La designación de un presidente del Gobierno, diferente al del Estado, obligaba a la intervención del potenciado Consejo del Reino, que debía presentar a Franco una terna de candidatos, tal como estipulaba la ley Orgánica del

542 «Romería vasca en honor de los príncipes, en Fraisoro», *La Voz de España,* 12/07/1973, p. 18. «Popular acogida de Éibar a los príncipes, que presidieron un acto sindical», *La Voz de España,* 12/07/1973, p. 19. «Visitó la casa del general carlista don Tomás Zumalacárregui, en Ormáiztegui», *La Voz de España,* 12/07/1973, p. 18. «Los príncipes, en Guipúzcoa», *El Diario Vasco,* 12/07/1973, p. 8. CONSEJO PROVINCIAL DEL MOVIMIENTO DE GUIPÚZCOA: *Gipuzkoa Printzipeagaitik. Guipúzcoa por el Príncipe,* San Sebastián, Industria Gráfica Valverde, 1974, p. 51. «Emotivo y valioso gesto del príncipe hacia el recuerdo del general carlista Zumalacárregui», *La Voz de España,* 12/07/1973, p. 1. «Los príncipes dieron por terminada su estancia en Guipúzcoa», *La Voz de España,* 13/07/1973, p. 16. DIPUTACIÓN PROVINCIAL DE GUIPÚZCOA: *SS. AA. RR. los Príncipes de...,* pp. 1-42.

543 FUSI, Juan Pablo: *op. cit.,* pp. 208 y 187. PRESTON, Paul: *op. cit.,* p. 316.

Estado[544], extremo que había sido propuesto por Fernández de la Mora en la redacción de la norma. Fue la primera vez que Araluce participó en una decisión de tal relevancia y los tres candidatos designados fueron Carrero, Fraga y Fernández-Cuesta. El sábado 9 de junio, el nuevo presidente del Gobierno juró su cargo ante Franco en El Pardo. Luego, Carrero posó ante los fotógrafos en compañía del jefe de Estado y los miembros del Consejo del Reino, entre ellos Araluce[545].

En el nuevo gobierno, destacó la sustitución de Garicano, quien había presentado su dimisión un mes antes decepcionado por la falta de voluntad reformista y alarmado ante la creciente influencia política de la ultraderecha, y la incorporación de Arias Navarro en Gobernación, cuya trayectoria se había iniciado como fiscal en la represión en Málaga durante y después de la Guerra Civil, y había continuado como director general de Seguridad con Alonso Vega entre 1957 y 1965. Con esa decisión, el régimen acusaba el desafío vivido con el Proceso de Burgos, pero la respuesta consistente en mostrar fortaleza por parte del régimen tuvo escasos frutos. Estos se limitaron al incremento de detenciones, lo que aceleró el proceso de agitación social y consiguiente represión, que acabaría por alienar del franquismo a amplios sectores de la población vasca, creando, como señaló Fusi, un rechazo a la idea misma de España. Arias Navarro había participado en la elección de la terna del Consejo del Reino, como uno de los dos representantes de las Administraciones Locales en su calidad de alcalde de Madrid. El otro, fue Araluce, cuyo proyecto basado en la *fecunda simbiosis,* sufriría mayores obstáculos a la hora de reanimar el sentimiento proespañol del pueblo vasco.

Carrero hizo votos continuistas con respecto a los anteriores gobiernos, pero tomó dos decisiones que cuestionaban tal intención. Por un lado, nombró vicepresidente al ministro-secretario general de FET y de las JONS, Torcuato Fernández-Miranda, quien había convencido a Franco para que admitiera el debate sobre las asociaciones políticas. Fernández-Miranda había sido preceptor del príncipe Juan Carlos y sería un año y medio después quien diseñaría la transición democrática. Por otro lado, el nuevo gobierno supuso el debilitamiento del *monopolio tecnócrata,* con la vuelta de los falangistas, como José

544 Ley Orgánica del Estado, 1/1967... *BOE,* 11/01/1967, núm. 9, p. 468.

545 QUERALT DEL HIERRO, María del Pilar y GONZÁLEZ CUEVAS, Pedro Carlos: «Gonzalo Fernández de la...». «Jura su cargo el presidente del Gobierno», *Ya,* 11/06/1973, p. 1.

Utrera Molina, en Vivienda; el expresidente del Supremo Ruiz-Jarabo, en Justicia; Julio Rodríguez Martínez, en Educación y Ciencia, y Cruz Martínez Esteruelas, quien ocupó la relevante cartera de Planificación del Desarrollo, hasta entonces el núcleo del poder de los *tecnócratas*. Ello demostraba que Carrero estaba dispuesto a regresar a fórmulas más propias de la época del Nuevo Estado, después de erosionarse su confianza en los *tecnócratas*. La razón de ello estribaba en que se estaba oscureciendo el panorama económico, debido a la crisis energética y a la inflación, dando alas a una contestación social, que ya se palpaba en Cataluña, País Vasco y Asturias. La prosperidad económica del desarrollismo estaba, pues, amenazada, ante lo cual, en palabras de Preston, la respuesta de Carrero fue «intensificar la represión»[546].

Para ello, entendía Carrero, era vital reorganizar los servicios secretos. La OCN, creada en 1968, estaba formada por un pequeño grupo de militares adscritos al Alto Estado Mayor con el objetivo de acabar con las algaradas universitarias. Carrero, que no olvidaba que, en 1970, le había infringido un varapalo con la manifestación de la plaza de Oriente, era consciente que ese servicio de inteligencia no estaba a la altura del reto de la insurgencia ya existente. Por ello, en 1972, creó el SECED bajo su dependencia, convirtiéndose en la primera iniciativa del Estado para unificar y coordinar las labores antisubversivas, cuya necesidad era a todas luces perentoria si el régimen quería sobrevivir. Pero, la aparición del SECED coincidió, como había advertido Garicano, con la reorganización de la ultraderecha política, alarmada desde el Proceso de Burgos y temerosa de que el reto insurgente desmantelara la dictadura. De hecho, el propio SECED alimentó a esa ultraderecha, colaborando con sus integrantes que, con el tiempo, incrementaron sus actuaciones violentas, ampliándolas desde 1975 al sur de Francia, donde encontraban refugio los etarras, dando forma a la estrategia de *guerra sucia* que se desarrolló a partir de entonces[547].

De forma paralela, la política de nombramientos en los organismos periféricos de la administración y en las FOP, desde 1972, apuntaba

546 PRESTON, Paul: *op. cit.*, pp. 316-319. FUSI, Juan Pablo: *op. cit.*, pp. 214 y 208.

547 DIAZ, Antonio: «Organismos de Información e Inteligencia en España: la evolución del marco jurídico e institucional», en NAVARRO BONILLA, Diego y ESTEBAN NAVARRO, Miguel Ángel (coords.): *Terrorismo global: gestión de información y servicios de inteligencia*, Madrid, Plaza y Valdés, 2007, p. 148. PRESTON, Paul: *op. cit.*, p. 316. PÉREZ PÉREZ, José Antonio: «El terrorismo ultraderechista y…», pp. 517-518.

hacia una mayor contundencia y dureza en la respuesta policial a la violencia etarra, como se evidenció con la llegada de Salmerón Mora al Gobierno Civil de Guipúzcoa. En enero de ese mismo año, Carlos Iniesta Cano, un militar *africanista* de ideología falangista, fue nombrado director general de la Guardia Civil. El régimen, pues, había decidido mostrar su versión más dura frente a ETA, pese a que ello pudiera decantar, no solo a los simpatizantes, sino también a otros que hasta el momento no se habían significado por el camino decidido de la subversión, como ocurrió tras la muerte de Txikia el 19 de abril de 1973 en una operación policial que, una más, terminó reforzando el apoyo a la organización terrorista. Esa estrategia que el Gobierno Carrero había asumido era para Araluce contraproducente. Las soluciones policiales no podían ser las únicas para hacer frente a lo que se vivía, a ojos del presidente de la diputación, abogando por combinarlas con las políticas, como único camino para recomponer el sentimiento proespañol del pueblo vasco, objetivo que siempre había marcado su actuación, como evidenció el viaje de los príncipes a Guipúzcoa. Así lo coligió quien fue su discípulo al inicio de su carrera política, Marcelino Oreja, que señaló expresamente en sus memorias que Araluce no fue escuchado por el gobierno, ni tampoco Garicano[548].

De hecho, Carrero, en sus análisis sobre la subversión, siempre minusvaloró la mentalidad del separatista, al considerar a los nacionalismos periféricos como una mera marioneta del comunismo, que a sus ojos era el verdadero enemigo de España, evidenciando las anteojeras ideológicas que padecía. Todo ello era aún más sorprendente porque el Consejo Nacional del Movimiento, el órgano cuya misión primordial consistía en surtir de informes al gobierno, había analizado de una manera más realista el nacionalismo vasco. De entrada, consideraba que este era un grave problema «por su manifiesta realidad y peligrosa latencia». Así, en marzo de 1963, el CNM había aprobado una ponencia largamente debatida, en la que participaron Antonio María de Oriol, Zamanillo y Javier de Ybarra. El informe incidía en los simpatizantes nacionalistas, colectivo que consideraba numeroso en número y «muy peligroso» por su capacidad de influir en los excombatientes carlistas y en general en todos los vascos. Para contrarrestarlos, la ponencia abogaba por vincular al régimen con la idea de que protegía al euskera,

548 JAIME JIMÉNEZ, Óscar: *op. cit.*, pp. 207-208. OREJA AGUIRRE, Marcelino: *op. cit.*, pp. 431-432.

aunque rechazaba el intento de actualizarlo, mediante su unificación, como pretendía Euskaltzaindia. Una especial dedicación dedicaba el informe a la foralidad, partiendo del hecho de que el único hecho diferencial entre lo vasco-navarro y lo español eran precisamente los fueros, a los que la ponencia se negó a considerar un privilegio, pese a los intentos de otro de los ponentes, el gobernador civil de Navarra Antonio Rueda Sánchez-Malo, quien advirtió que la mayor parte de la población española los consideraba un injusto conjunto de exenciones que, además, suponían un obstáculo para los planes de desarrollo *tecnócratas.* El informe final no tuvo en cuenta esa opinión, y abogó por la conveniencia de delegar funciones administrativas en las diputaciones e incluso la necesidad de regionalizar el desarrollo económico-social. En cambio, de la ponencia se cayeron tres preguntas que nunca fueron resueltas en vida de Franco: «¿Conviene devolver a las Diputaciones las atribuciones tradicionales?, ¿conviene restablecer los conciertos económicos? y ¿conviene restablecer las instituciones forales?».

El informe de 1963 no fue el único que mostró el interés del CNM por la situación en las provincias vascas. En el invierno de 1970-71, el Proceso de Burgos motivó una serie de reuniones extraordinarias del órgano, donde se censuró la no implementación de las recomendaciones de siete años antes, en unos momentos en los que las circunstancias eran ahora mucho más graves. El CNM subrayó el carácter eminentemente político del problema, lo que era una descalificación del entonces gobierno *tecnócrata,* y por primera vez se atrevió a denunciar el papel de la Iglesia que a su juicio amparaba el separatismo, evidenciando la disociación ya existente entre el régimen y uno de los pilares constitutivos del Nuevo Estado. La ponencia presentada ahora hacía alusión al hecho de que cada vez mayor número de inmigrantes militaban en el separatismo, acusándoles de sufrir «complejo de forastería». También, incidía en la desmoralización de los vascos proclives al régimen y en la ineficacia de la administración, en un nuevo aguijón contra los *tecnócratas,* crítica que asumiría Carrero en su nuevo gobierno, marcándose la reforma administrativa como una de sus principales metas. Más rápidas, serían escuchadas las apelaciones al «robustecimiento sereno y firme de la autoridad del Estado», que incidían en la respuesta dura que barruntaba Carrero, alentada por Franco. En 1973, Carrero, ya como presidente del Gobierno, solicitó un nuevo informe al CNM. En este se defendió una descentralización administrativa que potenciase los municipios y diputaciones, limitando la dimensión regional a la coordinación de los entes provinciales. Por lo demás, se insistió en la promoción de las manifestaciones culturales y la introducción de las otras «lenguas españolas» en la educación, como se venía haciendo desde la ley de Villar Palasí[549] y por la diputación de Araluce en el parvulario.

El 11 de septiembre de 1973, Araluce reiteraba en una entrevista sus planteamientos descentralizadores, en el sentido de lo pedido por el CNM a favor de la potenciación del poder de las diputaciones. «La peculiar estructura de Guipúzcoa y la tradición de su Diputación Provincial exigen unas competencias que la funcionalidad de la misma reclama», dijo a *La Voz de España.* Araluce entendía que la tramitación en las Cortes de la nueva legislación local, dentro de la reforma administrativa propugnada por el Gobierno Carrero, era una buena oportunidad. Así, pedía incluir en la futura ley, «dentro del marco (...) ágil de su normativa», las necesidades de la diputación que presidía[550]. Para Araluce era el momento de replantear las funciones de la Comisión Provincial de Servicios Técnicos, uno de los instrumentos del gobierno para garantizar el centralismo administrativo, desde su creación por el Nuevo Estado en la ley de Bases de Régimen Local de 1945[551]. Dicha comisión, que, siempre que quería, podía presidir el gobernador civil en detrimento del presidente de la diputación, contaba en su seno con representantes de los órganos de la Administración central, quedando la representación provincial en manos técnicas y en situación minoritaria. Araluce señaló en la entrevista: «Lo que realmente entiendo que resulta poco fructífero y sí en cambio frecuentemente peligroso, es el empleo como medio desconcentrador de una política de creación de delegaciones y representaciones de la Administración del Estado en la provincia, ya que ello no pasa de ser una forma de centralización más enervante a veces que la tradicional». La concepción de Araluce incidía además en que dicha comisión tenía un carácter eminentemente técnico, reivindicando la acción política, al entender que era «necesario que en esa etapa de aplicación de planes haya, asimismo, una incidencia política que la haga más adecuada a las exigencias del territorio en el que ha de

549 NÚÑEZ SEIXAS, Xosé M.: *op. cit.*, p. 79. AIZPURU, Mikel: «Nacionalismo vasco, separatismo y regionalismo en el Consejo Nacional del Movimiento», *Revista de Estudios Políticos,* 164 (abril-junio de 2014), pp. 92-112.

550 SAN MARTÍN, Enrique: «La Diputación no puede concebirse sino como la gran comunidad de los Ayuntamientos», *La Voz de España,* 11/09/1973, p. 18.

551 Ley de 17 de julio de 1945, de Bases de Régimen Local. *BOE,* 18/07/1945, núm. 199, p. 373.

asentarse. Qué duda cabe que esta labor compete, por razón institucional, a las Diputaciones provinciales» y no al Gobierno Civil. Araluce insistía así en reforzar el poder político de la diputación, que entendía como «la gran mancomunidad de los ayuntamientos», pretendiendo evitar nuevas querellas internas con los municipios como la vivida con el de San Sebastián en la crisis de la universidad; error que, sin embargo, en el futuro, volvería a cometer con el Movimiento de Alcaldes. Como había hecho en las audiencias con Juan Carlos en 1970 y 1973, reclamaba una visión de la diputación «como heredera de las viejas Juntas Generales» que disfrutara en un futuro, gracias a la reforma de la legislación local, de «una mejora inmediata» de su Hacienda, en una nueva alusión implícita del Concierto Económico, sobre el que limitó de hecho cualquier otra mención, salvo una referencia conciliadora hacia el Gobierno Carrero: «De cualquier forma este régimen especial estaría en función de los servicios que la Diputación prestara y nunca como un privilegio excluyente». Fue la primera vez que Araluce empleaba los términos *régimen especial* para definir la reclamación foral y neoforal que pretendía para Guipúzcoa, lo que presentaba a sus ojos el atractivo de evitar términos más polémicos, como los de Concierto Económico, dejando más abierto el espectro negociador y, por tanto, más comodidad a las partes implicadas. Así, a la vez que mantenía su estrategia más flexible de 1972, recuperaba plenamente la reivindicación neoforal. De hecho, la novedosa expresión de *régimen especial*, atribuible a Araluce[552], como eufemismo del Concierto Económico, tendría un indudable éxito político, que en 1975 consagraría el gobierno con la creación de una Comisión para el estudio de la implantación de un régimen administrativo especial para las provincias de Vizcaya y Guipúzcoa, el organismo que aún en vida de Franco inició la descentralización en esos dos territorios vascos.

Antes de la publicación de la entrevista, Araluce cambió algunos párrafos y precisó otros, una práctica a la que no había recurrido hasta entonces. De la entrevista original, suprimió el siguiente: «Tampoco sería honrado silenciar que el pueblo guipuzcoano recibiría con satisfacción cuantos pronunciamientos contribuyeran a disipar la imagen

552 ORTIZ DIAZ, José: «Unidad y coordinación de los órganos y servicios estatales a nivel provincial. El decreto de 10 de octubre de 1958», *Revista de Estudios de la Vida Local,* 106 (julio-agosto de 1959), p. 484. SAN MARTÍN, Enrique: «La Diputación no puede...». *Jesús María Azurza Ayerbe,* 30/08/2022, Tolosa (Gipuzkoa), entrevista realizada por Juan José ECHEVARRÍA.

sancionadora del Decreto Ley de 23 de junio de 1937, en el sentido expuesto por el propio Gobierno de la Nación al derogar el preámbulo de la indicada disposición». En cambio, respecto a las Comisión Provincial de Servicios Técnicos, las precisiones fueron en un sentido de dotar al texto de mayor crítica. Así, introdujo a mano, en el borrador de la entrevista grabada que le presentó el periodista Enrique San Martín, el adjetivo «enervante» para calificar el centralismo que de ella se derivaba. Tanto la supresión a la mención del decreto-ley de 1937 que había abolido el Concierto Económico, como la adición de un texto más crítico con la comisión técnica dependiente del gobernador civil, se hicieron cuando Franco había llegado ya a San Sebastián, a bordo del Azor, el 9 de septiembre, para disfrutar de su tradicional estancia veraniega. Por lo demás, la entrevista sirvió a Araluce para hacer un alegato del marco provincial, frente a otros planteamientos descentralizadores regionales, como los que había hecho Garicano cuando era ministro. «Está ahora muy de moda hablar de la necesidad de regionalización de los servicios y aún no hemos llegado, en muchos casos, a conseguir su provincialización. Esta se hace indispensable en provincias como la nuestra», manifestó, recordando que Guipúzcoa era «una comunidad histórica». Para Araluce, ese hecho tenía una constatación evidente con la foralidad, no solo como parte de su ideología tradicionalista, sino también como la herencia de los liberales fueristas, tan presente en él a través del pensamiento de su madre, María Villar. En este segundo aspecto, que entroncaba con la construcción del Estado liberal decimonónico, basado en la división provincial infamada por el *mellismo*, Araluce dejaba atrás parte de las concepciones del acervo carlista, reivindicando que «si en España no existieran las diputaciones, habría que inventarlas». El contenido de la entrevista al periódico guipuzcoano fue considerado de interés por el corresponsal de *ABC* en San Sebastián, el fuerista liberal José Berruezo, que envío una crónica al diario nacional[553].

El presidente de la diputación volvió a incidir en ello el 19 de noviembre en *Unidad*, después de que el Gobierno Carrero implementara una

553 «Enviado a *La Voz de España* como contestación a la entrevista del periodista E. San Martín», transcripción mecanografiada con anotaciones a mano de Juan María de Araluce (San Sebastián, 09/1973), APJAL. «El Jefe del Estado, en San Sebastián», *La Voz de España*, 11/09/1973, p. 1. SAN MARTÍN, Enrique: «La Diputación no puede…». BERRUEZO, José: «Las provincias tendrán las diputaciones que ellas mismas quieran», *ABC*, 13/09/1973, p. 40.

vieja propuesta *tecnócrata* y dividiera España en catorce zonas regionales a efectos de la coordinación en el desarrollo económico, a propuesta del ministro Martínez Esteruelas, situando a Guipúzcoa con Vizcaya, Álava y Navarra, pero también junto a Santander, Burgos y Logroño. La denominada Zona Norte, con 41.118 kilómetros y tres millones y medio de habitantes, coincidía exactamente con la VI Región Militar. Araluce expresó su parecer inverso: «A la regionalización debe preceder la provincialización», porque la «descentralización (...) tiene que empezar por la propia provincia», de abajo a arriba, como reiteradamente expresó a sus hijos. El planteamiento *tecnócrata* se trataba, en cualquier caso, de lo que la historiografía ha conceptualizado como neorregionalismo, de carácter meramente funcional y aplicado a la planificación económica de los planes de desarrollo, que el ejecutivo quería implementar, ahora, a través de un ministro falangista, y sobre el cual disentía el presidente de la diputación. Todas esas reflexiones, habían tenido una plasmación más detallada en un artículo de fondo que Araluce envió a la revista falangista *En Pie*, consciente de que el Ministerio de Planificación del Desarrollo estaba ahora en manos de un seguidor de tal ideología. «El Gobierno de la nación fija una decisión política, la línea de aplicación de los planes generales de desarrollo, y encomienda su realización a los servicios correspondientes de cada departamento [ministerial]. A partir de ahí, la actuación toma un carácter esencialmente técnico y administrativo», escribió, expresando su oposición al entender que las diputaciones debían tener el poder de contrarrestar políticamente tal implementación. Diputaciones «que, con su particular conocimiento del ambiente y contacto con las necesidades, esencialmente políticas, a que los planes deben en definitiva servir, evite los inconvenientes de una fría y rígida aplicación de aquellos con criterios puramente técnicos-administrativos», sentenció[554].

La estancia de Franco en San Sebastián fue corta en el verano de 1973. No llegó a los ocho días. Apenas se tuvo noticias de sus actividades,

554 SAURAS, Carlos: «La división de España en 14 zonas, un inicio de descentralización», *Unidad*, 19/11/1973, p. 12. «La división del territorio en catorce delegaciones o el inicio de descentralización», *Nuevo Diario*, 07/03/1974, p. 14. *Juan Araluce Letamendía*, 15/11/2020, Madrid, entrevista realizada por Juan José ECHEVARRÍA. NÚÑEZ SEIXAS, XOSÉ M.: *op. cit.*, p. 84. ARALUCE, Juan María: «Excelentísimo señor don Juan María de Araluce y Villar, presidente de la Diputación de Guipúzcoa, consejero del Reino, escribe para EN PIE», *En Pie*, 331 (08/1973), p. 47.

salvo que presidió un Consejo de Ministros en el palacio de Ayete. La prensa informó de que había sufrido una indisposición gastrointestinal que le había obligado a suspender parte de su agenda. De hecho, no concedió las habituales audiencias al Consejo Provincial del Movimiento ni a la diputación guipuzcoana, por lo que Araluce no tuvo que volver a subir la cuesta de Aldapeta para rendir cuentas. Ni lo volvería a hacer. Al mediodía del lunes 17 de septiembre, Franco y su mujer subieron las escalerillas de un Mystère en el aeropuerto de Hondarribia para regresar a Madrid. La alcaldesa de Fuenterrabía, Mercedes Iridoy Olascoaga, y el de la vecina localidad de Irún, Federico Bergareche, el futuro rival de Araluce en la reelección a la presidencia de la diputación, habían hecho un llamamiento a los vecinos para que acudieran a despedirles. Una comitiva de autoridades, encabezada por el gobernador Salmerón Mora, los acompañó al aeropuerto. Allí, una pareja de niños, ataviados con trajes regionales, despidieron al dictador[555]. Fue la última vez que Franco pisó suelo guipuzcoano.

En cambio, la actividad de los ministros durante aquellos ocho días fue ampliamente difundida por la prensa en un intento de paliar la menor cobertura informativa del octogenario jefe de Estado aquejado de problemas de salud, que ni siquiera acudió en aquel verano a las exhibiciones deportivas de las que era tan asiduo. El ministro de Trabajo, Licinio de la Fuente y de la Fuente, inauguró un edificio asistencial en el puerto de Pasajes. El de Industria, José María López de Letona, visitó una fábrica de producción y exportación de máquina herramienta en Villabona. El de Relaciones Sindicales, Enrique García-Ramal Cerralbo, inauguró un grupo de 264 viviendas construidas en Zumaya. El de Obras Públicas, el futuro dirigente de la UNE Fernández de la Mora, visitó las obras de la presa del Añarbe, iniciada en 1969, e inauguró el tramo de Loyola de la variante de San Sebastián, la carretera de circunvalación de la capital que entroncaría con la autopista de pago Bilbao-Behovia. El de Justicia, Ruiz-Jarabo, visitó las instalaciones judiciales donostiarras. El de Hacienda, Antonio Barrera de Irimo, acompañado por Araluce, impuso la medalla de oro de la CAP al *tecnócrata* y *propagandista* Coronel de Palma, entonces gobernador del Banco de España, uno de los que acudiría en 1976 al funeral por el

555 LUENGO TEIXIDOR, Félix: *op. cit.*, pp. 217-218. «Franco y su esposa regresan a Madrid», *Unidad*, 17/09/1973, p. 1. «Llamamiento de los alcaldes de Irún y Fuenterrabía», *La Voz de España*, 16/09/1973, p. 8. «Despedida a Franco», *La Voz de España*, 18/09/1973, pp. 1 y 6.

presidente de la diputación. El de Información y Turismo, Fernando de Liñán, que también estaría en el óbito, firmó con Araluce un convenio para extender a la provincia de Guipúzcoa la recepción del UHF (Ultra High Frequency) de la segunda cadena de TVE. Ese era el último empeño del presidente de la diputación, que pretendía llevar el nuevo canal de televisión a todos los pueblos de Guipúzcoa. Para ello era necesaria la instalación de doce estaciones reemisoras de tal frecuencia. Liñán visitó también Getaria y Zarautz. En esta última localidad acudió al Real Club de Golf, que había sido inaugurado en 1916 por Alfonso XIII, donde se reunió con el alcalde Gervasio Juaristi, con quien trató de diversas promociones, como la reforma del malecón[556], el paseo marítimo donde se asentaría la industria del surf.

Pero, el plato fuerte de la activa presencia ministerial en Guipúzcoa se había sustanciado el viernes 14 de septiembre con la celebración del Consejo de Ministros, donde se adoptaron una batería de medidas para la provincia. Entre ellas, la aprobación del Plan de Infraestructura Sanitaria con un coste de 2800 millones de pesetas, el de Saneamiento de San Sebastián de 397 millones para evacuar las aguas residuales y pluviales de la margen izquierda del Urumea, la primera fase de la construcción de la presa del Estanda de 38 millones, la edificación del centro geriátrico de San Sebastián, de un ambulatorio en Mondragón y de la ampliación de la Residencia Nuestra Señora de Aránzazu de la capital guipuzcoana, la ocupación de terrenos para agrandar el cementerio por el Ayuntamiento de San Sebastián, la cesión de una finca en la falda del Monte Urgull a favor del consistorio donostiarra, la promoción de vivienda social y mejoras en la iluminación en San Sebastián, Éibar, Oñate e Irún. En el terreno de la educación, el gobierno aprobó dos medidas que daban satisfacción parcial a los anhelos provinciales, mediante la ampliación de la Universidad Laboral de Éibar, elevando

556 «El ministro de Trabajo inauguró el Centro Asistencial de Trabajos Portuarios», *La Voz de España,* 13/09/1973, p. 8. «El Excmo. Sr. ministro de Industria visita la empresa de máquinas herramientas SACEM S. A. en Villabona», *La Voz de España,* 14/09/1973, p. 6. «García Ramal inauguró ayer, en Zumaya, el grupo de viviendas de Aita-Mari», *La Voz de España,* 13/09/1973, p. 8. «Se someterá al Gobierno el Plan de Infraestructura Sanitaria guipuzcoana», *La Voz de España,* 14/09/1973, p. 8. «Visita del ministro de Justicia», *La Voz de España,* 14/09/1973, p. 7. «El ministro de Hacienda impuso la Medalla de Oro al Sr. Coronel de Palma», *La Voz de España,* 14/09/1973, p. 7. «Convenio Información y Turismo y Diputación para la extensión del UHF a toda la provincia», *La Voz de España,* 14/09/1973, p. 9.

de 244 a 1000 el número de alumnos, y la creación de una facultad de Ciencias Químicas, especialidad de Petroquímicas, pero dependiente de la Universidad de Valladolid; esto último, gracias a la enmienda de Araluce. Los planes del presidente de la diputación con Informática no prosperaron en cuanto a considerarla una facultad universitaria, prevaleciendo el criterio del Ministerio de Educación y Ciencia de dejar esos estudios enmarcados en la consideración de Escuela[557].

Todo ello era lo que el Gobierno Carrero estaba dispuesto a ofrecer a Guipúzcoa; es decir, en la línea de la continuidad de los planteamientos *tecnócratas,* medidas de desarrollo económico, fundamentalmente en infraestructuras, y educativas, pero sin atender la demanda de creación de una universidad propia. Lejos de la crítica, para el periódico del Movimiento *La Voz de España,* ello evidenciaba «la preocupación por parte del Gobierno» por el desarrollo de la provincia. «Es, en resumen, todo un despliegue en el que puede contemplarse, con fría objetividad, el esfuerzo que la Administración, el Estado, en suma, pone a contribución para continuar el desarrollo de Guipúzcoa». También, el periódico fuerista y católico *El Diario Vasco* consideró, aunque con un tono menos propagandístico, que todas esas medidas «ponen de manifiesto que el Gobierno (...) se ha hecho eco de las inquietudes y problemas de Guipúzcoa, adoptando las medidas necesarias para su solución»[558].

No todos compartían esa opinión. Muchos reclamaban que la liberalización económica fuera acompañada de otra política. También que se procediera a una descentralización territorial del poder. E, incluso, algunos temieron que la implementación desarrollista que propugnaba el gobierno pusiese en peligro su propio proyecto ideológico, concretado en la independencia. El 20 de diciembre de 1973, ETA V Asamblea asesinó a Carrero Blanco, en un atentado que también le costó la vida a su chófer, además de a su escolta, Juan Antonio Bueno Fernández, inspector del Cuerpo General de Policía. En concreto, lo hizo el comando Txikia, llamado así en honor del dirigente del movimiento nacionalista radical, su caído de mayor rango jerárquico. Sin duda que fue la acción más espectacular de ETA en toda su historia. Fernández de la Mora, el

557 «Actuaciones ministeriales en Guipúzcoa», *El Diario Vasco,* 15/09/1973, p. 3. ARAMBURU, Javier de: «Futura Facultad de Medicina en Guipúzcoa», *La Voz de España,* 16/09/1973, p. 23.

558 «Actividad de los ministros del Gobierno, en Guipúzcoa», *La Voz de España,* 14/09/1973, p. 1. «Ministros en San Sebastián», *La Voz de España,* 12/09/1973, p. 2. «Realidades para Guipúzcoa», *El Diario Vasco,* 16/09/1973, p. 3.

ministro que dirigiría la UNE, reconoció que «no pudo asestarse un golpe más duro contra la continuidad del Estado del 18 de Julio». Como un símbolo de ello, quien asumió entonces la Presidencia interina del Gobierno, el vicepresidente Fernández-Miranda, no continuó al frente del mismo por decisión de Franco, determinación fundamentada en su actuación. En aquellos días, exponentes de la agonía del régimen, se negó a decretar el estado de excepción y revirtió una orden del teniente general Iniesta Cano que había dado vía libre a utilizar las armas de fuego contra cualquier alteración del orden. Mientras que Franco daba vueltas a la sucesión del fallecido, en su entorno inmediato, especialmente en su mujer, cundió el nerviosismo por temor a que todos ellos terminaran como Carrero si no se optaba por alguien enérgico. El día 28, el dictador ordenó al presidente del Consejo del Reino, el falangista Rodríguez de Valcárcel, que incluyera a Arias Navarro en la terna preceptiva, mandato que no tenía ninguna base en el ordenamiento legal del régimen. Además, tal promoción no dejaba de ser sorprendente ya que el interesado era ministro de la Gobernación y por tanto responsable del fallo de seguridad que había llevado a la tumba a Carrero. De hecho, Arias había asegurado a este en la víspera de su muerte que «todo estaba bajo control»[559].

En la tarde del día 28, Valcárcel, Araluce y otros catorce consejeros, por enfermedad del arzobispo Cantero Cuadrado, se reunieron en el palacio de las Cortes por espacio de dos horas y cuarto. Además de Arias, la terna elegida incluyó al falangista Solís, quien había promovido la representación familiar en el régimen, y a García Hernández, expresidente de la Comisión de Presupuestos de las Cortes y estrecho colaborador del futuro jefe del gobierno, que había hecho su carrera en el Ministerio de la Gobernación, como gobernador y como director general de Administración Local. El vencedor, Arias Navarro, incluyó en su gobierno a los dos perdedores, eliminando a los *tecnócratas*, algo inédito desde 1957, evidenciando el fin de una época. Fruto de ello, es que el Gobierno Arias no se limitaría a *continuar* por la senda de la liberación económica transitada por los *tecnócratas*, sino que iniciaría la liberación política del régimen, legalizando las asociaciones políticas en diciembre de 1974 y aprobando un limitado derecho de huelga

559 ALONSO, Rogelio, DOMÍNGUEZ, Florencio y GARCÍA REY, Marcos: *op. cit.*, pp. 32-35. SULLIVAN, John: *op. cit.*, p. 173. FUSI, Juan Pablo: *op. cit.*, pp. 210 y 213. FERNÁNDEZ-MIRANDA, Juan: *El guionista de la Transición. Torcuato Fernández-Miranda, el profesor del Rey*, Barcelona, Plaza & Janés, 2015, pp. 26 y 35.

en mayo de 1975. Sin embargo, dicha consideración aperturista contrastaba con lo ocurrido en materia de orden público, donde el nuevo gabinete no solo seguiría los preceptos del Gobierno Carrero, sino que incrementaría aún más la dureza empleada para mantener al régimen. No en balde, Arias fue, a ojos de los opositores y de los reformistas, «el hombre de la represión», como sentenció Fusi. Así, en 1974, el régimen recuperó las ejecuciones a opositores políticos, después de una década sin haber recurrido a ellas. El 2 de marzo, se aplicó el garrote vil al anarquista Salvador Puig Antich. Además, la muerte de Carrero impulsó a los sectores franquistas más extremistas, en unos momentos de incertidumbre sobre el destino del propio régimen. Los informes policiales apostaron por endurecer aún más la respuesta, como evidenció la actuación de *incontrolados*, que en algunos casos no eran sino agentes de la FOP fuera de servicio. El enfrentamiento con la Iglesia también escaló en virulencia cuando Arias respondió a una homilía a favor del uso del euskera del nuevo obispo de Bilbao, Antonio Añoveros Ataún, con el arresto domiciliario del prelado, viéndose obligado el régimen a recular tras recibir el mitrado el respaldo del Vaticano[560].

Tampoco hubo inicialmente continuismo en la reforma administrativa, especialmente en el área local. El 31 de mayo de 1974, el *Boletín Oficial de las Cortes Españolas* publicó el texto remitido por el nuevo gabinete. Pese a que el Gobierno Arias terminaría por dar los primeros pasos en la descentralización territorial, se trataba de un texto restrictivo respecto al que había sido presentado por el entonces ministro Garicano, al no contemplar el régimen de Carta provincial, ni motivar las mancomunidades provinciales. Aquel proyecto de Garicano, antecesor del ahora presentado, había iniciado su tramitación en las Cortes en el mes de enero de 1972, presentándose más de 4500 enmiendas por los procuradores. Ello conllevó una lenta cumplimentación de tal proyecto de ley de Bases de Régimen Local, quedando inconclusa, primero, por la salida del ministro del gobierno en junio de 1973 y, sobre todo,

560 BARO QUESADA, José: «El Consejo del Reino permaneció reunido dos horas y cuarto», *ABC*, 29/12/1973, p. 1. FUSI, Juan Pablo: *op. cit.*, pp. 213-214 y 217-218. CUENCA TORIBIO, José Manuel: «José García Hernández», Diccionario Biográfico Español. Real Academia de la Historia. https://dbe.rah.es/biografias/25288/jose-garcia-hernandez

«Últimas penas de muerte ejecutadas», *La Vanguardia Española*, 03/03/1974, p. 6. «Salvador Puig Antich y Heinz Chez fueron ejecutados ayer», *La Vanguardia Española*, 03/03/1974, p. 5. JAIME JIMÉNEZ, Óscar: *op. cit.*, p. 209. SULLIVAN, John: *op. cit.*, p. 182.

por la muerte de Carrero en diciembre de ese mismo año. El proyecto nonato de Garicano había previsto la institucionalización del espacio regional, mediante la creación de mancomunidades provinciales, dentro del planteamiento neorregionalista de los *tecnócratas* en sus planes de desarrollo. Respecto al régimen de Carta, que había sido una innovación de Calvo Sotelo en el Estatuto Provincial de 1925, durante la dictadura de Primo de Rivera, el proyecto de Garicano lo reformulaba, convirtiendo aquel instrumento ideado para que los municipios asumieran servicios de sus diputaciones en la asunción de competencias estatales por las provincias. Tal novación fue aplaudida por el consejero nacional por Guipúzcoa, Marcelino Oreja. Sin embargo, el 12 de febrero de 1974, Arias, en su discurso programático ante las Cortes, anunció la remisión del nuevo proyecto de ley, que sustituiría al decaído de Garicano, tarea de la que se ocupó el nuevo ministro García Hernández, quien presentó tres meses y medio después el nuevo texto en las Cortes, quedando adscrito a la Comisión de Gobernación. Ahora se presentaron 2557 enmiendas. El nuevo proyecto se limitaba a respetar los regímenes de Álava y Navarra, sin aceptar otras singularidades, ni el régimen de Carta. Tuvo que ser la Comisión de Gobernación de las Cortes quien introdujera la motivación de las mancomunidades, consistente en «promover y colaborar en la acción de desarrollo regional»[561].

Araluce participó activamente en aquella tramitación, estando adscrito a la citada comisión parlamentaria, como ya había hecho con la del proyecto de Garicano, al entender que sus planteamientos descentralizadores tenían cabida en dicha reforma, si al igual que con las mancomunidades provinciales, el trámite parlamentario lograba modificar el proyecto gubernamental. El 3 de julio de 1974, presentó una enmienda, que fue suscrita por Marcelino Oreja y por el consejero nacional por Vizcaya, Fernando de Ybarra, segundo marqués de Arriluce y nieto del primero, para equiparar administrativamente a Guipúzcoa y Vizcaya

561 MINISTERIO DE LA GOBERNACIÓN: «Proyecto de Ley de Bases del Régimen Local», *Revista de Administración Pública,* 74 (mayo-agosto de 1974), pp. 349-399. MAHÍLLO SANTOS, Juan: «La Ley de Bases del Estatuto del Régimen Local», *Revista de Estudios de la Vida Local,* 189 (1976), pp. 109-111 y 119-120. ORTEGA, Victorino: «Desarrollo regional y reforma del régimen local», *Revista de Fomento Social,* 108 (1972), pp. 390-392. HERRERO RODRÍGUEZ DE MIÑÓN, Miguel: «Áreas regionales y Ley de Régimen Local», *Revista de Estudios de la Vida Local,* 192 (1976), p. 733. BOQUERA OLIVER, José María: «La Provincia, cauce de representación política», *Revista de Estudios de la Vida Local,* 156 (1967), p. 812. «Enmiendas al proyecto de…».

con la neoforal Álava. Araluce entendía que «desaparecida la fundamentación punitiva» del decreto-ley de 1937, mediante la reforma de su preámbulo en 1969, era inadmisible «seguir manteniendo a ultranza (...) la imposible reintegración de Guipúzcoa y Vizcaya al concierto de las provincias vascongadas». Por ello, solicitaba a «las Cortes Españolas la apertura de un cauce que, en su caso y momento, haga posible la reintegración del vigente régimen de concierto». Araluce había preparado el camino convocando un pleno de la Diputación Provincial de Guipúzcoa, celebrado el 28 de junio, donde se aprobó la siguiente moción:

> Esta Presidencia, recogiendo la preocupación (...) que comparte la provincia entera, sobre la proyectada Ley de Bases de Régimen Local en razón a la rectificación de los efectos contenidos en la parte dispositiva del Decreto de 1937, cuyas motivaciones sancionadoras desaparecieron de su preámbulo y que limita a Álava la aplicación del régimen de conciertos, desea expresar que confía en que las Cortes Españolas recojan en el texto definitivo un cauce de posible extensión del sistema a las provincias de Guipúzcoa y Vizcaya, restableciéndose el tradicional principio de equiparación administrativa de las tres provincias[562].

Araluce no fue el único procurador que lo intentó. Otros ocho representantes vasco-navarros, todos ellos por elección familiar, presentaron también enmiendas de variado aspecto descentralizador. Todos ellos compaginaron su labor en las Cortes con la difusión de sus propuestas en un medio de comunicación crítico con el régimen, la revista *Doblón*, del que desgraciadamente no es posible medir su difusión en la sociedad, ya que no estaba controlada por la Oficina de Justificación de la Difusión (OJD). En cualquier caso, la iniciativa de utilizar un altavoz de comunicación alejado del régimen era inédita y en esa medida menos agradable para el Gobierno Arias, pese a que el nuevo ministro de Información y Turismo, Pio Cabanillas Gallas, estaba propiciando un

562 «Juan M.ª de Araluce Villar», *currículum vitae* autógrafo del presidente de la Diputación Provincial de Guipúzcoa (San Sebastián, 18/09/1974), APJAL. «Enmienda a la disposición final segunda del Proyecto de Ley de Bases del Estatuto de Régimen Local» (Madrid, 03/07/1974), ACP, *FSGT*, Caja 2273, pp. 215-217. «Moción del presidente sobre el régimen de concierto económico», *Unidad*, 28/07/1974, p. 8.

grado de libertad de prensa sin precedentes hasta entonces en el franquismo. El fuerista Jesús Ezponda Garaicoechea, procurador familiar por Navarra, aseguró en el semanario que «la mayoría, por no decir la totalidad de los procuradores vasco-navarros, estamos empeñados» en la restitución de los Conciertos Económicos. El otro procurador familiar por Navarra, Alfredo Les Floristán, recordó en el semanario que el viejo reino gozaba de lo que calificaba como «un régimen de soberanía compartida» y se mostraba partidario de que otras provincias, como Guipúzcoa y Vizcaya, pudieran adoptar «un régimen especial». En ese sentido, el procurador por Álava, Alfredo Marco Tabar, futuro senador de la UCD, argumentó su petición de restitución basándose en el carácter pactista de la foralidad. El otro procurador familiar alavés, Luis Ibarra Landete, uno de los cincuenta y nueve procuradores que en 1976 votaría en contra de la ley para la Reforma Política, consideró que el Concierto Económico del que gozaba la provincia meridional no era una concesión del Estado, debido a la entrega voluntaria de las tres provincias vascongadas al Reino de Castilla, argumento fuerista no respaldado historiográficamente. Los dos procuradores por las familias vizcaínas, Fernández Palacios y Joaquín Satrústegui Aznar, bisnieto del fundador de la empresa naviera Sota y Aznar, también aportaron sus argumentos. El segundo, expresidente del IVCH, defendía «una fórmula concertada adecuada a los tiempos actuales», y el primero, recordó que su enmienda calificaba de «injusto castigo» el haber privado del Concierto Económico a las dos provincias. En las páginas de *Doblón*, Fernández Palacios hizo memoria de su actuación en 1968 cuando pidió la supresión de las menciones lesivas del preámbulo del decreto-ley de 1937, recibiendo el apoyo de los procuradores familiares *trashumantes*. Por su parte, los dos procuradores guipuzcoanos, el *carlohuguino* Zubiaga y Escudero, abogaron también por la restauración del Concierto Económico, aunque con una visión más regional. El segundo denunció que el proyecto de ley del Estatuto de Bases del Régimen Local no contemplase la región vasca. En 1975, defendería con vehemencia en las Cortes sus enmiendas: «Hoy 12 de mayo, en mi país (...) se está sufriendo, donde se sigue sufriendo, y donde no vemos perspectivas para dejar de sufrir». Ante esta ofensiva de todos los procuradores familiares vasco-navarros, el Gobierno Arias se alarmó, no aceptando la formulación en la propia ley de la equiparación administrativa de Guipúzcoa y Vizcaya con Álava, pedida por Araluce en su enmienda. Menos aún, la introducción en la norma de la devolución del Concierto Económico y ni siquiera la mera derogación previa del decreto-ley de

1937. El gabinete admitía, eso sí, que en el posterior desarrollo legislativo de la nueva ley pudiera articularse alguna solución, mediante el resquicio del régimen de Carta provincial, que oportunamente la Ponencia de la Comisión de Gobernación había incluido en el proyecto de García Hernández, equiparándolo en este punto al de Garicano, en una nueva redacción de la base 19.ª[563]. A eso se aprestó Araluce, quien sabría encontrar la fórmula para desanudar el centralismo franquista.

El régimen de Carta provincial pretendía extender a algunas diputaciones lo que ya había hecho el régimen en 1960 y 1963 con los ayuntamientos de Barcelona y Madrid, reconociendo sus especificidades. Pese a los recelos de que tal instrumento otorgado se alejaba de la concepción foral, Araluce había mostrado su interés por explorar esa vía jurídica, máxime después de replegar tácticamente su planteamiento descentralizador tras el Proceso de Burgos. Ya en septiembre de 1973, el presidente de la diputación había hecho una mención al respecto en la entrevista que concedió a *La Voz de España,* coincidiendo con la última estancia del dictador en San Sebastián, cuando barajando las distintas opciones descentralizadoras abiertas desde la proyectada reforma de Garicano, manifestó que no había que «olvidar naturalmente el recurso de la Carta propia»[564].

El articulado del nuevo proyecto de ley de Bases del Estatuto de Régimen Local, una vez redactado tras el debate en las Cortes, señaló en la mencionada base 19.ª, titulada «regímenes especiales», que «se respetará íntegramente el régimen actual de las provincias de Álava y Navarra», pero añadió que otras provincias «podrán acogerse a un régimen de Carta, que, respetando los principios esenciales de esta Ley, adaptará la organización, funcionamiento y régimen económico de las mismas a sus circunstancias peculiares». De tal manera que dejaba abierta la posibilidad de conceder a Guipúzcoa y Vizcaya el disfrute

563 ECHEVARRÍA PÉREZ-AGUA, Juan José: *La constitucionalización de la...,* pp. 171-174. FUSI, Juan Pablo: *op. cit.,* p. 216. «Ocho vascos en las...», *Doblón,* 9, 14/12/1974, pp. 43-49. INCHAUSTI, Estrella: «Un estatuto de autonomía me parece una buena técnica constitucional y que niego pueda considerarse como fórmula separatista», *El Diario Vasco,* 14/02/1976, p. 8. MAHÍLLO SANTOS, Juan: *op. cit.,* p. 119.

564 ÁLVAREZ-GENDÍN Y BLANCO, Sabino: «El nuevo Régimen municipal de Barcelona», *Revista de Estudios de la Vida Local,* 112 (1960), pp. 496-497. LARA POL, Juan Antonio: «La Ley especial de Madrid y los problemas de la competencia municipal», *Revista de Estudios de la Vida Local,* 130 (1963), p. 482. SAN MARTÍN, Enrique: «La Diputación no puede...».

de un régimen especial, incluso en sus aspectos económicos, aunque a continuación los limitaba a que ese régimen «deberá ajustarse al principio de legalidad tributaria», lo que alejaba las posibilidades de una devolución de los Conciertos Económicos. Y así, fue finalmente aprobada por las Cortes y promulgada en el *BOE* el 21 de noviembre de 1975, un día después de la muerte de Franco[565].

Antes de llegar a eso, el ministro García Hernández recibió en septiembre de 1974 al presidente de la Diputación Provincial de Vizcaya, Pedro de Arístegui Bengoa, y al secretario de la corporación, Javier Bilbao Amézaga. En el curso de la reunión, García Hernández afeó la actuación de los procuradores familiares y también criticó abiertamente a Araluce, Oreja y al marqués de Arriluce, los autores de la enmienda que pretendía la equiparación de las dos provincias septentrionales con la meridional. El ministro se mantuvo firme en la idea gubernamental de desligar cualquier pretensión de devolución del Concierto Económico del articulado del entonces proyecto de ley.

La respuesta de las diputaciones vizcaína y guipuzcoana fue disímil. Mientras que Araluce aceptó estratégicamente el repliegue reivindicativo, aunque sin renunciar al Concierto, a través del *régimen especial*, Arístegui se sumó entusiasmado a la opción de Carta planteada por el ministro. La actitud de la Diputación Provincial de Vizcaya no era nueva. Ya, desde 1964, había defendido el régimen de Carta, orillando la petición de restitución neoforal, viendo incluso con pesimismo que, dos años después, la diputación guipuzcoana, dirigida entonces por Epelde, insistiera en la derogación del decreto-ley de 1937 y la devolución del Concierto Económico. Incluso, tras la iniciativa del vizcaíno Fernández Palacios que había permitido en 1968 la abolición de parte del preámbulo de 1937, la diputación vizcaína prosiguió con su planteamiento de régimen de Carta, mientras que la guipuzcoana, presidida ya a finales de aquel año por Araluce, abogaba por la devolución neoforal. Solo después de las consecuencias del Proceso de Burgos, el presidente de la corporación guipuzcoana aceptó estratégicamente dejar de mencionar expresamente la restitución del Concierto Económico, empezando a hablar de un *régimen especial* y explorando la vía de la Carta provincial. Araluce, además, acató la exigencia de García Hernández de desligar la pretensión de restauración neoforal del articulado de la

565 Ley 41/1975... de Bases del Estatuto de Régimen Local. *BOE*, 21/12/1975, núm. 280, p. 24351.

futura ley, aceptando que el proyecto de Bases del Estatuto de Régimen Local no era el marco adecuado para su plan descentralizador. Fue entonces cuando presentó una moción al gobierno para «que con derogación en lo pertinente del decreto-ley de 23 de Junio de 1937, se proceda a establecer, por los cauces legales que correspondan, el régimen especial aplicable a las provincias de Guipúzcoa y Vizcaya»[566]. Fue el 10 de julio de 1975, en el palacio de las Cortes.

566 ALONSO OLEA, Eduardo José: «El largo camino para la recuperación del concierto económico de Vizcaya y Guipúzcoa, 1968-1981» en TUSELL, Javier et al. (coords.): *Historia de la transición y consolidación democrática en España (1975-1986), Madrid, 30 de noviembre, 1 y 2 de diciembre de 1995,* volumen I, Madrid, UNED/UAM, 1995, pp. 382-390. Moción del procurador Juan María de Araluce... interesando el restablecimiento del Concierto Económico... (Madrid, 10/07/1975), ACP, *FSG*, Expediente 2881/24, pp. 1-5.

No es tan unánime el clamor

Desde la muerte de Carrero, un año y medio antes, que se había sustanciado con la salida definitiva del poder de los *tecnócratas*, Araluce se volcó en una intensa actividad política con el objetivo de insuflar bríos al tradicionalismo que reconocía como futuro rey al príncipe Juan Carlos. El 10 de marzo de 1974, en la entrevista que supuso un revulsivo y en la que propuso desempolvar el tetralema carlista («Dios, Fueros, Patria y Rey»*)*, mostró su convencimiento de que el Tradicionalismo tenía un lugar dentro del limitado pluralismo político que Arias había anunciado que permitiría en su discurso del 12 de febrero[567]. Una divisa en la que Araluce anteponía los Fueros a la Patria, frente a la utilizada por el carlismo desde la Guerra de los Cuatro Años, donde la Patria había precedido a los Fueros. Dicha entrevista tuvo una relevante difusión, haciéndose eco de ella la agencia *Cifra* y los diarios madrileños *Informaciones* y *Nuevo Diario,* el bilbaíno *La Gaceta del Norte,* el pamplonica *El Pensamiento Navarro* y el *Diario de León*[568]. También en *Pueblo,* a través de un artículo de su director, Emilio Romero, el periodista de mayor renombre en el tardofranquismo, en el que ligaba las declaraciones de Araluce con los propósitos de liberación política del Gobierno Arias:

> El pluralismo político y fundacional del Régimen (falangistas, católicos, tradicionalistas y monárquicos) va a inventar el pluralismo

567 SAN MARTÍN, Enrique: «Tenemos un lugar dentro…».

568 «Hay que desempolvar el lema del tradicionalismo», *Informaciones,* 11/03/1974, p. 28. «Hay que revitalizar el lema de Dios, fueros, patria y Rey», *Nuevo Diario,* 12/03/1974, p. 3. «Debemos desempolvar el viejo lema del Tradicionalismo», *La Gaceta del Norte,* 12/03/1974, p. 8. «Hay que desempolvar el lema: Dios, Fueros, Patria y Rey», *El Pensamiento Navarro,* 12/03/1974, p.3. «Araluce: "Debemos desempolvar el lema: Dios, Fueros, Patria y Rey"», *Diario de León,* 12/03/1974, p. 5.

> político de la evolución y desarrollo del Régimen (falangistas, católicos, tradicionalistas y monárquicos). Como los viejos egipcios, los nietos del Régimen cuidan un ideal de orden inmutable e invariable (...). Ahora, los tradicionalistas han empezado a desempolvar cosas, nada menos que «Dios, Fueros, Patria y Rey», según ha dicho Juan María de Araluce, exactamente *desempolvar.* ¿Cuáles serán las sorpresas que nos reserve el Estatuto del Derecho de Asociación? Parece que ya se anuncian desempolvadores (...). La única solución podría ser que alguien pudiera enterrar cuidadosamente el futuro y, llegado el momento, lo desempolvara[569].

Araluce pretendía, pues, colocar al tradicionalismo *estorilo* en disposición de competir en la pugna política abierta con el asociacionismo que se vislumbraba, atrayendo a otras personalidades del régimen, especialmente a otros monárquicos y a los *tecnócratas.* El político que reunía ambas cualidades era Fernández de la Mora, lo que le facilitó convertirse en el líder de la UNE. Este era un admirador de Maeztu. Precisamente, la génesis de la asociación política había sido un homenaje al director de *Acción Española,* revista donde se había formulado el neotradicionalismo. Dicha celebración, preparada por los Oriol, se llevó a cabo tres meses después de la entrevista de Araluce. El 21 de diciembre de 1974, el Consejo de Ministros aprobó el decreto-ley de asociaciones políticas, que solo permitía aquellas que «se instituyen en la comunidad del Movimiento», correspondiendo precisamente al CNM la competencia para reconocerlas y garantizando que sus actividades se orientasen «al cumplimiento de sus fines y programas», los del Movimiento Nacional[570].

Araluce también participó en un acto que valoraba el papel del organismo que había visto incrementada su importancia con el desdoblamiento del cargo de presidente del Gobierno y de jefe de Estado, del Consejo del Reino, definido en aquellas fechas por Emilio Romero como la «viga maestra» del ordenamiento legal del régimen. Se trató de una conferencia pronunciada en San Sebastián por el presidente de la diputación, en su condición de consejero del Reino, sobre la ley Orgánica del Estado y el máximo organismo consultivo, organizada

569 ROMERO, Emilio: «La primavera política de...», *Pueblo,* 13/03/1974, p. 3.

570 Decreto-Ley 7/1974, de 21 de diciembre por el que se aprueba el Estatuto Jurídico del Derecho de Asociación Política. *Boletín Oficial del Estado,* 23/12/1974, núm. 306, pp. 26045-26049.

en los locales del Ministerio de Información y Turismo, cuyo máximo responsable era Pío Cabanillas, el liberalizador de las opiniones de la prensa. Fue presentado por el profesor de la Facultad de Derecho, Gabriel García Cantero, uno de los mayores expertos en Derecho Civil y Foral, contando con un aforo completo, que ovacionó a Araluce. El consejero del Reino, tras explicitar que el Consejo del Reino asesoría al futuro monarca, detalló las funciones no meramente consultivas del alto organismo, como la capacidad de proponer la destitución del presidente del Gobierno y la de acordar su cese a propuesta del jefe del Estado, incluidas precisamente por la ley Orgánica del Estado. Disertó, asimismo, sobre las repercusiones de sus decisiones: «El dictamen del Consejo del Reino tiene carácter vinculante en algunos casos y (...) su praxis puede llegar a alcanzar valor de jurisprudencia». En una carta enviada a su hija María del Mar, que entonces estudiaba en la Universidad de Santiago de Compostela, el presidente de la diputación se mostró satisfecho de la repercusión de la conferencia en la prensa nacional, especialmente en el *ABC*, a través de su corresponsal y miembro de la RSVAP, el fuerista José Berruezo[571].

También, tuvo Araluce un recuerdo para quien había dirigido los gobiernos *tecnócratas* en España, protagonizando el desarrollo del país y la liberalización económica. Fue con la puesta en marcha en marzo de 1974 del Fondo Luis Carrero Blanco, con el objetivo de «promover la vocación de nuestra juventud hacia la Marina de Guerra española», mediante la concesión de ayudas y subvenciones. El fondo había sido una iniciativa aprobada en un pleno de la diputación del 31 de diciembre de 1973, en el que Araluce quiso hacer constar «la indignación y el dolor producidos en la provincia por el asesinato del presidente del Gobierno, don Luis Carrero Blanco», en un intento de contrarrestar la imagen propagada por el resto de España de que había guipuzcoanos que no se movilizaban contra el terrorismo. Para el presidente de la diputación, la iniciativa, una más que recordaba la *fecunda simbiosis*, pretendía «rendir un justo tributo de admiración al recuerdo de un

---

571 SÁNCHEZ SAMPEDRO, Amelia: «Emilio Romero en el Club Siglo XXI», *El Diario Vasco*, 27/02/1974, p. 4. BERRUEZO, José: «El presidente de la diputación guipuzcoana y consejero del Reino habla sobre La Ley Orgánica del Estado y el Consejo del Reino», *ABC*, 14/03/1974, p. 41. Conferencia de Juan María de Araluce sobre la Ley Orgánica del Estado y el Consejo del Reino (13/03/1974, San Sebastián), APJAL. Carta de Juan María Araluce... a María del Mar Araluce... (Madrid, 21/03/1974), APMAL. CANAL, Jordi: *op. cit.*, p. 245.

hombre ejemplar y afirmar la vinculación de la provincia a las instituciones armadas de la nación». Araluce optaba así por la coherencia de sus actuaciones, pese a que en su recuerdo aún perdurase el episodio de la crisis de la universidad, donde los *tecnócratas* le habían dejado en una posición cuando menos incómoda. De hecho, el planteamiento tradicionalista que el presidente de la diputación impulsaba tenía en la confluencia con los defenestrados *tecnócratas* no solo una referencia pasada, sino también una proyección futura, a través de la UNE, como quiso escenificar López Rodó, el *heredero* del legado de Carrero, que el 10 de marzo de 1974 asistió al acto de la Fiesta de los Mártires de la Tradición. Esta era la esencia festiva del carlismo desde que Carlos VII la instituyó en 1895, con el objeto de celebrarla en cada aniversario de la muerte del primer pretendiente carlista, de su abuelo Carlos V[572].

Mientras, Araluce continuó con sus compromisos institucionales. Con respecto a la diputación, en abril de 1974 se procedió a la renovación de ocho de los diputados provinciales, cinco de ellos por el imperativo legal que obligaba a la reposición de parte de la diputación cada tres años. Araluce pronunció un discurso en el que no ocultó que algunos de los salientes barajaron «con frecuencia criterios diversos y aun contrapuestos», también con respecto a los sutiles matices que el presidente de la diputación tuvo que adoptar con la reclamación del Concierto Económico, aunque destacó que siempre actuaron con «fidelidad» y «lealtad». Mayor cohesión presentaban los sustitutos, entre los que se encontraba el alcalde de Zarauz, Gervasio Juaristi, quien mantendría una adhesión fuera de dudas a Araluce, y también el de Irún, Federico Bergareche, quien disputaría a Araluce la presidencia de la corporación en 1976 en una decisión estratégica que no implicaba rivalidad. El presidente de la diputación aprovechó para hacer un repaso de la actuación de la corporación desde que asumió el cargo, con un presupuesto de 238 millones, que ahora, en 1974, era de 630. Los ingresos por tasas se habían incrementado de los 14 a los 133:

> A estos ingresos financieros hay que unir la política de créditos extraordinarios que la Diputación viene usando. En el Consejo de Ministros, celebrado en San Sebastián el año 1970, se logró un

572 «Fondo Luis Carrero Blanco para a ayudar a estudios en la marina», *Nuevo Diario,* 07/03/1974, p. 14. «Día de los Mártires de la Tradición», *La Voz de España,* 10/03/1074, p. 1.

> acuerdo por el que se aprobaba el informe del Ministro de Hacienda sobre la necesidad de financiación de dos Planes: el de Reordenación Viaria y el de Recursos Hidráulicos, abriendo una línea de crédito de hasta 1000 millones de pesetas, cantidad de la que destinamos 500 millones a cada una de dichas finalidades en planes financiados con la colaboración del Estado.

En el plan hídrico, el otro 50% lo había aportado directamente el Estado tras su aprobación en un Consejo de Ministros, celebrado en San Sebastián el 17 de septiembre de 1971. Respecto a las carreteras, Araluce recordó que se dirigió al Ministerio de Obras Públicas con el objetivo de reiterar a ese departamento la importancia que otorgaba Guipúzcoa a la construcción del ramal Málzaga-Vitoria, así como su extensión hasta Miranda de Ebro. Y en cuanto a los estudios superiores, mencionó las creaciones de las facultades de Derecho y Ciencias Químicas, así como la Escuela de Informática, cuyos estudios habían ya comenzado[573].

Tras la despedida de los diputados salientes, la corporación asistió a una misa en la capilla de San Ignacio del palacio de la Provincia. Tras ella, ya con presencia del gobernador Salmerón Mora, se tomó juramento a los diputados entrantes. Araluce confirmó como vicepresidente a San Martín y pronunció otro discurso en el que reivindicó el carácter político de la diputación:

> Ha sido también preocupación nuestra, mantener clara conciencia de la representación política que, aún fuera de su estricta competencia, incumbe a la Corporación en todos los órdenes del interés provincial: desde la condena expresa y formal a las actividades terroristas hasta la convocatoria de una reunión con los Ayuntamientos de la Cuenca del Deva, la Organización Sindical y la Cámara de Industria (...) para solicitar del Gobierno la inmediata definición de la Autopista Málzaga-Vitoria, o la creación de las Facultades de Petroquímica e Informática.

Entre las realizaciones concretas, Araluce destacó la escuela de formación de Fraisoro, así como el Centro Geriátrico donostiarra, mediante la cesión de 50.000 metros cuadrados de terrenos de

---

573 «Primer discurso del señor Presidente» (San Sebastián, 01/04/1974), APJAL. «Segundo discurso del señor Presidente» (San Sebastián, 01/04/1974), APJAL.

la Fundación José Matía Calvo en el barrio de Lugaritz, y el inicio de las obras de otras residencias de mayores en Tolosa, Éibar, Rentería y Placencia de las Armas. Entre los proyectos, el presidente de la diputación avanzó la creación de centros para discapacitados psíquicos, para atender a las 210 personas censadas en la provincia. También destacó los esfuerzos para reforzar la dotación médica del Hospital Provincial: «Este Establecimiento ha constituido (...) una de las principales preocupaciones de esta Corporación», alcanzándose las 397 camas para los servicios médicos y quirúrgicos. Luego detalló el Plan de Recursos Hidráulicos, iniciándose la construcción de la presa del Estanda y concretando la del Urkulu. Y el Plan de Electrificación Rural, aprobado ya por la Comisión Provincial de Servicios Técnicos, así como el del UHF, donde había retrasos por la expropiación de los terrenos para levantar los repetidores de televisión. Los mismos temas fueron expuestos el 29 de octubre con motivo de la visita a San Sebastián del ministro Joaquín Gutiérrez Cano, sustituto de Martínez Esteruelas, de cara a la elaboración de un proyectado IV Plan de Desarrollo, que nunca vio la luz. Araluce, pues, detalló los planes que la diputación implementaba, en conjunción con la administración central: reordenación viaria, recursos hidráulicos, infraestructura ambiental de ríos y costas, electrificación rural y red de repetidores de televisión. Asimismo, desglosó las que lideraba la corporación: «La enseñanza, con la esperada promoción universitaria, asistencia social y sanitaria, y custodia de los valores culturales que integran nuestro patrimonio espiritual»[574].

En julio de 1974, Franco fue ingresado en el hospital madrileño que entonces llevaba su nombre [hoy, Gregorio Marañón] para ser tratado de una tromboflebitis, recibiendo la extremaunción y firmando la cesión interina de las funciones de jefe de Estado al príncipe Juan Carlos[575], tal como establecía el artículo 11.º de la ley Orgánica del

574 «Ayer tomaron posesión los nuevos diputados provinciales», *La Voz de España*, 02/04/1974, p. 19. «Exposición al Excmo. Sr. Ministro de Planificación del Desarrollo» (San Sebastián, 29/10/1974), APJAL. «Segundo discurso del... Presidente» (San Sebastián, 01/04/1974), APJAL. Cuartillas escritas a mano por el diputado provincial Justo Arruti Iceta (San Sebastián), APJLAG. «El plan de aprovechamiento de Recursos Hidráulicos de Guipúzcoa, aprobado», *La Voz de España*, 18/09/1971, pp. 1 y 7. INCHAUSTI, Estrella: «Conversaciones con el presidente de la Diputación», *El Diario Vasco*, 27/07/1974, p. 9. «El ministro de Planificación del Desarrollo conoció los problemas de Guipúzcoa», *La Voz de España*, 30/10/1974, p. 12.

575 FUSI, Juan Pablo: *op. cit.*, pp. 221-222.

Estado en caso de ausencia por enfermedad[576]. Araluce se presentó en el hospital para interesarse por el estado de salud de Franco, hablando con su esposa. El presidente de la diputación había acudido a Madrid, junto a trece de los diputados provinciales, en un viaje programado desde antes, para ser recibido por el príncipe Juan Carlos, pero que en ese momento era el jefe de Estado en funciones, detalle que no pasó inadvertido para ninguno de los presentes. Araluce valoró en declaraciones a la prensa el interés de Juan Carlos por los «asuntos pendientes» de la provincia, destacando las «relaciones de tipo afectivo» del príncipe con Guipúzcoa. En la audiencia, en la que estuvo presente la princesa Sofía, Araluce le hizo entrega del álbum recordatorio de la visita de la pareja a Guipúzcoa del año anterior, publicado por la diputación. El día anterior, miércoles 24, uno de los dos diputados provinciales que permaneció de guardia en Guipúzcoa, Jesús María Ayestarán Alcorta, alcalde de Orio, inauguró el tramo entre Zarautz y San Sebastián, quedando así unidas Bilbao y la capital guipuzcoana por autopista, infraestructura viaria que Araluce había calificado de «imprescindible para el desarrollo español», en cuanto que vertebraba el país, además de que reportaría enormes beneficios por el «asentamiento del turismo en nuestras playas y lugares de descanso», atrayendo a veraneantes de todas partes de España, lo que redundaría en potenciar los vínculos de la provincia con el Estado. Aquel año de 1974, había sido presentado por Araluce y Marcelino Oreja el nuevo Plan de Desarrollo Turístico provincial.

En ese viaje a Madrid, Araluce asistió también a una reunión de García Hernández con los procuradores en Cortes de la administración local. El ministro de la Gobernación y vicepresidente del Gobierno conocía ya la enmienda que Araluce había presentado a principios de ese mes de julio, pretendiendo la equiparación administrativa de Guipúzcoa y Vizcaya con Álava, extremo que había sido de su desagrado como explicitaría a Pedro de Arístegui y al secretario Javier Bilbao. Pese a ello, Araluce no ocultó sus diferencias y dijo en declaraciones a la prensa que el ministro había dicho en la reunión que «respetaba, naturalmente, la plena libertad de todos los procuradores para hablar, según sus criterios, de conciencia respecto a la ley». Araluce tenía en cuenta una carta que le acababa de llegar del periodista José Manuel Gironés Guillem, redactor jefe del semanario barcelonés *Mundo,* animándole a contestar a un cuestionario, en el que le preguntaban: «¿Sería partidario de un régimen

576 Ley Orgánica del Estado, núm. 1/1967... *BOE,* 11/01/1967, núm. 9, p. 468.

especial para Guipúzcoa como el de Álava o Navarra? ¿Por qué?». La revista *Mundo*, desde su compra en 1967 por el empresario Sebastián Auger Duró, miembro del Opus Dei, había cambiado su orientación política, dejando de ser un medio cómodo para la dictadura a aproximar su contenido a otras publicaciones críticas, como *Doblón*, que, sin someterse a los controles de la OJD, tenían a gala una mayor pretensión de veracidad, conectando con un nuevo público lector, lo cual se reveló adecuado a las necesidades de un mercado nacido con el desarrollo económico propiciado por los *tecnócratas*. El hecho de que el presidente de la diputación aceptara el envite, indica que, no solo aspiraba a conectar con esos lectores, sino sobre todo que incrementaba su presión al Gobierno Arias. De tal modo, que Araluce contestó al semanario de una manera clara, reclamando abiertamente la recuperación del Concierto Económico, con lo que ponía fin a la estrategia de silenciar la reivindicación del instrumento neoforal: «Nuestra provincia tiene ya su régimen especial: el que como consecuencia de la Ley de 1876 se estableció por el primer Concierto Económico de 28 de febrero de 1878 para las tres provincias vascongadas; régimen este que, tras sucesivas renovaciones modificadoras de los cupos, se halla vigente en la actualidad, si bien limitado desde 23 de junio de 1937 a solo la provincia de Álava». «Uno y solo para las tres provincias, que concertaban (...) sin más diferencia que la procedente de la distribución de cupos», por lo que «restablecer en su concierto a Guipúzcoa y Vizcaya (...) parece obvio, justo y oportuno», recordando que así lo solicitaba en la enmienda que había provocado el descontento de García Hernández. Todo ello, fue publicado bajo el titular: «Enmiendas contra un agravio»[577].

577 INCHAUSTI, Estrella: «Conversaciones con el presidente...». «Posible Consejo de Ministros en San Sebastián», *La Voz de España*, 25/07/1974, p. 9. «Inauguración», *El Diario Vasco*, 25/07/1974, p. 1. «Ayer fue inaugurado el tramo de autopista Alzola-Cestona-Zumaya», *El Diario Vasco*, 11/12/1973, p. 8. ARRIETA ALBERDI, Leyre y BARANDIARAN CONTRERAS, Miren: *op. cit.*, p. 135. Carta del periodista José Manuel Gironés Guillem, del semanario *Mundo*, a Juan María de Araluce (Barcelona, 07/1974), APJAL. FUENTES, Juan Francisco: «Prensa y política en el tardofranquismo (1962-1975). La rebelión de las élites», *Cercles. Revista d'Història Cultural*, 6 (2003), p. 13. FONTES DE GARNICA, Ignacio: «La amarga transición en la prensa no diaria (De *Parlamento de papel* a *Colorín publicitario*)», en QUIROSA-CHEYROUZE Y MUÑOZ, Rafael (ed.): *Prensa y democracia. Los medios de comunicación en la Transición*, Madrid, Biblioteca Nueva, 2009, p. 227. «Enviado al semanario *Mundo* 18-9-74», Respuestas a un cuestionario periodístico, APJAL. «Enmiendas contra un agravio», *Mundo*, 1798, 19/10/1974, pp. 91-92.

En el ínterin, Franco, recuperado de la tromboflebitis de la pierna derecha, había reasumido el 2 de septiembre sus funciones, tal como había comunicado Arias a Rodríguez de Valcárcel[578], extremo que también era preceptivo según la ley Orgánica del Estado[579]. Pese a que el régimen presentó el regreso como el fin de una situación provisional, informando que el próximo Consejo de Ministros sería presidido por el jefe de Estado, ya restablecido hasta el punto de que jugaba al golf, España vivió en plena incertidumbre por la dudas sobre la capacidad de mando de un anciano de ochenta y un años. De hecho, se asistió desde entonces a la desintegración acelerada de la dictadura[580].

El 13 de septiembre, ETA V Asamblea colocó una bomba en los aseos de la cafetería Rolando, en la calle del Correo de Madrid, matando a trece personas[581] e hiriendo a setenta más. Tal atentado terrorista, además de una carnicería, fue un «tremendo error táctico» por su parte, que se evidenció en la división en que cayó ETA V a la hora de asumir públicamente su responsabilidad, porque hecho contra la policía, afectó fundamentalmente a personas ajenas a las fuerzas de seguridad. El Frente Militar, responsable del atentado, batalló para que se reconociese la autoría, mientras que el resto de la dirección se opuso al entender que sus seguidores no lo entenderían, tesis que prevaleció. La disputa acabó en ruptura, consumándose en octubre entre los militares, los milis, y los político-militares, los poli-milis, quedándose los primeros con el dinero y las armas de la organización. El Frente Militar, que terminaría siendo conocido como ETA militar, anunció que a partir de entonces se limitaría a la lucha armada, desdeñando la acción de masas, que, conjugándola igualmente con el terrorismo, fue practicada por ETA político-militar. Prueba de su rechazo a la política, el Frente Militar había despreciado los condicionantes morales de aquel atentado en una cafetería atestada de gente, presagiando su actuación futura, aunque paradójicamente no

578 BARO QUESADA, José: «Franco reasume la Jefatura del Estado», *ABC*, 03/09/1974, p. 1.

579 Ley Orgánica del Estado, núm. 1/1967… *BOE*, 11/01/1967, núm. 9, p. 468.

580 «El próximo Consejo de Ministros lo presidirá Franco, en Madrid», *La Voz de España*, 04/09/1974, p. 1. FUSI, Juan Pablo: *op. cit.*, p. 226.

581 Fallecieron Antonio Alonso Palacín, María Jesús Arcos Tirado, Félix Ayuso Pinel, Francisca Baeza Alarcón, Baldomero Barral Fernández, Gerardo García Pérez, Francisco Gómez Vaquero, Antonio Lobo Aguado, Manuel Llanos Gancedo, Luis Martínez Marín, María Josefina Pérez Martínez, Concepción Pérez Paino y María Ángeles Rey Martínez. En: ALONSO, Rogelio, DOMÍNGUEZ, Florencio y GARCÍA REY, Marcos: *op. cit.*, pp. 40-48.

asumiría públicamente su autoría hasta cuarenta y cuatro años después, en su último comunicado. En el momento de su separación, en 1974, los milis eran treinta personas que se refugiaban en Francia, dirigidos por Argala, uno de los pocos veteranos que habían formado parte de la organización desde antes de la VI Asamblea y que podía *presumir* de haber participado en el atentado que costó la vida a Carrero. En cuanto a recursos humanos, ETA militar tampoco disponía de una organización comparable a la que tenía ETA político-militar, especialmente en el interior de España, con más de doscientos militantes, pero sus escasos efectivos eran *liberados*, a diferencia de los *legales* de la rama rival[582]; es decir, estaban dedicados exclusivamente a las acciones terroristas, el único cometido al que ahora se dedicaría ETA militar.

Tampoco el régimen sacó réditos de aquel atentado indiscriminado, afianzándose la idea de una contestación contundente y ejemplar, contribuyendo así a la espiral de acción-represión-acción, ansiada por ETA militar, en vez de propiciar la reacción de la sociedad vasca frente a aquella violencia sin límites morales. El ya denominado búnker franquista exigió dureza, ejemplarizado por el antiguo orador de Montejurra y dirigente del semanario *Fuerza Nueva*, Blas Piñar, que clamó por la *mano dura*. En un artículo dirigido a Arias, el 26 de septiembre, espetó a este: «Señor presidente, nos autoexcluimos de su política», al considerarla demasiado permisiva. Arias acusó la presión del búnker y respondió el 29 de octubre cesando a Cabanillas, el ministro que había hecho posible las mayores cotas de libertad de prensa durante el franquismo y que no había impedido la difusión del artículo de *Fuerza Nueva*. Fue el momento en el que la crisis del régimen se hizo evidente: otro miembro del gobierno, Barrera de Irimo, responsable de Hacienda, dimitió en solidaridad con Cabanillas. La cadena de protesta alcanzó a otros altos cargos, como Marcelino Oreja, subsecretario de Información y Turismo, quien entendió que había muerto el aperturista «espíritu del 12 de febrero»[583], en referencia a la fecha del discurso de Arias donde anunció la liberalización política.

582 FERNÁNDEZ SOLDEVILLA, Gaizka y LÓPEZ ROMO, Raúl: *op. cit.*, p. 77. FERNÁNDEZ SOLDEVILLA, Gaizka: «ETA político-militar, de...», pp. 135-136. SORDO ESTELLA, Luis Miguel: «ETA militar. Análisis de un fracaso», en FERNÁNDEZ SOLDEVILLA, Gaizka e HIDALDO GARCÍA, Sara: *Héroes de la retirada. La disolución de ETA político-militar*, Madrid, Tecnos, 2022, p. 267. JAIME JIMÉNEZ, Óscar: *op. cit.*, p. 21. SULLIVAN, John: *op. cit.*, pp. 188-194.

583 JAIME JIMÉNEZ, Óscar: *op. cit.*, p. 207. FUSI, Juan Pablo: *op. cit.*, p. 227. OREJA AGUIRRE, Marcelino: *op. cit.*, p. 116.

La crisis gubernamental se saldó con una reestructuración del gobierno, entrando Rafael Cabello de Alba y Gracia, expresidente de la Diputación Provincial de Córdoba, y León Herrera Esteban, quien se definía a sí mismo como un «franquista hasta la médula». Se trataba de un militar del cuerpo jurídico y fiscal, exsubsecretario de Gobernación, que fue voluntario con dieciséis años en la Guerra Civil. Su paso por el Ministerio de Información supondría una regresión y endurecimiento en el control de la prensa. El 8 de noviembre, los relevos se produjeron en los *segundos escalones* ministeriales y en los gobiernos civiles de Guipúzcoa y Vizcaya. Para el último cargo fue elegido Ignacio García López y para el primero Emilio Rodríguez Román. Ambos eran licenciados en Ciencias Políticas y Económicas. García López, quien se identificaba como falangista, había dirigido el SEU y había sido gobernador de Pontevedra y de Asturias. Rodríguez Román, de Segovia. Este último era además licenciado en Derecho y militar, comandante del Cuerpo Jurídico, además de asesor en la Policía Armada. Es decir, ambos encajaban en el perfil usual que el régimen demandaba para los cruciales puestos de gobernadores, máxime si los destinos eran los de las dos provincias vascas septentrionales. Pero ambos tendrían una continuidad política en la transición democrática, dentro de los llamados *azules,* aquellos que procedentes del Movimiento se adhirieron a las tesis reformistas del régimen. García López sería el número dos de Adolfo Suárez en la SGM y el último ministro-secretario del Movimiento, implementando la disolución de FET y de las JONS en 1977. Rodríguez Román sería director general de Seguridad con Martín Villa y en 1979 salvaría la vida en un atentado de los GRAPO, pese a recibir un disparo en la cabeza[584].

584 «Rafael Cabello de Alba, vicepresidente segundo del Gobierno y ministro de Hacienda. León Herrera, ministro de Información y Turismo», *ABC,* 30/10/1974, pp. 1 y 27. GARCÍA GALINDO, Juan Antonio: «Periodismo y periodistas en la transición política española», en QUIROSA-CHEYROUZE Y MUÑOZ, Rafael (ed.): *Prensa y democracia. Los medios de comunicación en la Transición,* Madrid, Biblioteca Nueva, 2009, p. 90. PORTELL, José María: «"Una de las cosas que me atrae primordialmente es poner de acuerdo a las gentes", nos dice don Ignacio García López», *La Gaceta del Norte,* 09/11/1974, p. 3. URBANO, Pilar: «Pluralismo político y Movimiento son incompatibles», *ABC,* 07/04/1977, pp. 1 y 64. GONZÁLEZ CALLEJA, Eduardo: «Entre el continuismo y la reforma: la política de orden público y seguridad ciudadana de los gobiernos de UCD (1976-1982)», en PUELL DE LA VILLA, Fernando y ÁNGEL SANTANO, Silvia (eds.): *V Congreso de Historia de la Defensa, El legado del general Gutiérrez Mellado, Madrid, 17-19 de octubre de 2012,* Madrid, Instituto Universitario General Gutiérrez Mellado/UNED, 2013, p. 136. «El señor Rodríguez Román continúa en estado grave», *ABC,* 08/05/1979, p. 5.

El 27 de diciembre de 1974, Rodríguez Román acudió por primera vez a la sede de la Diputación Provincial de Guipúzcoa, de cuya corporación el gobernador seguía siendo presidente nato. Araluce le informó de los tres grandes planes generales existentes. Primero, el de reordenación viaria del que en el último año se habían empleado 35 millones de pesetas y se habían adjudicado obras por otros 115. Debido a que las carreteras se veían «quebrantadas por el exceso de tráfico y la sobrecarga de vehículos», el presidente había comprometido un nuevo crédito por importe de 209 millones. Araluce anunció también el proyecto de construcción de una nueva carretera entre San Sebastián y la «Ciudad Sanitaria (...), ansiosamente esperada» para acortar el trayecto hasta el alto de Zorroaga, donde estaban el Hospital Provincial y la Residencia. Segundo, el de recursos hidráulicos, en el que el Estado contribuía con un 50 % del presupuesto, desde el Consejo de Ministros celebrado en San Sebastián en 1971. Aquí, el orden de prioridades eran la construcción de las presas de Urkulu y Barrendiola, anunciando las siguientes: Aixola, Alto Oria, Ibay-Eder y Leizarán. El presupuesto global era ya de 1175 millones. Y tercero, la electrificación rural y los repetidores de UHF. Después, Araluce pasó a la reivindicación descentralizadora, pidiendo que la nueva ley local «disipe los perturbadores efectos del Decreto de 23 de junio de 1937, abriendo, en concordancia con la supresión que hizo el Gobierno de su preámbulo, los cauces necesarios a la reintegración del adecuado régimen administrativo». A continuación, el presidente de la diputación mencionó la violencia, acusando la conexión establecida entre esta y la actitud de la población guipuzcoana: «Nos duelen tolerancias, abstenciones y silencios que en modo alguno nos explicamos», dijo. «Apelo (...) para que cuantos sientan la responsabilidad de una pacífica convivencia presten su colaboración positiva a fin de lograr la erradicación de este clima de violencia y de la perversión a que metódica y sagazmente se ve sometida parte de nuestra juventud». En su respuesta, Rodríguez Román hizo hincapié en ello, denunciando «ciertas complacencias» y actitudes ambiguas: «No caben, ni son lícitos, las connivencias estúpidas, (...) los neutralismos o indiferentismos, los silencios o abstenciones por temor». «Hora es ya de que los mutismos y silencios de la mayoría se transformen en un movimiento de solidaridad, de unidad ciudadana», concluyó. En el ánimo del nuevo gobernador, seguía presente el editorial de *La Voz de España*, publicado cuando el debate universitario, denunciando la tibieza de muchos guipuzcoanos ante la violencia etarra. Además de las víctimas del atentado de la cafetería Rolando, las dos ramas de ETA habían matado durante aquel año de 1974 a seis personas más, todas estas últimas guardias civiles. En el último de aquellos atentados, responsabilidad de los polimilis, ocurrido en Mondragón diez días antes de que Araluce se dirigiera a Rodríguez Román, fueron asesinados Argimiro García Estévez y Luis Santos Hernández, mientras recorrían las calles de la localidad guipuzcoana y tomaban algún vino, costumbre reiterada durante los seis años que habían estado allí destinados[585], justo el tiempo transcurrido desde la muerte de su compañero Pardines, un lapso temporal que había cambiado la vida en el País Vasco.

Poco más de tres meses después de la cita con el gobernador, el vicepresidente y ministro García Hernández viajó a San Sebastián con el objeto de limar las diferencias que tenía con Araluce, justo antes de que las enmiendas al proyecto de legislación local fueran debatidas en la Comisión de Gobernación de las Cortes. Fue en el fin de semana del 12 y 13 de abril de 1975, acompañándose el ministro de los altos cargos de su departamento y manteniendo reuniones con el Consejo Provincial del Movimiento, con el Ayuntamiento de San Sebastián, con la Comisión Provincial de Servicios Técnicos y con la Diputación Provincial de Guipúzcoa. En el consistorio donostiarra fue recibido por el nuevo alcalde, el fuerista Francisco Lasa Echarri, quien acababa de sustituir a Ugarte, promocionado por el Gobierno Arias al cargo de gobernador civil de Álava. En el cónclave con la diputación, celebrado en domingo, Araluce expresó:

> Las esperanzas que tenemos puestas en el Proyecto de Ley de Bases del Régimen Local, la cual, estamos seguros, despejará de algún modo la sombra punitiva del Decreto de 23 de junio de 1937 excluyendo a Guipúzcoa del régimen concertado con las provincias Vascongadas. La pervivencia de esta proyección sancionadora (...) nos apena, perturba y desasosiega. Tened, señor Ministro, la confianza absoluta en que la mejor voluntad de comprensión anima la posibilidad de cauces abiertos al aire del momento y de la época en que vivimos, sin añoranzas nostálgicas ni olvido a la tradición.

A esas alturas, la trabazón conceptual entre descentralización y terrorismo no era objetada ya por nadie, máxime por aquellos que temían que lo segundo impidiera lo primero. García Hernández respondió:

---

585 «El gasto a lo largo del año 1974 superó los 1500 millones de pesetas», *La Voz de España*, 28/12/1974, p. 10. «Pleno. Presidido Gobernador. 27-XII-74» (San Sebastián), APJAL. ALONSO, Rogelio, DOMÍNGUEZ, Florencio y GARCÍA REY, Marcos: *op. cit.*, pp. 49-50.

> Alude el Sr. Presidente a la próxima discusión del proyecto de Ley de Bases del Estatuto de Régimen Local y (...) desearía (...) que esta discusión se viera enriquecida también con la colaboración de todos los Procuradores en Cortes que habrán de llevar allí, sin duda, lo que constituye el punto de vista de esta provincia en relación a los problemas que tiene planteados. Estoy seguro de que por parte del Gobierno y personalmente por mi parte, prestaremos plena asistencia. El propósito que nos guía es el de renovar la vida local, exigido tanto por circunstancias de carácter coyuntural, como por otras de carácter incluso político.

El Gobierno Arias, dentro de la reforma administrativa de las entidades locales, estaba dispuesto a incrementar el poder de las diputaciones en detrimento del centralismo, lo que suponía un cambio desde la época de Alonso Vega, porque «después de más de un siglo de haber reconocido a la provincia, ha logrado esta el arraigo pleno. Nos sentimos completamente vinculados a Guipúzcoa, sin perjuicio de su integración en otras áreas superiores, que, desde el punto de vista histórico, económico, cultural o geográfico, contribuye a aunar más un sentido de identidad entre provincias distintas dentro del común denominador de modalidades específicas de cada región». De esa manera, García Hernández concebía a la provincia como sujeto susceptible de una autonomía, aunque dejaba a la vez la puerta abierta al marco supraprovincial dentro de los parámetros del neorregionalismo *tecnócrata*. En el sentido provincial, Araluce percibió la aproximación del vicepresidente, quien a su vez anunció que acudirían en breve a San Sebastián más ministros, explicitando la preocupación gubernamental por el orden político y económico guipuzcoano[586].

El 22 de abril, fue el turno para el viaje del ministro de Educación y Ciencia. Araluce preparó la reunión con Martínez Esteruelas, quien había vuelto al gobierno sustituyendo a Julio Rodríguez, en torno a dos reivindicaciones: el euskera y la universidad. Así, en el discurso que pronunció, expresó «uno de los objetivos (...) más queridos: la

586 «Diálogo Gobierno-provincia», *La Voz de España*, 13/04/1975, pp. 1 y 10. «Los problemas guipuzcoanos, expuestos al vicepresidente del Gobierno», *Unidad*, 14/04/1975, p. 3. «Discurso del presidente de la Diputación en la visita del Ministro de la Gobernación a la Diputación Provincial» (San Sebastián, 13/04/1975), APJAL. «13 de abril de 1975. Palabras del Excmo. Sr. Ministro de la Gobernación» (San Sebastián), APJAL.

incorporación de nuestra cultura propia, de raíces ancestrales, pero de continuidad viva y palpitante, al patrimonio común de la Nación como factor decisivo para la plena integración de sus valores autóctonos dentro del contexto de la unidad nacional, sin recelos ni desviaciones a que propenden influencias extrañas procedentes de contextos políticos radicalizados». El presidente de la diputación era muy consciente de la utilización de la lengua por parte del nacionalismo y en concreto de ETA, por lo que proponía una mayor implicación del Estado en el desarrollo del euskera, a la hora de restarle bazas ante la población euskalduna. Así lo había expresado ya al director general de Ordenación Educativa, José Ramón Masaguer Fernández, exrector de la Universidad de Santiago, en una reunión previa, considerando que la promoción de la lengua sería un factor de «apaciguamiento en nuestra tierra». Por ello, ante el ministro calificó de «imprescindible» que los profesores de la EGB conocieran el idioma, por lo que pedía un incremento de la dotación presupuestaria, anunciando que la diputación ya tenía preparada una asignación, «que indudablemente habrá que mejorar». Respecto al anhelo de los estudios superiores, Araluce insistió en «las esperanzas que tenemos puestas en la definición universitaria para Guipúzcoa», aprovechando para poner en valor su estrategia de sumar con los centros privados, citando expresamente los de la obra corporativa del Opus Dei. En la referencia empleada, el presidente usó las palabras «me complazco en proclamarlo», ya que no en balde era para él una reivindicación de su actuación en el ámbito universitario desde que llegó a la diputación en 1968 y que no había sido entendida por el ministerio de Villar Palasí. Pero tampoco lo sería ahora por quien entonces era el responsable, Martínez Esteruelas, quien dijo ante la prensa tras la reunión que era «prematura» la idea de la Universidad de Guipúzcoa y que de momento había que consolidar los centros ya existentes. El renovado jarro de agua fría fue criticado por la prensa guipuzcoana, que resaltaba «la espera, cansada espera, para muchos padres que se gastan sus dineros en que los hijos estudien fuera»[587].

587 «Visita del Ministro de Educación y Ciencia. Sr. D. Cruz Martínez Esteruelas, a San Sebastián, el 22 de abril del 1975», APJAL. Carta de Juan María Araluce... a María del Mar Araluce... (Madrid, 21/03/1974), APMAL. «No repugna al equipo ministerial actual una universidad en San Sebastián», *La Voz de España*, 23/04/1975, p. 13. LARREA, Miguel: «Momentos antes de que...», *La Voz de España*, 17/01/1975, p. 11.

El mismo día de la visita del ministro de Educación, caía asesinado en Getxo el inspector del Cuerpo General de la Policía, José Ramón Morán González, cuando acudía a su trabajo, alcanzado por la espalda con una escopeta de caza. Era la segunda víctima mortal de ese año, después de que el 29 de marzo en San Sebastián fuera ametrallado, también por la espalda, el subinspector José Díaz Linares, destinado en la brigada político-social, en el curso de la campaña armada de ETA político-militar con motivo del Aberri Eguna, festividad nacionalista de raigambre cristiana coincidente con el Domingo de Resurrección. Entre los autores materiales del asesinato de Díaz, estaba Juan [Jon] Paredes Manotas (Manot), que había ascendido rápidamente en el seno de la organización pese a su juventud e inexperiencia. Por su parte, la muerte de Morán era imputable a los integrantes del comando Txikia, célula que había permanecido en el seno de ETA político-militar y que responsabilizó al finado de haber participado en el operativo policial en el que casi dos años antes había resultado muerto su líder[588].

El Gobierno Arias respondió a este último asesinato con el estado de excepción en Guipúzcoa y Vizcaya, decretándolo en un Consejo de Ministros celebrado el 25 de abril a propuesta de García Hernández[589]. De esa manera, el gobierno volvía a recurrir a un instrumento represivo generalizado para la totalidad de la población de esas provincias, al que desde febrero de 1971 no había recurrido, evidenciando que el ejecutivo de Arias Navarro había decidido responder con mayor dureza, contrastando con lo ocurrido en diciembre de 1973, cuando Fernández-Miranda, presidente en funciones entonces, no se había acogido a esa medida tras el asesinato de Carrero, el momento en el que el régimen había sufrido su más grave agresión. Era el sexto estado de excepción aplicado por el franquismo desde 1962, el

---

588 ALONSO, Rogelio, DOMÍNGUEZ, Florencio y GARCÍA REY, Marcos: *op. cit.*, pp. 52-53. SULLIVAN, John: *op. cit.*, pp. 191-193. GRANJA SAINZ, José Luis de la: «Aberri Eguna», en PABLO CONTRERAS, Santiago de (coord.): *100 símbolos vascos. Identidad, cultura, nacionalismo,* Madrid, Tecnos, 2016, p. 146. Causas seguidas al liberado de ETA Félix Eguía Inchaurraga (Burgos, 29/11/1975), Sumario 1653/75, CGVIRM. PÉREZ PÉREZ, José Antonio: «ETA contra la policía», en PÉREZ PÉREZ, José Antonio (coord.): *Historia y Memoria del Terrorismo en el País Vasco, 1968-1981,* volumen I, Almería, Confluencias, 2021, pp. 160-161.

589 Decreto-Ley 4 /1975, de 25 de abril, por el que se declara el estado de excepción en las provincias de Guipúzcoa y Vizcaya. *Boletín Oficial del Estado,* 26/04/1975, núm. 100, p. 8870.

quinto en Guipúzcoa y el cuarto en Vizcaya. Hasta quinientas personas fueron detenidas en los primeros quince días de su entrada en vigor, según datos enviados por la Embajada de Estados Unidos a la Secretaría de Estado norteamericana, mientras que grupos de *incontrolados* sembraron el terror en localidades de las dos provincias septentrionales. Amplios sectores sociales se sintieron entonces atrapados en medio de una situación insostenible, con unas FOP que no solo no les protegían, sino que vulneraban sus derechos, con entradas violentas en domicilios, malos tratos y torturas, propiciadas por la imposición del estado de excepción. Tales acciones, que aumentaban las simpatías hacia ETA, contaron con la participación de miembros de los servicios secretos (SECED) y de efectivos de la brigada político-social, como ha establecido la historiografía. Paul Preston ha calificado de «brutal represión» la empleada entonces en las dos provincias vascas[590].

El nuevo estado de excepción no desalentó a Araluce, que decidió seguir con sus planes de descentralización, intentando desanudar las trabas que oponían la ofensiva etarra con la aspiración de lograr para su provincia un poder autónomo. El 3 de mayo, en Cestona [hoy, Zestoa] se conmemoraron las Juntas Generales de Guipúzcoa. Tal recordatorio escenificaba una reunión del órgano de los municipios de la provincia que había sido el arquitrabe de la foralidad del Antiguo Régimen y, aunque disminuida en relevancia, también de la foralidad decimonónica. El plan mostraba la intención de Araluce de no limitar la futura autonomía guipuzcoana a su dimensión neoforal con el Concierto Económico, sino recuperar también las instituciones propiamente forales, como lo eran las juntas generales. Estas habían sido abolidas en las provincias vascongadas con el desarrollo de la ley de 1876. En concreto, en Guipúzcoa, en diciembre de 1877, cuando el Gobierno Cánovas lo ordenó ante la actitud de los *intransigentes* a cualquier merma foral. A partir de ahí y a lo largo de un siglo, Guipúzcoa se vería privada de sus juntas, contrastando con Álava, que, por una decisión unilateral de su diputación, las restauró en 1958. Para hacerlo, la provincia meridional se limitó a comunicarlo mediante un telegrama a la Jefatura del Estado, acompañado de una petición al gobernador civil al tratarse la reunión

590 MOTA ZURDO, David: *op., cit.*, p. 68. FUSI, Juan Pablo: *op. cit.*, p. 231. PÉREZ PÉREZ, José Antonio: «El terrorismo ultraderechista y…», pp. 520-530. PRESTON, Paul: *op. cit.*, p. 350.

de juntas de un acto multitudinario, sin que el régimen objetara nada. Pero, para evitar problemas con la legislación vigente de la época alfonsina, la diputación, presidida por el tradicionalista Manuel de Aranegui, aquel que se opuso a los planes de Solís de someter a las asociaciones de la Iglesia al Movimiento Nacional, reinstauró las juntas, pero solo con carácter conmemorativo, lo que además permitía a la diputación que, desde 1936 se intitulaba foral, no se viera fiscalizada por aquellas[591].

Araluce, pues, veía en la copia de esa iniciativa de la diputación alavesa otra forma de equiparar Guipúzcoa a la provincia meridional, poniendo en práctica la enmienda que había presentado al proyecto de nueva legislación local. De tal manera que, en Zestoa, en el salón de sesiones de la Casa Consistorial, con sitiales de madera con los nombres de los municipios guipuzcoanos y con paredes en las que se exhibían cédulas reales de Juan II de Castilla y de los Reyes Católicos, se procedió a una reunión conmemorativa de las Juntas Generales de Guipúzcoa, presidida por el gobernador Rodríguez Román, como si fuera el antiguo corregidor, el representante del rey en la provincia. A las once y media de la mañana, partió una procesión: «Rompían la marcha la cruz alzada con ciriales, niños vestidos con trajes típicos, hombres y mujeres del pueblo, los sacerdotes». Un presbítero portaba el *lignum crucis*, mientras que la banda municipal interpretaba la *Marcha de procesión al Santísimo Corpus Christi,* hasta el crucero existente en la villa. El pueblo, formando un gran círculo entonó el *Kristo gure errege* (Cristo, nuestro rey) y luego el *Ama Maite Maria* (Amada Virgen María), marchando a la iglesia parroquial y, tras el oficio, a la Casa Consistorial a los sones del minueto con fines protocolarios *Alkate soñua* [*Alkate soinua,* tras la unificación del euskera; la Melodía del alcalde]. Allí, en presencia de «casi treinta alcaldes» —de ochenta y uno posibles—, Araluce propuso que en el futuro la diputación rindiera cuentas a los municipios, superando la fase conmemorativa y recobrando todas sus funciones las Juntas. El gobernador le tomó la palabra y además recordó que «España es una monarquía», aunque aún sin rey. «La monarquía es sustancial a nuestra forma política: el rey encarna la autoridad y el pueblo la representación», añadió Rodríguez Román, sin olvidar el otro pilar tradicionalista: «La catolicidad es base de nuestro pueblo y de España como nación». Tampoco el gobernador obvió el estado de excepción vigente: «Es un instrumento eficaz que ayuda contra el terrorismo y los

591 ECHEVARRÍA PÉREZ-AGUA, Juan José: *Pervivencias foralistas en la...*, p. 526.

engañados», argumentando así la represión no solo de los pistoleros, sino también de todos aquellos que no los condenaban. «Decid a España y al mundo que el pueblo guipuzcoano es fiel a sus tradiciones»[592], indicándole el camino para superar el recelo que despertaba en el gobierno.

Nueve días después, la Comisión de Gobernación de las Cortes inició la discusión de las cuatro enmiendas a la totalidad del proyecto de ley de Bases del Estatuto de Régimen Local, una de ellas presentada por Escudero, quien sostuvo su tesis regionalista, defendiendo que «la mejor fórmula para el quehacer español será la que más tenga en cuenta la realidad sociológica de las regiones». El presidente de la ponencia, Francisco García Romeu, alcalde de Alicante, respondió: «Mi país es la unidad española en su conjunto. Si existen situaciones conflictivas en determinadas regiones, han de ser planteadas mediante un diálogo correcto», presagiando el voto contrario a esa y a las otras enmiendas a la totalidad. Un día después, el 13 de mayo, intervino Araluce para sostener que «el problema de la subversión es diferente a los problemas políticos» en un intento de separar la imbricación impuesta en el debate entre el terrorismo y la descentralización. El mismo argumento había empleado en la mañana de aquel día, en la sesión plenaria del CNM, el recién nombrado secretario general del Movimiento, Fernando Herrero Tejedor, un hombre de FET de las JONS, forjado en el SEU, que había sido un estrecho colaborador de Solís en los afanes asociacionistas. Herrero expresó «la indudable primacía de lo político en estos momentos», tras condenar otros dos asesinatos etarras, ocurridos el día 6, cuando el guardia civil Andrés Segovia Peralta fue abatido a tiros saliendo de la fábrica de armas Astra Unceta, en Guernica, y el día 7, cuando el inspector del Cuerpo General de Policía, Fernando Llorente Roiz, fue asesinado al llegar a su casa en Bilbao. Ambos fueron abatidos por ETA militar[593].

---

592 ARAMBURU, Javier de: «Se conmemoraron, en Cestona, las Juntas Generales de la Provincia», *La Voz de España*, 04/05/1975, p. 24. LARREA, Miguel: «Simbología y tradición. A...», *La Voz de España*, 04/05/1975, p. 11.

593 LARREA, Miguel: «Jueves que reluce más...». «Cuando una cosa desaparece de nuestro patrimonio, el único cauce que queda es pedir que se nos devuelva», *El Diario Vasco*, 14/05/1975, p. 4. BARRIGA BRAVO, José J.: «El regionalismo, protagonista», *Pueblo*, 14/05/1975, p. 6. «El problema de la subversión es distinto al problema político», *La Voz de España*, 14/05/1975, pp. 1 y 5. «El Consejo Nacional ha de responsabilizarse para que el asociacionismo funcione con eficacia», *La Voz de España*, 14/05/1975, p. 6. ALONSO, Rogelio, DOMÍNGUEZ, Florencio y GARCÍA REY, Marcos: *op. cit.*, pp. 53-54. PÉREZ PÉREZ, José Antonio: «ETA contra la policía...», p. 162.

El 13 de mayo, en los debates de la reforma de la legislación local, Araluce fue el primer miembro de la Comisión de Gobernación que intervino para destacar que «durante más de cien años, las contiendas y los problemas en las provincias del norte han sido una constante histórica». Luego, expuso un análisis de los dos factores que a su juicio se conjugaban al tener dichas provincias una «fuerte conciencia de los valores autóctonos (...) que han sido siempre asentamientos naturales y no divisiones artificiales», en una descalificación de la crítica tradicionalista a la división territorial del Estado liberal, a la par que no negó que las provincias vascas tuvieran «un fuerte concepto de unidad cultural, histórica y étnica». También, denunció el «sentimiento de sanción enraizado en el decreto-ley de 1937, por el cual Vizcaya y Guipúzcoa fueron apartadas del régimen de concierto». Para Araluce, no era suficiente «con que las expresiones injuriosas hacia Vizcaya y Guipúzcoa desaparezcan del preámbulo del decreto-ley», como hizo el régimen en 1968, sino que reclamó una «decisión de que esa sanción ha sido erradicada, y que la sombra punitiva del decreto no pesa sobre vizcaínos y guipuzcoanos». Y, por último, remachó, justificando su petición: «Cuando una cosa desaparece de nuestro patrimonio, el único cauce que queda es pedir que se nos devuelva», palabras que fueron comentadas por la prensa no solo por su contenido, que no era otro que la reclamación de la devolución del Concierto Económico, sino también por el tono empleado en el debate. Así, Joaquín Aguirre Bellver, el cronista parlamentario de *Pueblo,* resaltó que «crece la pasión» en las Cortes, sosteniendo que la tesis de Araluce denunciaba que «hay errores políticos de bulto en el trato a las provincias vascongadas, errores que nadie sabe por qué no se corrigen». O, el presentador de TVE y cronista de *Arriba*, el periódico más prestigioso del Movimiento, Alberto Delgado Cebrián, quien escribió en el diario: «Don Juan María Araluce Villar, con su gruesa humanidad emocionada, enfocó el tema regionalista con apasionamiento y realismo, con preocupación y esperanza, con argumentos basados en un profundo conocimiento de las raíces entrañables del pueblo vascongado, (...) pidiendo, con firmeza, que se eliminara un sentimiento de sanción». O Miguel Larrea, futuro director de *El Diario Vasco* y de *Ya,* quien dijo que «Araluce es hombre de intervenciones con mucho peso específico», destacando que la descentralización era el «tema vedette» y que los procuradores guipuzcoanos estaban jugando «bazas fuertes», pateando el «Madrid político incansable e infatigablemente»[594].

---

594 «Cuando una cosa desaparece...». AGUIRRE BELLVER, Joaquín: «Crece la pasión», *Pueblo,* 14/05/1975, p. 7. DELGADO, Alberto: «Petición de votos para

El 14 de mayo, tras rechazarse las enmiendas a la totalidad, se iniciaron las discusiones de las bases según el texto propuesto por la ponencia, alargándose el debate en la Comisión de Gobernación hasta el mes de julio con las de las enmiendas parciales. Una que tendría éxito fue la que facilitó que las provincias pudieran acogerse a un régimen de Carta. Fue a propuesta del procurador José Luis Meilán y Gil, catedrático de Derecho Administrativo de la Universidad de Santiago y exsecretario general técnico de la Presidencia del Gobierno, aunque la ponencia impondría una redacción más acorde con la que previamente había dictaminado. La enmienda contó con el apoyo de Araluce. Este y Meilán, futuro diputado de la UCD en las Cortes constituyentes, compartían una consideración mutua, alimentada por su común dedicación jurídica y sus posicionamientos descentralizadores. Respecto a la región, el texto finalmente aprobado no fue mucho más allá de permitir las mancomunidades provinciales para la gestión de servicios asociativos comunes. Para ello, se emplearon muchas horas de deliberación, en las que quedó claro la oposición de varios procuradores, que entendían que el regionalismo derivaba en «intolerables fórmulas separatistas» y que era un «postigo abierto para los separatismos». Otros, en cambio, abogaron por que fuera posible, como el propio Araluce, o sus compañeros de la UNE, los consejeros nacionales Asís Garrote y Valiente. Este último, consideraba que «el problema regional está crispando el alma nacional». Escudero dijo que se estaba «ante uno de los problemas más profundos que tiene planteados España», suscitando el apoyo de los procuradores Valiente, Marco Tabar y Asís Garrote. Este último, filósofo del Derecho, discípulo de Elías de Tejada y catedrático en la Universidad de Valladolid, sostuvo que «las ideas separatistas se producen siempre que se instaura en el poder la idea centralizadora». Meilán y el procurador familiar por Lérida, Joaquín Viola Sauret, futuro alcalde de Barcelona y director general de Administración Local, se manifestaron en contra de una imposición regional desde el gobierno, pidiendo que las regiones se crearan desde abajo, como la concreción de una expresión popular, tesis que siempre había defendido Araluce al entender que debía iniciarse en el ámbito provincial[595]. Finalmente, en la Base 1.ª se incluyó que «podrán

el pleno», *Arriba*, 14/05/1975, p. 12. LARREA, Miguel: «Regionalismo, tema vedette. Andan...», *La Voz de España*, 15/05/1975, p. 11.

595 MAHILLO SANTOS, Juan: *op. cit.*, p. 112. «Las provincias y el régimen de carta, discutido en la Comisión», *El Diario Vasco*, 10/07/1975, p. 4. «Las corporaciones provinciales necesitan nuevos aires», *Nuevo Diario*, 07/03/1974, p. 13. Carta de Juan María Araluce... a María del Mar Araluce... (Madrid, 21/03/1974), APMAL. «El municipio

crearse entes regionales o comarcales de carácter asociativo», mientras que la Base 20.ª apenas difería del texto del proyecto gubernamental, mediante la cual las provincias podían formar mancomunidades provinciales, que solo podrían constituirse con aprobación del Consejo de Ministros, «para el adecuado planteamiento, coordinación y gestión de obras, servicios y actividades de interés común», motivándolas en el desarrollo regional[596]. A esas alturas del debate en las Cortes, Araluce, quien había expresado en la Comisión de Gobernación que había que «poner término a la equiparación entre regionalismo y separatismo»[597], era plenamente consciente de que su demanda no tendría cabida en el proyecto de ley de Bases del Estatuto de Régimen Local y que dicha norma, una vez promulgada, tan solo posibilitaría en un futuro un régimen especial mediante la técnica jurídica de Carta. Por ello, decidió plantear su reivindicación neoforal mediante una moción al gobierno, aunque también en sede parlamentaria.

Antes de eso, Araluce volvió a verse con García Hernández. Fue el 7 de junio en el curso de la devolución de la visita que el vicepresidente había hecho a la diputación en el mes de abril y a la misma asistió el gobernador Rodríguez Román. En el encuentro, celebrado en la sede del Ministerio de la Gobernación, prevalecieron las buenas palabras, evidenciando no solo que el desencuentro entre el ministro y Araluce había sido superado, sino que además sus posiciones se estaban aproximando. Y eso que, al tratarse de una recepción previamente fijada en la agenda, se desarrolló un día después de que, en Barcelona, donde ETA político-militar había desplazado varios comandos, muriera el cabo de la Policía Armada, Ovidio Díaz López, en el asalto a una sucursal bancaria. Ya, el 5 de junio en San Sebastián, había muerto el guardia civil Mariano Román Madroñal, al caer desde un tren fracturándose la base del cráneo, cuando intentaba identificar a dos individuos vestidos con gabardina, pese al buen tiempo, que hicieron uso de sus armas de fuego. Medio mes antes, en Guernica y en el curso de

---

y la provincia constituyen las entidades fundamentales de la Administración Local», *El Diario Vasco,* 21/05/1975, p. 4. «El tema *Región,* debatido de nuevo en la Comisión de Gobernación», *La Voz de España,* 24/05/1975, p. 6. «Régimen local: la región, tema debatido en la sesión de ayer de la Comisión de Gobernación de las Cortes», *El Diario Vasco,* 24/05/1975, p. 4. *Juan Araluce Letamendía,* 15/11/2020, Madrid, entrevista realizada por Juan José ECHEVARRÍA.

596 Ley 41/1975... de Bases del Estatuto de Régimen Local. *BOE,* 21/11/1975, núm. 280, pp. 24346-24352.

597 BARRIGA BRAVO, José J.: «Los partidarios de la región en mayoría», *Pueblo,* 24/05/1975, p. 13.

la investigación del asesinato de Andrés Segovia, habían fallecido, en otro enfrentamiento armado, el teniente de la Guardia Civil Domingo Sánchez Muñoz y el etarra Jesús María Marquiegui Ayastui [Markiegi Aiastui], *Motriko*, así como el matrimonio formado por Ignacio Garay Lejarreta y Blanca Saralegui Allende, propietarios del piso donde el terrorista estaba escondido. Ante esa situación, Araluce, que el día 7 había acudido a la Dirección General de la Guardia Civil para expresar las condolencias por la muerte del agente Román, no se calló y criticó en declaraciones a la prensa que «la acción subversiva interfiera, en uno u otro sentido, las derivaciones políticas, económicas y sociales que la provincia demanda». El presidente de la diputación veía con crispación que el debate descentralizador se viera continuamente interferido por ETA y a la vez por las consecuencias del estado de excepción, desviando la atención sobre otras decisiones gubernamentales, como la que el día 6 había tomado el Consejo de Ministros, aprobando el proyecto de la presa de Urkulu, con un monto de 239 millones de pesetas para el abastecimiento de agua a los municipios del Alto Deba[598].

Tal medida se enmarcaba en las habituales que los anteriores gobiernos habían llevado a cabo en aras del desarrollo económico, pero a juicio de Araluce faltaban ser completadas por otras políticas, máxime cuando la represión ejercida mediante el estado de excepción no había rendido réditos, al mes y medio de ser decretado, a tenor de la ofensiva etarra que se padecía; más allá de que en Guipúzcoa hubieran sido desarticulados cinco comandos de las dos ramas de ETA, descubiertos doce pisos francos y se hubiera detenido a ciento diecinueve personas, quedando cuarenta y siete de ellas posteriormente en libertad. Por ello, algunos ministros empezaron a ser conscientes de que se necesitaban otras actuaciones. Fue incluso el caso de quien había propuesto dicho estado de excepción: García Hernández, en cuyo ánimo empezó a cuajar dicha opinión, que abundaba en desanudar terrorismo y descentralización. El ministro de la Gobernación expresó en la citada recepción a la Diputación Provincial

598 ALONSO, Rogelio, DOMÍNGUEZ, Florencio y GARCÍA REY, Marcos: *op. cit.*, pp. 55-57. «Enfrentamiento armado entre fuerzas de la Guardia Civil y un comando de ETA», *El Diario Vasco*, 08/06/1975, p. 8. «El presidente de la Diputación visita al director general de la Guardia Civil», *El Diario Vasco*, 07/06/1975, p. 8. LARREA, Miguel: «En el tiempo que...», *La Voz de España*, 08/06/1975, p. 11. «Aprobado el proyecto de la presa de Urkulu para abastecimiento de agua a Anzuola, Escoriaza, Mondragón, Oñate y Vergara», *El Diario Vasco*, 07/06/1975, p. 1.

de Guipúzcoa «su absoluta confianza respecto a la superación de los problemas», pese a que Araluce le había dicho que la solución pasaba por «la tradición y el sentir de la provincia», en una clara referencia a medidas descentralizadoras, como la restitución neoforal. El tono positivo de la reunión quedó asimismo confirmado cuando Rodríguez Román, que dependía jerárquicamente del ministro, dejó a Araluce que informara a la prensa de lo tratado. El presidente de la diputación completó la estancia en Madrid con la visita al Ministerio de Educación y Ciencia[599], donde Guipúzcoa se jugaba su futuro universitario.

Una vez vuelto a San Sebastián, Araluce recurrió al futuro director de *La Voz de España,* Miguel Larrea, quien disponía de una columna diaria en dicho periódico, denominada *La Criba,* para explicar la situación. El presidente de la diputación no ocultó que le preocupaba «el recrudecimiento de la violencia», porque perturbaba «la acción política y de gestión». Pero no por ello, entendía, había que dejar de hacerla, interpretando una «corrección en la línea de consideración» gubernamental de las demandas políticas planteadas por la diputación, porque a su juicio el gobierno ahora desligaba estas de la «extirpación de los actos de violencia». Pero Araluce entendía que ese cambio gubernamental, que había percibido en el vicepresidente García Hernández, fiaba su implementación en el desarrollo de la ley de Bases del Estatuto de Régimen Local, una vez que fuera promulgada. Es decir, cuando la norma estuviera ya en vigor, lo que conllevaría «una nueva ordenación de las corporaciones locales [que permitiera] se reintegrara a la provincia su tradicional régimen administrativo con derogación del decreto de 23 de junio de 1937». Entendía, pues, Araluce de su entrevista con el ministro, que el gobierno estaba al menos dispuesto a derogar completamente el decreto-ley que abolió el Concierto Económico, pero, eso sí, una vez que entrase en vigor la nueva ley local, algo que al presidente de la diputación le seguía pareciendo demasiado tarde, aunque supusiese un primer paso para la restitución de tal instrumento económico neoforal. «El Gobierno, con audiencia de la Diputación Provincial, tendría que arbitrar por los cauces legales que procedan el régimen adecuado», señaló al periodista. Es decir, sería al margen de la futura ley, como siempre había sostenido García Hernández, y teniendo en cuenta la opinión de la propia diputación, que

599 «Desarticulados cinco comandos de ETA», *ABC,* 01/06/1976, p. 95. «García Hernández recibió a la Diputación de Guipúzcoa», *Arriba,* 08/06/1975, p. 14. LARREA, Miguel: «En el tiempo que…». «El ministro de la Gobernación recibe a la Diputación de Guipúzcoa», *El Diario Vasco,* 08/06/1975, p. 4.

debía ser recibida y escuchada, como había dicho Araluce, recordando el procedimiento foral de negociación implicado en la formulación *con audiencia de las provincias;* por tanto, de una manera bilateral, como entendía el fuerismo. Araluce, mientras fumaba sus habituales cigarrillos Ducados, como destacó el periodista, estaba anticipando a Larrea el futuro marco de una comisión descentralizadora bilateral donde la diputación pudiera argumentar la restitución del Concierto Económico, un escenario que cuatro meses después se haría realidad. La exigencia de García Hernández de desligar la reinstauración neoforal de la nueva ley local implicaba un retraso para las demandas de la diputación, extremo que Araluce impediría, mediante la presentación en un mes, al margen de la futura ley, de una moción en la Comisión de Gobernación, donde había encontrado *simpatía* en los debates sobre la norma. Es decir, buscando una nueva vía, más rápida, para debatir bilateralmente la restitución neoforal sin esperar a que la ley fuera promulgada, máxime porque esta iba a permitir que Guipúzcoa y Vizcaya recuperaran un régimen especial a través del régimen de Carta. «Creo que nos encontramos en el tiempo en que cobra madurez su consideración cara a una de las bases de Régimen Local [la 19.ª] que (…) se promueva según los principios de descentralización y autonomía dentro del contexto de la unidad nacional», dijo al periodista, encendiendo otro cigarrillo, refiriéndose al régimen de Carta provincial. En la cabeza del jurista Araluce, la construcción jurídica de su estrategia no ofrecía dudas, hasta el punto de hacer partícipe de ella al propio vicepresidente del Gobierno, algo que había facilitado la última reunión. Por ello, Araluce dijo que García Hernández «confiaba en la función de la Diputación y que, entre otras acciones, le causaba una grata impresión el acuerdo de acudir al (…) Plan Director Territorial, sobre el que hemos adelantado bastante labor, porque este es uno de los cometidos más interesantes en el futuro de las corporaciones provinciales»[600].

El presidente de la diputación hacía referencia al acuerdo tomado por la corporación provincial el 30 de mayo, pidiendo al Consejo de Ministros la creación de un Plan Director Territorial para Guipúzcoa, donde se coordinasen las inversiones de los distintos ministerios, mostrando así que pese a la aspiración a disponer de un régimen especial, la Diputación Provincial de Guipúzcoa seguiría sometiéndose a la coordinación gubernamental en los planes de desarrollo, más allá de lo

600 LARREA, Miguel: «En el tiempo que…».

que decidiese la futura comisión descentralizadora bilateral. De ahí, la *grata impresión* de García Hernández, que redundaba en la confianza restablecida tras la reunión del 7 de junio. En ese sentido, Guipúzcoa fue la primera provincia española en la que se constituyó un Patronato de la Liga Naval Española, para asistir a las cofradías de pesca y coordinar a todos aquellos interesados en «los problemas relacionados con el mar». En el acto, celebrado el 31 de mayo en el palacio de la Provincia, se recordó el homenaje de vinculación con la Marina española, relacionado con la visita de los príncipes, y la dotación de las becas Carrero Blanco para el acceso de los jóvenes guipuzcoanos a la Academia Naval Militar. Todo ello, inserto en el mensaje de la *fecunda simbiosis,* propugnado por el presidente de la diputación para recomponer el sentimiento proespañol del pueblo vasco. El evento fue presidido por el vicepresidente San Martín, al encontrarse Araluce en Madrid, que en su calidad de consejero del Reino debía estar presente en la visita de Gerald Ford, presidente de Estados Unidos, recibido aquel mismo día por Franco en el aeropuerto de Barajas[601]. Una visita que supuso un indudable balón de oxígeno para un régimen ya agónico.

En junio, la familia Araluce se trasladó a su casa de Estella para pasar allí el verano. Juan María, después del estresante mes de mayo vivido, con continuos viajes a Madrid para atender sus obligaciones como procurador y consejero del Reino, iba a su despacho en San Sebastián y volvía a Zalvidea, si no todos los días, al menos los fines de semana. En los últimos días de junio y primeros de julio, el presidente de la diputación, notario de profesión, dictó a su hijo Juan, el texto de la moción al gobierno, en el porche de la casa veraniega. Juan la tecleaba en la máquina de escribir Olivetti que le habían regalado años atrás cuando aprobó cuarto de bachillerato y pasó la reválida[602].

«En cumplimiento de lo previsto por la Ley de 21 de Julio de 1876, que mandaba ordenar con audiencia de las provincias de Álava, Guipúzcoa y Vizcaya, cuantas reformas en su Antiguo Régimen foral procedieran,

---

601 SAURAS, Carlos: «El Plan Director Territorial de Coordinación señalará las infraestructuras básicas de Guipúzcoa», *Unidad,* 06/06/1975, p. 3. «Patronato Marítimo de Guipúzcoa», *Hoja del Lunes de San Sebastián,* 14/07/1975, p. 3. «Constitución del Patronato de la Liga Naval, en Guipúzcoa», *La Voz de España,* 01/06/1975, p. 27. «Llegáis a España en un ambiente de amistad, pero también de trabajo», *ABC,* 01/06/1975, p. 5.

602 *Juan Araluce Letamendía,* 20/11/2020, Madrid, entrevista realizada por Juan José ECHEVARRÍA.

el Decreto de 13 de Noviembre de 1877 dispuso que las tres provincias vascongadas contribuirían con las cantidades que se señalaban». Así, inició Araluce el texto de su moción, dictada a su hijo en Estella, en las inmediaciones de Montejurra, la montaña mítica del Tradicionalismo. Se trataba de un texto de elaborada rigurosidad jurídica, propia de un notario que conocía profundamente la foralidad, pero que a su vez implicaba un diferente planteamiento autonómico, al que, donde cuarenta y cuatro años antes, se había alumbrado el primer proyecto estatutario de la historia, aquel que había concitado el apoyo nacionalista y carlista, pero no de todos los tradicionalistas. El jurista anclaba toda su argumentación en la controvertida ley de 1876, aquella que había sido tachada de abolitoria de los fueros, pero que le permitía presentar su demanda de restitución del Concierto Económico como una consecuencia lógica de aquella norma, que había acabado con la exención económica y de servicio militar en tierra que hasta entonces habían disfrutado los nacidos en las tres provincias vascongadas. Con ello, el experto foralista admitía, por un lado, el principio establecido por el Gobierno Cánovas de que dichas provincias estaban obligadas a contribuir a la Hacienda nacional «en proporción a sus haberes a los gastos del Estado», pero, por otro lado, resaltaba que dicha ley había admitido el procedimiento foral de negociación, la *bilateralidad* implicada en la fórmula *con audiencia de las provincias*, alumbrando el neoforal Concierto Económico, como un instrumento para satisfacer las cantidades derivadas del decreto de 1877 que aludía.

«Conforme a ello y por Decreto de 28 de Febrero de 1878, se aprobó el primer (...) concierto económico-administrativo con las provincias vascongadas; régimen este que, tras sucesivas modificadoras de cupos, se halla vigente en la actualidad, si bien limitado desde 23 de junio de 1937 a solo la provincia de Álava», continuaba la moción. Dicho régimen de Concierto Económico había, pues, continuado sus vicisitudes, renovándose sucesivamente los cupos para las tres provincias, hasta el decreto-ley de 1937, dictado por Franco, que abolió tal neoforalidad para Guipúzcoa y Vizcaya. La enmienda de Araluce de 1974 al proyecto de Ley de Bases del Estatuto de Régimen Local pedía —aún seguía viva en esos momentos— la equiparación de estas dos provincias con Álava con la intención de recuperar el Concierto Económico que subsistía en la provincia meridional. Pero Araluce era consciente, tras la dura negociación con el vicepresidente del Gobierno, que no prosperaría, por lo que, adelantándose, ahora, en su moción, argumentaba que «la exclusión de Guipúzcoa y Vizcaya supone una evidente dislocación del sistema», alumbrado en la propia ley de 1876. «Las motivaciones sancionadoras de dicha exclusión "no se corresponden con el noble esfuerzo y laboriosidad que han caracterizado a dichas provincias (...) dentro de la unidad nacional" como acertadamente reconoce el Decreto-Ley de 6 de junio de 1968 al suprimir los párrafos 2.º al 5.º del preámbulo de 23 de Junio de 1937». Araluce, pues, argumentaba que mantener la exclusión de Guipúzcoa y Vizcaya era incongruente tras la derogación en 1968 de parte del preámbulo de la norma dictada por Franco, que había logrado la campaña fuerista emprendida, entre otros, por el Ayuntamiento de Tolosa, la diputación guipuzcoana y el procurador familiar por Vizcaya Fernández Palacios.

Para un hombre de leyes, la aprobación gubernamental de la desaparición de los aspectos más lesivos de dicho preámbulo implicaba una sustancial novación, en la medida en que «desaparecida la fundamentación punitiva del precepto, seguir manteniendo a ultranza dentro de nuestra continuidad política la imposible reintegración de Guipúzcoa y Vizcaya al concierto de las provincias vascongadas, supondría ciertamente la persistencia en una actitud que mal se aviene con los principios de autonomía y descentralización que el propio proyecto de ley postula». Se refería Araluce a la nueva legislación local que tramitaba las Cortes, de la que se extraía una «evidencia cierta de que el reconocimiento de regímenes especiales en distintos territorios de la nación para nada atenta al principio de igualdad de las tierras y los hombres de España». Por ello, el presidente de la diputación elevaba al gobierno la siguiente moción: «Que con derogación en lo pertinente del decreto ley de 23 de Junio de 1937, se proceda a establecer, por los cauces legales que correspondan, el régimen especial aplicable a las provincias de Guipúzcoa y Vizcaya, previa audiencia de las Diputaciones respectivas». Es decir, instaba al Gobierno Arias a que aboliese el decreto-ley de Franco y crease, mediante el desarrollo del requisito contenido en la forma *con audiencia de las provincias*, una comisión descentralizadora bilateral que instaurase sendos regímenes especiales para las dos provincias que habían perdido en 1937 el Concierto Económico; precisando que mientras tanto se considerase transitorio el período de mantenimiento del derecho común[603].

603 Moción del procurador Juan María de Araluce... interesando el restablecimiento del Concierto Económico... (Madrid, 10/07/1975), ACP, *FSG*, Expediente 2881/24, pp. 1-5.

Eso fue precisamente lo que hizo el vicepresidente García Hernández, una vez que el 10 de julio Araluce presentó la moción en la Comisión de Gobernación de las Cortes. Ese era el día previsto en dicha comisión para decidir, entre otras, sobre la enmienda de equiparación con Álava del presidente de la diputación guipuzcoana y la de Meilán sobre el régimen de Carta. Un día clave, pues, en la estrategia de Araluce. Mientras que la del catedrático de la Universidad de Santiago fue parcialmente admitida, la del presidente de la diputación decayó al considerar la Mesa de la Comisión de Gobernación que incumplía el reglamento de las Cortes en cuanto suponía un aumento del gasto en los Presupuestos del Estado y podría afectar a la unidad de la política fiscal, además de que era «impropio acometer en esta ley de Bases problemas inherentes a la Administración del Estado». Resolución que refrendaba la postura de García Hernández de no incorporar la devolución del Concierto Económico en la ley de régimen local. Sin embargo, la negativa, formalmente basada en un criterio técnico, suscitó la solidaridad de los miembros de la comisión, incluidos los de la ponencia y hasta por el presidente de la propia comisión, el *propagandista* Juan Sánchez Cortés. La decisión adversa fue además criticada por los procuradores vasco-navarros presentes en aquel debate, en tonos «ardientes», con palabras emocionadas, en aquella «tarde caliente» en la que afloraron los «sentimientos hondos», como destacaron las crónicas periodísticas. Así, Fernando de Otazu y Zulueta, concejal donostiarra que era procurador por administraciones locales, quien espetó: «De seguir como hasta ahora no se conseguirá la paz». También zponda, quien soltó: «Es mejor coger el toro por los cuernos», resaltando «la crítica situación que atraviesan las provincias vascas en las que se ha notado la falta de intuición política». Asimismo, Roque Arambarri Epelde, procurador por el tercio sindical, quien dijo: «Mis paisanos todos nos miran impacientes y ansiosos, esperando que estas Cortes restañen, cuanto antes, ciertas heridas profundamente penetradas en el ser de todos los guipuzcoanos y vizcaínos». Igualmente, Satrústegui, quien señaló: «No podemos edificar el futuro de España sobre una sanción». También, Escudero, que lo tachó de «error político». Y Fernández Palacios, quien sentenció: «No concebimos cómo un castigo puede durar treinta y siete años»[604].

604 «Discusión en las Cortes sobre los fueros y el concierto económico en las provincias vascas», *El Diario Vasco*, 11/07/1975, p. 3. «Duras críticas al Gobierno», *Pueblo*, 11/07/1975, p. 8. «No nos sirve el de 1926 y entrar a considerar las directrices del próximo, me parece prematuro», *El Diario Vasco*, 18/07/1975, p. 9.

Fue, como señaló el periodista José Luis Banús y Aguirre, una actuación coral, pero con un solista, Araluce, quien presentó entonces su moción al gobierno, leyéndola y suscitando el apoyo. Uno de los ponentes, Baldomero Palomares Díaz, primer secretario del CNM, bajó de la tribuna, para expresar la «esperanza de que se dé una solución al problema por el Gobierno y las Cortes», diciendo que él y otros muchos procuradores compartían los sentimientos de sus colegas vasco-navarros. Allí mismo, suscribieron la moción de Araluce cuarenta procuradores[605], entre ellos Pilar Primo de Rivera[606], lo que no dejaba de ser un reconocimiento falangista de las singularidades territoriales, aunque tardío y meramente simbólico por parte de una ideología reacia a cualquier descentralización. En los días sucesivos se añadieron las firmas de los representantes vasco-navarros que no habían estado presentes aquel día[607], llegando a sumarse a la iniciativa del presidente de la diputación guipuzcoana hasta cincuenta y tres procuradores.

El 11 de julio, el presidente de las Cortes envió un oficio dando cuenta de que cincuenta y cuatro procuradores habían propuesto «una moción en el sentido de que se vuelva a establecer el régimen especial aplicable a las provincias de Guipúzcoa y Vizcaya», llegando al Registro General de Presidencia del Gobierno el 16 de julio. En dicha información, Rodríguez de Valcárcel cometió el error de señalar que la moción iba encabezada por Fernández Palacios, lo que motivó una respuesta de Araluce el día 16, pidiendo se corrigiese tal extremo. El presidente de la diputación alegó:

PÉREZ FERNÁNDEZ, Herminio: «Clamoroso y unánime petición de los procuradores vascos», *ABC*, 11/07/1975, p. 21. GONZÁLEZ MUÑIZ, Antonio José: «Las voces españolísimas de las señorías vascas», *Hoja del Lunes de Madrid*, 14/07/1975, p. 2. «En defensa del régimen especial para Vizcaya y Guipúzcoa», *El Pensamiento Navarro*, 13/07/1975, p. 4.

605 BANÚS, José Luis: «El tema foral», *La Voz de España*, 20/07/1975, p. 40. «El Gobierno no admitió a estudio la enmienda sobre el concierto económico de Guipúzcoa y Vizcaya», *La Gaceta del Norte*, 11/07/1975, p. 28. «Se pide el restablecimiento del concierto económico para Guipúzcoa y Vizcaya», *El Diario Vasco*, 11/07/1975, p. 1.

606 La firma de la hermana de José Antonio Primo de Rivera consta en la moción como suscribiente. En: Moción del procurador Juan María de Araluce…, interesando el restablecimiento del Concierto Económico… (Madrid, 10/07/1975), ACP, *FSG*, Expediente 2881/24, p. 5

607 Suscripciones posteriores de la moción del procurador Juan María de Araluce Villar (Madrid, 1975), APJAL.

> Por acumulación de firmas en la moción presentada el pasado día 10 (...) se ha producido una alteración del orden de aquellas, por evidente interpolación de las mismas. Consecuencia de ello, ha sido que el suscribiente, cuya condición de primer firmante de la indicada moción resulta notorio (por la redacción del propio escrito que limita en principio a los miembros y adscritos a la Comisión [de Gobernación], por las manifestaciones recogidas en los textos taquigráficos de la sesión y por las informaciones de prensa), ve preteridos los derechos que le corresponden como tal primer firmante y que al parecer se atribuye, con clara aunque explicable error, el Procurador por representación familiar de Vizcaya, señor Fernández Palacios.

El 22 de julio, el presidente de las Cortes corrigió la equivocación, informando del verdadero autor de la moción. Más allá de que Araluce se mostrara puntilloso en este tema, no cabe duda de que era razonable que quedara clara la autoría de una moción de la que ya se sentía y se sentiría aún más en el futuro muy orgulloso, como muestra que le diera una copia de esta al último periodista que le entrevistó minutos antes de morir. Además, cabe también entrever viejos recelos en la lucha por la restitución foral, que venían desde 1968, cuando después de una campaña de la Diputación Provincial de Guipúzcoa por la restitución del Concierto Económico, el gobierno había respondido con la mera supresión de parte del preámbulo del decreto-ley de 1937, delimitación que había pedido precisamente Fernández Palacios. Así, fue preguntado Araluce en una entrevista: «¿Usted ha sido el protagonista en el tema del Concierto?», a lo que respondió: «Sí, lo he sido», pidiendo no dejarse llevar por «cortinas de humo» en una referencia a esa y otras polémicas que en seguida se suscitaron[608].

En cualquier caso, todo ello demoró la comunicación al Gobierno Arias, dando más tiempo a este a reaccionar, ante el hecho de que la estrategia empleada por el presidente de la diputación había sido un éxito, y eso redundaba a favor del planteamiento de que Guipúzcoa disfrutase de un régimen especial y que fuera abolido el decreto-ley de 1937, algo ya asumido por el vicepresidente García Hernández. Pero, en la medida en que se había evidenciado el apoyo de muchos procuradores

608 Oficio del presidente de las Cortes, Alejandro Rodríguez de Valcárcel (Madrid, 22/07/1975), ACP, *FSG*, Expediente 2881/24. Escrito del procurador Juan María de Araluce Villar (Madrid, 16/07/1975), ACP, *FSG*, Expediente 2881/24. LARREA, Miguel: «A media tarde de...», *La Voz de España*, 26/07/1975, p. 9.

vasco-navarros, también podía ir a más, a la propia restitución del Concierto Económico, verdadero objetivo de Araluce, extremo que inquietaba al gobierno. Como escribió el periodista Larrea, «el concierto económico con la fuerza de las grandes locomotoras ha entrado en vía viva». Sin embargo, el Gobierno Arias no estaba dispuesto a llegar tan lejos. El 24 de julio, tras reunirse el Consejo de Ministros, el portavoz León Herrera señaló a los periodistas que «no es tan unánime el clamor» en las provincias vascas a favor de la restitución del Concierto Económico. La sugerencia del ministro de Información y Turismo incidía en la posición de la Diputación Provincial de Vizcaya, insinuando una postura mucho más tibia de esta y pretendiendo romper el frente de los procuradores vasco-navarros. De hecho, Arístegui, que no había asistido a la sesión de la Comisión de Gobernación del 10 de julio, había tardado hasta seis días en firmar la moción presentada por Araluce[609]. No en balde, el presidente de la diputación vizcaína y procurador en Cortes por administraciones locales se había plegado a las indicaciones de García Hernández, orillando la reivindicación neoforal, siguiendo así la habitual apuesta de la corporación vizcaína por el régimen de Carta, sin recurrir al Concierto Económico.

El redactor de *La Gaceta del Norte,* José María Portell Manso, quien se convertiría en 1978 en el primer periodista asesinado por ETA, había explicado en un artículo publicado por *La Vanguardia Española,* medio del que era corresponsal en Bilbao, las diferencias entre ambas diputaciones:

> Desde hace un año, aproximadamente, procuradores en Cortes de Guipúzcoa y Vizcaya vienen desarrollando una *intensa* y *activa* labor para que sea restablecido, en ambas provincias, el Concierto Económico (...). En esta tarea (...), se ha volcado especialmente la provincia de Guipúzcoa, ocupando la cabeza de la actividad y el tesón el presidente de la Diputación, señor Araluce. Junto a la Diputación, el Ayuntamiento de San Sebastián se ha alineado *apretando filas.* Es decir, en el caso de Guipúzcoa se han unido todos los procuradores para que no haya ni dudas, ni fisuras. En cambio, en Vizcaya ha ocurrido todo lo contrario. En la provincia vizcaína, los únicos que están luchando con todas sus fuerzas para la recuperación del

609 LARREA, Miguel: «Exultante estaba ayer el...», *La Voz de España,* 11/07/1975, p. 11. «Los acuerdos del Consejo de Ministros», *La Vanguardia Española,* 25/07/1975, p. 6. «No es tan unánime el clamor», *La Gaceta del Norte,* 29/07/1975, p. 6.

> régimen económico concertado son los procuradores familiares don Martín Fernández Palacio y don Ignacio Satrústegui, que han formado equipo con sus colegas guipuzcoanos. En cambio, se han abstenido de participar en la campaña la Diputación de Vizcaya y el Ayuntamiento de Bilbao. Ni han apoyado las enmiendas presentadas ni han rubricado los constantes escritos que se han hecho para que el Gobierno devuelva el régimen concertado.

Precisamente, basándose en ese artículo periodístico, el ministro León Herrera había dicho que «no es tan unánime el clamor en dichas provincias, como se afirma, para volver al mencionado concierto económico»[610].

El 16 de julio, Arístegui asistió a una reunión en las Cortes de los procuradores vizcaínos y guipuzcoanos, donde se analizó la situación. La veintena de representantes mostraron su satisfacción por el «amplio eco» de la moción que había pedido la derogación del decreto-ley de 1937 y adoptaron una resolución conjunta[611]. El punto de encuentro entre Arístegui y Araluce era que ambos estaban de acuerdo precisamente en eso, en solicitar la abolición de la norma dictada en la Guerra Civil. Otra cosa era que la diputación guipuzcoana lo viera como un paso previo a la restitución del Concierto Económico, extremo del que no participaba la diputación vizcaína y que era el objetivo de la guipuzcoana. Tras la reunión, Arístegui firmó la moción de Araluce, interpretándola como una petición de la mera supresión del decreto-ley de 1937. De ahí, que León Herrera adujera que *no era tan unánime el clamor* de restitución neoforal.

Arístegui quiso explicar públicamente la posición de la Diputación Provincial de Vizcaya, máxime después de que *La Gaceta del Norte* hubiese aireado que no había suscrito inicialmente la moción de Araluce al no haber estado presente en la sesión de las Cortes del 10 de julio, lo que dejaba en una posición *incómoda al dirigente vizcaíno ante el amplio eco* que había tenido la iniciativa del presidente de la diputación guipuzcoana. En sus declaraciones, Arístegui explicitó el acuerdo alcanzado en el cónclave del día 16: «En cuanto al tema de la supresión total y absoluta

610 ALONSO, Rogelio, DOMÍNGUEZ, Florencio y GARCÍA REY, Marcos: *op. cit.*, pp. 114-116. PORTELL, José María: «Bilbao: Escaso apoyo a Guipúzcoa en la reclamación del Régimen Económico Concertado», *La Vanguardia Española,* 22/07/1975, p. 7. «Los acuerdos del Consejo…».

611 «Ayer, nueva reunión de procuradores vascos», *La Gaceta del Norte,* 17/07/1975, p. 11.

del decreto ley de 23 de junio de 1937 he de decir que no hay persona que no piense que haya de ser derogado». Dejado este punto claro, el presidente de la diputación vizcaína quiso apuntarse el tanto de que tal objetivo, el de la supresión de la norma, había sido aceptado por el Gobierno Arias cuando *él* se reunió con García Hernández el 19 de septiembre de 1974, restando así protagonismo a Araluce. «Puedo decir que la solución la buscó el mismo vicepresidente y así se hará», sentenció. Ante esa respuesta, el periodista le preguntó si en consecuencia convenía la restitución del Concierto Económico, medida en la que *La Gaceta del Norte* constataba que la Diputación Provincial de Vizcaya había adoptado «posturas mucho más *frías* que las autoridades de Guipúzcoa». Arístegui contraargumentó diciendo que lo que había que preguntarse era si «*¿interesa hoy el Concierto Económico a Vizcaya y los vizcaínos?*», lo que fue respondido por él mismo de la siguiente manera: «La postura de la Diputación de Vizcaya está basada (...) en un estudio hecho —por encargo de la Corporación provincial— por varios especialistas y que ofrece un balance de resultados, tanto económicos como financieros que vienen a indicar que el restablecimiento del Concierto Económico podría ser perjudicial para los intereses de los vizcaínos»[612]. De ello, se infería, que efectivamente, *no era tan unánime el clamor.*

En sus declaraciones, Arístegui hacía referencia a varios informes pedidos por la diputación. Uno de ellos, firmado conjuntamente por Meilán y Alfredo Gallego Anabitarte, profesor de Derecho Administrativo en la Universidad de Santiago, desaconsejaba el recurso al instrumento económico neoforal. Tales juristas consideraban que «el Concierto Económico fue un arreglo provisional cuya estructura y concepción responde a la mentalidad decimonónica y a un compromiso político». Por tanto, «no es ningún contrato sino una típica disposición reglamentaria que por autorización legal crea un régimen tributario especial cuya constitucionalidad es dudosa (...) por infringir (...) el principio de igualdad de la Ley». Meilán y Gallego consideraban sus efectos descentralizadores «nulos, ya que no atribuye, en puridad, ninguna competencia administrativa que no tengan las Diputaciones de régimen común» y recordaban que «las competencias administrativas adquiridas por las Diputaciones Vascas lo fueron bajo el pretexto de los Conciertos, en modo alguno eran unas consecuencias previstas en

612 «Sorpresa: ¿Cuándo firmó el presidente de la Diputación de Vizcaya?», *La Gaceta del Norte,* 27/07/1975, p. 12. «No es tan unánime...».

ellos». Y sentenciaban: «Esto quiere decir que la vía descentralizadora no va unida esencialmente al Concierto, ni este es el vehículo legal previsto para aquella», calificándolo como «técnica obsoleta de *descentralizar*». Los expertos en Derecho Administrativo proponían a la diputación vizcaína otra fórmula: la de las Cartas provinciales que el entonces proyecto de Ley de Bases del Estatuto de Régimen Local haría posible. Meilán y Gallego entendían que el régimen de Carta, que el primero había logrado introducir en el proyecto de la nueva ley local, «permitiría *negociar* unas peculiaridades orgánicas y económicas que cumplirían la finalidad del Concierto adaptado a las circunstancias actuales»[613].

Más allá de disquisiciones jurídicas, García Hernández se reunió en la tarde del 28 de julio en las Cortes con los procuradores vascos para dirimir si era o no unánime el clamor. Estaban presentes Araluce y Arístegui, así como Antonio María de Oriol, Oreja, Escudero, Ibarra Landete, Muñoa, Marco Tabar, Fernández Palacios, Otazu, Satrústegui y el marqués de Arriluce, entre otros, hasta alcanzar la cifra de diecisiete. Faltaron el *carlohuguino* Zubiaga y Manuel María Lejarreta Allende, presidente de la Diputación Foral de Álava, quien no quiso implicar a la provincia meridional con su presencia. El ministro constató que la reclamación de la restitución del Concierto Económico no era unánime, pero también que todos exigían la abolición del decreto-ley de 1937. En esos parámetros se movería el Gobierno Arias. Aceptada ya por todos, la tesis de García Hernández de desvincular la demanda del proyecto de ley de Bases del Estatuto de Régimen Local, «el Gobierno está estudiando otra vía de transformación en texto legal vigente. Tal fórmula sería la del decreto-ley», como informó *Pueblo*[614].

En la mañana de aquel día, Araluce había tenido otra cita importante, ya que el Consejo del Reino se reunió para debatir la prórroga de la legislatura, asunto igualmente relevante para un *régimen* cuya garantía de continuidad estaba en entredicho. La petición formalmente había partido de la Comisión Permanente de las Cortes. A la reunión, presidida por Rodríguez de Valcárcel, asistieron sus otros dieciséis integrantes. Araluce volvió a coincidir con Antonio María de Oriol. Este no era el

---

613 ALONSO OLEA, Eduardo José: *op. cit.*, pp. 389-391. «Conciertos Económicos Vascongados», Informe de José Luis Meilán Gil y Alfredo Gallego Anabitarte a petición de la Diputación Provincial de Vizcaya, RACMyP, *AMOA*, Caja 5, 097/005/027, pp. 188-193.

614 «Reunión de procuradores vascos con el ministro de la Gobernación», *La Gaceta del Norte*, 29/07/1975, p. 6. «Procuradores vascos», *Pueblo*, 15/07/1975, p. 2.

único miembro de esa familia presente en la más alta instancia consultiva del Estado, ya que también estaban su sobrino, el procurador en Cortes *Íñigo de Oriol e Ybarra,* y su yerno, el consejero nacional Miguel Primo de Rivera. Al Consejo del Reino se acababa de incorporar el nuevo alcalde de Barcelona, Viola Sauret, que junto a Araluce había protagonizado los debates de la nueva legislación local. Y desde un año antes, el teniente general Carlos Fernández Vallespín, que había sustituido a Manuel Díez-Alegría, destituido fulminantemente por el Gobierno Arias. Tras las deliberaciones, los miembros del Consejo del Reino almorzaron en el hotel Palace, mientras que Rodríguez de Valcárcel se trasladó a El Pardo para dar cuenta a Franco del consejo emitido. Tres días después, el *BOE* publicaba la prórroga de la X Legislatura de las Cortes, aduciendo que con la reciente autorización de las asociaciones políticas «no parece posible el que estas puedan formar parte, de un modo efectivo, en los procesos electorales» que se avecinaban para renovar las Cortes. Además, recordaba que «se encuentran pendientes de tramitación en las Cortes un conjunto de Proyectos de Ley cuya importancia (...) hacen imposible el que (...) puedan quedar aprobados» antes del 15 de noviembre, cuando se cubrían los cuatro años de legislatura, por lo que podían decaer, como era el caso, citado expresamente, de la ley de Bases del Estatuto de Régimen Local y los nuevos Presupuestos del Estado[615]. La argumentación revelaba la relevancia que el régimen otorgaba al desarrollo de una serie de normas, como la de asociaciones políticas y la de régimen local, para su propia supervivencia.

El 28 de julio, el día que el Consejo del Reino se había reunido y el vicepresidente había hecho lo mismo con Araluce y el resto de los procuradores guipuzcoanos y vizcaínos, también se celebró un pleno del CNM, en el que las asociaciones políticas ocuparon el lugar central de aquel cónclave, presidido por el secretario general del Movimiento, José Solís —cargo que había vuelto a ocupar tras la muerte en accidente de circulación de Herrero Tejedor—, flanqueado por Arrese y Palomares. En presencia del gobierno, Solís presentó las líneas maestras de la liberalización política del régimen, basada en conjugar la democracia

615 «Más de dos horas y media duró la reunión del Consejo del Reino», *ABC,* 29/07/1975, p. 7.
«Ayer, reunión del Consejo del Reino», *La Gaceta del Norte,* 29/07/1975, p. 10.
Decreto 1823/1975, de 31 de julio, por el que se prorroga la actual Legislatura de las Cortes Españolas. *Boletín Oficial del Estado,* 01/08/1975, núm. 183, pp.16331-16332.

orgánica con una limitada proyección inorgánica a través de las citadas asociaciones políticas integradas en el Movimiento Nacional:

> Un Estado que establezca ordenadamente las dos concurrencias, la social y la política, está en mejores condiciones de acercarse a una democracia auténtica, frente a los que piensan que solamente una democracia de partidos es el *summum* de la democracia. La originalidad de nuestro Régimen ha consistido en hacer primero la democracia social, la democracia de la familia, el municipio y el sindicato. Ahora, junto a ello, vamos a hacer la democracia política.

Los procesos electorales a los que concurrir*ían* las asociaciones serían los de consejeros locales, provinciales y nacionales del Movimiento, los concejales y diputados provinciales, y los procuradores en Cortes. En el mismo pleno, el CNM dio luz verde definitiva a la primera asociación política reconocida por el régimen, la Unión del Pueblo Español (UPDE), presidida por Adolfo Suárez, cuyo acceso a la política había sido apadrinado por el finado Herrero Tejedor. La UPDE encuadraba a los sectores aperturistas del Movimiento en una operación diseñada desde el mismo régimen, como revela que su origen fuera una reunión que mantuvieron, el 11 de febrero anterior en el despacho del presidente Arias Navarro, catorce altos cargos del Movimiento, entre los que se encontraban Solís, Emilio Romero, Herrero Tejedor y el propio Adolfo Suárez González, quien repartía sus simpatías entre el falangismo y el Opus Dei, siendo procurador familiar en Cortes, gobernador civil de Segovia y, tras abandonar este cargo, director general de RTVE. Hombre dotado especialmente para las relaciones públicas, había anudado una estrecha relación con el príncipe Juan Carlos. Otra de las asociaciones, que aún se encontraba en tramitación, pero que también fue objeto de análisis en aquel pleno del CNM, fue la UNE[616], donde los tradicionalistas como Araluce se encuadraban. Las distintas familias del régimen, como los falangistas aperturistas y los tradicionalistas, se aprestaban, pues, a participar en la evolución del régimen con vistas al momento que se abriera con la muerte del dictador.

616 PÉREZ FERNÁNDEZ, Herminio: «Vamos a seguir andando con ánimo de reforma, pero sin espíritu de liquidación», *ABC,* 29/07/1975, p. 7. «Procesos electorales a los que podrán concurrir las asociaciones», *ABC,* 29/07/1975, p. 9. «Reconocimiento definitivo de Unión del Pueblo Español», *ABC,* 29/07/1975, p. 9. FUSI, Juan Pablo: *op. cit.,* p. 230. GIL PECHARROMÁN, Julio: *op. cit.,* pp. 194-196.

El final de la jornada de aquel lunes 28 de julio supuso el inicio de las vacaciones políticas. El propio Franco marchó al aeropuerto de Barajas, donde fue despedido por Arias, para volar con destino a Galicia. Fue la última vez que veraneó en el pazo de Meirás. El régimen, pues, había intentado cerrar todos los graves asuntos pendientes antes de las vacaciones veraniegas, pero los hechos demostraron que no era así. El 30 de julio, trascendió que nueve militares habían sido detenidos, acusados de pertenecer a la Unión Militar Democrática (UMD), evidenciando que el único pilar incólume del franquismo, tras la desafección de la Iglesia, tampoco era ya ajeno a la crisis del régimen. La UMD era vista por el *búnker* como el intento de trasladar a España la Revolución de los Claveles que había triunfado un año antes en Portugal, acabando con un régimen dictatorial aún más longevo, el del Estado Novo proclamado en 1933. Y el 31 de julio, moría asesinado en Usúrbil, a manos de ETA militar, el taxista Francisco Expósito Camio, un euskaldún que había sido campeón de España de *ciclocrós*, acusado de ser confidente de la Guardia Civil[617]. Con ese asesinato y el del tradicionalista Arguimberri, ocurrido veinticuatro *días antes,* ETA militar demostraba que no estaba dispuesta a aceptar que hubiera guipuzcoanos que participasen de la movilización reclamada por las instituciones contra la organización terrorista, algo que aún exigían algunos miembros del Gobierno Arias para proceder a la descentralización.

El 30 de julio, en Barcelona eran detenidos dos etarras y en Madrid otros dos más, muriendo un tercero, Jesús [Josu] Múgica Ayestarán. Todos ellos pertenecían a ETA político-militar. Los poli-milis habían formado un grupo de acción, denominado los *bereziak*, para operaciones extraordinarias, mandándolos a Cataluña, Madrid y Galicia. Con esta decisión, ETA político-militar daba la razón estratégica a los milis, en el sentido de consagrar el principio operativo de que las personas dedicadas a la lucha armada no debían compaginarla con la labor de masas, aunque solo lo implementase con una parte de los efectivos de la organización. A Barcelona fueron desplazados ante la perentoria necesidad de conseguir dinero, muriendo en un atraco el cabo Ovidio Díaz por disparos que la policía atribuyó a Jon Paredes Manot, *Txiki,* que fue uno de los detenidos el 30 de julio, junto al jefe de los *especiales*

617 «Antes de salir de vacaciones», *ABC,* 29/07/1975, p. 1. FUSI, Juan Pablo: *op. cit.*, p. 232. ALONSO, Rogelio, DOMÍNGUEZ, Florencio y GARCÍA REY, Marcos: *op. cit.*, pp. 58-59.

Ignacio Pérez Beotegui, *Wilson,* otro de los responsables del atentado contra Carrero. En Guntín, provincia de Lugo, el 11 de agosto serían arrestados otros dos poli-milis (José Ignacio [Iñaki] Villanueva Lanza y Emilio Goitia Batiz), muriendo en El Ferrol del Caudillo [hoy, Ferrol] José Ramón [Moncho] Reboiras Noya, militante de Unión do Povo Galego, organización con la que ETA político-militar había llegado a un acuerdo, en aplicación de la estrategia de aliarse con otros revolucionarios que no eran vascos. En Madrid, los etarras desconocían que uno de los miembros del comando era en realidad un infiltrado del SECED, un tradicionalista, llamado Miguel [Mikel] Lejarza Eguía y conocido con el sobrenombre en clave del *Lobo,* quien propició la desarticulación del grupo, resultando herido Félix Eguía Inchaurraga, *Papi,* número dos de los *Bereziak,* a quien las FOP atribuían el atentado de Mondragón que acabó con la vida de los guardias García y Santos, e igualmente detenido José María Lara Fernández, *Txepe.* Las informaciones del Lobo permitieron, además, la detención de siete de los diez integrantes de la cúpula de ETA político-militar y de otros 158 etarras[618].

Con todas esas detenciones, la capacidad de ETA político-militar quedó muy reducida, tras una ofensiva que había tenido mucho de desastrosa. Pero el Gobierno Arias no fue consciente del daño infligido y, en consecuencia, tampoco aflojó en su dureza represiva, máxime después de que, el 8 de agosto, los milis asesinaran en Hernani al guardia jurado Demetrio Lesmes Martín, mientras que otro grupo armado, este con pretensión de implantación estatal, había iniciado aquel verano su primera campaña terrorista, conjugándola con la organización de las masas a las que pretendía aleccionar, siguiendo el modelo de los poli-milis. Era el maoísta Frente Revolucionario Antifascista y Patriota (FRAP), nacido en París en medios del exilio republicano, como brazo armado del Partido Comunista de España Marxista Leninista (PCE

618 CIFUENTES, E.: «Comunicado de ETA en *Sud-Ouest* de Burdeos», *El Diario Vasco,* 02/08/1975, p. 3. «Importantes miembros de ETA, detenidos», *La Voz de España,* 05/08/1975, p. 7. «Se confirma la detención de Pedro Ignacio Pérez Beotegui, alias *Wilson*», *ABC,* 05/08/1975, pp. 1 y 63. UNZUETA, Patxo: «Repetidas *infiltraciones* en la organización vasca», *El País,* 01/09/1978, p. 11. SULLIVAN, John: *op. cit.,* pp. 192-193. CEBOLLA, Fermín: «Tras la detención de Pérez Beotegui (*Wilson*)», *El Diario Vasco,* 02/08/1975, p. 3. «Presunto militante de ETA, muerto en Santiago», *La Voz de España,* 13/08/1975, p. 6. LEJARZA, Mikel y RUEDA, Fernando: *Secretos de confesión. 50 años de la operación Lobo,* Barcelona, Roca, 2022, pp. 33-35 y 52-53. FERNÁNDEZ SOLDEVILLA, Gaizka: *op. cit.,* p. 136. JAIME JIMÉNEZ, Óscar: *op. cit.,* p. 212.

ml), la primera disidencia que había sufrido el PCE, contraria a su política de reconciliación nacional. En el FRAP, ya volcado en la lucha armada revolucionaria, confluyeron otros partidos, igualmente minoritarios, como el dirigido por Julio Álvarez del Vayo, que había sido militante del PSOE y ministro de Estado en la Guerra Civil. Álvarez del Vayo, presidente del FRAP desde marzo de 1975, entendía que era el momento de continuar con el *proceso revolucionario* iniciado en la Segunda República. El 16 de agosto en Madrid, el FRAP asesinó al teniente de la Guardia Civil Antonio Pose Rodríguez[619].

El 22 de agosto, un Consejo de Ministros, reunido en el Pazo de Meirás y presidido por Franco, aprobó un decreto-ley contra el terrorismo. Era un salto en el endurecimiento de las medidas represivas, que generaba una cualificación de la pena capital para los que atentasen contra las FOP y otros funcionarios públicos con resultado de muerte, incrementándose sustancialmente las penas para los colaboradores y tipificándose por primera vez como delito la cooperación con el terrorismo. También, se ampliaba hasta diez días el período de detención y se permitían los registros domiciliarios mediante la mera autorización policial, dejando durante dos años suspendidos los artículos 18.º y 15.º del Fuero de los Españoles[620]. El articulado borraba la diferencia entre violencia, y cualquier activismo político y social de las «organizaciones comunistas, anarquistas, [y] separatistas»[621]. De hecho, desde la prensa se levantaron las críticas, máxime cuando tras la promulgación del decreto-ley fueron secuestradas gubernativamente las revistas *Doblón, Cambio 16, Posible* y *Destino*. La *Hoja del Lunes de Madrid* se planteaba si «¿será subversión la simple crítica?», temiendo la inseguridad que conllevaría el trabajo informativo para los periodistas al «vernos suspendidos en el ejercicio de nuestra profesión, despedidos de

---

619 ALONSO, Rogelio, DOMÍNGUEZ, Florencio y GARCÍA REY, Marcos: *op. cit.*, p. 59. AVILÉS FARRÉ, Juan: «El terrorismo en la España democrática», en TUSELL, Javier (coords.): *La transición a la democracia y el reinado de Juan Carlos I*, Madrid, Espasa Calpe, 2003, p. 632. DOMÍNGUEZ RAMA, Ana: «La *violencia revolucionaria* del FRAP durante el franquismo», en NAVAJAS ZUBELDÍA, Carlos e ITURRIAGA BARCO, Diego (eds.): *Novísima. Actas del II Congreso Internacional de Historia de Nuestro Tiempo*, Logroño, Universidad de La Rioja, pp. 398-404. LADRÓN DE GUEVARA, Carmen: *op. cit.*, pp. 72-75.

620 «El decreto-ley contra el terrorismo podría entrar en vigor la próxima semana», *ABC*, 23/08/1975, p. 1. FUSI, Juan Pablo: *op. cit.*, p. 232. «No es responder a la violencia con la violencia», *La Voz de España*, 27/08/1975, p. 6.

621 Decreto-Ley 10/1975, de 26 de agosto, sobre prevención del terrorismo. *Boletín Oficial del Estado*, 27/08/1975, núm. 205, pp. 18117-18120.

nuestro trabajo, (...) cancelado nuestro medio informativo o encarcelados». *ABC* advirtió que «en nada contribuirá a la paz social la extensión arbitraria de unos preceptos, dictados para sancionar conductas terroristas, a otros supuestos de ejercicio consciente y responsable de la libertad informativa». Pese a todo ello, el Gobierno Arias estaba convencido que con ese decreto-ley no sería necesario acudir de nuevo a los estados de excepción, puesto que su dureza sería en sí misma suficiente para recuperar la paz social. Pronóstico fallido, porque no logró frenar una violencia terrorista que se generalizaba a nivel estatal[622].

Un día después de promulgarse el decreto-ley, se celebró el consejo de guerra contra los etarras Ángel Otaegui Echevarría y José Antonio Garmendia Artola, *Tupa,* por la muerte del cabo de la Guardia Civil Gregorio Posada Zurrón en Azpeitia el 3 de abril de 1974, cuando estaban adscritos al Frente Militar de ETA, condenando a los dos a la pena capital. El 19 de septiembre de 1975, se constituyó otro consejo de guerra, igualmente por proceso sumarísimo, que hizo lo mismo con Txiki, por el atraco en Barcelona del 6 de junio, al considerar que el acusado disparó al abandonar la sucursal bancaria a un coche policial, resultando muerto Ovidio Díaz. La sentencia recogió las declaraciones autoinculpatorias del acusado ante la policía y el juez, pese a que había denunciado en la vista que habían sido obtenidas mediante torturas. En el ínterin, otros dos consejos de guerra condenaron a muerte a ocho miembros del FRAP. El 26 de septiembre, el Consejo de Ministros presidido por Franco decidió indultar de las penas capitales a seis de ellos y darse por enterado en el caso de los otros cinco, lo que significaba que estos últimos serían ejecutados. Un día después, fueron fusilados los miembros del FRAP José Luis Sánchez-Bravo Sollas, José [Xosé] Humberto Baena Alonso y Ramón García Sanz en Hoyo de Manzanares (Madrid), y los etarras Txiki en Sardañola del Vallés [Cerdanyola del Vallès] (Barcelona) y Otaegui en Burgos[623].

---

622 «Los periodistas y el decreto-ley», *Hoja del Lunes de Madrid,* 01/09/1975, p. 2. «La prensa ante el decreto-ley sobre prevención del terrorismo», *ABC,* 05/09/1975, p. 3. JAIME JIMÉNEZ, Óscar: *op. cit.,* p. 214.

623 ALONSO, Rogelio, DOMÍNGUEZ, Florencio y GARCÍA REY, Marcos: *op. cit.,* p. 39. FONSECA, Carlos: *Mañana cuando me maten. Las últimas ejecuciones del franquismo. 27 de septiembre de 1975,* Madrid, La Esfera de los Libros, 2015, pp. 269-270, 373-374 y 225-226. «Juan Paredes Manot, alias *Txiki* condenado a muerte», *La Voz de España,* 21/09/1975, p. 21. «Cinco condenas a muerte y seis indultos», *ABC,* 27/09/1975, p. 1. «Las sentencias, cumplidas», *ABC,* 28/09/1975, p. 5.

El régimen había recurrido, pues, de nuevo a las ejecuciones, a diferencia de 1970 cuando optó por los indultos. El Gobierno Arias exhibía dureza, aun siendo consciente del descontento tanto interno como externo que ello conllevaba. Desde mediados de septiembre de 1975, se asistió a una oleada de protestas internacionales, que se tradujo en el asalto e incendio de la Embajada de España en la Lisboa de la Revolución, con izada por los manifestantes en la legación diplomática de la bandera tricolor con las siglas del FRAP, y la petición por parte de México de la expulsión de España de la ONU, teniendo su momento álgido cuando el Mercado Común Europeo suspendió las negociaciones con España[624], que habían abierto el acuerdo preferencial alcanzado por los *tecnócratas* cinco años antes. Otra vez el régimen se veía envuelto en una crítica situación como ya había vivido en 1970, pero ahora con mayores consecuencias negativas para el mismo, en una posición de debilidad aún más acrecentada, pese a la coraza que ostentaba. El 1 de octubre, la plaza de Oriente de Madrid volvió a dar cobijo a varios cientos de miles de españoles que vitorearon a Franco, quien demacrado y tembloroso habló por última vez ante una multitud de sus seguidores.

Además, hubo paros laborales en protesta por los fusilamientos en Guipúzcoa y Vizcaya, aunque jugó en contra de las críticas el hecho de no contar con una campaña de reclamación tan organizada como había ocurrido en 1970, ni preparada con tanta antelación. A diferencia de ETA VI, que centró su actividad en salvar la vida de sus compañeros, ni ETA político-militar, ni ETA militar, hicieron algo similar en los días previos a los fusilamientos. Además, ni los poli-milis, ni menos aún los milis, pudieron contar con el PCE y su influencia en el mundo laboral para desencadenar una protesta comparable a la vivida en 1970. Se constató, pues, que pese a tratarse de unos juicios igualmente sumarísimos, el Proceso de Burgos había sido lento en su tramitación procesal, dando tiempo a organizar una poderosa reacción. En cambio, en 1975, el régimen actuó con mayor rapidez, acortando las posibilidades de contestación, en detrimento de los plazos de defensa, como evidencia que Txiki fuera detenido y ajusticiado en el exiguo plazo de menos de dos meses. A su vez, el régimen limitó

624 SALAS Y GUIRIOR, José: «Impune destrucción de la Embajada y el Consulado españoles en Lisboa», *ABC*, 28/09/1975, pp. 1 y 8. «CEE: deplorable juego de contradicciones en materia española», *ABC*, 08/10/1975, p. 1.

la difusión de las noticias de las huelgas a diferencia de 1970, cuando todos los días los gobernadores civiles de Guipúzcoa y Vizcaya comparecían para dar cuenta de los paros. La prensa, desde la destitución de Pío Cabanillas, tenía más dificultad para informar con veracidad, máxime tras el decreto-ley antiterrorista que había difuminado la diferencia legal entre el activismo social y la violencia. El Gobierno Arias demostró que no estaba dispuesto a transigir con la *primavera* periodística, máxime cuando la paz social había quedado quebrada con la crisis económica, derivada del alza de los precios petrolíferos y la consiguiente inflación, desatada en torno al 14 %, cuyos primeros síntomas habían empezado a padecerse en España desde mediados de 1973[625].

El régimen anunció que el primer lunes tras los fusilamientos, en Guipúzcoa solo secundó la huelga el 12 % de la población laboral, de un total de 246.000 trabajadores en la provincia. La prensa informó que hubo manifestaciones en San Sebastián, Rentería y Zumárraga, de tres centenares de personas en esta última localidad, que intentaron «bajo amenaza y coacción» cerrar el comercio y parar las fábricas. Las FOP hicieron «uso de las armas, disparando al aire». Un árbol talado cortó la carretera Madrid-Irún a la altura del polígono industrial de Lintzirin, en Oiartzun. En Vizcaya, se registraron «algunos paros laborales parciales, que afectaron a medio centenar de empresas de las 20.000 con que cuenta la provincia», cifrando en 7500 los trabajadores en huelga de unas plantillas formadas por 30.000. Un día después, el 30 de septiembre, en Guipúzcoa, el porcentaje de parados alcanzó el 18 % del total del censo laboral. En Irún, hubo enfrentamientos con las FOP. También, hubo desórdenes en San Sebastián, utilizando la policía sus armas, desprendiéndose cascotes de una cornisa, hiriendo al niño Ignacio Iturrizo Domingo. En el Buen Pastor, las FOP reprimieron a los que habían acudido a la celebración del funeral por Txiki y Otaegui. Asimismo, se quemaron neumáticos en el alto de Miracruz. Entre Lezo y Pasajes, la carretera fue cortada con barricadas, resultando herido un manifestante. En Vizcaya, el régimen limitaba a 6100 trabajadores los que secundaban la huelga, de un censo de más de 300.000. A consecuencia de ello, unos 3000 obreros fueron suspendidos de empleo y sueldo. El día 1 de octubre, en Guipúzcoa, el régimen anunciaba que

625 FUSI, Juan Pablo: *op. cit.*, pp. 234 y 214. SULLIVAN, John: *op. cit.*, pp. 200-201.

solo quedaba en paro un 3 % del censo laboral. En el resto de España, las protestas tampoco alcanzaron el nivel del Proceso de Burgos[626].

El lunes 29 de septiembre, en Barcelona, el FRAP hirió a dos miembros de la Policía Armada en un atraco a la residencia sanitaria Francisco Franco (hoy Hospital Universitario Vall d'Hebron), muriendo un día después Diego del Río Martín. En la jornada siguiente, primero de octubre, irrumpieron los GRAPO en Madrid con cuatro atentados, horas antes de que en la plaza de Oriente se reunieran los simpatizantes del régimen. Fallecieron los miembros de la Policía Armada Agustín Ginés Navarro, Joaquín Alonso Bajo, Antonio Fernández Ferreiro y Miguel Castillo Martín. Los GRAPO, junto al FRAP, eran otra muestra de la mencionada tercera oleada terrorista. El 5 de octubre, ocho días después de los fusilamientos, los guardias civiles Esteban Maldonado Llorente, Jesús Pascual Martín Lozano y Juan Moreno Chamorro caían asesinados cuando bajaban del santuario de Arantzazu tras retirar una ikurriña. ETA militar asumió el atentado[627].

Horas después del atentado de Arantzazu, ya entrada la noche, tres individuos armados se personaron en el bar-restaurante que Ignacio [Iñaki] Etxabe Orobengoa tenía en el alto de Kanpazar, cerca de la divisoria entre Vizcaya y Guipúzcoa. El establecimiento hostelero había sido ya objeto en los meses anteriores de otros dos ataques, mediante un artefacto explosivo y un ametrallamiento. Su dueño, hermano de quien había sido el jefe del Frente Militar de ETA, fue asesinado, mientras que otro hermano, Luis, se salvó al refugiarse en el almacén. Los tres hombres que asaltaron el restaurante iban bien armados y estaban adiestrados, evidenciando que era un comando bien preparado, como ha estipulado la primera aproximación historiográfica a unos hechos aún no del todo esclarecidos. Se trató del primer asesinato perpetrado por elementos antiterroristas, los conocidos como *incontrolados,* que en realidad eran agentes de las FOP fuera de servicio, esencialmente

626 «Anomalías en Guipúzcoa», *La Voz de España,* 30/09/1975, p. 5. «Algunos paros parciales», *La Gaceta del Norte,* 30/09/1975, p. 4. «Desórdenes en San Sebastián», *La Voz de España,* 01/10/1975, p. 7. «Pequeños paros», *La Gaceta del Norte,* 01/10/1975, p. 4. «Situación laboral en Guipúzcoa: Solo quedan algunos paros residuales», *La Gaceta del Norte,* 02/10/1975, p. 6. SULLIVAN, John: *op. cit.*, p. 200.

627 LADRÓN DE GUEVARA, Carmen: *op. cit.*, pp. 83-85 y 119-124. ALONSO, Rogelio, DOMÍNGUEZ, Florencio y GARCÍA REY, Marcos: *op. cit.*, pp. 60-61. AVILÉS FARRÉ, Juan: *La resaca del 68…*, pp. 24-25. «ETA responsable del asesinato de tres guardias civiles en Aránzazu», *El Diario Vasco,* 11/10/1975, p. 1.

miembros de la Guardia Civil. En medios policiales, se les conocían como los *rapados*, por el pelo corto que rebelaba su condición militar al estar adscritos a cuerpos policiales bajo disciplina castrense. En el funeral de Iñaki, celebrado en la parroquia de San Juan Bautista de Mondragón, estuvo Araluce, junto a otro miembro de los Etxabe, Goio, dirigente del rival Movimiento de Alcaldes. El presidente de la diputación guipuzcoana no solo quiso estar presente para expresar sus condolencias a la familia, sino también para mostrar su condena a cualquier tipo de violencia infringida por particulares, incluida la de aquellos que se escondían bajo esa condición. Araluce expresaría en diversas ocasiones su oposición a la violencia, «sea de donde sea». La noche anterior, se había personado Marcelino Oreja en el bar del alto de Kanpazar para dar también su pésame, en el mismo día del aniversario de la muerte de su padre, ocurrida cuarenta y un años antes en el mismo término municipal de Mondragón. El entonces subsecretario de Exteriores pidió en un artículo acabar con «la espiral enloquecida» que ponía en peligro la «evolución, reforma, desarrollo o cambio» político. Tales palabras aparecieron en *El Diario Vasco,* cuyo editorial denunció el «viento de locura que nos retrotraen a las formas más primitivas de vida»[628].

El concepto de *incontrolado* precisa de una mayor elaboración intelectual, debido a su imprecisión, si queremos determinar históricamente tales hechos. El origen del término procede de la frase coreada en las manifestaciones de protesta ante las actuaciones enmarcadas por ideologías de extrema derecha: «De día uniformados, de noche incontrolados». La sencillez del lema propició su difusión, pero esconde cuantificar el nivel de cobertura e implicación que facilitaron las FOP y los servicios secretos; es decir, nos encontramos ante un término que no precisa en qué medida nos hallamos ante un fenómeno protagonizado por policías y agentes o por miembros de la extrema derecha, aunque la solución probablemente pase por la inclusión de ambos tipos, propia de las actuaciones conceptualizadas con el término de parapoliciales,

628 PÉREZ PÉREZ, José Antonio: «El terrorismo ultraderechista y...», p. 531. SÁNCHEZ CORBÍ, Manuel y SIMÓN, Manuela: *op. cit.,* pp. 105-106. *Germán Rodríguez Castiñeira...*, 07/12/2021, Madrid, entrevista realizada por Juan José ECHEVARRÍA. «Funeral», *El Diario Vasco,* 07/10/1975, p. 8. «Estella quiere la verdad...». ITURRI, José Antonio: «El tema del País Vasco ha sido mal tratado», *La Actualidad Española,* 19/07/1976, p. 37. OREJA AGUIRRE, Marcelino: *op. cit.,* pp. 120-121. «Cinco de octubre», *El Diario Vasco,* 07/10/1975, p. 8. «No a la violencia», *El Diario Vasco,* 07/10/1975, p. 3.

expresión que, sin embargo, sigue presentando ambigüedades. En realidad, los atentados etarras comenzaron a ser contestados por esos medios parapoliciales desde el mes de abril anterior tras el atentado contra el inspector Morán, cuando unos *incontrolados* colocaron una bomba en la librería Mugalde, en Hendaya [Hendaia], abierta por ETA, convirtiéndose aquel hecho en la génesis de la *guerra sucia*. En mayo, como reacción a los asesinatos del guardia civil Segovia y del inspector Llorente, los objetivos se dieron también en suelo español, fijando la atención sobre todo en establecimientos de familiares y abogados de ETA; así como en vehículos de matrícula francesa para mostrar su descontento con la permisividad de las autoridades del país vecino hacia la organización terrorista, como quedó consignado en informaciones de la CIA. Después, hubo ataques a la sede de Anai Artea, a la librería Nafarroa y a tres restaurantes, uno de ellos propiedad de Juanjo Etxabe. Pero, fue el 5 de octubre de 1975, con el asesinato de su hermano Iñaki, cuando la violencia adquirió una nueva dimensión, mientras que las acciones terroristas se propagaban con una intensidad desconocida y el Gobierno Arias incrementaba la dureza empleada en la respuesta, tal como exigían los sectores más reaccionarios del régimen. Se trataba de un escenario, que, sin poder ser equiparado, aproximaba como nunca hasta entonces al País Vasco con el Ulster, donde desde cinco años antes se tiroteaban entre sí organizaciones armadas en el seno de la conceptualizada tercera oleada terrorista[629]. La percepción de ello por una parte de la sociedad vasca, que tendría continuidad en los años siguientes con más sucesos que redundarían en ello, beneficiaba la tesis nacionalista del *secular* enfrentamiento entre España y Euskadi, algo que tampoco era capaz de ver el régimen en su agonía.

---

629 PÉREZ PÉREZ, José Antonio: *op. cit.*, pp. 536-537 y 525. MOTA ZURDO, David: *op. cit.*, pp. 67-68. AVILÉS FARRÉ, Juan: «La resaca del 68...», p. 35.

Liberar al prisionero

Araluce pasó la tercera semana de agosto descansando en su casa veraniega de Estella. Allí, leyendo los periódicos y analizando los resúmenes de prensa que le había preparado su jefa de gabinete desde el mes de julio, pudo constatar cómo había devuelto el tema foral al debate político español, mediante la moción presentada al gobierno. El reputado periodista de *El Correo Español-El Pueblo Vasco,* Fernando Barrena Ballarín, había publicado el día 5 de agosto en la revista *Actualidad Económica* un artículo, reproducido por el diario católico *La Gaceta del Norte,* en el que sostenía sin ambages que «el problema vasco solo tiene solución política», apostando por una vía que «exige concesiones, (...) diálogo». Sin respaldarlo, Araluce coincidía con el periodista en la relevancia de las medidas políticas, también en que Barrena negaba el argumento del ministro León Herrera y los reparos de Arístegui: «Está fuera de toda duda que Vizcaya y Guipúzcoa desean volver al concierto económico». Sin embargo, ese mismo día 10, *El Diario Vasco* publicaba una carta del exconsejero nacional y destacado miembro del Círculo Vázquez de Mella de Burgos, el tradicionalista José María Codón Fernández, antiguo responsable de propaganda del carlismo *javierista,* suscrito por veinte firmas más, asegurando que «el concierto económico es anacrónico». «Ni concierto económico de tinte liberal capitalista, ni centralismo opresor, ni nacionalismo regionalista: Patria y Fueros», añadía la misiva, que insistía en dejar de lado la dimensión neoforal y optar por la foral como «monumento del amor a España». Opinión contraria y más acorde con Araluce mantuvo el día 17 el concejal Otazu: «El Concierto Económico no solo es historia, sino que es algo muy presente y muy vivo en la idiosincrasia de nuestro pueblo». *El Diario Vasco,* medio fuerista, había dado inicio así a una serie sobre el Concierto Económico invitando a personalidades a formular su opinión. Uno de ellos fue el procurador Arambarri, que consideró que con su restitución se mitigaría en gran medida la «problemática vasca».

También lo entendía así el exalcalde Muñoa, convencido de que traería «buenos frutos». Asimismo, el expresidente de la diputación, José María Caballero, quien recordó al regionalista Garicano, considerando que con el Concierto «no acaban nuestras aspiraciones. En una fase inmediata habríamos de laborar para alcanzar el establecimiento de un régimen foral»[630], es decir, volviendo a la situación anterior a 1876 con instituciones forales que dirigieran a las provincias.

Más allá de los partidarios de la descentralización foral y de los de la neoforal, o conjunta, como Araluce, hubo otros que en aquel debate mostraron su plena aspiración regional, imbricándola además con la democratización. Así, Areilza, quien desde la década de los sesenta había dado un giro democrático a sus posiciones monárquicas, a la par que se distanciaba del régimen que tanto había contribuido a crear, expuso que «no debe limitarse la reforma a volver a negociar con el Estado fórmulas actualizadas de concertación económica (...), sino que (...) debería extender su examen a la problemática general del país». Y apostaba por «la democratización inteligente y equilibrada de nuestra vida pública en la que debe desembocar nuestro futuro monárquico, [que] deberá traer consigo una distribución regional de poderes y decisiones». «El Fuero era eso: autonomía y libertades. Pero era también respeto y lealtad a la Corona, es decir, al destino de España», añadía, enlazando con su pensamiento juvenil. También, Marcelino Oreja, para quien la devolución del concierto sería «un primer paso para reparar un grave daño (...). Pero no es suficiente», apoyando la regionalización como una «auténtica descentralización de poder» y la democratización. Similar planteamiento sostenía el alcalde de Deva, Joaquín Aperribay Elosua, un empresario del sector armero, a quien Oreja introducía en la política. «No puede decirse que hoy el Concierto Económico sea una fórmula definitiva y única aspiración de muchos guipuzcoanos que lo que quieren es un reconocimiento real» de lo que entendía como «nuestra peculiaridad

630 BARRENA, Fernando: «Un problema vasco», *La Gaceta del Norte,* 10/08/1975, p. 15. CODÓN, José María: «Carta al presidente de la Diputación de Vizcaya en relación con el Concierto Económico», *El Diario Vasco,* 10/08/1975, p. 3. OTAZU, Fernando de: «El concierto económico, tema del día», *El Diario Vasco,* 17/07/1975, p. 9. ARAMBARRI, Roque: «El concierto económico, tema del día», *El Diario Vasco,* 12/08/1975, p. 9. MUÑOA, Miguel: «El concierto económico, tema del día», *El Diario Vasco,* 19/07/1975, p. 8. CABALLERO, José María: «El concierto económico, tema del día», *El Diario Vasco,* 31/07/1975, p. 9.

natural». «Concierto sí, pero en la medida en que sea el paso previo a una auténtica descentralización que además de administrativa y económica sea política», agregó quien sería directivo de la Real Sociedad de Fútbol. Aperribay disputaría en 1976 la presidencia de la diputación a Araluce como el candidato del cambio y en 1989 sería objeto de un intento de secuestro por parte de ETA militar, muriendo su chófer Gregorio Caño García. Pero, quien abogó en la serie publicada por *El Diario Vasco*, por una versión regionalista más decidida fue Escudero, el procurador que llevaba años destacándose por ello, mencionando incluso los proyectos estatutarios de la Segunda República, lo que en 1975 todavía era un anatema para el régimen. «El régimen de concierto no constituye, al menos para una gran masa de ciudadanos, la máxima aspiración. El derecho secular, que no el privilegio, se concreta para los guipuzcoanos en los Fueros», que en su opinión se debían actualizar en un estatuto de autonomía unitario para las cuatro provincias vasco-navarras. La lectura del artículo de Escudero por parte de Araluce ensombreció el gesto del presidente de la diputación, no solo por constatar algo que ya conocía, que el planteamiento autonómico del procurador iba mucho más allá, sino por la descalificación que su viejo rival de las elecciones de 1967 deslizó contra su moción, al restarla importancia y considerarla una imposición: «Ninguno de los procuradores vascos, al menos con los que yo hablé, [la] habíamos conocido, hasta que la oímos leída por el interesado en la sesión». También abogó por la región, aunque desde una visión menos ligada a las manifestaciones más prosaicas de la política, el ensayista y profesor de la Facultad de Derecho de San Sebastián, Antonio Cillán Apalategui: «Me parece perfecto que se derogue el Decreto (...), aunque no creo que un nuevo Concierto Económico solvente problema alguno. Quizás la solución está en la región»[631].

En la última semana de agosto, Araluce abandonó la lectura en el porche de Zalvidea y la consiguiente reflexión sobre la foralidad

631 CAVA MESA, María Jesús: «José María de Areilza...». AREILZA, José María: «El concierto económico, tema del día», *El Diario Vasco*, 25/07/1975, p. 9. OREJA AGUIRRE, Marcelino: «El concierto económico, tema del día», *El Diario Vasco*, 23/07/1975, p. 9. APERRIBAY, Joaquín: «El concierto económico, tema del día», *El Diario Vasco*, 19/07/1975, p. 8. ALONSO, Rogelio, DOMÍNGUEZ, Florencio y GARCÍA REY, Marcos: *op. cit.*, pp. 714-715. ESCUDERO, Manuel María: «El concierto económico, tema del día», *El Diario Vasco*, 27/07/1975, p. 9. CILLÁN APALATEGUI, Antonio: «El concierto económico, tema del día», *El Diario Vasco*, 24/07/1975, p. 9.

para reincorporarse a sus quehaceres como presidente de la diputación. Entre ellos, estaba asumir sus obligaciones derivadas de convertirse San Sebastián en la corte veraniega de España, hecho que se había visto capitidisminuido por la ausencia del jefe de Estado de la capital guipuzcoana, aunque el ministro de Asuntos Exteriores, Pedro Cortina Mauri, había dado inicio al tradicional Ministerio de Jornada de la temporada estival. Dicha presencia alentaba los habituales rumores de que Franco se desplazaría en breve desde Meirás a la ciudad donostiarra, aunque tal hecho tampoco había ocurrido el verano anterior. Aun así, Arístegui, el presidente de la diputación vizcaína, preparó un viaje a San Sebastián para entregar personalmente una nota a Franco en el palacio de Ayete, reclamando la abolición del decreto-ley de 1937[632]. No fue posible, porque el dictador no volvió por San Sebastián.

El 26 de agosto, Cortina ofreció una cena de gala a los embajadores presentes en la ciudad, asistiendo Araluce y su esposa. Estuvieron presentes, entre otros, los representantes de Estados Unidos, Francia, Italia, Alemania Federal, Reino Unido, Austria, Dinamarca, Grecia y Suiza. En la cena, celebrada en la capilla del Museo San Telmo, sobrevoló el hecho de que para dos días después estaba señalada la vista del primero de los cuatro consejos de guerra, en concreto el que juzgaría en la localidad de Castrillo del Val a Garmendia y Otaegui. Para esa fecha, Araluce había convocado al cuerpo diplomático para un paseo marítimo hasta Guetaria, donde ofrecería un marmitako a sus invitados. A las cinco de la tarde, Juan María, vestido de *sport* con chaqueta clara y sin corbata, acompañado de Maité, recibió en el puerto de San Sebastián a los embajadores. Media hora después, partieron a bordo del Ciudad de San Sebastián con destino a la localidad guipuzcoana donde había nacido Elcano. Hubo mar tranquila y temperatura agradable, aunque la niebla deslució en parte el trayecto del crucero. A las siete de la tarde, arribaron al Club Náutico de Guetaria, siendo recibidos al son del chistu y el tamboril de la banda de Orio, que interpretó el *Alkate soinua*. Acudieron 300 invitados, algunos llegados por la carretera de la costa. Cuando, a las ocho y media, se iba a servir marmitako, merluza verde y pastel de hojaldre, la protesta afloró, al negarse los trabajadores

632 «Diputación», *La Voz de España*, 27/08/1976, p. 2. «Cortina Mauri, en San Sebastián», *La Voz de España*, 05/08/1975, p. 1. ALONSO OLEA, Eduardo José: *op. cit.*, pp. 391-392.

del náutico a dar el ágape en protesta contra el consejo de guerra, aunque no de una manera perceptible, porque los hijos de Araluce y otros jóvenes suplieron inmediatamente a los huelguistas, sirviendo ellos el convite[633].

Ese mismo día, hubo otros paros en Villafranca, Pasajes, Rentería y Mondragón. Mientras, en Castrillo del Val se celebró el consejo de guerra, localidad próxima a Burgos, donde el Regimiento de Artillería de Campaña número 63 tenía su sede. La vista no duró ni seis horas y el caso quedó visto para sentencia con peticiones de muerte para los dos procesados. No declaró Garmendia, quien sufría graves secuelas cerebrales causadas en su detención, teniendo una bala alojada en su cabeza. Otaegui reconoció su pertenencia a ETA desde hacía cinco años, aunque sostuvo que se había limitado a repartir propaganda y aseguró que nunca había poseído armas. Admitió que la organización le había encargado el seguimiento del cabo Posada, identificando el coche del guardia civil, y que escondiese a los dos pistoleros que iban a acabar con su vida. El 29 de agosto, se dio a conocer la sentencia que condenaba a muerte a Garmendia, como autor del asesinato, en conjunción con otro etarra no detenido, Aya Zulaika. La resolución también condenaba a la pena capital a Otaegui, ya que consideraba que había «cooperado en la ejecución del hecho con unos actos sin los cuales no se hubiera efectuado», aplicándole el artículo 196 del Código de Justicia Militar, en concordancia con el decreto-ley que acababa de tipificar la cooperación terrorista. Es decir, pese a que se reconocía que Otaegui no fue uno de los dos autores materiales del asesinato, se le condenaba igualmente a la muerte al estimarlo cooperador necesario en el crimen, aplicando a un civil el código castrense, en redundancia con un decreto-ley posterior a los hechos juzgados; circunstancia que ya había sucedido en el Proceso de Burgos. Diferente suerte corrió otro de los colaboradores, el etarra Papi, ya que nunca fue juzgado por ello, pese a que estaba detenido desde julio, cuando la redada contra los poli-milis en Madrid. Eguía, que también había estado implicado en el asesinato del inspector

633 «Cena diplomática», *El Diario Vasco,* 27/08/1975, pp. 1 y 20. Tarjeta de invitación de Juan María de Araluce al cuerpo diplomático (San Sebastián, 28/08/1975), APJAL. L., U.: «Paseo marítimo y *marmitako* ofrecidos por el presidente de la Diputación», *El Diario Vasco,* 29/08/1975, p. 8. «Travesía del cuerpo diplomático a Guetaria», *La Voz de España,* 29/08/1975, p. 1. «Croisiere en el Cantábrico», *El Diario Vasco,* 30/08/1975, p. 2. *Juan Araluce Letamendía,* 22/11/2020, Madrid, entrevista realizada por Juan José ECHEVARRÍA.

Morán[634], se vería beneficiado por la amnistía de 1977, al igual que le sucedería finalmente a Garmendia[635].

El 31 de agosto, las FOP reprimieron una manifestación en San Sebastián con fuego real. Un miembro del Movimiento Comunista de Euskadi-Euskadiko Mugimendu Komunista (MCE -EMK), Jesús María García Ripalda, que portaba una pancarta criticando las penas de muerte a Garmendia y Otaegui, fue alcanzado mortalmente por un disparo. Hubo algaradas y paros en Guipúzcoa, protagonizados por 33.800 trabajadores, hasta el día 3 con un epílogo el 11 y 12 de septiembre. El maoísta EMK procedía de ETA Berri (Nueva), una escisión obrerista de la V Asamblea de ETA de 1967, que se introdujo en CCOO, haciéndose presente en el mundo laboral, algo que ya había demostrado con su aportación a la más relevante huelga general vivida hasta entonces en el País Vasco y Navarra, superior a la vivida con el Proceso de Burgos, la desarrollada el 11 de diciembre de 1974, que fue secundada por 200.000 trabajadores. A diferencia de 1970, en el *otoño caliente* de 1974 los huelguistas reclamaron esencialmente mejoras salariales ante la inflación existente[636].

Araluce observaba la situación social y política con preocupación, ante el temor de que el Gobierno Arias se echase atrás en las concesiones que había logrado respecto al régimen especial para Guipúzcoa y Vizcaya, asumiendo las posiciones más ultras existentes en el seno del franquismo contrarias a cualquier mínima descentralización con la excusa del terrorismo. Se lo dijo a la periodista Pilar Urbano, tras las ejecuciones de Txiki y Otaegui, y el indulto de Garmendia, cuya herida en la cabeza había sido decisiva para evitarle la muerte, temeroso

634 «Paros laborales», *El Diario Vasco,* 29/08/1975, p. 8. «Un Consejo de Guerra juzgó a los presuntos miembros de ETA, José Antonio Garmendia y Ángel Otaegui», *El Diario Vasco,* 29/08/1975, p. 4. FONSECA, Carlos: *op. cit.*, p. 246. «Penas de muerte para Garmendia y Otaegui», *La Gaceta del Norte,* 30/08/1975, p. 7. Inhibición de la Capitanía General de la VI Región Militar en la causa contra Félix Eguía Inchaurraga por la muerte del cabo Gregorio Posada Zurrón (Burgos, 15/02/1977), CGVIRM. Causas seguidas al liberado..., CGVIRM.

635 Real Decreto 1905/1977, de 20 de mayo, por el que se indulta a José Antonio Garmendia Artola. *Boletín Oficial del Estado,* 28/07/1977, núm. 179, p. 16845.

636 FERNÁNDEZ SOLDEVILLA, Gaizka y LÓPEZ ROMO, Raúl: *op. cit.*, pp. 310 y 301. FERNÁNDEZ SOLDEVILLA, Gaizka: *La calle es nuestra. La Transición en el País Vasco (1973-1982),* Bilbao, Asociación Cultura Abierta, 2015, p. 60. SULLIVAN, John: *op. cit.*, pp. 64-66 y 201. IRIARTE ARESO, José Vicente: «*Otoño caliente* en Navarra. La huelga general del 11 de diciembre de 1974», *Gerónimo de Uztariz,* 14-15 (1999), pp. 109-110.

el ejecutivo de la reacción internacional ante el hecho de ajusticiar a alguien que tenía mermadas sus capacidades mentales: «Formar en un pelotón de fusilamiento no gusta a nadie. Repugna. Pero no confundimos, no podemos confundirlo, el ejercicio de la piedad con el mantenimiento del orden y de los derechos del ser humano». Días antes, el 30 de septiembre, en la jornada posterior a los fusilamientos, el Pleno de la Diputación Provincial de Guipúzcoa había aprobado una declaración política formulada por Araluce, en la que recordaba que la corporación había expresado reiteradamente su condena al terrorismo, manifestando:

> Su pesadumbre y protesta frente a quienes manejan la irreflexión juvenil y el crimen con la reciente y penosa consecuencia de la pérdida de unas vidas que por la inabdicable acción de la Justicia han visto truncado el mejor destino de sus años mozos, y llevado el dolor, que compartimos, a sus familias. Sentimos, como en nuestra propia carne, la tragedia que todo esto comporta, pero, y por ello precisamente, afirmamos la imperiosa necesidad de mantener un orden que (...) garantice la seguridad de las personas y el respeto a la autoridad constituida.

Uno de los diputados provinciales que peor lo pasó entonces fue Gervasio Juaristi, el mismo que amonestaría a los regidores del Movimiento de Alcaldes en el funeral de Araluce. Días antes de la ejecución de Txiki había alzado públicamente su voz contra el fusilamiento. No en balde, había ayudado a los Paredes Manotas a establecerse en Zarautz, cuando doce años antes habían llegado a la localidad guipuzcoana como emigrantes. Al igual que Juaristi, Araluce consideraba que, ante el terrorismo, era el momento de potenciar el robustecimiento político de la diputación: «No me parece que nuestra función haya de ser meramente administrativa: hacer carreteras y hospitales. Hemos de ser la ventana de expresión del ánimo de la provincia, el cauce para compartir (...) las grandes preocupaciones políticas del país»[637].

Los temores de Araluce no eran infundados, pese a que, a principios de septiembre, la Dirección General de Administración Local, dependiente del Ministerio de la Gobernación, había preparado un proyecto

637 URBANO, Pilar: «Sentimos la tragedia del...». «Palabras del Presidente al finalizar la Sesión Plenaria Ordinaria el día 30-IX-1975» (San Sebastián), APJAL. ANGULO, Gorka: *op. cit.*, p. 119.

de decreto-ley para sustanciar jurídicamente el planteamiento descentralizador que tras desencuentros y aproximaciones habían terminado consensuando García Hernández y Araluce. La norma tenía dos premisas: la derogación completa del decreto-ley de 1937 y la creación de una comisión que estudiase fórmulas descentralizadoras a través de la concesión a Guipúzcoa y Vizcaya de sendos regímenes especiales mediante la técnica de Carta que permitiría la futura ley de régimen local, que agotaba su tramitación en las Cortes. De hecho, la Comisión de Gobernación tenía previsto reunirse, tras el paréntesis veraniego, el 16 de ese mes para debatir los últimos detalles antes de la promulgación de la norma. Antes, el 12 de septiembre, el ministro de la Gobernación intentó presentar al Consejo de Ministros tal proyecto, pero se encontró con la feroz oposición de Cabello de Alba y Antonio Carro Martínez. Según explicó el vicepresidente García Hernández a Arístegui, era «muy difícil convencer a unos señores que tienen un convencimiento simplista del asunto y que creen que todo se reduce al antiguo Concierto Económico»[638]. De nuevo, la sombra de la restitución del instrumento económico neoforal suponía un obstáculo para la descentralización. Y eso que el ministro había intentado evitar que el proyecto crease diferencias en el seno del Gobierno Arias. Cabello de Alba se había significado, ante la crisis económica, por acometer una drástica reducción del gasto público con el objeto de frenar la inflación. Se trataba de un ortodoxo liberal en materia económica que además entendía que como titular de Hacienda debía velar por el régimen común para toda España, aunque no tuviera en cuenta que Álava y Navarra no estaban comprendidas. Por su parte, el jurista Carro, ministro de la Presidencia, había hecho su carrera en la administración civil, donde había sido director general de Administración Local, a la sombra de Arias. Apadrinado por este, estaba convencido de que era necesaria una reforma de la administración local, pero con bases igualitarias para todas las provincias españolas, lo que implicaba su oposición a la restitución del Concierto Económico. Conocedor de ello, García Hernández había elaborado un texto que no promulgaba la reinstauración neoforal, amparándose en la tesis gubernamental de que *no era tan unánime el clamor*. De hecho, el

638 ECHEVARRÍA PÉREZ-AGUA, Juan José: *La constitucionalización de la...*, p. 190. El contenido del proyecto de decreto-ley había sido inédito hasta la publicación de esta obra en 2019. «Se reúne la Comisión que estudia el Estatuto de Régimen Local», *La Voz de España*, 17/09/1975, p. 7. ALONSO OLEA, Eduardo José: *op. cit.*, pp. 393-394.

contenido del proyecto de decreto-ley no recogía la aspiración máxima de Araluce, la restitución del Concierto Económico, pero sí el acuerdo alcanzado entre los dos en el mes de junio: abolía la norma de 1937, que había acabado con tal instrumento económico en Guipúzcoa y Vizcaya, y dejaba abierto en qué consistiría ese régimen especial que una comisión bilateral determinaría. Con tal esquema y sin alcanzar el máximum de su reclamación, Araluce había logrado diseñar el campo de juego de la descentralización, manteniendo vivas todas sus aspiraciones.

El proyecto de decreto-ley «por el que se establece un régimen especial para las provincias de Vizcaya y Guipúzcoa» pretendía, además, evitar cualquier término que pudiera interpretarse como una restitución foral, formulándose mediante la técnica más moderna de Carta provincial, lo que evidenciaba los recelos del franquismo a la dimensión político-institucional de la foralidad. Sin embargo, no podía ocultar su inspiración foralista, al anunciar que la descentralización consistiría en «una amplia transferencia de funciones» a las diputaciones, de las que se destacaba su «tradicional capacidad gestora». El preámbulo del decreto-ley proponía «derogar aquellas normas cuya pervivencia no se encuentra justificada», fijando en el artículo 5.º que se trataba del decreto-ley de 1937 y consecuentemente también el de 1968. El artículo 1.º establecía que el gobierno determinaría el régimen especial, pero tras escuchar a las diputaciones, respetando, pues, el procedimiento foral: «Previa audiencia de las Diputaciones de Vizcaya y Guipúzcoa». El artículo 3.º otorgaba un plazo de un año, a partir de la promulgación de la nueva legislación local, para que dichas corporaciones elaboraran unos anteproyectos de régimen especial «que determine el sentido y alcance del mismo», con lo que concedía a las diputaciones la iniciativa legislativa, en la que difícilmente el régimen hubiera podido impedir que aflorasen las denominaciones forales. Tales anteproyectos serían estudiados por una comisión descentralizadora, creada en el artículo 2.º, que delineaba una composición bilateral: procuradores y consejeros nacionales de ambas provincias, y representantes de las diputaciones y otras instituciones locales, por un lado, y los de la administración central, por otro. La comisión, mediante el artículo 3.º, estudiaría los anteproyectos y con las modificaciones incorporadas los elevaría al gobierno para su aprobación, después de escuchar de nuevo a las corporaciones provinciales. Respecto al crucial asunto del Concierto Económico, el proyecto no solo no lo mencionaba, sino que ponía pegas a su restitución, ya que el régimen especial no podría alterar el «principio de legalidad tributaria», tal como rezaba el artículo 1.º y, al menos hasta que este no fuera desarrollado, se mantendría «el régimen común» en las provincias. Este proyecto era el segundo borrador barajado por el Ministerio de la Gobernación, ya que el primero había reducido la participación de las diputaciones a la hora de elaborar los anteproyectos, quedando dicha competencia directamente en manos de la comisión[639]. De tal manera, que la asunción de la iniciativa legislativa por las corporaciones provinciales había sido otro triunfo de Araluce.

El proyecto de decreto-ley fue remitido de manera *supersecreta* al resto de ministerios. El marqués de Arriluce, entonces subsecretario de Planificación y Desarrollo, sabía de su existencia, pero no había podido leer su contenido. Tan solo, su superior en el ministerio, Gutiérrez Cano, le había mostrado a distancia los folios en donde estaba escrito. Fernando de Ybarra, que había suscrito como procurador la enmienda de 1974 y la moción de 1975 de Araluce, se lo comunicó a este, por lo que el presidente de la diputación sabía de lo avanzado del plan. Ambos mantenían una estrecha amistad desde que el marqués de Arriluce, antiguo presidente del IVCH, alcalde de Guecho y presidente de la Diputación Provincial de Vizcaya, había sido director general de Administración Local. En aquellos años, en los frecuentes desplazamientos de Araluce a Madrid, trabó una sólida relación con Ybarra, quien era nieto de una Oriol, así como con Fernando de Liñán, quien había sido director general de Política Interior, el jefe de los gobernadores civiles, con quien firmó el convenio de UHF cuando este ascendió a ministro de Información y Turismo. Liñán, un *juancarlista* acérrimo, había sido el candidato de Carrero para ministro de la Gobernación en 1973, pero Franco impuso entonces a Arias Navarro. Con los dos *fernandos,* Araluce fue en diversas ocasiones a la finca riojana de Casas Blancas, propiedad de la familia de la mujer del marqués de Arriluce, a conversar sobre los fueros y la devolución del Concierto Económico. Encuentros en los que participaban sus respectivas familias y que se alargaban durante los fines de semana. Los tres, además, mantenían idénticas esperanzas en el futuro político que Juan Carlos inauguraría cuando fuese rey, momento que acariciaban con fruición. Por eso el asesinato de Araluce, ocurrido

639 «Proyecto de Decreto-Ley por el que se establece un régimen especial para las provincias de Vizcaya y Guipúzcoa» (Segundo borrador), ACP, *FSG*, Expediente 2971/3. «Proyecto de Decreto-Ley por el que se establece un régimen especial para las provincias de Vizcaya y Guipúzcoa» (Primer borrador), ACP, *FSG*, Expediente 2971/3.

cuando ya se había traspasado el ansiado umbral, fue un golpe terrible para los dos *fernandos*.

Pedro de Arístegui logró en el mes de octubre que Carro reconsiderase su oposición al proyecto de decreto-ley, cuando le convenció que no implicaba la restitución del Concierto Económico y solo la derogación de la norma de 1937, algo que coincidía plenamente con su posición, a diferencia de la que sostenía Araluce. Pero, Fernando de Ybarra, en una comunicación a Arístegui, le alertaba de un nuevo problema: la enfermedad de Franco. El marqués de Arriluce, desde su posición en la administración central, informaba al presidente de la diputación vizcaína que el jefe de Estado tenía «un mal importante», no descartando su muerte en un mes. De hecho, Franco, tras presidir los actos de la Hispanidad del 12 de octubre, se había sentido enfermo, lo que fue achacado a un proceso gripal. En la noche del 14 al 15 sufrió un infarto. Pese a ello, el día 16 despachó con Arias y Cortina, quien había firmado con Estados Unidos, el 27 de septiembre, el mismo día de los fusilamientos, la renovación del convenio hispano-norteamericano de 1953. El día 17, el dictador se empeñó en presidir el Consejo de Ministros, aunque por indicación de los médicos lo hizo con tres electrodos pegados al pecho. Al día siguiente, escribió su testamento y en la jornada siguiente sufrió otro infarto. El 20, recibió a Arias, Rodríguez de Valcárcel y Juan Carlos para tratar la cuestión de la transmisión de poderes, antes de sufrir un nuevo infarto. En la madrugada del 23, empeoró súbitamente como consecuencia de una insuficiencia coronaria[640].

El vicepresidente García Hernández volvió a llevar su planteamiento descentralizador al Consejo de Ministros de aquel 23 de octubre que ya no fue presidido por Franco, quien permaneció toda aquella jornada bajo control médico en el palacio de El Pardo. La reunión del gabinete, presidida por Arias, se celebró en el palacete del número 3 de la Castellana, en la sede de la Presidencia del Gobierno. Antes de la reunión formalmente decisoria, el ministro de la Gobernación presentó el proyecto de decreto-ley en el *consejillo* previo, volviendo a suscitar la oposición de Cabello de Alba, que ya no de Carro. Pero, ahora, se sumó en contra Gutiérrez Cano. Tanto el ministro de Hacienda como el de Planificación del Desarrollo, que había sido incluido en el Gobierno

640 ALONSO OLEA, Eduardo José: *op. cit.*, pp. 385-395. *Juan Araluce Letamendía*, 22/11/2020, Madrid, entrevista realizada por Juan José ECHEVARRÍA. PRESTON, Paul: *op. cit.*, p. 318. FUSI, Juan Pablo: *op. cit.*, pp. 235-236. MOTA ZURDO, David: *op. cit.*, pp. 75-76.

Arias por decisión personal de Franco, argumentaron que el proyecto de decreto-ley atentaba contra la unidad nacional. García Hernández replicó que el asunto era *una patata caliente* y que había que sacarlo adelante porque la actuación en aquellas provincias no podía ser solo represiva. El ministro de la Gobernación llegó incluso a amenazar a Arias con la dimisión. Este resolvió salomónicamente: no habría un decreto-ley, porque, tal como ahora exigían Cabello de Alba y Gutiérrez Cano, ni siquiera se derogaría la norma de 1937, por lo que se reduciría a un mero decreto que crease la comisión descentralizadora[641]. La decisión de Arias supuso que el régimen dejara pasar la última oportunidad en vida de Franco de abolir el decreto-ley de 1937.

Para Araluce, pero incluso para Arístegui, la solución adoptada por Arias fue decepcionante, en la medida en que el decreto-ley dictado en la Guerra Civil seguiría vigente, retrasando temporalmente los planes, aunque el campo de juego ideado por el presidente de la diputación guipuzcoana tampoco había sido achicado, ya que la batalla para su derogación se trasladaría ahora a la comisión. De momento, García Hernández salió de aquel Consejo de Ministros con unas instrucciones precisas: reconvertir su proyecto de decreto-ley en un decreto que solo crease la comisión descentralizadora.

Mientras, la salud de Franco siguió condicionando la política. El 24 padeció otro infarto y el fin de semana siguiente sufrió encharcamiento pulmonar, parálisis intestinal y hemorragias gástricas; suministrándosele la unción de los enfermos. El lunes 27, apareció una ascitis e inflamación del hígado. El día 30, cuando se confirmó una peritonitis, Franco ordenó que se procediera a aplicar el artículo 11.º de la Ley Orgánica del Estado por el que el príncipe Juan Carlos asumiría las funciones de la Jefatura del Estado. En la tarde de aquel día, Arias informó de ello a Rodríguez de Valcárcel, al concurrir la circunstancia de enfermedad, convocándose un Consejo de Ministros para el día siguiente en el palacio de la Zarzuela, presidido por Juan Carlos. En la noche del 3 de noviembre, Franco sufrió una hemorragia aguda, por lo que los médicos decidieron operarle a vida o muerte en la enfermería de El Pardo, recibiendo de nuevo la extremaunción. Dos días después, fue trasladado al Hospital de La Paz para practicarle una segunda operación, de

641 BARO QUESADA, José: «"Los españoles sabrán lo que pasa", dice el ministro de Información», *ABC*, 25/10/1975, p. 1. PRESTON, Paul: *op. cit.*, p. 329. ALONSO OLEA, Eduardo José: *op. cit.*, pp. 385-395.

más de cuatro horas, en la que se le hizo una trasfusión de seis litros de sangre, quitándole gran parte del estómago[642].

Ese día, el departamento de García Hernández tenía ya listo el nuevo proyecto[643], siguiendo las directrices de Arias, que además de rebajarlo de decreto-ley a decreto, suponía una devaluación en la inmediatez temporal de la descentralización: de una norma por la que «se establece un régimen especial para las provincias de Vizcaya y Guipúzcoa» se pasaba a otra que creaba «una Comisión para el estudio de la implantación de un régimen administrativo especial para las provincias de Vizcaya y Guipúzcoa». El proyecto fue llevado al Consejo de Ministros del 7 de noviembre, el segundo que presidía Juan Carlos, siendo por fin aprobado. La nueva norma constaba de solo dos artículos. El primero creaba la comisión bilateral que estudiaría la descentralización, aunque ahora se insertaba su funcionamiento en el seno del Instituto de Estudios de Administración Local (IEAL), organismo dependiente del Ministerio de la Gobernación, cuyos trabajos serían elevados a este último departamento y este a su vez lo sometería al Consejo de Ministros. El segundo atemperaba la devaluación en la inmediatez formal al acelerar el ritmo descentralizador, reduciendo de un año a seis meses el tiempo para que la comisión ultimase sus trabajos, independientemente de cuando se promulgase la ley de Bases del Estatuto de Régimen Local, aunque no aclaraba quien dispondría de la iniciativa legislativa, que el proyecto de decreto-ley había confiado a las diputaciones. El preámbulo incluía mayores guiños forales, debido a las «tradicionales características distintivas de las Diputaciones Provinciales de Guipúzcoa y Vizcaya, [por lo que] resulta aconsejable adecuar al ordenamiento a ellas aplicable a las peculiaridades de estas provincias». Unas diputaciones en las que residirían exclusivamente las futuras trasferencias[644].

Pese al mayor ritmo descentralizador y a las menciones forales, Araluce no ocultó su decepción desde el momento en que no se había derogado el decreto-ley de 1937, tal como había solicitado en su moción

642 FUSI, Juan Pablo: *op. cit.*, pp. 236-238. «El príncipe don Juan Carlos asume las funciones de jefe de Estado», *ABC*, 31/10/1975, p. 1. PRESTON, Paul: *op. cit.*, p. 363.

643 «Proyecto de Decreto por el que se crea una Comisión para el estudio de la implantación de un régimen administrativo especial para las provincias de Vizcaya y Guipúzcoa», ACP, *FSG*, Expediente 2971/3.

644 Decreto 3142/1975, de 7 de noviembre, por el que se crea una Comisión para el estudio de la implantación de un régimen administrativo especial para las provincias de Vizcaya y Guipúzcoa. *Boletín Oficial del Estado*, 03/12/1975, núm. 290, p. 25176.

del 10 de julio, señalando que en la respuesta del gobierno «los perfiles están más suavizados», aunque confiaba en que se corrigiese la situación en un futuro, porque al menos el campo de juego que había consensuado con García Hernández había quedado incólume. Por ello, valoraba que el decreto finalmente aprobado por el Gobierno Arias no limitaba el camino a seguir, abriéndose todas las posibilidades, una vez que la comisión pidiese la derogación de la norma de 1937. Arístegui, en cambio, se mostraba más condescendiente, pese a que no se había conseguido la derogación del decreto-ley de 1937, expresando su satisfacción por la «nueva etapa» que se iniciaba ahora. Palabras que no podían ocultar el hecho de que las expectativas habían quedado por debajo de lo esperado, atribuyéndolo los análisis periodísticos a que «buena parte del Gabinete padece los efectos de la tensión política que produce el conflictivo y desesperanzador estado de salud del Generalísimo». De hecho, Franco había entrado en la fase terminal de su agonía. El día 15 de noviembre sufrió otra hemorragia y una peritonitis aguda, siendo preciso operarle de nuevo, la tercera vez en el exiguo plazo de quince días. Salió de nuevo, pero había perdido más de veinte kilos y el resultado no fue satisfactorio: en la noche del día 18 sufrió más hemorragias y una nueva peritonitis. Se renunció, entonces, a volver a operarle, limitándose el equipo médico a practicarle transfusiones de sangre. Un paro cardíaco puso fin a su vida, siendo certificada la defunción a las 5.25 horas del día 20 de noviembre de 1975[645], tras treinta y nueve años de ejercicio ininterrumpido del poder.

Al día siguiente, apareció promulgada en el *BOE* la ley de Bases del Estatuto de Régimen Local[646]. Araluce viajó a Madrid para estar presente el sábado 22 en la proclamación de Juan Carlos I como rey de España, en la que el nuevo jefe de Estado abogó en su discurso por «las peculiaridades regionales como expresión de la diversidad de los pueblos» de España. Araluce, de pie y aplaudiendo, como el resto de los procuradores presentes aquel día en las Cortes, sentía que por fin se hacían realidad sus ideales monárquicos y descentralizadores, que

645 LARREA, Miguel: «El régimen especial para Guipúzcoa y Vizcaya en la recta final», *La Voz de España*, 08/11/1975, p. 11. PORTELL, José María: «La Diputación de Vizcaya aspira a una descentralización en el gasto y en el servicio», *La Gaceta del Norte*, 08/11/1975, p. 7. CRESPO, Pedro: «La quinta agonía», *ABC*, 08/11/1975, p. 8. FUSI, Juan Pablo: *op. cit.*, p. 238. PRESTON, Paul: *op. cit.*, p. 366.

646 Ley 41/1975... de Bases del Estatuto de Régimen Local. *BOE*, 21/11/1975, núm. 280, pp. 24342-24360.

desde treinta y ocho años antes, cuando se alistó voluntario en la Guerra Civil, iban indisolublemente ligados en su concepción ideológica. Como consejero del Reino, Araluce asistió a la ceremonia sentado en un lugar especial, no en las bancadas de los procuradores, sino desde los sitiales puestos a pie de la tribuna presidencial, donde estaba colocada la corona real y donde a su vez se habían situado Juan Carlos, Sofía y sus tres hijos, así como los miembros del gobierno, de la Mesa de las Cortes y los tres integrantes del Consejo de Regencia, que había dirigido el país durante dos días y ocho horas, y que a la vez eran miembros del Consejo del Reino: Rodríguez de Valcárcel, monseñor Cantero Cuadrado y el teniente general Ángel Salas Larrazábal. Debajo de la tribuna y antes propiamente del hemiciclo de las Cortes, en tres filas, los otros catorce miembros del Consejo del Reino, entre ellos Araluce, observaron a escasa distancia la jura de Juan Carlos I. Al acabar la ceremonia, los reyes y los infantes pasaron al salón de conferencias, donde recibieron las felicitaciones de los miembros del Gobierno Arias y del Consejo del Reino, entre ellos Araluce, a quien el nuevo jefe de Estado pidió que trasladara a los guipuzcoanos su afecto. El consejero del Reino, una vez reincorporado el lunes a su despacho en San Sebastián, destacaba en una entrevista el momento vivido:

> Por el recuerdo personal y la causa emotiva que supone, así como por la trascendencia histórica del momento, de todas las experiencias vividas, como consejero del Reino, la que ha dejado en mí una huella más profunda, es la de haber asistido, dentro de un contexto tan relevante como lo es dicho cuerpo consultivo, al traspaso de la Jefatura del Estado, desde la excepcional figura de Francisco Franco a la instauración de la Corona en la persona del Rey Juan Carlos I de España (...) [Permitiendo] la apertura de un cauce para la reintegración de nuestro tradicional régimen administrativo»[647].

Araluce en aquellos días se encontraba en la cúspide de su carrera política, después de haber conseguido que el régimen abriera la

647 SOTO, Álvaro: *op. cit.*, p. 26. «Aquí comienza el futuro», *Nuevo Diario*, 23/11/1975, pp. 12 y 13. «El Consejo de Regencia ejerció sus funciones durante 2 días y 8 horas», *La Vanguardia Española*, 23/11/1975, p. 11. «En recuerdo de Franco», *ABC*, 23/11/1975, p. 13 de huecograbado. «Abrazo del Rey a los señores Girón y Primo de Rivera», *La Vanguardia Española*, 23/11/1975, p. 12. «Desde el recuerdo a Franco, absoluta adhesión a los Reyes», *La Voz de España*, 29/11/1975, p. 19. SAURAS, Carlos: «La apertura hacia la...».

descentralización territorial. La revista *Actualidad Económica*, fundada en 1958 y que se había significado por su apoyo a la liberalización económica de los *tecnócratas*, publicó el 23 de diciembre de 1975 un número especial con una amplia encuesta a «ochenta y cuatro políticos para la transición», abogando su director, Juan Kindelán Jaquotot, por las libertades políticas y la democratización. Entre esos ochenta y cuatro políticos, «en el poder o en la oposición, dentro del Régimen o fuera, afincados en el sistema o extramuros del mismo», estaban Araluce, Escudero, Fernández de la Mora, Meilán, Emilio Romero, Solís, Jaime Ignacio del Burgo, Cabanillas, López-Bravo y Carro, entre otros, pero también Gil-Robles, los liberales Antonio y Joaquín Garrigues Walker, los socialistas Felipe González, Gregorio Peces-Barba y Enrique Tierno Galván, los comunistas Nicolás Sartorius y Jordi Solé Tura, y los sindicalistas de CCOO Marcelino Camacho y Julián Ariza. La prestigiosa revista había, pues, incluido a Araluce entre el cerca de centenar de personas que tendrían un papel significativo en la transición del régimen de Franco al encabezado por Juan Carlos I, o como lo formulaba la propia revista: «El paso de una Magistratura carismática a una Monarquía constitucional». El presidente de la diputación respondió que «la soberanía, personalizada en la Corona, es patrimonio indeclinable del pueblo» y este es «quien hace la ley», mostrándose a favor de la participación política a través del derecho de asociación, recordando que pertenecía a la UNE. Por ello, entendía que «el autoritarismo y la demagogia (...) pertenecen a talantes de actuación igualmente recusables», lo que mostraba su decidido apoyo a la liberalización política, en una encuesta hecha al poco de la muerte del autócrata Franco. A la pregunta de si defendía el sufragio universal, Araluce fue coherente con su ideario tradicionalista, que le alejaba de la democratización entendida en sus términos inorgánicos: «Soy partidario del sufragio universal orgánico. Todos los españoles tienen derecho a participar a través del mismo en las tareas del Estado, pero entiendo que esta participación debe venir determinada por su integración (...) dentro de las estructuras básicas que informan la sociedad española». Además, abogó por el reconocimiento de la variedad territorial, señalando que «España no es una federación de regiones, sino el resultado de la integración de estas en la comunidad nacional (...). Olvidarnos de ello sería ponernos de espaldas al destino histórico de las mismas». *Actualidad Económica* era otro de los medios de comunicación que contribuyeron a crear una opinión pública emancipada de la propaganda oficial. Su tirada en aquel mes de diciembre, en el que subió su precio de 25 a 35 pesetas, era de 34.200 ejemplares con una difusión de 23.915[648].

Pese a que *Actualidad Económica* consideraba a Araluce como uno de los políticos con más proyección, este meditaba dejar la política. De hecho, desde el 28 de junio de 1974 tenía plaza como notario en Rentería, cerca de San Sebastián, después de haber optado a un traspaso por vacante del anterior titular, José Martín-Chico Pérez. El 30 de julio cesó formalmente en la de Tolosa y un día después tomó posesión de la de Rentería, aunque nunca ejerció por su dedicación a la política. Rentería, como Tolosa, era de segunda clase, pero su población prácticamente duplicaba a la de esta, con lo que la mejora en volumen de negocio era evidente[649]. La aspiración para lograr una de primera clase, en San Sebastián, podría esperar, sobre todo si, una vez abandonada la diputación, tenía tiempo para preparar la oposición; circunstancia no tan relevante, porque con el desarrollo urbanístico de Rentería, sus notarías disponían ya de un mayor volumen de trabajo que las de San Sebastián, por muy de primera clase que fueran las de la capital.

El 28 de noviembre, Araluce pronunció unas palabras en el pleno de la diputación, en el que agradeció a los diputados y funcionarios el cariño recibido «que conservaré para mí y para toda mi familia como uno de los recuerdos más sentidos y entrañables». Tal mención, hecha al final de su discurso, desató todas las especulaciones, máxime porque al día siguiente Araluce ofrecía una comida a los periodistas. Miguel Larrea interpretó: «Los observadores (…) vieron en las palabras del presidente en el Pleno de la Corporación (…) un tono de agradecimiento muy lindante con ese tono utilizado en las despedidas». Celebrado el ágape con la prensa, las dudas continuaron:

> Claro que una despedida en este caso tiene dobles vertientes: bien pudiera tratarse para ascender a un puesto de mayor consideración, y los hay que opinan con cierta rotundidad que bien pudiera ser nombrado para un alto cargo, o bien, y es la segunda vertiente, que una

648 «Políticos para la transición», *Actualidad Económica,* 927, 23/12/1975, pp. 1, 3 y 26. KINDELÁN, Juan: «Reconocer las libertades», *Actualidad Económica,* 927, 23/12/1975, p. 3. FUENTES, Juan Francisco: *op. cit.,* p. 27. OJD, *Boletín,* 132, 12/1975, p. 21.

649 AZPÍROZ, Juan I.: «RE: Juan María Araluce…», *Email electrónico,* 16/12/2021, 13.54. INSTITUTO NACIONAL DE ESTADÍSTICA: *Censo de 1970/ Población de derecho y hecho de los municipios españoles/Guipúzcoa.* https://www.ine.es/inebaseweb/pdfDispacher.do?td=139982

vez dictaminado y arreglado el tema del Concierto, pudiera no presentarse a reelección para su cargo de presidente de la Diputación, reelección o en su caso elección que deberá celebrarse en los primeros meses según la Ley de Régimen Local.

Se refería Larrea a la obligatoriedad, marcada por la nueva ley local, de renovación de los presidentes de las diputaciones antes del 21 de marzo de 1976. «Ministro o simple notario de Rentería, es a decir de todos los que le conocen un excelente político, conocedor como pocos del ambiente político de nuestro país, tradicionalista y vascongado de orígenes y amores», añadía, recordando su nacimiento en Vizcaya y su familia guipuzcoana. El también periodista Portell lo calificaba de «político experimentado (...), [que] conoce todas las trastiendas de la vida de las Cortes Españolas», poniendo de relieve su probado conocimiento de la política nacional. En esa entrevista, Portell escribió un perfil de Araluce, a quien calificaba de «abanderado» en la reclamación del Concierto Económico: «Estatura normal. Grueso. Mide sus palabras dentro de una desbordante falta de medida premeditada. Tiene por norma aceptar todas las preguntas que se le pueden hacer. Porque está convencido, plenamente, de que su fuerte personalidad es una coraza contra vientos y tempestades»[650]. Un político curtido y experimentado que, sin embargo, entendía que debía de cambiar de ciclo. Su familia le percibía tenso, preocupado con la seguridad de todos, ante la dinámica violenta que vivía su tierra. Al desgaste por su labor, se unía una incómoda sensación de peligro ante los golpes de las distintas ramas de ETA, especialmente por el temor de que atentasen contra sus hijos.

De hecho, Araluce había expresado a su familia su deseo de poner fin a su paso por la política, al inferir que había culminado su labor tras la decisión descentralizadora del Gobierno Arias. La idea de volver a su profesión, ejerciendo de notario en Rentería se le ofrecía como atractiva. Otra cosa es que tuviera opciones, como insinuaba Larrea, para un alto cargo en la remodelación gubernamental con la que se especulaba que Arias debería afrontar el cambio en la Jefatura de Estado. Sin embargo, no hubo nuevo gobierno, lo que cerró cualquier posibilidad en ese sentido. Pero Araluce tampoco vio lograda su intención de dejar la política.

650 «Desde el recuerdo a....». LARREA, Miguel: «Semana intensa. Quizá sea...», *La Voz de España,* 30/11/1975, p. 11. PORTELL, José María: «Debemos esperar confiados», *La Gaceta del Norte,* 14/11/1975, p. 7.

En este segundo aspecto, quien se lo impidió fue el rey, pidiéndole que continuara al frente de la Diputación Provincial de Guipúzcoa[651] y conminando a García Hernández a que no lo moviera de esa responsabilidad, pese a la renovación obligada por la nueva legislación local, como había transmitido a López Rodó, sobre cuya confianza, el monarca que tanto había contribuido a erigir estaba fuera de duda. La razón estaba en el Consejo del Reino.

Según las leyes fundamentales del régimen, el organismo otrora meramente consultivo tenía ahora la potestad de obligar al jefe de Estado a recabar su acuerdo para que este cesase al presidente del Gobierno de la Nación y también al presidente de las Cortes. Tanto en uno como en otro caso, su sustituto debía ser propuesto por el Consejo del Reino, mediante su inclusión en una terna presentada al jefe de Estado para la designación por este[652]. En ello radicaba la importancia de los dieciséis miembros del organismo consultivo, sin contar con su presidente que a la vez lo era de las Cortes. Por ello, Juan Carlos I necesitaba disponer de consejeros del Reino que secundaran sus decisiones en un organismo cuya relevancia se había incrementado tras la ley Orgánica del Estado y se acrecentaba aún más en aquellos momentos de cambio en la Jefatura del Estado. Araluce, en su condición de monárquico, *estorilo* y tradicionalista, era uno de ellos. Por eso, el rey precisaba que continuara de presidente de la diputación, cargo que facultaba a Araluce para ser procurador en Cortes y uno de los dos representantes de las administraciones locales que se sentaban en el Consejo del Reino. Máxime, cuando entre los otros quince miembros del organismo había destacados representantes del búnker inmovilista, como Girón de Velasco, quien aglutinaba a los más ultraderechistas del régimen desde la Confederación Nacional de las Hermandades y Asociaciones de Ex Combatientes, cuyos principios descansaban en la «pervivencia y solidez de los principios del 18 de Julio». Entre las asociaciones que conformaban dicha organización, estaba la Hermandad de Alféreces Provisionales[653], de la que era un veterano miembro el *estorilo* Araluce y desde la que había impulsado la visión tradicionalista del idea-

651 *Juan Araluce Letamendía*, 29/11/2020, Madrid, entrevista realizada por Juan José ECHEVARRÍA. ANGULO, Gorka: *op. cit.*, p. 82.

652 Ley Orgánica del Estado, 1/1967... *BOE*, 11/01/1967, núm. 9, p. 468. Ley Constitutiva de las Cortes de 17 de julio de 1942, modificada por la Ley Orgánica del Estado, de 10 de enero de 1967. *Boletín Oficial del Estado*, 21/04/1967, núm. 95, p. 5267.

653 RODRÍGUEZ JIMÉNEZ, José Luis: *op. cit.*, p. 107.

rio del 18 de julio. Una tarea en la que la coherencia conceptual podía resentirse con un monarca al frente de la Jefatura del Estado. Extremo, que, no obstante, no era en sí mismo una novedad, si se atendía a las diferencias entre falangistas y tradicionalistas que habían marcado el régimen en la época del anterior jefe de Estado.

Juan Carlos I debía decidir qué hacer con las dos personas que ostentaban, por debajo de él, los dos cargos más relevantes de la estructura del Estado; es decir, Arias Navarro y Rodríguez de Valcárcel, políticos fieles al legado de Franco del que se consideraban albaceas. Ambos entendían que el rey debía suceder a Franco solo en sus funciones ceremoniales, recayendo la dirección política en la élite del régimen y añorando el plan de Arrese de 1957. Las opciones que se le presentaban, pues, al nuevo jefe de Estado eran la continuidad, aceptando tal premisa, o la sustitución de Arias y Valcárcel, decisiones problemáticas que sin duda marcarían el devenir de su reinado. Desde meses antes, había mantenido numerosas reuniones en el palacio de la Zarzuela con Torcuato Fernández-Miranda, catedrático de Derecho Político y el profesor que más huella había dejado en él cuando su educación quedó bajo la tutela de Franco, en las que ambos optaron por lo segundo, valorando si proceder a la sustitución de los dos a la vez o de uno en uno. El perfil político de Fernández-Miranda presentaba aristas desde que en la Revolución de Octubre había asistido desolado como estudiante al incendio de la Universidad de Oviedo. En la Guerra Civil, participó como alférez provisional, siendo herido en la batalla del Ebro, el epílogo en el frente del Este de la derrota de la Segunda República. Dirigente del SEU en el Nuevo Estado, fue director general de Enseñanza Media y luego de Enseñanza Universitaria. En 1969, se encargó de la Secretaría General del Movimiento, sustituyendo al falangista Solís, desde donde prosiguió con el afán del asociacionismo político, pero con un objetivo futuro democrático, en sus términos inorgánicos, aunque atemperado con la exclusión del comunismo. Sin embargo, ya desde 1970 *invernó* tal proyecto por las resistencias al mismo en el seno del régimen, hasta que, en 1973, Carrero le nombró vicepresidente de su gobierno, convirtiéndose en el director interino del régimen a la muerte del almirante. Fue entonces, cuando Franco le desdeñó en beneficio precisamente de Arias Navarro. En esa decisión, ayudó que el rechazo a Fernández-Miranda en el seno del régimen no era despreciable, incluyendo a personalidades muy influyentes, como Girón y el propio Rodríguez de Valcárcel. De hecho, solo uno de los consejeros del Reino le votó para presidir el gobierno, no llegando a alcanzar siquiera la condición de miembro de la terna que entonces se presentó al dictador. En

1975, no solo Girón, sino también otros miembros del consejo del Reino, como su vicepresidente Manuel Lora Tamayo, exministro de Educación y Ciencia, y los consejeros Antonio María de Oriol y Miguel Primo de Rivera, mantenían su oposición a que alcanzase el cargo de presidente del Gobierno al que aspiraba. El rechazo del sobrino de José Antonio provenía del ascenso de Fernández-Miranda a la SGM en la crisis política de 1969, derivada del caso Matesa, que se saldó con la defenestración de los falangistas. Miguel Primo de Rivera, para entonces cabeza de esa significativa familia, se había distinguido por ser falangista, pero aperturista, formando parte del núcleo originario de los llamados *azules,* constituido cuando en febrero de 1970 un grupo de cuarenta y siete consejeros nacionales, encabezados por Herrero Tejedor, enviaron una carta a Fernández-Miranda, apremiándole a acelerar el asociacionismo político. Los *azules,* pues, se habían mostrado críticos con la indecisión de Fernández-Miranda y en general con el gobierno *monocolor* vicepresidido por Carrero[654].

El 26 de noviembre de 1975, expiraba el mandato como presidente de las Cortes de Rodríguez de Valcárcel, después de seis años al frente de la institución, tal como precisaba la ley Constitutiva de las Cortes[655]. Había alcanzado el cargo precisamente tras la crisis del caso Matesa, resuelta por Franco con el respaldo a los acusados *tecnócratas* y la relegación de los acusadores falangistas, aunque reservando el puesto de mando de la institución legislativa para estos últimos, al quedar providencialmente vacante por motivos de salud del tradicionalista Iturmendi. Rodríguez de Valcárcel, voluntario en la guerra, había sido vicesecretario general Movimiento, desde donde procuró la continuidad del régimen en su condición de histórico del falangismo a través del asociacionismo político como fórmula para revitalizar el propio Movimiento. Como número dos de Solís, se mostró partidario de institucionalizar un *regencialismo* a la hora de la muerte de Franco, oponiéndose a la designación de Juan Carlos, al menos hasta que fue nombrado sucesor por

---

654 PRESTON, Paul: *op. cit.*, p. 355. FERNÁNDEZ-MIRANDA, Juan: *op. cit.*, pp. 173-174 y 178-179. SUÁREZ GONZÁLEZ, Fernando: «Torcuato Fernández-Miranda y Hevia», Diccionario Biográfico Español. Real Academia de la Historia. https://dbe.rah.es/biografias/9449/torcuato-fernandez-miranda-y-hevia

FUSI, Juan Pablo: *op. cit.*, pp. 211-213. GIL PECHARROMÁN, Julio: *op. cit.*, p. 266.

655 Ley Constitutiva de las Cortes de 17 de julio de 1942…, modificada por la Ley Orgánica del Estado… *BOE*, 21/04/1967, núm. 95, p. 5267.

el dictador en 1969. El falangista Valcárcel prefería, pues, una regencia militar a la restauración monárquica, garantizando así la continuidad del régimen, a través de un poderoso Movimiento Nacional, siguiendo los planes de Solís y antes de Arrese, que hiciese superflua la figura del sucesor de Franco. Por ello, en 1975, año en el que durante dos días fue presidente del Consejo de Regencia, entregando el poder al rey, tomó su juramento, añadiendo de su cosecha la siguiente coletilla: «Desde la emoción en el recuerdo de Franco» y retirando la mención pactada de que se abría una «nueva era». Tras la proclamación, declaró a los periodistas: «Hubiese preferido no tener que ejercer nunca la presidencia del Consejo de Regencia. Es decir; si hubiese sido posible, yo habría deseado que Franco no muriese»[656].

Juan Carlos I decidió intervenir primero en las Cortes. El mismo día 26 recibió a Arias para pedirle que colaborase para conseguir que los consejeros del Reino incluyesen a Fernández-Miranda en la terna para presidir las Cortes. El presidente del Gobierno se mostró conforme, al colegir que esa maniobra le garantizaba su propia continuidad, priorizando su supervivencia política a la del régimen a cuya élite pertenecía. Después, el rey llamó a Rodríguez de Valcárcel, quien estaba convencido de que proseguiría al frente de las Cortes, para pedirle que no se presentase a la reelección y que escribiese una carta a los consejeros para que no le votaran. Con dolor, aceptó, porque estaba convencido, tal como dijo a los consejeros más duros, que Fernández-Miranda sería «el sepulturero del régimen». El lunes 1 de diciembre, se reunió el Consejo del Reino en una sesión que fue la más larga de las celebradas hasta entonces: seis horas y media. Fue presidida por el vicepresidente Lora Tamayo, al no poder estar ya presente su expresidente Rodríguez de Valcárcel, y a la misma asistieron los otros quince miembros, entre ellos Araluce, pero también el falangista Girón, el *estorilo* Antonio María de Oriol y el *azul* Miguel Primo de Rivera. Habían sido convocados urgentemente, por vía telefónica y por telegrama el sábado anterior. Araluce había viajado en tren en la noche del domingo al lunes a Madrid, como usualmente hacía, llegando de mañana a la capital con tiempo más que suficiente para asistir a la reunión en el palacio de las Cortes convocada a las cuatro y media de la tarde. Era

656 GIL PECHARROMÁN, Julio: *op. cit.*, pp. 85-96. «Ayer comenzó el reinado de don Juan Carlos I de España», *ABC,* 23/11/1975, p. 1. PRESTON, Paul: *op. cit.*, p. 371. URBANO, Pilar: «Los tres consejeros de la Regencia opinan sobre el momento», *ABC,* 23/11/1975, p. 43.

consciente de quién era el candidato del rey y que votarle le llevaría a enfrentarse a Girón, extremo que no sería una novedad, pero también a Antonio María de Oriol, con quien compartía afiliación a la UNE y sobre todo muchos años de afinidad ideológica tradicionalista *estorila*. Finalmente, Fernández-Miranda obtuvo catorce votos; es decir, solo dos consejeros no le votaron. Los otros dos políticos que alcanzaron un número suficiente de sufragios para ser incluidos en la terna fueron los falangistas Licinio de la Fuente, exministro de Trabajo partidario de ampliar el derecho a la huelga, con doce votos, y Emilio Lamo de Espinosa, considerado el *padre intelectual* de la fallida reforma constitucional de Arrese, con seis. Fue una reunión tensa, en la que volvió a salir el nombre de Rodríguez de Valcárcel y en la que los periodistas observaron a un Girón con «el rostro extremadamente serio» abandonar el palacio de las Cortes, pasadas las once y cuarto. Aquella noche, el búnker del régimen perdió su primera batalla de la transición, en el salón de ministros de las Cortes, donde se habían reunido dieciséis personas, entre ellas, Araluce. El monarca disponía ya de la persona capaz de dirigir la reforma institucional desde el seno del propio régimen. El 3 de diciembre, Fernández-Miranda tomó posesión, señalando que se consideraba libre de sujeciones: «Me siento total y absolutamente responsable de todo mi pasado. Soy fiel a él, pero no me ata»[657].

Despejada la ecuación de las Cortes, Juan Carlos I afrontó la del gobierno. Desde que, en 1973, Franco impuso a Arias en Gobernación, frente al monárquico Liñán, el nuevo ministro se había significado por sus posiciones *antijuancarlistas*, concretadas en una desconfianza hacia el príncipe y en la alternativa de una sucesión diferente. Ahí, jugaba un papel relevante Alfonso de Borbón Dampierre, esposo de Carmen, la nieta de Franco, e hijo de Jaime, el hermano mayor de Juan de Borbón que había renunciado a sus derechos por la sordera de la que adolecía desde niño. La figura de Alfonso había ya sido anteriormente cuidada por otros destacados falangistas, como Solís, precisamente porque podía cerrar el camino al trono de su primo Juan

657 FERNÁNDEZ-MIRANDA, Juan: *op. cit.*, pp. 191-192. «Seis horas y media ha estado reunido el Consejo del Reino», *La Vanguardia Española*, 02/12/1975, p. 5. ONETO, José: «Consejo del Reino: Mutismo absoluto», *La Vanguardia Española*, 02/12/1975, p. 6. TUSELL, Javier: *La transición española a la democracia*, Madrid, Historia 16, 1999, p. 31. PÉREZ-FERNÁNDEZ, Herminio: «El servicio a la Patria y al Rey es una empresa de esperanza y de futuro», *ABC*, 04/12/1975, p. 5.

Carlos. Una vez nombrado Arias como presidente del Gobierno, este ignoró todo lo que pudo al príncipe Juan Carlos, mientras escrutaba los vínculos afectivos del dictador hacia el marido de su nieta y sus bisnietos. Sin embargo, sus planes por la liberación política del régimen le restaron el apoyo de significados personajes de El Pardo, especialmente de Carmen Polo y del yerno de esta y suegro de Alfonso, Cristóbal Martínez-Bordiú, marqués de Villaverde, que habían aplaudido la marginación a la que sometía al príncipe, que llegó al punto de no consultarle su lista ministerial y sí en cambio a Alfonso. También, del búnker, destacando Girón y Blas Piñar. Una vez coronado Juan Carlos I, Arias provocó al rey más quebraderos de cabeza, eludiendo poner a disposición del nuevo jefe de Estado su cargo, al menos por mera cortesía política. Esto era debido a que el presidente del Gobierno consideraba que la voluntad de Franco estaba por encima de la de su sucesor, habiendo sido nombrado por el primero para cinco años, de los que restaban tres. Ante ello, el rey elaboró una estrategia que contenía el señuelo de la continuidad, detalle que para Arias era especialmente apreciado, y a la vez modificar el gobierno, introduciendo ministros que le restarían poder. Por ello, encargó a Fernández-Miranda que convenciese a Arias para que presentara formalmente su dimisión, garantizándole que sería ratificado, lo que indudablemente satisfizo a Arias, pero obligándole a formar un nuevo ejecutivo, en el que Juan Carlos impondría a algunos de los ministros. Entre ellos, Fraga como vicepresidente y ministro de la Gobernación, sustituyendo a García Hernández; Areilza al frente de Exteriores; Antonio Garrigues y Díaz-Cañabate, exembajador de España en Washington y padre de los hermanos que habían aparecido en *Actualidad Económica*, como ministro de Justicia; Osorio, al frente de Presidencia, departamento relevante que fijaba la agenda gubernamental, y Suárez como secretario general del Movimiento, en un nombramiento propiciado por Fernández-Miranda. Más que un equipo cohesionado, era un conglomerado de ministros sin unidad, algunos de los cuales se consideraban que estaban por encima del propio Arias por su relación con el rey. El 13 de diciembre, juraron sus cargos los ministros del segundo Gobierno Arias[658]. A esas altu-

658 PRESTON, Paul: *op. cit.*, pp. 317-319, 330-340 y 255. FERNÁNDEZ-MIRANDA, Juan: *op. cit.*, pp. 198-199. SÁNCHEZ-CUENCA, Ignacio: *op. cit.*, p. 161. TUSELL, Javier: *op. cit.*, pp. 33-34. «Sigo perseverando firmemente en los propósitos que expuse el 12 de febrero», *ABC*, 14/12/1975, p. 1.

ras, Araluce tenía claro que continuaría en política, como presidente de la diputación guipuzcoana y como procurador en Cortes, lo que le permitía formar parte de un Consejo del Reino decisivo en la implementación de los planes políticos del monarca y que estaba ya presidido por Fernández-Miranda.

A fin de cuentas, el servicio al rey que este le reclamaba supondría continuar solo un año más al frente de la diputación guipuzcoana, después de lo cual podría retomar su proyecto de regresar a su profesión de notario, con lo que su exposición pública habría quedado reducida y en esa medida habría estado menos expuesto a ser objeto de un atentado. El 5 de diciembre, el Consejo de Ministros había aprobado un decreto, a propuesta todavía de García Hernández, que desarrollaba las elecciones a presidente de las diputaciones, obligadas por la nueva legislación local, en el que se marcaba que los que accedieran al cargo terminarían su mandato «al producirse la segunda renovación de las respectivas Corporaciones»[659]. En el caso de la diputación guipuzcoana ese horizonte era abril de 1977, ya que la primera renovación, que había afectado a parte de los diputados provinciales, había sido en abril de 1974. Por lo tanto, Araluce tendría un nuevo mandato reducido a poco más de un año, en concreto unos catorce meses. Tiempo suficiente para que las nuevas directrices de la Monarquía de Juan Carlos I pudieran ser puestas en marcha, contando hasta entonces con un Araluce como consejero del Reino. Por eso, en su nueva toma de posesión como presidente de la diputación, celebrada el 8 de febrero de 1976, quiso que estuvieran presentes su mujer y sus hijos mayores, dedicando una parte de su discurso al horizonte temporal que manejaba: «Quiero agradecer muy de corazón a cuantos habéis hecho posible mi elección como presidente de la Diputación de Guipúzcoa, permitiéndome regir durante un año más esta Corporación y seguir asumiendo su representación en las Cortes Españolas y en el Consejo del Reino». En su contestación, el gobernador Rodríguez Román no ocultó que entre las razones que habían movido a Araluce a continuar en política y presentar de nuevo su candidatura a la presidencia de la diputación estaba su continuidad en el Consejo del Reino: «La reelección (...) garantiza la presencia de la Provincia en las graves y trascendentes responsabilidades que,

659 Decreto 3230/1975, de 5 de diciembre, por el que se convocan elecciones para proveer los cargos de Presidentes de Diputaciones y Cabildos Insulares y de Alcaldes, de acuerdo con el nuevo Estatuto de Régimen Local. *Boletín Oficial del Estado,* 10/12/1975, núm. 296, pp. 25661-25662.

en la hora presente y por exigencias del tiempo evolutivo en que vivimos, corresponde al citado Consejo». Incluso, el gobernador insinuaba que había recibido el apoyo de la mayoría de los diputados provinciales porque estos comprendían que así los intereses de la provincia podrían ser mejor defendidos, teniéndolo en el Consejo del Reino. Rodríguez Román, que ya no dependía de García Hernández, procuraba así disipar los rumores que indicaban que había maniobrado en contra de la continuidad de Araluce, apoyando a otro candidato que era avalado por los más reformistas del segundo Gobierno Arias, aunque argumentándolo en que su retirada respaldaba su seguridad[660].

Diez días antes de la formación del nuevo gabinete ministerial, había aparecido en el *BOE* el decreto de creación de la comisión descentralizadora, y, ese mismo día, el todavía ministro de la Gobernación, García Hernández, había dictado una orden nombrando al presidente del organismo, decisión que recayó en Luis Jordana de Pozas, lo que causó una grata impresión en Araluce. No en balde, lo había tratado y reconocía en él a un jurista cuya autoridad intelectual en Derecho Administrativo era indiscutible, además de ser padre de Jorge, con quien había compartido la directiva nacional de la UNAF, el asociacionismo familiar impulsado por el régimen en los años sesenta, donde Araluce se había forjado como político. La decisión de García Hernández facultaba a Jordana de Pozas para dictar las normas necesarias para el funcionamiento de la comisión. Asimismo, la orden confirmaba que las diputaciones tendrían la iniciativa legislativa, otorgándoles cuarenta y cinco días para presentar sus trabajos preliminares a contar desde el día siguiente a la promulgación de la norma; es decir, a partir del 11 de diciembre[661]. Se inició, así, una vertiginosa carrera en las dos diputaciones para llegar a tiempo con sus anteproyectos de régimen especial.

A los pocos días de tomar posesión como ministro de la Gobernación, Fraga recibió en su despacho a Jordana de Pozas para transmitirle la decisión de continuidad con el planteamiento descentralizador de García Hernández. Y el 31 de diciembre, Fraga presidió en Madrid la jura del nuevo gobernador civil de Vizcaya, Felipe Ugarte, expresando que el Gobierno Arias estaba decidido a potenciar las «fuerzas locales,

660 «Acta... del Pleno del día 8 de febrero de 1976», «Actas de las sesiones... por la Diputación de Guipúzcoa... el año 1976» (San Sebastián), DG, pp. 68-71. ANGULO, Gorka: *op. cit.*, p. 83.

661 Orden del Ministerio de la Gobernación, de 3 de diciembre de 1975... *BOE*, 10/12/1975, núm. 296, pp. 25662-25663.

provinciales y regionales». Ugarte, que venía del mismo cargo en Álava, relevaba ahora a García López, quien había sido ascendido por Suárez a la Vicesecretaría General del Movimiento. A la toma de posesión del nuevo gobernador de Vizcaya, celebrada ya el día 3 en Bilbao, asistieron Arístegui, Satrústegui y el marqués de Arriluce, pero también Araluce[662], quien quiso dejar claro así que los enfrentamientos habidos con Ugarte eran cosa del pasado, máxime en el momento en que iba a arrancar la descentralización.

Fraga mantuvo en aquel mes de enero de 1976 un encuentro con todos los procuradores de las tres provincias vascongadas, al que solo declinaron asistir Escudero, quien por entonces se definía como socialdemócrata, y el carlista *carlohuguino* Zubiaga, para sondearles si, a la descentralización provincial que diseñaría la comisión, sumarían su apoyo a una tímida regionalización a través de las mancomunidades interprovinciales, figura jurídica que había recogido la nueva ley local, para constituir en el futuro un ente regional vasco con exclusión de Navarra. En la reunión, celebrada en el restaurante madrileño José Luis, se constató la falta de unanimidad entre los procuradores, con una preponderancia de los planteamientos provincialistas, que defendió, entre otros, Araluce. Como dijo uno de los asistentes, Satrústegui, y corroboró el periodista Fernando Barrena: «Lo más difícil va a ser que nos pongamos de acuerdo nosotros», sobre el marco provincial o regional de la futura descentralización. La cuestión no era entonces baladí en la medida en que, en abril de aquel año, la revista *Sistema* publicaría un estudio sociológico basado en una muestra que recogió las opiniones de 2514 personas adultas entrevistadas en toda España, aunque con mayor presencia en seis zonas territoriales, una de ellas el País Vasco. La encuesta, hecha de junio a septiembre de 1975, tenía una pregunta sobre la identificación espontánea identitaria de los entrevistados. En el País Vasco, la región solo era citada por un 16,3 %, en tanto que la provincia lo era en un 50,7 % y el municipio en un 31,6 %. Tal estudio era obra de los sociólogos José Félix Tezanos Tortajada —actual presidente del Centro de Investigaciones Sociológicas—, Salustiano del

662 LANDALUCE, Luis María: «El documento base lo elaborarán las diputaciones de Guipúzcoa y Vizcaya», *Hierro,* 19/12/1975, p. 3. «El Gobierno está decidido a potenciar las fuerzas locales, provinciales y regionales, dice Fraga Iribarne», *Hierro,* 31/12/1975, p. 7. «Mi dedicación a Vizcaya va a ser total y apasionada, afirmó don Felipe Ugarte», *La Gaceta del Norte,* 04/01/1976, p. 3. «Felipe Ugarte toma posesión de su cargo», *La Voz de España,* 04/01/1976, p. 3.

Campo Urbano y Manuel Navarro López[663]. Por tanto, existía, en 1975, un fuerte sentimiento identitario provincial que en el conjunto de los residentes vascos alcanzaba a la mitad de sus habitantes, pese a que los postulados nacionalistas de creación de una patria vasca tenían sus seguidores, algunos de ellos dispuestos a emplear las armas para conseguir la unificación.

En diciembre de 1975, las diputaciones guipuzcoanas y vizcaínas organizaron los equipos de trabajo para preparar los anteproyectos descentralizadores de cada una de sus provincias, conscientes de la ventaja que la orden del Ministerio de la Gobernación les otorgaba al ostentar la iniciativa legislativa. También tuvieron lugar reuniones de coordinación para unificar posturas y estrategias, sin lograr ni una ni otra. En lo que sí coincidieron fue en convertir el régimen especial otorgado en una restauración foral, pero no hubo acuerdo sobre su dimensión económica, ya que solo la guipuzcoana apostó por el instrumento neoforal. De hecho, Araluce mantuvo también entrevistas con su homólogo alavés, ya que la provincia meridional había conservado el Concierto Económico. Las diferencias eran ya visibles en los respectivos títulos de los trabajos preliminares: Anteproyecto de Estatuto de Régimen Especial, en el caso del guipuzcoano, y Régimen Administrativo Especial, para el vizcaíno. Arístegui nombró un equipo dirigido por su vicepresidente Unceta y compuesto por políticos y juristas, entre ellos Martín Mateo, el experto en Derecho Administrativo que se convertiría en rector de la Universidad Autónoma de Bilbao, acogiendo el congreso de ESB en Sarriko. En cambio, Araluce confió la dirección del trabajo preliminar a una sola persona, Tomás Ramón Fernández Rodríguez, quien acababa de dejar la cátedra de Derecho Administrativo en la facultad de San Sebastián por la de la UNED y quien se convertiría en uno de los mayores expertos en los derechos históricos de los territorios forales. «Se puede decir que el camino de Vizcaya y Guipúzcoa no es al unísono, pues no hay unanimidad de criterios», escribió la periodista Bezunartea[664].

---

663 BARRENA, Fernando: «Concierto Económico: será más fácil un acuerdo con la Administración, que un acuerdo entre nosotros, los vascos (Satrústegui)», *El Correo Español-El Pueblo Vasco,* 01/02/1976, p. 28. CAMPO, Salustiano del, NAVARRO, Manuel y TEZANOS, José Félix: «Los españoles ante la cuestión regional», *Sistema. Revista de Ciencias Sociales,* 13 (abril de 1976), pp. 99-103.

664 ECHEVARRÍA PÉREZ-AGUA, Juan José: *op, cit.,* pp. 211-215. BEZUNARTEA, Ofa: «Comenzó el trabajo…».

En la primera semana de enero de 1976, los trabajos preliminares de ambas diputaciones se encontraban prácticamente acabados, con suficiente antelación para no agotar los cuarenta y cinco días prescritos. Sin embargo, un nuevo contratiempo los llevó al límite. Se trataba de las elecciones a presidente de las diputaciones que obligaba la nueva ley local, a celebrar el 18 de enero. La norma establecía el colegio electoral en el resto de los diputados provinciales, lo que suponía una novedad en el régimen, ya que hasta entonces dicho nombramiento había sido competencia del ministro de la Gobernación. El proceso electoral restó dedicación a las diputaciones para ultimar sus anteproyectos, sobre todo a la guipuzcoana, porque Arístegui fue reelegido sin que se presentara ningún otro candidato. En cambio, en Guipúzcoa, Araluce tuvo dos rivales. Uno de ellos, Bergareche, el alcalde de Irún, no suponía un verdadero desafío, ya que su presentación a los comicios había sido interpretada como una candidatura de reemplazo por si ETA pasaba de las amenazas a los hechos con respecto a Araluce. De hecho, apenas había diferencias políticas entre este y el regidor de Irún, habiendo pertenecido Bergareche al equipo de Araluce desde 1974. Las fotografías del día electoral ofrecieron la imagen de ambos abrazados. Una imagen que confirmaba el tono amable de una campaña electoral, en la que se tuvo en cuenta a la opinión pública, con profusión de entrevistas en los medios de comunicación, pese a que el colegio electoral se circunscribía a los diputados provinciales. Así, por ejemplo, ambos candidatos respondieron a un cuestionario remitido por la revista *Zeruko Argia*, en el que intercambiaron sus respuestas antes de su publicación. Ante ese medio, el único que se publicaba entonces en euskera en su integridad, Araluce, quien era mencionado bajo la grafía Araluze, sacó pecho de su política hacia la lengua vasca en los siete años que llevaba al frente de la diputación, abogando por un «efectivo bilingüismo» y «evitando ante todo y sobre todo la institucionalización de comunidades idiomáticas distintas», motivo de su preocupación ante la utilización política del estructuralismo lingüístico. Mientras, el alcalde de Irún, quien era mencionado como Bergaretxe, definió a Araluce: «Mi trato frecuente con él (...) y en todo momento mi vieja y fraterna amistad con él me han permitido valorar y tener en gran estima sus magníficas condiciones humanas». Sin embargo, el otro candidato, Aperribay, el alcalde de Deva, era diferente, ya que era respaldado por aquellos que querían un cambio en la diputación y que se situaban entre los políticos provinciales posicionados a favor de la reforma democrática. De hecho, hizo una campaña electoral bajo el lema de «cambio y participación». El hasta entonces regidor de Deva, que acababa de dimitir de tal cargo al entender que no podría compatibilizarlo con el de presidente de la diputación, desdeñó participar en el cuestionario de *Zeruko Argia*, siendo presentado por el semanario como Joakin Aperribai. Detrás de este candidato estaba Marcelino Oreja, uno de los dirigentes del grupo democristiano Tácito y en ese momento subsecretario de Exteriores con Areilza, el ministro más comprometido de todos los integrantes del segundo Gobierno Arias en poner fin al franquismo. De hecho, Aperribay, junto a Areilza, Oreja y Escudero, había constituido en el mes de julio anterior una Federación Democrática Independiente, como una sociedad anónima ante un notario de Madrid, sorteando así las limitaciones de las asociaciones políticas del régimen. En los comicios, Araluce logró diez votos, Aperribay tres y hubo un voto en blanco, previsiblemente el de Bergareche[665]. La alegría de la victoria no disipó al reelecto presidente de la diputación el desengaño sufrido con Oreja, a quien había iniciado en la política. Las diferencias entre ambos presagiaban las que existirían, una vez muerto Araluce, entre Alianza Popular y UCD.

Araluce había acudido al palacio Real cuatro días antes, encabezando con el gobernador Rodríguez Román una delegación de la diputación y del ayuntamiento donostiarra. El objetivo de la visita, además de mostrar a Juan Carlos I que Araluce había pospuesto sus planes de retiro de la política, era convencer al monarca para que el próximo verano acudiera a San Sebastián, recuperando «una tradición de la Real Familia que por tantos años distinguió a nuestro pueblo con su personal asistencia». El presidente de la diputación ligaba la foralidad con tal deseo: «Bajo tan felices auspicios, se abre, señor, este año con la ilusión esperanzada de ver satisfecho el viejo anhelo de reintegración del régimen adecuado a las peculiaridades que nos son propias y que, como inabdicable e imprescriptible que lo es, hemos siempre defendido tenazmente». Para Araluce, corona y fueros eran

665 ECHEVARRÍA PÉREZ-AGUA, Juan José: *op, cit.*, p. 217. ANGULO, Gorka: *op. cit.*, p. 83. MALLO, Albino: «Araluce continúa», *Unidad*, 19/01/1976, p. 1. «Juan Maria Araluce jauna...». Contestación de Federico Bergareche Abaigar en lengua castellana a la revista *Zeruko Argia* (01/1976), APJAL. LARREA, Miguel: «A veinticuatro horas de...», *La Voz de España*, 17/01/1976, p. 11. «Joakin Aperribai jaunak ez du erantzun nahi izan», *Zeruko Argia*, 671, 18/01/1976, p. 15. LARREA, Miguel: «Fue un día destinado...», *La Voz de España*, 12/07/1975, p. 11.

indisolubles, y el arquitrabe de su política para reanimar el sentimiento proespañol en el pueblo vasco: «Os necesitamos, Señor. Os necesitamos en vuestra presencia personal. Todo ello redundará en bien de España y de Guipúzcoa»[666].

Unos días antes, coincidiendo con el cambio de año, había concedido una entrevista a RNE en la que expresaba su esperanza en que 1976 fuera el año del «régimen especial» para Guipúzcoa, sin olvidar los asuntos de gestión que habían marcado su paso por la diputación: las infraestructuras viales con el horizonte de inversión en cien millones de pesetas, la ampliación del Hospital Provincial con el objetivo de la ciudad sanitaria, la creación de una Escuela de Enfermería que lo dotase de personal sanitario, la construcción de más repetidores para la señal de UHF, las becas de estudio y la cooperación con el Ministerio de la Marina. Su voz grave y sin acento, con una dicción esmerada, fue desgranando lo realizado y avanzando los planes futuros, confirmando con esas palabras que cumpliría con lo que el rey le había pedido. De hecho, en su toma de posesión, tras su reelección, inició su discurso recordando su «lealtad al Rey». Araluce también tuvo entonces palabras de satisfacción por su labor: «Siento el orgullo de haber podido elevar ante las Cortes Españolas (...) nuestra demanda de derogación del Decreto de (...) 1937». Y en la entrevista concedida tras su reelección, expresó su deseo de «defender en la comisión (...) la moción que presenté», y continuar en las Cortes y en el Consejo del Reino. Esta última mención, tenía una relevancia mayor, desde que el nuevo presidente de esa institución, Fernández-Miranda, había decidido que el organismo se reuniera cada quince días. El cambio era sustancial con respecto a la época franquista, cuando el Consejo del Reino solo se convocaba en ocasiones relevantes y, aún más con respecto al tiempo del Nuevo Estado, cuando poco más que se reunía una vez al año, evidenciando la importancia que estaba adquiriendo bajo el reinado de Juan Carlos. La razón de tal mudanza, que suponía más trabajo para Araluce y más viajes de este a Madrid, como reconoció a su hija María del Mar, estribaba en que Fernández-Miranda quería evitar

666 «Palabras pronunciadas por el Excmo. Sr. Don Juan María de Araluce a S. M. el Rey de España D. Juan Carlos I, en la audiencia concedida en el Palacio Real el día 14 de enero de 1976 a las corporaciones provincial y municipal, presidida por el Excmo. Sr. Gobernador de la Provincia, D. Emilio Rodríguez Román», APJAL.

la atención mediática de las reuniones ocasionales y la consecuente alerta del búnker franquista[667].

De momento, en esas reuniones, que se iniciaron el 8 de enero, el Consejo del Reino trató una nueva prórroga de la X Legislatura de las Cortes, por un año más, solicitada por el gobierno. Fernández-Miranda encargó la cuestión a una ponencia, formada por Araluce, Lora y Valentín Silva Melero, vocal del organismo al ser presidente del Tribunal Supremo. La ponencia estuvo reunida el último fin de semana de enero, hasta que presentó al pleno una propuesta que este aprobó el martes 27. En virtud de ella, el Consejo del Reino prorrogó la legislatura incluso por más tiempo de lo pedido por el Gobierno Arias; en concreto, hasta el 30 de junio de 1977, tres meses más de lo solicitado. La razón de ello estribaba en conceder al nuevo gobierno más margen para implementar sus medidas, que fueron anunciadas por Arias Navarro en las Cortes al día siguiente, aunque también porque Fernández-Miranda pretendía que el próximo legislativo fuese ya elegido por mecanismos de sufragio más amplios que incluyeran procedimientos inorgánicos. Sin embargo, el discurso programático del nuevo gobierno evidenció que Arias era incapaz de trascender las pautas ideológicas del franquismo. Así, el presidente del Gobierno habló de «democracia española», concepto controvertible, que consistía en combinar la democracia orgánica con la inorgánica, tal como quedó reflejado en los proyectos de cambio institucional, elaborados por Fraga, y cuya genealogía procedía de Solís. Estos se sustanciaban en que, una vez acabada la prórroga concedida, se eligiesen unas nuevas Cortes, que serían bicamerales, con una cámara baja elegida con un sistema mayoritario, mediante el desarrollo máximo de la representación familiar, lo que suponía en la práctica el inorgánico sufragio universal, y una cámara alta, concebida como refugio de los intereses corporativos del régimen, en la que se mantendrían los criterios orgánicos y tendría poder de veto sobre lo aprobado por la otra. Con ello, el Gobierno Arias seguía en el proceso de liberalización

667 Cinta de casete guardada en un sobre con el membrete de la Excma. Diputación Provincial de Guipúzcoa, que contiene una entrevista a Juan María de Araluce en Radio Nacional de España (31/12/1975, San Sebastián), APJAL. «Acta... del Pleno del día 8 de febrero de 1976», «Actas de las sesiones... por la Diputación de Guipúzcoa... el año 1976» (San Sebastián), DG, pp. 66-67. MALLO, Albino: «Araluce continúa...». Carta de Juan María Araluce Villar a María del Mar Araluce Letamendía (San Sebastián, 23/03/1976), APMAL. FERNÁNDEZ-MIRANDA, Juan: *op. cit.*, pp. 210-212.

política, sin alcanzar el de la reforma democrática, cuyos presupuestos conceptuales inciden en la representación inorgánica de un modo, si no exclusivo, al menos decisorio. En materia territorial, el discurso de Arias, además de anunciar la revisión del decreto-ley antiterrorista dictado en vida de Franco, que quedaría parcialmente derogado, abogó por la «descentralización» y tuvo una mención expresa para la «comisión de régimen especial para Vizcaya y Guipúzcoa», después de referirse a la foralidad: «España (...) ha conservado y estimulado instituciones tan originales como nuestros derechos forales, hoy en pleno florecimiento, o el régimen paccionado del antiguo Reino de Navarra»[668].

A finales de aquel mes de enero y primeros días de febrero, las diputaciones de Guipúzcoa y Vizcaya entregaron, en plazo, sus respectivos anteproyectos descentralizadores. El guipuzcoano encargaba formalmente el gobierno y la administración de la provincia a las juntas generales, a una restituida diputación foral y a su presidente, del que rescataba la denominación tradicional de diputado general. Pero, el anteproyecto construía un régimen presidencialista, ya que tal diputado general presidiría las juntas, donde estarían representados todos y cada uno de los municipios provinciales. La diputación foral asumía la «responsabilidad» de la administración provincial, que sería competente en la aprobación de las cuentas y de los presupuestos provinciales, dejando solo el «examen y conocimiento» de los mismos a las juntas. Estas conformarían una asamblea proporcional, ya que cada municipio enviaría un representante por cada mil habitantes o fracción, en consonancia con el sistema por fogueras (hogares) del antiguo régimen foral. El trabajo preliminar guipuzcoano establecía un sistema electoral indirecto en tres escalones, pero sin una base democrática de carácter inorgánico, ya que partía del sistema establecido en la ley de Bases del Estatuto de Régimen Local recientemente promulgada, que sancionaba que los concejales de los municipios serían elegidos mediante representación orgánica por terceras partes iguales en los grupos familiar, sindical y corporativo. El segundo escalón, lo conformarían los procuradores en juntas,

668 «¿Estudió la propuesta de prórroga de la legislatura?», *La Voz de España*, 27/01/1976, p. 3. «La Legislatura de las Cortes se prorroga hasta junio de 1977», *ABC*, 28/01/1976, p. 1. «La Legislatura de las Cortes, prorrogada hasta el 30 de junio de 1977», *La Vanguardia Española*, 28/01/1976, p. 3. TUSELL, Javier: *op. cit.*, pp. 35-37. SÁNCHEZ-CUENCA, Ignacio: *op. cit.*, p. 111. «El Gobierno entiende que deben tener la iniciativa las propias regiones», *La Vanguardia Española*, 29/01/1976, p. 5.

que, agrupados por partidos judiciales, elegirían en cada uno de ellos a tres diputados forales, dos más para el caso del Ayuntamiento de San Sebastián, reconociendo así su mayor peso poblacional. Pero no todos los diputados forales serían así elegidos, ya que hasta un tercio de ellos lo serían mediante la representación corporativa, propia de la democracia orgánica. Finalmente, el presidente de la diputación foral sería elegido por los procuradores en juntas, pero entre una terna presentada por la diputación foral. El anteproyecto restablecía el régimen de subordinación y tutela de la diputación sobre los municipios, como había sido en la foralidad decimonónica, en detrimento de los ministerios de la Gobernación y Hacienda. Tal reversión, junto al hecho de que el presidente de la diputación presidiría las juntas generales, en vez del corregidor, el representante del rey en el antiguo régimen foral, o del gobernador civil, en la foralidad decimonónica, supondría de prosperar un empoderamiento de la provincia, concretadas en la diputación y en su diputado general. El trabajo preliminar guipuzcoano pretendía la restauración de los tradicionales miqueletes, las fuerzas de orden público provincial, y esbozaba la creación de una sala de lo contencioso-administrativo con sede en San Sebastián, como vía de recurso de los municipios ante las decisiones de la diputación. Y frente al Estado, una «comisión mixta de composición paritaria» para concretar las competencias a transferir. El anteproyecto guipuzcoano era, por lo demás, muy cicatero con la posibilidad dc una mancomunidad vasca, ya que no mencionaba siquiera tal posibilidad, limitándose a crear un Centro de Estudios Económico-Sociales y Territoriales, compartido con Vizcaya, y una delegación regional del IEAL. Finalmente, el anteproyecto aspiraba a restablecer el Concierto Económico, la reivindicación central de la diputación desde su derogación en 1937 y clave de la estrategia de Araluce. En suma, el trabajo preliminar guipuzcoano, bajo la dirección de Araluce, revelaba una elaboración exhaustiva y muy completa, incluyendo un anexo documental y una Memoria preparada por Ramón Tomás Rodríguez, en la que el jurista ofrecía una síntesis de las tradiciones forales y neoforales, así como de la estatutaria, lo que suponía toda una novedad en un régimen que había denostado esa vía autonómica[669].

669 «Anteproyecto de Estatuto de Régimen Especial. Trabajos preliminares del Estudio sobre Régimen Administrativo Especial para las provincias de Guipúzcoa y Vizcaya» (02/1976), ACP, *FSGT,* Caja 2274, pp. 55-67. «Memoria. Trabajos preliminares del Estudio sobre Régimen Administrativo Especial para las provincias de Guipúzcoa y Vizcaya» (02/1976), ACP, *FSGT,* Caja 2274, pp. 5-52.

En cambio, el anteproyecto vizcaíno era menos ambicioso, limitándose a un preámbulo y al articulado. Al igual que el guipuzcoano, pretendía establecer un régimen presidencialista, reduciendo las juntas generales a ser una institución que solo serviría como «cauce de consulta, asistencia, asesoramiento y expresión de las aspiraciones provinciales», que aprobaba las cuentas generales de los presupuestos provinciales. Las juntas, además, estaban constituidas por los representantes de los municipios, pero también por los diputados forales, evidenciando la preponderancia de la corporación provincial en los planes de Arístegui. Otra diferencia era que la elección a las juntas era menos proporcional, primando a los municipios menos poblados y que los apoderados, los representantes en esa institución, tenían que ser obligatoriamente miembros de los consistorios municipales, potenciando la *oligarquización* provincial. En cambio, el anteproyecto vizcaíno sí que preveía una mancomunidad con Guipúzcoa y otras provincias, así como la creación de una audiencia territorial vizcaína como órgano judicial. Por el contrario, no aspiraba a la restauración del tradicional cuerpo policial, aunque sí uno dedicado a la vigilancia del tráfico vial. Respecto a la Hacienda provincial, no reclamaba el Concierto Económico, en consonancia con la estrategia de la diputación, fiando todo a un aumento en los ingresos, incluyendo aportaciones de los Presupuestos Generales del Estado[670], lo que evidenciaba un modelo de dependencia frente al gobierno que solo podía restar autonomía en el gasto de la diputación.

Pero, sobre todo, había sido muy diferente el método de elaboración de los trabajos preliminares. Mientras que Araluce había optado por un modelo cimentado en la preponderancia de la diputación en la dirección de estos, cediendo a un experto foralista su concreción expositiva y no remitiendo a los municipios copia de ellos hasta poco antes de entregarlos, Arístegui se había abierto a recibir sugerencias no solo de estos, sino también de personalidades provinciales, como las que integraban el grupo dirigido por Juan Ramón Urquijo, articulado en torno a la CCB, la cámara de comercio bilbaína. La postura de la diputación guipuzcoana, basada en la posición directora de la corporación provincial, enraizada en la foralidad decimonónica, se traduciría en un malestar municipal que utilizaría el Movimiento de Alcaldes para desautorizar

670 «Trabajo preliminar sobre el Régimen Administrativo Especial de Vizcaya», ACP, *FSGT*, Caja 2273, pp. 312-362.

el anteproyecto de la diputación y en definitiva a la propia comisión descentralizadora. Aquello fue un error estratégico, del que Araluce se percató demasiado tarde, recordando al cometido con Ugarte en 1971 en la crisis de la universidad, pero ahora dando alas a la propuesta descentralizadora alternativa del Grupo de Alcaldes de Bergara, plataforma en la que coincidían ediles que conformaban ESB y que descalificaron al presidente de la diputación por su equivocación, un mes antes de que muriese a manos de ETA militar. Así, en el número uno de la revista *Garaia,* ESB criticó «los manejos centralistas con claras intenciones de dividir el país, teniendo como interlocutores a diputaciones que escasamente representan la opinión» del pueblo vasco, citando a Araluce por no escuchar las demandas de dichos regidores y protagonizar una «contramaniobra» tendente a neutralizar la «unidad de Euskadi»[671].

ESB acusaba, pues, a Araluce por haber actuado de manera opaca, cuando dicho partido tan solo tenía que haberse mirado al espejo, más allá de lo obligado por su clandestinidad. En ello, influía su diversa conformación. Además del grupo procedente de la revista *Branka,* dirigido por Txillardegi y Goio Etxabe, cuya génesis era la ETA originaria nacionalista, en ESB habían confluido representantes de los dos sectores de ELA Berri: los *eladios,* los que se habían escindido de STV, y los socialistas *elas.* Ninguno de los dos grupos recurrió a la violencia, considerando que ETA ejercía el *aventurismo.* Pero, la violencia etarra no era criticada por inmoral como hubiera sido previsible por tener, al menos el sector *eladio,* su origen en un sindicato socialcristiano, sino porque era *contrarrevolucionaria,* en un análisis más propio de los *elas.* El Proceso de Burgos alentó sus diferencias, una vez que los seguidores de Anabitarte se abstuvieron de participar en paros, encierros, movilizaciones y huelgas, mientras que los partidarios de Baroja secundaron y promovieron las acciones solidarias con los etarras juzgados, influidos por el marxismo compartido con los presos, formalmente adscritos a la comunista ETA VI Asamblea. Así lo indicaba el ideario de la formación, lo que era también una justificación de su diversidad interna:

> ESB cree que el socialismo democrático es la alternativa fundamental ofrecida a los trabajadores y a las clases progresistas de la sociedad para su transformación revolucionaria: hasta este socialismo

671 ECHEVARRÍA PÉREZ-AGUA, Juan José: *op. cit.,* pp. 218-222. «Bergara: el fruto de...».

> democrático se puede llegar tanto desde el socialismo científico como desde el socialismo humanista. Por ello, en ESB pueden formar parte tanto los marxistas como los marxistas libertarios o los antidogmáticos; asimismo, participan en él sectores cristianos socialistas.

Consciente de esa debilidad estructural, fue su postura reacia a divulgar sus planteamientos. Así, fue la única formación, junto a un PNV que al menos se disculpó por encontrarse preparando su primera asamblea tras el franquismo, que en 1976 se negó a responder a un cuestionario ideológico remitido por Beltza y por el historiador Juan Carlos Jiménez de Aberásturi Corta, quien sería miembro de Eusko Ikaskuntza cuando esta se reconstituyó. Ambos investigadores pretendían conocer las opiniones de los grupos políticos, pero, en el caso de ESB, señalaron: «No ha habido ni respuesta ni explicaciones sobre esta actitud». Tal conducta oscurantista venía de antes, desde que los *eladios* habían sido refractarios a explicar su programa ideológico, una vez que se escindieron de ELA Berri, criticando la línea Baroja por su «comunicabilidad» y su «lucha romántica y absurda». Los *eladios* eran, de hecho, un «círculo hermético», además de «secretos [y] doctrinarios», como escribió Idoia Estornés, la historiadora que más se ha ocupado en investigar ELA Berri y ESB.

Más allá de su oscurantismo, ESB era una amalgama, que iba desde los planteamientos etnolingüísticos de la ETA de sus tres primeras asambleas, que había recurrido a la lucha armada, aunque sin matar, hasta las posiciones antiviolentas de los *eladios* y la solidaridad de los *elas* con los juzgados en Burgos por haber recurrido a la violencia. A ello, cabría añadir el apoyo significativo a ESB de Juanjo Etxabe, ya desvinculado de ETA, el otrora líder de su Frente Militar, bajo cuya dirección el movimiento se había convertido en una organización terrorista, que hizo del recurso al asesinato, entre otras violencias, una constante de su actuación. Premonitoriamente, en su *brazo político*, en Herri Batasuna, ESB desembocaría en 1978. Dos años antes, ESB entendía que «la lucha armada no es algo malo por principio: en determinadas circunstancias, puede ser necesario y legítimo emplearla». Pero, para el partido nacionalista, era incompatible mantener en una misma formación la acción de masas y la violencia, por lo que «no practica la lucha armada»[672]. A la misma conclusión

672 ESTORNÉS ZUBIZARRETA, Idoia: «Abandonando la casa del...», p. 154.

de incompatibilidad llegó ese mismo año de 1976 ETA político-militar con el análisis de Pertur, mientras que ETA militar había renunciado a la acción de masas. El análisis de ESB sobre la violencia de 1976, mucho más profundo que el anterior de los *elas* de Baroja, incidía en diferenciar el campo de actuación de cada formación. Por un lado, una volcada en la acción política de masas y la otra dedicada a la lucha armada. Se trataba, pues, de un *reparto de papeles* que quedaría consagrado dos años después con la constitución de HB, bajo la dirección de ETA militar, que había asegurado su posición de vanguardia en el tándem, frente a la retaguardia de los poli-milis con respecto al partido EIA. Unos mismos parámetros ideológicos, pues, conformaban tanto ESB como ETA. En esta última, a su inspiración original socialcristiana se fueron agregando con el paso del tiempo posiciones marxistas (falaces y reales), especialmente a partir de la IV Asamblea y de ETA Berri, desembocando en una VI Asamblea comunista, conformando en su variedad una muestra de organización de la tercera oleada terrorista. La especialización de ETA militar y de ESB tampoco oculta las similitudes respecto al crucial asunto de la justificación de la violencia. Salvo en el caso indudable de los *eladios* de Anabitarte y más atemperado de una ETA VI Asamblea que no llegó a matar, ambas formaciones, en las distintas versiones de su historia, defendieron la legitimidad de la lucha armada. También coincidían en la importancia que les daban a sus órganos de difusión. Si ETA disponía de *Zutik* (*En pie*), ESB tenía a *Garaia* (*A tiempo*), en cuyo consejo de redacción figuraban Txillardegi, exponente de la ETA nacionalista originaria, y Baroja, defensor de los planteamientos marxistas. El trasvase argumentario entre *Zutik* y *Garaia* vivió una de sus constataciones con el comunicado etarra de noviembre de 1976, en el que asumió la muerte de Araluce, y con el analizado número de finales de enero de 1977 que publicó la revista de ESB; lapso cronológico que evidencia el premonitorio papel de vanguardia de ETA militar. En ambos, la imputación al presidente de la diputación por los sucesos de Montejurra era el hilo argumental que cosía ambos. En los dos textos, brilló por su ausencia cualquier mención al hecho de que Araluce era

---

ESTORNÉS ZUBIZARRETA, Idoia: «Entre partido y sindicato...», pp. 523-524 y 513-514. JIMÉNEZ DE ABERÁSTURI CORTA, Juan Carlos y LÓPEZ ADÁN *BELTZA*, Emilio: *Organizaciones, sindicatos y partidos políticos ante la transición: Euskadi 1976*, San Sebastián, Eusko Ikaskuntza, 1989, pp. 81, 3-4 y 82-83. SULLIVAN, John: *op. cit.*, p. 192.

el mentor de la comisión descentralizadora, el planteamiento autonómico rival del propugnado por el Movimiento de Alcaldes, conformado por ESB.

El 21 de enero de 1976, se constituyó la Comisión para el estudio de la implantación de un régimen administrativo especial para las provincias de Vizcaya y Guipúzcoa, en un acto presidido por Fraga como ministro de la Gobernación. La sesión, celebrada en el salón de actos del IEAL, en la calle Joaquín García Morato [hoy, Santa Engracia] de Madrid, se inició con la designación de los miembros de la Mesa de la Comisión, siendo elegidos Arístegui y Araluce como vicepresidentes de esta, junto al representante de la administración central Antonio Gómez Picazo, director general de Administración Local y expresidente de la Diputación Provincial de Guadalajara, la misma que había dirigido García Hernández en la época del Nuevo Estado. La Mesa estaba completada por Jordana de Pozas, como presidente, y Juan D'Anjou González, como secretario, al serlo también del IEAL. Entre los vocales de la comisión estaban Oreja, el marqués de Arriluce, Escudero, Zubiaga, Fernández Palacios, Satrústegui, Otazu, José María Serrats Urquiza, Muñoa, Arambarri, San Martín y Manzano. También los representantes de la administración central, José Barea Tejeiro, por el Ministerio de Hacienda, que sería jefe de la Oficina Presupuestaria de la Presidencia del Gobierno con José María Aznar; José Manuel Otero Novás, por el Ministerio de la Gobernación, entonces miembro del grupo democristiano Tácito y director general de Política Interior, y posteriormente ministro de la Presidencia en el segundo Gobierno Suárez; y José Antonio García-Trevijano Fos, catedrático de Derecho Administrativo y director del IEAL, entre otros[673].

Fraga, quien llegó a la sede del IEAL ataviado con una capa española, pronunció un discurso en el que impuso como objetivo de la comisión «señalar con determinación las fronteras cuyo desbordamiento desvirtuaría la limpia postulación regionalista». «Ni es admisible que (...) se pretenda inventar burocráticamente a nuestras regiones, ni toleraremos intento alguno que suponga un riesgo, por leve que sea, de quebrar la solidaridad entre las diversas comunidades regionales», en una clara mención restrictiva sobre el Concierto Económico. Entre las ausencias,

673 «Acta de la sesión constitutiva celebrada por la Comisión para estudio de la implantación de un régimen administrativo especial para las provincias de Vizcaya y Guipúzcoa, el día veintiuno de enero de mil novecientos setenta y seis» (Madrid), ACP, *FSGT*, Expediente 2454/5, pp. 23-25.

más allá de Marcelino Oreja, ocupado en la inminente visita a España del secretario de Estado norteamericano Henry Kissinger, destacó la del procurador carlista Zubiaga, quien se negó a formar parte de la comisión. En su argumentación, Zubiaga negó la *bilateralidad* de la comisión descentralizadora y su representatividad, elegida por procedimientos orgánicos, los mismos que tenía su condición de procurador en Cortes. Respecto a lo primero, el dirigente *carlohuguino*, que cuatro meses después encabezaría en las Cortes prorrogadas las críticas al Gobierno Arias por los sucesos de Montejurra apuntando con su dialéctica a Araluce, entendía que todos los miembros de la comisión habían sido designados por el gobierno, incluida los de la parte guipuzcoana y vizcaína[674]; extremo inexacto, ya que formaban parte de esta al ostentar los cargos de procuradores, consejeros y otras delegaciones corporativas, es decir, en virtud de la representación orgánica propia del régimen. Su propia presencia invalidaba tal acusación, ya que, de haberlos elegidos el propio gobierno, se hubiera ahorrado el acceso a la misma de un político tan incómodo para el régimen. El carlismo *carlohuguino* pretendía invalidar, por tanto, el proyecto descentralizador de la comisión, en el que Araluce jugaba un papel primordial, coincidiendo con la estrategia que ya desarrollaba el Movimiento de Alcaldes.

Precisamente, Jordana de Pozas había reforzado la condición bilateral de la comisión al redactar unas normas de funcionamiento, por las que el informe final del organismo descentralizador reflejase el resultado de las deliberaciones, «de tal manera que el Gobierno pudiera conocer cuáles han sido los pareceres de cada representación y los extremos en que coinciden o discrepan». Además, el presidente de la comisión negó la posibilidad de renuncia formal de los vocales natos del organismo, como lo era Zubiaga, mientras permaneciesen en sus cargos, en ese caso el de procurador en representación familiar por Guipúzcoa. Las diputaciones habían logrado, además, que se potenciase el carácter bilateral de la comisión, al lograr que se incluyeran asesores de la parte guipuzcoana y vizcaína, y no solo de la administración central. La orden del 3 de diciembre, de época de García Hernández, había limitado su número a dos, designados por esta última, elección que recayó

674 TAMAYO SALABERRÍA, Virginia: *op. cit.*, p. 165. «Acta de la sesión constitutiva celebrada por la Comisión… el día veintiuno de enero de mil novecientos setenta y seis» (Madrid), ACP, *FSGT*, Expediente 2454/5, pp. 22-25. «Escrito que presenta a la Comisión… Gabriel Zubiaga Imaz» (Madrid, 21/01/1976), ACP, *FSGT*, Expediente 2454/5, pp. 14-15.

en el economista Enrique Fuentes Quintana, futuro vicepresidente del segundo Gobierno Suárez, y en el jurista Rafael Gómez-Ferrer Morant, futuro miembro del Tribunal Constitucional. El 12 de enero de 1976, con Fraga ya como ministro, una nueva orden ampliaba a otros dos asesores, elegidos por las provincias. Jordana procedió a cumplimentarla, pero decidiendo que tales asesores no serían nombrados por las diputaciones, sino por las instituciones universitarias de ambas provincias. La Facultad de Derecho de San Sebastián eligió al profesor Navajas y la Universidad de Deusto a Celaya[675], de tal manera que, con este último, el grupo de trabajo dirigido por Juan Ramón de Urquijo logró introducir a uno de sus miembros en la comisión descentralizadora. Tanto Celaya, como Navajas, eran decididos partidarios de la dimensión regional autonómica.

También fue una estrategia que acentuaba el carácter bilateral la que emprendió Araluce, convenciendo a Arístegui de presentar un frente reivindicativo foral de las dos provincias vascas septentrionales al gobierno, que se tradujo en sendos anteproyectos descentralizadores enraizados en la foralidad, si bien no pudo impedir que fueran disímiles, especialmente en lo referente al Concierto Económico, pese a las tres reuniones de coordinación que celebraron en los meses de diciembre y enero, dos de ellas en las respectivas diputaciones y una intermedia, más distendida, en Laurgain en torno a una comida[676].

Fruto de aquel ambiente unitario fue la plantación de un retoño del árbol de Guernica en Tolosa, una iniciativa de ambas diputaciones con la intención de socializar a las poblaciones guipuzcoana y vizcaína en

675 «Normas para el funcionamiento interno de la Comisión a que se refiere el número 5.º de la Orden de 13 de diciembre de 1975, aprobadas el 10 de enero de 1976» (Madrid, 14/01/1976), ACP, *FSGT,* Caja 2273, pp. 222-225. Orden del Ministerio de la Gobernación, de 3 de diciembre de 1975... *BOE,* 10/12/1975, núm. 296, pp. 25662-25663. Orden comunicada del Ministerio de la Gobernación, de 12 de enero de 1976, ACP, *FSGT,* Caja 2273, p. 2. Nombramiento de Enrique Fuentes Quintana (Madrid, 22/12/1975), ACP, *FSGT,* Expediente 2454/5, p. 3. Nombramiento de Rafael Gómez-Ferrer (Madrid, 22/12/1975), ACP, *FSGT,* Expediente 2454/5, p. 4. Orden comunicada del 12 de enero de 1976 del Ministerio de la Gobernación (Madrid), ACP, *FSGT,* Caja 2273, p. 2. Nombramiento de Álvaro Navajas... (Madrid, 27/01/1976), ACP, *FSGT,* Expediente 2454/5, p. 26. Nombramiento de Adrián Celaya Ibarra (Madrid, 12/01/1976), ACP, *FSGT,* Expediente 2454/5, p. 27.

676 LARREA, Miguel: «Las relaciones hispano-francesas...», *La Voz de España,* 24/12/1975, p. 11. «Reunión conjunta en la Diputación relacionada con los estudios previos al régimen especial», *El Diario Vasco,* 08/01/1976, p. 8.

la foralidad, y a la vez de insuflar ánimos entre los tradicionalistas en una localidad que había sido semillero carlista en todas sus modalidades, pero sobre todo para mostrar una imagen cohesionada de las dos corporaciones provinciales frente a los sectores más reacios del régimen en pos de la restauración foral, utilizando para ello el mayor símbolo foral existente. La iniciativa no era inédita, en la medida en que no era el primer retoño que se plantó en Tolosa, ya que desde 1903, con motivo del cincuentenario de la composición del *Gernikako arbola,* obra de José María Iparraguirre, se habían colocado al menos cuatro hijuelos del de Guernica, uno de ellos en el chalé Ibai-gain (Sobre el río), propiedad del que fue presidente de la diputación, Ladislao Zavala, padre del amigo de Araluce. El 6 de febrero de 1976, el día que acababa el plazo de presentación de los trabajos preliminares, con asistencia del gobernador Rodríguez Román, cuya presencia evocaba la figura del antiguo corregidor, se celebró el acto, en el que estuvo presente el director-conservador de la Casa de Juntas de Guernica, Francisco Sesmero Pérez. Por parte de las diputaciones guipuzcoana y vizcaína, el evento estuvo presidido por San Martín y Unceta, los números dos de las corporaciones, porque tanto Araluce como Arístegui no habían recuperado todavía su plena condición de presidentes por el proceso de reelección obligado por la nueva legislación local. Las autoridades fueron recibidas por el alcalde, Pedro María Recalde Busca, en la Casa Consistorial. A las seis de la tarde, salieron acompañados por la Banda Municipal, que hizo sonar sus chistus, trasladándose a los jardines del árbol de Guernica, donde recibieron el homenaje del grupo de danzas Udaberri con el clásico baile de la *Reverencia.* La plantación se llevó a cabo con rigor ceremonial. Sesmero dio lectura del documento de entrega del retoño, destacando la unión que se producía entre los pueblos de Guernica y Tolosa a través del árbol «sagrado» de los vascos. Luego, Sesmero, Rodríguez Román y Recalde plantaron el retoño. Una vez finalizada la labor, el alcalde pronunció las siguientes palabras: «Los Fueros y el árbol de Guernica han sido durante siglos historia de nuestro pueblo», haciendo votos porque el retoño «florezca en un nuevo sistema foral», que «han plantado el Gobierno de la nación y las diputaciones de Guipúzcoa y Vizcaya» en la comisión descentralizadora. En sus palabras, el regidor deslizó entre las menciones a Guipúzcoa y España, una referida a «nuestra región vasca». El gobernador respondió:

> Con el mismo tesón con que guardáis vuestro Árbol. Guardad, también, tolosanos, vuestro espíritu religioso, el amor a vuestros padres,

> el respeto a vuestras costumbres, tradiciones e historia. Si así lo hacéis, honráis y honraréis al Árbol, pero sobre todo y ante todo a vosotros mismos, a Guipúzcoa y a la Patria grande, universal y eterna.

En la respuesta del jefe provincial del Movimiento, la mención regional desapareció, quedando solo dos referentes: Guipúzcoa y España. El acto finalizó con «el canto con emoción», tanto de autoridades como del público congregado, del *Gernikako arbola,* en una reivindicación tradicionalista de tal himno. En las páginas de *La Voz de España* se expresó la satisfacción porque «el santo grial de los Fueros, tradiciones y libertades del País Vasco, habita ya en el solar tolosano». Al acto asistieron, pese a la incesante lluvia que cayó, unas dos mil personas[677], el 11 % de la población tolosarra.

Dos días después, Araluce tomó de nuevo posesión como presidente de la Diputación Provincial de Guipúzcoa, expresando en su discurso su afán por «lograr una convivencia frecuentemente difícil». El presidente era ya consciente que el anteproyecto presentado en la comisión suscitaba críticas en el seno de la sociedad vasca, por lo que dispuso que ejemplares de este estuvieran a disposición del público, ofreciéndose a llevar las sugerencias que se hicieran al organismo descentralizador. Araluce pedía, pues, «asistencia» de toda la provincia para la diputación en la tarea descentralizadora que afrontaba, máxime ante una violencia, que provocaba «desgarraduras que aún ensombrecen el sosiego y la alegría de nuestras familias». Al día siguiente, ETA militar asesinó al alcalde de Galdácano Víctor Legorburu, de sesenta y tres años, regidor tradicionalista de la localidad vizcaína desde 1966. Los milis habían dado a los alcaldes vascos dos meses para que dimitiesen de sus cargos, campaña que habían iniciado el 24 de noviembre de 1975, matando al regidor de Oiartzun, Antonio Echeverría Albisu. Al día siguiente de la muerte de Legorburu, asesinaron en Zizurkil a Julián Galarza Ayastuy, un obrero mecánico de treinta y siete años de ideología nacionalista, al que confundieron con el alcalde de esa localidad guipuzcoana, José Antonio Vicuña Rodríguez, quien era además

677 LINAZASORO, Iñaki: «El roble de Guernica y Tolosa», *La Voz de España,* 21/02/1976, p. 17. GOÑI, José María: «Con asistencia de las autoridades provinciales de Guipúzcoa y Vizcaya se procedió a la implantación de un retoño del árbol de Guernica», *El Diario Vasco,* 07/02/1976, p. 8. «Retoño del árbol de Guernica», *La Voz de España,* 07/02/1976, p. 17. «Plantación de un retoño del árbol de Guernica en Tolosa», *Unidad,* 07/02/1976, p. 4.

diputado provincial, formando parte del equipo de Araluce. En esta ocasión, ETA militar, a diferencia de cuando el atentado de la cafetería Rolando, admitió el error[678].

El 23 de febrero se reunió por segunda vez el pleno de la comisión con el objeto de iniciar el examen de los trabajos preliminares presentados por las dos diputaciones, lo que no implicaba, como advirtió Jordana, que no se estudiaran las propuestas de todos los vocales. Araluce acusó la crítica y se comprometió, como había hecho en su discurso de toma de posesión, a trasladar a la comisión las sugerencias que le llegasen desde la provincia guipuzcoana. Tras ello, el presidente de la diputación incidió en su principal reivindicación, el Concierto Económico, restando importancia a que el anteproyecto vizcaíno no lo reclamase, pese a que «históricamente» tal instrumento fuese el mismo para las tres provincias vascongadas, el mismo argumento que había empleado en su famosa moción al gobierno. Por ello, abogó para que «el día de mañana» se sumase Vizcaya. Sin embargo, ese futuro no estaba contemplado desde la diputación vizcaína, como dejó claro su representante en la comisión y miembro del equipo que bajo Unceta había elaborado su trabajo preliminar, el técnico fiscal y diputado José Luis Rubio Virseda, quien consideraba el instrumento neoforal una «fórmula provisional de escasos efectos descentralizadores». También intervino Escudero con el objetivo de mostrar al resto de vocales que el anteproyecto presentado por la diputación guipuzcoana no era la única propuesta de descentralización surgida desde la provincia. El procurador expuso «una enmienda a la totalidad», a los planteamientos provincialistas de Araluce y Rubio Virseda, consistente en vindicar la opción regional. Escudero, pese a reconocer que sus contendientes habían mantenido una «ortodoxa doctrina foral», abogó para que la restauración foral fuese actualizada en un marco regional, que encajase en una «concepción del Estado regionalista». El procurador guipuzcoano por representación familiar había caldeado la reunión plenaria con su presencia en varios actos públicos, como en una conferencia en la Universidad de Deusto, que tuvo una notable presencia de público, desbordando el aforo, y otra en una sala de la iglesia del colegio del Corazón de María, en San Sebastián, una de las primeras ikastolas,

678 «Acta... del Pleno del día 8 de febrero de 1976» «Actas de las sesiones... por la Diputación de Guipúzcoa... el año 1976» (San Sebastián), DG, pp. 67-68. ALONSO, Rogelio, DOMÍNGUEZ, Florencio y GARCÍA REY, Marcos: *op. cit.*, pp. 65-67 y 63. SULLIVAN, John: *op. cit.*, p. 194. ANGULO, Gorka: *op. cit.*, p. 48.

apostando por una solución estatutaria como la de 1936[679]. En cambio, Araluce, a través de *La Voz de España*, criticó la opción regionalista:

> Hay una tradición histórica dentro de nuestras provincias, que guste o no guste, está clara. Evidentemente, tenemos un claro concepto y una innegable vivencia de lo regional en lo cultural, lo lingüístico y hasta lo étnico. Pero su institucionalización o su definición política se ha confiado al buen oficio de relación entre las provincias, manteniendo algunas de estas celosamente su propia autonomía: Navarra ha sido un reino, Vizcaya un señorío, Guipúzcoa, la provincia por antonomasia.

Fueron unas declaraciones hechas en una entrevista concedida al periodista Roberto Pastor, llevada a cabo el sábado 7 de febrero en el domicilio del presidente de la diputación, en las que el redactor de *La Voz de España* recreó en su artículo la vida familiar de los Araluce, una casa en la que hay «hospitalidad y sencillez vasca». «Charlamos en la pieza en la que nuestro personaje hace vida familiar», reproduciendo las palabras de Araluce: «Estoy acostumbrado a trabajar con ruido».

> En un rincón, su mesa de trabajo. No muy lejos, la camilla circular en la que realiza sus labores la *etxekoandre* (la señora de la casa). Enfrente otra mesa, amplia, semioval, a la que se sientan los hijos para sus tareas estudiantiles, escolares, para sus lecturas y entretenimientos. Y en la pared más ancha, una librería en la que se alternan volúmenes y ampliaciones fotográficas de primeros planos de todos los Araluce. De alguna estancia contigua nos llegan, precisamente, sus voces confundidas las de adultos y niños, unidas al mediodía en el rezo del Ángelus.

La entrevista tuvo repercusión nacional, al ser resumida por *Pueblo*, el medio de la cadena del Movimiento de mayor divulgación, con una relevante tirada de 197.435 y una difusión de 166.651 ejemplares[680].

---

679 «Acta de la sesión plenaria celebrada por la Comisión para el estudio de la implantación de un régimen administrativo especial para las provincias de Vizcaya y Guipúzcoa, el día veintitrés de febrero de mil novecientos setenta y seis» (Madrid), ACP, *FSGT*, Expediente 2454/5, pp. 29-33 y 36-37. BEZUNARTEA, Ofa: «El Concierto Económico es solo una parte del problema», *Hierro*, 03/02/1976, p. 4. INCHAUSTI, Estrella: «Un estatuto de autonomía…».

680 PASTOR, Roberto: «Don Juan María de…». «El reformismo debe llegar hasta donde sea necesario», *Pueblo*, 09/02/1976, p. 6. OJD, *Boletín*, 133, 10/1976, p. 8.

El 26 de febrero, Araluce, implicado desde el año anterior en la revitalización del Tradicionalismo, presidió una reunión de la UNE en San Sebastián, la primera que la asociación política celebraba en Guipúzcoa, a la que asistieron alcaldes, diputados provinciales y empresarios. En ella, el presidente de la diputación desgranó el ideario de la UNE, basado en la monarquía, el orden socialcristiano y la descentralización. Unos días antes, la asociación política había elegido a Fagoaga como secretario general, bajo el triunvirato presidencial de Fernández de la Mora, Zamanillo y Valiente[681].

Para contrarrestar los planes de Araluce, los intelectuales agrupados en la Comisión de Cultura de la CCB publicitaron también en aquellos primeros meses de 1976 su planteamiento descentralizador regionalista. Así, Mitxel Unzueta y Celaya participaron el 29 de enero en una mesa redonda en el Colegio Mayor de Deusto, el 9 de febrero en la Universidad Autónoma de Bilbao y el 17 de marzo en los EUTG de la Universidad de Deusto en San Sebastián, con un mensaje que incidía en el modelo del Estatuto de 1936, del que destacaban que «establecía como premisa de organización política el sufragio universal», ligando democratización con descentralización regional, un argumento clave en el equipo de trabajo dirigido por Juan Ramón de Urquijo, quien ya en septiembre de 1975 había desautorizado los planes descentralizadores de Araluce al señalar que el Concierto Económico no era la «meta» que pretendían, sino un elemento más de la futura autonomía regional vasca. El 20 de febrero de 1976, Urquijo, antiguo compañero de Araluce en el Tercio de Begoña, intervino en la Biblioteca del Doctor Camino en la presentación de un libro de Cillán Apalategui para preconizar la actualización foral en clave regional, opinión que compartía el autor. Urquijo, como hacía el *carlohuguino* Zubiaga, negaba representatividad a la comisión descentralizadora y consideraba sus trabajos como meramente provisionales, «hasta que las nuevas elecciones hagan totalmente representativas a las Corporaciones y entidades que vayan a Madrid». En el planteamiento de quien era director de la RSVAP, las siguientes elecciones que convocaría el régimen serían ya democráticas, acertando en su pronóstico, con lo que los futuros comisionados podrían reclamar «del poder central el máximo de facultades y autonomía regional para

681 LARREA, Miguel: «Minuto a minuto, con...», *La Voz de España*, 28/10/1975, p. 11. «Reunión de UNE en San Sebastián», *La Voz de España*, 26/02/1976, p. 26. «El reformismo debe llegar...».

nuestra querida Euskalerría». Al acto asistió el catedrático de Historia Contemporánea de la Universidad Autónoma de Madrid, el donostiarra Miguel Artola Gallego, autor del prólogo del libro de Cillán y que fue recibido como miembro por los *amigos*. Artola, uno de los grandes renovadores de la historiografía española, destacó la relevancia de lo aportado por el profesor de Derecho de la Facultad de San Sebastián porque incidía en el conocimiento de la evolución ideológica de los guipuzcoanos en las cuatro primeras décadas del siglo XX, en la última de las cuales había irrumpido el planteamiento unitario en la provincia, a través de la propagación del nacionalismo vasco[682] por obra del PNV y de STV.

Mientras, la situación social se había vuelto a crispar, como consecuencia de la represión y posterior muerte de cinco trabajadores en Vitoria el 3 de marzo de 1976. Tales sucesos habían sido el epílogo de una cadena de protestas laborales en diversos puntos de España, iniciadas en diciembre del año anterior, con particular seguimiento en el sector del metal, que tuvieron mayor repercusión en Madrid y en su cinturón obrero, Getafe especialmente, con huelgas que en algún caso movilizaron durante una semana hasta a 100.000 obreros. Las reivindicaciones eran esencialmente, aunque no de un modo exclusivo económicas, ante la inflación que mermaba el poder adquisitivo. La situación para el segundo Gobierno Arias llegó a ser crítica, siendo calificada por López Rodó como «prerrevolucionaria». Sin embargo, las centrales sindicales, aún ilegales, CCOO, USO y la UGT, optaron por la negociación, orillando las escasas reivindicaciones políticas existentes, lo que posibilitó que la situación se recondujese. Después tomó el relevo Barcelona y la comarca industrial del Bajo Llobregat [Baix Llobregat], en una protesta organizada por una hegemónica CCOO. A diferencia de Madrid, en Cataluña sí hubo un mayor fondo de reivindicación política, especialmente en Sabadell, siendo definida la conflictividad por el gobernador civil de Barcelona, Salvador Sánchez Terán, quien sería ministro de

682 ZARZALEJOS NIETO, José Antonio: «Mesa redonda en Deusto sobre el régimen administrativo especial», *Hierro*, 30/01/1976, p. 3. BEZUNARTEA, Ofa: «Crítica al informe preliminar presentado por la Diputación», *Hierro*, 09/02/1976, p. 4. «Vicisitudes del pueblo vasco para hacer realidad el Estatuto», *La Voz de España*, 18/03/1976, p. 11. INCHAUSTI, Estrella: «Pero no es el Concierto Económico la meta que nosotros pretendemos», *El Diario Vasco*, 26/09/1975, p. 9. «Interesante disertación de don Juan Ramón Urquijo», *La Gaceta del Norte*, 03/04/1976, p. 8. «Presentación de un libro del profesor Cillán Apalategui», *La Voz de España*, 21/02/1976, p. 11. FUSI, Juan Pablo: *El País Vasco. Pluralismo...*, p. 22.

Trabajo en el tercer Gobierno Suárez, como un «ensayo de toma revolucionaria de una población». La tercera ola tuvo lugar en el País Vasco, en concreto en Vitoria. Esta se inició el 9 de enero con un paro en Forjas Alavesas, extendiéndose a otras empresas, constituyéndose un núcleo de protestas protagonizado por unos 6000 trabajadores. Hubo dos jornadas previas de huelga general, el 16 y el 23 de febrero. A diferencia de Madrid y Cataluña, el movimiento obrero formado en Vitoria no estaba controlado por los sindicatos de clase, siendo de naturaleza asamblearia, lo que facilitó la radicalización de la protesta, conduciendo a una estrategia insurreccional y como en el Baix Llobregat de abierta ruptura con el régimen. El día 3 se levantaron barricadas en la capital alavesa, celebrándose numerosas asambleas, que debían culminar con una convocada por la tarde en la iglesia de San Francisco. Las FOP, dependientes de Fraga, recibieron la orden de desalojarla. Unos 8000 trabajadores se habían congregado, algunos dentro del templo y otros alrededor. En medio de todos ellos, los de dentro y los de fuera, se estacionaron 180 policías, que arrojaron bombas lacrimógenas en la iglesia. La desbandada consiguiente fue respondida con fuego real por unas FOP acorraladas, malhiriendo a cinco trabajadores, falleciendo poco después, y provocando graves lesiones a otras cuarenta y siete personas que necesitaron atención hospitalaria. Aquello fue un desastre, probablemente el más significativo del segundo Gobierno Arias, alienando a la provincia meridional, pese a haber conservado su neoforalidad con el régimen, y contribuyendo al ideario de la unidad vasca, en un territorio que hasta entonces se había mantenido al margen. El 8 de marzo hubo una huelga general en todo el País Vasco, que fue secundada por hasta 500.000 trabajadores, cifras que nunca se habían alcanzado. Para más inri, en la localidad guipuzcoana de Basauri, la Guardia Civil mató con arma de fuego a un manifestante, Vicente Antón Ferrero, de dieciocho años. En suma, durante los últimos días de 1975 y los tres primeros meses de 1976 se vivió una oleada de huelgas que puso al Gobierno Arias y al propio régimen al borde del precipicio. Como remate cabe reseñar, que *Zeruko Argia* publicó una fotografía de Amparo Arangoa Satrústegui, una sindicalista y militante de la ORT, formación maoísta que hundía sus raíces en la HOAC, en la que se apreciaba las graves lesiones sufridas tras ser interrogada en el cuartel de la Guardia Civil de Tolosa por el capitán Jesús Muñecas Aguilar, quien luego sería condenado en 1981, junto a su superior en Guipúzcoa, Antonio Tejero Molina, por su implicación en el intento de golpe de Estado del 23-F. Muñecas había estado destinado en el cuartel de Zarautz, cuando fue interrogado el etarra

Arrizabalaga, al que se le incautaron las llaves del piso de Bilbao donde fue detenida parte de la cúpula etarra que fue juzgada en el Proceso de Burgos. La canción *Itziarren semea* (*El hijo de Itziar*), con letra de Telesforo Monzón, denunció las torturas sufridas, abundando en el descrédito del régimen[683].

Un desprestigio que repercutía en primera instancia en el gobierno, lo que llevó a Juan Carlos I a acelerar su destitución. Pero para ello, necesitaba del Consejo del Reino. La relevancia de tal organismo, máxime una vez muerto el dictador, no escapaba a nadie, siendo el arquitrabe del régimen que había ideado Franco, la «viga maestra» de este, como lo había definido Emilio Romero. Se trataba de un órgano colectivo y autónomo de carácter representativo, en sus términos orgánicos, que asistía a la Jefatura del Estado y asumía con esta las funciones de designación de los más altos cargos del Estado, además de velar por el ordenamiento legal y la continuidad institucional del propio régimen. En 1967, mediante la ley Orgánica del Estado, el Consejo del Reino había pasado de ser un órgano meramente consultivo del jefe del Estado a ocupar el vértice superior de la organización institucional[684].

El empoderamiento de los consejeros del Reino tras la muerte de Franco levantó suspicacias. Entre ellas la de Gil-Robles, quien consideró excesivo su poder, alertando de que sus miembros pusieran obstáculos insuperables al rey. En un artículo publicado en junio en *La Gaceta Ilustrada*, bajo el significativo título de «El soberano y su prisionero», sistematizó su pensamiento, muy alejado del que había defendido en la Segunda República. El que había sido el líder de la CEDA señaló que Franco tuvo un propósito:

> Proseguido con tenacidad hasta su plena realización: no restaurar la forma de gobierno monárquico con arreglo a los principios de la continuidad hereditaria y de la consolidación democrática, sino instaurar una magistratura sui géneris susceptible de asegurar la

---

683 SÁNCHEZ-CUENCA, Ignacio: *op. cit.*, pp. 48-61. GOBIERNO VASCO: *Informe sobre Víctimas de Vulneraciones de Derechos Humanos derivadas de la Violencia de Motivación Política*, Vitoria, 2008. https://www.arovite.com/documentos/2008_Landa.pdf

ONTOSO, Pedro: «Torturas y violencia política en Euskadi», *El Correo*, 09/04/2014. https://www.elcorreo.com/vizcaya/20140409/mas-actualidad/sociedad /torturas-violencia-politica-euskadi-201404081826.html

684 MEDINA MUÑOZ, Miguel Ángel: «El Consejo del Reino», *Revista de Estudios Políticos*, 181 (1972), pp. 105-108.

> supervivencia de unos pretendidos ideales intangibles y el afianzamiento en el poder de quienes por convencimiento, por conveniencia o por temor a las propias responsabilidades puedan asegurar con más eficacia el continuismo [del régimen].

En su opinión, su sucesor se vería sin «remedio» obligado a «ser fiel a la oligarquía heredera del franquismo, para lo cual había que condenarlo a una auténtica impotencia política». Así, hubo que «enmarcarle en el cuadro rígido de unas instituciones más fuertes que él», citando a las Cortes, al Consejo Nacional del Movimiento y sobre todo al Consejo del Reino, sumándose de esa manera Gil-Robles a la tesis del *atado y bien atado,* formulada expresamente por el dictador en 1969 tras proclamar a Juan Carlos como sucesor. «De un modo especial se configuró al Consejo del Reino como el valladar más inexpugnable, como el obstáculo prácticamente infranqueable que cortara todo conato de evasión del prisionero», sostenía, mostrando su pesimismo con el marco jurídico heredado de la dictadura. Para el otrora líder de la derecha, este se manifestaba poco menos que infranqueable, lo que no dejaba de ser paradójico, viniendo de una persona que durante la Segunda República había optado por el *accidentalismo,* según el cual había que aceptar la legalidad entonces existente, cambiándola, pero no derribándola. En su artículo, Gil-Robles recordaba que las atribuciones del otrora órgano consultivo, una vez muerto Franco, «son ahora decisorias». El poder del Consejo del Reino a la hora de decidir las ternas «condicionan el nombramiento y no dejan al Monarca el más estrecho margen de decisión». «La obligatoriedad de elegir al Jefe del Gobierno dentro de la terna propuesta por el Consejo del Reino —y por un período de cinco años— convierte este organismo en árbitro de la política nacional», argumentaba. «El Consejo del Reino, de pura designación originaria de quien ostentó durante cuarenta años un poder incontrolado, es hoy el verdadero soberano, que manda en quien ostenta el título de Rey con facultades brillantes, pero que no pasan de ser honoríficas. No hay Jefe de Estado en el más ultraparlamentarista de los regímenes que tenga menos facultades efectivas que don Juan Carlos», sentenciaba, quien fue ignorado, cuando no despreciado, por el régimen franquista tras la Guerra Civil por su legalismo inquebrantable ante la Segunda República. «Jamás en la Historia una minoría privilegiada, desnuda de todo vestigio de representación, ha montado con tanto descaro la imagen de un Rey que no es absoluto ni constitucional, ni hereditario, ni democrático. Le alcanzará, sin posibilidad de defenderse, la responsabilidad histórica por lo que no le han dejado hacer», auguraba sobre la Monarquía *juancarlista*, aunque sin acierto, a la que consideraba irremisiblemente presa del sistema franquista, quien cuarenta y cinco años antes había predicado entre los católicos al acatamiento de la legalidad republicana. «El verdadero soberano colectivo, integrado por un reducido número de oligarcas (...), gobernará de hecho a un país (...) en la más absoluta irresponsabilidad», remachaba, quien defendía la democracia en sus términos inorgánicos, algo que contrastaba con sus postulados orgánicos cuando dirigió a la derecha en la Segunda República, y quien se había distanciado de Juan de Borbón cuando este confió la educación de su hijo a Franco[685]. Del artículo de Gil Robles, se extraía, por tanto, que la única posibilidad de reforma democrática pasaba por «liberar al prisionero», al propio monarca, al que no consideraba soberano, sino sometido al organismo que ostentaba el verdadero poder. Y eso, en el seno del régimen, solo podían hacerlo los propios miembros del Consejo del Reino, como Araluce, cuya fidelidad monárquica, derivada de su condición *estorila*, se anteponía a cualquier otra lealtad política. Para Gil-Robles, el futuro político de España estaba en manos de Araluce y de los otros dieciséis miembros del organismo, unos «oligarcas» que se movían por «convencimiento, conveniencia o temerosa responsabilidad».

El rey presidió entonces por primera y única vez una reunión del Consejo del Reino. Fue el 2 de marzo, en el palacio de la Zarzuela y allí estuvo Araluce, junto a sus compañeros, para escuchar el discurso del monarca. «La voluntad del Rey no puede ser suplantada ni mediatizada», dijo Juan Carlos I, para añadir: «El poder del Rey no debe ser ni personal, ni arbitrario, sino institucional. Este es el gran papel del Consejo del Reino». Juan Carlos quiso también explicitar el rol que ese organismo había adquirido una vez muerto el dictador: «El vigor de una monarquía está en que el Rey sea verdaderamente dueño de sus actos, mientras que las instituciones, como el Consejo del Reino, contribuyen a formar la voluntad institucional de la Corona, sin vincularse al Rey por docilidad o subordinación complacientes, y sin que tampoco puedan ser factores perturbadores que rompan la debida subordinación». Solo así, entendía el rey, la monarquía podrá «llevar a cabo las profundas reformas que este país necesita»[686]. Un mensaje que redun-

685 GIL-ROBLES, José María: «El soberano y su prisionero», *La Gaceta Ilustrada,* 1027, 13/06/1976, p. 3. ÁLVAREZ TARDÍO, Manuel: «José María Gil-Robles y...».

686 FERNÁNDEZ-MIRANDA, Juan: *op. cit.,* p. 212. «Mensaje de Juan Carlos I al Consejo del Reino», *El Diario Vasco,* 03/03/1976, pp. 1 y 4.

daba en la opinión de Araluce quien con anterioridad había definido al Consejo del Reino como la «pieza fundamental en el equilibrio de las instituciones», presagiando la trascendencia que adquirió una vez muerto Franco.

La visita a Madrid fue completada por Araluce con una reunión en la Dirección General de Obras Hidráulicas para repasar el plan de presas: la del Urkulu se estaba ya hormigonando. También se seguía trabajando en la del Estanda, fijándose un plazo para la de Barrendiola. En cuanto a la de Aixola, que abastecería a Éibar, la diputación se mostró de acuerdo con pagar el 100 %, con la promesa de reintegrar el Estado la mitad de su coste, mediante los Presupuestos Generales. Completó la jornada con una visita al ministro de Educación y Ciencia, Carlos Robles Piquer, cuñado de Fraga. Con este, Araluce trató de la promoción del euskera. «Se hace preciso intensificar la enseñanza del vascuence tanto en centros oficiales como privados. Por otra parte, es preciso formar profesorado que conozca lo suficientemente bien el idioma como para poderlo enseñar, sobre todo en los primeros niveles (...). Una de las fórmulas habladas es la de considerar el hablar vascuence como mérito especial a la hora de provisión de vacantes» en el profesorado, resumió el presidente de la diputación a la prensa. Respecto a la educación universitaria, el Gobierno Arias se mostraba, al igual que sus antecesores, contrario a una universidad propia guipuzcoana, pero Robles Piquer ofreció la creación de un vicerrectorado de la de Valladolid con sede en San Sebastián. Araluce habló con el ministro sobre la conveniencia de recuperar la SEV, que, desde su fundación en 1918 hasta su desaparición en la Guerra Civil, había sido mantenida por las cuatro diputaciones vasco-navarras. Y recordó al ministro la promesa de su antecesor, Martínez Esteruelas, de crear en Oñate [hoy, Oñati] la sede regional del IEAL, como pretendía el anteproyecto presentado en la comisión descentralizadora[687].

Cinco días después, Araluce asistió a la tercera reunión plenaria de dicha comisión, que se centró en dos relevantes cuestiones. Una primera, sobre la demanda de autonomía regional que había planteado Escudero, que fue derrotada, aunque eso no supuso la desaparición de la discusión de tal marco autonómico. El grupo de trabajo de la CCB, dirigido por Juan Ramón de Urquijo, prosiguió con tal demanda, en

687 MALLO, Albino: «El lunes se reunirá el pleno de la Comisión», *Unidad*, 03/03/1976, p. 14.

base a una propuesta de texto normativo redactada por Celaya, que abogaba por la creación de la «Región Foral Vasca», compuesta por «la provincia de Guipúzcoa y el Señorío de Vizcaya», a la que podrían agregarse Álava y Navarra. Las referencias historicistas se completaban con la restauración del corregidor, a través de su sucesor, el gobernador civil, a quien se le reservaban sus funciones forales y a quien se le calificaba en el caso vizcaíno como el «representante del Señor»; es decir, del rey. El poder del diputado general era limitado por unas juntas generales, que, a diferencia de los anteproyectos de las diputaciones guipuzcoanas y vizcaínas, ostentaba la «potestad suprema» provincial, siendo definidas como el «órgano básico del gobierno local». Los contenidos de tal propuesta fueron defendidas, aunque también con escaso éxito, por el vocal Enrique de Guzmán, presidente de la CCB, quien estaba asesorado por Celaya. En cambio, triunfó una segunda propuesta, presentada por todos los vocales representantes de Guipúzcoa y Vizcaya, consistente en la petición de derogación del decreto-ley de 1937, con los únicos votos en contra de los dos representantes del Ministerio de Hacienda y la abstención del de Obras Públicas. De tal manera, que la comisión pedía al segundo Gobierno Arias lo que no se había atrevido a hacer el primero, seis meses antes, cuando García Hernández había intentado llevar al Consejo de Ministros su propuesta de decreto-ley descentralizador. Arias Navarro tenía de nuevo la *patata caliente* encima de su despacho, medida que como dijo Araluce en la sesión plenaria respondía a una «finalidad política cuyo alcance no se le puede escapar a nadie», ni siquiera a un presidente del Gobierno que rehuía las decisiones que trascendían al franquismo[688].

688 «Acta de la sesión celebrada por la Comisión para estudio de la implantación de un régimen administrativo especial para las provincias de Vizcaya y Guipúzcoa, el día 8 ocho de marzo de mil novecientos setenta y seis» (Madrid), ACP, *FSGT*, Caja 2274, pp. 77-88. «Informe que presenta el Sr. Presidente de la Cámara de Comercio, Industria y Navegación de Bilbao» (incluye anteproyecto de la Región Foral Vasca), RACMyP, *AMOA*, Caja 7, 097/007/024, pp. 1-37.

Antes de que me maten

Mayor difusión tuvo otro planteamiento regionalista, el que en aquellos primeros meses de 1976 elaboró el Movimiento de Alcaldes y que se convertiría en el gran rival de la propuesta descentralizadora de Araluce. Sus integrantes habían logrado ya en las elecciones municipales de 1974 salir elegidos como concejales en diversas localidades del Alto Deba, núcleo originario del movimiento, en concreto en Vergara, Mondragón, Oñate, Escoriaza y Arechavaleta. En las nuevas elecciones del 25 de enero de 1976, obligadas por la reciente ley local, que permitió por primera vez en cuarenta años la elección del alcalde por los concejales y en las que se escogió a 4253 regidores de toda España, algunos de ellos ascendieron a la máxima magistratura municipal. Fue el caso de José Luis Elkoro, en Vergara, quien lideraría a todo el grupo. Elkoro, que se había formado en la sociedad local Alkartunai (Voluntad de encuentro), volcada en los asuntos sociales del municipio, encargó al concejal Goio Etxabe, hermano de Juanjo y del fallecido Iñaki, la elaboración de un documento que recogiese las aspiraciones autonómicas del Movimiento de Alcaldes. Estas fueron concretadas en la unidad de Euskadi, plasmándola jurídicamente en un texto inspirado en el *Estatuto de Estella*[689]. Un texto que, desde su redacción como *Estatuto General Vasco,* había sancionado los Conciertos Económicos, incorporando por primera vez la neoforalidad en un proyecto de estatuto autonómico regional.

El propósito de Elkoro, inspirado en lo que había hecho José Antonio Aguirre, pasaba por encabezar un movimiento municipal que impusiese esos planteamientos, desbordando los planes de la comisión

689 «Bergara: el fruto de...». «Elecciones de alcaldes en 4000 municipios», *Boletín de Información de la Vida Local,* 96-97, 02-03/1976, pp. 12-13. TAMAYO SALABERRÍA, Virginia: *op. cit.,* p. 170.

descentralizadora; en definitiva, invalidando por la vía de los hechos, a través de los pronunciamientos municipales, la propuesta gubernamental de sendas autonomías para Guipúzcoa y Vizcaya, mediante su superación en un marco unitario vasco. La señal de partida la dio el Ayuntamiento de Vergara [hoy, Bergara] el 29 de marzo de 1976, que aprobó una moción de su alcalde, a favor de una restauración foral, actualizada en un estatuto de autonomía regional. El pronunciamiento pedía al rey la «plena reintegración foral» en las cuatro provincias vasco-navarras, «restaurando a las mismas el estatus jurídico que gozaban con anterioridad a la Ley de 25 de octubre de 1839», escenario que el foralismo nacionalista entendía como de soberanía originaria. Para ello, solicitaba a Juan Carlos I que dispusiese la redacción de un proyecto de estatuto similar al de Estella. La moción, además, descalificaba a la comisión descentralizadora, negándole legitimidad y exigiendo «que la redacción del Proyecto de Autonomía (...) sea efectuada por una Comisión representativa de los municipios vascos». El Ayuntamiento de Oñati siguió la estela el 1 de abril. A mediados de ese mes, lo secundaron los de Mondragón, Escoriaza [hoy, Eskoriatza], Anzuola [hoy, Antzuola], Elgueta [hoy, Elgeta] y Zarautz[690], con lo que el Movimiento de Alcaldes se extendía del Alto Deba a la costa guipuzcoana.

Araluce fue consciente enseguida del error cometido al marginar a los municipios en la elaboración del trabajo preliminar guipuzcoano. El día 5 convocó a los ayuntamientos en la diputación para una sesión informativa sobre los trabajos de la comisión descentralizadora, a la que asistieron los representantes de los ochenta y un municipios guipuzcoanos. En aquella reunión, celebrada en el palacio de la Provincia, Araluce tuvo su primer encontronazo con Elkoro, después de que este exigiera infructuosamente que se levantara acta de la reunión, a lo que se negó Araluce, argumentando que se trataba de una mera sesión informativa. El presidente de la diputación defendió el anteproyecto presentado ante la comisión, recurriendo a la autoridad académica de quien lo había elaborado, el catedrático Ramón Fernández, y al hecho de que contemplase la reivindicación foral y neoforal, enmarcada en la técnica estatutaria. Respecto a la reivindicación regional, clave en el Alkateen Mugimendua, Araluce recurrió al gradualismo,

690 TAMAYO SALABERRÍA, Virginia: *op. cit.*, pp. 170-171. UGARTE: «Solicitud sobre el tema foral», *La Voz de España*, 11/04/1976, p. 23. «Varios municipios guipuzcoanos solicitan la restauración de los fueros en las provincias vascas», *La Gaceta del Norte*, 16/04/1976, p. 6.

manifestándose partidario de definir primero «el régimen foral de cada provincia y después se puede ir hacia la unión según el oportuno entendimiento» de los órganos forales restituidos en cada provincia, lo que permitiría preservar las singularidades de Guipúzcoa. Momento que aprovechó Escudero, igualmente presente, para reclamar inmediatamente el planteamiento regional. Elkoro criticó la marginación de los municipios, exigiendo la constitución de una nueva comisión descentralizadora en la que estuvieran representados. El alcalde de Eskoriatza, Javier Errasti Uriarte, consideró contradictorio que se hablase del *problema vasco* y se trabajase en soluciones solo para Guipúzcoa y Vizcaya. Araluce se comprometió a trasladar a la comisión la petición de incorporación de dos delegados municipales[691].

A la par, Araluce contratacó con una estrategia consistente en promover en aquellos municipios donde la mayoría de los concejales eran afines al régimen un texto de solicitud foral en su dimensión provincial, en consonancia con el anteproyecto presentado a la comisión descentralizadora. Incluso, la diputación llegó a remitir a diversos ayuntamientos, como los de Éibar, Zumárraga, Elgóibar y Azpeitia, un modelo de texto. El de Fuenterrabía fue el primer que implementó la moción aconsejada por la diputación. Después Irún, regida por el fiel Bergareche, quien incluyó la petición de dar entrada en la comisión a representantes municipales que había asumido Araluce. Irún, a diferencia del resto de localidades que habían suscrito cualquiera de las dos mociones, era una gran ciudad, con una población que disponía de 45.060 habitantes, según el censo de 1970. Pero, días después, la moción de Vergara era asumida por Usúrbil [hoy, Usurbil], Pasajes [hoy, Pasaia], Villarreal de Urrechua [hoy, Urretxu], Arechavaleta [hoy, Aretxabaleta], Placencia de las Armas, Oiartzun, Legazpia [hoy, Legazpi], Ormáiztegui [hoy, Ormaiztegi], Gaviria [hoy, Gabiria], Ataun y Lezo. Con lo que, en total, eran dieciocho los municipios guipuzcoanos que habían suscrito la moción de reclamación regional. Se trataba de localidades de pequeña población, aunque algunas alcanzaban la consideración de mediana demografía. La suma de la población de todos ellos era de 135.382 vecinos. Comparada con la población total de Guipúzcoa en

691 «Información a los alcaldes sobre el régimen administrativo especial», *Unidad*, 05/04/1976, p. 1. «Reunión de los alcaldes de la provincia en la Diputación», *La Voz de España*, 06/04/1976, p. 21. «La Comisión Provincial informó a los alcaldes guipuzcoanos sobre los trabajos preliminares realizados», *El Diario Vasco*, 06/04/1976, p. 8.

1970 (631.003 habitantes) no llegaba al 21,5 %. Cifras, no obstante, que alertaron al gobierno. El 30 de abril, el Gobierno Civil prohibió las reuniones del Movimiento de Alcaldes y suspendió el acuerdo adoptado por Vergara[692].

En la reacción gubernamental había influido la muerte el 11 de abril del guardia civil Miguel Gordo García, cuando retiraba una ikurriña colocada en un cable de alta tensión en Baracaldo [hoy, Barakaldo], siendo el quinto agente que moría en circunstancias similares en seis meses. Pero en la decisión del gobierno predominó la aparición, en la madrugada del día 8, en una cuneta de la carretera entre Elgóibar [hoy, Elgoibar] y Azkoitia, del cuerpo sin vida del industrial Ángel Berazadi Uribe, secuestrado veinte días antes. Se trataba del quinto secuestro que habían perpetrado las distintas ramas de ETA en su historia y fue el primer raptado que no recobró la libertad. Aingeru Berazadi era bilingüe y había contribuido a la creación de ikastolas en Elgoibar, San Sebastián y Zarautz, donde había nacido en 1918 y donde había presidido el Club Deportivo. Había entrado como trabajador en la empresa Estarta y Ecenarro, ascendiendo y casándose con la hija del fundador de la firma, que fabricaba las máquinas de coser Sigma. El secuestro había sido obra de ETA político-militar, en concreto de los *bereziak*, en esos momentos ya en un enfrentamiento abierto con la cúpula de la organización, en un claro desafío a Pertur, quien *desaparecería* el 23 de julio. En la negociación del rescate, la familia Berazadi estuvo representada por miembros del PNV, mientras que por parte de los *especiales* la dirigió quien años después sería el interlocutor del Gobierno González en las Conversaciones de Argel, Eugenio Echeveste Arizcuren [Etxebeste Arizkuren], *Antxon*, quien se mostró inflexible pese a la constatación de que la familia no conseguía la totalidad del dinero exigido para la liberación. Berazadi, asesinado de un tiro en la nuca, fue la octava víctima mortal de las distintas ramas de ETA en lo que había transcurrido del año 1976, entre ellos dos inspectores de policía, José María González Ituero y José Luis Martínez Martínez, que habían pasado, desarmados, a Francia para ver una película en un cine de Hendaia. Sus cuerpos, que presentaban mutilaciones en los dedos, fueron hallados un año después en un búnker en una playa de Angelu, encontrándose su documentación en poder de un poli-mili. El 18 de abril, el miembro de ETA militar Manuel Garmendia Zubiarraín, *Korta*, murió a tiros de la Guardia

692 ECHEVARRÍA PÉREZ-AGUA, Juan José: «Ni tan poderoso, ni... », pp. 52-53.

Civil cuando cruzaba la frontera en la localidad navarra de Vera de Bidasoa [hoy, Bera][693].

Al día siguiente de la aparición del cadáver de Berazadi, Araluce presentó una moción al pleno de la diputación, en la que condenaba los últimos asesinatos. «Los pueblos no se hacen grandes por el camino de la violencia sino por la serenidad y la grandeza espiritual. Es el porvenir de nuestra tierra guipuzcoana y el de España entera el que se está decidiendo», señaló, evidenciando el reto de autodeterminación que las dos ramas de ETA suponían. Araluce había regresado urgentemente de Madrid el día anterior, llevado en el coche por su hijo Juan, nada más conocer el asesinato de Berazadi, interrumpiendo una reunión con Fraga sobre los planes de liberalización política del gobierno. Aquello molestó al ministro, pero el presidente de la diputación entendió que en esos momentos debía regresar y ofrecer sus condolencias a la familia de un empresario que simpatizaba políticamente con el PNV. Cuando asesinaron a Araluce, seis meses después, la primera persona que llamó a su casa fue María del Carmen Estarta Ansola, la viuda de Berazadi. Antes de coger el coche, Araluce había desarrollado una intensa actividad en Madrid, asistiendo el 7 de abril a la constitución del Grupo Parlamentario Regionalista, formado por cincuenta y tres procuradores en Cortes, y presidido por López Rodó y vicepresidido por él y su amigo Fernando de Liñán. Entre sus integrantes, estaban Garicano y Asís Garrote. Era el sexto grupo parlamentario que se formalizaba, dotando a la X Legislatura prorrogada de las Cortes franquistas de un cierto pluralismo político, iniciativa alentada por Fernández-Miranda[694].

El 22 de marzo, la comisión descentralizadora había celebrado su cuarta sesión plenaria en la que se adscribieron los vocales a las siete ponencias constituidas, manteniendo el criterio de *bilateralidad;* iniciativa de Jordana de Pozas. El reparto de contenidos de las ponencias atendía

693 ALONSO, Rogelio, DOMÍNGUEZ, Florencio y GARCÍA REY, Marcos: *op. cit.*, pp. 70-74. «ETA: Cinco secuestros en cinco años», *La Vanguardia Española*, 09/04/1976, p. 6. «Semblanza biográfica de don Ángel Berazadi», *La Vanguardia Española*, 09/04/1976, p. 6. PÉREZ PÉREZ, José Antonio: «ETA contra la policía…», p. 165. «Un activista ETA muerto (Garmendia) y otro herido», *La Voz de España*, 20/04/1976, p. 5.

694 «Moción de la Presidencia» de la Diputación Provincial de Guipúzcoa (San Sebastián, 09/04/1976), APJAL. *Juan Araluce Letamendía*, 22/11/2020, Madrid, entrevista realizada por Juan José ECHEVARRÍA. «Ha quedado constituido el grupo parlamentario regionalista, presidido por el señor López Rodó», *La Vanguardia Española*, 08/04/1976, p. 9. FERNÁNDEZ-MIRANDA, Juan: *op. cit.*, pp. 215-216.

a los ministerios afectados, destacando por su trascendencia dos de ellas, la de Gobernación y Hacienda. En la primera se dirimiría la dimensión foral de la descentralización y en la segunda la neoforal. Esta última fue presidida por el procurador Serrats, quien se mostró a favor de la restitución del Concierto Económico, recordando que «en diversas ocasiones» se había ofrecido un sistema concertado «por autoridades responsables», incidiendo en que también había partidarios de ello entre los propios miembros del gobierno. Pero, los dos vocales del Ministerio de Hacienda mostraron su total rechazo a la devolución de tal instrumento económico, por lo que Serrats propuso una iniciativa inédita en el seno de la comisión: acudir directamente al vicepresidente y ministro de Hacienda, Juan Miguel Villar Mir. La entrevista de los vocales de la comisión y el miembro del gobierno se celebró el 29 de abril y a la misma asistieron también Araluce y Arístegui, pese a no estar adscritos a la ponencia de Hacienda. La posición de los representantes vascos era sustancialmente débil, ya que no existía siquiera el consenso sobre la exigencia de pedir la devolución neoforal, hándicap del que había advertido Serrats en el seno de la ponencia. Pese a ello, hubo una aproximación entre los representantes guipuzcoanos y vizcaínos, consistente en que estos últimos aceptaron la petición de cesión de más impuestos por parte del Estado a las haciendas provinciales, garantizando así una autonomía en el gasto, lo que permitiría, como entendía Serrats, «concluir en una fórmula que no se apartara mucho del sistema actual vigente en la provincia de Álava». Bajo ese planteamiento, acudieron Araluce y Arístegui a la reunión con Villar Mir, pero «el Ministro se mostró intransigente». Una nueva entrevista, celebrada el 24 de mayo, tampoco desbloqueó el pacto, lo que impidió definitivamente que la comisión descentralizadora alcanzara un acuerdo sobre el crucial aspecto de la descentralización económica y así quedaría consignado en el informe final que elaboró Jordana de Pozas para su elevación al gobierno[695]. Un informe fechado el 30 de noviembre y que, por tanto, no pudo ver Araluce, asesinado cerca de dos meses antes. Su principal reivindicación no consiguió el respaldo de la comisión descentralizadora que tanto había hecho por constituir.

695 Discurso de José María Serrats Urquiza, ACP, *FSGT*, Caja 2274, pp. 96-108. «Ponencia sobre Hacienda Provincial», ACP, *FSGT*, Caja 2274, p. 440. INSTITUTO DE ESTUDIOS DE ADMINISTRACIÓN LOCAL: *Estudio para la implantación de un Régimen Administrativo Especial para las provincias de Vizcaya y Guipúzcoa.* II Informe del Presidente de la Comisión (Madrid, 30/11/1976), Instituto Nacional de Administración Pública, R. 55414, pp. 21-24.

Un organismo que, más allá de la contrariedad de la renuncia de Zubiaga, vivió el 5 de mayo, en el curso de la quinta sesión plenaria, su primera crisis, cuando el presidente de la diputación vizcaína dio un *golpe* en la mesa negociadora. Arístegui, un hombre «comedido y tranquilizante por naturaleza» como le definía Portell, pidió la palabra y anunció que era el momento de «olvidar la prudencia, hasta ahora seguida». Y añadió solemnemente que «la Diputación de Vizcaya rechaza totalmente las posiciones concretadas en los distintos informes de las varias Ponencias recibidas hasta la fecha», que en su opinión no se traducía en «un Régimen Administrativo Especial, causa del nacimiento de esta Comisión y a su vez consecuencia de nuestras características tradicionales y peculiaridades». La crítica de Arístegui fue achacada en el seno de la comisión a los nulos avances de la Ponencia de Hacienda, que como formuló la prensa era «muy restrictiva», lo que suponía un «jarro de agua fría», que podía llevar a la diputación vizcaína a abandonar la comisión. Sin embargo, los periódicos no recordaron en sus análisis la actitud refractaria al Concierto Económico de la propia diputación vizcaína, aceptando por buena la interpretación de Arístegui que cargaba toda la culpa en el centralismo gubernamental. Tuvo que ser el propio presidente de la comisión quien apuntó otra interpretación para explicar el *golpe* en la mesa, señalando: «No nos dejemos impresionar demasiado por lo que fuera de esta Comisión se diga o se hable». Es decir, Jordana de Pozas hacía un llamamiento a no dejarse llevar por los planteamientos descentralizadores que se hacían desde fuera del organismo, como el del Movimiento de Alcaldes, rebasando las peticiones de las diputaciones. «No prestemos oídos a sucesos extraños a la Comisión, pues es esta la que tiene un encargo del Gobierno, concreto y determinado», añadió Jordana. De hecho, el Alkateen Mugimendua acababa de dejar de ser un problema circunscrito a Guipúzcoa, al traspasar los límites de esa provincia y lograr las primeras adhesiones en Vizcaya, mediante la asunción de la declaración de Vergara del 29 de marzo por los ayuntamientos de Bérriz [hoy, Berriz] y Marquina-Jeméin [hoy, Markina-Xemein][696]. La trascendencia

696 PORTELL, José María: «Régimen especial para Vizcaya y Guipúzcoa: decepción», *La Gaceta del Norte*, 25/05/1976, p. 8. «Acta de la sesión plenaria celebrada por la Comisión para el estudio de la implantación de un régimen administrativo especial para las provincias de Vizcaya y Guipúzcoa, el día cinco de mayo de mil novecientos setenta y seis» (Madrid), ACP, *FSGT*, Caja 2274, pp. 191-192 y 201. «Marquina y Bérriz piden la restauración foral», *Unidad*, 05/05/1976, p. 14.

de aquello no radicaba en la escasa población de esos municipios, sino en el hecho de que un movimiento que se consideraba representativo del pueblo vasco lograba salir del estrecho marco provincial guipuzcoano.

Los éxitos del Movimiento de Alcaldes continuaron. El 17 de mayo, recibió una relevante adhesión: la de Éibar [hoy, Eibar]. El vigésimo primer municipio adscrito aportaba una población muy por encima de todas las anteriores: 37.073 habitantes. La reclamación regionalista alcanzaba así una población sumada de 172.455 guipuzcoanos, lo que suponía que superaba el 27 % del censo, más de uno de cada cuatro habitantes de la provincia. Además, la prensa destacó que el pleno del consistorio eibarrés fue respaldado con la asistencia de «entidades, asociaciones y grupos políticos que operan en Eibar», lo que era muy significativo en la medida en que se trataba de un municipio con fuerte implantación socialista, confirmada un año después en las primeras elecciones democráticas. La asunción de Eibar de la moción de Vergara suponía un indudable triunfo para Elkoro, quien lograba así algo que el movimiento municipalista de Aguirre nunca había conseguido: atraer a la izquierda. Y no solo a esta, sino también al carlismo más contrario al régimen, el de filiación *carlohuguina*, evidenciándose cuando el Ayuntamiento de Hernani protestó por la actuación de la diputación y cuando el de Elgoibar pidió que la restitución foral debía estar adaptada «a la realidad sociopolítica actual haciéndola extensiva al resto de las provincias vascas»[697].

El éxito de Elkoro, arrastrando a los *carlohuguinos*, recordaba la atracción por parte de José Antonio Aguirre del carlismo *jaimista*. Ello, sumado a la captación de las bases socialistas, como en Eibar, provocó una nueva reacción del gobierno, comparando algunas reclamaciones municipales con el terrorismo, lo que volvía a mostrar que el régimen seguía preso de la conceptualización que imbricaba descentralización y violencia. El 8 de junio, el gobernador Rodríguez Román eligió un acto en la localidad de Elgueta, población que en 1936 había dado nombre al único estatuto de autonomía regional del pasado, para advertir que algunas de las peticiones municipales atentaban contra «los Principios e Instituciones fundamentales de la Patria». El límite entre lo que pedían unos municipios y otros lo marcaba la reclamación estatutaria regional,

697 ECHEVARRÍA PÉREZ-AGUA, Juan José: *op. cit.*, p. 54. «El Ayuntamiento de Éibar solicita la restauración de los Fueros», *El Diario Vasco,* 18/05/1976, p. 8. CRESPO, J.: «Pleno municipal», *La Voz de España,* 08/05/1976, p. 22. «Acuerdo tomado por el Ayuntamiento de Elgóibar sobre el régimen tradicional en el País Vasco», *El Diario Vasco,* 02/06/1976, p. 8.

porque como explicó el periódico tradicionalista vasco, *La Voz de España,* la restauración foral era «un anhelo general de los vascongados», mientras que la reivindicación regional era «esencialmente separatista»[698].

La utilización gubernamental de dicha comparación, que incidía en la identificación del Movimiento de Alcaldes y de ESB con ETA, podía salpicar a instituciones que llevaban ya décadas existiendo bajo el régimen, como la RSVAP, dirigida por Urquijo, exrequeté en el Tercio de Begoña, como Araluce, y compañero de este en la propia institución cultural. El director de la Bascongada había prestado suma atención a la aparición del Alkateen Mugimendua, máxime cuando Elkoro se dirigió a él tras la suspensión del acuerdo de Vergara hecha por Rodríguez Román en busca de un aliado prestigioso que dictaminase eruditamente contra el criterio del gobernador, quien había considerado que la petición de un marco autonómico regional, inspirado en el *Estatuto de Estella,* atentaba contra la unidad de la nación española. El regidor de Bergara, aprovechándose de que los posicionamientos de Urquijo en nada contravenían aquella, envió una carta a este, buscando su aval, en la que recordaba que el texto de Estella fue elaborado en origen por Eusko Ikaskuntza, destacando en la misiva «la vinculación de actividades e identidad de personas existentes entre esa Real Sociedad y la antigua SEV». El propio Urquijo había alimentado las concomitancias de la RSVAP con todas aquellas instituciones vascas que habían desaparecido con la Guerra Civil y especialmente con la SEV, considerando a la que dirigía como heredera de ella y lamentando su desaparición en la Guerra Civil. A mediados del mes de abril, la RSVAP celebró una reunión extraordinaria en Zalduendo de Álava [hoy, Zalduondo] de sus tres comisiones provinciales, en la que acordó recuperar su denominación tradicional de Bascongada con la letra be, orillando la uve empleada desde su refundación en la posguerra y dando instrucciones para que la grafía fuera cambiada en membretes, sellos y escudos de la sociedad. Además, el pleno de la ya intitulada RSBAP analizó la marcha de los trabajos de la comisión descentralizadora, gracias a la información de primera mano que aportó *in situ* Celaya, constatando los problemas que arrastraba tal organismo. También intervino el presidente de la comisión guipuzcoana, Juan Ignacio de Uría Epelde, quien era alcalde de Azkoitia y que había asistido a diversas reuniones del

698 «Habló de foralidad y terrorismo», *La Voz de España,* 09/06/1976, pp. 1 y 12. BANÚS, José Luis: «Es tremenda la ligereza…», *La Voz de España,* 10/06/1976, p. 2.

Movimiento de Alcaldes. Uría, futuro senador en las Cortes constituyentes por decisión de Juan Carlos I, leyó el acuerdo adoptado por el consistorio azkoitiarra el 13 de abril a favor de la restauración foral[699]. Tras celebrar la iniciativa, la Bascongada acordó pronunciarse en el mismo sentido actualizándola en un marco regional. Con Urquijo al frente de la RSBAP, la institución pretendía convertirse en un actor político y decidió formular tal demanda mediante la elaboración de un manifiesto que haría público el 12 de mayo. La Bascongada presentaba además una ventaja relevante, con respecto a la CCB, en la que hasta entonces Urquijo había vehiculado sus aspiraciones descentralizadoras regionalistas, su dimensión vasca, no exclusivamente vizcaína.

En dicha proclama, que rezumaba de foralidad, la RSBAP apostaba por la región vasca, al considerar que la actualización foral conllevaba necesariamente una dimensión supraprovincial. Así, pese a admitir los orígenes provinciales de la foralidad, proclamaba: «Las tres provincias tienen una personalidad histórica y sociológica independiente, pero juntas constituyen una comunidad inseparable. Como consecuencia, deben mantener la necesaria autonomía peculiar, pero también han de articularse en una región con órganos políticos propios, ya que la realidad social, cultural y económica así lo exige». Urquijo, al igual que otros foralistas como los asesores de la comisión Celaya y Navajas, consideraban que había un apoyo sociológico a la pretensión unitaria vasca, en contra de los resultados provincialistas de la encuesta de Tezanos. Por ello, el manifiesto de la RSBAP añadía: «Debemos rechazar cualquier planteamiento que pretenda tratar aisladamente los temas de Álava, Vizcaya y Guipúzcoa ignorando que son provincias hermanas y constituyen una comunidad que debe estar dotada de medios y órganos propios», descalificando la labor de la comisión descentralizadora. Tal dimensión regional la extendía incluso al viejo reino, ya que «cabría considerar similar reconocimiento y con sus propias peculiaridades, respecto de Navarra», lo que suponía toda una novedad para una entidad denominada Bascongada y cuyo lema era el «irurac bat» (las tres son una). Pero, si el planteamiento de la RSBAP era opuesto al de Araluce y aún más a los planes gubernamentales, también era

699 URRUTIA, Txema: *op. cit.*, pp. 169-170 y 31. «Si amamos a nuestras provincias, toca ponerse a trabajar (D. J. Ramón de Urquijo)», *Hierro*, 07/01/1976, p. 10. «Reunión de los Amigos del País en Zalduendo», *El Diario Vasco*, 16/04/1976, p. 4. «Lo pide también la Real Sociedad Vascongada de los Amigos del País», *El Correo Español-El Pueblo Vasco*, 16/04/1976, p. 9.

diferente al del nacionalista Movimiento de Alcaldes, en la medida en que el manifiesto abogaba explícitamente por «un régimen de libertad dentro de la comunidad nacional»; es decir, en el seno español. Por lo demás, la proclama basaba el origen de la RSBAP en el «propio régimen foral, pues nació en colaboración directa con las Juntas Generales», lo que era una interpretación controvertida, por el recelo experimentado por aquella institución foral ante la aparición de la Bascongada en el siglo XVIII, concretado en las dificultades que tuvieron sus promotores para sacar adelante sus propuestas. Una desconfianza alimentada por la propia historia de la RSBAP y su labor a favor de la construcción de la nación vasca, superadora de los marcos provinciales, mediante su articulación en el seno de la monarquía española. La visión historicista de la proclama de la RSBAP se revelaba igualmente cuando abogaba por la democracia en los futuros organismos forales restituidos, aunque para ello recurriera de nuevo a una discutible interpretación del pasado que pretendía hallarla «en el fondo de nuestras viejas instituciones». Tesis que fue objeto de sarcasmo por el periodista Banús en el medio tradicionalista *La Voz de España,* quien puso en solfa el pretendido carácter democrático del sistema foral: «Lo mismo que el tópico par de pistolas le sienta al Santo Cristo, suena el *flon flon* democrático en la reivindicación del régimen foral que hacen los amigos del País». «De democracia nada. Si yo cayera en la trampa —como han caído los Amigos del País— de emplear palabras actuales para designar cosas del pasado, diría que las elecciones en el régimen foral se verificaban por sufragio indirecto y restringido, con censo limitado a las clases propietarias y con segregación racial», añadió, quien era hermano de un falangista que murió tiroteado en 1936 en los funerales de Calvo Sotelo[700].

Precisamente, el carácter de las instituciones forales era objeto en aquellos días de discusión en el seno de la comisión a través de la Ponencia de Gobernación, que el 13 de mayo alcanzó el consenso general, salvo por

700 «Declaración de la Real Sociedad Bascongada de los Amigos del País», *El Diario Vasco,* 15/05/1976, p. 10. AGIRREAZKUENAGA, Joseba: «El descubrimiento de la nación política vasca por W. von Humboldt en 1801», *Revista Internacional de los Estudios Vascos,* 41, 2 (1996), pp. 469 y 467. ZUMALDE, Iñaki: «Peñaflorida como político», *Revista Internacional de los Estudios Vascos,* 33,1 (1988), p. 28. ORTIZ DE URBINA MONTOYA, Carlos: «La patria común *Bascongada.* Una quimera soñada por los Amigos del País», *Sancho el Sabio. Revista de cultura e investigación vasca,* 25 (2006), pp. 27-28. BANÚS, José Luis: «En torno a la declaración de la Vascongada de los Amigos del País y a las manifestaciones de don Juan Ramón de Urquijo», *La Voz de España,* 06/06/1976, p. 40.

parte de Escudero, pese a que el presidente de esta, el abogado García-Trevijano, incluyó en el informe que elevó al plenario diversas menciones regionales. Así, consideraba «una realidad innegable» la «existencia de una clara y fuerte corriente superadora del estadio provincial, que se manifiesta con especial énfasis en el país vasco en particular». Tal «regionalismo», fruto de «la unidad de la lengua, usos y costumbres», unido a la «existencia de un problema específico de orden político, reclaman un tratamiento conjunto». «La única forma posible de afrontar y canalizar el problema real que hoy existe en el País Vasco es el de instrumentar el reconocimiento de la región», admitía el informe de la ponencia, agregando que «la región debe ser reconocida (...) desde una perspectiva política armonizada con la tradición foral». Asumía así la confluencia de regionalismo y foralidad. Y planteaba al pleno de la comisión que a su vez elevase al gobierno «el ruego de que, una vez establecido el régimen especial de Guipúzcoa y Vizcaya, con el pleno reconocimiento de sus instituciones tradicionales, se proceda a través de las mismas a dar una forma regional a la totalidad de la región vascongada»[701].

Araluce conoció dicho informe una vez se elevó al plenario de la comisión y pese a que su planteamiento descentralizador se había orientado constantemente en el marco provincial, entendía que era asumible, siempre que la implementación regional fuera posterior, «cuando las provincias hayan recuperado la potencialidad que les es debida y a través de la propia iniciativa de sus reinstauradas legitimidades». Para el presidente de la diputación guipuzcoana, primero había que restaurar los organismos forales en las dos provincias y que estos, junto a los existentes en Álava, discutieran en el futuro los vínculos supraprovinciales entre los tres territorios. «Qué duda cabe, que dentro de las provincias vascongadas existe un concepto profundo de unidad regional, pero esta se ha mantenido por el buen oficio de relación entre las provincias que siempre se han entendido sin estructuras políticas supraprovinciales, ya que jamás ha existido un fuero del País Vasco, y sí, en cambio, los fueros de Guipúzcoa, Vizcaya, etc.», añadió en unas declaraciones efectuadas a los dos periódicos de más difusión en Guipúzcoa, El Diario Vasco y La Voz de España, que, por su relevancia, la diputación editó en un cuadernillo. De hecho, Araluce quiso dar una explicación justificativa de la

701 «Conclusiones de la Ponencia I Gobernación, constituida en el seno de la Comisión sobre régimen administrativo especial para Vizcaya y Guipúzcoa» (Madrid, 13/05/1976), ACP, *FSGT*, Caja 2274, pp. 217-218.

actuación de la diputación desde que el gobierno había creado la comisión, frente a las demandas regionalistas de la RSBAP y del Movimiento de Alcaldes, que ganaban peso en el debate social, día tras día, por la labor proselitista que desarrollaban. «La Foralidad, expresión entrañable de nuestra tradición histórica, es patrimonio inabdicable de cada una de las provincias y a su restitución plena, en los términos que la actual concepción del Estudio [de la comisión descentralizadora] exige, acuden los estudios [trabajos preliminares] presentados por las Diputaciones y esperamos que también lo sea el informe [final] de la Comisión», sentenció. Y añadió: «La Comisión ha sido constituida para estudiar un régimen provincial y dentro de estos límites debe mantenerse en principio. Quiero con tal motivo salir al paso de una concepción y terminología sobre los que viene incidiéndose. Una cosa es el Régimen Provincial [la dimensión foral], otra el de los llamados Conciertos [la dimensión neoforal] y otra distinta el Estatuto regional [las menciones del informe de la ponencia de cara al futuro]». Incluso, Araluce se atrevió a lanzar una hipótesis sobre la evolución foral y neoforal, si esta no hubiera sido truncada en 1876 y en 1937, respectivamente, empleando argumentos del neorregionalismo de sus antiguos compañeros *tecnócratas*: «Es fácil que la evolución de nuestra foralidad hubiera conducido a una estructura regional que hoy viene más especialmente señalada por motivos de funcionalidad ya que las áreas provinciales resultan territorio muy escaso para cualquier planificación eficaz. Personalmente comparto este criterio y creo que deberá acudirse a él, pero a partir de un estadio posterior»[702], en un futuro, y dirigido por las juntas y diputaciones forales de cada una de las tres provincias para discutir en plena igualdad los marcos regionales.

Por lo demás, la Ponencia de Gobernación corrigió la arquitectura de poder interno de cada provincia, claramente desequilibrada a favor de la diputación en los trabajos preliminares. Así, las juntas generales participarían de una manera efectiva en la administración y gobierno provincial, que los anteproyectos habían reservado por la vía de los hechos a la diputación y a su presidente. De hecho, otorgó a las juntas la crucial competencia de aprobar tanto los presupuestos como las cuentas

702 «Declaraciones del Presidente de la Diputación de Guipúzcoa, señor Araluce, sobre el estado actual del Estudio para el Régimen Especial de Guipúzcoa y Vizcaya» (San Sebastián, 06/1976), APJAL. «Cuál es el estado actual del estudio para el Régimen Especial de Guipúzcoa y Vizcaya», *El Diario Vasco*, 24/06/1976, p. 9. B. A.: «El plazo de seis meses ha sido insuficiente para este tema tan difícil e importante», *La Voz de España*, 27/06/1976, p. 17.

provinciales. Las juntas, además, elegirían al presidente de la diputación sin tener que escoger entre una terna presentada por dicha corporación. Y tendrían su propio presidente, no el de la diputación, sin tampoco recuperar la ponencia la tradición de ser presididas por el gobernador, como antes de 1876, o por el corregidor en el antiguo régimen foral. «Las Juntas Generales son el órgano de participación del pueblo vizcaíno y guipuzcoano a través de sus municipios, en el gobierno provincial», estipuló la ponencia, sin modificar el sistema electoral indirecto propuesto por las diputaciones, aunque desestimó que un tercio de los procuradores fuesen de representación corporativa. La ponencia no entró en el hecho de que la legislación local impedía el sufragio universal en el primer escalón electoral, en el municipal, con lo que mantuvo un sistema electoral no democrático, en su consideración inorgánica. Mejor paradas resultaron las futuras diputaciones forales, consagrando la recuperación de la tutela municipal de la foralidad decimonónica, aunque a petición de los vocales de la administración central, configuraba con todas sus consecuencias un tribunal administrativo para que, en la jurisdicción de lo contencioso, las reclamaciones municipales pudieran ser atendidas, cuestión que había sido obviada en el anteproyecto vizcaíno y meramente esbozada en el guipuzcoano[703].

El 1 de junio se reunió por sexta vez el pleno de la comisión, que aprobó la restauración foral propuesta por la ponencia, aunque limitó las menciones regionales del informe elaborado por García-Trevijano. Así, solo elevó tal consideración al gobierno para su consideración futura «una vez establecido el régimen especial de las provincias y a través de ellas se dé una forma jurídica a la totalidad de la región vascongada», lo que por un lado sancionaba la futura integración regional dirigida desde las provincias, recogiendo el planteamiento de Araluce, y por otra parte excluía de ese hipotético futuro a Navarra. Asimismo, erosionó la pretendida plena autoridad de las diputaciones sobre los municipios, planteando mantener un ámbito competencial estatal, coexistente con el provincial. Por lo demás, confirmó el giro dado en ponencia en detrimento del presidencialismo pretendido en los trabajos preliminares, lo que supuso un revés para las diputaciones. El reforzamiento de las futuras juntas generales fue destacado por la prensa, resaltando que no serían unos órganos con carácter honorífico o consultivo «al estilo de las que se reúnen en Álava».

703 «Conclusiones de la Ponencia I Gobernación...» (Madrid, 13/05/1976), ACP, *FSGT*, Caja 2274, pp. 208-215.

El sesgo dado por la ponencia y ratificado por el pleno de la comisión, en menoscabo del poder omnímodo del presidente de la diputación y a favor de unas empoderadas juntas generales, añadió motivos al malestar de Arístegui, quien había trasladado su queja al ministro Fraga, pero que este desatendió, señalándole que en la comisión existía un diálogo en el que nadie podía imponer su punto de vista y menos con presiones. Ante ello, el presidente de la Diputación Provincial de Vizcaya dimitió al frente de la corporación y, por tanto, como miembro de la comisión. El anuncio de su renuncia lo hizo en los festejos del 39.º aniversario de la toma de Bilbao por el ejército franquista. Unos actos que, además de con una misa y con una parada militar, contaron con la colocación de un busto de Franco en el salón de sesiones de la diputación, en el que participó Arístegui en su postrer evento oficial. Este se despidió de la diputación el 21 de junio, marchándose a descansar a Málaga, siendo sustituido por el hasta entonces vicepresidente Unceta, quien un año y tres meses después caería asesinado por los milis. Como si fuera una metáfora, el adiós del «último político de Neguri», como definió Portell a Arístegui, se produjo el postrer día que las calles y balcones del ensanche bilbaíno se engalanaron profusamente de banderas españolas, falangistas y tradicionalistas.

La despedida de Arístegui, tras siete años al frente de la diputación vizcaína, no pilló desprevenido a Araluce. No solo por el *golpe* en la mesa de la comisión, sino porque ya conocía que sus planes, al igual que los suyos, no pasaban por mantenerse durante un período prolongado al frente de la misma, una vez que fue reelegido en enero, momento en el que comentó a sus allegados que no estaría más allá de junio[704]. Sin embargo, la dimisión preocupó enormemente al presidente de la diputación guipuzcoana porque ahondaba en la crisis de la comisión descentra-

---

704 «Acta de la sesión plenaria celebrada por la Comisión para el estudio de la implantación de un régimen administrativo especial para las provincias de Vizcaya y Guipúzcoa, el día uno de junio de mil novecientos setenta y seis» (Madrid), ACP, *FSGT,* Caja 2274, pp. 240-243. «¿Próxima constitución de las Juntas Generales de Vizcaya y Guipúzcoa?», *El Correo Español-El Pueblo Vasco,* 12/06/1976, p. 9. «Reiteran su declaración de principios sobre la ley de Régimen Especial», *Hierro,* 21/06/1976, p. 4. «Hoy reunión de la Diputación con los Ayuntamientos de la Provincia, en la Casa de Juntas de Guernica», *La Gaceta del Norte,* 30/07/1976, p. 7. «Rumor: el presidente de la Diputación de Vizcaya ha presentado la dimisión», *La Gaceta del Norte,* 20/06/1976, p. 1. «Inauguración monumento a Franco en Bilbao», *La Voz de España,* 20/06/1976, p. 4. «Vizcaya: D. Pedro de Arístegui se despidió de la Diputación», *La Gaceta del Norte,* 22/06/1976, p. 8. ALONSO, Rogelio, DOMÍNGUEZ, Florencio y GARCÍA REY, Marcos: *op. cit.,* p. 94. ANGULO, Gorka: *op. cit.,* pp. 135-136.

lizadora. Tras los sucesos protagonizados por Zubiaga y Arístegui, ahora se sumaba la renuncia de este último, vicepresidente, como él, del organismo. Tal hecho se producía además en un momento en que el presidente Jordana de Pozas había enfermado, no pudiendo asistir a la sexta sesión plenaria, con una perspectiva de tiempo dilatada antes de su recuperación[705]. Además, el 3 de junio había finalizado el plazo de seis meses que el decreto de 7 de noviembre había dado para la conclusión de los trabajos de la comisión. En suma, la comisión atravesaba sus hasta entonces momentos más críticos, con el plazo de tiempo sobrepasado, con uno de los vicepresidentes dimitido y con el presidente enfermo. Mientras, los planteamientos descentralizadores rivales, mostraban una fortaleza creciente, con un Movimiento de Alcaldes que acababa de incorporar al vigésimo segundo ayuntamiento, el de Lazkao, en una decisión respaldada por la Asociación de Padres de Familia y otras sociedades culturales y deportivas de la localidad, además de que proyectaba convocar a todos los municipios vasco-navarros a un gran acto foral en Bergara con motivo del centenario de la ley de 1876. Asimismo, una RSBAP que dotaba a sus reuniones periódicas de un contenido político, con discursos de Urquijo señalando que la Bascongada no podía ser ajena a «un problema que tan de lleno nos afecta, no solamente por nuestros sentimientos, sino por nuestro propio derecho». «Tenemos la obligación de manifestar nuestro parecer ante el pueblo vascongado, ya que no fuimos llamados a participar en las Comisiones de Guipúzcoa y Vizcaya», criticando que se hubiera dejado fuera a la RSBAP del organismo descentralizador. Hasta la prensa constataba la rivalidad existente entre los proyectos regionalistas del Movimiento de Alcaldes y de la RSBAP, y el provincialista de la comisión, del que señalaba que «las esperanzas suscitadas en un principio por su labor se han ido reduciendo». De hecho, el debate social, al menos en los medios de comunicación, basculaba a favor de la región vasca. Así, el periodista Rafael Ossa Echaburu, exdirector de *La Gaceta del Norte,* abogaba por «un poder político, económico y administrativo a nivel regional, jurídicamente regulado», reconociendo el papel asumido por la RSBAP y recordando que, hasta la propia comisión, a través del informe de la Ponencia de Gobernación, había reconocido a la región vasca.

705 Luis Jordana de Pozas sufría una enfermedad cutánea, que le provocaba unos dolorosos tumores en la piel, obligándole a pasar por el quirófano y a largas recuperaciones, según explicó su nieto. *Luis Jordana de Pozas Gonzálbez,* 21/07/2014, Madrid, entrevista realizada por Juan José ECHEVARRÍA.

Fue entonces, cuando ante el abandono de Arístegui, la enfermedad de Jordana y las críticas que recibía la comisión, Araluce salió en defensa de ella, asegurando en declaraciones a la prensa que «la Comisión rematará el trabajo» y argumentando que «el plazo de seis meses ha sido insuficiente para este tema tan difícil e importante»[706], intentando despejar las dudas sobre su viabilidad futura. No en balde, había sido su mentor desde antes de su constitución, vehiculando su planteamiento descentralizador a través de ella. Pero con ello atrajo la atención, focalizando en su figura política la suerte de una descentralización foral basada en unas autonomías provinciales en el seno de la España monárquica. Y todo ello, un mes después de que su presencia en Montejurra, a donde había acudido para insuflar ánimos entre los tradicionalistas y reconducir a un carlismo fracturado por la deriva *carlohuguina*, colocara su nombre en las páginas de los periódicos junto a la noticia de los dos muertos en la montaña mítica.

También tuvo entonces difusión en los medios de comunicación la labor proselitista de la diputación guipuzcoana de la figura de Iparraguirre, el bardo que simbolizaba la foralidad y cuyo legado se lo disputaban no solo los diferentes sectores carlistas. El domingo 13 de junio, Araluce descubrió una placa conmemorativa del célebre compositor del *Gernikako arbola* en su localidad natal, Urretxu, dentro de las actividades programadas del V Festival Interescolar provincial. En la mañana de aquel día, 306 niños desfilaron desde el instituto municipal a la plaza de José María Iparraguirre, frente al ayuntamiento, donde se encontraban Araluce, San Martín, el también diputado provincial Manuel María Olaizola Echeverría, el coronel Carlos González de Pablos, en representación del gobernador militar, el alcalde Juan Arbizu Larraza, integrante del *Grupo de Bergara*, y el regidor de la localidad limítrofe de Zumárraga Cruz María Uribesalgo Larrañaga. En el balcón consistorial, Olaizola leyó en euskera la letra del *Gernikako arbola* y, después, Araluce glosó la figura de Iparraguirre, destacando

706 «Lazcano aprueba la moción de Vergara», *Unidad*, 17/06/1976, p. 4. «Creación de una filial de música y preparación de un homenaje a Juan Crisóstomo de Arriaga», *La Gaceta del Norte*, 22/06/1976, p. 6. ARAMBURU, Javier de: «Asamblea anual de la Real Sociedad Bascongada de los Amigos del País», *La Voz de España*, 24/06/1976, p. 22. GONZÁLEZ BASTERRA, Francisco: «Sobre el régimen especial para Vizcaya y Guipúzcoa», *La Gaceta del Norte*, 05/06/1976, p. 10. OSSA ECHABURU, Rafael: «De feria a feria», *La Gaceta del Norte*, 20/06/1976, pp. 21 y 36. OSSA ECHABURU, Rafael: «Espíritu foral», *La Gaceta del Norte*, 27/06/1976, pp. 21 y 38. B. A.: «El plazo de seis...».

«su presencia en las fuerzas del ejército carlista» en la Guerra de los Siete Años. «Supo cantar con inquietud, con sencillez y con respeto, (...) en tonos que llenan el alma, lo que es la tradición de nuestra tierra», añadió, homenajeando al autor del himno que habían hecho suyo los tradicionalistas. Después, las autoridades bajaron a la plaza, donde se encuentra la estatua del bardo, «en medio de dos robles, descendientes del de Guernica», como destacó la prensa, momento en el que se cantó el *Gernikako arbola*[707]. Un evento, pues, *enmarcable* en los intentos del presidente de la diputación por revitalizar el Tradicionalismo, algo que era visto de forma hostil por el carlismo *carlohuguino,* máxime un mes después de los sucesos de Montejurra.

Fue precisamente en aquella segunda semana de junio, cuando el segundo Gobierno Arias se jugó su futuro. El día 8 se había iniciado en las Cortes el debate sobre la nueva ley de asociaciones políticas que sustituiría al decreto-ley aprobado por el primer gabinete. La principal novedad con respecto a la norma de 1974 era que ahora se llevaban al máximo los postulados de liberalización política que encabezaba Fraga, mediante la novedad de que las asociaciones políticas quedarían desvinculadas del Movimiento Nacional y, por lo tanto, se convertirían a todos los efectos en partidos políticos, como de hecho eran denominados en el preámbulo del nuevo proyecto legislativo. La legalización de dichas asociaciones ya no sería competencia del CNM, sino que estas se inscribirían en un Registro de Asociaciones Políticas y el gobierno dispondría de dos meses para autorizarlas, siendo su decisión recurrible ante el Tribunal Supremo. Por su parte, la tipificación de asociación ilegal quedaba reservada al Código Penal, cuya reforma se estudiaría en las Cortes a continuación. Ya la ponencia del proyecto de ley de asociaciones había suscitado una seria oposición del búnker franquista, atreviéndose por primera vez a medir sus fuerzas en las Cortes, ya que la norma supondría el resquebrajamiento del régimen, al romper el monopolio político del Movimiento. El proyecto de ley fue defendido en la mañana del día 9 por Adolfo Suárez, quien señaló que, si España era plural, las Cortes «no se pueden permitir el lujo de ignorarlo». El ministro del Movimiento no desperdició la oportunidad que supuso subir a la tribuna de oradores, despuntando por su capacidad de convicción,

707 ARAMBURU, Javier de: «El *Dantzari Txiki Eguna* se celebró el domingo en Urrechua», *La Voz de España,* 15/06/1976, p. 16. IGARZÁBAL, José Ángel de: «Memorable jornada en Villarreal en el *Dantzari-Txiki Eguna*», *Unidad,* 15/06/1976, p. 4.

cualidad que también advirtió el rey, bautizándole como «pico de oro». Los diarios de la cadena del Movimiento publicarían al día siguiente un editorial, significativamente titulado «Una voz para el cambio», que identificaba con Suárez, del que se recordaba sus palabras dichas en las Cortes: «Vamos a elevar a la categoría política de normal, lo que a nivel de calle es normal». Tras la intervención de Suárez, 337 procuradores votaron a favor, pero 92 lo hicieron en contra de la ley sobre el Derecho de Asociación Política, encabezados estos últimos por Girón. La cuantía del voto contrario suponía un hecho relevante en unas Cortes acostumbradas a la docilidad ante los gobiernos, como lo habían sido en las diez legislaturas del franquismo. En cambio, López Rodó, el líder del Grupo Parlamentario Regionalista, del que era vicepresidente Araluce, anunció desde la tribuna el voto favorable de su formación. Para el *tecnócrata*, como para Araluce, la clave de la evolución política la marcaría la futura ley electoral, no la ley que permitía la existencia de partidos, porque la clave de la profundidad de los cambios estaba en la decisión respecto a los criterios inorgánicos u orgánicos, o mixtos, de las futuras elecciones. En cambio, Antonio María de Oriol, al igual que su hermano José María, votaron en contra de la ley. Era la segunda vez, tras el Consejo del Reino que incluyó a Fernández-Miranda en la terna para presidir las Cortes, que diferían en sus pareceres políticos Araluce y Antonio María de Oriol, quienes habían compartido un pasado *estorilo* y mantenían un presente en la UNE, además de haber asistido ambos el mes anterior al trágico Montejurra. De hecho, la asociación política donde habían confluido los tradicionalistas salió de aquel debate irremisiblemente fracturada. El voto de Araluce a favor de la existencia de partidos políticos y contrario de los Oriol, así como de Zamanillo[708], auguraba que la UNE no sería capaz de sortear unida el proceso político iniciado con el reinado de Juan Carlos I.

Tras el receso para comer, el pleno de la Cortes volvió a reunirse para debatir sobre la reforma de los artículos del Código Penal que prohibían los partidos políticos. La iniciativa era del ministro Garrigues, otro que había sufrido de cerca la tercera oleada terrorista, cuando siendo

708 SÁNCHEZ-CUENCA, Ignacio: *op. cit.* pp. 122-129. TUSELL, Javier: *op. cit.*, pp. 37-38. PRESTON, Paul: *op., cit.*, pp. 402-403. «Una voz para el cambio», *La Voz de España*, 10/06/1976, p. 2. «Libertad para los partidos políticos», *La Vanguardia Española*, 10/06/1976, pp. 5 y 12. «Posible recurso de contrafuero contra la Ley de Asociación Política», *ABC*, 17/06/1976, p. 1. «No a los partidos políticos», *Brújula*, 36, 21-26/06/1976, p. 10.

embajador ante la Santa Sede un grupo anarquista español secuestro al prelado de la legación, Marcos de Ussía Urruticoechea, hermano de la jefa de gabinete de Araluce. Con respecto al Código Penal, Garrigues había intentado infructuosamente que su reforma hubiera precedido al de las asociaciones políticas y no al revés como finalmente se decidió, lo que envenenó el debate. El proyecto gubernamental había prohibido los partidos que defendieran un régimen totalitario, con el objetivo de mantener en la ilegalidad al PCE. Sin embargo, dicha cláusula decayó en la ponencia por su ambigüedad jurídica, ya que podía volverse en contra de FET y de las JONS, formación igualmente totalitaria. Entonces, la decisión de la ponencia enfureció a un búnker que se vio retratado, reclamando que el texto prohibiera explícitamente al comunismo, a lo que se negó el Gobierno Arias porque alimentaría la imagen reaccionaria que tenía en el extranjero. El debate se crispó y el Grupo de Acción Institucional, donde se encuadraba el búnker, anunció su voto en contra. El gobierno temió una derrota y, con el criterio en contra del vicepresidente Fraga, retiró la propuesta original, aceptando que la Comisión de Justicia, presidida por Licinio de la Fuente, elaborase un nuevo informe, con lo que la reforma quedó varada en las Cortes. Aquello no solo significaba que el búnker ganaba posiciones, sino que además era un absurdo en el que había incurrido el régimen en un solo día: se habían aprobado las asociaciones políticas, pero seguían prohibidos los partidos políticos. Un sinsentido, ya que, como dijo Araluce, nadie sería capaz de explicarle la diferencia entre una asociación política y un partido político. En el proceso de decantación de voluntades contra la reforma, jugó además un papel relevante, en aquella tarde del 9 de junio, una noticia que corrió como la pólvora por el hemiciclo y que estaba también relacionada con la tercera oleada terrorista. Se trataba del asesinato del abogado falangista Luis Carlos Albo Llamosas en Basauri, hecho ocurrido pasadas las cuatro horas de la tarde, a manos de ETA militar. La muerte de quien era jefe local del Movimiento en esa localidad, y amigo personal de un procurador vizcaíno en Cortes[709], era la duodécima imputable a cualquiera de las dos ramas de ETA en lo que había transcurrido de 1976.

709 SÁNCHEZ-CUENCA, Ignacio: *op. cit.*, pp. 129-132. «Ayer, de madrugada fue puesto en libertad monseñor Ussía», *Diario de Burgos*, 12/05/1966, pp. 1 y 5. TUSELL, Javier: *op. cit.*, p. 38. «Juan Maria Araluce jauna…». «Asesinato en Basauri», *La Voz de España*, 10/06/1976, p. 1. «El abogado D. Luis Carlos Albo, asesinado a bocajarro», *La Gaceta del Norte*, 10/06/1976, p. 7.

Dos días después, Araluce asistió a una reunión del Consejo del Reino. Se trataba de uno de los cónclaves regulares, que había institucionalizado Fernández-Miranda para confundir al búnker sobre las reuniones verdaderamente decisivas, la más importante de las cuales se produciría tres semanas después. De momento, aquel 11 de junio, el Consejo del Reino trató temas rutinarios, a diferencia de la reunión que celebró aquel mismo día el CNM cuando analizó la reforma de la ley Constitutiva de las Cortes, una de las leyes fundamentales del franquismo y que era de hecho la norma electoral, por lo que su variación era la clave para que la liberación política se pudiera convertir en una reforma democrática, como había visto el grupo parlamentario de López Rodó y Araluce, ya que determinaría los criterios orgánicos e inorgánicos en la elección de las futuras Cortes bicamerales. Al tener ese carácter, antes de su paso por las Cortes, necesitaba de un informe consultivo del órgano superior del Movimiento, que, aunque no era vinculante, sí era relevante si era desfavorable por lo que significaría su descalificación en el seno del régimen. Y eso fue precisamente lo que ocurrió, que la reforma de la ley electoral no pasó el filtro del órgano superior del Movimiento, lo que presagiaba un incierto futuro, ya que, al estar el CNM copado por el búnker, podría generar un efecto de arrastre en unas Cortes donde los consejeros eran asimismo procuradores. El fracaso de los planes del Gobierno Arias, al chocar con el CNM, auguraba el fin del gabinete. Este se produjo el 1 de julio, día que por la tarde tenía el Consejo del Reino programada otra reunión, de las de carácter rutinario ideadas por Fernández-Miranda para desinflar la presión mediática sobre el organismo. Iba a ser, pues, un cónclave más, hasta el punto de que dos consejeros excusaron su ausencia para atender sus responsabilidades en sus lugares de origen. Fueron Viola Sauret y Araluce, a quienes les uniría también en el futuro padecer sendas muertes violentas. En el caso del procurador familiar por Lérida [hoy, Lleida], fue especialmente cruel, en un atentado cometido en 1978 por unos nacionalistas catalanes radicales del Exèrcit Popular Català (EPOCA), que luego integrarían Terra Lliure, aunque nunca se probaron sus autorías materiales. Tales organizaciones eran otras muestras de la tercera oleada terrorista[710].

710 «Consejo del Reino», *El Diario Vasco,* 12/06/1976, p. 1. SÁNCHEZ-CUENCA, Ignacio: *op. cit.*, pp. 133-134. «El Rey aceptó la dimisión de Arias», *La Vanguardia Española,* 02/07/1976, p. 3. LADRÓN DE GUEVARA, Carmen: *op. cit.*, pp. 353-356. AVILÉS FARRÉ, Juan: *op. cit.*, pp. 24-25.

Araluce no asistió al estar ocupado con sus obligaciones en Guipúzcoa, habiendo decidido quedarse esa semana en la provincia, la última del mes de junio y primera de julio. El lunes había asistido, junto al gobernador y al obispo, a la solemne inauguración de la rehabilitación de la iglesia de Santa María de Zumárraga, conocida como la Antigua, donde coincidió con Juan Ramón de Urquijo. El martes llegó a Irún el general Mateo Prada Canillas, capitán general de la VI Región Militar, para presidir al día siguiente, junto a las autoridades provinciales, el tradicional alarde de la localidad fronteriza, un evento que recordaba la milicia foral, los contingentes al servicio del rey, formados por las villas entre los vecinos para la defensa de Guipúzcoa en el antiguo régimen foral. Sin embargo, el plato fuerte de los actos previstos por Araluce para esa semana en su provincia estaba fijado para el viernes 2 de julio. Se trataba de la inauguración del nuevo puente internacional de Biriatou, con el que se ponía fin a la construcción de la autopista Bilbao-Behovia, una obra viaria de enorme relevancia que había acompañado todo su período como presidente de la diputación y que tanto había ocupado sus desvelos. A las doce del mediodía, el gobernador y el prefecto de los Pirineos Atlánticos inaugurarían el puente de ciento seis metros de largo y treinta y cinco de ancho que conectaba por autopista a España y Francia, y que había costado cien millones de pesetas. Si la agenda de Araluce aquella semana estaba ya suficientemente cargada de actos, el calendario tenía otra fecha en rojo, la del sábado 3 de julio. Ese día estaba prevista una manifestación en San Sebastián, autorizada, para protestar por la violencia de los *incontrolados*. Durante el mes de junio se habían sucedido una serie de hechos que hicieron temer de nuevo la *belfastización* del País Vasco, preocupando enormemente a Araluce. Horas antes del asesinato del jefe local del Movimiento, el 9 de junio, unos *incontrolados* habían quemado los sótanos de la iglesia de San Sebastián Mártir, en el barrio del Antiguo, donde se daban clases de euskera para niños. El día 13, prendieron fuego a la carnicería Ibarguren del mismo barrio. El 20 de junio, un bar de la localidad de Isasondo [hoy, Itsasondo] fue objeto de otro atentado, cuando unos individuos rompieron sus puertas y vertieron gasolina, prendiendo fuego. En ese mismo mes, libreros de Guipúzcoa y Vizcaya denunciaron ataques a sus establecimientos[711].

711 «Solemne inauguración de las obras de reforma de la *Antigua* de Zumárraga», *La Voz de España*, 29/06/1976, p. 18. «Llega a Irún el capitán general de la

La crispación que se vivía era solo una muestra más de la situación a la que se había llegado en España. Para entonces, las relaciones personales entre el rey y Arias se encontraban en un punto de deterioro difícilmente salvables. En la mañana del jueves 1 de julio, el rey llamó a consultas al presidente del Gobierno con la intención de pedirle la dimisión, recibiéndolo en el antiguo despacho de su abuelo, Alfonso XIII, en el palacio de Oriente. No fue necesario, porque Arias se la ofreció en la tensa conversación que mantuvieron[712]. El día había estado cuidadosamente escogido por el monarca, porque esa tarde se reunía el Consejo del Reino. Con la presentación formal de dimisión, solo era necesario que fuera «oído el Consejo del Reino», tal como establecía la ley Orgánica del Estado[713]. Fernández-Miranda implementó tal requisito aquella misma tarde, cuando aún ni siquiera había trascendido el hecho de que Arias había dimitido. En cambio, si el presidente del Gobierno se hubiera resistido a su cese, hubiera sido necesario, según la misma ley, contar con el beneplácito del Consejo del Reino para su destitución; es decir, de la mayoría de sus diecisiete miembros. Pero no hizo falta recurrir a ello, ya que al tirar la toalla el presidente, solo fue necesario escuchar al relevante órgano. Arias salió del palacio de Oriente y se fue a comer con García Hernández y otro colaborador, a los que comentó la noticia, pero estos mantuvieron la discreción, no propagándola. Cuando a las seis menos veinte de la tarde se reunió el Consejo del Reino, sin Araluce ni Viola Sauret, ningún periodista esperaba a los consejeros, lo que impidió la alarma del búnker. Antes de las siete, había acabado el cónclave, saliendo Fernández-Miranda de las Cortes en dirección al palacio de la Zarzuela para informar oficialmente a Juan Carlos. La noticia empezó entonces a trascender, pero solo fue oficialmente respaldada cerca de la noche, cuando el Ministerio de

región», *El Diario Vasco,* 30/06/1976, p. 8. «Se celebró ayer la primera fase del Alarde de San Marcial, con gran animación», *El Diario Vasco,* 01/07/1976, p. 8. «Mañana, inauguración del puente internacional de Biriatou», *El Diario Vasco,* 01/07/1976, p. 8. «Quedó inaugurado el nuevo puente internacional Behovia-Biriatou», *El Diario Vasco,* 02/07/1976, p. 8. «Incendio provocado en la parroquia del Antiguo», *El Diario Vasco,* 10/06/1976, p. 8. PORTELL, José María: *Euskadi, amnistía arrancada...,* pp. 100-101. «Atentado contra un bar de Isasondo», *El País,* 23/06/1976, p. 13.

712 TUSELL, Javier: *op. cit.*, p. 45. SÁNCHEZ-CUENCA, Ignacio: *op. cit.*, p. 162. DIEGO CARCEDO, José Manuel: *op. cit.*, p. 159. GIL PECHARROMÁN, Julio: *op. cit.*, p. 307.

713 Ley Orgánica del Estado, núm. 1/1967... *BOE,* 11/01/1967, núm. 9, p. 468.

Información y Turismo hizo pública la noticia de la aceptación del rey de la dimisión de Arias, tras ser *oído* el Consejo del Reino[714].

Esa noche, Araluce decidió que a la mañana siguiente viajaría a Madrid, llamando a su segundo en la diputación, San Martín, para ordenarle que acompañara él a Rodríguez Román en la inauguración del puente de Biriatu, como se conocía en euskera a la localidad francesa. Al ser tarde para coger el tren, le pidió a su hijo Juan, ya de vacaciones, que le llevara en coche a la capital, levantándose ambos muy temprano en la madrugada del viernes 2 de julio. La previsión que tomó no era desacertada, como demuestra la llamada telefónica a las doce del mediodía de aquel viernes al hotel Palace, lugar donde se hospedaba habitualmente cuando venía a la capital, de un preocupado Fernández-Miranda por la ausencia de Araluce, intentando averiguar si se encontraba ya en Madrid y la posterior llamada, dos horas después, desde la Secretaría del Consejo del Reino, insistiendo y dejándole un mensaje recordatorio de que la reunión del organismo sería a las cinco de la tarde. No en balde, el presidente de la diputación guipuzcoana jugaba un papel relevante a la hora de poder hacer realidad los planes de Fernández-Miranda. Araluce y su hijo llegaron después de las reiteradas llamadas, pero con tiempo suficiente, incluso para comer en la cafetería Riofrío, en la confluencia de la calle Génova con la plaza de Colón. A un kilómetro y medio, unos veinte minutos andando, se celebraría la reunión del Consejo del Reino, en la sala Mariana Pineda —una heroína liberal decimonónica— del palacio de las Cortes. Fernández-Miranda había preparado con el rey el cónclave, de una manera que permitiera al candidato de ambos, Adolfo Suárez, ser incluido en la terna a presentar al monarca. Dicha terna se formó mediante la agrupación de las diferentes *familias* del régimen, a través de un proceso de eliminaciones sucesivas de los candidatos[715].

La reunión del Consejo del Reino del viernes por la tarde, con Araluce ya presente, se limitó a una intervención de su presidente sobre la *misión histórica* que afrontaban, anunciando que él no votaría y proclamando la *independencia absoluta* de los consejeros, en un intento no

714 «Ayer dimitió Arias», *ABC*, 02/07/1976, p. 1.

715 «Quedó inaugurado el nuevo…». Notas de comunicación telefónica del Madrid Palace Hotel, AJPAL. *Juan Araluce Letamendía*, 22/11/2020, Madrid, entrevista realizada por Juan José ECHEVARRÍA. «Hoy puede haber terna para nuevo presidente», *ABC*, 02/07/1976, p. 1. FERNÁNDEZ-MIRANDA, Juan: *op. cit.*, p. 257. TUSELL, Javier: *op. cit.*, p. 47.

del todo conseguido de distanciarse de los tiempos de Franco, cuando el candidato del dictador no ofrecía dudas, como había ocurrido en la elección de Arias. Luego, pidió que los consejeros bosquejasen un perfil de los candidatos, sin dar nombres. Cuando le tocó el turno a Araluce, del que Fernández-Miranda era consciente de su fidelidad al monarca, este planteó que el futuro presidente del Gobierno debía tener «buena imagen, lealtad al Rey, con experiencia en la gobernación del Estado». Además, para el presidente de la diputación guipuzcoana, el candidato debía ser una «persona del sistema, de los *40 de Ayete* y (...) no atado por dogmatismo (...), que no tenga ni poca ni mucha edad»[716]. Por los *40 de Ayete*, el consejero hacía referencia a los miembros del CNM que habían sido elegidos directamente por Franco, en virtud de la ley Orgánica del Estado. Según esa norma, se trataba de un cargo de libre designación por parte del jefe del Estado, de carácter vitalicio hasta los setenta y cinco años, aunque, una vez efectuada la sucesión en la persona de Juan Carlos, las sustituciones serían cubiertas por el propio órgano del Movimiento, en vez de por el rey[717]; evidenciando que el rol del nuevo jefe de Estado no era el mismo que el de Franco y que el dictador había dejado un entramado difícil de desanudar. Entre aquellos miembros del CNM, que recibieron tal sobrenombre por haber sido designados en el palacio de Ayete en el verano de 1968, estaban Girón, Blas Piñar, Pilar Primo de Rivera, Solís y Arrese, pero también, Pita da Veiga, Licinio de la Fuente, López Bravo, López Rodó, Antonio María de Oriol, Garicano, Asís Garrote, Fernández de la Mora, Zamanillo, Miguel Primo de Rivera, Fernández-Miranda y Adolfo Suárez. Este último había sido elegido ya por el CNM para sustituir al fallecido Elola-Olaso, venciendo en la votación al yerno del anterior jefe de Estado, al marqués de Villaverde[718]. La reunión del Consejo del Reino del viernes 2 de julio de 1976 terminó a las tres horas.

El sábado 3 de julio, el decisivo cónclave estaba convocado para las diez y media de la mañana. Asistieron dieciséis de sus miembros, ya que había una vacante, la del exalcalde de Madrid, el falangista Miguel Ángel García-Lomas Mata, uno de los dos procuradores de administraciones locales —el otro era Araluce—, representados en el Consejo del

716 FERNÁNDEZ-MIRANDA, Juan: *op. cit.*, pp. 259-261. FERNÁNDEZ-MIRANDA, Pilar y Alfonso: *Lo que el Rey me ha pedido. Torcuato Fernández-Miranda y la reforma política*, Barcelona, Plaza & Janés, 1995, p. 253.

717 Ley Orgánica del Estado, núm. 1/1967... *BOE*, 11/01/1967, núm. 9, p. 469.

718 SÁNCHEZ-CUENCA, Ignacio: *op. cit.*, p. 164.

Reino. El primer consejero en llegar fue Íñigo de Oriol. Después, monseñor Cantero, quien dirigiría el rezo antes de iniciarse la deliberación. Le siguieron Araluce y Viola Sauret, provistos de cuartillas. Así, hasta completar los quince consejeros y su presidente, que llegó ya pasada la hora de inicio. Una vez dentro de la sala, los dieciséis se sentaron en torno a una exigua mesa ovalada. En un extremo, Fernández-Miranda, escoltado por el vicepresidente Lora Tamayo y el secretario Enrique de la Mata Gorostizaga, procurador familiar. A la izquierda de este último, se alinearon el teniente general Salas Larrazábal, Silva Merelo, Girón, el procurador en representación sindical Dionisio Martín Sanz, Araluce e Íñigo de Oriol. Enfrente, entre otros, Antonio María de Oriol y Miguel Primo de Rivera[719]. Iniciado el debate, Fernández-Miranda comunicó el procedimiento de votación en el que se había tenido en cuenta la triple adscripción de los consejeros: falangistas, *tecnócratas* y por último aquellos en los que predominaba el componente católico en su filiación, entre los que se encontraban tradicionalistas, *propagandistas* y los que habían evolucionado hacia la democracia cristiana, cuya presencia en el Consejo del Reino para entonces no era baladí. Cada consejero debía escribir tres nombres en una cuartilla en blanco, depositando su voto.

Previamente, Fernández-Miranda contó con la colaboración del *azul* Primo de Rivera, amigo personal del rey y futuro senador por designación real en las Cortes constituyentes, para hablar con otros consejeros falangistas, haciendo lo propio él mismo con algunos de las otras *familias*, con los que tenía más confianza, como Araluce, para asegurar que Suárez fuera pasando las cribas, aunque presentándolo como un mero relleno. Fernández-Miranda, que para entonces había superado sus desavenencias con Primo de Rivera por el asociacionismo político, pidió al *azul* que ayudara para que el nombre de Suárez no se cayera en las sucesivas votaciones, alegando que el candidato de la *familia* falangista daría a la terna una imagen de cambio juvenil, sin que su presencia en la misma prejuzgase la elección del monarca. La lista inicial surgida de las propuestas de cada consejero tuvo treinta y dos candidatos, entre los que se encontraban José María de Oriol, Fernández de la Mora, Rodríguez de Valcárcel, García Hernández, Solís, López Rodó, Silva Muñoz, Fraga, Areilza, López-Bravo, Suárez, Licinio de la

719 «Consejo del Reino: todavía no hay terna», *La Vanguardia Española,* 03/07/1976, p. 3. URBANO, Pilar: «Consejo del Reino: en siete horas, un presidente», *ABC,* 04/07/1976, p. 8. «Sigue la expectación», *Pueblo,* 03/07/1976, p. 16.

Fuente, Cabello de Alba, Osorio, Castiella, Lamo de Espinosa, Martínez Esteruelas, Fernández Cuesta, Barrera de Irimo y Sánchez Cortés. A continuación, el presidente del Consejo del Reino leyó cada uno de estos nombres, advirtiendo que, si ningún consejero lo apoyaba públicamente en ese momento, caería de la lista. Fue el caso de Fraga. Los que, en cambio, estuvieron respaldados, fueron sometidos a una nueva votación en donde cada uno de ellos necesitaba del respaldo de la mayoría del Consejo del Reino. Ahí terminaron las aspiraciones de Areilza que, junto a Fraga, pagaron por ser objeto de la desconfianza del búnker al ser los miembros más destacados del Gobierno Arias. Así, hasta quedar nueve candidatos, tres por *familia*. Tras un breve receso a la una de la tarde, Fernández-Miranda propuso entonces eliminar uno de cada *familia,* cayendo García Hernández, un superviviente habitual de las ternas, López Rodó y Carlos Pérez de Bricio y Olariaga, ministro de Industria del segundo Gobierno Arias. Tras la reducción de nueve a seis candidatos, quedaron *vivos* entre los falangistas, Valcárcel, quien tenía el hándicap de su edad y de que no gozaba de buena salud, y el joven Suárez, lo que beneficiaba la estratagema de Fernández-Miranda. Entre los católicos, la pugna final se resolvería entre el democristiano Silva Muñoz y Alfonso Álvarez Miranda, quien había sido ministro de Industria en el primer Gobierno Arias. Y entre los *tecnócratas,* entre el neotradicionalista Fernández de la Mora y López-Bravo. Una nueva votación permitió desestimar a Rodríguez de Valcárcel, Álvarez Miranda y Fernández de la Mora. Finalmente, Silva Muñoz obtuvo quince votos, López-Bravo catorce y Suárez doce. El crucial cónclave terminó pasados cinco minutos de las dos de la tarde. A continuación, el presidente del Consejo del Reino llamó por teléfono al rey para darle cuenta de la terna elegida y ya por la tarde, una vez redactada el acta de la sesión, acudió al palacio de la Zarzuela para comunicárselo oficialmente[720].

Los consejeros habían salido de la reunión con caras de satisfacción, despidiéndose cordialmente. Las sonrisas predominaban. Dionisio Martín declaró: «El Consejo del Reino ha funcionado». Después de la experiencia vivida, Araluce charló durante un buen rato con otros consejeros para aunar cabos y abandonó sin prisa la reunión, dándole

720 FERNÁNDEZ-MIRANDA, Juan: *op. cit.*, pp. 262-265. FERNÁNDEZ-MIRANDA, Pilar y Alfonso: *op. cit.*, pp. 255-257. PRESTON, Paul: *op. cit.*, pp. 269 y 404. «Esta fue la votación en el Consejo del Reino», *La Vanguardia Española,* 04/07/1976, p. 3. SÁNCHEZ-CUENCA, Ignacio: *op. cit.*, p. 162.

vueltas a lo sucedido, reflexionando y dirigiéndose tranquilamente por la carrera de San Jerónimo al hotel Palace, a cuatrocientos metros, seis minutos andando, donde le esperaba su hijo Juan. Su asombro fue mayúsculo cuando este le espetó que en la radio un comentarista había sugerido los nombres de la terna, acertando en su composición. Araluce, siempre puntilloso con las obligaciones de su cargo, entre las que se encontraba guardar el secreto de las deliberaciones del Consejo del Reino, no se lo quiso confirmar. Después comieron y ya por la tarde, cuando los rumores seguían mayoritariamente incluyendo a Areilza como uno de los tres propuestos por el órgano, a las ocho y media, saltó la noticia de que Suárez sería el nuevo presidente del Gobierno. Lo oyeron por televisión, momento en el que dio un respingo y mostró su asombro ante su hijo. Obviamente, no porque no estuviera en la terna, algo en lo que Araluce había contribuido en las sucesivas cribas, sino porque fuera el elegido por el rey. Araluce estaba convencido que el ministro del Movimiento era un candidato de relleno, como le había dicho Fernández-Miranda, y que el elegido sería Silva Muñoz, quien como vicepresidente de la ACNP era un cualificado representante de la *familia* católica, lo que hubiera supuesto un triunfo para todos los integrantes de este sector en el Consejo del Reino, y quien había sido votado por todos los miembros del Consejo, salvo por su presidente que había renunciado a nominar un candidato. Después de varios desencuentros con Antonio María de Oriol, habían vuelto a coincidir en la relevante reunión del Consejo del Reino de aquel día, aunque el candidato obligado de ambos había sido Fernández de la Mora, el líder de la UNE, que unía a su condición de neotradicionalista, el haber confluido con los *tecnócratas,* siendo el conceptualizador de la labor de estos, caracterizada por la liberación económica de los años sesenta. Sin embargo, el monarca en el que ambos tenían puestas tantas esperanzas había escogido al *azul* Suárez, con un criterio que aparentemente iba en contra de la orientación que el propio rey había impulsado desde su ascenso al trono. Recompuso su pensamiento a la luz de lo vivido aquel día y entonces vio con toda claridad que el procedimiento ideado por Fernández-Miranda, al que había contribuido con su aportación, tenía un claro objetivo: garantizar que Suárez estuviera en la terna para ser el nuevo presidente del segundo Gobierno de la Monarquía de Juan Carlos I y, de paso, que ninguno de los otros dos candidatos alcanzase el respaldo de los dieciséis miembros del Consejo del Reino, presentes aquel día, lo que hubiera puesto en un compromiso al rey ante una propuesta unánime del organismo[721]. Más allá de la sutilidad estratégica de Fernández-Miranda, Araluce constató entonces que su lealtad al monarca se traducía en un manejo del que había sido involuntario partícipe.

Similar sensación de desconcierto debió experimentar Silva Muñoz, quien se había significado en el franquismo por oponerse a los planes de Solís y Fraga al frente de la SGM, cuando pretendieron configurar un asociacionismo familiar dirigido desde el Movimiento, y por ser uno de los pocos políticos no falangistas que habían alzado la voz por el caso Matesa. Este lideraba la Unión Democrática Española (UDE), plataforma democristiana surgida entre los *propagandistas*, que nunca llegó a constituirse como asociación política, pero que apostaba por un sistema político pluralista equiparable al de los países occidentales. Sin embargo, la UDE se dividió pronto en dos corrientes, una más conservadora, que confiaba en la evolución del régimen, y otra más reformista, dirigida por Osorio, ministro con Arias, y entre los que se encontraban también algunos miembros del grupo Tácito. Suárez, una vez se convirtió en el nuevo presidente del Gobierno, fracturó la UDE, cuando nombró ministros a cuatro de los más destacados miembros de la segunda corriente: Osorio, el secretario del Consejo del Reino Enrique de la Mata, Andrés Reguera Guajardo y Eduardo Carriles Galarraga, el primer ministro de Hacienda que aceptaría la abolición del decreto-ley de 1937. En aquella fractura se evidenciaron, una vez más, las diferencias que luego existirían entre Alianza Popular y la UCD. Suárez incorporó también a su primer gobierno a los *tácitos* Landelino Lavilla Alsina y Marcelino Oreja, encargándole a este último el Ministerio de Asuntos Exteriores, una vez que Areilza, al igual que Fraga, se negó a permanecer en su puesto por razones de protagonismo, concretadas en la ambición personal de ambos. Pese a que hubo ministros *azules,* como Martín Villa al frente de Gobernación, y estrechos colaboradores del nuevo presidente, como Fernando Abril Martorell[722], el peso democristiano en el primer

721 URBANO, Pilar: «Consejo del Reino: en...». «Sonrisas tras la reunión del Consejo del Reino», *ABC,* 04/07/1976, p. 5 de huecograbado. *Juan Araluce Letamendía,* 22/11/2020, Madrid, entrevista realizada por Juan José ECHEVARRÍA. PRESTON, Paul: *op. cit.*, p. 404.

722 GIL PECHARROMÁN, Julio: *op. cit.*, pp. 213-216 y 332. ECHEVARRÍA PÉREZ-AGUA, Juan José: *La constitucionalización de la...*, p. 392. PRESTON, Paul: *op. cit.*, pp. 404-411. TUSELL, Javier: *op. cit.*, p. 53.

Gobierno Suárez era preponderante, paradójicamente bajo el liderato de quien había vencido a Silva Muñoz, si no en votos, sí en la elección real, precisamente al candidato de la *familia* católica de aquel Consejo del Reino. De hecho, el rey, tras encargar el gobierno a Suárez, llamó a Silva Muñoz para explicarle su decisión, deseoso de que el ascendente de este sobre todo el grupo democristiano no complicara la formación del nuevo gabinete.

Araluce reflexionó sobre todo ello. También en el hecho de que la habilidad de Fernández-Miranda había facilitado que ningún miembro de la terna hubiera luchado en la guerra y que el monarca había elegido al más joven de ellos, que tenía solo seis años cuando esta acabó, frente a los otros dos que tenían quince. Entre los que no pasaron la criba estaba Fraga, con un año más en 1939, o Areilza, que sí participó en la guerra con veintinueve años. Se trataba, pues, de un evidente cambio temporal. Fraga, incluso, lo explicitaría señalando que habían jubilado anticipadamente a una generación. Araluce lo dijo en una entrevista publicada por *La Actualidad Española,* dieciséis días después del crucial Consejo del Reino: «A mí, como hombre que anda ya cerca de los sesenta, me parece que a veces hay cierta injusticia con nuestra generación y que no ha sido bien tratada en muchas ocasiones». Más que un reproche, era la constatación de que el tiempo político de su generación había pasado y que sería la siguiente la que protagonizaría los cambios, porque como sostuvo el historiador y político democristiano de la UCD Javier Tusell: eran los políticos más jóvenes del gobierno saliente los que «tenían más posibilidades de llevar a cabo la operación reformadora en profundidad»[723].

En aquella entrevista, hecha en el hotel Palace, en la que el periodista José Antonio Iturri le presentó como un hombre «corpulento y amable» que «vive un poco a caballo entre San Sebastián y Madrid», Araluce no tuvo palabras amargas para Suárez, ni siquiera cuando constató que no tendría cabida en el equipo gubernamental que este formó, basado fundamentalmente en políticos cuyo origen estaba en la antigua *familia* católica del régimen, de la que los tradicionalistas se habían sentido partícipes en el cónclave del Consejo del Reino. Así, tras expresar su decepción, añadió que consideraba que «la juventud es un valor positivo». «Adolfo Suárez reúne en su persona una curiosa circunstancia:

723 PRESTON, Paul: *op. cit.*, p. 404. ITURRI, José Antonio: «El tema del País...». TUSELL, Javier: *op. cit.*, pp. 47-48.

siendo un hombre joven, reúne unas dotes de prudencia y de posibilidades de integración que es difícil de conseguir; normalmente son atributos de personas de más edad. Ha tenido un aprendizaje muy fuerte, muy intensivo y creo está bien preparado», añadió, confiando en la decisión del monarca, a quien como *estorilo* respetaba y acataba siempre, también en las decisiones que no compartía. No en balde, Suárez reunía todas las condiciones que había expuesto el 2 de julio en el Consejo del Reino sobre los requisitos que debía tener el candidato a presidente del Gobierno: buena imagen, leal al rey, un hombre del sistema con experiencia en la gobernación, de los *40 de Ayete,* no dogmático y ni muy joven ni muy mayor, ya que tenía cuarenta y tres años. De hecho, si era consecuente con su pensamiento, había acertado plenamente. Un mes después, el 2 de agosto, Araluce posó por última vez, junto al rey, en una fotografía, hecha en el palacio de la Zarzuela, a los miembros del último Consejo del Reino del que formó parte, con motivo de la incorporación al organismo del procurador familiar Álvaro Lapuerta Quintero, exvicepresidente de la Comisión de Presupuestos de las Cortes y futuro tesorero del Partido Popular, y del alcalde de Valencia Miguel Ramón Izquierdo, excombatiente del bando republicano, que cubría la vacante de García-Lomas. Araluce, despejada de nuevo la posibilidad de una promoción política y tras haber servido lealmente al rey en un Consejo del Reino cuya relevancia a partir de ahora obviamente decrecería, una vez *liberado el prisionero,* centró su actividad en la diputación y en la comisión descentralizadora con un horizonte temporal que acabaría en el mes de abril siguiente, cuando regresaría a su vida profesional de notario. Pese al limitado lapso, no era menor la tarea, porque la situación en Guipúzcoa y en todo el País Vasco no era esperanzadora, aunque él se calificase en la misma entrevista como «un hombre optimista»[724].

El mismo día de la relevante reunión del Consejo del Reino en la que se había decidido la terna del nuevo presidente del Gobierno, en San Sebastián unas 30.000 personas se habían manifestado contra las agresiones sufridas en el Antiguo, lo que suponía que cerca de uno de cada cinco habitantes, según el censo de 1970, se concentraron aquel día. Los manifestantes marcharon en silencio desde Venta Berri [hoy Bentaberri, Nueva venta] hasta la plaza de Cervantes, a través del paseo

724 ITURRI, José Antonio: «El tema del País…». «Jura de los nuevos consejeros del Reino», *ABC,* 03/08/1976, p. 6 de huecograbado.

de la Concha, bajo una pancarta que reclamaba en euskera: «Donostiako herria eskubiko sortxaperien arduragabekeriaren aurka» (El pueblo de San Sebastián contra la impunidad de los atentados de extrema derecha). La multitudinaria cita había sido convocada por la Asociación de Vecinos del Antiguo y a la misma se habían sumado las de otros barrios de la ciudad, así como asociaciones de padres de familia y el nutrido entramado de sociedades culturales, deportivas y recreativas que vertebraban la sociedad donostiarra. En suma, las entidades *naturales* propias de la familia y el municipio, en la más fiel representación orgánica de la sociedad de la que durante cuatro décadas había tenido a gala el régimen, no los aún sospechosos partidos políticos, propios de una democracia inorgánica. Aquella pacífica manifestación supuso un hito, que además demostraba que los concentrados, lejos de priorizar una respuesta al terrorismo de ETA, como había pedido cinco años antes aquel editorial de *La Voz de España* durante la crisis de la universidad y había reiterado desde entonces el gobernador Rodríguez Román, mostraban su repulsa a la reacción del búnker franquista y a sus denostados *incontrolados.* Otra pancarta expresaba: «Autoridades, no olviden su obligación: defender al pueblo». Para Araluce, fiel observador de la realidad desde su época de notario por los caminos más recónditos de la provincia, aquello no ofrecía dudas, asumiendo el veredicto popular contra el antiterrorismo: «Evidentemente, esto es una lacra. Es un error fundamental el que alguien pueda creer que así se puede neutralizar el terrorismo, ya que esto mismo produce un recrudecimiento en el movimiento pendular de la violencia que (...) ayuda al desarrollo del mismo»[725], sentenció.

Aquello fue el inicio de un *verano caliente,* el último que vivió Araluce. Sus hijos lo recuerdan, porque fue tremendo, con un ambiente muy crispado. El mayor, Juan, con todo el tiempo del mundo por estar

725 INSTITUTO NACIONAL DE ESTADÍSTICA: *Alteraciones de los municipios en los Censos de Población desde 1842. San Sebastián. Población de hecho. 1970.* https://www.ine.es/intercensal/intercensal.do?search=1&cmbTipoBusq=0&textoMunicipio=Donostia%20-%20San%20Sebastián

«Antiguo-Plaza de Cervantes: Unas 30.000 personas en la manifestación de protesta por los actos terroristas que padece el barrio del Antiguo y el pueblo vasco», *El Diario Vasco,* 04/07/1976, p. 8. SAN MARTÍN, Enrique y SORO, Miguel: «Nuestra ciudad en la calle pacíficamente», *La Voz de España,* 04/07/1976, p. 7. «Unas 50.000 personas se manifestaron silenciosamente en San Sebastián», *La Vanguardia Española,* 04/07/1976, p. 13. ITURRI, José Antonio: «El tema del País...».

de vacaciones, tenía cuidado de ir por lo Viejo. En la fachada de la diputación apareció una pintada: *Araluce cabrón,* que fue borrada antes de que llegara el presidente. Araluce preguntó al conserje que ponía, a lo que este, atribulado, tras dudar, dijo: «Araluce, carbón, con las letras cambiadas»[726].

El 6 de julio, en Pamplona, en la primera corrida de los sanfermines, un espontáneo se echó al ruedo con una muleta roja en la que estaba escrita en blanco la palabra amnistía, reivindicación que se iba a convertir en la principal de aquel verano. Los partidos de la oposición, aún ilegales, habían convocado una semana proamnistía, que se celebró del 5 al 12 de julio, una exigencia para un nuevo tiempo, que había nacido como una consecuencia de la política de reconciliación propugnada por el PCE desde 1956 con el objetivo de superar el pasado, reclamación a la que se habían sumado la inmensa mayoría de las fuerzas opositoras, especialmente el PNV. De hecho, la Platajunta la exigió como condición previa que diera credibilidad al proceso de reforma. El 8 de julio, el mismo día que los miembros del Gobierno Suárez juraban sus cargos ante el rey, Bilbao fue escenario de una multitudinaria manifestación autorizada con más de cien mil congregados, que reclamaron la amnistía[727].

A partir de ahí, los gritos proamnistía se convirtieron en preponderantes en las tradicionales fiestas de los pueblos que jalonaban el verano. El día 9, en Santurce [hoy, Santurtzi], en el Día de la Sardina, que inauguraba las fiestas patronales, ocurrió una tragedia. A las nueve y media, los asistentes a una asamblea proamnistía, convocada en la iglesia de Mamariga que tantos recuerdos traía a Araluce, bajaron en manifestación hacia la zona donde se celebraban las fiestas, cerca del puerto. Apareció la Guardia Civil, cuyos efectivos dispersaron violentamente a los manifestantes. La gente asustada corrió a refugiarse en los bares. En uno de ellos, entraron tres Guerrilleros de Cristo Rey, vestidos de *arrantzales* (pescadores), que fueron reconocidos, huyendo

---

726 *Juan Araluce Letamendía,* 29/11/2020, Madrid, entrevista realizada por Juan José ECHEVARRÍA.

727 PORTELL, José María: *op. cit.,* pp.112-114. RIVERA BLANCO, Antonio: «La amnistía de 1977 y los debates sobre el pasado», *Clio & Crimen, Revista del Centro de Historia del Crimen de Durango,* 18 (2021), pp. 158-159. MOLINERO, Carme: «La política de reconciliación nacional. Su contenido durante el franquismo y su lectura en la Transición», *Ayer,* 66 (2007), p. 220. «Muchos miles de personas se manifestaron ayer en Bilbao para pedir la readmisión de los despedidos y la amnistía», *La Gaceta del Norte,* 09/07/1976, p. 7.

precipitadamente, aunque se vieron acorralados en la calle, ante lo que empezaron a disparar de forma indiscriminada. Una vecina, Begoña Norma [Normi] Menchaca, de cuarenta y seis años, casada y con tres hijos, que trataba de regresar a casa, cayó muerta y otras dos personas heridas. En los días siguientes en la margen izquierda de la ría se sucedieron las huelgas. Santurtzi paró durante tres días y hubo manifestaciones también al otro lado de la ría, en Algorta, así como en Bilbao, Amorebieta, Pamplona, Durango, San Sebastián, Zarautz, Rentería [hoy, Errenteria] y Mondragón[728].

La crispación fue en aumento, cuando a finales de aquel mes, trascendió la *desaparición* de Pertur, siendo utilizada por ambas ramas de ETA, una vez que denunciada por los familiares fue asumida por tres grupos de extrema derecha, entre ellos la Triple A y el BVE, lo que permitió desviar hacia los *incontrolados* la responsabilidad de lo sucedido. Conscientes del poder del miedo, los *bereziak* redoblaron en aquel momento su campaña de extorsiones a los empresarios, remitiendo a muchos de ellos una fotografía de Aingeru Berazadi cautivo, con un breve texto en el que se recordaba su *ejecución*. Fue entonces cuando comenzó un fenómeno aún no cuantificado historiográficamente: la diáspora de aquellos vascos, tras el que, al sentirse amenazados, abandonaron su tierra. El mismo día que *La Voz de España* publicaba las cartas etarras, en el Gobierno Civil se procedió a la toma de posesión de su nuevo titular, después de que Rodríguez Román hubiera sido ascendido a director general de Seguridad por el Gobierno Suárez, contribuyendo a que el Ministerio de la Gobernación adquiriera un perfil *azul* homogéneo. Su sustituto en Guipúzcoa, José Manuel Menéndez-Manjón Sancho-Miñano, había sido gobernador en Teruel y Granada, formándose políticamente en la estructura del Movimiento, a través de su participación en los consejos locales y provinciales de diversos territorios, como el mismo resaltó en su toma de posesión en San Sebastián, donde anunció que sería «inflexible» en el mantenimiento del orden[729]. Se trataba, pues, de un relevo dentro de los parámetros de continuidad, propiciado por el *azul* Martín Villa, nuevo ministro de la Gobernación.

728 PÉREZ PÉREZ, José Antonio: «El terrorismo ultraderechista y...», p. 538. PORTELL, José María: *op. cit.*, p. 107.

729 PÉREZ PÉREZ, José Antonio: *op. cit.*, p. 539. SULLIVAN, John: *op. cit.*, p. 205. «A modo de intimidación...», *La Voz de España*, 19/08/1976, p. 1. ANGULO, Gorka: *op. cit.*, p. 81. «Tomó posesión el nuevo gobernador civil de Guipúzcoa», *La Voz de España*, 20/08/1976, p. 10.

El nuevo gobierno, nada más constituido, tuvo que hacer frente el 13 de julio a la votación en las Cortes sobre la reforma del Código Penal que había quedado pendiente el día del asesinato de Carlos Albo. La propuesta de Osorio, consistente en mantener en la ilegalidad a los partidos que como el PCE mantuvieran una disciplina internacional y aspirasen a un régimen totalitario, salió adelante. Pese a que la cláusula ya no afectaba a FET y de las JONS, el búnker logró un notable respaldo: 174 votos en contra y 57 abstenciones, frente a 258 votos a favor de la despenalización de los partidos políticos. Aquella votación redundó en la crisis de la UNE, fracturada desde el pleno de las Cortes que un mes antes aprobó la ley de asociaciones políticas, añadiendo motivos de desencanto a Araluce sobre su participación en la política nacional y su proyecto de revitalizar al Tradicionalismo en España. El domingo 11 de julio, coincidiendo con manifestaciones proamnistía en ocho ciudades, la UNE celebró en Madrid su asamblea constituyente como partido político a fin de adaptarse precisamente a la nueva legislación de asociaciones. Se habían dado de baja medio centenar de afiliados, entre ellos dos insignes tradicionalistas: Valiente y Asís Garrote, críticos con los resabios de algunos de sus compañeros por su defensa del papel preponderante del Movimiento. Fernández de la Mora, uno de los candidatos de Araluce en la votación del crucial Consejo del Reino, fue elegido presidente único de la UNE y Fagoaga revalidó como secretario general. En la asamblea, su líder pretendió disipar las dudas planteadas por los escindidos, señalando que en «la doctrina tradicionalista en la que se inspira UNE y por sus actuaciones públicas, esta asociación se ha mostrado enemiga del partido único y de toda clase de totalitarismo», incluyendo a FET y de las JONS, pero sobre todo al PCE, al que achacaba estar detrás de las manifestaciones proamnistía, calificándolas como «una operación patrocinada por el comunismo». Además, el presidente hizo un llamamiento para constituir una federación de partidos con otras asociaciones procedentes del Movimiento, trazando un camino que en el futuro conformaría la constitución de Alianza Popular, presagiando las diferencias con la futura UCD. Así, Fernández de la Mora criticó a Suárez, porque «para constituir su Gabinete, el presidente del Gobierno no ha considerado oportuno consultar a UNE. Tampoco ha incorporado a ningún representante nuestro en su lista; es, pues, evidente que no estamos en el Gobierno, pero no hemos de estar sistemáticamente contra él». La crítica al nuevo Gobierno Suárez explicitaba la decepción ante el hecho de que ningún miembro de la UNE, como hubiera podido ser Araluce, se hubiera convertido en ministro. El

Grupo Parlamentario Regionalista, donde Araluce era vicepresidente y otros procuradores de la UNE estaban integrados, le había pedido a Suárez que incluyera en el gobierno a políticos que reivindicaban la descentralización, mostrándose a favor del «proceso democratizador y de las oportunas reformas políticas que lo hagan realidad»[730].

Tampoco hubo miembros de tal grupo parlamentario en el Gobierno Suárez, constituido el 8 de julio. Araluce ya había asumido tal hecho e incluso no tuvo reparos en colaborar con el nuevo gabinete, especialmente porque entre los nuevos ministros estaba su antiguo ahijado político, Marcelino Oreja, sensible a la descentralización, consciente de que su posición en el gobierno podía acelerar la devolución del Concierto Económico, la única meta política que aún le quedaba. Araluce hizo de tripas corazón por los desencuentros vividos con él cuando se debió someter a la reelección al frente de la diputación y organizó un viaje de la corporación a Madrid para felicitar al nuevo responsable de Asuntos Exteriores. Había, pues, un motivo superior que obligaba a pasar página: la descentralización proyectada para Guipúzcoa y Vizcaya, objetivo que estaba por encima de cualquier rencilla personal y que a esas alturas era lo único que motivaba al presidente de la diputación. Sin embargo, la actuación del ministro Oreja, que seguía siendo vocal de la comisión descentralizadora al mantener su cargo de consejero nacional por Guipúzcoa, propició mayores quebraderos de cabeza a Araluce. El nuevo responsable de Asuntos Exteriores había hablado con el rey para mantener el Ministerio de Jornada en San Sebastián al menos durante ese año de 1976, porque, aunque Juan Carlos prefería seguir veraneando en Palma de Mallorca pese a las reiteradas peticiones de Araluce, lo avanzado del mes de julio impedía acabar con esa tradición, ya que numerosos embajadores extranjeros habían ya reservado alojamiento en la ciudad donostiarra, siguiendo con la costumbre que durante décadas les había llevado allí con Franco y antes con Alfonso XIII. Oreja se instaló en el palacio de La Cumbre, situado al igual que Ayete en la cuesta de Aldapeta, sobre la bahía de la Concha. El ministro de Jornada llegó a Guipúzcoa para asistir a la fiesta de San Ignacio, el 31 de julio, en la basílica de Loyola, donde coincidió con

730 SÁNCHEZ-CUENCA, Ignacio: *op. cit.*, p. 132. «Manifestaciones pro amnistía en varios puntos de España», *ABC*, 13/07/1976, p. 7. GIL PECHARROMÁN, Julio: *op. cit.*, p. 324. «UNE está por el humanismo y la libertad, contra el marxismo y el terror», *ABC*, 13/07/1976, p. 13. «Un Gabinete que represente a las regiones», *La Gaceta del Norte*, 06/07/1976, p. 11.

Araluce. El propio Oreja relata así en sus memorias su estancia veraniega: «Yo naturalmente estaba encantado de volver a San Sebastián y durante el verano (...) participé en numerosos actos de la provincia (...). Abrí la residencia de La Cumbre sobre todo a representantes del mundo cultural, a los miembros de la Academia de la Lengua Vasca (...) y de la Sociedad Bascongada de Amigos del País».

Con estos últimos, con los que le unía, al igual que Araluce, su común pertenencia a la RSBAP, Oreja habló del Concierto Económico, la reivindicación foral y el tema universitario, ofreciéndose a trasladar a sus colegas de gobierno sus planteamientos, que pasaban por una descentralización de dimensión regional, como había explicitado en diferentes ocasiones Juan Ramón de Urquijo, muy diferentes a los provinciales sostenidos por el presidente de la diputación guipuzcoana. El 14 de agosto, el ministro Oreja presidió en nombre del rey la tradicional Salve en la iglesia de Santa María, presagiando el final de una época, después de pasar revista en la calle Mayor a una compañía del Regimiento de Cazadores de Montaña, donde había servido como alférez de Milicias Universitarias. A aquel acto, el último que se celebró de una manera oficial en su dimensión militar, asistió igualmente Araluce. Pero, el evento de mayor repercusión de toda la estancia veraniega del ministro de Jornada fue la recepción dada al cuerpo diplomático en La Cumbre, el momento culminante de los actos que tradicionalmente daban sentido a la capital veraniega. Allí, el 28 de agosto, coincidieron Araluce y muchos regidores guipuzcoanos, también los del Movimiento de Alcaldes. Oreja atendió personalmente a tales ediles, iniciando una interlocución particular con los que pretendían una descentralización de dimensión regional, que, aunque igualmente de raigambre foral, revelaba una aspiración soberanista. El gabinete de Suárez ponía así fin al trato exclusivo de los asuntos provinciales mantenido hasta entonces por la diputación con el gobierno, característica que se retrotraía a la época foral decimonónica. En la recepción, los alcaldes del *Grupo de Bergara* informaron al ministro de «los problemas que les preocupan», adelantándole que, pese a las limitaciones a su actuación dictadas por el anterior gobernador, mantendrían una «reunión de trabajo» en breve en Mondragón[731] y seguirían organizándose para lograr sus postulados,

731 «La Diputación de Guipúzcoa con el ministro Oreja Aguirre», *La Voz de España,* 15/07/1976, p. 1. OREJA AGUIRRE, Marcelino: *op. cit.*, pp. 155-158. «Recepción en La Cumbre», *La Voz de España,* 29/08/1976, p. 11. «Recepción en La Cumbre», *El Diario Vasco,* 29/08/1976, p. 24.

con lo que explicitaban que no acatarían la prohibición de reunirse que había decretado Rodríguez Román. El Alkateen Mugimendua se acababa de dotar de una comisión permanente con el objetivo de mejorar su deficiente coordinación.

De hecho, las relaciones del consejero nacional con el Movimiento de Alcaldes venían de antes, cuando Oreja era subsecretario de Areilza, el que había sido el primer alcalde de Bilbao tras la entrada de los requetés en Bilbao en 1937 y que con los años había cambiado sus anhelos totalitarios por otros democráticos, significándose en 1976 por sus planteamientos reformistas al frente del Ministerio de Asuntos Exteriores del segundo Gobierno Arias. El 18 de junio, Oreja había enviado una carta a Elkoro en la que le sugirió celebrar un acto de reivindicación foral con motivo del inminente aniversario del centenario de la ley de 1876. El entonces subsecretario proponía al regidor organizar un acto político el día 21 de julio en el que se reclamara «ver pronto restaurado un sistema plenamente democrático que reconozca nuestras antiguas tradiciones forales», ligando, pues, democracia y restauración foral. Para Altuna, otro de los regidores del *Grupo de Bergara,* los motivos de la iniciativa de Oreja radicaban en «hacerse presente aquí» y seguir la estela de su padre, asesinado en Mondragón en la Revolución de 1934, quien había sido un adalid del *Estatuto de Estella,* el primer proyecto normativo unitario vasco, que reunió a nacionalistas y carlistas. Como su padre, Marcelino Oreja Aguirre también era un defensor de la dimensión regional estatutaria, insertándola igualmente en el acervo foral. Además, durante las discusiones de la restauración foral en el seno de la comisión descentralizadora, los planteamientos regionales habían contado con el apoyo del asesor Celaya, que era el *hombre* de Urquijo en el seno de tal organismo. De hecho, Celaya había pedido la colaboración del vocal Oreja, enviándole el contenido del informe de la Ponencia de Gobernación antes de la reunión plenaria del 1 de junio donde se votaría, calificándola de «trascendental»[732]. En aquel pleno, la comisión optó, como ya ha sido descrito, por unas descentralizaciones provinciales, de raigambre foral, pero a la vez se elevó el ruego al gobierno de implementar en un futuro una dimensión regional autonómica.

732 URRUTIA, Txema: *op. cit.*, pp. 29 y 43-44. OREJA AGUIRRE, Marcelino: *op. cit.*, pp. 19-20. Tarjeta de visita de Adrián Celaya Ibarra con notas sobre «Ponencia primera. Gobernación. Conclusiones», dirigida a Marcelino Oreja Aguirre (Bilbao, 14/05/1976), RACMyP, *AMOA*, Caja 7, 097/007/007.

La labor de Oreja había, pues, supuesto una ventaja para los planteamientos de descentralización de dimensión regional de la RSBAP de Urquijo y del Movimiento de Alcaldes, en detrimento del de marco provincial de Araluce. En lo que sí coincidían el nuevo ministro de Exteriores y el presidente de la diputación guipuzcoana era en que el móvil de ambos radicaba en que estaban convencidos de que la descentralización, independientemente de su dimensión territorial, permitiría la recomposición del sentimiento proespañol de los vascos, a semejanza de Urquijo, pero a diferencia de lo pretendido por el *Grupo de Bergara.*

La sugerencia de Oreja a Elkoro se tradujo en que el Ayuntamiento de Vergara mandó invitaciones el 6 de julio a todos los municipios vasco-navarros para asistir a una misa conmemorativa del centenario de la ley de 1876. El oficio se celebraría «en sufragio por todos los que lucharon y murieron en defensa de los derechos y libertades contenidos en las instituciones forales vascas». En dicha convocatoria, el consistorio rechazaba explícitamente la posición hegemónica de la diputación en los asuntos de la provincia, al considerar a los municipios como «el estamento más idóneo para arrogarse las responsabilidades de las suprimidas Juntas Generales», negando que lo fuera la corporación provincial como había sostenido Araluce en sus audiencias con Juan Carlos y en sus negociaciones con el gobierno. El hecho de justificar la convocatoria en una mera misa recordatoria de los caídos por los fueros impedía no solo que el gobernador prohibiera la cita[733], sino que la circunscribía a la dimensión foral de su propuesta, lo que revelaba la estrategia de Elkoro, quien consciente de las limitaciones en la expansión del nacionalista Movimiento de Alcaldes, pretendía atraerse al carlismo, incluidos aquellos regidores más afines al régimen. Con ello, emulaba una vez más a la Comisión de Alcaldes de José Antonio Aguirre al inicio de la Segunda República, con la que el nacionalismo logró arrastrar al carlismo en su apoyo al *Estatuto de Estella.*

Fruto del éxito de esa estrategia fue que ayuntamientos como el de Fuenterrabía, el primero que había seguido las directrices de Araluce de petición de restauración foral, contraviniendo la moción de Vergara del mes de marzo, aprobase por unanimidad en un pleno extraordinario

733 *ZINAXTE:* «El Centenario de la abolición de los Fueros en Vizcaya», *Aritz Ondo*, 2, 11/1976, pp. 47-49. URRUTIA, Txema: *op. cit.*, p. 42.

asistir al acto que preparaba Elkoro por los caídos. Otro éxito, para Elkoro, fue superar el marco guipuzcoano y vizcaíno, que no había podido desbordar hasta entonces el Movimiento de Alcaldes, con la aceptación de la invitación por parte del municipio alavés de Llodio. Y rozando la fecha de la convocatoria, se sumaron Estella [hoy, Estella-Lizarra], con toda la carga simbólica que ello conllevaba, y Pamplona, la única capital de provincia que estaría presente en Bergara el 21 de julio[734]. De esa manera, las cuatro provincias estarían representadas en el acto, lo que permitía salvar la cara a un movimiento que se presentaba como *vehiculador* de las aspiraciones de toda Euskadi. Fue precisamente entonces, cuando era más perentoria la labor propagandística para atraer a cuantos más municipios mejor y decantar a los carlistas, incluso a los tradicionalistas afines al régimen, cuando salió a la calle la revista *Garaia*. El órgano de ESB sacó entonces el mencionado número monográfico sobre reivindicación foral, coordinado por Baroja e Idoia Estornés, la hija del publicista del nacionalismo durante la Segunda República.

Elkoro había pedido a los consistorios que fueran el 21 de julio a Bergara, portando sus estandartes municipales, con el objetivo de visualizar la dimensión institucional, «acudiendo como representantes del Pueblo, en Corporación». Sin embargo, no en todos los casos lo consiguió, ya que hubo delegaciones que desfilaron sin bandera, como puede observarse en las fotografías y videos existentes del acto, y en algún otro caso, como el de Ondarroa, lo hizo un único concejal, acompañado de varios miembros de sociedades populares, que cogieron en la víspera el pendón de la casa consistorial —*robaron*, como llegaron a decir sus protagonistas—, lo que evidenciaba que el pleno del ayuntamiento no había aprobado su presencia. En cualquier caso, en total fueron sesenta y nueve los municipios que participaron en la procesión que partió de la casa consistorial de Vergara a la iglesia de San Pedro Apóstol, un 13,88 % de los 497 posibles, aunque algunos iban representados por meros vecinos. Pero el éxito de Elkoro podía medirse por el hecho de que el número de habitantes de los municipios *representados* el 21 de julio superaba en más de dieciséis puntos porcentuales al de los que habían seguido hasta entonces las directrices de la moción de marzo del Ayuntamiento de Vergara, demostrando lo acertado de la estrategia de atraerse a los consistorios donde

734 ECHEVARRÍA PÉREZ-AGUA, Juan José: *op. cit.*, pp. 332-334.

los tradicionalistas eran mayoría y los nacionalistas tenían una escasa implantación. La atracción carlista tuvo también otro reflejo, como muestra la carta enviada a la prensa por el insigne tradicionalista Daniel Mugarza Mecolalde, *Mendizorrotz,* donde alababa la iniciativa de Elkoro. Mendizorrotz había destacado en la Segunda República por usar su pluma para criticar aquel régimen y en la Guerra Civil fue capitán de requetés del Tercio de Zumalacárregui. Su abuelo fue el carlista José León Mugarza vencedor en la Guerra de los Cuatro Años en el postrer triunfo de las tropas de Carlos VII, en la batalla de igual nombre que el apodo que llevó a gala[735]. Cien años después de aquel combate, en Bergara, la procesión por los caídos por los fueros llegó a la iglesia, donde se ofició la misa en euskera. En ella intervino el *bertsolari* (recitador de versos) Jon Azpillaga Urrutia, hijo de un *gudari* muerto en la Guerra Civil, quien declamó que el pueblo no debía tener otra aspiración que la restitución foral. El Orfeón Vergarés cantó en la celebración, interpretando el *Libérame* del músico y sacerdote Eustaquio Azcárate-Ascasua Ganchegui. Acabado el oficio, la procesión fue despedida de vuelta al consistorio con un *Agur Jaunak,* entre aclamaciones de los congregados. Hasta 10.000 personas se habían concentrado aquel día en Bergara, sorteando los controles de las FOP, que provocaron atascos de coches de un kilómetro y medio. Varios miles de manifestantes llegaron a pie desde las cooperativas de la Mondragón cercana.

Fue entonces cuando comenzó el pleno extraordinario del Ayuntamiento de Vergara, asistiendo los representantes de los otros sesenta y ocho municipios sentados en semicírculo frente a la mesa presidencial de una sala de plenos completamente abarrotada. Elkoro leyó el acuerdo adoptado por el de Vergara, que fue retransmitido a la multitud congregada en la plaza de San Martín Aguirre y en las calles adyacentes por un sistema de megafonía. El texto elaborado por el Movimiento de Alcaldes por la restauración foral en clave unitaria

735 *ZINAXTE:* «El Centenario de la… BERGARAKO UDALA: «Homenaje al Movimiento de Alcaldes» [video], Bergara (Gipuzkoa), 2022. https://www.bergara.eus/es/node/16499

URRUTIA, Txema: *op. cit.*, p. 48. ECHEVARRÍA PÉREZ-AGUA, Juan José: «Ni tan poderoso, ni…», p. 59. ECHEVARRÍA PÉREZ-AGUA, Juan José: *La constitucionalización de la…*, p. 341. MUGARZA *MENDIZORROTZ*, Daniel: «El Convenio desautorizado», *El Diario Vasco,* 30/07/1976, p. 9. CORTABARRÍA IGARTUA, Germán: «Daniel Mugarza Mecolalde», Auñamendi Eusko Entziklopedia. http://www.euskomedia.org/aunamendi/82555

vasca incidía en «la imprescriptibilidad de los derechos políticos del país, (...) arrebatados en contra de la voluntad mayoritaria del pueblo». El manifiesto admitía, no obstante, que no todos los municipios presentes se habían adherido al acuerdo de marzo de Vergara, aunque recalcaba la relevancia de este al pedir «la redacción de un Estatuto de Autonomía similar al de Estella, como punto de partida hacia la plena reintegración foral», lo que permitía al Alkateen Mugimendua mantener su estrategia soberanista, refrendada con la exhibición por parte del público congregado de una decena de ikurriñas. El texto, además, incidía en la dimensión regional, con una mención especial para Navarra, al considerar a sus habitantes integrantes del «mismo pueblo» vasco.

Pese a las diferencias de planteamientos de los municipios y las dudas sobre la representatividad de los personados en la villa, el alcalde de Bergara había logrado convertir el acto de reivindicación foral del 21 de julio en un hito decisivo, rememorando la actuación de José Antonio Aguirre al inicio del proceso estatutario vasco. José Luis Elkoro Unamuno salió entonces al balcón consistorial donde recibió la ovación de los congregados, entre ellos la de la viuda del primer lehendakari, María del Carmen Zabala Aqueche, cuya presencia otorgaba una especial significación al hombre que era aclamado por los asistentes. ESB, cuyos dirigentes estaban detrás de la convocatoria del acto de Vergara, envió un telegrama de adhesión para guardar las formas. También lo hicieron el PNV y STV, pese a que miraban con una cierta prevención a un fenómeno que se les escapaba, en la medida en que se trataba de una reivindicación nacionalista que no controlaban. Asimismo, los carlistas *carlohuguinos* del EKA, prefigurando la estrategia discursiva que mantendrían con el nacionalismo radical sobre los hechos vividos dos meses y medio antes en Montejurra. Y la RSBAP, que compartía la dimensión regional descentralizadora, así como el exministro Areilza, cuyas influencias estaban en la génesis de la convocatoria del acto de Vergara. También lo hizo el procurador y futuro senador de la UCD Fernández Palacios, el que había logrado en 1968 la supresión de parte del preámbulo del decreto-ley de 1937, quien protagonizaría en dos meses una nueva crisis de la comisión descentralizadora, que algunos interpretaron como el golpe de gracia contra dicho organismo.

El éxito político del acto de Vergara contrastó con los organizados por las diputaciones, que, al estar previstos en horario de tarde, permitieron que también pudieran asistir algunos representantes de los consistorios que habían acudido por la mañana al convocado por el Movimiento de Alcaldes. En el de la diputación guipuzcoana, celebrado en el palacio de la Provincia, se aprobó una moción por la reinstauración de las instituciones forales, que abogaba por proseguir con los trabajos de la comisión descentralizadora. Araluce defendió su planteamiento mencionando el «Estatuto provincial de Guipúzcoa», que discutía el organismo descentralizador con el que se pretendía la restauración foral. El presidente de la diputación aceptó la «vocación regionalista de nuestra foralidad», pero tal debía desarrollarse a partir de las propias provincias y después de que en estas fueran restituidos los organismos forales tradicionales. Aquella misma tarde, la Diputación Provincial de Vizcaya celebró otro pleno en el que estuvieron representados los noventa y seis ayuntamientos de la provincia, por lo que los nueve que habían estado por la mañana en Bergara completaron la jornada con su presencia también en el palacio provincial. En este acto se aprobó una moción, en la que se señalaba que, reunidas la corporación provincial y «los alcaldes de los Ayuntamientos del Viejo Señorío», pedían «la urgente restauración de nuestros Fueros». El acto acabó con el canto del *Gernikako arbola*, a lo que el alcalde de Vedia [hoy, Bedia] y diputado provincial, el carlista Luis María Uriarte Alzaa, añadió un grito de «¡Gora (Viva) Euskalerria!», que fue respondido por los presentes. Uriarte, quien en el pasado había sido *javierista*, se había destacado por ser un defensor de la recuperación del Concierto Económico, siendo apadrinado en política por el marqués de Arriluce. Opositor a la oficialización de la ikurriña como la bandera vasca, sería asesinado por ETA militar el 29 de septiembre de 1979. También la diputación alavesa celebró un acto de afirmación foral, reuniendo a las juntas conmemorativas. El evento contó con la exhibición de la maqueta del monumento a los Fueros que proyectaba Chillida y que erigiría en la plaza homónima de Vitoria [hoy, Vitoria-Gasteiz]. En cambio, la Diputación Foral de Navarra no celebró ningún acto en recuerdo de una ley, la de 1876, que no había tenido ninguna aplicación en su territorio, pero la corporación se reunió en dos plenos. Uno de ellos sobre la reducción del número de diputados forales elegidos por la merindad de Estella, que prosperó en beneficio de la de Tudela por su mayor peso demográfico, y otro en el que fue derrotada una propuesta de tres de los siete diputados forales a favor de la democratización del sistema electoral navarro, que en cualquier caso debía ser idéntico al español, tal como establecía la ley de 1841. La diputación navarra apostaba así por su propia vía foral, reduciendo además el peso electoral de Estella, cuyo consistorio había estado presente en la cita unitaria vasca de Vergara[736].

En cambio, la RSBAP, que alentaba el otro planteamiento descentralizador regional, celebró en la víspera del 21 de julio una junta extraordinaria en el palacio de Insausti, en Azkoitia. Hubo discursos de Federico de Zavala y de Urquijo. Este último se reafirmó en el manifiesto del 12 de mayo, que fue leído por Mitxel Unzueta. Al acto asistieron destacados miembros de la RSBAP partidarios de una descentralización en clave unitaria vasca, como Juan Ignacio de Uría y Escudero, pero también los que propugnaban un desarrollo foral provincial, como Arambarri y el propio Araluce. Asimismo, por una amplia representación del mundo cultural, como los escultores Chillida y Basterretxea, y el director de Euskaltzaindia, el padre franciscano Luis Villasante Cortabitarte [Kortabitarte], superviviente del bombardeo de Guernica, y el también miembro de esta, el filólogo Luis Michelena [Koldo Mitxelena] Elissalt, antiguo *gudari* en la Guerra Civil. Estos dos últimos eran impulsores de la unificación del euskera, en una institución que había sido reconocida en el mes de febrero como Real Academia de la Lengua Vasca por un decreto sancionado por Juan Carlos I. Como dijo una crónica periodística, «una reunión variopinta, pero todos unidos por el mismo sentir foral». El acto acabó con el *Gernikako arbola,* cantado por todos los presentes puestos en pie. Araluce, miembro de la RSBAP, había publicado ese mismo día un artículo en la prensa, reclamando al gobierno «la responsabilización en el orden fiscal» de la provincia, en su enésima vindicación del Concierto Económico, sin negarse para ya entonces a una futura dimensión unitaria vasca: «Nuestra foralidad evidentemente tiende hacia un área más extensa: la Región. Sin embargo, esta precisa ser estructurada desde las propias provincias, previamente potenciadas»[737].

Las relaciones entre Urquijo y Araluce, siempre afables pese a las discrepancias, como muestra que el primero recurriera al segundo para informarse de las cruciales reuniones vividas en el Consejo del Reino, vivieron un nuevo episodio, cuando el director de la RSBAP se

736 ECHEVARRÍA PÉREZ-AGUA, Juan José: *op. cit.,* pp. 337-349. ANGULO, Gorka: *op. cit.,* pp. 193-198. ALONSO, Rogelio, DOMÍNGUEZ, Florencio y GARCÍA REY, Marcos: *op. cit.,* p. 239.

737 INCHAUSTI, Estrella: «La Real Sociedad Bascongada de Amigos del País celebró una junta general que pasará a la historia», *El Diario Vasco,* 21/07/1976, p. 8. ARALUCE, Juan María: «Los Fueros, hoy», *El Diario Vasco,* 21/07/1976, p. 24.

enfrentó a Unceta, el presidente de la diputación vizcaína que había sustituido al dimisionario Arístegui. Fue con motivo del quinto centenario de la jura de los fueros de Vizcaya por Fernando el Católico, a celebrar el 30 de julio en la Casa de Juntas de Guernica. La Diputación Provincial de Vizcaya había invitado a la RSBAP al acto, en el que Urquijo quiso dar un discurso. Unceta desconfió en seguida de ello, al temerse que tal parlamento fuera una ratificación de la dimensión regional descentralizadora del célebre manifiesto del 12 de mayo, por lo que se negó a dar la palabra al dirigente de la Bascongada. En la disputa, más allá de una cuestión de protagonismos, subyacía, como explicitó el periodista Portell, un «mar de fondo, muy lamentable por parte de todos», que incidía en los diferentes marcos *descentralizables* propuestos por la RSBAP y las diputaciones, considerando la prensa que la primera tenía una postura «mucho más ambiciosa». Finalmente, ante la negativa de Unceta al discurso de Urquijo, la RSBAP no acudió a la Casa de Juntas aquel 30 de julio, organizando su propio evento, aunque para el 23 de octubre, que ya no pudo ver Araluce, quien se había mantenido al margen de la disputa, consciente de que su compañero en la Bascongada no se pararía ante la negativa de Unceta. Tampoco el acto previsto por la diputación vizcaína despertó entusiasmo en Araluce, quien llegó tarde al evento, porque Unceta había diseñado un acto de reivindicación del papel de su antecesor y del entonces ministro García Hernández en la puesta en marcha de la descentralización, obviando la decisiva labor hecha por el presidente de la diputación guipuzcoana. El evento escenificó unas juntas generales vizcaínas redivivas, con la asistencia de los representantes municipales, en un claro mensaje al Movimiento de Alcaldes de que era allí, en la tradicional Casa de Juntas, donde se discutían los problemas de Vizcaya. En ese sentido, Araluce solo podía estar de acuerdo con la iniciativa de Unceta, quien además quiso darle una dimensión de reivindicación vascongada, invitándole a él y a Lejarreta, el presidente de la Diputación Foral de Álava, lo que tampoco podía disgustar al presidente de la Diputación Provincial de Guipúzcoa. Pero, lo que agradó menos a Araluce, fue el final del discurso de Unceta, el único que se pronunció aquel 30 de julio, en el que el presidente vizcaíno recordó las palabras de Arístegui cuando dio su célebre *golpe* en la mesa en la comisión descentralizadora, descalificando el trabajo de esta, la gran apuesta del presidente de la diputación guipuzcoana. Por lo demás, el acto revistió toda la solemnidad tradicional, iniciándose a las doce en punto del mediodía con el rezo del ángelus en euskera y concluyendo con el canto del *Gernikako arbola,* seguido de gritos de «¡Gora Euskalerria!» y «¡Gora Jaungoikoa ta Lege zarrak!» (¡Viva Dios y la Ley vieja!)[738].

Dos días antes, Araluce había viajado a Madrid para participar en una reunión de la Mesa de la Comisión descentralizadora. El cónclave fue presidido por Gómez Picazo, ya que Jordana seguía enfermo. La comisión llevaba dos meses sin ser convocada, lo que alimentaba las críticas sobre su inoperatividad, lo que indudablemente lastraba las posibilidades de la descentralización de dimensión provincial. A las expectativas, incumplidas, de reincorporación de su presidente, se sumó la crisis de gobierno producida con la dimisión de Arias, por lo que Gómez Picazo había celebrado reuniones y contactos, de cara a tomar una decisión para reactivar a la comisión, con el plazo vencido casi en dos meses para haber concluido su estudio. Ante ello, Gómez Picazo sondeó si debía solicitar al nuevo gobierno una prórroga. Al día siguiente, se reunió el pleno de la comisión, la séptima vez que lo hacía desde su inicio, en la que hubo vocales, como Serrats, que se manifestaron partidarios de la petición de prórroga, ligándola al hecho de que el Gobierno Suárez podía variar el marco territorial de estudio, atendiendo a las maniobras del ministro Oreja. Escudero aprovechó para insistir, convencido de que con «el cambio de Gobierno es posible también que se haga un cambio de perspectiva política», que permitiese el estudio de un estatuto de autonomía regional. Pero Gómez Picazo y el resto de la mesa, incluido Araluce, se negaron a ello, considerando que la petición formal de variación del marco territorial, de provincial a regional, «podría ser incluso mal interpretada», por lo que fue desestimada la pretensión de cambio. Hubo vocales que secundaron la opinión de la mesa, como Ramón Yruretagoyena Hernando, vocal por el Consejo de Empresarios de Guipúzcoa, quien recordó que el *BOE,* donde se había creado la comisión, «no nos habla nada de regionalismo, ni de pueblos ibéricos, etc., que se usan para propaganda. Yo pido a la Presidencia que se abstenga en esta Comisión de tratar estos asuntos». La comisión acordó continuar sus trabajos, pidiendo que durante el mes de agosto las diputaciones de Vizcaya y Guipúzcoa elaboraran en el marco de una ponencia especial una propuesta de refundación de sus planteamientos divergentes, especialmente en el

---

738 Nota de comunicación telefónica del Madrid Palace Hotel, AJPAL. ECHEVARRÍA PÉREZ-AGUA, Juan José: *op. cit.,* pp. 354-356.

marco de la financiación de las haciendas provinciales[739]. De nuevo, las diferencias en torno al Concierto Económico seguían lastrando al planteamiento descentralizador provincial.

Un día después, el Gobierno Suárez aprobó en Consejo de Ministros un decreto-ley de amnistía, aunque limitada a aquellos incursos en delitos relacionados con la pertenencia a partidos políticos, siempre y cuando no hubieran puesto en peligro la vida o integridad física de las personas. Tal medida, que sin duda era la constatación del cambio político que exigía la oposición al régimen para dar credibilidad a las declaraciones gubernamentales de reforma democrática, no tendría gran virtualidad en el País Vasco, donde casi la mitad de los presos políticos tenía delitos de sangre[740]. Para alcanzar a todos, incluidos los que matarían poco después a Araluce, hubo que esperar al 15 de octubre de 1977, mediante la aprobación de la ley de Amnistía[741].

De hecho, aquel *verano caliente* prosiguió con la misma tónica de protestas en las provincias vasco-navarras. El día 1 de agosto, los cuatro mil jóvenes reunidos en el festival musical de las Cuevas del Gorbea, en Álava, clamaron por la amnistía. El día 3, en Vitoria, familiares de presos enviaron un telegrama al rey exigiendo la ampliación del perdón. Un día después, las fiestas de la Virgen Blanca, de la capital alavesa, adquirieron un cariz reivindicativo proamnistía. El día 5, en las fiestas de Sestao, dos millares de personas reclamaron lo mismo. El día 9, Araluce intentó serenar el debate social, pronunciando a la diputación guipuzcoana a favor del perdón del decreto-ley gubernamental. Pero, ese mismo día, las comisiones proamnistía, constituidas en las cuatro provincias, consideraron insuficientes las medidas tomadas por el Gobierno Suárez y anunciaron que seguirían con su reclamación. El día 14, un centenar de personas se encerró en la iglesia de Santa María, de Gernika. Esa noche, un policía municipal de San Sebastián, Victorino Celaya López, sufrió lesiones

739 «Hoy, pleno de la comisión de régimen especial para Guipúzcoa y Vizcaya», *El Diario Vasco*, 29/07/1976, p. 1. «Acta de la sesión celebrada por la Comisión para estudio de la implantación de un régimen administrativo especial para las provincias de Vizcaya y Guipúzcoa, el día veintinueve de julio de mil novecientos setenta y seis» (Madrid), ACP, *FSGT*, Caja 2274, pp. 288-293.

740 SÁNCHEZ-CUENCA, Ignacio: *op. cit.*, pp. 171-173.

741 Ley 46/1977, de 15 de octubre, de Amnistía. *Boletín Oficial del Estado*, 17/10/1977, núm. 248, pp. 22765-22766.

cuando unos manifestantes se enfrentaron a los agentes en lo Viejo. Al día siguiente, en Gernika, una manifestación reclamó la amnistía y otra en San Sebastián pidió además la libertad de Pertur, cuando los responsables de su *desaparición* callaban, conscientes de que la opinión pública había abierto injustamente un nuevo frente contra el gobierno. El día 16, la Comisión Diocesana del Obispado de Bilbao planteó que la paz solo llegaría con la amnistía. Esa misma tarde, en Portugalete, en las fiestas de San Roque, varios miles de personas la exigieron. El 22, en las fiestas de Yurre [hoy, Igorre], se enarbolaron ikurriñas y se pidió igualmente la amnistía. Dos días después, lo mismo en Erandio. El 28, en San Salvador del Valle [hoy, Valle de Trápaga-Trapagaran] y en Pamplona. El 1 de septiembre, en Baquio [hoy, Bakio]. Al día siguiente en Plencia [hoy, Plentzia], en Lequeitio [hoy, Lekeitio], Ondarroa y Bermeo. El día 3 de septiembre, fue el Ayuntamiento de Placencia de las Armas quien pidió la amnistía total. El día 5, en San Sebastián, al finalizar las tandas eliminatorias de las regatas de la Concha, los manifestantes exigieron lo mismo y libertad para Pertur. Un día después, en Lekeitio se mascó la tragedia, cuando la Guardia Civil cargó contra cinco mil personas que se manifestaban en la fiesta de los gansos, el día central de los *sanantolines*. Hubo contusionados y detenidos, al ser quemadas dos banderas nacionales que presidían el balcón consistorial. La situación de enfrentamientos ya era crítica en aquellos primeros días de septiembre, con una mujer, María Aránzazu Cortabarría Maestre, herida en una pierna por disparo de bala en la manifestación donostiarra del día anterior, que, según la información facilitada por el Gobierno Civil, había participado en el apaleamiento de cuatro agentes de las FOP. Ese mismo día, un hermano de Pertur, Álvaro Moreno Bergareche, quien se había acercado junto a sus padres al sur de Francia, informaba a *El Diario Vasco* que Telesforo Monzón había negado, en nombre de miembros de ETA con los que había hablado, que hubiera habido ningún ajuste de cuentas personal entre Apala y el *desaparecido*. El día anterior, *La Voz de España* había señalado a Apalategui como responsable de la desaparición de Pertur, basándose en unas declaraciones de Argala al periodista Enrique San Martín. De hecho, los milis acusaban al jefe de los *bereziak* de ser el asesino de Pertur, encuadrando tal crimen en las rivalidades entre los *especiales y* la cúpula de los poli-milis, dirigida por Pertur, tras el asesinato de Berazadi. No en balde, Argala, el máximo dirigente de ETA militar, respaldaba la tesis del *desaparecido* de convertir a los poli-milis en un partido político, en la medida en que aquello convenía a los milis ya que los convertiría en la única ETA y les dejaría el monopolio armado. En aquellos días, en Saint-Palais [Donapaleu, en euskera], en el sur de Francia, ETA político-militar, reunida en su VII Asamblea, aprobaba la ponencia Otsabiaga de Pertur, en ausencia de este, escindiéndose los *bereziak* y más tarde confluyendo en ETA militar[742].

Pese a ello, las manifestaciones populares siguieron culpando al gobierno de la *desaparición* de Pertur. Gritos exigiendo su *liberación* se sucedieron en las fiestas de Fuenterrabía [hoy, Hondarribia], mientras se celebraba a su patrona, la Virgen de Guadalupe. El alarde tradicional discurrió sin incidentes, incluso cuando una gran ikurriña de al menos dos metros cuadrados ondeó sobre los participantes en la plaza de Armas, momentos antes de proceder a la descarga general. Las compañías forales desfilaron luego ante el ayuntamiento. Hasta 50.000 personas se habían concentrado en la localidad costera, disfrutando de las fiestas de una villa que había aportado a los alzados en la Guerra Civil cincuenta y cinco tripulantes del Baleares. A las nueve de la noche de aquel 8 de septiembre de 1976, varios centenares de personas se manifestaron en el barrio de la Marina, exigiendo la amnistía total y la aparición de Pertur. Tres cuartos de hora después se desplegaron las FOP por la calle San Pedro, conminando a los concentrados a disolverse, antes de lanzar botes de humo y pelotas de goma. La carga consiguiente llevó a diversos forcejeos, momento en el que un guardia civil usó munición real. Dos disparos acabaron con la vida de Jesús María Zabala Erasun, de veintidós *años,* vecino de Irún. Otra docena de personas resultaron contusionadas y una sufrió lesiones en un ojo a causa del impacto de una pelota de goma. El exjugador del Real Madrid y de la selección española de fútbol, Gabriel Alonso Aristiaguirre, miembro del equipo dirigente del *carlohuguino* PC, recibió asimismo varios golpes en la cara, mientras pedía a los agentes que no disparasen. A la mañana siguiente, se improvisó un homenaje

742 PORTELL, José María: *op. cit.*, pp. 118-123. «Quemaron dos banderas nacionales», *La Gaceta del Norte,* 08/09/1976, p. 6. «Incidentes en San Sebastián: una mujer y policía, heridos», *La Gaceta del Norte*, 07/09/1976, p. 7. «Álvaro Moreno, hermano de *Pertur,* niega que *Apala* esté involucrado en el secuestro o la muerte de su hermano», *El Diario Vasco,* 05/09/1976, p. 8. SAN MARTÍN, Enrique: «*Apala* no quiere saber de *Pertur*», *La Voz de España,* 04/09/1976, p. 1. SAN MARTÍN, Enrique: «Orden de busca y captura de *Apala*», *La Voz de España,* 05/09/1976, p. 8. SULLIVAN, John: *op. cit.*, pp. 204-205. FERNÁNDEZ SOLDEVILLA, Gaizka y LÓPEZ ROMO, Raúl: *op. cit.*, pp. 151-152.

en el lugar donde cayó Zabala, con ikurriñas, velas y la boina roja que llevaba, símbolo de las milicias del alarde; un túmulo que fue objeto de peregrinación en protesta por lo sucedido. Ese mismo día 9, el consistorio municipal presentaba su dimisión con la alcaldesa Mercedes Iridoy al frente, la misma que había acudido a despedir a Franco en el aeropuerto tres años antes. El gobernador Menéndez-Manjón, que estaba presente en los festejos de Hondarribia, había suspendido la cena de gala, que iba a compartir en la noche del día 8 con los concejales en el Parador Nacional de Turismo, sito en el castillo del emperador Carlos, y recibió a una comisión de vecinos. Pese a que dijo que autorizaría una concentración al día siguiente donde había muerto Zabala, llegado el momento se desdijo y los antidisturbios de la Policía Armada disolvieron a los concentrados, resultando más contusionados. Además, los agentes deshicieron el improvisado túmulo que en esos momentos estaba rodeado por varias personas que habían acudido a rezar y mostrar su solidaridad con el fallecido, entre ellas Eduardo Chillida. Durante todo aquel día 9, Hondarribia cerró todos sus negocios, así como la vecina Irún [hoy, Irun]. También pararon las factorías de Laminaciones de Lesaca, donde trabajaba como delineante Zabala, en esa localidad y en la de Bera, ambas en Navarra. En Pasaia, pararon los trabajadores de Astilleros Luzuriaga, manifestándose por la localidad y siendo disueltos por las FOP. Un obrero, José Murua Echave, resultó herido por bala en una pierna. Al día siguiente, en la iglesia de Santa María del Juncal, en Irun, se celebraron unos multitudinarios funerales, celebrados por el obispo Argaya y su auxiliar José María Setién Alberro. En la homilía, se señaló: «El ejercicio de la fuerza pública se rebaja, pierde su razón de ser, se convierte en violencia injusta, cuando al precio de un supuesto orden público y de alteraciones más o menos pasajeras de este, recurre precipitadamente al recurso extremo de matar». La diputación guipuzcoana hizo pública una nota en la que lamentaba las «penosas consecuencias» de lo sucedido y expresaba su «profunda preocupación por los hechos que con lamentable repetición vienen produciéndose»[743].

743 PORTELL, José María: *op. cit.*, pp. 124 y 126-127. BARRUSO BARÉS, Pedro: «Memoria e Historia de la Guerra Civil. Los lugares de memoria en San Sebastián», *Boletín de Estudios Históricos sobre San Sebastián,* 47 (2014), p. 455. CEBERIO, Jesús: «Dimite el Ayuntamiento de Fuenterrabía», *El País,* 10/09/1976, pp. 1 y 13. ZAVALA, José María de: *op. cit.*, p. 82. Nota de la Comisión de Gobierno de la Diputación Provincial de Guipúzcoa (San Sebastián, 09/1976), APJAL.

Los paros laborales en protesta se extendieron en los días siguientes, siendo generales en Guipúzcoa, alcanzando ya Vizcaya y con menos intensidad Álava y Navarra. En esta última, las protestas se centraron en Bera, Lesaca [hoy, Lesaka] y Estella. Los periódicos guipuzcoanos no pudieron salir a la calle el día 13 —el vespertino *Unidad*— y el 14 —los matutinos *La Voz de España* y *El Diario Vasco*—. El día 15, mientras las protestas descendieron en el resto, Vizcaya vivió una huelga general, que alcanzó también a los periódicos. El gobierno admitió que la protesta fue «generalizada», dando los servicios de la OSE la cifra de 80.000 obreros parados en esta última provincia. Ante la gravedad de los hechos, Martín Villa recibió en su despacho a Araluce, antes de que, al día siguiente, el ministro de la Gobernación informara en el Consejo de Ministros sobre la situación en Guipúzcoa y Vizcaya. Un día después, Martín Villa viajó a San Sebastián, acompañado de Rodríguez Román. El ministro desarrolló una amplia agenda, que se inició a las diez de mañana con una reunión con todos los procuradores provinciales, incluido Araluce, pero no el *carlohuguino* Zubiaga que declinó asistir, en donde se abordó la actuación de las FOP y la exhibición de la ikurriña. Sobre esta última, Escudero pidió no solo su consentimiento, sino también su autorización oficial. Dos horas después, hubo una reunión con los ochenta y un alcaldes, donde escuchó sus quejas y reclamaciones, también con el asunto de la legalización de la bandera bicrucífera. Después, Martín Villa se reunió con los representantes de la OSE, con los jueces y con el obispo auxiliar Setién. A las siete de la tarde, con la diputación, en el palacio de la Provincia. Araluce planteó al ministro la demanda del Concierto Económico, refiriéndose a los «errores políticos» y reclamando el restablecimiento de las instituciones forales. Martín Villa prometió que las corporaciones provinciales verían aumentado «su protagonismo, su autoridad, sus responsabilidades y sus recursos». La mayoría de los diputados provinciales pidió al ministro que autorizara el uso de la ikurriña «como elemento pacificador», entendida tal medida como permiso para su exhibición, pero no su reconocimiento como una enseña oficial[744].

744 PORTELL, José María: *op. cit.*, p. 131. «A nuestros lectores», *El Diario Vasco*, 15/09/1976, p. 1. «Ayer, unos 80.000 parados», *La Gaceta del Norte*, 16/09/1976, p. 7. «Mañana, Martín Villa en San Sebastián», *La Voz de España*, 16/09/1976, p. 1. «El Ministro de la Gobernación informó sobre los sucesos ocurridos en Vizcaya y Guipúzcoa», *La Gaceta del Norte*, 17/09/1976, p. 11. «Después del

Diecisiete alcaldes guipuzcoanos, entre los que se encontraban los del *Grupo de Bergara,* pero también la regidora de Hondarribia, Iridoy, y el de Azkoitia, Uría, se habían reunido en Madrid con Martín Villa el día 13, cinco días después de la muerte de Zabala. Allí, expusieron al ministro sus reivindicaciones: una investigación de lo sucedido en Fuenterrabía y la proporcionalidad de las actuaciones de las FOP, así como el respaldo de los agentes policiales a los alcaldes en los problemas de orden público. Además, pidieron la libre utilización de la ikurriña, la amnistía total, la cooficialidad del euskera y la derogación del decreto-ley de 1937 «en tanto se discuta un Estatuto de Autonomía». Los alcaldes se vieron ese mismo día también en Madrid con el ministro Oreja y con Rodríguez Román. Todo ello evidenciaba que el Gobierno Suárez había acabado con la tradicional interlocución única a través de la diputación y que el Movimiento de Alcaldes, tras la gestión de Oreja en agosto en La Cumbre, tenía hilo directo con el ministro de la Gobernación. El rol de Araluce en la dirección provincial, pues, se deterioraba pocos días antes de su muerte. La presencia de Uría también mostraba que el Gobierno Suárez otorgaba una interlocución especial a la RSBAP, el otro actor político que demandaba una descentralización regional. Martín Villa recibiría en su despacho a una delegación de la Bascongada en Madrid el 29 de septiembre[745].

Tras visitar San Sebastián, el ministro de la Gobernación viajó el 18 de septiembre a Bilbao. Allí repitió su intensa agenda, reuniéndose con los procuradores, entre ellos Fernández Palacios y el marqués de Arriluce. La mayoría de estos se mostraron contrarios al reconocimiento de la ikurriña, pero no a su legalización como un emblema partidista. En la reunión con los alcaldes, la oposición a la bicrucífera fue mayoritaria, pidiendo eso sí la derogación del decreto-ley de 1937. En el cónclave con la diputación, Martín Villa avanzó que la abolición de

viaje de Martín Villa», *El Diario Vasco,* 22/09/1976, p. 4. «Contactos del ministro de la Gobernación con diversos estamentos de Guipúzcoa», *El Diario Vasco,* 18/09/1976, p. 1. «Trece entrevistas mantuvo el ministro de la Gobernación», *La Voz de España,* 18/09/1976, p. 3. «La Diputación y el euskera», *El Diario Vasco,* 30/09/1976, p. 3.

745 «Comunicado de 17 alcaldes guipuzcoanos», *El Diario Vasco,* 19/09/1976, p. 8. «Ayuntamientos guipuzcoanos se entrevistaron con Oreja, Martín Villa y el director general de Seguridad», *La Voz de España,* 15/09/1976, p. 8. «Abordamos con sinceridad todos los problemas del País Vasco», *El Correo Español-El Pueblo Vasco,* 03/10/1976, p. 10.

tal norma sería considerada en breve en un Consejo de Ministros, tal como había pedido la comisión descentralizadora, de cuyos trabajos el ministro destacó su utilidad. Se trató del primer respaldo público de un miembro del Gobierno Suárez a la labor desarrollada por el organismo de estudio descentralizador, que, al haber sido dicho en la Diputación Provincial de Vizcaya, Araluce, el mentor de dicha comisión, no pudo escuchar de labios del ministro. Al día siguiente, domingo, Martín Villa presidió una reunión con los gobernadores de Vizcaya, Guipúzcoa y Álava, así como con el de Navarra, para unificar criterios sobre la reacción de las FOP ante las exhibiciones de la ikurriña. Por la tarde, se desplazó con Unceta a la Casa de Juntas, donde el ministro posó bajo el árbol de Guernica[746].

El lunes 20 de septiembre, Martín Villa puso fin a su gira en Vitoria, donde encontró el mayor rechazo a la bicrucífera. El procurador Marco Tabar sostuvo que su aprobación dependía de la legalización del PNV «puesto que es su bandera» y mantuvo que nunca había existido una bandera vasca. Por último, el ministro dio una rueda de prensa en la que calificó de «error» el decreto-ley de 1937, asumiendo el lenguaje que había utilizado Araluce tres días antes en San Sebastián y anunciando que «sería muy pronto derogado». Martín Villa fue preguntado por la descentralización regional, abogando el ministro por construir la región a través de las provincias, aprovechando lo hecho por la comisión descentralizadora, trabajo que ahora ya consideró «importante», cuando dos meses antes solo había expresado «su interés» por conocerlo en una conversación privada con Gómez Picazo, el presidente en funciones de la comisión por la enfermedad de Jordana. «En el caso del País Vasco es necesario partir de cada una de las provincias, con sus propias peculiaridades, proporcionándoles las instituciones con base a su propia trayectoria foral»[747], sostuvo el ministro, asumiendo

---

746 «El Ministro de la Gobernación, en Bilbao», *Hierro,* 18/09/1976, pp. 1 y 16. «El Ministro de la Gobernación, en Vizcaya», *El Diario Vasco,* 19/09/1976. p. 4. «La mayoría estima que la *ikurriña* no es más que la bandera del PNV», *El Correo Español-El Pueblo Vasco,* 19/09/1976, p. 13. «Intensa jornada del ministro de la Gobernación», *Hierro,* 20/09/1976, p. 4. «Discurso del Ministro en la Diputación», *El Correo Español-El Pueblo Vasco,* 19/09/1976, pp. 12-13. «El ministro de la Gobernación se reunió con los gobernadores de las provincias vascas y de Navarra», *El Diario Vasco,* 21/09/1976, p. 4.

747 «Buscar la distensión», *Norte expres,* 20/09/1976, p. 9. «El ministro de la Gobernación, en Vitoria», *El Diario Vasco,* 21/09/1976, p. 4. «Declaraciones del ministro de la Gobernación en Vitoria», *La Gaceta del Norte,* 21/09/1976, p. 6.

así el gobierno la foralidad de una manera plena y una construcción regional basada en las provincias. En ese sentido, calificó de «muy positivo» el futuro restablecimiento de las juntas generales en cada territorio. Araluce, cuando leyó las declaraciones de Martín Villa, no pudo dejar de sonreír. A fin de cuentas, todo su planteamiento foral y neoforal parecía que llegaba por fin a puerto. Además, el hecho de que la descentralización se iniciara en el marco provincial suponía también el triunfo de sus tesis, aunque el Gobierno Suárez incluyera un final de viaje regional, algo que el propio Araluce había ya asumido como un futurible y con el poder descentralizado previamente en los organismos forales provinciales, tal como había aprobado la sexta reunión plenaria de la comisión.

Con esos éxitos, Araluce se centró en la comisión descentralizadora, el único organismo que a esas alturas le daba satisfacciones políticas, ante el desencanto sufrido con la constitución del nuevo gobierno y ante los graves sucesos del *verano caliente*. Y a ello se aplicó en el último mes de su vida, consciente de que la restitución del Concierto Económico y la restauración de los organismos forales provinciales serviría no solo de bálsamo ante la crispada situación de orden público, sino que permitiría avanzar en su viejo sueño de recomponer el sentimiento proespañol. Sobre otras medidas, como las tendentes a contrarrestar las crecientes simpatías populares por la ikurriña, era mucho más escéptico, después de comprobar que era en Guipúzcoa, donde mayor aceptación recibía la idea de su libre exhibición, más que en la propia Vizcaya y que, por supuesto, en Álava. Así, había asistido al fracaso de erigir una bandera que se opusiese en el sentimiento identitario a la bicrucífera, como la campaña que habían desarrollado los medios de comunicación de la cadena del Movimiento en Guipúzcoa: el tradicionalista *La Voz de España* y el falangista *Unidad*. El 8 de agosto, el primer periódico había hecho pública su iniciativa, por la que invitaba a sus lectores a aportar ideas con un objetivo, «para que entre todos construyamos una bandera guipuzcoana, nuestra». Incluso, el rotativo planteaba que tal enseña pudiera terminar siendo «la de todo el País Vasco», sugiriendo sin disimulos que los colores rojo y blanco, los de la bandera tradicionalista

---

«Acta de la sesión celebrada por la Comisión ... el día veintinueve de julio de mil novecientos setenta y seis» (Madrid), ACP, *FSGT*, Caja 2274, pp. 285. «Primero hay que arreglar los problemas españoles; luego, los vascos», *Norte expres*, 21/09/1976, pp. 14 y 15.

de la cruz de Borgoña, fueran el punto de partida. La campaña contra la ikurriña ya estaba en marcha, cuando el periódico falangista se sumó, añadiendo que, con la iniciativa de una nueva enseña, pretendía «dar a Euzkadi una bandera creada por todos nosotros, por todos los guipuzcoanos», oponiéndola, sin citarla, a la ikurriña, en origen de los vizcaitarras. La operación tradicionalista se desarrolló a lo largo de lo que restaba del mes de agosto, abandonándose poco después por el fracaso con el que se saldó, evidenciando un deterioro del sentimiento identitario provincial que un año antes aún era preponderante entre los vascos, según había determinado la encuesta sociológica de la revista *Sistema*. Abundó en ello el enfoque confuso de oponer una bandera guipuzcoana a la que era entendida, con un criterio historicista, como exclusivamente vizcaína —la ikurriña—, y a la vez proponer que la nueva enseña terminara siendo la de todo el País Vasco, utilizando incluso, lo que fue el mayor despropósito por parte de *Unidad*, el término de Euzkadi, propio del nacionalismo, cuya bandera precisamente se pretendía combatir, en vez del de Euskalerria, grato al Tradicionalismo. En cualquier caso, de las escasas dieciocho cartas al director recibidas, publicadas en aquel mes por *La Voz de España*, tan solo dos —una de ellas avalada por unas meras iniciales— eran nítidamente contrarias a la ikurriña, prevaleciendo las que consideraban a la bicrucífera como la bandera de los vascos, ocho de ellas completamente favorables. La iniciativa se saldó, pues, con tal fiasco, que el director del periódico tradicionalista, Jesús María Zuloaga y Zuloaga, se vio obligado poco después, una vez asesinado Araluce, a huir de San Sebastián y refugiarse en Madrid, ante la amenaza de ETA militar, contraria a la labor propagandista de una bandera alternativa a la ikurriña. Antes de eso, la polémica sobre la ikurriña continuó en la prensa, publicando el periódico rival, *El Diario Vasco*, un texto en euskera, relacionando la ikurriña y el árbol de Guernica, considerándolos los símbolos que traerían de nuevo los fueros. Respecto a la bicrucífera, el artículo señalaba: «En un principio, fuiste creada para Vizcaya únicamente. Pero enseguida, fuiste para todos los amantes vascos». Radicalmente en contra y en el mismo periódico fuerista, el exdirigente carlista guipuzcoano y miembro de una reputada familia tradicionalista, Juan Antonio de Olazábal y Bordiú, sobrino del líder integrista muerto en Los Ángeles Custodios, consideraba a la bicrucífera una insignia partidista, que cobijó «desde su nacimiento, a grupos de vascongados que luchaban enconadamente contra otros grupos de vascongados», por lo que no creía que diera lugar «a pensar que en adelante va a ser la enseña de todos los vascos». Olazábal había mantenido una disputa epistolar, a través de la prensa, con el catedrático de Historia Contemporánea de la UCM, Vicente Palacio Atard, que sería miembro de la Real Academia de la Historia y de la RSBAP, quien se había mostrado a favor de la ikurriña, porque pese a ser de «invención reciente», no había «otra bandera vasca con mejores títulos», por lo que recomendaba al rey, de quien había sido profesor, que la reconociese oficialmente como la enseña regional vasca[748].

Araluce, que barruntaba que el segundo gobierno de la Monarquía de Juan Carlos daría pasos tendentes a ello, se centró, pues, en los trabajos de la comisión descentralizadora, esperanzado en que finalmente vieran la luz. Pero, el 27 de agosto, siete miembros de la comisión presentaron su dimisión, llevando de nuevo al organismo descentralizador a otra profunda crisis. Se trataba de los vocales Muñoa, Arambarri, Guzmán, Ramón Vizcaíno Ezquerda, presidente de la Cámara Oficial de Comercio de Guipúzcoa, y Luis Olarra Ugartemendía, presidente del Consejo de Empresarios de Vizcaya, así como los asesores Celaya y Navajas. Los motivos fueron explicitados por sus protagonistas en sendas cartas enviadas a Gómez Picazo, en su calidad de presidente en funciones de la comisión, y al ministro Martín Villa. En esta última, argumentaban que una vez aprobada por unanimidad la Ponencia de Gobernación, el traspaso competencial no debía negociarlo ni la propia comisión, ni las coetáneas diputaciones, sino que este debía ser obra de los nuevos órganos forales diseñados en la propia ponencia, respaldando de esa manera las tesis de Urquijo. Más allá de la desconfianza en las existentes diputaciones, lo que no podía dejar de contrariar a Araluce, en la otra misiva, la enviada a Gómez Picazo, los dimisionarios incidían en la relevancia del cambio de gobierno, al entender que el nuevo gabinete asumiría la democratización. Tal hecho, entendían, dejaría en evidencia la falta de representatividad democrática, en sus términos inorgánicos,

748 «Bandera para Guipúzcoa», *La Voz de España,* 08/08/1976, p. 1. «Buscamos bandera», *Unidad,* 09/08/1976, p. 1. ECHEVARRÍA PÉREZ-AGUA, Juan José: *op. cit.*, p. 363. «El director de *La Voz de España* ha abandonado San Sebastián», *El Correo Español-El Pueblo Vasco,* 16/10/1976, p. 24. OÑATIBIA, Yon: «Ikurriña'ri», *El Diario Vasco,* 26/09/1976, p. 9 del suplemento dominical. OLAZABAL, Juan Antonio: «En torno a la cuestión de la bandera vasca. Una iniciativa desafortunada», *El Diario Vasco,* 13/08/1976, p. 9. PALACIO ATARD, Vicente: «La cuestión de la bandera vasca", *Ya,* 06/08/1976, p. 6.

de la propia comisión de la que formaban parte, cuyas propuestas en el traspaso competencial «carecerán de todo poder de convicción», a diferencia de las de unas futuras juntas generales que reputaban ya serían democráticas, mediante la reforma del sistema electoral municipal. «Es evidente que toca a la Monarquía resolver el problema foral y debe hacerlo dialogando con las provincias a través de sus órganos representativos», añadían. «Esta tendencia de apertura y democratización se ha acentuado al constituirse el Gobierno que preside don Adolfo Suárez, que incluso anuncia celebrar elecciones generales antes del mes de junio de 1977», agregaban, acertando en sus previsiones. Los dimisionarios entendían que era el momento de «reconstruir las Juntas Generales, con fórmulas actualizadas y democráticas, crear la Diputación Foral y vigorizar nuestros municipios»[749].

La contrariedad de Araluce fue evidente, ya que eso suponía en la práctica retrasar la implementación descentralizadora, en la medida en que implicaba tener que esperar a unas elecciones municipales con criterios democráticos inorgánicos, algo que no estaba en las previsiones inmediatas gubernamentales que priorizaban los comicios legislativos en sus planes de reforma democrática. Todo ello suponía una demora para el presidente de la diputación que la situación de crispación social existente no aconsejaba. De hecho, desde mediados de aquel mes de agosto, Araluce había redoblado sus esfuerzos, reuniendo a los representantes guipuzcoanos de la comisión en sesiones de trabajo para tener todo ultimado a la vuelta del verano sin tener en cuenta el período vacacional, como había pedido la última reunión plenaria de la comisión. Las dimisiones fueron, además, muy mal recibidas en las diputaciones, que consideraron el argumentario de los renunciantes como «atentatorio contra la estructura y autoridad de estos organismos provinciales». Las corporaciones consideraban que de todo ello el beneficiario sería el PNV, que se reorganizaba por los municipios vascos. La Diputación Provincial de Vizcaya, a través de su secretario Javier Bilbao, confirmó: «Seguiremos trabajando» en la comisión. Y el propio presidente de la

749 Carta de Enrique Guzmán y Martínez, Ramón Vizcaíno Ezquerda, Luis Olarra Ugartemendía, Miguel Muñoa Carresson, Roque Arambarri y Epelde, Adrián Celaya Ibarra y Álvaro Navajas Laporte a Rodolfo Martín Villa (Bilbao, 27/08/1976), ACP, *FSGT*, Caja 2273, p. 302. Carta de Enrique Guzmán y Martínez, Ramón Vizcaíno Ezquerda, Luis Olarra Ugartemendía, Miguel Muñoa Carresson, Roque Arambarri y Epelde, Adrián Celaya Ibarra y Álvaro Navajas Laporte a Antonio Gómez Picazo, ACP, *FSGT*, Caja 2273, pp. 303-306.

diputación guipuzcoana declaró a la prensa que había un encargo del gobierno y que «debe completarse totalmente». «Hasta el final», añadió Araluce[750], sin dejar lugar a dudas.

Pero las dimisiones continuaron, cuando a los pocos días se sumó Fernández Palacios, quien había apoyado el acto de Vergara del Movimiento de Alcaldes. El 28 de agosto, hizo unas declaraciones, abogando porque la comisión pusiera fin a sus trabajos. El procurador, al que el nuevo gobierno había confirmado como director general de Consumidores, cargo al que había accedido al final del segundo Gobierno Arias, entendía que debían ser los órganos forales restituidos los que negociasen el techo competencial a descentralizar y no las diputaciones entonces existentes. «Entendemos que (...) cuando existan interlocutores válidos, serán ellos los que continúen la labor con el Gobierno democrático que tendremos dentro de un año, de cara a un régimen foral actualizado», dijo Fernández Palacios, a quien su cargo le confería un mayor conocimiento de los planes descentralizadores gubernamentales. El procurador comunicó a Gómez Picazo su renuncia mediante una carta que fue reproducida por diversos medios el 11 de septiembre y en la que mostraba su acuerdo con los otros siete dimisionarios. El procurador planteaba «dejar en período provisional los trabajos de la Comisión hasta que se alcance el período democrático», lo que evidentemente retrasaría la descentralización. Y añadía otra petición: la autorización de la ikurriña, «asimilada por la inmensa mayoría de los vascos»[751].

Pese a los desvelos de Araluce, la comisión atravesaba, pues, por sus peores momentos: a la enfermedad de jordana y a la extralimitación del plazo otorgado, se unía ahora la dimisión en cadena de ocho de sus cuarenta y cuatro miembros, cerca de un quinto de sus integrantes. La incertidumbre sobre el futuro del organismo era manifiesta, porque hasta ese momento ningún miembro del gobierno había respaldado públicamente los trabajos hechos por la comisión, lo que, no obstante,

750 «Diputación», *El Diario Vasco,* 12/08/1976, p. 2. BARBERO, David: «Polémica sobre el régimen especial para Vizcaya y Guipúzcoa», *Informaciones,* 06/09/1976, p. 7. «Los presidentes de las diputaciones de Vizcaya y Guipúzcoa piensan continuar con el trabajo», *La Gaceta del Norte,* 04/09/1976, p. 8.

751 GANDARIASBEITIA, M. J.: «Martín Fernández Palacios», *La Gaceta del Norte,* 29/08/1976, p. 7. «Vizcaya: también el procurador en Cortes Fernández Palacios renuncia a la Comisión del Régimen Administrativo Especial», *La Gaceta del Norte,* 11/09/1976, p. 7.

haría Martín Villa pocos días después en el curso de su visita a las provincias vascas. Hasta tal punto, el futuro del organismo descentralizador era sombrío, que desde el periódico tradicionalista *La Voz de España* se reconocía que «esto de los regímenes especiales está en *punto muerto*». Y ese fue el momento, en que el abogado Elías Ruiz Ceberio sentenció en *Garaia* que la comisión descentralizadora había muerto, criticando, sin nombrarlo, a Araluce: «Uno de sus miembros más conspicuos se ha empeñado en prolongarle la existencia como si fuera viable, como si eso no atentara contra las leyes de la naturaleza». Para el letrado, «la cacareada Comisión de Régimen Especial —¡y tan especial!— para Gipuzkoa y Bizkaia hace agua. ¿Solo agua? Quizá huele ya, incluso. Sí, porque ha muerto»[752].

Ruiz Ceberio, colaborador del órgano de expresión de ESB, había sido abogado de Teo Uriarte en el Proceso de Burgos, destacándose desde mucho antes por formar parte del grupo de letrados donostiarras, junto a Bandrés y Recalde, que habían denunciado la violación de los derechos humanos de los detenidos por motivación política a manos de la brigada político-social. En diciembre de 1968, bajo el estado de excepción, había sido detenido y desterrado cerca de tres meses a Fuente Obejuna, en Córdoba. Dos años antes, se había atrevido a querellarse contra el entonces gobernador, Valencia Remón, a quien acusaba de detenciones ilegales y de permitir a las fuerzas policiales, bajo las órdenes de Manzanas, transgredir el plazo de setenta y dos horas de detención. El abogado, de ideología nacionalista, participó en la tribuna que *El Diario Vasco* publicó en los meses de agosto y septiembre sobre la reintegración foral, como había hecho el asesor dimisionario Navajas. Para Ruiz Ceberio, las «leyes forales actualizadas y [la] autonomía son los términos equivalentes de un mismo binomio. Sin autonomía no puede haber actualización foral, y es que esta conduce a ella». «No es por casualidad por lo que durante la República, al discutirse la cuestión foral (adaptación también de los viejos fueros a la situación entonces vigente) se desembarcó en los Estatutos. Para mí los Estatutos de Autonomía son el equivalente en la actualidad de lo que fueron los Fueros en siglos pasados», escribió, dejando claro su decidido apoyo a una descentralización de dimensión unitaria vasca. Ruiz

752 «Tercera composición de la comisión» (Madrid, 29/04/76), ACP, *FSGT*, Caja 2274, pp. 1-4. ZULOAGA Y ZULOAGA, Jesús María: «En punto muerto», *La Voz de España*, 04/09/1976, p. 1. RUIZ CEBERIO, Elías: «Réquiem por una Comisión…».

Ceberio no podía expresar una tesis más antitética que la defendida por Araluce: «La conciencia nacional vasca (...) no cabe ya en los viejos fueros. Necesita un traje más amplio y que se adapte a su mayor corpulencia: un Estatuto de Autonomía»[753]. El letrado partía, pues, de la creencia en la existencia de un mayoritario sentimiento identitario vasco, coincidiendo con las opiniones de Urquijo, Celaya, Navajas y Cillán Apalategui, y disintiendo de los resultados del trabajo de Tezanos y de los otros sociólogos de la revista *Sistema*.

Similar planteamiento unitario vasco defendió días después en la misma tribuna Elkoro, el líder del Movimiento de Alcaldes, quien consideraba el *Estatuto de Estella* «un paso importante hacia una actualización de las Instituciones forales, pero al mismo tiempo un avance tendente a la unión de las provincias hermanas que por vicisitudes históricas no habían tenido un nexo jurídico de unión». Y también, el futuro senador del PNV, Federico de Zavala, el hermano del amigo de Araluce, que entendía que el pueblo vasco, que tenía «derecho a autogobernarse» desde la época foral, se había dado la autonomía en la Segunda República y que ahora serían los órganos forales restituidos democráticamente los que «deberán negociar las relaciones (...) con el Estado»[754], contraviniendo frontalmente el programa del presidente de la diputación guipuzcoana.

Los adalides del planteamiento rival de Araluce apretaban, pues, en el momento en el que la comisión hacía frente a su peor crisis con la dimisión de ocho de sus miembros. Unas renuncias que fueron interpretadas también en relación con la amenaza que ejercían las dos ramas de ETA. El 25 de septiembre, en un lugar cercano a la localidad francesa de Ciboure [conocida en euskera como Ziburu], donde fueron trasladados los periodistas con los ojos tapados, ETA VII Asamblea ofreció una rueda de prensa en la que informaron de las decisiones adoptadas en su cónclave de Donapaleu, que en síntesis suponían su apuesta por la creación de un partido político, a la vez que continuaba con la lucha armada.

---

753 BUCES CABELLO, Javier: «La represión franquista durante el estado de excepción», en AGIRRE-MAULEON, Juantxo y BUCES CABELLO, Javier (coords.): *Gipuzkoa en estado de excepción,* San Sebastián, Sociedad de Ciencias Aranzadi, 2018, p. 45. http://www.aranzadi.eus/fileadmin/docs/1968Gipuzkoa.pdf
RUIZ CEBERIO, Elías: «La reintegración foral, vista desde 1976», *El Diario Vasco,* 28/08/1976, p. 9.

754 ELCORO, José Luis: «La reintegración foral, vista desde 1976», *El Diario Vasco,* 07/09/1976, p. 9. ZAVALA, Federico de: «La reintegración foral, vista desde 1976», *El Diario Vasco,* 09/09/1976, p. 9.

Tres poli-milis, enfundados sus rostros en sendas capuchas, recordaron que «ETA se define como organización independentista (...) que propugna la instauración de un Estado vasco reunificado»[755]. Es decir, proclamaban que seguirían con su actividad terrorista contra todos aquellos que insistieran en una descentralización que no se ajustara a una clave soberanista unitaria vasca.

Ante esas amenazas, la prevención ante las actuaciones etarras continuaba muy presente entre todos aquellos que disentían de sus planteamientos descentralizadores. También, la actitud de algunos de no dejarse amilanar, como Araluce. Así se deduce de una conversación telefónica entre este y el vocal de la comisión Yruretagoyena, mantenida cuatro días después, el miércoles 29. El empresario guipuzcoano había recibido una carta del responsable de la CCB, Guzmán, uno de los vocales dimisionarios. En la charla mantenida con Araluce, Yruretagoyena achacó las renuncias, al temor a ser víctimas de un atentado etarra si continuaban con su labor en el organismo descentralizador, expresando al presidente de la diputación su sensación: «Pues esto a mí me da la impresión de miedo». A lo que Araluce contestó:

> Pues mira a mí no me da miedo ya nada, ni aunque me maten. Antes de que me maten, mientras me maten y después de que me maten. Yo continuo con esto. Mañana mismo salgo a ver al Presidente y esto sigue adelante[756].

Y así fue. El jueves 30 de septiembre, Araluce viajó a Madrid para entrevistarse con Jordana, ya restablecido y reincorporado a su despacho, cerrando una nueva reunión plenaria del organismo descentralizador, en la que se discutiría la ponencia de coordinación, cuyo contenido se había nutrido de los trabajos elaborados durante el mes de agosto por cada diputación y a los que el presidente de la guipuzcoana había dedicado tanta atención durante aquel verano, convocando reuniones incluso durante la Semana Grande donostiarra. Ese mismo día, Martín Villa recibió en el Ministerio de la Gobernación a los miembros de la Mesa, con el objeto de respaldar plenamente a la comisión y diseñar

---

755 «ETA crea un partido político sin abandonar la lucha armada», *El Diario Vasco*, 26/09/1976, p. 3. «ETA continuará la lucha armada», *La Voz de España*, 26/09/1976, pp. 1 y 5.

756 «Acta n.º 10 de la sesión plenaria celebrada por la Comisión...» (Madrid, 17/11/1976), ACP, *FSGT*, Expediente 2454/5, pp. 234-235.

la culminación de sus trabajos. Estuvieron presentes Jordana, Araluce, Unceta, Gómez Picazo y D'Anjou. En el curso de la reunión, los miembros del organismo de estudio descentralizador recordaron el acuerdo del 8 de marzo, a favor de la derogación del decreto-ley de 1937, confirmándoles Martín Villa que un próximo Consejo de Ministros suprimiría la norma. Los integrantes de la Mesa informaron al ministro que el pleno de la comisión se volvería a reunir el día 6 de octubre y urgieron a Martín Villa para que una vez culminado el trabajo se implementasen las autonomías provinciales sin mayor dilación, no haciendo caso de lo planteado por el Movimiento de Alcaldes, ni por los vocales y asesores dimisionarios. Ese mismo día 30, D'Anjou, el secretario de la comisión, convocó a los vocales del organismo descentralizador para el día 6, a las diez y media de la mañana en la sede del IEAL de Madrid[757]; una reunión que, no obstante, no se celebraría en la fecha prevista, cancelándose por fuerza mayor, porque para entonces no todos sus miembros pudieron acudir.

El lunes 27 de septiembre, Juan, el hijo varón mayor de Juan Mari y Maité, había cumplido veinticuatro años, la misma edad que tenía su padre cuando era alférez del Ejército de Aviación una vez acabada la Guerra Civil. En la familia decidieron celebrar todos juntos el aniversario de Juan el fin de semana anterior. Pero la hija mayor, María del Mar, se encontraba en un retiro espiritual del Opus Dei, del que era numeraria, en Riaza. Araluce le pidió a Juan que fuera a recogerla en coche, acompañándole su madre y su hermano Ignacio. Llegaron a la localidad segoviana el sábado 25 y, tras dormir allí, a la mañana siguiente partieron los cuatro juntos en dirección a Burgos, a donde el resto de la familia llegaría desde San Sebastián. Habían quedado en Casa Ojeda, un conocido restaurante burgalés. Fue la última vez que los once miembros de la familia Araluce Letamendía estuvieron juntos. Comieron y celebraron el cumpleaños en familia, y después se separaron. Araluce y sus otros seis hijos regresaron a San Sebastián. A la mañana siguiente, Juan, Ignacio y Maité, llevaron en coche a María del Mar a Oviedo, donde a partir de entonces iba a vivir en una residencia de la Obra. Una vez llegados, la dejaron en la capital asturiana y se dirigieron por la carretera de la costa hacia San Sebastián, la misma

757 «Reunión de la Comisión que estudia el régimen especial para Guipúzcoa y Vizcaya», *El Diario Vasco,* 01/10/1976, p. 1. Saluda de Juan D'Anjou González a Miguel Ángel Pérez de la Canal (Madrid, 30/09/1976), ACP, *FSGT,* Caja 2274, p. 282.

por la que regresó Araluce treinta y nueve años antes de la campaña de Asturias junto a sus compañeros del Tercio de Begoña. A la altura de Castro-Urdiales, estuvieron parados un buen rato por unas barricadas de unos manifestantes que protestaban en el primer aniversario de los fusilamientos de Txiki, Otaegui, Sánchez-Bravo, Baena y García Sanz. Una vez que las FOP despejaron la carretera, pudieron reemprender el camino, arribando a San Sebastián.

En aquella semana final de septiembre, cada uno de los miembros de la familia reemprendieron sus obligaciones habituales. Araluce fue a su despacho, rompiéndosele una figurilla de un ángel custodio que allí tenía, lo que, para un hombre religioso como era, podía tener un significado poco halagüeño. El martes 28, presidió un pleno de la corporación provincial, en el que se discutieron medidas para favorecer el aprendizaje del euskera entre el profesorado de la EGB y la adjudicación de un tramo de la nueva carretera que uniría San Sebastián con el Hospital Provincial y la Residencia de Nuestra Señora de Aránzazu. La promoción de la lengua vasca había sido una constante de su mandato, al igual que su anhelada ciudad sanitaria, así como mejorar sus accesos para las urgencias, algo que llegaría demasiado tarde para él. El jueves 30 viajó a Madrid para desbloquear la comisión descentralizadora, su última pretensión como gobernante, con la que confiaba poner fin a su carrera política y volver a su profesión de notario. Así pasaron los últimos días de aquel estío prorrogado en el inicio del otoño, de aquel persistente *verano caliente*, llegando el fin de semana y todos, salvo María del Mar, volvieron a reunirse en el domicilio familiar. El domingo 3 de octubre, por la mañana, Araluce asistió a un homenaje a un centenar de ancianos en Orio, acompañado por Juan María Álvarez Emparanza, mientras que, a la tarde, sus hijos, Juan e Ignacio, salieron con unos amigos, regresando a casa a las doce de la noche. Los chavales no se durmieron hasta tarde, hablando del día pasado en una conversación típica de unos jóvenes, en la que las chicas ocupaban un lugar destacado. A la mañana siguiente, Maité despidió a Juan Mari antes de que este se reincorporase a su despacho en la diputación, donde tenía como asunto más relevante una entrevista con el periodista Fernando Pescador en la que poder vindicar su papel en la descentralización territorial cuya implementación ya acariciaba. Mientras, Juan acompañó a su madre a misa, donde acudía a diario. Regresaron a casa poco antes de las dos del mediodía. Se sentaron en la mesa y empezaron a comer, sin esperar a Juan Mari, que siempre llegaba tarde, cuando un ruido estremecedor inundó el comedor de la casa, a través de las ventanas abiertas por las que se colaba el viento sur.

Maité Letamendía diría a *Informe Semanal* de TVE:

> Estamos muy contentos de que lo tenemos, a Juan Mari, en el cielo y nos está ayudando desde allá (...). Les perdono a todos los que le han matado y queremos que se termine el odio (...). Estamos rezando mucho por todos ellos y les perdonamos de todo corazón[758].

---

758 *Juan Araluce Letamendía,* 29/11/2020, Madrid, entrevista realizada por Juan José ECHEVARRÍA. Orden del día del Pleno de la Diputación Provincial de Guipúzcoa del 28 de septiembre de 1976 (San Sebastián), APJAL. «Se celebró el 47 Homenaje Guipuzcoano a la Vejez», *Unidad,* 04/10/1976, p. 4. ÁLVAREZ EMPARANZA, Juan María: «Juan María de Araluce...». BASILIO, Javier: «Informe semanal...».

Bibliografía

AGIRREAZKUENAGA, Joseba: «El descubrimiento de la nación política vasca por W. von Humboldt en 1801», *Revista Internacional de los Estudios Vascos,* 41, 2 (1996), pp. 465-476.

AIZPURU, Mikel: «Nacionalismo vasco, separatismo y regionalismo en el Consejo Nacional del Movimiento», *Revista de Estudios Políticos,* 164 (abril-junio de 2014), pp. 87-113.

AIZPURU, Mikel: *El otoño de 1936 en Guipúzcoa. Los fusilamientos de Hernani*, Irun (Gipuzkoa), Alberdania, 2007.

ALONSO CARABALLÉS, Jesús: *Memorias de piedra y de acero. Los monumentos a las víctimas de la Guerra Civil y del franquismo en Euskadi (1936-2017),* Gernika (Bizkaia), Fundación Museo de la Paz de Gernika, 2017.

ALONSO OLEA, Eduardo José: «Del yachting a la vela, de los caballitos a la piscina. La sociabilidad de las élites y sus espacios: Club Marítimo del Abra-Real Sporting Club», *Vasconia,* 33 (2003), pp. 159-190.

ALONSO OLEA, Eduardo José. «El largo camino para la recuperación del concierto económico de Vizcaya y Guipúzcoa, 1968-1981» en TUSELL, Javier et al. (coords.): *Historia de la transición y consolidación democrática en España (1975-1986), Madrid, 30 de noviembre, 1 y 2 de diciembre de 1995,* volumen I, Madrid, UNED/UAM, 1995, pp. 377-406.

ALONSO, Rogelio, DOMÍNGUEZ, Florencio y GARCÍA REY, Marcos: *Vidas rotas. Historia de la vida de hombres, mujeres y niños víctimas de ETA,* Madrid, Espasa, 2010.

ÁLVAREZ-GENDÍN Y BLANCO, Sabino: «El nuevo Régimen municipal de Barcelona», *Revista de Estudios de la Vida Local,* 112 (1960), pp. 487-513.

ALLÍ ARANGUREN, Juan Cruz: *La autonomía de Navarra. Historia, identidad y autogobierno,* Tesis doctoral, Pamplona, Universidad Pública de Navarra, 2016.

ANGULO, Gorka: *La persecución de ETA a la derecha vasca,* Córdoba, Almuzara, 2018.

ANÓNIMO: *Informe Montejurra 76,* Bayonne, Imprimerie Gayaumet, 1977 y 1996.

ANSON, Luis María: *Don Juan,* Barcelona, Plaza & Janés, 1994.
ARANA GOIRI, Sabino: *Obras Completas,* San Sebastián, Sendoa, 1980.
ARANGUREN, Jimeno: «Derecho civil navarro y Codificación general española», *Anuario de Historia del Derecho Español,* 82 (2012), pp. 267-311.
ARANZADI, Juan, JUARISTI, Jon y UNZUETA, Patxo: *Auto de terminación,* Madrid, Aguilar, 1994.
ARBELOA, Víctor Manuel: *Navarra ante los Estatutos. Introducción documental (1916-1932),* Pamplona, Elsa, 1978.
ARDANZA, José Antonio: *Pasión por Euskadi: Memorias,* Barcelona, Destino, 2011.
ARÓSTEGUI, Julio: *Combatientes requetés en la Guerra Civil española (1936-1939),* Madrid, La Esfera de los Libros, 2013.
ARÓSTEGUI, Julio, CANAL, Jordi y GONZÁLEZ CALLEJA, Eduardo: *El carlismo y las guerras carlistas. Hechos, hombres e ideas,* Madrid, La Esfera de los Libros, 2003.
ARRATE, Juan: «La iglesia y convento de Neguri (Vizcaya). Origen y primer desarrollo (1910-1932)», *Archivo Agustiniano,* 198 (1996), pp. 197-228.
ARRIETA ALBERDI, Leyre y BARANDIARAN CONTRERAS, Miren: *Diputación y modernización: Gipuzkoa 1940-1975,* Donostia-San Sebastián, Diputación Foral de Gipuzkoa, 2003.
AUPÍ, Vicente: *El General Invierno y la Batalla de Teruel. El impacto de los crudos temporales de frío y nieve de 1937-38 en el episodio central de la Guerra Civil Española,* Teruel, Dobleuve Comunicación, 2015.
AVILÉS FARRÉ, Juan: «La resaca del 68. El inicio de los años de plomo en Europa», en FERNÁNDEZ SOLDEVILLA, Gaizka y DOMÍNGUEZ IRIBARREN, Florencio (coords.): *Pardines. Cuando ETA empezó a matar,* Madrid, Tecnos, 2018, pp. 21-37.
AVILÉS FARRÉ, Juan: «Los socialistas y la insurrección de octubre de 1934», *Espacio, Tiempo y Forma,* 20 (2008), pp. 129-157.
AVILÉS FARRÉ, Juan: «El terrorismo en la España democrática», en TUSELL, Javier (coords.): *La transición a la democracia y el reinado de Juan Carlos I,* Madrid, Espasa Calpe, 2003, pp. 631-655.
AYCART ORBEGOZO, José María: «Visión histórica y actual del derecho consuetudinario guipuzcoano», *Azpilicueta,* 13 (1998), pp. 35-44.
AYUSO SÁNCHEZ, Luis: «Emergencia y configuración del asociacionismo familiar en España», *Revista Internacional de Sociología,* 67, 1 (enero-abril de 2009), pp. 107-133.
AZAOLA, José Miguel de: *El país vasco,* Madrid, Instituto de Estudios Económicos, 1988.
AZCONA PASTOR, José Manuel: *Los desastres de la Guerra Civil Española. La represión en Bilbao (julio de 1936-junio de 1937). Sobre el testimonio inédito «Los crímenes del Quilates. Recuerdos de mi cautiverio» de don José María Vicario Calvo,* Madrid, Dykinson, 2007.

AZCONA PASTOR, José Manuel y LEZAMIZ LUGAREZARESTI, Julen: «Bilbao, 18 de julio de 1936», *Sancho el Sabio. Revista de cultura e investigación vasca,* 36 (2013), pp. 95-116.

AZCONA PASTOR, José Manuel y LEZAMIZ LUGAREZARESTI, Julen: «Los asaltos a las cárceles de Bilbao el día 4 de enero de 1937», *Investigaciones históricas,* 32 (2012), pp. 217-236.

AZURMENDI, Mikel: *Y se limpie aquella tierra. Limpieza étnica y de sangre en el País Vasco (siglos XVI-XVIII),* Madrid, Taurus, 2000.

BALPARDA, Gregorio: «El Bizcaitarrismo», *Nuestro Tiempo,* 123 (mayo de 1909), pp. 294-323.

BALLESTERO, Alfonso: *José María de Oriol y Urquijo,* Madrid, LID, 2014.

ECHAVE-SUSTAETA, Eustaquio: *El Partido Carlista y los Fueros,* Pamplona, Imprenta de *El Pensamiento Navarro,* 1914.

BARAIBAR ETXEBERRIA, Álvaro: «La LORAFNA en el contexto ideológico de la transición», *Hermes,* 25 (2008), pp. 62-65.

BARRERA, Carlos: «El Opus Dei y la prensa en el tardofranquismo», *Historia y Política,* 28 (julio-diciembre de 2012), pp. 139-165.

BARRUSO BARÉS, Pedro: «Memoria e Historia de la Guerra Civil. Los lugares de memoria en San Sebastián», *Boletín de Estudios Históricos sobre San Sebastián,* 47 (2014), pp. 411-510.

BARRUSO BARÉS, Pedro: «La represión en las zonas republicana y franquista del País Vasco durante la Guerra Civil», *Historia Contemporánea,* 35 (2007), pp. 653-681.

BARRUSO BARÉS, Pedro: «De los tribunales populares a las comisiones depuradoras. Violencia y represión en Guipúzcoa durante la Guerra Civil y el primer franquismo (1936-1945)», *Pasado y Memoria. Revista de Historia Contemporánea,* 4 (2005), pp. 49-64.

BARRUSO BARÉS, Pedro: «El difícil regreso. La política del Nuevo Estado ante el exilio guipuzcoano en Francia (1936-1939)», *Sancho el Sabio. Revista de cultura e investigación vasca,* 11 (1999), pp. 101-140.

BARRUSO BARÉS, Pedro: «1936: Violencia espontánea, popular y revolucionaria», *Vasconia,* 26 (1998), pp. 259-268.

BARRUSO BARÉS, Pedro: *Verano y revolución. La Guerra Civil en Gipuzkoa (julio-septiembre de 1936),* Donostia-San Sebastián, Haranburu, 1996.

BEASCOECHEA GANGOITI, José María: «Veraneo y urbanización en la costa cantábrica durante el siglo XIX: las playas del Abra de Bilbao», *Historia Contemporánea,* 25 (2002), pp. 181-202. BEASCOECHEA GANGOITI, José María: «La ciudad segregada de principios del siglo XX. Un suburbio burgués de Bilbao», *Historia Contemporánea,* 24 (2002), pp. 245-280.

BERNECKER, Walther L.: «Gernika y Alemania: debates historiográficos», *Historia Contemporánea,* 35 (2007), pp. 507-527.

BERRIOCHOA AZCÁRATE, Pedro: «Franquistas guipuzcoanos tempranos», *Cuadernos de Alzate,* 50-51 (2018), pp. 219-241.

BOQUERA OLIVER, José María: «La Provincia, cauce de representación política», *Revista de Estudios de la Vida Local,* 156 (1967), pp. 801-820.

BUCES CABELLO, Javier: *Tolosa 1945-1975. Giza eskubideen urraketak eta errepresioa diktadorea hil artean. Violaciones de derechos humanos y represión hasta la muerte del dictador,* Donostia-San Sebastián, Sociedad de Ciencias Aranzadi, 2018.

BUCES CABELLO, Javier: «La represión franquista durante el estado de excepción», en AGIRRE-MAULEON, Juantxo y BUCES CABELLO, Javier (coords.): *Gipuzkoa en estado de excepción,* San Sebastián, Sociedad de Ciencias Aranzadi, 2018.

BURGO, Jaime Ignacio: *La epopeya de la Foralidad vasca y navarra. Principio y fin de la cuestión foral (1812-1978),* Bilbao, Fundación Popular de Estudios Vascos, 2015.

BURGO, Jaime Ignacio del: «José Alonso y la Ley Paccionada de 1841», en *Ley Paccionada de Navarra de 1841. Homenaje al ministro d. José Alonso Ruiz,* Madrid, Ministerio de Justicia, 2004, pp. 11-54. BURGO, Jaime Ignacio del: *El pacto foral de Navarra,* Pamplona, Gómez, 1966.

CAMPO, Salustiano del, NAVARRO, Manuel y TEZANOS, José Félix: «Los españoles ante la cuestión regional», *Sistema. Revista de Ciencias Sociales,* 13 (abril de 1976), pp. 99-128.

CANAL, Jordi: *Banderas blancas, boinas rojas. Una historia política del carlismo, 1876-1939,* Madrid, Marcial Pons, 2006.

CANAL, Jordi: *El carlismo. Dos siglos de contrarrevolución en España,* Madrid, Alianza, 2000.

CANO MEDINA, Luis: *La devoción al Sagrado Corazón y a Cristo Rey en España y su recepción por los metropolitanos españoles (1923-1931),* Tesis doctoral, Roma, Pontificia Universitas Sanctae Crucis, 2007.

CANO MEDINA, Luis: «Acerca de Cristo Rey», en AURELL I CARDONA, Jaume y PÉREZ LÓPEZ, Pablo: *Católicos entre dos guerras: la historia religiosa de España en los años 20 y 30,* Madrid, Biblioteca Nueva, 2006, pp. 173-204.

CAJAL VALERO, Arturo: «El fuerismo liberal, el carlismo y la sociedad vasca del siglo XIX, en la correspondencia del Archivo de la Casa de Zavala», en ZAVALA, Luis M.ª de (ed.): *Política y vida cotidiana. La sociedad vasca del siglo XIX en la correspondencia del archivo de la Casa de Zavala,* volumen I, Basauri (Vizcaya), Grafo, 2008, pp. 19-28.

CARDONA, Gabriel: «Las operaciones militares en el País Vasco: Escuela de la Luftwaffe», *Historia Contemporánea,* 35 (2007), pp. 411-425.

CASALS MESEGUER, Xavier: «La renovación de la ultraderecha española: una historia generacional (1966-2008)», *Historia y Política,* 22 (julio-diciembre de 2009), pp. 233-258.

CASANELLAS, Pau: «Evitar *caballos de Troya.* Las estructuras provinciales de poder del franquismo ante el resurgimiento del nacionalismo subestatal en Cataluña y el País Vasco (1960-1975)», *Ayer,* 123 (2021), pp. 135-161.

CASPISTEGUI, Francisco Javier: *El naufragio de las ortodoxias. El carlismo, 1962-1977,* Pamplona, EUNSA, 1977.
CASQUETE, Jesús. «Eusko Gudariak», en PABLO CONTRERAS, Santiago de (coord.): *100 símbolos vascos. Identidad, cultura, nacionalismo,* Madrid, Tecnos, 2016, pp. 126-127.
CASTELLS ARTECHE, Luis: «El nuevo marco administrativo y la autonomía (1876-1923)», en CASTELLS ARTECHE, Luis y CAJAL VALERO, Arturo, *La autonomía vasca en la España contemporánea (1808-2008),* Madrid, Marcial Pons, 2009, pp. 107-134.
CASTELLS ARTECHE, Luis: «Los Zavala o la suerte de los *jauntxos* (1865-1923)», en Zavala, Luis M.ª de (ed.): *Política y vida cotidiana. La sociedad vasca del siglo XIX en la correspondencia del archivo de la Casa de Zavala,* volumen II, Basauri (Vizcaya), Grafo, 2008, pp. 18-41.
CERDÁ GIMENO, José: «El Instituto Español de Derecho Foral», *Revista Crítica de Derecho Inmobiliario,* 516 (septiembre-octubre 1976), pp. 1175-1186.
CLAVERO, Bartolomé: *Fueros vascos. Historia en tiempos de constitución,* Barcelona, Ariel, 1985.
CLEMENTE, Josep Carles: *Seis estudios sobre el Carlismo,* Madrid, Huerga & Fierro, 1999.
CLEMENTE, Josep Carles: «Montejurra, el monte para la eternidad. Historia de una oposición al franquismo», *Tiempo de historia,* 43 (1978), pp. 12-27.
CLEMENTE, Josep Carles y SÁNCHEZ COSTA, Carles: *Montejurra 76,* Barcelona, La Gaya Ciencia, 1976.
COBO PULIDO, Pedro: «Las asociaciones de cabezas de familia como cauce de representación: un fallido intento de apertura del régimen franquista», *Espacio, Tiempo y Forma,* 14 (2001), pp. 437-488.
CORCUERA, Javier: «El nacionalismo vasco en la Restauración. Purismo y posibilismo», en CASTELLS ARTECHE, Luis y CAJAL VALERO, Arturo (eds.): *La autonomía vasca en la España contemporánea (1808-2008),* Madrid, Marcial Pons, 2009, pp. 181-200.
CORCUERA, Javier: «El estatutismo vasco durante la Segunda República. Foralidad y autonomía regional», en CASTELLS ARTECHE, Luis y CAJAL VALERO, Arturo (eds.): *La autonomía vasca en la España contemporánea (1808-2008),* Madrid, Marcial Pons, 2009, pp. 203-223.
CUBERO SÁNCHEZ, Joaquín: «Montejurra 1976. Un intento de interpretación», en TUSELL GÓMEZ, Javier: *Historia de la transición y consolidación democrática en España (1975-1986),* volumen 1, 1995, pp. 29-48.
DELGADO CENDAGORTAGALARZA, Ander: «La transformación de la vida política en la Bizkaia rural durante la Restauración, 1890-1923», en MOLINA, Fernando: *Extranjeros en el pasado. Nuevos historiadores de la España contemporánea,* Abadiño (Vizcaya), Universidad del País Vasco, 2009, pp. 181-212.

DIAZ, Antonio: «Organismos de Información e Inteligencia en España: la evolución del marco jurídico e institucional», en NAVARRO BONILLA, Diego y ESTEBAN NAVARRO, Miguel Ángel (coords.): *Terrorismo global: gestión de información y servicios de inteligencia*, Madrid, Plaza y Valdés, 2007, pp. 145-163.

DÍAZ HERNÁNDEZ, Onésimo: «Un magnate al servicio de la Restauración: el segundo marqués de Urquijo», *Vasconia*, 25 (1998), pp. 135-158.

DIEGO CARCEDO, José Manuel: *Sáenz de Santa María. El general que cambió de bando*, Madrid, Temas de Hoy, 2004.

DOMÍNGUEZ RAMA, Ana: «La *violencia revolucionaria* del FRAP durante el franquismo», en NAVAJAS ZUBELDÍA, Carlos e ITURRIAGA BARCO, Diego (eds.): *Novísima. Actas del II Congreso Internacional de Historia de Nuestro Tiempo*, Logroño, Universidad de La Rioja, pp. 343-410.

ECHAVE-SUSTAETA, Eustaquio: *El Partido Carlista y los Fueros*, Pamplona, Imprenta de *El Pensamiento Navarro*, 1914.

ECHEGARAY EIZAGUIRRE, Lázaro: *En busca de Vasconia. Vida de Bonifacio Echegaray (1878-1956)*, Bilbao, Academia Vasca de Derecho-Zuzenbidearen Euskal Akademia/ Dykinson, 2001.

ECHEVARRÍA PÉREZ-AGUA, Juan José: *La constitucionalización de la foralidad (1975-1978)*, Madrid, Centro de Estudios Políticos y Constitucionales, 2019.

ECHEVARRÍA PÉREZ-AGUA, Juan José: «La Real Sociedad Bascongada de los Amigos del País al inicio de la transición democrática (1975-1977)», en MARTOS CONTRERAS, Emilia, QUIROSA-CHEYROUZE Y MUÑOZ, Rafael y SABIO ALCUTÉN, Alberto (coords.): *40 años de ayuntamientos y autonomías en España*, Universidad de Zaragoza, 2019, pp. 104-126.

ECHEVARRÍA PÉREZ-AGUA, Juan José: «Ni tan poderoso, ni tan unívoco en su reclamación. Una relectura crítica del Movimiento de Alcaldes», en FERNÁNDEZ AMADOR, Mónica y MARTOS CONTRERAS, Emilia (coord.): *Historia de la Transición en España. Democracia y mundo rural*, Universidad de Almería, 2017, pp. 47-66.

ECHEVARRÍA PÉREZ-AGUA, Juan José: *Pervivencias foralistas en la descentralización vasca (1975-1978)*, Tesis doctoral, Madrid, Universidad Complutense de Madrid, 2017.

EGAÑA SEVILLA, Iñaki: *Diccionario político de Euskal Herria*, Tafalla (Navarra), 1996.

ELÍAS DE TEJADA, Francisco: *Las Españas. Formación histórica. Tradiciones regionales*, Madrid, Ambos Mundos, s.d.

ELORZA, Antonio: *Tras la huella de Sabino Arana. Los orígenes totalitarios del nacionalismo vasco*, Madrid, Temas de Hoy, 2005.

ERKOREKA, Anton: «Turismo y salud. Los baños de mar en el Abra», *Bidebarrieta*, 14 (2003), pp. 221-226.

ESCRIBANO RÓDENAS, M.ª Carmen: *Los propagandistas en las calles*, Madrid, CEU, 2016.

ESCAURIAZA ESCUDERO, Ana: «ETA y la universidad durante el franquismo», en AZCONA PASTOR, José Manuel (ed.): *El discurso de ETA, la internacionalización del terror y la ficción audiovisual,* Madrid, Sílex, 2022, pp. 79-95.

ESTEBAN, Jorge (ed.): *Las Constituciones de España,* Madrid, Taurus, 1981.

ESTORNÉS LASA, Bernardo: *Historia Baska,* San Sebastián, Beñat Idaztiak, 1935.

ESTORNÉS ZUBIZARRETA, Idoia: «Entre partido y sindicato. Eusko Langileen Alkartasuna-Solidaridad de Trabajadores Vasco (Movimiento Socialista de Euskadi, 1969-1976)», *Historia Contemporánea,* 41 (2010), pp. 509-540.

ESTORNÉS ZUBIZARRETA, Idoia: «Abandonando la casa del padre. Eusko Langileen Alkartasuna-Solidaridad de Trabajadores Vascos (Movimiento Socialista de Euskadi), 1964-1969», *Historia Contemporánea,* 40 (2010), pp. 127-159.

ESTORNÉS ZUBIZARRETA, Idoia: *Carlismo y abolición foral. En torno a un centenario, 1876-1976,* San Sebastián, Auñamendi, 1976.

ETXANIZ ORTUÑEZ, José Ángel: «La revitalización del Partido Comunista de Euskadi (1970-1975): El ingreso de militantes de ETA VI asamblea (Minos)», en BUENO LLUCH, Manuel, HINOJOSA MONTALVO, José Ramón y GARCÍA GARCÍA, Carmen (coords.): *Historia del PCE: I Congreso, 1920-1977,* Volumen II, Oviedo, Fundación de Investigaciones Marxistas, 2007, pp. 313-334.

FERNÁNDEZ, Iñaki: «Falange Española en el País Vasco: crónica de un fracaso anunciado», *Cuadernos de Alzate,* 50-51 (2018), pp. 181-200.

FERNÁNDEZ-MIRANDA, Juan: *El guionista de la Transición. Torcuato Fernández-Miranda, el profesor del Rey,* Barcelona, Plaza & Janés, 2015.

FERNÁNDEZ-MIRANDA, Pilar y Alfonso: *Lo que el Rey me ha pedido. Torcuato Fernández-Miranda y la reforma política,* Barcelona, Plaza & Janés, 1995.

FERNÁNDEZ SEBASTIÁN, Javier. *La génesis del fuerismo. Prensa e ideas políticas en la crisis del Antiguo Régimen (País Vasco, 1750-1840),* Madrid, Siglo xxi, 1991.

FERNÁNDEZ SOLDEVILLA, Gaizka: «ETA político-militar, de principio a fin», en FERNÁNDEZ SOLDEVILLA, Gaizka e HIDALDO GARCÍA, Sara: *Héroes de la retirada. La disolución de ETA político-militar,* Madrid, Tecnos, 2022, pp. 133-175.

FERNÁNDEZ SOLDEVILLA, Gaizka: «A sangre fría. El asesinato de José Antonio Pardines (y sus antecedentes)», en FERNÁNDEZ SOLDEVILLA, Gaizka y DOMÍNGUEZ IRIBARREN, Florencio: *Pardines. Cuando ETA empezó a matar,* Madrid, Tecnos, 2018, pp. 77-127.

FERNÁNDEZ SOLDEVILLA, Gaizka: *La calle es nuestra. La Transición en el País Vasco (1973-1982),* Bilbao, Asociación Cultura Abierta, 2015.

FERNÁNDEZ SOLDEVILLA, Gaizka y BRIONES APARICIO, José Francisco: «El franquismo ante el proceso de Burgos», *Araucaria*, 44 (segundo semestre de 2020), pp. 27-51.

FERNÁNDEZ SOLDEVILLA, Gaizka y LÓPEZ ROMO, Raúl: *Sangre, votos, manifestaciones: ETA y el nacionalismo vasco radical (1958-2011)*, Madrid, Tecnos, 2012.

FONSECA, Carlos: *Mañana cuando me maten. Las últimas ejecuciones del franquismo. 27 de septiembre de 1975*, Madrid, La Esfera de los Libros, 2015.

FONTES DE GARNICA, Ignacio: «La amarga transición en la prensa no diaria» (De *Parlamento de papel* a *Colorín publicitario*), en QUIROSA-CHEYROUZE Y MUÑOZ, Rafael (ed.): *Prensa y democracia. Los medios de comunicación en la Transición*, Madrid, Biblioteca Nueva, 2009, pp. 223-235.

FRAGA IRIBARNE, Manuel: *En busca del tiempo servido*, Barcelona, Planeta, 1987.

FUENTES, Juan Francisco: «Prensa y política en el tardofranquismo (1962-1975). La rebelión de las élites», *Cercles. Revista d'Història Cultural*, 6 (2003), pp. 12-32.

FUSI, Juan Pablo: «El País Vasco durante el franquismo: una visión general», *Cuadernos de Alzate*, 50-51 (2018), pp. 53-84.

FUSI, Juan Pablo: «Los años 60: los años de la ruptura», en FUSI, Juan Pablo y PÉREZ PÉREZ, José Antonio (eds.): *Euskadi 1960-2011. Dictadura, transición y democracia*, Madrid, Biblioteca Nueva, 2017.

FUSI, Juan Pablo: *Franco. Autoritarismo y poder personal*, Madrid, *El País*, 1985.

FUSI, Juan Pablo: *El País Vasco. Pluralismo y nacionalismo*, Madrid, Alianza, 1984.

GALÍNDEZ, Jesús: *El derecho vasco*, Buenos Aires, Ekin, 1947.

GARCÍA ÁLVAREZ-COQUE, Arturo: *La fractura del Ejército ante el 18 de julio. El Estado Mayor en la Guerra Civil*, Granada, Comares, 2018.

GARCÍA GALINDO, Juan Antonio: «Periodismo y periodistas en la transición política española», en QUIROSA-CHEYROUZE Y MUÑOZ, Rafael (ed.): *Prensa y democracia. Los medios de comunicación en la Transición*, Madrid, Biblioteca Nueva, 2009, pp. 87-100.

GARCÍA RIOL, Daniel Jesús: *La resistencia tradicionalista a la renovación ideológica del carlismo (1965-1973)*, Tesis doctoral, Madrid, UNED, 2015.

GARMENDIA ELÓSEGUI, Juan Antonio: *Donostia zaharreko urudiak. Estampas del viejo Donostia. Frantzisko «Quico» Letamendiaren Omenez. Homenaje a Francisco «Quico» Letamendía*, San Sebastián, Sociedad Guipuzcoana de Ediciones y Publicaciones/Instituto Dr. Camino de Historia Donostiarra, 1991.

GARMENDIA LARRAÑAGA, Juan: *Tolosa zahar-berriak. Sobre el ayer de Tolosa*, Donostia, Eusko Ikaskuntza, 2009.

GARMENDIA, Vincent: *El Carlismo,* París, Masson et Cie, 1975.

GENIOLA, Andrea: «*Una* Cataluña española, *una* Vasconia españolísima. (Re)construcción de un relato, (re)significación de un imaginario (1939-1959)», *Ayer,* 123 (2021), pp. 51-78.

GIBSON, Ian: *La noche en que mataron a Calvo Sotelo,* Barcelona, Argos Vergara, 1982.

GIL PECHARROMÁN, Juan: *El Movimiento Nacional (1937-1977),* Barcelona, Planeta, 2013.

GONZÁLEZ CALLEJA, Eduardo: «Entre el continuismo y la reforma: la política de orden público y seguridad ciudadana de los gobiernos de UCD (1976-1982)», en PUELL DE LA VILLA, Fernando y ÁNGEL SANTANO, Silvia (eds.): *V Congreso de Historia de la Defensa, El legado del general Gutiérrez Mellado, Madrid, 17-19 de octubre de 2012,* Madrid, Instituto Universitario General Gutiérrez Mellado/UNED, 2013, pp. 134-177.

GONZÁLEZ CUEVAS, Pedro Carlos: «Fascismo español y nacionalismo», en BLAS GUERRERO, Andrés (dir.), *Enciclopedia del nacionalismo,* Madrid, Alianza, 1999, pp. 234-240.

GONZÁLEZ CUEVAS, Pedro Carlos: «Tradicionalismo y Segunda República», en BLAS GUERRERO, Andrés (dir.), *Enciclopedia del nacionalismo,* Madrid, Alianza, 1999, pp. 766-771.

GONZÁLEZ CUEVAS, Pedro Carlos: «Vázquez de Mella, Juan», en BLAS GUERRERO, Andrés (dir.), *Enciclopedia del nacionalismo,* Madrid, Alianza, 1999, pp. 788-790.

GONZÁLEZ CUEVAS, Pedro Carlos: *Acción Española. Teología política y nacionalismo autoritario en España (1913-1936),* Madrid, Tecnos, 1998.

GONZÁLEZ GARCÍA, Clemente: *El Ejército del Centro en la provincia de Castellón. Historia militar y arqueología de los campos de batalla en la Primera Guerra Carlista (1833-1840),* Tesis doctoral, Salamanca, Universidad de Salamanca, 2019.

GONZÁLEZ GULLÓN, José Luis y COVERDALE, John F.: *Historia del Opus Dei,* Madrid, Rialp, 2021.

GONZÁLEZ SÁEZ, Juan Manuel: «Balance de víctimas mortales del terrorismo y la violencia política de la extrema derecha durante la transición (1975-1982)», *Historia Actual Online,* 27 (invierno de 2012), pp. 7-17.

GRANJA SAINZ, José Luis de la: «Aberri Eguna», en PABLO CONTRERAS, Santiago de (coord.): *100 símbolos vascos. Identidad, cultura, nacionalismo,* Madrid, Tecnos, 2016, pp. 146-149.

GRANJA SAINZ, José Luis de la: «Batalla de Arrigorriaga», en PABLO CONTRERAS, Santiago de (coord.): *100 símbolos vascos. Identidad, cultura, nacionalismo,* Madrid, Tecnos, 2016, pp. 96-97.

GRANJA SAINZ, José Luis de la: «El nacimiento de Euskadi: El Estatuto de 1936 y el primer Gobierno Vasco», *Historia Contemporánea, 35 (2007),* pp. 427-450.

GRANJA SAINZ, José Luis de la: «Cinco años de República en Euskadi», *Historia Contemporánea,* 1 (1988), pp. 95-108.

GRANJA SAINZ, José Luis de la: «El Estatuto, el Gobierno, los partidos y los sindicatos vascos en la Guerra Civil (1936-1937)», *Gerónimo de Uztariz,* 2 (1988), pp. 95-109.

GRANJA SAINZ, José Luis de la: *El Estatuto Vasco de 1936. Sus antecedentes en la República. Su aplicación en la Guerra Civil,* Oñati (Guipúzcoa), Instituto Vasco de Administración Pública, 1988.

GUTIÉRREZ ALONSO, Jaime: «Proceso de integración de las redes telefónicas de San Sebastián y Guipúzcoa en la CTNE», *Cuadernos de Historia Contemporánea,* 29 (2007), pp. 75-94.

HERRERO RODRÍGUEZ DE MIÑÓN, Miguel: «Áreas regionales y Ley de Régimen Local», *Revista de Estudios de la Vida Local,* 192 (1976), pp. 729-752.

ILLANES, José Luis: *Conversaciones con Mons. Escrivá de Balaguer,* Madrid, Rialp, 2012.

IRIARTE ARESO, José Vicente: «*Otoño caliente* en Navarra. La huelga general del 11 de diciembre de 1974», *Gerónimo de Uztariz,* 14-15 (1999), pp. 105-121.

IRUJO, Manuel de: *Desde el Partido Nacionalista Vasco,* volumen VII, Bilbao, Ekin, 1984.

IZÚ BELLOSO, Miguel José: «Falsas citas sobre la historia de Navarra», *Príncipe de Viana,* 258 (2013), pp. 683-709.

JAIME JIMÉNEZ, Óscar: «De la *Guerra revolucionaria* a la guerra de desgaste. La espiral violenta de ETA (1968-1978)», en FERNÁNDEZ SOLDEVILLA, Gaizka y DOMÍNGUEZ IRIBARREN, Florencio: *Pardines. Cuando ETA empezó a matar,* Madrid, Tecnos, 2018, pp. 197-229.

JIMÉNEZ DE ABERÁSTURI CORTA, Juan Carlos y LÓPEZ ADÁN *BELTZA,* Emilio: *Organizaciones, sindicatos y partidos políticos ante la transición: Euskadi 1976,* San Sebastián, Eusko Ikaskuntza, 1989.

LABIANO, Roncesvalles y MARRODÁN, Javier: «La lucha policial contra ETA: los atentados que no se cometieron», en FERNÁNDEZ SOLDEVILLA, Gaizka y DOMÍNGUEZ IRIBARREN, Florencio (coords.): *Pardines. Cuando ETA empezó a matar,* Madrid, Tecnos, 2018, pp. 231-270.

LADRÓN DE GUEVARA, Carmen: *Las víctimas del terrorismo de extrema izquierda en España. Del DRIL a los GRAPO (1960-2006),* Córdoba, Almuzara, 2022.

LAMIKIZ JAUREGIONDO, Amaia: «La acción cultural del franquismo en el País Vasco durante la dictadura: las posibilidades de un sano vasquismo español», *Ayer,* 123 (2021), pp. 79-106.

LANDÁBURU, Francisco Javier de: *Obras completas,* volúmenes III y V, Bilbao, Idatz Ekintza, 1982 y 1984.

LARA POL, Juan Antonio: «La Ley especial de Madrid y los problemas de la competencia municipal», *Revista de Estudios de la Vida Local,* 130 (1963), pp. 481-514.
LEJARZA, Mikel y RUEDA, Fernando: *Secretos de confesión. 50 años de la operación Lobo,* Barcelona, Roca, 2022.
LÓPEZ ADÁN *BELTZA,* Emilio: *El nacionalismo vasco, 1876-1936,* Hendaye, Mugalde, 1974.
LÓPEZ PIÑERO, José María: *La Medicina en la Historia,* Madrid, La Esfera de los Libros, 2002.
LOPEZ RODÓ, Laureano: *La larga marcha hacia la Monarquía,* Barcelona, Noguer, 1977.
LÓPEZ ROMO, Raúl: «Pardines: (Des)memoria de un asesinato», en FERNÁNDEZ SOLDEVILLA, Gaizka y DOMÍNGUEZ IRIBARREN, Florencio: *Pardines. Cuando ETA empezó a matar,* Madrid, Tecnos, 2018, pp. 129-149.
LORENZO ESPINOSA, José María: *Txabi Etxebarrieta. Armado de palabra y obra,* Tafalla (Navarra), Txalaparta, 1994.
LOUZAO VILLAR, Joseba: «La Virgen y lo sagrado. La cultura aparicionista en la Europa contemporánea», *Vínculos de Historia,* 8, (2019), pp. 152-170.
LOUZAO VILLAR, Joseba: «El síndrome de Jerusalén ¿Los vascos y la religión?», en MOLINA APARICIO, Fernando y PÉREZ PÉREZ, José Antonio (eds.): *El peso de la identidad. Mitos y ritos de la historia vasca,* Madrid, Marcial Pons, 2015, pp. 81-107.
LOUZAO VILLAR, Joseba: «La Virgen y la salvación de España. Un ensayo de historia cultural durante la Segunda República», *Ayer,* 82 (2011), pp. 187-210.
LOUZAO VILLAR, Joseba: «El Sagrado Corazón de Jesús como instrumento de nacionalización (c.1889-1939). Breves notas para un estudio pendiente», en ESTEBAN DE VEGA, Mariano y CALLE VELASCO, María Dolores de la (eds.): *Procesos de nacionalización en la España Contemporánea,* Universidad de Salamanca, 2010, pp. 173-188.
LUENGO TEIXIDOR, Félix: «Franco en San Sebastián», *Cuadernos de Alzate,* 50-51 (2018), pp. 201-218.
LUENGO TEIXIDOR, Félix: «Restauración: Identidad, fueros y autonomía. Liberales, republicanos y carlistas en la construcción de la identidad vasca (1876-1923)», en CASTELLS ARTECHE, Luis y CAJAL VALERO, Arturo: *La autonomía vasca en la España contemporánea (1808-2008),* Madrid, Marcial Pons, 2009, pp. 135-157.
LUENGO TEIXIDOR, Félix: «La formación del poder local franquista en Guipúzcoa (1937-1945)», *Gerónimo de Uztariz,* 4 (1990), pp. 83-95.
MADUEÑO ÁLVAREZ, Miguel: «Guerrilleros de Cristo Rey: El brazo armado de la extrema derecha en los primeros años de la Transición», *La razón histórica,* 35 (2017), pp. 158-180.

MAHÍLLO SANTOS, Juan: «La Ley de Bases del Estatuto del Régimen Local», *Revista de Estudios de la Vida Local,* 189 (1976), pp. 109-128.
MALDONADO GAGO: «Tradicionalismo y nacionalismo», en BLAS GUERRERO, Andrés (dir.), *Enciclopedia del nacionalismo,* Madrid, Alianza, 1999, pp. 760-766.
MALUQUER DE MOTES, Jordi: *La inflación en España. Un índice de precios de consumo, 1830-2012,* Madrid, Banco de España, 2013.
MARIEZCURRENA, Elena: «La clase dirigente de Vizcaya durante el franquismo», *Saioak,* 5 (1983), pp. 77-96.
MARQUINA, Antonio: «El atentado de Begoña», *UNISCI,* 36 (octubre de 2014), pp. 123-131.
MARTORELL PÉREZ, Manuel: «Antonio Arrue, el carlista que colaboró en el relanzamiento de Euskaltzandia», *Euskera,* 56 (2011), pp. 847-872.
MARTORELL PÉREZ, Manuel: *La continuidad ideológica del carlismo tras la Guerra Civil,* Tesis doctoral, Madrid, UNED, 2009.
MARTORELL PÉREZ, Manuel: «Nuevas aportaciones históricas sobre la evolución ideológica del carlismo», *Gerónimo de Uztariz,* 16 (2000), pp. 95-108.
MEDINA MUÑOZ, Miguel Ángel: «El Consejo del Reino», *Revista de Estudios Políticos,* 181 (1972), pp. 105-132.
MEDINA MURUA, José Ángel: *Arkitektura, noizko? ¿Cuándo habrá arquitectura? José Manuel Aizpurua & Joaquín Labayen,* San Sebastián, Diputación Foral de Gipuzkoa, 2012.
MEDINA MURUA, José Ángel: *José Manuel Aizpurua y Joaquín Labayen,* San Sebastián, Diputación Foral de Gipuzkoa, 2011.
MEES, Ludger: «Bombardeo de Gernika», en PABLO CONTRERAS, Santiago de (coord.): *100 símbolos vascos. Identidad, cultura, nacionalismo,* Madrid, Tecnos, 2016, pp. 162-165.
MINA, María Cruz: «Navarrismo», en BLAS GUERRERO, Andrés (dir.), *Enciclopedia del nacionalismo,* Madrid, Alianza, 1999, pp. 524-528.
MINA, María Cruz: *Fueros y revolución liberal en Navarra,* Madrid, Alianza, 1981.
MIRANDA RUBIO, Francisco: «Los procuradores de representación familiar en la novena legislatura franquista (1967-1971)», *Príncipe de Viana,* 203 (1994), pp. 615-638.
MOLINA APARICIO, Fernando: «El *conflicto vasco.* Relatos de historia, memoria y nación», en MOLINA APARICIO, Fernando y PÉREZ PÉREZ, José Antonio: *El peso de la identidad. Mitos y ritos de la historia vasca,* Madrid, Marcial Pons, 2015, pp. 181-223.
MOLINA APARICIO, Fernando: «La autonomía de la política. El problema vasco y los proyectos de autogobierno durante la Segunda República (1931-1936)», en CASTELLS ARTECHE, Luis y CAJAL VALERO, Arturo (eds.): *La autonomía vasca en la España contemporánea (1808-2008),* Madrid, Marcial Pons, 2009, pp. 225-255.

MOLINA APARICIO, Fernando: *La tierra del martirio español. El País Vasco y España en el siglo del nacionalismo,* Madrid, Centro de Estudios Políticos y Constitucionales, 2005.

MOLINERO, Carme: «La política de reconciliación nacional. Su contenido durante el franquismo y su lectura en la Transición», *Ayer,* 66 (2007), pp. 201-225.

MONREAL ZIA, Gregorio: «Los Derechos Históricos vascos: Poder constituyente limitado o instituciones concretas», *Iura Vasconiae,* 16 (2019), pp. 45-120.

MONREAL ZIA, Gregorio y JIMENO ARANGUREN, Roldán: «El Concierto Económico: Génesis y evolución histórica», *Iura Vasconiae,* 6 (2009), pp. 647-708.

MONREAL ZIA, Gregorio y CASTELLS, José Manuel: «Fundamentos histórico-constitucionales y proyectos autonómicos de Euzkadi», en TRUJILLO, Gumersindo: *Federalismo y regionalismo,* Madrid, Centro de Estudios Constitucionales, 1979, pp. 485-529.

MONTERO GARCÍA, Feliciano: «La Acción Católica, Ángel Herrera y la Asociación Católica de Propagandistas», en CUEVA MERINO, Julio de la y MONTERO GARCÍA, Feliciano: *Laicismo y catolicismo. El conflicto político-religioso en la Segunda República,* Alcalá de Henares (Madrid), Universidad de Alcalá, 2009, pp. 159-180.

MONTERO GARCÍA, Feliciano: «Origen y evolución de la Acción Católica Española», en CUEVA MERINO, Julio de la y LÓPEZ VILLAVERDE, Ángel Luis: *Clericalismo y asociacionismo católico en España: de la restauración a la transición: un siglo entre el palio y el consiliario,* Cuenca, Universidad de Castilla-La Mancha, 2005, pp. 133-159.

MORENO LUZÓN, Javier y NÚÑEZ SEIXAS, Xosé M.: *Los colores de la Patria. Símbolos nacionales en la España contemporánea,* Madrid, Tecnos, 2017.

MOTA ZURDO, David: *En manos del Tío Sam. ETA y Estados Unidos,* Granada, Comares, 2021.

NÚÑEZ SEIXAS, Xosé M.: «Las patrias de la República: la experiencia de los nacionalistas periféricos durante la Guerra Civil española», *Historia Contemporánea,* 38 (2009), pp. 13-47.

NÚÑEZ SEIXAS, Xosé M.: «Nuevos y viejos nacionalistas: la cuestión territorial en el tardofranquismo, 1959-1975», *Ayer,* 68 (2007), pp. 59-87.

OLÁBARRI GORTÁZAR, Ignacio: «La controversia en torno a la Ley de Modificación de Fueros (*Ley Paccionada)* de 16 de agosto de 1841», *Cuadernos de Sección. Historia y Geografía,* 19 (1992), pp. 33-60.

ONTOSO, Pedro: *ETA, yo te absuelvo. El papel clave de la Iglesia en el Proceso de Burgos,* Bilbao, Beta, 2020.

OREJA AGUIRRE, Marcelino: *Memoria y esperanza. Relatos de una vida,* Madrid, La Esfera de los Libros, 2011.

ORTEGA BERRUGUETE, Arturo Rafael: «La población de Bilbao: 1808-1870», *Vasconia,* 10 (1988), pp. 48-60.

ORTEGA, Victorino: «Desarrollo regional y reforma del régimen local», *Revista de Fomento Social,* 108 (1972), pp. 381-394.

ORTIZ DE ORRUÑO LEGARDA, José María: «Fueros, identidades sociales y guerras carlistas», en CASTELLS ARTECHE, Luis y CAJAL VALERO, Arturo, *La autonomía vasca en la España contemporánea (1808-2008),* Madrid, Marcial Pons, 2009, pp. 25-52.

ORTIZ DE URBINA MONTOYA, Carlos: «La patria común *Bascongada.* Una quimera soñada por los Amigos del País», *Sancho el Sabio. Revista de cultura e investigación vasca,* 25 (2006), pp. 25-50.

ORTIZ DIAZ, José: «Unidad y coordinación de los órganos y servicios estatales a nivel provincial. El decreto de 10 de octubre de 1958», *Revista de Estudios de la Vida Local,* 106 (julio-agosto de 1959), pp. 481-499.

OSTOLAZA, Maitane: «Santuarios de Arantzazu, Begoña, Estíbaliz y Leyre», en PABLO CONTRERAS, Santiago de (coord.): *100 símbolos vascos. Identidad, cultura, nacionalismo,* Madrid, Tecnos, 2016, pp. 72-74.

PABLO CONTRERAS, Santiago de: «Tiempo de contrastes. El País Vasco en la década de 1960», en FERNÁNDEZ SOLDEVILLA, Gaizka y DOMÍNGUEZ IRIBARREN, Florencio: *Pardines. Cuando ETA empezó a matar,* Madrid, Tecnos, 2018, pp. 39-75.

PABLO CONTRERAS, Santiago de: «El Estatuto alavés y la carta foral: dos proyectos autonómicos para Álava durante la Segunda República», *Vasconia,* 6 (1985), pp. 75-102.

PALACIOS GONZÁLEZ, Daniel: «ETA contra los Encuentros de Pamplona: un desencuentro entre arte y política», *Anuario del Departamento de Historia y Teoría del Arte,* 27 (2015), pp. 53-66.

PAYNE, Stanley G.: *La revolución española,* Barcelona, Argos, 1977.

PÉREZ NÚÑEZ, Javier: *La Diputación Foral de Vizcaya. El Régimen Foral en la construcción del Estado liberal (1808-1868),* Madrid, Centro de Estudios Constitucionales, 1996.

PÉREZ PÉREZ, José Antonio: «El terrorismo ultraderechista y parapolicial en el País Vasco», en PÉREZ PÉREZ, José Antonio (coord.): *Historia y Memoria del Terrorismo en el País Vasco, 1968-1981,* volumen I, Almería, Confluencias, 2021, pp. 515-592.

PÉREZ PÉREZ, José Antonio: «ETA contra la policía», en PÉREZ PÉREZ, José Antonio (coord.): *Historia y Memoria del Terrorismo en el País Vasco, 1968-1981,* volumen I, Almería, Confluencias, 2021, pp. 151-221.

PÉREZ PÉREZ, José Antonio: «ETA contra los alcaldes y cargos franquistas», en PÉREZ PÉREZ, José Antonio (coord.): *Historia y Memoria del Terrorismo en el País Vasco, 1968-1981,* volumen I, Almería, Confluencias, 2021, pp. 233-276.

PÉREZ PÉREZ, José Antonio: «La persecución de la derecha y el centro-derecha en el País Vasco», en PÉREZ PÉREZ, José Antonio (coord.): *Historia*

y Memoria del Terrorismo en el País Vasco, 1968-1981, volumen I, Almería, Confluencias, 2021, pp. 285-352.
PÉREZ PÉREZ, José Antonio: «Foralidad y autonomía bajo el franquismo (1937-1975)», en CASTELLS ARTECHE, Luis y CAJAL VARELA, Arturo (eds.): *La autonomía vasca en la España contemporánea (1808-2008),* Madrid, Marcial Pons, 2009, pp. 285-319.
PÉREZ PÉREZ, José Antonio y LÓPEZ ROMO, Raúl: «La memoria histórica del franquismo y la Transición», en MOLINA APARICIO, Fernando y PÉREZ PÉREZ, José Antonio: *El peso de la identidad. Mitos y ritos de la historia vasca,* Madrid, Marcial Pons, 2015, pp. 225-263.
POMAR, Ramón: «San Josemaría y la promoción del Colegio Gaztelueta», *Studia et Documenta: rivista dell'Istituto Storico San Josemaría Escrivá,* 4, (2010), pp.103-146.
PORTELL, José María: *Euskadi, amnistía arrancada,* Barcelona, Dopesa, 1977.
PRADERA, Víctor: *El Estado Nuevo,* Burgos, Editorial Española, 1937.
PRESTON, Paul: *Juan Carlos. El Rey de un pueblo,* Barcelona, Debate, 2023.
PRESTON, Paul: *El holocausto español. Odio y exterminio en la Guerra Civil y después,* Barcelona, Debate, 2011.
PUELL DE LA VILLA, Fernando: «El aspecto militar: estrategias y batallas que marcaron la historia», *Bulletin hispanique,* 118-1 (2016), pp. 139-156.
PUYOL MONTERO, José María: «La Facultad de Derecho de la Universidad Central en sus actas (1931-1936)», en GONZÁLEZ CALLEJA, Eduardo y RIBAGORDA, Álvaro (eds.): *La Universidad Central durante la Segunda República: Las Ciencias Humanas y Sociales y la vida universitaria,* Madrid, Universidad Carlos III, 2013, pp. 301-322.
RAGUÁN, Germán: *Montejurra,* San Sebastián, Industria Gráfica Valverde, 1957.
REAL CUESTA, Javier: «Los partidos monárquicos en Vizcaya durante la Segunda República», *Estudios de Deusto,* 57/1 (enero-junio 2009), pp. 209-235.
RECALDE, José Ramón: *Fe de vida,* Barcelona, Tusquets, 2004.
REDONDO CANTERA, María José: «La modernización de la Universidad de Valladolid en el siglo XIX a través de su arquitectura. Proyectos y realizaciones (1841-1909)», *Boletín del Seminario de Estudios de Arte y Arqueología,* 63 (1997), pp. 555-584.
RÍO MORILLA, Miguel A.: *De la extrema derecha neofranquista a la derecha conservadora: los orígenes de Alianza Popular (1973-1979),* Tesis doctoral, Barcelona, Universitat Autònoma de Barcelona, 2013.
RIVERA BLANCO, Antonio: «La amnistía de 1977 y los debates sobre el pasado», *Clio & Crimen, Revista del Centro de Historia del Crimen de Durango,* 18 (2021), pp. 155-171.
RIVERA BLANCO, Antonio: «La izquierda y la cuestión vasca. Segunda parte: 1923-1960. Acercamiento y disolución», en CASTELLS ARTECHE,

Luis y CAJAL VALERO, Arturo, *La autonomía vasca en la España contemporánea (1808-2008)*, Madrid, Marcial Pons, 2009, pp. 257-284. ROBLES, Cristóbal: *José María de Urquijo e Ybarra. Opinión, Religión y Poder*, Madrid, CSIC, 1997.

RODRÍGUEZ EGUÍA, Igor: *Industrialización de Gernika-Lumo*, Leioa (Vizcaya), Agirre Lehendakaria Center for Social and Political Studies, 2017-2018.

RODRÍGUEZ FERNÁNDEZ, Tomás Ramón: *Los derechos históricos de los territorios forales. Bases constitucionales y estatutarias de la Administración Foral Vasca*, Madrid, Civitas, 1985.

RODRÍGUEZ JIMÉNEZ, José Luis: «Historia de un fracaso y ¿de una refundación?: De la vieja a la nueva extrema derecha en España (1975-2012)», *Studia Historica. Historia Contemporánea*, 30 (2012), pp. 231-268.

RODRÍGUEZ JIMÉNEZ, José Luis: *Reaccionarios y golpistas. La extrema derecha en España del tardofranquismo a la consolidación de la democracia (1967-1982)*, Madrid, CSIC, 1994.

RODÓN GUINJOAN, Ramón M.: «Una aproximación al estudio de la Hermandad Nacional Monárquica del Maestrazgo y del Partido Social Regionalista», *Aportes*, 88 (2015), pp. 169-201.

RODRÍGUEZ EGUÍA, Igor: *Industrialización de Gernika-Lumo*, Leioa (Vizcaya), Agirre Lehendakaria Center for Social and Political Studies, 2017-2018.

ROJO, José Andrés: *Vicente Rojo. Retrato de un general republicano*, Barcelona, Tusquets, 2006.

RUBIO-ARDANAZ, Juan Antonio: *La vida arrantzale en Santurtzi. Cambios económicos y socioculturales entre los pescadores de bajura (ss. XIX y XX)*, Ayuntamiento de Santurtzi (Vizcaya), 1997.

RUBIO POBES, Coro: *Revolución y tradición. El País Vasco ante la Revolución liberal y la construcción del Estado español, 1808-1868*, Madrid, Siglo XXI, 1996.

RUBIO POBES, Coro: «El conde de Villafuertes (1772-1842). Biografía política de un patricio guipuzcoano en tiempos de revolución», *Historia Contemporánea*, 9 (1993), pp. 193-217.

RUZAFA, Rafael, MONTÓN, Francisco Javier, PÉREZ, José Antonio, y HOZ, Santiago de la: «Características y evolución de las élites en el País Vasco (1898-1923)», *Historia Contemporánea*, 8 (1992), pp. 107-142.

SAENZ DE SANTA MARÍA, Carmelo: *Historia de la Universidad de Deusto*, Bilbao, Editorial La Gran Enciclopedia Vasca, 1978.

SAIZ VALDIVIELSO, Alfonso Carlos: *La Fundación Vizcaína Aguirre y su obra más preclara: La Universidad Comercial de Deusto (1916-2016). Crónica de un compromiso*, Bilbao, Fundación Vizcaína Aguirre, 2016.

SALA GONZÁLEZ, Luis: *Indalecio Prieto. República y socialismo (1930-1936)*, Madrid, Tecnos, 2017. SALGADO, Miguel Ángel: «La batalla de Villarreal:

30 de noviembre-24 de diciembre de 1936», *Sancho el Sabio. Revista de cultura e investigación vasca*, 26, (2007), pp. 179-211.

SALINAS QUIJADA, Francisco: «El Derecho Civil en el Fuero de San Sebastián y sus relaciones con el Derecho Civil en los fueros navarros», en *Donostiako Forua eta bere garaia/El Fuero de San Sebastián y su época, San Sebastián, 19-23 de enero de 1981*, San Sebastián, Eusko Ikaskuntza/Sociedad de Estudios Vascos, 1982, pp. 301-378.

SÁNCHEZ CORBÍ, Manuel y SIMÓN, Manuela: *Historia de un desafío. Cinco décadas de lucha sin cuartel de la Guardia Civil contra ETA*, Barcelona, Península, 2017.

SÁNCHEZ CUENCA, Ignacio: *Atado y mal atado. El suicidio institucional del franquismo y el surgimiento de la democracia*, Madrid, Alianza, 2014.

SÁNCHEZ GARCÍA, Francisco: «Julio de 1949. Visita de la imagen de la Virgen de Fátima a Villagonzalo», en *Fiestas del Cristo*, Ayuntamiento de Villagonzalo (Badajoz), 2010.

SÁNCHEZ SOLER, Mariano: *La transición sangrienta. Una historia violenta del proceso democrático en España (1975-1983)*, Barcelona, Península, 2010.

SERRALLONGA I URQUIDI, Joan: «El aparato provincial durante la Segunda República. Los gobernadores civiles, 1931-1939», *Hispania Nova*, 7 (2007), pp. 139-192.

SERRANO SANZ, José María: «La economía española en Europa más allá de treinta años», *Información Comercial Española*, 889-890 (marzo-junio 2016), pp. 7-16.

SINOVAS, Justino: *La prensa en la Segunda República española: historia de una libertad frustrada*, Madrid, Debate, 2006.

SOLER FERRÁN, Pablo e IGLESIA MEDINA, José Ramón: «La red telefónica de Guipúzcoa durante la Guerra Civil española», *Historia Contemporánea*, 62 (2020), pp. 79-117.

SOLÓRZANO SÁNCHEZ, Manuel: *Clínica Nuestra Señora de las Mercedes. Nueva clínica operatoria del doctor Egaña*, San Sebastián, Donostia Unibertsitate Ospitalea, 2014.

SORDO ESTELLA, Luis Miguel: «ETA militar. Análisis de un fracaso», en FERNÁNDEZ SOLDEVILLA, Gaizka e HIDALDO GARCÍA, Sara: *Héroes de la retirada. La disolución de ETA político-militar*, Madrid, Tecnos, 2022, pp. 265-290.

SOTO, Álvaro: *La transición a la democracia: España 1975-1982*, Madrid, Alianza, 1998.

SULLIVAN, John: *El nacionalismo vasco radical 1959-1986*, Madrid, Alianza, 1988.

TAMAYO SALABERRÍA, Virginia: *La autonomía vasca contemporánea. Foralidad y estatutismo 1975-1979*, Oñati (Guipúzcoa), Instituto Vasco de Administración Pública, 1994.

TALÓN, Vicente: *Memoria de la Guerra de Euzkadi de 1936*, Barcelona, Plaza & Janés, 1988.

TATEISHI, Hirotaka: «Zacarías de Vizcarra y *La vocación de América:* Apuntes sobre la Hispanidad y el nacional-catolicismo», *The Mediterranean Studies Group Hitotsubashi University,* 17 (2004), pp. 41-53.

TELLERIA TAPIA, Mikel: *Tolosa egin dugun Tolosarrok,* Tolosa (Guipúzcoa), Zazpiko Kultur Elkartea, 2008.

TUSELL, Javier: *La transición española a la democracia,* Madrid, Historia 16, 1999.

UGARTE, Javier: «Del carlismo en País Vasco durante la Dictadura», *Cuadernos de Alzate,* 50-51 (2018), pp. 157-180.

UGARTE, Javier y RIVERA, Antonio: «La Guerra Civil en el País Vasco: la sublevación en Álava», *Historia Contemporánea,* 1 (1998), pp. 181-201.

UGARTE MUÑOZ, Antón: «Cultura vasca y regionalismo franquista: Julio Urquijo y los estudios vascos en la posguerra», *Cercles. Revista d'Història Cultural,* 22 (2019), pp. 163-192.

URQUIJO GOITIA, José Ramón: «Tomás Zumalacárregui, literatura y mito», *Jerónimo Zurita,* 86 (2011), pp. 249-280.

URRUTIA, Txema: *Alcaldes en lucha. El Grupo de Bergara en la Transición, 1975-1979,* Tafalla (Navarra), Txalaparta, 2006.

VARELA SUANZES-CARPEGNA, Joaquín: *Historia constitucional de España,* Madrid, Marcial Pons, 2020.

VARGAS ALONSO, Francisco Manuel: «Bilbao, la última resistencia: la batalla de Archanda-Santo Domingo», *Bidebarrieta,* 18 (2007), pp. 131-150.

VARGAS ALONSO, Francisco Manuel: «El Partido Nacionalista Vasco en Guerra: Euzko Gudarostea (1936-1937)», *Vasconia,* 31 (2001), pp. 305-343.

VÁZQUEZ DE MELLA Y FANJUL, Juan: *Obras completas, Discursos parlamentarios V,* volumen X, Madrid, Junta del Homenaje a Mella, 1932.

VÁZQUEZ DE PRADA, Mercedes: «José María Valiente Soriano. Una semblanza política», *Memoria y civilización,* 15 (2012), pp. 249-265.

VÁZQUEZ DE PRADA, Mercedes: «La reorganización del carlismo vasco en los setenta: entre la pasividad y el *separatismo*», *Vasconia* 38 (2012), pp. 1111-1140.

VÁZQUEZ DE PRADA, Mercedes: «El papel del carlismo navarro en el inicio de la fragmentación definitiva de la comunión tradicionalista (1957-1960)», *Príncipe de Viena,* 254 (2011), pp. 393-406.

VÁZQUEZ DE PRADA, Mercedes: «La oposición monárquica y su aproximación al franquismo a partir de 1954», *Memoria y civilización,* 13 (2010), pp. 35-53.

VÁZQUEZ DE PRADA, Mercedes: «El nuevo rumbo político del carlismo hacia la colaboración con el Régimen (1955-56)», *Hispania,* 231 (2009), pp. 179-208.

VÁZQUEZ DE PRADA, Mercedes: «El nuevo rumbo político del carlismo hacia la colaboración con el régimen (1955-56)», *Hispania,* 231 (enero-abril, 2009), pp. 179-208.

WEBER, Max: *La ética protestante y el espíritu del capitalismo,* ABELLÁN, Joaquín (ed.), Madrid, Alianza, 1991.
YANGUAS Y MIRANDA, José: *Artículos, análisis, apuntes y observaciones,* Pamplona, Herper, 1999.
ZAVALA, Federico de: *De los Fueros a los Estatutos. Los Conciertos Económicos,* San Sebastián, Sociedad Guipuzcoana de Ediciones y Publicaciones, 1976.
ZAVALA, Federico de y GARMENDIA LARRAÑAGA, Juan: *Monografía histórica de la villa de Tolosa,* Donostia, Eusko Ikaskuntza, 2007.
ZAVALA, José María de: *Partido Carlista,* Bilbao, Albia, 1977.
ZUBIAGA, Erik: «Ley de guerra. La jurisdicción militar de posguerra en Bizkaia (1937-1945)», *Sancho el Sabio. Revista de cultura e investigación vasca,* Extra 1 (2018), pp. 147-175.
ZUBIAGA, Erik: «La represión franquista de guerra y posguerra en el País Vasco a debate: entre el exterminio y el oasis», *Historia y Política,* 37 (2017), pp. 357-384.
ZUBIAUR ALEGRE, José Ángel y ZUBIAUR CARREÑO, José Ángel: «Elecciones a procuradores familiares en Navarra», *Aportes,* 79 (2012), pp. 147-167.
ZUMALDE, Iñaki: «Peñaflorida como político», *Revista Internacional de los Estudios Vascos,* 33,1 (1988), pp. 18-31.

Publicaciones institucionales:

CONSEJO PROVINCIAL DEL MOVIMIENTO DE GUIPÚZCOA: *Gipuzkoa Printzipeagaitik. Guipúzcoa por el Príncipe,* San Sebastián, Industria Gráfica Valverde, 1974.
DIPUTACIÓN PROVINCIAL DE GUIPÚZCOA: *Guipúzcoa 73-74,* San Sebastián, Industria Gráfica Valverde, 1974.
DIPUTACIÓN PROVINCIAL DE GUIPÚZCOA: *Guipúzcoa 72,* San Sebastián, Industria Gráfica Valverde, 1973.
DIPUTACIÓN PROVINCIAL DE GUIPÚZCOA: *SS. AA. RR. los Príncipes de España en Guipúzcoa,* San Sebastián, Industria Gráfica Valverde, 1973.
GOBIERNO DE ESPAÑA. MINISTERIO DEL INTERIOR: *Consulta de resultados electorales, Congreso junio 1977* (2014). http://www.infoelectoral.interior.es/min/busquedaAvanzadaAction.html?codTipoEleccion=2&vuelta=1&isHome=1&codPeriodo=197706
GOBIERNO VASCO: *Informe sobre Víctimas de Vulneraciones de Derechos Humanos derivadas de la Violencia de Motivación Política,* Vitoria, 2008. https://www.arovite.com/documentos/2008_Landa.pdf
INSTITUTO DE ESTUDIOS DE ADMINISTRACIÓN LOCAL: *Estudio para la implantación de un Régimen Administrativo Especial para las provincias de Vizcaya y Guipúzcoa.* II Informe del Presidente de la Comisión (Madrid, 30/11/1976), Instituto Nacional de Administración Pública, R. 55414.

INSTITUTO NACIONAL DE ESTADÍSTICA. *Censos*. https://www.ine.es/
MINISTERIO DE LA GOBERNACIÓN: «Proyecto de Ley de Bases del Régimen Local», *Revista de Administración Pública,* 74 (mayo-agosto de 1974), pp. 349-399.
MINISTERIO DEL INTERIOR: «Llega a España, extraditado por Francia, el etarra Pedro María Leguina Aurre», 13/12/2001. http://www.interior.gob.es/noticias/detalle//journal_content/56_INSTANCE_1YSSI3xiWuPH/10180/1192296?p_p_state=pop_up&_56_INSTANCE_1YSSI3xiWuPH_viewMode=print

Referencias biográficas:

ÁLVAREZ TARDÍO, Manuel: «José María Gil-Robles y Quiñones», Diccionario Biográfico Español. Real Academia de la Historia. https://dbe.rah.es/biografias/10687/jose-maria-gil-robles-y-quinones
ANÓNIMO: «Oltra Moltó, Enrique», *Diccionario biográfico.* Asociación Católica de Propagandistas. https://www.acdp.es/biografia/oltra-molto -enrique/
BROCOS FERNÁNDEZ, José Martín: «José Arturo Márquez de Prado y Pareja», Diccionario Biográfico Español. Real Academia de la Historia. http://dbe.rah.es/biografias/32405/jose-arturo-marquez-de-prado-y-pareja
CAVA MESA, María Jesús: «José María de Areilza y Martínez-Rodas», Diccionario Biográfico Español. Real Academia de la Historia. http://dbe.rah.es/biografias/7737/jose-maria-de-areilza-y-martinez-rodas
CAYÓN GARCÍA, Francisco y MUÑOZ RUBIO, Miguel: «José Luis de Oriol y Urigüen», Diccionario Biográfico Español. Real Academia de la Historia. http://dbe.rah.es/biografias/26018/jose-luis-de-oriol-y-uriguen
CLEMENTE, Josep Carles: «José María Zavala y Castella», Diccionario Biográfico Español. Real Academia de la Historia. https://dbe.rah.es/biografias/32430/jose-maria-zavala-y-castella
CORTABARRÍA IGARTUA, Germán: «Daniel Mugarza Mecolalde», Auñamendi Eusko Entziklopedia. http://www.euskomedia.org/aunamendi/82555
CUENCA TORIBIO, José Manuel: «José García Hernández», Diccionario Biográfico Español. Real Academia de la Historia. https://dbe.rah.es/biografias/25288/jose-garcia-hernandez
CUENCA TORIBIO, José Manuel: «Tomás Garicano Goñi», Diccionario Biográfico Español. Real Academia de la Historia. https://dbe.rah.es/biografias/10483/tomas-garicano-goni
ENCÍO CORTÁZAR, Juan M.: «José Manuel Aizpurúa Azqueta», Diccionario Biográfico Español. Real Academia de la Historia. https://dbe.rah.es/biografias/29678/jose-manuel-aizpurua-azqueta
ESTORNÉS LASA, Bernardo: «Ugarte Lambert de Sainte-Croixe, Felipe de», Auñamendi Eusko Entziklopedia. https://aunamendi.eusko-ikaskuntza.eus/es/ugarte-lambert-de-sainte-croix-felipe-de/ar-133975/

ESTORNÉS ZUBIZARRETA, Idoia: «Larrañaga Churruca, Jesús», Auñamendi Eusko Entziklopedia. https://aunamendi.eusko-ikaskuntza.eus/es/larranaga-churruca-jesus/ar-86034/
GARRALDA ARIZCUN, José Fermín: «Juan de Olazábal y Ramery», Diccionario Biográfico Español. Real Academia de la Historia. https://dbe.rah.es/biografias/27198/juan-de-olazabal-y-ramery
MUÑOZ BOLAÑOS, Roberto: «Ángel Campano López», Diccionario Biográfico Español. Real Academia de la Historia. http://dbe.rah.es/biografias/113614/angel-campano-lopez
ORELLA MARTÍNEZ, José Luis: «Víctor Pradera Larumbe», Diccionario Biográfico Español. Real Academia de la Historia. http://dbe.rah.es/biografias/10159/victor-pradera-larumbe
PUELL DE LA VILLA, Fernando: «Rafael García-Valiño y Marcén», Diccionario Biográfico Español. Real Academia de la Historia. https://dbe.rah.es/biografias/10446/rafael-garcia-valino-y-marcen
QUERALT DEL HIERRO, María del Pilar y GONZÁLEZ CUEVAS, Pedro Carlos: «Gonzalo Fernández de la Mora y Mon». Diccionario Biográfico Español. Real Academia de la Historia. https://dbe.rah.es/biografias/9401/gonzalo-fernandez-de-la-mora-y-mon
QUINTANA BERMÚDEZ DE LA PUENTE, Covadonga: «Julio de Urquijo e Ybarra». Diccionario Biográfico Español. Real Academia de la Historia.
http://dbe.rah.es/biografias/4467/julio-de-urquijo-e-ybarra
SUÁREZ GONZÁLEZ, Fernando: «Torcuato Fernández-Miranda y Hevia», Diccionario Biográfico Español. Real Academia de la Historia.
https://dbe.rah.es/biografias/9449/torcuato-fernandez-miranda-y-hevia
TORRES VILLANUEVA, Eugenio: «Ramón de la Sota y Llano», Diccionario Biográfico Español. Real Academia de la Historia. https://dbe.rah.es/biografias/14538/ramon-de-la-sota-y-llano
ZAVALA FERNÁNDEZ DE HEREDIA, Luis María de: «Federico Zavala y Alcíbar-Jáuregui», Diccionario Biográfico Español. Real Academia de la Historia. https://dbe.rah.es/biografias/48096/federico-zavala-y-alcibar-jauregui

Fuentes:

Archivísticas:

Archivo Central del Ministerio de la Presidencia (ACP): *Fondo del Secretariado del Gobierno (FSG)* y *Fondo de la Secretaría General Técnica* (FSGT).
Archivo Filmoteca Española (AFE).
Archivo Municipal de Bilbao, Bilboko Udal Artxiboa.
Archivo personal de Juan Araluce Letamendía (APJAL).
Archivo personal de Jaime Ignacio del Burgo Tajadura (APJIBT).
Archivo personal de Juan Luis Arruti González (APJLAG).

Archivo personal de María del Mar Araluce Letamendía (APMAL).
Bergarako Udala.
Boletín Oficial de la Junta de Defensa Nacional de España.
Boletín Oficial de las Cortes Españolas.
Boletín Oficial del Estado (BOE).
Boletín Oficial del Obispado de Vitoria.
Capitanía General de la VI Región Militar (CGVIRM).
Comisaría General de Información (CGI).
Central Foreign Policy Files (CFPF).
Central Intelligence Agency (CIA).
Diario Oficial de las Cortes Españolas.
Diario Oficial del Ministerio del Ejército.
Diputación Provincial de Guipúzcoa (DG).
Dirección General de la Policía (DGP).
Eusko Ikaskuntza.
Gaceta de Madrid.
Juzgado número 21 de Instrucción de Madrid.
Noticiario Cinematográfico Español, NO-DO.
Oficina de Justificación de la Difusión (OJD), *Boletín.*
Real Academia de Ciencias Morales y Políticas (RACMyP): *Archivo Marcelino Oreja Aguirre (AMOA).*

Medios de comunicación:

ABC, Actualidad Económica, Aritz Ondo, Arriba, Brújula, Diario de Barcelona, Diario de Burgos, Diario de León, Diario de Navarra, Doblón, El Boletín Carlista, El Correo, El Correo Español. Diario de Falange Española Tradicionalista y de las JONS, El Correo Español-El Pueblo Vasco, El Diario Vasco, El Mundo, El País, El Pensamiento Navarro, En Pie, Esfuerzo común, Esto, Garaia, Heraldo de Aragón, Hierro, Hoja del Lunes de Bilbao, Hoja del Lunes de Madrid, Hoja del Lunes de San Sebastián, Informaciones, La Actualidad Española, La Gaceta del Norte, La Gaceta Ilustrada, La Vanguardia Española, La Voz de España, Mundo, Norte expres, Nueva España, Nuevo Diario, Pueblo, Punto y Hora de Euskal Herria, RNE, TVE, *Unidad, Zeruko Argia.*

Fuentes orales:

Aguirre Jiménez, Marisol; Araluce Letamendía, Ignacio; Araluce Letamendía, Juan; Azurza Ayerbe, Jesús María; Jordana de Pozas Gonzálbez, Luis; Juaristi Ostolaza, Gervasio; Letamendía Belzunce, Íñigo; Rodríguez Castiñeira, Germán.

Email electrónico:

AZPÍROZ, Juan I., Oficial Mayor del Ilustre Colegio Notarial de Navarra.
VALENCIA, Ofa, periodista.
ORTEGA, María José, Oficial Mayor del Ilustre Colegio Notarial de Extremadura.

El presente libro, por encomienda de la editorial Almuzara, se terminó de imprimir el 29 de marzo de 2024. Tal día, de 1556, en Valladolid, Felipe II es proclamado solemnemente rey de España.